현명한 투자를 위한
금융투자소득세

현명한 투자를 위한 금융투자소득세
FINANCIAL INVESTMENT INCOME TAX

초판 1쇄 발행 2022년 2월 10일

지은이 최준영
펴낸이 장길수
펴낸곳 지식과감성#
출판등록 제2012-000081호

디자인 이현
편집 이현
검수 김혜련
교정 정은지
마케팅 고은빛, 정연우

주소 서울시 금천구 벚꽃로298 대륭포스트타워6차 1212호
전화 070-4651-3730~4
팩스 070-4325-7006
이메일 ksbookup@naver.com
홈페이지 www.knsbookup.com

ISBN 979-11-392-0290-8(03320)
값 30,000원

- 이 책의 판권은 지은이에게 있습니다.
- 이 책 내용의 전부 또는 일부를 재사용하려면 반드시 지은이의 서면 동의를 받아야 합니다.
- 잘못된 책은 구입하신 곳에서 바꾸어 드립니다.

지식과감성#
홈페이지 바로가기

현명한 투자를 위한
금융투자소득세

최준영 지음

"세법을 왜 이렇게 복잡하고 어렵게 만들어?"
"간단하고 명확하게 만들 수 없어?"

머리말

지난 25년이 넘는 시간 금융회사와 일반기업의 실무자에서 시작해 재무총괄책임자(CFO) 및 경영자로 일하며 투자, 재무, 세법 및 법률, 경영 등과 관련된 다양한 업무를 수행해 왔고 수많은 책들을 보았다. 다른 분야도 비슷하지만 세법의 경우 실제 실무에 참고할 수 있는 책이 많지 않아 항상 아쉬움으로 남았고 이 책을 쓰게 된 계기가 되었다.

우리는 왜 세법을 어렵게 생각하고 세법에 대한 막연한 선입견과 두려움을 가지는가? 세법에 대한 지식이 많지 않은 주변 분들은 항상 "세법을 왜 이렇게 복잡하고 어렵게 만들어?", "간단하고 명확하게 만들 수 없어?"라는 얘기를 자주 한다. 그도 그럴 것이 세법은 다양한 관점과 입장 그리고 이해관계 및 정책적 목적 등을 복합적으로 고려하기 때문에 복잡하고 어렵게 느껴질 수밖에 없다. 세법에 대한 막연한 선입견과 두려움을 가지게 하는 주요 원인을 네 가지로 구분할 수 있을 것 같다.

첫째, 법률의 체계가 법, 대통령령(시행령), 기획재정부령(시행규칙)으로 나누어져 있고 관련이 있는 다른 법률에 따른 법 규정을 상호 참조 또는 준용하는 형식으로 구성되어 있으니 어려울 수밖에 없다.

둘째, 적지 않은 책들이 실무서라기보다는 수험서, 이론서, 전문가용이다. 학문을 연구하거나 법률제도를 기획하고 입법하는 사람들에게는 학설, 법률연혁, 외국법과의 비교법적 연구, 오래된 판례, 국세청 예규 등이 중요한 의미가 있으나 실무에서는 그다지 중요하지 않다. 그동안 학설과 법률연혁 등을 읽다가 지쳐 본론 근처에 가 보지 못하고 포기하는 사람들을 수없이 많이 보았다.

셋째, 대부분의 책이 저자의 관심사를 중심으로 한 내용으로 구성 및 요약 정리되어 있어 책에 있는 내용만으로는 부족해 실제 실무에 적용을 하기 위해서는 결국 법조문으로 되돌아가야 한다.

넷째, 세법을 이해하거나 지식을 습득하는 데 또 다른 장애물은 지나칠 정도로 계산에 집중한다는 것이다. 내용에 대한 전반적인 이해가 선행되지 않은 상태에서 아무리 책에 있는 예제나 사례를 풀어 보아도 답을 찾을 수 없다.

실무에서 실제 필요한 것은 "그래서 어떻게 해야 하는데?"라는 질문에 대한 해답이고 결국 해답은 "법조문"에 있다. 어느 책 어느 자료를 보아도 결국은 다시 법조문으로 되돌아와서 내용을 확인해야 한다. 즉 실제 적용하는 데 필요한 내용은 "법조문에서 시작해 법조문"으로 끝나고 모든 정답은 "법조문"에 있다는 것이다. 믿지 못하겠지만 법조문보다 간결하고 명확한 글은 보지 못했고 아무리 좋은 책이라 하더라도 읽어지지 않는 책은 필요가 없다.

이 책은 법조문에 충실한 책이고 누구나 법조문을 읽고 이해할 수 있도록 하는 데 목적을 두고 최대한 쉽게 정리하고자 노력했다. 이를 위해 출판사에 원고를 넘기기 전 세법을 전공하지 않은 대학생과 일반인들에게 내용을 보여 주고 의견을 수렴하여 수렴한 의견을 반영했다.

이 책에서는 ① 2021.12.8. 개정된 소득세법, ② 2022.12.31.까지 적용되는 현행과세제도, ③ 2023.1.1.부터 시행하는 금융투자소득세와 가상자산 과세제도와 관련된 내용을 상세하게 수록했다.

아울러 금융투자상품 투자와 관련된 ① 상법, ② 자본시장법, ③ 소득세법, ④ 상속증여세법, ⑤ 증권거래세법, ⑥ 법인세법, ⑦ 조세특례제한법, ⑧ 지방세법을 상세하게 정리해 한 권에 담았으며 법, 시행령, 시행규칙의 내용을 모두 반영하고 사전과 같이 활용될 수 있도록 모든 법조문 번호를 각주에 추가했다.

25년 이상 관련 분야에서 다양한 업무를 수행한 경험에 비추어 보면 예외적인 경우를 제외하고 이 책 한 권이면 대부분의 실무에 적용이 가능하다고 생각한다. 지금부터 어렵게만 생각했던 세법의 세계에 함께 들어가 보자.

목차

제1장 서론
제1절 서설 ... 18
제2절 금융투자상품 과세제도의 이해 ... 19
- I. 금융투자상품 관련 법률 및 규정 ... 19
- II. 금융투자상품의 취득과 세금 ... 19
  1. 지방세와 농어촌특별세 ... 20
  2. 상속증여세 ... 20
- III. 금융투자상품의 보유와 세금 ... 20
  1. 원천징수와 금융소득종합과세 ... 20
  2. 배당소득금액 가산과 수입배당금 익금불산입 ... 21
  3. 초과배당에 따른 이익의 증여 ... 21
- IV. 금융투자상품의 양도와 세금 ... 22
  1. 과세제도의 변화 ... 22
  2. 금융투자상품의 양도 ... 22
  3. 상속증여세법에 따른 증여 ... 22
제3절 본문의 구성 ... 23

제2장 금융투자상품과 자본시장제도
제1절 회사 ... 28
제2절 주식 ... 29
- I. 주식회사의 설립 ... 29
  1. 정관의 작성과 절대적 기재사항 ... 29
  2. 회사 설립 시 발행 주식 ... 29
  3. 발기설립과 모집설립 ... 29
  4. 회사의 설립등기 ... 29
  5. 주주의 책임 ... 30
- II. 자본의 구성과 배당 ... 30
  1. 자본의 구성 ... 30
  2. 배당 ... 33
- III. 주식의 양도 ... 36
- IV. 주식매수선택권 ... 37
  1. 주식매수선택권 부여 한도 ... 37
  2. 주식매수선택권 부여의 제한 ... 37
  3. 주식매수선택권의 행사가액 ... 38
  4. 주식매수선택권의 행사기간 ... 38
- V. 회사의 자기주식 취득과 처분 ... 38
  1. 자기주식 취득 ... 38
  2. 자기주식의 처분 ... 39
  3. 자기주식의 소각 ... 39
- VI. 자회사의 모회사 주식 취득 제한 ... 40
- VII. 주식의 교환과 이전 ... 40
  1. 주식의 포괄적 교환 ... 40
  2. 간이주식교환 ... 41
  3. 소규모 주식교환 ... 41
  4. 주식의 포괄적 이전 ... 42
- VIII. 지배주주의 소수주식 전부 취득 ... 42
  1. 지배주주의 매도청구권 ... 42
  2. 소수주주의 주식매수청구권 ... 43
- IX. 종류주식의 발행 ... 43
  1. 이익배당에 관한 종류주식 ... 43
  2. 잔여재산의 분배에 관한 종류주식 ... 43
  3. 의결권이 없거나 제한에 관한 종류주식 ... 44
  4. 이익으로써 소각할 수 있는 종류주식 ... 44
  5. 주식의 상환을 청구할 수 있는 종류주식 ... 44
  6. 주식의 전환에 관한 종류주식 ... 44
- X. 신주의 발행 ... 45
  1. 신주인수권의 내용 및 배정 ... 45
  2. 신주인수권 증서의 발행 ... 45
  3. 신주인수권의 양도와 점유 ... 46
  4. 주식에 대한 납입 ... 46
  5. 신주 인수인의 권리의무 ... 46
- XI. 자본금의 감소 ... 46
  1. 자본금 감소의 방법과 절차 ... 47
  2. 주식수의 감소 ... 47
제3절 사채 ... 47
- I. 사채의 발행 ... 47
- II. 사채의 종류 ... 47
  1. 이익참가부사채 ... 48
  2. 교환사채 ... 48
  3. 상환사채 ... 49
  4. 파생결합사채 ... 49
  5. 전환사채 ... 49
  6. 신주인수권부사채 ... 50
제4절 금융투자상품 ... 51
- I. 금융투자상품의 개념 ... 51
  1. 포괄주의 ... 51
  2. 금융투자상품의 정의 ... 51
  3. 금융투자상품에서 제외되는 금융상품 ... 52
- II. 증권 ... 53
  1. 증권의 개념 ... 53
  2. 증권의 종류 ... 53
- III. 파생상품 ... 57
  1. 파생상품의 범위 ... 58
  2. 장내파생상품과 장외파생상품 ... 58

Ⅳ. 집합투자기구	60
1. 집합투자기구의 종류	60
2. 집합투자기구의 분류	60
3. 집합투자재산	61
4. 집합투자증권	61
5. 집합투자증권의 환매	61
6. 집합투자재산의 평가 및 회계	63
7. 이익금의 분배 등	65
Ⅴ. 사모집합투자기구	66
1. 사모집합투자기구의 개념과 분류	66
2. 일반사모집합투자기구	66
3. 기관전용사모집합투자기구	69
4. 투자목적회사	70
Ⅵ. 외국집합투자기구	71

제5절 금융투자상품시장 ... **72**

Ⅰ. 금융투자상품시장과 거래소	72
1. 금융투자상품시장	72
2. 거래소	72
3. 거래소의 업무	72
Ⅱ. 거래소시장	73
1. 증권시장	73
2. 장내파생상품시장	75
3. 매매거래의 구분	75
Ⅲ. 한국거래소 유가증권시장	75
1. 상장	75
2. 유가증권시장 상장	80
3. 유가증권시장 상장폐지	81
4. 보통주권의 상장	83
5. 거래소시장의 운영	89
Ⅳ. 한국거래소 파생상품시장	101
1. 파생상품거래의 정의	101
2. 주요용어의 정의	101
3. 파생상품시스템	102
4. 파생상품시장의 구분	102
5. 매매거래시간	104
6. 주식상품거래	105

제3장 신탁재산 및 집합투자기구 과세제도

제1절 과세제도의 이해 ... **112**
제2절 신탁재산 ... **113**

Ⅰ. 투자신탁 등의 내국법인 의제	113
1. 신탁	113
2. 내국법인 의제	113
Ⅱ. 신탁 수익자 법인세 과세대상 신탁	114
1. 신탁 수익자 법인세 과세대상 신탁	114
2. 대통령령으로 정하는 요건을 충족하는 신탁	114
3. 신탁 위탁자 법인세 과세대상 신탁	115
4. 신탁재산 귀속 수입과 지출	116
5. 신탁재산에 대한 법인세 과세방식의 적용	116
6. 공동수탁자가 있는 법인과세 신탁재산에 대한 적용	117
7. 법인세 과세대상 신탁재산에 대한 소득공제	117
8. 법인세 과세대상 신탁재산의 소득금액 계산	117
9. 법인세 과세대상 신탁재산의 원천징수	118

제3절 투자회사 과세제도 ... **118**

Ⅰ. 소득금액 공제를 적용하는 경우	118
1. 배당가능이익	119
Ⅱ. 소득금액 공제를 적용하지 않는 경우	120
1. 소득세 또는 법인세가 비과세되는 경우	120
2. 동업기업 과세특례를 적용받는 경우	120
3. 1인 사모집합투자기구에 해당하는 경우	120
4. 소득금액 공제 적용 한도	121
5. 소득금액 공제의 신청	121
Ⅲ. 외국납부세액 공제 및 환급 특례	121
1. 외국법인세액의 공제	121
2. 외국법인세의 공제 한도	122
3. 외국법인세의 환급	122

제4절 사모집합투자기구 과세제도 ... **123**

Ⅰ. 동업기업과세 특례제도 개요	123
1. 주요용어의 정의	123
2. 동업자군별 동업기업 소득금액 또는 결손금	124
3. 동업자군별 손익배분비율	124
4. 동업자군별 배분대상 소득금액 또는 결손금	124
5. 지분가액	124
Ⅱ. 적용대상 법인 또는 단체	125
1. 대통령령으로 정하는 것	125
2. 대통령령으로 정하는 기준에 해당하는 외국단체	126
3. 동업기업 과세특례의 우선 적용	126
4. 동업기업 및 동업자의 납세의무	126
Ⅲ. 동업기업 전환법인법인세 과세표준과 세액의 신고	127
1. 준청산소득에 대한 법인세	127
2. 준청산소득에 대한 과세표준의 계산	127
3. 준청산소득의 신고	128
Ⅳ. 동업기업 과세특례의 적용 및 포기 신청	128
1. 동업기업 과세특례의 적용	128

2. 동업기업 과세특례의 포기	129
V. 동업기업소득금액 등의 계산 및 배분	130
1. 동업자군별 배분대상 소득금액의 배분	130
2. 동업자 배분 결손금의 한도와 이월 배분 등	134
3. 동업자가 배분받은 소득금액 또는 결손금의 계산	135
4. 비거주자 등이 수동적동업자인 경우 보수 등의 공제	139
5. 동업기업 관련 세액공제 등의 동업자 배분	139
6. 동업자가 배분받은 세액공제 등의 공제 및 가산	140
VI. 동업기업과 동업자 간의 거래	140
1. 동업기업과 동업자 간의 거래 수익 또는 손비	140
VII. 동업자의 최초 지분가액과 지분가액의 조정	142
1. 동업자의 최초 지분가액	142
2. 동업자 지분가액의 증액조정	142
3. 동업자 지분가액의 감액조정	142
4. 둘 이상의 지분가액 조정사유 동시 발생	143
VIII. 동업기업 지분의 양도	143
IX. 동업기업 자산을 분배받은 경우	144
1. 분배받은 자산의 시가가 지분가액을 초과하는 경우	144
2. 분배받은 자산의 시가가 지분가액에 미달하는 경우	144
3. 분배일의 동업자의 지분가액 상당액의 익금불산입	144
X. 동업기업의 소득 계산 및 배분명세 신고	145
XI. 비거주자 또는 외국법인인 동업자에 대한 원천징수	145
1. 동업자에게 배분된 소득에 대한 원천징수	145
2. 원천징수 지급명세서의 제출과 지급시기	146
3. 수동적 동업자에게 배분되는 소득의 구분	146
4. 동업자인 비거주자 등의 과세표준 신고 및 납부	146
5. 국내사업장이 있는 비거주자 등의 신고 및 납부	148

제4장 거주자와 금융소득

제1절 주식등의 취득과 세금   152
I. 주식등의 취득과 제2차 납세의무	152
1. 제2차 납세의무자	152
2. 청산인 등의 제2차 납세의무	153
3. 출자자의 제2차 납세의무	153
4. 법인의 제2차 납세의무	154
5. 사업양수인의 제2차 납세의무 등	155
II. 주식등의 취득과 과점주주 간주취득세	156
1. 과점주주	157
2. 과점주주의 주식등 취득 유형과 납세의무	159
3. 주식등의 취득에 따른 납세의무자	160
4. 부동산등에 대한 과세표준	160
5. 세액의 계산	160
6. 취득세의 신고납부	162

제2절 주식등의 보유와 세금   162
I. 과세제도 일반론	163
1. 거주자와 비거주자	163
2. 내국법인과 외국법인	164
3. 납세의무자	165
4. 납세의무	166
5. 과세소득의 범위	168
6. 소득의 구분	169
7. 과세기간	171
8. 납세지	172
II. 과세표준의 계산과 신고 등	174
1. 과세표준의 계산	174
2. 종합소득 세액계산의 순서	176
3. 거주자의 종합소득에 대한 소득세의 계산	177
4. 종합소득과세표준 확정신고 및 납부	178
5. 원천징수세액의 징수	178
6. 내국법인의 이자소득 등에 대한 원천징수	183
III. 이자소득	186
1. 이자소득의 범위	186
2. 이자소득의 수입시기	193
IV. 배당소득	195
1. 배당소득의 범위	195
2. 배당소득의 수입시기	221
3. 배당소득금액의 총수입금액 계산	222

제3절 주식등의 양도와 세금   233
I. 주요 용어의 정의	233
1. 양도	233
2. 주식등	234
3. 주권상장법인과 주권비상장법인	235
4. 실지거래가액	235
II. 양도소득과세표준의 계산과 양도소득세액 계산의 순서	235
1. 양도소득과세표준의 계산	235
2. 양도소득세액 계산의 순서	236
III. 주식등의 양도소득 범위	236
1. 주권상장법인의 주식등	236
2. 주권비상장법인의 주식등	240
3. 외국법인 발행 또는 외국의 시장에 상장된 주식등	242
4. 시가총액의 계산	243
5. 특정주식의 양도	246
IV. 파생상품	251
1. 대통령령으로 정하는 파생상품	251

  2. 파생상품등에 대한 양도차익 등의 계산   253
 Ⅴ. 신탁 수익권   259
  1. 양도소득 과세 대상 신탁 수익권   259
  2. 대통령령으로 정하는 수익권   260

제4절 양도소득금액의 계산   260
 Ⅰ. 양도소득금액   260
 Ⅱ. 양도가액   261
  1. 특수관계법인에 양도한 경우   261
  2. 특수관계인 외의 자에게 고가 양도한 경우   261
 Ⅲ. 필요경비 계산   262
  1. 취득가액을 실지거래가액에 의하는 경우   262
  2. 그 밖의 경우의 필요경비의 계산   265
  3. 상속 또는 증여 받은 자산의 실지거래가액 적용   265
  4. 특수관계인으로부터 취득한 경우   266
  5. 대통령령으로 정하는 매매사례가액 등   266
  6. 주식매수선택권을 행사하여 취득한 주식의 양도   268
 Ⅳ. 양도차익의 산정   268
  1. 취득시기 및 양도시기   269
  2. 양도차익의 산정   269
 Ⅴ. 양도소득의 부당행위계산   269
  1. 부당행위계산의 적용 대상   269
  2. 조세의 부담을 부당하게 감소시킨 경우   270
  3. 시가의 의미   270
  4. 법인세법에 따른 부당행위계산의 부인   271

제5절 양도소득금액의 구분 계산 등   278
 Ⅰ. 양도소득금액의 구분 계산   278
 Ⅱ. 양도차손의 통산   278
 Ⅲ. 양도소득 기본공제   279
 Ⅳ. 양도소득세의 세율   279
  1. 시설물이용권 등의 양도로 발생하는 소득   279
  2. 주식등의 양도로 발생하는 소득   280

제6절 양도소득과세표준의 예정신고와 납부   286
 Ⅰ. 양도소득과세표준 예정신고   286
 Ⅱ. 시설물이용권 및 특정주식   286
 Ⅲ. 주식등   286
 Ⅳ. 부담부증여의 채무액에 해당하는 부분   287
 Ⅴ. 예정신고납부   287
 Ⅵ. 예정신고산출세액의 계산   287
  1. 예정신고를 2회 이상 하는 경우   288
  2. 시설물이용권 등   288
  3. 대주주가 1년 이상 보유한 주식등   289
  4. 신탁 수익권   289

제7절 양도소득과세표준의 확정신고와 납부   290
 Ⅰ. 양도소득과세표준 확정신고   290
 Ⅱ. 양도소득 확정신고납부   290

제8절 양도소득세의 분할납부   291

제5장 거주자와 금융투자소득

제1절 주식등의 정의   294
 Ⅰ. 주식등   294
  1. 주식등의 정의   294
  2. 집합투자증권 등 대통령령으로 정하는 것   295
 Ⅱ. 채권등   304
  1. 채권등의 정의   304
 Ⅲ. 양도의 범위   305
  1. 부담부증여 시 부담하는 채무액   306
  2. 부담부증여 시 양도에서 제외되는 경우   306
  3. 부담부증여에 대한 소득액 계산   306

제2절 금융투자소득과세표준과 세액의 계산   307
 Ⅰ. 금융투자소득과세표준의 계산   307
  1. 과세표준의 구분 계산   307
  2. 과세표준의 계산 순서   308
 Ⅱ. 금융투자소득세액 계산의 순서   314
  1. 금융투자소득 산출세액   314
  2. 금융투자소득 결정세액   314
  3. 금융투자소득 총결정세액   315

제3절 금융투자소득금액의 계산   317
 Ⅰ. 금융투자소득의 범위   317
  1. 금융투자소득의 범위에 포함하는 소득   318
  2. 금융투자소득의 범위에서 제외되는 소득   321
  3. 비과세 금융투자소득   321
 Ⅱ. 금융투자소득의 수입시기   321
 Ⅲ. 금융투자소득금액의 계산 방법   322
  1. 금융투자소득금액의 범위   322
  2. 금융투자소득금액의 계산 순서와 계산 원칙   322
  3. 파생상품소득의 결손금 한도   323
  4. 금융투자소득금액의 계산   323
  5. 국외금융투자자산의 양도가액   324
  6. 금융투자소득세에 대한 세액감면 등의 적용   325
 Ⅳ. 주식등·채권등 투자계약증권의 소득금액 계산   325
  1. 소득금액 계산   325
  2. 양도가액의 계산   326
  3. 필요경비의 계산   327

Ⅴ. 집합투자기구의 소득금액	340	
1. 집합투자기구 소득금액 계산	340	
2. 집합투자기구 소득금액 계산 특례	343	
Ⅵ. 파생결합증권의 소득금액	347	
1. 소득금액의 범위	347	
2. 소득금액의 계산 등	348	
Ⅶ. 상장지수증권 소득금액의 계산 특례	351	
Ⅷ. 파생상품의 소득금액	351	
1. 파생상품소득금액의 범위	351	
2. 파생상품소득금액의 계산	353	
Ⅸ. 기준시가의 산정	356	
1. 주식등 기준시가 산정	356	
2. 채권등 기준시가 산정	364	

제4절 금융투자소득에 대한 세액의 계산　　368
　　Ⅰ. 금융투자소득세의 세율　　368
　　Ⅱ. 금융투자소득세세액의 감면　　368

제5절 금융투자소득 예정신고와 납부　　369
　　Ⅰ. 금융투자소득 예정신고 대상소득　　369
　　Ⅱ. 금융투자소득 예정신고 기간　　369
　　Ⅲ. 금융투자소득 예정신고 제출서류　　370
　　Ⅳ. 금융투자소득 예정신고 납부　　370
　　Ⅴ. 금융투자소득 예정신고 산출세액의 계산　　371
　　　　1. 산출세액의 계산 방법　　371
　　　　2. 예정신고를 2회 이상 하고 누진세율이 적용되는 경우　　371
　　　　3. 금융투자소득 기본공제　　371

제6절 금융투자소득과세표준의 확정신고와 납부　372
　　Ⅰ. 확정신고 대상 및 기간　　372
　　Ⅱ. 확정신고를 하지 않아도 되는 경우　　372
　　Ⅲ. 확정신고서 및 계산 서류의 제출　　373
　　Ⅳ. 금융투자소득 확정신고 납부　　373

제7절 금융투자소득에 대한 결정 및 경정　　374
　　Ⅰ. 금융투자소득과세표준과 세액의 결정　　374
　　Ⅱ. 금융투자소득과세표준과 세액의 경정　　374
　　Ⅲ. 금융투자소득과세표준과 세액의 재경정　　374
　　Ⅳ. 금융투자소득과세표준과 세액의 추계조사 결정　　375
　　　　1. 추계조사 사유　　375
　　　　2. 환산취득가액의 산정　　375

제8절 금융투자소득의 징수·환급　　376
　　Ⅰ. 금융투자소득세액의 징수　　376
　　　　1. 세액의 전부 또는 일부를 미납하는 세액　　376
　　　　2. 결정 또는 경정한 소득세액에 미달하는 세액　　376
　　　　3. 징수 또는 징수해야 할 세액을 미달 납부한 세액　　376
　　Ⅱ. 금융투자소득세액의 환급　　377

제9절 금융투자소득에 대한 원천징수　　377
　　Ⅰ. 금융투자소득금액 또는 금융투자결손금의 계산　　377
　　Ⅱ. 기본공제액의 공제와 원천징수　　378
　　Ⅲ. 원천징수세액 상당액의 인출 제한　　379
　　Ⅳ. 계좌보유자별 금융투자결손금의 공제　　379
　　Ⅴ. 비과세 금융투자소득의 원천징수배제신청　　380
　　Ⅵ. 금융회사등의 원천징수 제외 통지의무　　380
　　Ⅶ. 집합투자기구의 원천징수 특례　　381
　　Ⅷ. 원천징수세액의 정산 및 납부　　381

제10절 금융투자소득에 대한 원천징수영수증의 발급 등　　381
　　Ⅰ. 원천징수영수증의 발급　　381
　　Ⅱ. 중도 계좌해지시 등의 통지　　382
　　Ⅲ. 원천징수영수증의 발급 면제　　382

제11절 금융투자상품의 거래내역 보관 및 제출　382
　　Ⅰ. 금융투자상품의 거래 및 보유 내역 제출 및 보관　　383
　　Ⅱ. 금융회사 등에 대한 자료의 요청　　383
　　Ⅲ. 금융회사 등의 요청 자료 제출기한　　383
　　Ⅳ. 금융회사 등의 요청 자료 제출기한의 연장　　384

제6장 금융투자와 증권거래세

제1절 주요 용어의 정의　　388
　　Ⅰ. 주권　　388
　　Ⅱ. 지분　　388
　　Ⅲ. 양도　　389
　　Ⅳ. 주식과 사채 등　　389

제2절 증권거래세의 과세대상　　389
　　Ⅰ. 과세대상　　389
　　Ⅱ. 외국증권시장　　390

제3절 증권거래세의 납세의무자 등　　390
　　Ⅰ. 납세의무자　　390
　　Ⅱ. 금융투자업자를 통하여 주권등을 양도하는 경우　391
　　Ⅲ. 납세지　　391

제4절 주권등의 양도와 매매거래의 확정시기　391
제5절 비과세 양도　　392
제6절 과세표준　　393
　　Ⅰ. 계좌 간 대체로 주권을 양도하는 경우　　393

Ⅱ. 기타의 방법으로 주권등을 양도하는 경우　393
　　　1. 주권등의 양도가액을 알 수 있는 경우　393
　　　2. 주권등의 양도가액을 알 수 없는 경우　394
　　　3. 정상가격보다 낮은 가액으로 양도된 경우　394
　　Ⅲ. 양도가액의 평가방법　394
　　　1. 시가액　394
　　　2. 정상가격　394
제7절 증권거래세의 세율　396
　　Ⅰ. 세율　396
　　Ⅱ. 탄력세율　396
제8절 거래징수　397
　　Ⅰ. 전자등록기관 등의 원천징수　397
　　Ⅱ. 납세의무자가 징수하는 경우　397
제9절 증권거래세의 신고납부 및 환급　398
　　Ⅰ. 증권거래세의 신고　398
　　Ⅱ. 증권거래세의 납부　398
　　Ⅲ. 증권거래세의 환급　398

제7장 금융투자상품과 증여

제1절 주요 용어의 정의　402
　　Ⅰ. 증여　402
　　Ⅱ. 증여재산　402
　　Ⅲ. 수증자　403
　　　1. 특수관계인　403
　　　2. 특수관계인의 범위　403
　　　3. 사용인　404
　　　4. 출자에 의하여 지배하고 있는 법인　404
제2절 증여세 과세대상과 납부의무　404
　　Ⅰ. 증여세 과세대상　405
　　　1. 증여재산　405
　　　2. 증여추정재산　405
　　　3. 증여의제재산　406
　　　4. 협의분할에 따른 이익의 증여　406
　　　5. 증여재산을 과세표준 신고기한까지 반환하는 경우　407
　　Ⅱ. 증여세 납세의무　407
　　　1. 수증자의 증여세 납부의무　407
　　　2. 명의신탁증여의제에 따른 증여세 납부의무자　407
　　　3. 수증자에게 소득세 또는 법인세가 부과되는 경우　408
　　　4. 영리법인이 증여받은 재산등에 법인세가 부과되는 경우　408
　　　5. 조세채권 확보가 곤란한 경우　408
　　　6. 증여자의 연대납부의무　408
　　　7. 명의신탁재산의 증여 의제에 따른 증여세 등의 체납　409
제3절 증여세의 과세표준과 세액의 계산　410
　　Ⅰ. 증여재산가액 계산의 일반원칙　410
　　　1. 증여재산가액의 계산 원칙　410
　　　2. 증여재산의 취득시기　411
　　Ⅱ. 증여재산가액　413
　　　1. 신탁이익의 증여　413
　　　2. 보험금의 증여　416
　　　3. 저가 양수 또는 고가 양도　416
　　　4. 채무면제 등에 따른 증여　418
　　　5. 합병에 따른 이익의 증여　418
　　　6. 증자에 따른 이익의 증여　425
　　　7. 감자에 따른 이익의 증여　433
　　　8. 현물출자에 따른 이익의 증여　435
　　　9. 전환사채 등의 주식전환 등에 따른 이익의 증여　436
　　　10. 초과배당에 따른 이익의 증여　442
　　　11. 주식등의 상장 등에 따른 이익의 증여　448
　　　12. 금전 무상대출 등에 따른 이익의 증여　453
　　　13. 합병에 따른 상장 등에 따른 이익의 증여　455
　　　14. 법인의 조직 변경에 따른 이익의 증여　456
　　　15. 증여세 과세특례　458
　　Ⅲ. 증여 추정 및 증여 의제　458
　　　1. 배우자 등에게 양도한 재산의 증여 추정　458
　　　2. 재산 취득자금 등의 증여 추정　459
　　　3. 명의신탁재산의 증여 의제　460
제4절 증여세 과세가액　462
　　Ⅰ. 증여세 과세가액의 계산　462
　　Ⅱ. 합산하지 않는 증여재산의 가액　463
　　Ⅲ. 합산하는 증여재산가액　463
　　Ⅳ. 배우자 간 또는 직계존비속 간의 부담부증여　463
제5절 증여공제　464
　　Ⅰ. 증여재산 공제　464
　　Ⅱ. 증여재산 감정평가 수수료 공제　464
　　Ⅲ. 증여세과세가액에서 공제할 금액의 공제 방법　465
제6절 과세표준과 세율　465
　　Ⅰ. 증여세의 과세표준 등　465
　　　1. 증여세의 과세표준　466
　　　2. 증여세의 과세최저한　466
　　Ⅱ. 증여세의 계산　466
　　Ⅲ. 직계비속에 대한 증여의 할증과세　467
　　　1. 할증과세　467
　　　2. 할증과세액 계산방법　467
제7절 세액공제　468

Ⅰ. 납부세액공제 468
Ⅱ. 공제할 증여세액 469
Ⅲ. 외국납부세액 공제 469

제8절 재산의 평가 **469**
  Ⅰ. 평가의 원칙 등 470
    1. 주권상장법인의 주식등 470
    2. 가상자산 470
    3. 시가 471
    4. 상속재산의 가액에 가산하는 증여 재산가액 473
    5. 시가를 산정하기 어려운 경우의 시가 473
  Ⅱ. 주식등의 평가 474
    1. 상장주식의 평가 474
    2. 비상장주식등의 평가 475
    3. 비상장법인이 다른 비상장주식등을 소유한 경우 486
    4. 순자산가치에 따른 가액을 시가로 하는 경우 486
    5. 평가심의위원회에 평가가액 등의 심의 신청 487
  Ⅲ. 증권시장에 상장 신청을 한 법인의 주식등 488
    1. 유가증권 신고를 한 법인의 주식등의 평가 488
    2. 코스닥시장에 상장신청한 법인의 주식등의 평가 방법 489
    3. 증자로 취득한 새로운 주식이 상장되지 않은 경우 489
  Ⅳ. 주식등의 평가가액 등의 할증 490
    1. 주식등에 대한 평가가액 등의 할증 등 490
    2. 최대주주 또는 최대출자자 490
    3. 최대주주등이 보유하는 주식등의 지분 계산 490
    4. 대통령령으로 정하는 중소기업 490
    5. 대통령령으로 정하는 주식등 491
  Ⅴ. 예금·저금·적금 등의 평가 492
  Ⅵ. 국채·공채 등 그 밖의 유가증권의 평가 492
    1. 국채등의 평가 492
    2. 대부금·외상매출금 및 받을 어음등의 채권가액 등 493
  Ⅶ. 집합투자증권의 평가 494
  Ⅷ. 전환사채등의 평가 494
    1. 거래소에서 거래되는 전환사채등 495
    2. 전환등이 불가능한 기간 중인 경우 495
    3. 전환등이 가능한 기간 중인 경우 496
  Ⅸ. 무채재산권 가액의 평가 497
    1. 영업권의 평가 497
    2. 특허권 등의 권리 평가 499
  Ⅹ. 그 밖의 조건부 권리 등의 평가 499
    1. 조건부 권리 등의 평가 방법 499
    2. 가상자산의 평가 방법 500
    3. 그 밖에 재산의 평가 방법 및 평가 가액 500
  Ⅺ. 국외재산 등에 대한 평가 500
    1. 국외재산에 대한 평가 500
    2. 외화자산 및 부채의 평가 501

제9절 과세가액 및 과세표준의 신고납부 **501**
  Ⅰ. 증여세 신고기한 501
  Ⅱ. 첨부서류 501
  Ⅲ. 신고세액 공제 502
  Ⅳ. 납부 502
    1. 자진납부 502
    2. 분할납부 503

제8장 금융투자상품과 상속

제1절 상속세 과세제도 **506**
  Ⅰ. 주요 용어의 정의 506
    1. 상속의 정의 506
    2. 상속개시일 507
    3. 상속재산 507
    4. 상속인 507
    5. 수유자 508
  Ⅱ. 상속세 과세대상과 납부의무 508
    1. 상속재산의 범위 508
    2. 상속세 납부의무 및 연대납부의무 등 508

제2절 상속세의 과세표준과 세액의 계산 **510**
  Ⅰ. 상속재산 510
    1. 상속재산으로 보는 보험금 510
    2. 상속재산으로 보는 신탁재산 511
  Ⅱ. 비과세되는 상속재산 512

제3절 상속세 과세가액 **512**
  Ⅰ. 상속세 과세가액의 계산 512
  Ⅱ. 상속세재산의 가액에서 빼는 공과금 등 513
    1. 거주자의 사망으로 상속이 개시되는 경우 513
    2. 비거주자의 사망으로 상속이 개시되는 경우 513
    3. 상속개시일 전 처분재산 등의 상속 추정 등 514

제4절 상속공제 **517**
  Ⅰ. 기초공제 및 가업상속 공제 517
    1. 기초공제 517
    2. 가업상속공제 517
  Ⅱ. 가업상속 517
    1. 가업의 정의 517
    2. 가업상속재산 공제의 적용 요건 520
    3. 둘 이상 독립된 가업을 영위한 경우의 공제 순서 521

4. 중견기업의 가업상속재산 공제의 적용 배제	521
5. 가업상속 재산가액	522
6. 가업상속 증명 서류의 제출	525
7. 정당한 사유 없는 경우의 상속세 부과	525
Ⅲ. 배우자 상속공제	533
1. 배우자 상속공제 한도	533
2. 배우자상속재산분할기한	534
Ⅳ. 그 밖의 인적공제	535
1. 자녀 등의 인적공제	535
2. 동거가족의 의미	535
3. 장애인의 범위	535
Ⅴ. 일괄공제	536
Ⅵ. 금융재산 상속공제	536
1. 금융재산 상속공제 금액	536
2. 대통령령으로 정하는 금융재산	537
3. 대통령령으로 정하는 금융채무	537
4. 대통령령으로 정하는 최대주주 또는 최대출자자	537
5. 금융재산 상속 공제의 신고서의 제출	537

제5절 과세표준과 세율　　538

Ⅰ. 상속세 과세표준 및 과세최저한	538
Ⅱ. 상속재산 감정평가 수수료 공제	538
Ⅲ. 상속세 세율	539
Ⅳ. 세대를 건너뛴 상속에 대한 할증과세	539

제6절 세액공제　　539

Ⅰ. 증여세액 공제	540
1. 상속재산 가산 증여재산에 대한 증여세액 공제	540
2. 공제할 증여세액의 한도	540
Ⅱ. 외국납부세액 공제	541
Ⅲ. 단기 재상속에 대한 세액공제	541
1. 상속세 상당액 공제	541
2. 세액공제금액의 계산	542
Ⅳ. 신고세액 공제	543

제7절 상속세 과세표준신고　　543

제9장 가상자산과 양도·대여 소득

제1절 가상자산 일반론　　546

Ⅰ. 가상자산	546
Ⅱ. 암호화폐의 유형	546
Ⅲ. 암호화폐의 법적 성격	547
1. 지급결제수단의 기능과 통화	547
2. 금융투자상품과 투자성	547
3. 상품과 본원적인 내재가치	548
4. 법정통화와의 교환 등과 재산가치	548

제2절 주요국의 가상자산 과세제도　　548

Ⅰ. 미국	548
Ⅱ. 일본	549
Ⅲ. 호주	549
Ⅳ. 주요국의 가상화폐 과세체계 비교	549
Ⅴ. 주요국의 가상자산 과세현황	550

제3절 특정금융정보법과 가상자산　　550

Ⅰ. 가상자산의 정의	550
Ⅱ. 가상자산의 범위에서 제외되는 것	551
Ⅲ. 가상자산사업자	551
Ⅳ. 가상사업자의 신고 업무 위탁	552

제4절 가상자산 과세제도　　552

Ⅰ. 가상자산의 정의	552
Ⅱ. 소득 구분	552
Ⅲ. 필요경비 계산	553
1. 필요경비의 계산	553
2. 필요경비 계산 특례	553
3. 기타소득금액의 계산	553

제10장 비거주자 및 외국법인의 국내원천 금융투자소득

제1절 조세조약 일반론　　558

Ⅰ. 조세조약의 체결 목적과 혜택	559
1. 조세조약의 체결 목적	559
2. 조세조약의 혜택	559
Ⅱ. 조세조약상 수익적소유자	560
1. 수익적소유자	560
2. 수익적소유자의 판단기준	561
Ⅲ. 조세조약에 따른 제한세율	562
1. 우리나라와 영국이 체결한 조세조약	562
2. 배당	563
3. 이자	563
4. 사용료	563
Ⅳ. 비거주자 국내원천소득 원천징수 시 주의할 점	564

제2절 비거주자의 국내원천소득　　564

Ⅰ. 국내원천소득의 구분	564
Ⅱ. 국내원천 이자소득	565
Ⅲ. 국내원천 배당소득	565

1. 배당소득의 범위 565
2. 집합투자증권의 환매등 대통령령으로 정하는 이익 566
3. 파생결합증권의 이익 중 대통령령으로 정하는 이익 567
Ⅳ. 국내원천 부동산등양도소득 568
1. 부동산등양도소득의 범위 568
2. 부동산 과다보유 법인의 부동산 보유비율 산정 568
Ⅴ. 국내원천 유가증권양도소득 569
1. 국내원천 유가증권양도소득의 범위 569
2. 대통령령으로 정하는 소득 570
Ⅵ. 국내원천 기타소득 572
1. 국내원천 기타소득의 범위 572
2. 계약의 위약 또는 해약으로 지급받는 손해배상 573
3. 비거주자의 국외특수관계인의 범위 573
4. 자본거래로 인하여 그 가치가 증가한 소득 574
5. 가상자산소득 575

제3절 국외투자기구에 대한 실질귀속자 특례 575
Ⅰ. 실질귀속자의 정의 575
Ⅱ. 국외투자기구에 대한 실질귀속자 특례 575
Ⅲ. 비거주자의 국내사업장 576
1. 비거주자의 국내사업장이 있는 경우 576
2. 국내사업장을 둔 것으로 보는 경우 576

제4절 비거주자에 대한 과세방법 577
Ⅰ. 비거주자 국내원천소득의 구분 계산 577
Ⅱ. 비거주자 국내원천소득의 과세 방법 578
1. 국내사업장이 있는 비거주자 등의 과세 방법 578
2. 국내사업장이 없는 비거주자의 과세 방법 578
3. 국내사업장이 있는 비거주자의 원천징수소득 과세 방법 578
Ⅲ. 비거주자에 대한 종합과세 579
1. 과세표준과 세액의 계산 579
2. 비거주자의 신고와 납부 580
3. 과세표준 및 세액의 결정과 징수 581
Ⅳ. 비거주자에 대한 분리과세 581
1. 과세표준과 세액의 계산 등 581
2. 유가증권의 취득가액 및 양도비용의 공제 582
3. 가상자산소득 584
4. 국내원천소득에 대한 세액의 계산 584

제5절 비거주자 유가증권양도소득 신고·납부 특례 584
Ⅰ. 국내사업장이 없는 비거주자의 주식등 양도 584
Ⅱ. 국내사업장이 없는 비거주자에게 주식등 양도 585
Ⅲ. 조세조약상 과세기준을 충족하지 않는 주식등 586

제6절 비거주자 국내원천소득에 대한 원천징수의 특례 586
Ⅰ. 국내원천소득에 대한 원천징수와 납부 586

Ⅱ. 국내원천 이자소득 등의 양도소득 세율 인하 588
Ⅲ. 투자매매업자 등의 원천징수 의무 588
Ⅳ. 금융회사등이 인수 등을 하는 경우 원천징수 의무 589
Ⅴ. 국외특수관계인 보유 내국법인 주식등의 원천징수 589
1. 법인 사이에 합병 또는 분할합병의 경우 589
2. 법인의 자본·출자액을 증가시키는 거래의 경우 589
3. 주식등을 발행한 내국법인의 원천징수 의무 590
Ⅵ. 부동산양도소득이 있는 비거주자의 원천징수 배제 590
Ⅶ. 가상자산에 대한 가상자산사업자등의 원천징수 591
1. 가상자산의 인출시점 인별 납부 금액의 계산 591
2. 가상자산사업자등의 납세자별 원천징수대상 확인 592

제7절 비거주자에 대한 조세조약상 비과세 등의 적용 592
Ⅰ. 비과세·면제신청서의 제출 592
1. 소득지급자를 통한 비과세·면제신청서의 제출 592
2. 국외투자기구를 통한 비과세·면제신청서의 제출 593
3. 국외공모집합투자기구의 비과세·면제신청서의 제출 면제 593
4. 국외재간접투자펀드 비과세·면제신청서의 제출 593
5. 대리인 등을 통한 비과세·면제신청서의 제출 594
6. 비과세 신고서 등 관련 자료의 보관 595
Ⅱ. 실질귀속자를 파악할 수 없는 경우 595
Ⅲ. 비과세·면제의 적용을 위한 경정 청구 596

제8절 비거주자의 채권등에 대한 원천징수의 특례 596
Ⅰ. 채권등의 이자등의 지급과 매수 시 원천징수 597
Ⅱ. 환매조건부채권매매거래 등의 경우 597

제9절 특정지역 비거주자 원천징수 절차 특례 598
Ⅰ. 특정지역 비거주자에 대한 제한세율의 적용 특례 598
Ⅱ. 조세조약상 비과세 등의 적용 사전승인 절차 599
Ⅲ. 특정지역 비거주자에 대한 제한세율의 경정청구 599

제10절 제한세율 적용을 위한 원천징수 절차 특례 600
Ⅰ. 비거주자의 제한세율 적용신청서의 제출 600
Ⅱ. 비거주자의 제한세율 적용 배제 600
Ⅲ. 비거주자의 제한세율 적용 경정청구 601

제11절 이자·배당 및 사용료에 대한 세율 적용 특례 601

제12절 외국법인의 국내원천소득에 대한 원천징수의 특례 602
Ⅰ. 외국법인의 국내원천소득 602
1. 국내원천 이자소득 602

2. 국내원천 배당소득　603
　　3. 국내원천 부동산양도소득　604
　　4. 국내원천 유가증권양도소득　604
　Ⅱ. 국외투자기구에 대한 실질귀속자 특례　605
　Ⅲ. 외국법인에 대한 원천징수 또는 징수의 특례　606
　　1. 국내원천 이자소득　606
　　2. 국내원천 배당소득　606
　　3. 국내원천 부동산등양도소득　606
　　4. 국내원천 유가증권양도소득　607
　Ⅳ. 외국법인의 유가증권 양도소득 등에 대한 신고 및 납부 등의 특례　607
　　1. 동일 내국법인의 주식등을 동일 사업연도에 2회 이상 양도한 경우　607
　　2. 국내사업장이 없는 비거주자나 외국법인에 양도하는 경우　608
　Ⅴ. 외국법인의 원천징수대상채권등에 대한 원천징수의 특례　608
　Ⅵ. 외국법인에 대한 조세조약상 비과세 또는 면제 적용 신청　609
　　1. 조세조약에 따른 비과세 또는 면제의 적용 신청　609
　　2. 국내원천소득이 국외투자기구를 통하여 지급되는 경우　609
　　3. 비과세 또는 면제신청서 등을 제출받지 못한 경우　610
　Ⅶ. 특정지역 외국법인에 대한 원천징수절차 특례　610
　　1. 특정지역 외국법인에 대한 원천징수　610
　　2. 조세조약에 따른 비과세 등의 적용을 위한 경정 청구　611
　Ⅷ. 조세조약상 제한세율 적용을 위한 원천징수 절차 특례　611
　　1. 실질귀속자인 외국법인이 제한세율을 적용받으려는 경우　611
　　2. 제한세율을 적용받지 못한 실질귀속자가 적용받으려는 경우　612
　Ⅸ. 이자·배당 및 사용료에 대한 세율의 적용 특례　612

제11장 국외전출자 국내 주식등 과세 특례

제1절 국외전출자의 납세의무　616
　Ⅰ. 국외전출자　616
　Ⅱ. 국외전출자의 납세의무　616

제2절 국내주식등에 대한 과세표준의 계산　617
　Ⅰ. 국내주식등의 양도가액　617
　　1. 주권상장법인의 주식등　617
　　2. 주권비상장법인의 주식등　618
　Ⅱ. 국내주식등의 과세표준 계산　619
　　1. 과세기간과 국내주식등의 필요경비 계산　619
　　2. 국내주식등의 과세표준 계산등　619

제3절 국외전출자 국내주식등에 대한 세율과 산출세액　620

제4절 국외전출자 국내주식등에 대한 세액공제 등　621
　Ⅰ. 국내주식등에 대한세액공제　621
　Ⅱ. 국내주식등에 대한 조정공제　621
　Ⅲ. 국내주식등에 대한 외국납부세액의 공제　622
　　1. 외국납부세액의 계산 및 공제　622
　　2. 비거주자의 국내원천소득 세액공제　622

제5절 국외전출자 국내주식등에 대한 신고납부 등　623
　Ⅰ. 납세관리인과 국내주식등 보유현황의 신고　623
　Ⅱ. 국내주식등 과세표준의 신고 및 납부　624
　Ⅲ. 국외전출자의 조정공제 및 세액공제 경정청구　624

제6절 국외전출자의 납부유예　624
　Ⅰ. 국외전출자 납부유예 요건과 신청　624
　Ⅱ. 납부유예 받은 국외전출세의 납부　625
　　1. 5년 이내에 국내주식등을 양도하지 않은 경우　625
　　2. 국내주식등을 실제 양도한 경우　625
　　3. 납부유예기간에 대한 이자상당액의 가산　626

제7절 재전입 등에 따른 환급 등　626

참고 문헌　628

제1장

서론

제1장
서론

제1절 서설

2020.12.29. 법률 제17757호로 개정된 소득세법은 ① 신탁제도의 활성화와 신탁에 대한 소득세 과세체계를 정비하고, ② 다른 자산의 양도 소득과의 과세형평을 도모하기 위하여 가상자산의 양도 또는 대여로부터 발생하는 소득에 대하여 기타소득으로 과세하며, ③ 금융투자 활성화 및 금융투자상품에 대한 과세의 합리화를 위하여 금융투자소득을 신설하는 등 현행 제도의 운영상 나타난 일부 미비점을 개선 및 보완하기 위한 목적으로 개정되었다.[1]

① 신탁 과세제도는 2021.1.1.부터 시행되고 있으며, ② 가상자산 과세제도는 2022.1.1.부터 시행 예정이었으나 2021.12.8. 법률 제18578호 개정 소득세법에 따라 2023.1.1.부터 시행하는 것으로 1년간 유예되었고, ③ 금융투자소득 과세제도(금융투자소득세)는 2023.1.1.부터 시행을 앞두고 있다.

이러한 금융상품 과세제도의 변화는 현재 ① 이자소득, ② 배당소득, ③ 양도소득으로 구분하던 것을 2023.1.1.부터 ① 이자소득, ② 배당소득, ③ 금융투자소득, ④ 특정주식과 수익 신탁권 양도소득으로 구분해 과세하게 된다. 금융투자소득세의 도입으로 복잡하게 얽혀 있던 금융상품 관련 법률 규정이 조금 더 단순화하고 체계화되었다는 점에서는 큰 의미가 있다.

다만 ① 주식등의 장기 보유 특별 공제가 적용되지 않는다는 점, ② 금융투자소득금액을 계산하는 때에 금융투자소득[2]의 수입시기에 같은 계좌 내에서 양도하는 같은 자산을 하나의 과세단위로 하여 소득금액 또는 손실금액을 계산한 것은 향후 보완이 필요하다고 생각된다. ②의 경우 조세효율성과 납세자의 부담 완화를 고려한 것으로 이해가 된다. 그러나 제도를 시행하면서 시스템 등을 보완해 전체 계좌를 하나의 과세단위로 하여 소득금액 또는 손실금액을 계산하도록

---

1) 2020.12.29. 법률 제17757호 소득세법 일부 개정 개정이유 참조.
2) 주식등소득금액, 채권등소득금액, 투자계약증권소득금액에 한한다.

하고 통합 원천징수하는 것이 조세효율성과 납세자의 부담 완화를 비롯한 금융투자소득세의 도입 취지와 목적에도 부합한다.

본서에서는 2021.12.8.까지 개정되어 2022.12.31.까지 적용되는 현행 과세제도와 2023.1.1. 시행 예정인 금융투자소득세 및 가상자산 과세 제도를 비롯한 관련 세법에 대해 자세히 살펴보고자 한다.

제2절 금융투자상품 과세제도의 이해

아래에서는 금융상품 또는 금융투자상품(금융투자상품)의 ① 취득, ② 보유, ③ 양도, ④ 증여, ⑤ 상속과 관련된 주요 과세제도의 적용에 대해 간략하게 살펴보고자 한다.

Ⅰ. 금융투자상품 관련 법률 및 규정

금융투자상품의 과세와 관련된 주요 세법은 ① 소득세법, ② 법인세법, ③ 증권거래세법, ④ 상속세 및 증여세법(상속증여세법), ⑤ 조세특례제한법, ⑥ 지방세법이 있다.

주요 관련 법률에는 ① 상법, ② 자본시장과 금융투자업에 관한 법률(자본시장법), ③ 신탁법이 있다. 규정으로는 한국거래소의 ① 유가증권시장 업무규정 및 시행세칙, ② 파생상품시장 업무규정 및 시행세칙, ③ 코스닥시장 업무규정 및 시행세칙 등이 있다.

Ⅱ. 금융투자상품의 취득과 세금

금융투자상품의 취득 유형에는 ① 직접취득, ② 증여취득, ③ 상속취득이 있다. 취득 유형에 따라 ① 지방세와 농어촌특별세, ② 상속증여세가 과세되고 국세기본법 및 지방세기본법에 따른 제2차 납세의무가 발생한다. 아래에서는 금융투자상품의 취득과 관련된 세금에 대해 살펴보고자 한다.

1. 지방세와 농어촌특별세

가. 과점주주 간주취득세

일반적으로 주식등을 취득하는 경우에는 납세의무가 없어 세금이 과세되지 않는다. 다만 주식등을 취득하는 때에 지방세법에 따른 부동산 과다보유법인의 과점주주에 해당하는 경우 과점주주 간주취득세와 농어촌특별세 납세의무가 발생한다.

나. 제2차 납세의무

주식등을 취득하는 때에 과점주주에 해당하게 되는 경우 국세기본법 및 지방세기본법에 따른 제2차 납세의무의 적용대상이 된다.

2. 상속증여세

금융투자상품을 증여 또는 상속받아 취득하게 되는 때에는 상속증여세법에 따른 상속세 또는 증여세 납세의무가 발생하며 세금을 신고 및 납부해야 한다. 상속받은 금융재산 중 주식등이 가업상속공제 대상에 해당하는 때에는 가업상속공제를 한 후 산출된 세액을 신고 및 납부한다.

III. 금융투자상품의 보유와 세금

금융투자상품을 보유하는 기간 동안 발생하는 소득에는 이자소득과 배당소득이 있다. 이자소득과 배당소득은 ① 소득세법, ② 법인세법, ③ 지방세법, ④ 상속증여세법에 따른 납세의무가 발생한다.

1. 원천징수와 금융소득종합과세

일반적인 경우 이자소득과 배당소득은 원천징수제도에 따라 소득을 지급하는 자가 소득을 지급하는 때에 소득구분별 원천징수세율을 적용하여 소득세와 주민세를 원천징수한 후 차액을 투자자 또는 소득자에게 지급하며 원천징수의무자가 원천징수한 세액을 납부함으로써 납세의무가 소멸한다. 다만 과세기간 동안 지급받은 이자소득금액과 배당소득금액의 합계액이 연간 2천만원을 초과하는 경우 금융소득종합과세 대상에 해당하여 종합소득세를 신고 및 납부하는 때에 종합소득세 소득금액에 합산하여 종합세율로 과세한다.

2. 배당소득금액 가산과 수입배당금 익금불산입

소득세법과 법인세법에서는 배당소득금액 가산 제도(Gross-up)와 수입배당금 익금불산입 제도를 두고 있다. ① 개인의 경우 금융소득종합과세 대상에 해당하여 종합소득세 신고 및 납부를 하는 때에 배당소득이 있는 경우 소득세법에 따른 배당소득금액 가산 제도가 적용된다. ② 법인의 경우 법인세 과세표준을 신고하는 때에 법인세법에 따른 수입배당금 익금불산입 제도가 적용된다.

이러한 제도를 두고 있는 이유는 배당을 지급하는 법인의 배당 재원이 되는 소득은 법인의 단계에서 이미 법인세로 과세되었기 때문에 주주가 법인으로부터 배당을 받는 때에 과세하는 경우 이중과세가 되기 때문에 이중과세를 조정하기 위한 것이다.

3. 초과배당에 따른 이익의 증여

초과배당이란 법인이 이익이나 잉여금을 배당 또는 분배(배당등)하는 경우로서 법인의 최대주주 또는 최대출자자가 본인이 지급받을 배당등의 금액의 전부 또는 일부를 포기하거나 본인이 보유한 주식등에 비례하여 균등하지 않은 조건으로 배당등을 받음에 따라 최대주주등의 특수관계인이 본인이 보유한 주식 등에 비하여 높은 금액의 배당등을 받는 경우를 말한다.

초과배당을 하는 경우에는 배당을 하기 전 상속증여세법에 따른 초과배당에 따른 이익의 증여에 관한 사항을 함께 검토해야 한다. 초과배당에 따른 이익의 증여에 해당하는 경우에는 증여세 납세의무가 발생한다.

Ⅳ. 금융투자상품의 양도와 세금

금융투자상품을 양도하는 때에 ① 소득세법, ② 지방세법, ③ 증권거래세, ④ 상속증여세, ⑤ 농어촌특별세법[3]에 따른 납세의무가 발생한다. 또한 금융투자상품의 양도가 상속증여세법에 따른 증여의제와 증여추정에 해당하는 때는 상속증여세법에 따른 납세의무가 발생한다.

1. 과세제도의 변화

2023.1.1. 이후 금융투자소득세의 시행과 관계없이 ① 종합세율로 과세하는 특정주식과 ② 신탁 수익권 양도세율을 적용하고 있는 신탁 수익권은 현재와 같이 양도소득세로 과세한다. 이 외의 금융투자상품 양도로 발생하는 소득금액은 금융투자소득 세율로 과세한다. 또한 이자소득과 배당소득 범위에 변화가 있고 금융투자소득의 범위가 확대되었다.

2. 금융투자상품의 양도

금융투자상품을 양도하는 때에 양도가액과 취득가액은 실지거래가액에 따른다. 다만 실지거래가액을 적용할 수 없는 때에는 ① 매매사례가액, ② 감정가액, ③ 환산취득가액을 적용한다.

주식등을 증권시장에서의 거래에 의해 양도하는 경우 이외의 방법으로 양도하는 때에는 소득세법 및 법인세법에 따른 부당행위계산의 부인에 해당하는지를 사전에 확인해야 한다. 특히 비상장법인의 주식등을 양도하는 때에는 부당행위계산의 부인과 상속증여세법에 따른 비상장주식등의 보충적평가를 함께 검토해야 한다.

3. 상속증여세법에 따른 증여

주식등을 양도하는 경우 양도하기 전 상속증여세법에 따른 ① 증여재산, ② 증여 추정, ③ 증여 의제에 해당하는지를 함께 검토해야 한다. 상속증여세법을 함께 고려하는 것은 부당행위계산의 부인 등과 관련이 있기 때문이다.

---

3) 자본시장법에 따른 증권시장에서 거래된 증권가액의 1만분의 15.

제3절 본문의 구성

본 서는 제1장 서론, 제2장 금융투자상품과 자본시장제도, 제3장 신탁재산 및 집합투자기구 과세제도, 제4장 거주자와 금융소득, 제5장 거주자와 금융투자소득, 제6장 금융투자와 증권거래세, 제7장 금융투자상품과 증여, 제8장 금융투자상품과 상속, 제9장 가상자산과 양도·대여 소득, 제10장 비거주자 및 외국법인의 국내원천 금융투자소득, 제11장 국외전출자 국내 주식등 과세특례로 구성되어 있다.

제1장 서론에서는 2020.12.29. 법률 제17757호 개정된 소득세법의 개정이유에 대해 살펴보았으며 금융투자상품 과세제도의 이해를 위한 관련 법률에 대해 설명하고 금융투자상품의 ① 취득, ② 보유, ③ 양도와 관련된 주요 사항에 대한 세법의 적용과 주요 내용에 대해 간략하게 살펴보았다.

제2장 금융투자상품과 자본시장제도에서는 금융투자상품 과세제도의 이해에 필요한 상법 및 자본시장법에 따른 금융투자상품과 자본시장제도에 대해 살펴보고자 한다.

제3장 신탁재산 및 집합투자기구 과세제도는 신탁재산 및 집합투자기구 자체에 대한 과세제도로 투자자의 신탁재산 및 집합투자기구 소득금액 과세제도와 관련되어 있다. 주요 내용은 ① 신탁재산 과세제도, ② 투자회사 과세제도, ③ 사모집합투자기구 과세제도로 구성되어 있다.

제4장 거주자와 금융소득에서는 거주자의 금융상품 투자와 관련된 ① 취득, ② 보유, ③ 양도와 관련된 현행 과세제도에 대해 살펴보고자 한다. ① 금융상품의 취득과 관련해서는 지방세법에 따른 과점주주 간주취득세와 국세기본법에 따른 제2차 납세의무를 살펴보고자 한다. ② 금융상품을 보유하는 때에 발생하는 소득에는 이자소득과 배당소득이 있으며 금융투자소득세의 시행으로 소득의 범위와 구분 등에 많은 변화가 있다. 따라서 이자소득과 배당소득의 과세와 관련이 있는 2022.12.31.까지 적용되는 현행 과세제도와 2023.1.1.부터 시행되는 과세제도를 함께 살펴보고자 한다. ③ 금융상품의 양도와 관련해서는 2022.12.31.까지 적용되는 현행 과

세제도에 대해 살펴보고자 하며 2023.1.1.부터 적용되는 과세제도는 제5장 거주자와 금융투자소득에서 살펴보고자 한다.

제5장 거주자와 금융투자소득에서는 2023.1.1.부터 새로이 시행되는 금융투자소득세와 관련된 ① 주식등의 정의, ② 금융투자상품의 양도, ③ 특정주식과 신탁 수익권의 양도, ④ 채권등의 과세, ⑤ 집합투자기구 과세, ⑥ 금융투자소득금액의 범위, ⑦ 금융투자소득의 수입시기, ⑧ 금융투자소득금액의 계산 등과 관련된 사항을 전반적으로 살펴보고자 한다.

제6장 금융투자와 증권거래세에서는 증권거래세의 ① 과세대상, ② 납세의무자, ③ 주권의 양도와 매매거래의 확정시기, ④ 과세표준, ⑤ 세율 등에 대해 살펴보고자 한다.

제7장 금융투자상품과 증여에서는 주식등의 취득 유형 중 하나인 증여취득 등과 기타 증여세 과세대상과 관련된 사항을 알아보고자 한다. 증여세의 과세대상은 ① 증여재산, ② 증여 추정, ③ 증여 의제로 구분할 수 있으며 이와 관련된 과세제도에 대해 알아보고자 한다. 또한 증여세뿐만 아니라 소득세법과 법인세법에 따른 부당행위계산의 부인을 적용하는 때에도 상속증여세법에 따른 평가방법을 준용하고 있어 보충적 평가방법에 대해서도 함께 살펴보고자 한다.

제8장 금융투자상품과 상속에서는 주식등의 취득 유형 중 하나인 상속취득과 관련된 사항과 가업상속공제 제도에 대해 자세히 살펴보고자 한다.

제9장 가상자산과 양도·대여 소득에서는 2023.1.1.부터 시행되는 가상자산 과세제도에 대해 알아보고자 한다. 가상자산 과세제도는 국내에서 새로이 시행되는 과세제도인 점을 고려하여 미국 등 주요국의 가상자산 과세제도와 특정 금융거래정보의 보고 및 이용 등에 관한 법률(특정금융정보법)에 따른 가상자산의 의미와 가상자산사업자 등의 규제 관련 사항을 먼저 알아본 후 ① 소득의 구분, ② 필요경비 계산, ③ 가상자산사업자등, ④ 결정세액의 계산 등에 대해 살펴보고자 한다.

제10장 비거주자 및 외국법인의 국내원천 금융투자소득에서는 2023.1.1.부터 시행되는 소

득세법에 따른 비거주자 국내원천소득을 중심으로 살펴보고자 한다. 현행 과세제도와의 차이는 ① 가상자산소득이 국내원천 기타소득에 추가로 포함되었다는 것과 ② 비거주자 국내원천소득 특례 등에 관한 규정에 변화가 있다는 것이다. 비거주자 국내원천소득 과세제도의 이해를 위해서는 조세조약에 대한 최소한의 이해가 선행되어야 한다. 따라서 조세조약에 관련된 사항에 대해 간략하게 살펴본 후 비거주자 국내원천소득과 관련된 사항에 대해 살펴보고자 한다.

제11장 국외전출자 국내 주식등 과세 특례에서는 국외전출자의 국내 주식등 과세 특례에 대해 살펴보고자 한다. 주요 내용은 ① 국외전출자의 의미, ② 특례 적용 대상 주식등의 범위, ③ 과세표준의 계산, ④ 세액공제 등, ⑤ 납부유예 등이 있다.

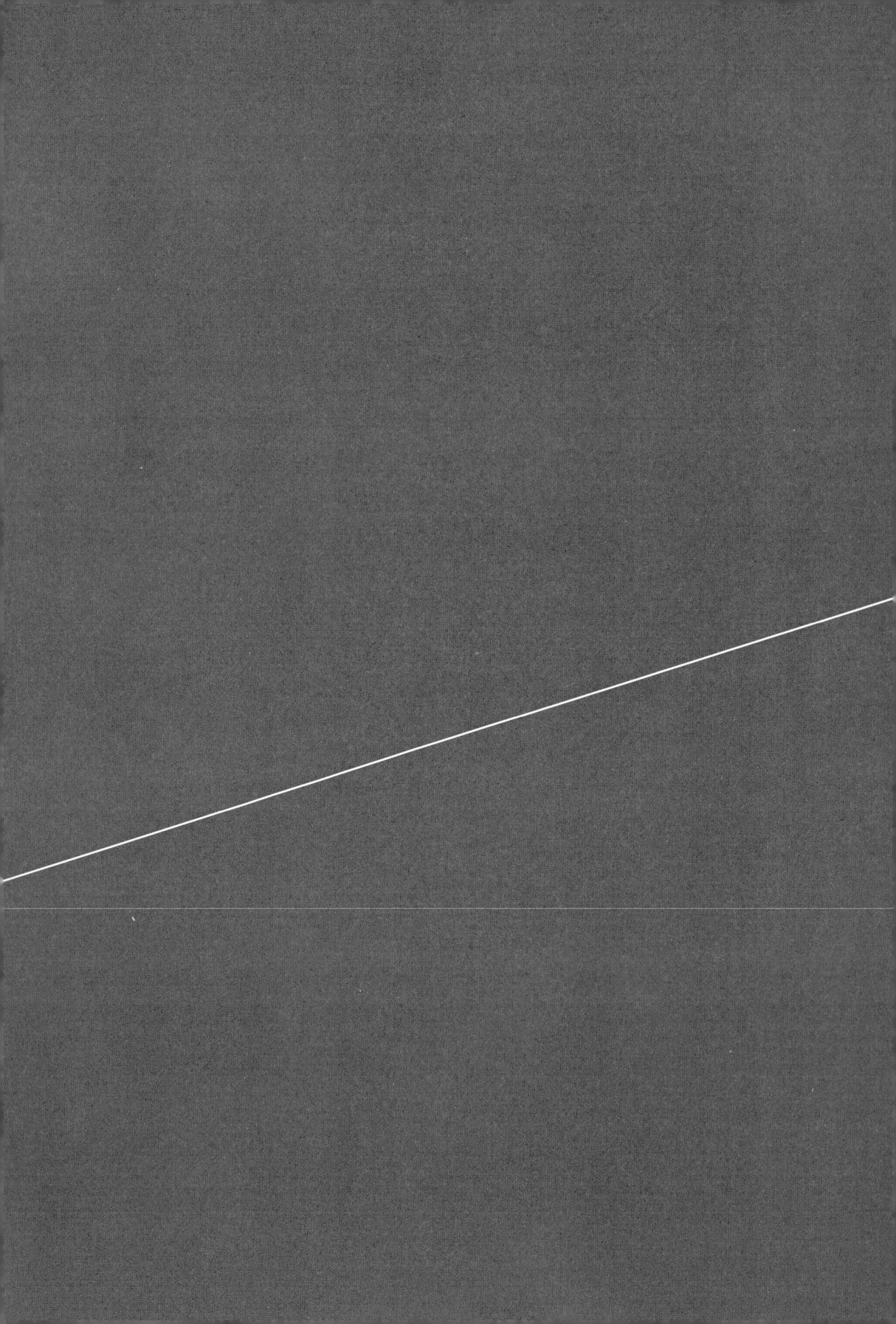

제2장

금융투자상품과 자본시장제도

제2장
금융투자상품과 자본시장제도

회사는 주주 또는 채권자로부터 자금을 조달해 설립 및 운영된다. 이러한 회사의 자금조달은 회사의 입장에서 보면 자본 또는 부채의 조달이지만 주주 또는 투자자 그리고 채권자의 입장에서는 금융투자상품의 취득에 해당한다. 아래에서는 금융투자와 관련된 금융상품과 자본시장제도에 관하여 살펴보고자 한다.

제1절 회사

상법에 따른 조합은 ① 익명조합과 ② 합자조합이 있으며 회사는 ① 합명회사, ② 합자회사, ③ 유한책임회사, ④ 주식회사, ⑤ 유한회사가 있다. 회사란 상행위나 그 밖의 영리를 목적으로 하여 설립한 법인을 말한다.

상법에서는 다양한 종류의 회사제도를 두고 있으나 우리나라에서는 소규모 회사도 주식회사 형태를 선호하는 경향이 있고 주주가 출자한 한도 내에서 유한책임을 진다는 장점이 있어 실제 회사의 대부분이 주식회사 형태로 되어 있다.[4]

또한 자본시장법에 따른 집합투자기구는 상법에 따른 조합과 회사의 형태로 설립되며 일반적인 회사가 아닌 집합투자기구라는 점을 고려하여 상법에 따른 일부 규정의 적용을 배제하거나 완화하는 등의 특례 규정을 두고 있다.

---

4) 국세통계에 따르면 2020년에 법인세를 신고한 총 신고 법인수 787,438개사 중 주식회사가 747,438개사로 총 신고 법인의 94.9% 우리나라에서는 주식회사 형태를 선호하는 경향이 있고 주주가 출자한 한도 내에서 유한책임을 진다는 장점을 가지고 있어 실제 우리나라 기업의 95%가 주식회사 형태로 되어 있다.; 국세통계포털 2020년 법인세 신고현황 (8-1-2) 참고, https://tasis.nts.go.kr, (2021.12.03. 검색)

제2절 주식

Ⅰ. 주식회사의 설립

1. 정관의 작성과 절대적 기재사항

주식회사를 설립하는 때에 발기인이 정관을 작성해야 한다. 발기인은 정관을 작성하여 ① 목적, ② 상호, ③ 회사가 발행할 주식의 총수, ④ 액면주식을 발행하는 경우 1주의 금액, ⑤ 회사의 설립 시에 발행하는 주식의 총수, ⑥ 본점의 소재지, ⑦ 회사가 공고를 하는 방법, ⑧ 발기인의 성명·주민등록번호 및 주소를 적고 각 발기인이 기명날인 또는 서명하여야 한다. 정관은 공증인의 인증을 받음으로써 효력이 생긴다.

2. 회사 설립 시 발행 주식

회사 설립 시에 발행하는 주식에 관하여 ① 주식의 종류와 수, ② 액면주식의 경우에 액면 이상의 주식을 발행할 때에는 그 수와 금액, ③ 무액면주식을 발행하는 경우에는 주식의 발행가액과 주식의 발행가액 중 자본금으로 계상하는 금액은 정관으로 다르게 정하지 않은 때에는 발기인 전원의 동의로 정한다.

3. 발기설립과 모집설립

주식회사의 설립 방법은 발기설립과 모집설립이 있다. 일반적으로 발기설립을 하는 경우가 대부분이다. 발기설립을 하는 경우 각 발기인은 서면에 의하여 주식을 인수하여야 한다. 회사는 발기인이 될 수 없어 자연인만이 발기인이 될 수 있다.

4. 회사의 설립등기

주식회사의 설립등기[5]는 ① 발기인이 회사 설립 시에 발행한 주식의 총수를 인수한 경우에는 검사인의 조사 보고와 법원의 변경처분에 의한 절차가 종료한 날로부터 또는 ② 발기인이 주주를 모집한 경우에는 창립총회가 종결한 날 또는 변태설립사항의 절차가 종료한 날로부터 2주간 내에 해야 한다.

5. 주주의 책임

주주의 책임은 주주가 가진 주식의 인수가액을 한도로 한다. 이를 주주의 유한책임이라 한다.

Ⅱ. 자본의 구성과 배당

1. 자본의 구성

가. 자본금

회사의 자본금은 상법에서 다르게 규정한 경우 외에는 발행주식의 액면총액으로 한다. 회사가 무액면주식을 발행하는 경우 회사의 자본금은 주식 발행가액의 2분의 1 이상의 금액으로서 이사회[6]에서 자본금으로 계상하기로 한 금액의 총액으로 한다. 주식의 발행가액 중 자본금으로 계상하지 않은 금액은 자본준비금으로 계상해야 한다. 회사의 자본금은 액면주식을 무액면주식으로 전환하거나 무액면주식을 액면주식으로 전환함으로써 변경할 수 없다.

---

5) 설립등기에 있어서는 ① 목적, ② 액면주식을 발행하는 경우 1주의 금액, ③ 본점의 소재지, ④ 회사가 공고를 하는 방법, ⑤ 자본금의 액, ⑥ 발행주식의 총수, 그 종류와 각종주식의 내용과 수, ⑦ 주식의 양도에 관하여 이사회의 승인을 얻도록 정한 때에는 그 규정, ⑧ 주식매수선택권을 부여하도록 정한 때에는 그 규정, ⑨ 지점의 소재지, ⑩ 회사의 존립기간 또는 해산사유를 정한 때에는 그 기간 또는 사유, ⑪ 주주에게 배당할 이익으로 주식을 소각할 것을 정한 때에는 그 규정, ⑫ 전환주식을 발행하는 경우에는 전환주식의 발행절차에 관한 사항, ⑬ 사내이사, 사외이사, 그 밖에 상무에 종사하지 아니하는 이사, 감사 및 집행임원의 성명과 주민등록번호, ⑭ 회사를 대표할 이사 또는 집행임원의 성명·주민등록번호 및 주소, ⑮ 둘 이상의 대표이사 또는 대표집행임원이 공동으로 회사를 대표할 것을 정한 경우에는 그 규정, ⑯ 명의개서대리인을 둔 때에는 그 상호 및 본점소재지, ⑰ 감사위원회를 설치한 때에는 감사위원회 위원의 성명 및 주민등록번호를 등기하여야 한다.

6) 상법 제416조 단서에서 정한 주식발행의 경우에는 주주총회를 말한다.

가) 무액면주식과 액면주식

정관으로 정한 경우에는 주식의 전부를 무액면주식으로 발행할 수 있으며 무액면주식을 발행하는 경우에는 액면주식을 발행할 수 없다. 액면주식의 금액은 균일해야 하고 1주의 금액은 100원 이상으로 해야 한다. 정관으로 정하는 바에 따라 발행된 액면주식을 무액면주식으로 전환하거나 무액면주식을 액면주식으로 전환할 수 있다.

나) 주식의 분할

주주총회의 결의로 주식을 분할할 수 있으며 분할 후의 액면주식 1주의 금액은 100원 미만으로 하지 못한다.

나. 준비금

준비금은 회사가 자본금을 초과하는 재산액을 일정한 목적을 위해 회사에 적립하여 두는 계산상의 금액으로 적립금이라고도 한다. 준비금은 회사 이익의 유보금액으로 형식적으로는 대차대조표상 부채의 부(-)에 기재되어 이익을 산출을 하는 데 있어서 순자산액으로부터 자본금과 함께 공제되는 공제항목이다.

준비금에는 법률에 의해 적립이 강제되는 법정준비금과 회사가 스스로 정관이나 주주총회결의에 의하여 적립하는 임의준비금이 있다. 법정준비금은 적립하는 재원에 따라 이익준비금과 자본준비금으로 구분하며 자본금의 결손 보전에 충당하는 경우 외에는 처분하지 못한다. 합병이나 분할 또는 분할합병의 경우 소멸 또는 분할되는 회사의 이익준비금이나 그 밖의 법정준비금은 합병·분할·분할합병 후 존속되거나 새로 설립되는 회사가 승계할 수 있다.

1) 법정준비금

가) 이익준비금

이익준비금이란 회사의 영업에서 생긴 이익을 적립하는 준비금을 말한다. 회사는 자본금의 2

분의 1이 될 때까지 매 결산기 이익배당금액의 10분의 1 이상을 이익준비금으로 적립해야 한다. 다만 주식배당의 경우에는 적용하지 않는다.

나) 자본준비금

회사는 자본거래에서 발생한 잉여금을 자본준비금으로 적립하여야 한다. 상법에서는 회계기준에 따라 자본잉여금을 자본준비금으로 적립하여야 한다고 규정하고 있을 뿐 한도를 두고 있지 않다. 자본준비금에는 ① 주식발행초과금, ② 주식의 교환차익, ③ 이전차익, ④ 감자차익, ⑤ 합병차익, ⑥ 분할과 분할합병차익, ⑦ 무액면주식 발행 시 자본금으로 계상하고 남은 금액이 해당한다. 또한 기타자본잉여금으로 ① 국고보조금, ② 공사부담금, ③ 보험차익, ④ 자산수증이익, ⑤ 채무면제이익, ⑥ 자기주식처분이익 등이 있다.

다) 임의준비금

임의준비금이란 주주총회의 결의나 정관에 의해 법정준비금을 공제한 잔여이익에서 임의로 적립하는 준비금을 말한다. 일반적으로 ① 장래의 사업 확장 또는 배당의 평준화, ② 사채의 상환, ③ 손실의 전보, ④ 주식의 소각 등에 대비하여 적립하는 것으로서 법률에 따른 제한이 없다. 임의준비금은 법률에 따른 제한은 없으나 사용은 적립하는 목적에 부합되는 경우로 한정되며 자본금으로 전입할 수 없다.

다. 준비금의 자본전입

회사는 정관으로 주주총회에서 결정하기로 정한 경우를 제외하고 이사회의 결의에 의하여 준비금의 전부 또는 일부를 자본금에 전입할 수 있으며 주주가 가진 주식의 수에 따라 주식을 발행하여야 한다. 1주에 미달하는 단수에 대하여는 제443조 제1항[7]의 규정을 준용한다.

---

7) 제443조(단주의 처리) ①병합에 적당하지 아니한 수의 주식이 있는 때에는 그 병합에 적당하지 아니한 부분에 대하여 발행한 신주를 경매하여 각 주수에 따라 그 대금을 종전의 주주에게 지급하여야 한다. 그러나 거래소의 시세 있는 주식은 거래소를 통하여 매각하고, 거래소의 시세 없는 주식은 법원의 허가를 받아 경매 외의 방법으로 매각할 수 있다.

라. 자본준비금 및 이익준비금의 감액

회사는 적립된 자본준비금 및 이익준비금의 총액이 자본금의 100분의 150 이상을 초과하는 경우에 주주총회의 결의에 따라 그 초과한 금액의 범위 내에서 자본준비금과 이익준비금을 감액할 수 있다.

2. 배당

회사는 대차대조표의 순자산액으로부터 ① 자본금의 액, ② 그 결산기까지 적립된 자본준비금과 이익준비금의 합계액, ③ 그 결산기에 적립하여야 할 이익준비금의 액, ④ 미실현이익[8]의 금액을 공제한 액을 한도(배당가능이익)로 하여 이익배당을 할 수 있다.

가. 이익배당

이익배당은 주주총회의 결의로 정한다. 다만 정관에 따라 재무제표를 이사회가 승인하는 경우에는 이사회의 결의로 정하며 위반하여 이익을 배당한 경우에 회사채권자는 배당한 이익을 회사에 반환할 것을 청구할 수 있다.

나. 주식배당

회사는 주주총회의 결의에 의하여 이익의 배당을 새로이 발행하는 주식(주식배당)으로써 할 수 있으며 주식배당은 이익배당총액의 2분의 1에 상당하는 금액을 초과하지 못한다. 주식배당은 주식의 권면액(액면가)으로 하며 회사가 종류주식을 발행한 때에는 각각 그와 같은 종류의 주식으로 할 수 있다. 주식으로 배당할 이익의 금액 중 주식의 권면액에 미달하는 단수가 있는

---

[8] 미실현이익이란 회계원칙에 따른 자산 및 부채에 대한 평가로 인하여 증가한 대차대조표상의 순자산액으로서 미실현손실과 상계하지 않은 금액을 말한다. 다만 ① 자본시장법에 따른 파생결합증권의 거래를 하고 그 거래의 위험을 회피하기 위하여 해당 거래와 연계된 거래를 한 경우로서 각 거래로 미실현이익과 미실현손실이 발생한 경우, ② 자본시장법에 따른 파생상품의 거래가 그 거래와 연계된 거래의 위험을 회피하기 위하여 한 경우로서 각 거래로 미실현이익과 미실현손실이 발생한 경우의 어느 하나에 해당하는 경우에는 각각의 미실현이익과 미실현손실을 상계할 수 있다.

때에는 그 부분에 대하여는 단주처리 규정을 준용한다. 주식으로 배당을 받은 주주는 주식배당의 결의가 있는 주주총회가 종결한 때부터 신주의 주주가 된다.

다. 중간배당

연 1회의 결산기를 정한 회사는 영업연도 중 1회에 한하여 이사회의 결의로 일정한 날을 정하여 그날의 주주에 대하여 이익을 배당(중간배당)할 수 있음을 정관으로 정할 수 있다.

중간배당은 직전 결산기의 대차대조표상의 순자산액에서 ① 직전 결산기의 자본금의 액, ② 직전 결산기까지 적립된 자본준비금과 이익준비금의 합계액, ③ 직전 결산기의 정기총회에서 이익으로 배당하거나 또는 지급하기로 정한 금액, ④ 중간배당에 따라 당해 결산기에 적립하여야 할 이익준비금의 금액을 공제한 액을 한도로 한다. 다만 당해 결산기의 대차대조표상의 순자산액이 제462조 제1항[9] 각 호의 금액의 합계액에 미치지 못할 우려가 있는 때에는 중간배당을 할 수 없다.

라. 현물배당

회사는 정관으로 금전 외의 재산으로 배당(현물배당)을 할 수 있음을 정할 수 있다. 현물배당을 결정한 회사는 ① 주주가 배당되는 금전 외의 재산 대신 금전의 지급을 회사에 청구할 수 있도록 한 경우에는 그 금액 및 청구할 수 있는 기간, ② 일정 수 미만의 주식을 보유한 주주에게 금전 외의 재산 대신 금전을 지급하기로 한 경우에는 그 일정 수 및 금액을 정할 수 있다.

마. 이익배당의 기준과 지급시기

이익배당은 각 주주가 가진 주식의 수에 따라 하며 이를 주주평등의 원칙이라 한다. 다만 종

---

9) 제462조(이익의 배당) ① 회사는 대차대조표의 순자산액으로부터 다음의 금액을 공제한 액을 한도로 하여 이익배당을 할 수 있다.
  1. 자본금의 액
  2. 그 결산기까지 적립된 자본준비금과 이익준비금의 합계액
  3. 그 결산기에 적립하여야 할 이익준비금의 액
  4. 대통령령으로 정하는 미실현이익

류주식에 대해 적용하는 경우에는 제외한다. 이익배당은 주주총회나 이사회의 결의 또는 주식배당의 결의를 한 날부터 1개월 내에 하여야 한다. 그러나 주주총회 또는 이사회에서 배당금의 지급시기를 따로 정한 경우에는 1개월 내에 하지 않을 수 있다. 배당금의 지급청구권은 5년간 이를 행사하지 않으면 소멸시효가 완성한다.

바. 주권상장법인에 대한 이익배당 특례

1) 분기배당

연 1회의 결산기를 정한 주권상장법인은 정관으로 정하는 바에 따라 사업연도 중 그 사업연도 개시일부터 3월, 6월 및 9월 말일 당시의 주주에게 이사회 결의로써 금전으로 이익배당(분기배당)을 할 수 있다.[10] 이사회 결의는 3월, 6월 및 9월 말일부터 45일 이내에 해야 하며 분기배당금은 이사회 결의일부터 20일 이내에 지급하여야 한다. 다만 정관에서 그 지급시기를 따로 정한 경우에는 그에 따른다.

2) 분기배당 한도

분기배당은 직전 결산기의 재무상태표상의 순자산액에서 ① 직전 결산기의 자본의 액, ② 직전 결산기까지 적립된 자본준비금과 이익준비금의 합계액, ③ 직전 결산기의 정기총회에서 이익배당을 하기로 정한 금액, ④ 분기배당에 따라 해당 결산기에 적립하여야 할 이익준비금의 합계액을 뺀 금액을 한도로 한다.[11]

3) 분기배당의 금지

해당 결산기의 재무상태표상의 순자산액이 상법[12]에 따른 금액의 합계액에 미치지 못할 우려

---

10) 자본시장법 제165조의13 제1항.
11) 자본시장법 제165조의13 제4항.
12) 제462조(이익의 배당) ① 회사는 대차대조표의 순자산액으로부터 다음의 금액을 공제한 액을 한도로 하여 이익배당을 할 수 있다.
   1. 자본금의 액

가 있으면 분기배당을 할 수 없다.[13] 해당 결산기의 재무상태표상의 순자산액이 상법에 따른 금액의 합계액에 미치지 못함에도 불구하고 분기배당을 한다는 이사회 결의에 찬성한 이사는 해당 법인에 대하여 연대하여 그 차액[14]을 배상할 책임이 있다. 다만 그 이사가 상당한 주의를 하였음에도 불구하고 순자산액이 상법에 따른 금액의 합계액에 미치지 못할 우려가 있다는 것을 알 수 없었음을 증명하면 배상할 책임이 없다.

4) 주식배당의 특례

상법에서는 회사는 적립된 자본준비금 및 이익준비금의 총액이 자본금의 1.5배를 초과하는 경우에 주주총회의 결의에 따라 그 초과한 금액 범위에서 자본준비금과 이익준비금을 감액할 수 있도록 하고 있으나 주권상장법인은 이익배당총액에 상당하는 금액까지는 새로 발행하는 주식으로 이익배당을 할 수 있다.[15] 다만 해당 주식의 시가가 액면금액에 미치지 못하면 이익배당 총액의 2분의 1에 상당하는 금액을 초과[16]할 수 없다.

주식으로 배당을 하는 경우 그 주식의 시가는 주식배당을 결의한 주주총회일의 직전일부터 소급하여 그 주주총회일이 속하는 사업연도의 개시일까지 사이에 공표된 매일의 증권시장에서 거래된 최종시세가격의 평균액과 그 주주총회일의 직전일의 증권시장에서 거래된 최종시세가격 중 낮은 가액으로 한다.[17]

Ⅲ. 주식의 양도

주주는 자신이 보유하고 있는 주식을 타인에게 자유롭게 양도할 수 있으며 주식의 양도성이

---

　　2. 그 결산기까지 적립된 자본준비금과 이익준비금의 합계액
　　3. 그 결산기에 적립하여야 할 이익준비금의 액
　　4. 대통령령으로 정하는 미실현이익
13) 자본시장법 제165조의13 제5항.
14) 분기배당액의 합계액이 그 차액보다 적을 경우에는 분기배당액의 합계액을 말한다.
15) 자본시장법 제165조의13 제1항.
16) 상법 제462조의2 제1항 단서.
17) 자본시장법시행령 제176조의14 제2항.

라 한다. 다만 회사는 정관으로 정하는 바에 따라 발행하는 주식의 양도에 관하여 이사회의 승인을 받도록 할 수 있으며 이사회의 승인을 얻지 않은 주식의 양도는 회사에 대하여 효력이 없다. 주식의 양도에 관하여 이사회의 승인을 얻어야 하는 경우에는 주식을 양도하고자 하는 주주는 회사에 대하여 양도의 상대방 및 양도하고자 하는 주식의 종류와 수를 기재한 서면으로 양도의 승인을 청구할 수 있다.[18]

주식의 이전은 취득자의 성명과 주소를 주주명부에 기재하지 않으면 회사에 대항하지 못한다.

IV. 주식매수선택권

주식매수선택권이란 정관에 따라 주주총회의 결의로 회사의 설립과 경영 및 기술혁신 등에 기여하거나 기여할 수 있는 회사의 ① 이사, ② 집행임원, 감사 또는 피용자(직원)에게 미리 정한 가액(주식매수선택권의 행사가액)으로 신주를 인수하거나 자기의 주식을 매수할 수 있는 권리를 부여하는 것을 말한다. 주식매수선택권의 행사가액이 주식의 실질가액보다 낮은 경우에 회사는 그 차액을 금전으로 지급하거나 그 차액에 상당하는 자기의 주식을 양도할 수 있으며 주식의 실질가액은 주식매수선택권의 행사일을 기준으로 평가한다.

1. 주식매수선택권 부여 한도

발행할 신주 또는 양도할 주식은 회사의 발행주식총수의 100분의 10을 초과할 수 없다.

2. 주식매수선택권 부여의 제한

주식매수선택권은 ① 의결권 없는 주식을 제외한 발행주식총수의 100분의 10 이상의 주식을 가진 주주, ② 이사·집행임원·감사의 선임과 해임 등 회사의 주요 경영사항에 대하여 사실상 영향력을 행사하는 자, ③ ①과 ②에 규정된 자의 배우자와 직계존비속의 어느 하나에 해당하는 자에게는 부여할 수 없다.

---

18) 상법 제335조의2 제1항.

3. 주식매수선택권의 행사가액

주식매수선택권의 행사가액은 ① 신주를 발행하는 경우에는 주식매수선택권을 부여하는 날을 기준으로 한 주식의 실질가액과 주식의 권면액 중 높은 금액, ② 자기 주식을 양도하는 경우에는 주식매수선택권을 부여하는 날을 기준으로 한 주식의 실질가액 이상이어야 한다. 무액면 주식을 발행한 경우에는 자본으로 계상되는 금액 중 1주에 해당하는 금액을 권면액으로 본다.

4. 주식매수선택권의 행사기간

주식매수선택권은 주주총회결의일부터 2년 이상 재임 또는 재직하여야 주식매수선택권을 행사할 수 있다. 주식매수선택권은 양도할 수 없으며 주식매수선택권을 행사할 수 있는 자가 사망한 경우에는 상속인이 주식매수선택권을 행사할 수 있다.

Ⅴ. 회사의 자기주식 취득과 처분

자기주식의 취득 결정 요인은 ① 초과자본, ② 저평가, ③ 최적 레버리지비율, ④ 경영진 인센티브, ⑤ 경영권 방어로 구분할 수 있다. 회사는 ① 회사의 합병 또는 다른 회사의 영업전부의 양수로 인한 경우, ② 회사의 권리를 실행함에 있어 그 목적을 달성하기 위하여 필요한 경우, ③ 단주의 처리를 위하여 필요한 경우, ④ 주주가 주식매수청구권을 행사한 경우의 어느 하나에 해당하는 경우에는 자기의 주식을 취득할 수 있다.

1. 자기주식 취득

자기주식을 취득하려는 회사는 미리 주주총회의 결의로 ① 취득할 수 있는 주식의 종류 및 수, ② 취득가액의 총액의 한도, ③ 1년을 초과하지 않는 범위에서 자기주식을 취득할 수 있는 기간의 사항을 결정하여야 한다. 다만 이사회의 결의로 이익배당을 할 수 있다고 정관으로 정하고 있는 경우에는 이사회의 결의로써 주주총회의 결의를 대신할 수 있다.

가. 자기주식 취득가액의 한도

회사가 자기주식을 취득할 수 있는 취득가액의 총액은 직전 결산기의 대차대조표상의 순자산액에서 ① 자본금의 액, ② 그 결산기까지 적립된 자본준비금과 이익준비금의 합계액, ③ 그 결산기에 적립하여야 할 이익준비금의 액, ④ 미실현이익을 뺀 금액을 초과하지 못한다. 미실현이익은 회계 원칙에 따른 자산 및 부채에 대한 평가로 인하여 증가한 대차대조표상의 순자산액으로 미실현손실과 상계하지 않은 금액을 말한다.

나. 자기주식 취득의 방법

회사는 ① 증권거래소 시세가 있는 주식의 경우에는 거래소에서 취득하는 방법, ② 주식의 상환에 관한 종류주식의 경우를 제외하고 각 주주가 가진 주식수에 따라 균등한 조건으로 취득하는 것으로서 회사가 모든 주주에게 자기주식 취득의 통지 또는 공고를 하여 주식을 취득하는 방법, ③ 자본시장법[19]에 따른 공개매수의 방법에 따라 자기의 명의와 계산으로 자기의 주식을 취득할 수 있다.

공개매수란 불특정 다수인에 대하여 의결권 있는 주식등의 매수의 청약을 하거나 매도의 청약을 권유하고 증권시장 및 다자간매매체결회사[20] 밖에서 그 주식등을 매수하는 것을 말한다.

2. 자기주식의 처분

회사가 보유하는 자기의 주식을 처분하는 경우에 ① 처분할 주식의 종류와 수, ② 처분할 주식의 처분가액과 납입기일, ③ 주식을 처분할 상대방 및 처분방법에 관한 사항으로서 정관에 규정이 없는 것은 이사회가 결정한다.

3. 자기주식의 소각

---

19) 자본시장법 제133조부터 제146조.
20) 이와 유사한 시장으로서 해외에 있는 시장을 포함한다.

자기주식은 자본금 감소에 관한 규정에 따라서만 소각할 수 있다. 다만 이사회의 결의에 의하여 회사가 보유하는 자기주식을 소각하는 경우는 제외한다. 자본금감소에 관한 규정에 따라 주식을 소각하는 경우에는 제440조[21] 및 제441조[22]를 준용한다.

Ⅵ. 자회사의 모회사 주식 취득 제한

다른 회사의 발행주식의 총수의 100분의 50을 초과하는 주식을 가진 회사(모회사)의 주식은 ① 주식의 포괄적 교환, 주식의 포괄적 이전, 회사의 합병 또는 다른 회사의 영업전부의 양수로 인한 때, ② 회사의 권리를 실행함에 있어 그 목적을 달성하기 위하여 필요한 때의 경우를 제외하고는 그 다른 회사(자회사)가 이를 취득할 수 없다.[23] 자회사는 주식을 취득한 날로부터 6월 이내에 모회사의 주식을 처분해야 한다. 다른 회사의 발행주식의 총수의 100분의 50을 초과하는 주식을 모회사 및 자회사 또는 자회사가 가지고 있는 경우 그 다른 회사는 상법의 적용에 있어 그 모회사의 자회사로 본다. 회사가 다른 회사의 발행주식총수의 10분의 1을 초과하여 취득한 때에는 그 다른 회사에 대하여 지체 없이 이를 통지해야 한다.

Ⅶ. 주식의 교환과 이전

1. 주식의 포괄적 교환

회사는 주식의 포괄적 교환에 의해 다른 회사의 발행주식의 총수를 소유하는 회사(완전모회사)가 될 수 있다. 이 경우 그 다른 회사를 완전자회사라 한다. 주식의 포괄적 교환을 하고자 하는 경우 주식교환계약서를 작성하여 주주총회의 특별결의에 따른 승인을 얻어야 한다. 주식교

---

21) 제440조(주식병합의 절차) 주식을 병합할 경우에는 회사는 1월 이상의 기간을 정하여 그 뜻과 그 기간 내에 주권을 회사에 제출할 것을 공고하고 주주명부에 기재된 주주와 질권자에 대하여는 각별로 그 통지를 하여야 한다.
22) 제441조(동전) 주식의 병합은 전조의 기간이 만료한 때에 그 효력이 생긴다. 그러나 제232조의 규정에 의한 절차가 종료하지 아니한 때에는 그 종료한 때에 효력이 생긴다.
23) 상법 제342조의2 제1항.

환으로 인하여 주식교환에 관련되는 각 회사의 주주의 부담이 가중되는 경우에는 주주총회의 특별결의 및 종류주주총회 결의 외에 주주 전원의 동의가 있어야 한다.

주식의 포괄적 교환에 의해 완전자회사가 되는 회사의 주주가 가지는 완전자회사가 되는 회사의 주식은 주식을 교환하는 날에 주식교환에 의하여 완전모회사에 이전해야 한다. 완전자회사의 주주는 완전모회사가 주식교환을 위하여 발행하는 신주의 배정을 받거나 완전모회사가 되는 회사의 자기주식을 이전 받음으로써 완전모회사의 주주가 된다.

완전모회사가 되는 회사의 자본금은 주식교환의 날에 완전자회사가 되는 회사에 현존하는 순자산액에서 ① 완전자회사가 되는 회사의 주주에게 제공할 금전이나 그 밖의 재산의 가액, ② 완전자회사가 되는 회사의 주주에게 이전하는 자기주식의 장부가액의 합계액을 뺀 금액을 초과하여 증가시킬 수 없다.

2. 간이주식교환

완전자회사가 되는 회사의 총주주의 동의가 있거나 그 회사의 발행주식총수의 100분의 90 이상을 완전모회사가 되는 회사가 소유하고 있는 때에는 완전자회사가 되는 회사의 주주총회의 승인은 이를 이사회의 승인으로 대신할 수 있다. 완전자회사가 되는 회사는 주식교환계약서를 작성한 날부터 2주 내에 주주총회의 승인을 얻지 않고 주식교환을 한다는 뜻을 공고하거나 주주에게 통지하여야 한다. 다만 총주주의 동의가 있는 때에는 공고 및 통지를 생략할 수 있다.

3. 소규모 주식교환

완전모회사가 되는 회사가 주식교환을 위하여 발행하는 신주 및 이전하는 자기주식의 총수가 완전모회사가 되는 회사의 발행주식총수의 100분의 10을 초과하지 않는 경우에는 주식교환계약서의 주주총회 승인은 이사회의 승인으로 대신할 수 있다. 다만 완전자회사가 되는 회사의 주주에게 제공할 금전이나 그 밖의 재산을 정한 경우에 그 금액 및 그 밖의 재산의 가액이 최종 대차대조표[24]에 의하여 완전모회사가 되는 회사에 현존하는 순자산액의 100분의 5를 초과하는 때에는 제외한다.

---

24) 상법 제360조의4 제1항 제3호에서 규정한 최종 대차대조표를 말한다.

아울러 완전모회사가 되는 회사의 발행주식총수의 100분의 20 이상에 해당하는 주식을 가지는 주주가 주식교환에 관한 공고 또는 통지를 한 날부터 2주 내에 회사에 대하여 서면으로 주식교환에 반대하는 의사를 통지한 경우에는 소규모 주식교환을 할 수 없다.

4. 주식의 포괄적 이전

회사는 주식의 포괄적 이전(주식이전)에 의하여 완전모회사를 설립하고 완전자회사가 될 수 있다. 주식이전에 의하여 완전자회사가 되는 회사의 주주가 소유하는 완전자회사가 되는 회사의 주식은 주식이전에 의하여 설립하는 완전모회사에 이전해야 한다. 완전자회사가 되는 회사의 주주는 완전모회사가 주식이전을 위하여 발행하는 주식을 배정받음으로써 완전모회사의 주주가 된다. 주식이전으로 인하여 주식이전에 관련되는 각 회사의 주주 부담이 가중되는 경우에는 주주총회 특별결의 및 종류주주총회의 결의 외에 그 주주 전원의 동의가 있어야 한다.

설립하는 완전모회사의 자본금은 주식이전의 날에 완전자회사가 되는 회사에 현존하는 순자산액에서 그 회사의 주주에게 제공할 금전 및 그 밖의 재산의 가액을 뺀 가액을 초과하지 못한다.

Ⅷ. 지배주주의 소수주식 전부 취득

1. 지배주주의 매도청구권

회사의 발행주식총수의 100분의 95 이상을 자기의 계산으로 보유하고 있는 지배주주는 회사의 경영상 목적을 달성하기 위하여 필요한 경우에는 회사의 소수주주가 보유하는 주식의 매도를 청구할 수 있다. 보유주식의 수를 산정할 때에는 모회사와 자회사가 보유한 주식을 합산한다. 이 경우 회사가 아닌 주주가 발행주식총수의 100분의 50을 초과하는 주식을 가진 회사가 보유하는 주식도 그 주주가 보유하는 주식과 합산한다.

매도청구를 받은 소수주주는 매도청구를 받은 날부터 2개월 내에 지배주주에게 그 주식을 매도하여야 한다. 매매가액은 매도청구를 받은 소수주주와 매도를 청구한 지배주주 사이의 협의로 결정한다. 매도청구를 받은 날부터 30일 내에 매매가액에 대한 협의가 이루어지지 않는 경우에는 매도청구를 받은 소수주주 또는 매도청구를 한 지배주주는 법원에 매매가액의 결정을 청구할 수 있다.

2. 소수주주의 주식매수청구권

지배주주가 있는 회사의 소수주주는 언제든지 지배주주에게 보유주식의 매수를 청구할 수 있다. 매수청구를 받은 지배주주는 매수를 청구한 날을 기준으로 2개월 내에 매수를 청구한 주주로부터 그 주식을 매수하여야 한다. 매매가액은 매수를 청구한 주주와 매수청구를 받은 지배주주 사이의 협의로 결정한다. 매수청구를 받은 날부터 30일 내에 매매가액에 대한 협의가 이루어지지 않는 경우에는 매수청구를 받은 지배주주 또는 매수청구를 한 소수주주는 법원에 대하여 매매가액의 결정을 청구할 수 있다.

IX. 종류주식의 발행

회사는 ① 이익의 배당, ② 잔여재산의 분배, ③ 주주총회에서의 의결권의 행사, ④ 상환 및 전환 등에 관하여 내용이 다른 종류의 주식(종류주식)을 발행할 수 있다. 종류주식의 발행은 정관으로 각 종류주식의 내용과 수를 정해야 한다. 회사가 종류주식을 발행하는 때에는 정관에 다른 정함이 없는 경우에도 주식의 종류에 따라 ① 신주의 인수, ② 주식의 병합·분할·소각 또는 회사의 합병·분할로 인한 주식의 배정에 관하여 특수하게 정할 수 있다.

1. 이익배당에 관한 종류주식

이익의 배당에 관하여 내용이 다른 종류주식을 발행하는 경우에는 정관에 ① 종류주식의 주주에게 교부하는 배당재산의 종류, ② 배당재산의 가액의 결정방법, ③ 이익을 배당하는 조건 등 이익배당에 관한 내용을 정해야 한다.

2. 잔여재산의 분배에 관한 종류주식

잔여재산의 분배에 관하여 내용이 다른 종류주식을 발행하는 경우에는 정관에 ① 잔여재산의 종류, ② 잔여재산의 가액의 결정방법, ③ 그 밖에 잔여재산분배에 관한 내용을 정해야 한다.

3. 의결권이 없거나 제한에 관한 종류주식

회사가 ① 의결권이 없는 종류주식이나 의결권이 제한되는 종류주식을 발행하는 경우에는 정관에 의결권을 행사할 수 없는 사항을, ② 의결권행사 또는 부활의 조건을 정한 경우에는 그 조건 등을 정해야 한다.

의결권이 없거나 제한에 관한 종류주식의 총수는 발행주식총수의 4분의 1을 초과하지 못한다. 만약 의결권이 없거나 제한되는 종류주식이 발행주식총수의 4분의 1을 초과하여 발행된 경우에는 지체 없이 그 제한을 초과하지 않도록 하기 위하여 필요한 조치를 하여야 한다.

4. 이익으로써 소각할 수 있는 종류주식

회사는 정관으로 정하는 바에 따라 회사의 이익으로써 소각할 수 있는 종류주식을 발행할 수 있으며 정관에 ① 상환가액, ② 상환기간, ③ 상환의 방법, ④ 상환할 주식의 수를 정해야 한다. 상환대상인 주식의 취득일부터 2주 전에 그 사실을 그 주식의 주주 및 주주명부에 적힌 권리자에게 따로 통지하거나 공고해야 한다.

5. 주식의 상환을 청구할 수 있는 종류주식

정관으로 정하는 바에 따라 주주가 회사에 대하여 상환을 청구할 수 있는 종류주식을 발행할 수 있으며 정관에 ① 주주가 회사에 대하여 상환을 청구할 수 있다는 뜻, ② 상환가액, ③ 상환청구기간, ④ 상환의 방법을 정하여야 한다.

6. 주식의 전환에 관한 종류주식

주식의 전환에 관한 종류주식을 발행하는 경우에는 정관으로 정하는 바에 따라 주주는 인수한 주식을 다른 종류주식으로 전환할 것을 청구할 수 있으며 ① 전환의 조건, ② 전환의 청구기간, ③ 전환으로 인해 발행할 주식의 수와 내용을 정해야 한다.

X. 신주의 발행

회사가 성립한 날로부터 2년을 경과한 후에 주식을 발행하는 경우에는 주주총회의 특별결의와 법원의 인가를 얻어서 주식을 액면미달의 가액으로 발행할 수 있다.[25] 주주총회의 결의에서는 주식의 최저발행가액을 정하여야 한다. 법원은 회사의 현황과 제반사정을 참작하여 최저발행가액을 변경하여 인가할 수 있다.

1. 신주인수권의 내용 및 배정

주주는 자신이 가진 주식수에 따라서 신주의 배정을 받을 권리가 있으며 이를 신주인수권이라 한다. 회사는 일정한 날을 정하여 그날에 주주명부에 기재된 주주가 신주인수의 권리를 가진다는 뜻과 신주인수권을 양도할 수 있을 경우에는 그 뜻을 그날의 2주간 전에 공고하여야 한다.
회사는 정관에 정하는 바에 따라 주주 외의 자에게 신주를 배정(제3자 배정)할 수 있으며 신기술의 도입, 재무구조의 개선 등 회사의 경영상 목적을 달성하기 위하여 필요한 경우에 한한다.

2. 신주인수권 증서의 발행

주주가 가지는 신주인수권을 양도할 수 있는 것에 관한 사항을 정한 경우에 회사는 주주의 청구가 있는 때에만 신주인수권증서를 발행한다는 것과 그 청구기간에 신주인수권증서를 발행해야 한다. 발행기간을 정하고 있지 않은 때에는 기일[26]의 2주간 전에 신주인수권증서를 발행하여야 한다.

---

[25] 상법 제417조 제1항.
[26] 기일이란 신주의 인수권을 가진 자가 그 인수권을 가지는 주식의 종류 및 수와 일정한 기일까지 주식인수의 청약을 하지 않으면 그 권리를 잃는 날을 의미한다.

3. 신주인수권의 양도와 점유

신주인수권의 양도는 신주인수권증서의 교부에 의하여서만 할 수 있으며 신주인수권의 점유자는 신주인수권증서의 적법한 소지인으로 추정한다. 어떤 사유로든 신주인수권의 점유를 잃은 자가 있는 경우에 신주인수권의 소지인이 권리를 증명하는 때에는 신주인수권을 반환할 의무가 없다. 다만 소지인이 악의 또는 중대한 과실로 인하여 신주인수권을 취득한 경우에는 제외한다.

4. 주식에 대한 납입

신주의 인수인은 납입기일에 인수한 주식에 대한 인수가액의 전액을 납입하여야 한다.[27] 신주의 인수인은 회사의 동의 없이 인수한 주식에 대한 인수가액의 납입(납입채무)과 주식회사에 대한 채권을 상계할 수 없다.

5. 신주 인수인의 권리의무

신주의 인수인은 납입 또는 현물출자의 이행을 한 때에는 납입기일의 다음 날로부터 주주의 권리의무가 있다. 신주의 인수인이 납입기일에 납입 또는 현물출자의 이행을 하지 않은 때에는 그 권리를 잃으며[28] 신주의 인수인에 대한 손해배상의 청구에 영향을 미치지 않는다.

XI. 자본금의 감소

자본금의 감소(감자)는 ① 주금액의 감소, ② 주식수의 감소, ③ 주금액과 주식수의 동시감소에 따른 방법이 있으며 주주평등원칙에 따라야 한다. 실무적으로는 ①과 ②의 방법이 주로 사용되며 ③의 경우 방법과 절차가 복잡해 실질적으로 실무에서는 이용되고 있지 않다.

---

27) 상법 제421조 제1항.
28) 상법 제423조 제2항.

1. 자본금 감소의 방법과 절차

자본금의 감소는 주주총회특별 결의에 따른 결의가 있어야 한다. 결손의 보전을 위한 자본금의 감소는 정관에 다르게 정한 경우를 제외하고 주주총회보통 결의 방법에 따라 출석한 주주의 의결권의 과반수와 발행주식총수의 4분의 1 이상의 수로써 한다.

2. 주식수의 감소

주식수 감소의 방법에는 ① 주식 소각과 ② 주식 병합이 있다. 주식 소각이란 회사가 특정 주식을 소멸시키는 것을 말한다. 주식 소각은 ① 주주의 동의 여부 필요에 따라 임의소각과 무상소각으로 구분되며, ② 주식 소각에 따른 대가의 지급 여부에 따라 유상소각과 무상소각으로 구분된다.

제3절 사채

Ⅰ. 사채의 발행

회사는 이사회의 결의에 의하여 사채를 발행할 수 있다. 다만 정관으로 정하는 바에 따라 이사회는 대표이사에게 사채의 금액 및 종류를 정하여 1년을 초과하지 않는 기간 내에 사채를 발행할 것을 위임할 수 있다.

Ⅱ. 사채의 종류

사채에는 ① 이익배당에 참가할 수 있는 사채, ② 주식이나 그 밖의 다른 유가증권으로 교환 또는 상환할 수 있는 사채, ③ 유가증권이나 통화 또는 그 밖에 자산이나 지표 등의 변동과 연계하여 미리 정하여진 방법에 따라 상환 또는 지급금액이 결정되는 사채를 포함한다.

자산이나 지표란 자본시장법[29]에 따른 기초자산의 가격·이자율·지표·단위 또는 이를 기초로 하는 지수를 말한다. 기초자산이란 ① 금융투자상품, ② 통화,[30] ③ 일반상품,[31] ④ 신용위험,[32] ⑤ 그 밖에 자연적·환경적·경제적 현상 등에 속하는 위험으로서 합리적이고 적정한 방법에 의하여 가격·이자율·지표·단위의 산출이나 평가가 가능한 것을 말한다.

1. 이익참가부사채

사채권자가 그 사채발행회사의 이익배당에 참가할 수 있는 사채(이익참가부사채)를 발행하는 경우 ① 이익참가부사채의 총액, ② 이익배당 참가의 조건 및 내용, ③ 주주에게 이익참가부사채의 인수권을 준다는 뜻과 인수권의 목적인 이익참가부사채의 금액과 관련한 사항으로서 정관에 규정이 없는 사항은 이사회가 결정한다.[33] 다만 정관에서 주주총회에서 결정하도록 정한 경우는 주주총회 결의에 따른다. 주주 외의 자에게 이익참가부사채를 발행하는 경우에 그 발행할 수 있는 이익참가부사채의 가액과 이익배당 참가의 내용에 관하여 정관에 규정이 없으면 주주총회의 특별결의로 정한다.

2. 교환사채

사채권자가 회사 소유의 주식이나 그 밖의 다른 유가증권으로 교환할 수 있는 사채(교환사채)를 발행하는 경우에는 이사회가 ① 교환할 주식이나 유가증권의 종류 및 내용, ② 교환의 조건, ③ 교환을 청구할 수 있는 기간에 관한 사항을 결정한다. 주주 외의 자에게 발행회사의 자기주식으로 교환할 수 있는 사채를 발행하는 경우에 사채를 발행할 상대방에 관하여 정관에 규정이 없으면 이사회가 결정한다.

---

29) 자본시장법 제4조 제10항.
30) 외국의 통화를 포함한다.
31) 농산물·축산물·수산물·임산물·광산물·에너지에 속하는 물품 및 이 물품을 원료로 하여 제조하거나 가공한 물품, 그 밖에 이와 유사한 것을 말한다.
32) 당사자 또는 제삼자의 신용등급의 변동, 파산 또는 채무재조정 등으로 인한 신용의 변동을 말한다.
33) 상법시행령 제21조 제1항.

3. 상환사채

회사가 그 소유의 주식이나 그 밖의 다른 유가증권으로 상환할 수 있는 사채(상환사채)를 발행하는 경우에는 이사회가 ① 상환할 주식이나 유가증권의 종류 및 내용, ② 상환의 조건, ③ 회사의 선택 또는 일정한 조건의 성취나 기한의 도래에 따라 주식이나 그 밖의 다른 유가증권으로 상환한다는 뜻을 결정한다. 주주 외의 자에게 발행회사의 자기주식으로 상환할 수 있는 사채를 발행하는 경우에 사채를 발행할 상대방에 관하여 정관에 규정이 없으면 이사회가 결정한다.

4. 파생결합사채

유가증권이나 통화 또는 그 밖에 자산이나 지표 등의 변동과 연계하여 미리 정하여진 방법에 따라 상환 또는 지급금액이 결정되는 사채(파생결합사채)를 발행하는 경우에는 이사회가 ① 상환 또는 지급 금액을 결정하는 데 연계할 유가증권이나 통화 또는 그 밖의 자산이나 지표, ② 자산이나 지표와 연계하여 상환 또는 지급 금액을 결정하는 방법을 결정한다.

5. 전환사채

전환사채란 미리 결정된 조건에 따라 채권 발행회사의 주식으로 전환할 수 있는 권리가 부여된 사채를 말하며 회사는 전환사채를 발행할 수 있다. 전환사채를 발행하는 경우 ① 전환사채의 총액, ② 전환의 조건, ③ 전환으로 인하여 발행할 주식의 내용, ④ 전환을 청구할 수 있는 기간, ⑤ 주주에게 전환사채의 인수권을 준다는 뜻과 인수권의 목적인 전환사채의 액, ⑥ 주주외의 자에게 전환사채를 발행하는 것과 이에 대하여 발행할 전환사채의 액에 관한 사항으로서 정관에 규정이 없는 것은 이사회가 결정한다. 그러나 정관으로 주주총회에서 이를 결정하기로 정한 경우에는 제외한다.

주주 외의 자에 대하여 전환사채를 발행하는 경우에 ① 발행할 수 있는 전환사채의 액, ② 전환의 조건, ③ 전환으로 인하여 발행할 주식의 내용과 전환을 청구할 수 있는 기간에 관하여 정관에 규정이 없으면 주주총회특별 결의로써 정해야 한다. 이 경우 정관에서 정하는 바에 따라 주주 외의 자에게 전환사채를 배정할 수 있다.

6. 신주인수권부사채

신주인수권부사채란 미리 정해진 가격으로 발행회사의 주식을 인수할 수 있는 권리(warrant)가 부여된 사채를 말하며 회사는 신주인수권부사채를 발행할 수 있다. 신주인수권부사채를 발행하는 경우 ① 신주인수권부사채의 총액, ② 각 신주인수권부사채에 부여된 신주인수권의 내용, ③ 신주인수권을 행사할 수 있는 기간, ④ 신주인수권만을 양도할 수 있는 것에 관한 사항, ⑤ 신주인수권을 행사하려는 자의 청구가 있는 때에는 신주인수권부사채의 상환에 갈음하여 그 발행가액으로 신주의 발행가액을 전액 납입한 것으로 본다는 뜻, ⑥ 주주에게 신주인수권부사채의 인수권을 준다는 뜻과 인수권의 목적인 신주인수권부사채의 액, ⑦ 주주외의 자에게 신주인수권부사채를 발행하는 것과 이에 대하여 발행할 신주인수권부사채의 액에 관한 사항으로서 정관에 규정이 없는 것은 이사회가 이를 결정한다. 그러나 정관으로 주주총회에서 이를 결정하도록 정한 경우에는 그러하지 아니하다.

가. 신주인수권 행사시 발행가액의 합계액

각 신주인수권부사채에 부여된 신주인수권의 행사로 인하여 발행할 주식의 발행가액의 합계액은 각 신주인수권부사채의 금액을 초과할 수 없다.

나. 주주외의 자에게 발행하는 경우

주주외의 자에게 신주인수권부사채를 발행하는 경우에 그 발행할 수 있는 신주인수권부사채의 액과 신주인수권의 내용과 신주인수권을 행사할 수 있는 기간에 관하여 정관에 규정이 없으면 주주총회특별 결의로써 이를 정해야 한다. 주주외의 자에 대하여 신주인수권부사채를 발행하는 것은 신기술의 도입 또는 재무구조의 개선 등 회사의 경영상 목적을 달성하기 위하여 필요한 경우에만 가능하다.

다. 신주인수권증권의 발행과 양도

신주인수권만을 양도할 수 있는 것에 관한 사항을 정한 경우에는 회사는 채권과 함께 신주인수권증권을 발행해야 한다. 신주인수권증권이 발행된 경우에 신주인수권의 양도는 신주인수권증권의 교부에 의해서만 할 수 있다.

라. 신주인수권의 행사

신주인수권을 행사하려는 자는 청구서 2통을 회사에 제출하고 신주의 발행가액의 전액을 납입하여야 한다. 청구서를 제출하는 경우에 신주인수권증권이 발행된 때에는 신주인수권증권을 첨부하고 이를 발행하지 않은 때에는 채권을 제시해야 한다. 납입은 채권 또는 신주인수권증권에 기재한 은행 기타 금융기관의 납입장소에서 납입해야 하며 주의 발행가액을 전액 납입한 때에 주주가 된다. 주주명부의 폐쇄 기간 중에 전환된 주식의 주주는 폐쇄 기간 중의 총회의 결의에 관하여는 의결권을 행사할 수 없다.

제4절 금융투자상품

Ⅰ. 금융투자상품의 개념

1. 포괄주의

자본시장법 시행 이전 증권거래법에서는 유가증권의 개념 및 범위를 한정적 열거방식을 취했으나 시장에 새로운 금융투자상품이 출현하는 경우 규제대상에 포함되지 않는 문제가 있었다. 또한 새로운 금융투자상품의 개발을 저해하는 문제가 있어 이를 해결하기 위한 목적으로 자본시장법에서는 금융투자상품의 기능적 속성에 기초한 포괄적 정의 방식인 포괄주의를 도입하여 적용하고 있다.

2. 금융투자상품의 정의

금융투자상품의 일반적 정의요소로 ① 이익을 얻거나 손실을 회피할 목적, ② 약정, ③ 계약에 따른 권리, ④ 원본손실의 위험(투자성)이 있다. 자본시장법에서는 금융투자상품을 이익을 얻거나 손실을 회피할 목적으로 현재 또는 장래의 특정 시점에 금전이나 그 밖의 재산적 가치가 있는 것(금전 등)을 지급하기로 약정함으로써 ① 취득하는 권리로서 그 권리를 취득하기 위하여 지급하였거나 지급하여야 할 금전 등의 총액이, ② 그 권리로부터 회수하였거나 회수할 수 있는 금전 등의 총액을 초과하게 될 위험(투자성)이 있는 것으로 정의하고 있다.

가. 지급금액에 제외되는 금액

지급금액에서 제외되는 판매수수료 등의 금액이란 ① 금융투자업자가 투자자로부터 받는 수수료, ② 집합투자증권의 판매와 관련한 판매수수료, ③ 그 밖에 용역의 대가로서 투자자나 고객이 지급하는 수수료, ④ 보험계약에 따른 사업비와 위험보험료, ⑤ 그 밖에 금융위원회가 정하여 고시하는 금액을 의미한다.

나. 회수금액에 포함하는 금액

회수금액에 포함되는 해지수수료 등의 금액이란 ① 환매수수료, ② 그 밖에 중도해지로 인하여 투자자나 그 밖의 고객이 지급하는 해지수수료와 이에 준하는 것, ③ 각종 세금, ④ 발행인 또는 거래상대방이 파산 또는 채무조정이나 그 밖에 이에 준하는 사유로 인하여 당초 지급하기로 약정한 금전 등을 지급할 수 없게 됨에 따라 투자자나 그 밖의 고객이 되돌려 받을 수 없는 금액, ⑤ 그 밖에 금융위원회가 정하여 고시하는 금액을 의미한다.

3. 금융투자상품에서 제외되는 금융상품

자본시장법에서는 투자성이 있는 금융상품 중 ① 원화로 표시된 양도성 예금증서, ② 신탁법 제78조 제1항[34]에 따른 수익증권발행신탁이 아닌 신탁으로서 위탁자[35]의 지시에 따라서만 신

---

34) 제78조(수익증권의 발행) ① 신탁행위로 수익권을 표시하는 수익증권을 발행하는 뜻을 정할 수 있다. 이 경우 각 수익권의 내용이 동일하지 아니할 때에는 특정 내용의 수익권에 대하여 수익증권을 발행하지 아니한다는 뜻을 정할 수 있다.

35) 신탁계약에 따라 처분권한을 가지고 있는 수익자를 포함한다.

탁재산의 처분이 이루어지는 신탁 또는 신탁계약에 따라 신탁재산에 대하여 보존행위 또는 그 신탁재산의 성질을 변경하지 않는 범위에서 이용·개량 행위만을 하는 신탁에 해당하는 신탁(관리형신탁)[36]의 수익권, ③ 그 밖에 해당 금융투자상품의 특성 등을 고려하여 금융투자상품에서 제외하더라도 투자자 보호 및 건전한 거래질서를 해할 우려가 없는 것으로서 주식매수선택권은 금융투자상품의 범위에서 제외한다.

II. 증권

1. 증권의 개념

증권이란 내국인 또는 외국인이 발행한 금융투자상품으로서 투자자가 취득과 동시에 지급한 금전 등 이외에 어떠한 명목으로든지 추가로 지급의무를 부담하지 않는 것을 말한다. 다만 파생결합증권은 투자자가 기초자산에 대한 매매를 성립시킬 수 있는 권리를 행사하게 됨으로써 지급의무를 부담하기 때문에 지급의무에서 제외된다.

2. 증권의 종류

증권은 증권에 표시되는 권리의 종류에 따라 ① 채무증권, ② 지분증권, ③ 수익증권, ④ 투자계약증권, ⑤ 파생결합증권, ⑥ 증권예탁증권으로 구분한다.

가. 채무증권

채무증권이란 ① 국채증권, ② 지방채증권, ③ 특수채증권,[37] ④ 사채권,[38] ⑤ 기업어음증권,[39]

---

36) 금전을 신탁받는 경우는 제외하고 수탁자가 신탁법 제46조부터 제48조까지의 규정에 따라 처분 권한을 행사하는 경우는 포함한다.
37) 법률에 의하여 직접 설립된 법인이 발행한 채권을 말한다.
38) 상법 제469조 제2항 제3호에 따른 사채의 경우 제7항 제1호에 해당하는 것으로 한정한다.
39) 기업이 사업에 필요한 자금을 조달하기 위하여 발행한 약속어음으로서 대통령령으로 정하는 요건을 갖춘 것을 말한다.

⑥ 그 밖에 유사한 것으로서 지급청구권이 표시된 것을 말한다.

1) 국채증권

국채는 정부가 국채의 발행 및 상환 등을 효율적으로 관리하기 위해 공공자금관리기금을 설치하고 공공자금관리기금의 부담으로 기획재정부장관이 발행한다. 다만 다른 법률에 특별한 규정이 있는 경우 그 법률에 따라 회계·다른 기금 또는 특별계정의 부담으로 기획재정부장관이 발행한다.[40]

국채를 발행하고자 하는 경우 국회의 의결을 얻어야 하고 공개시장에서 발행하는 것을 원칙으로 한다.[41] 다만 다른 법률이 정하는 바에 따라 특정인으로 하여금 국채를 매입하게 하거나 현금의 지급에 갈음하여 국채를 교부할 수 있다.[42] 국채의 이자율은 발행목적에 부합하는 범위에서 상환기한과 발행 당시의 시장금리를 고려하여 결정한다.

2) 지방채

지방채는 지방자치단체가 그 재정수요를 충족하기 위하여 도시철도법·지방자치법·지방공기업법·지역개발기금설치조례·지역상수도공채조례 등에 의하여 발행하는 채권으로서 법령이 정하는 절차와 방법에 따라 발행된다.

3) 특수채

특수채는 특별법에 따라 설립된 특수법인이 발행하는 채권으로 ① 한국은행이 발행하는 통화안정증권과 금융기관이 발행하는 산업금융채 및 중소기업금융채 등과 같은 금융채, ② 한국전력공사채·토지개발채권·한국가스공사채·한국도로공사채 등 공사 및 공단 등이 발행하는 비금융 특수채로 구분할 수 있다.

---

40) 국채법 제3조.
41) 국채법 제5조 제1항, 제2항.
42) 국채법 제5조 제3항.

4) 사채

사채란 주식회사가 채권을 발행하는 방법으로 부담하는 채무를 의미하며 ① 보증사채, ② 무보증사채, ③ 담보부사채, ④ 전환사채, ⑤ 신주인수권부사채, ⑥ 교환사채 등으로 분류할 수 있다. 사채의 가격은 시장에서의 금리수준과 사채발행회사의 신용도 등을 평가하여 결정한다.

5) 기업어음증권

기업어음증권이란 상거래에 수반하여 발행되는 진성어음과는 다르게 기업이 사업을 위해 필요한 자금의 조달을 위한 목적으로 발행하는 약속어음을 말한다. 기업어음증권은 ① 은행으로 보는 자를 포함한 은행법에 따라 인가를 받아 설립된 은행, ② 수협은행, ③ 농협은행, ④ 한국산업은행, ⑤ 중소기업은행이 내어준 것으로서 기업어음증권이라는 문자가 인쇄된 어음용지를 사용한다.

투자매매업자·투자중개업자가 기업어음증권을 매매하거나 중개·주선 또는 대리하는 경우 기업어음증권에 대하여 둘 이상의 신용평가회사로부터 신용평가를 받아야 하고 직접 또는 간접적인 지급보증을 하지 않아야 한다.

나. 지분증권

지분증권이란 ① 주권, ② 신주인수권이 표시된 것, ③ 법률에 의해 직접 설립된 법인이 발행한 출자증권, ④ 상법에 따른 합자회사·유한책임회사·유한회사·합자조합·익명조합의 출자지분, ⑤ 그 밖에 이와 유사한 것으로서 출자지분 또는 출자지분을 취득할 권리가 표시된 것을 말한다.

다. 수익증권

수익증권이란 ① 금전신탁계약에 의한 수익권이 표시된 수익증권, ② 투자신탁을 설정한 집합투자업자가 투자신탁의 수익권을 균등하게 분할하여 발행한 수익증권, ③ 그 밖에 이와 유사한 것으로서 신탁의 수익권이 표시된 것을 말한다. 수익증권의 수익자는 보유하고 있는 수익증권의 좌수에 비례하여 신탁원본의 상환분만 아니라 이익의 분배 등에 있어 균등한 권리를 갖는다.

라. 투자계약증권

투자계약증권이란 특정 투자자가 그 투자자와 타인[43] 사이의 공동사업에 금전 등을 투자하고 주로 타인이 수행한 공동사업의 결과에 따른 손익을 귀속받는 계약상의 권리가 표시된 것을 말한다. 투자계약증권의 인정 범위를 매우 제한하고 있어 온라인소액투자중개업자 등에 대한 특례를 적용하는 경우 등에만 제한적으로 투자계약증권으로 본다.

마. 파생결합증권

파생결합증권이란 기초자산의 가격·이자율·지표·단위 또는 이를 기초로 하는 지수 등의 변동과 연계하여 미리 정해진 방법에 따라 지급하거나 회수하는 금전 등이 결정되는 권리가 표시된 것을 말한다. 대표적인 파생결합증권에는 ① 주식워런트증권(Equity Linked Warrant, ELW), ② 주가연계증권(Equity Linked Securities, ELS), ③ 기타 파생결합증권(Derivatives Linked Securities, DLS), ④ 상장지수증권(Exchange Traded Note, ETN)이 있다.

1) 기초자산

파생결합증권의 기초자산(Underlying Assets)은 ① 금융투자상품, ② 통화,[44] ③ 일반상품,[45] ④ 신용위험,[46] ⑤ 그 밖의 자연적·환경적·경제적 현상 등에 속하는 위험으로서 합리적이고 적정한 방법에 의해 가격·이자율·지표·단위의 산출이나 평가가 가능한 것으로 한다.

2) 파생결합증권에서 제외되는 것

---

43) 다른 투자자를 포함한다.
44) 외국통화 포함한다.
45) 농산물·축산물·수산물·임산물·광산물·에너지에 속하는 물품 및 이 물품을 원료로 하여 제조하거나 가공한 물품, 그 밖에 이와 유사한 것을 말한다.
46) 당사자 또는 제3자의 신용등급의 변동과 파산 또는 채무재조정 등으로 인한 신용의 변동을 의미한다.

자본시장법에서는 ① 발행과 동시에 투자자가 지급한 금전 등에 대한 이자와 그 밖의 과실에 대하여만 해당 기초자산의 가격·이자율·지표·단위 또는 이를 기초로 하는 지수 등의 변동과 연계된 증권, ② 당사자 어느 한쪽의 의사표시에 의해 기초자산이나 기초자산의 가격·이자율·지표·단위 또는 이를 기초로 하는 지수 등에 의해 산출된 금전 등을 수수하는 거래를 성립시킬 수 있는 권리를 부여하는 것을 약정하는 옵션계약에 대한 계약상의 권리,[47] ③ 해당 사채의 발행 당시 객관적이고 합리적인 기준에 따라 미리 정하는 사유가 발생하는 경우 주식으로 전환되거나 그 사채의 상환과 이자지급 의무가 감면된다는 조건이 붙은 것으로 주권상장법인이 발행하는 조건부자본증권, ④ 은행법[48]에 따른 상각형 조건부자본증권·은행주식 전환형 조건부자본증권 및 은행지주회사주식 전환형 조건부자본증권, ⑤ 금융지주회사법[49]에 따른 상각형 조건부자본증권 또는 전환형 조건부자본증권, ⑥ 상법상 교환사채와 상환사채와 전환사채 및 신주인수권부사채, ⑦ 그 밖에 이와 유사한 것으로 상법에 따른 신주인수권증서와 신주인수권증권을 파생결합증권의 범위에서 제외하고 있다.

바. 증권예탁증권

증권예탁증권(Depositary Receipt, DR)이란 ① 채무증권, ② 지분증권, ③ 수익증권, ④ 투자계약증권, ⑤ 파생결합증권을 예탁받은 자가 그 증권이 발행된 국가 외의 국가에서 발행한 것으로서 예탁받은 증권에 관련된 권리가 표시된 것을 말한다. 미국에서 발행 및 유통되는 ADR(America Depositary Receipt)과 미국과 유로시장에서 동시에 발행 및 유통되는 장점을 가지고 있어 국내기업이 선호하는 GDR(Global Depositary Receipts)과 같은 해외 예탁증권도 증권예탁증권의 범위에 포함한다.

III. 파생상품

---

47) 자본시장법 제5조 제1항 각 호외의 부분 단서에서 정하는 금융투자상품은 제외한다.
48) 은행법 제33조 제1항 제2호부터 제4호를 말한다.
49) 금융지주회사법 제15조의2 제1항 제2호 또는 제3호에 규정된 것을 말한다.

1. 파생상품의 범위

가. 파생상품에 포함되는 것

① 파생상품은 기초자산이나 기초자산의 가격·이자율·지표·단위 또는 이를 기초로 하는 지수 등에 의하여 산출된 금전 등을 장래의 특정 시점에 인도할 것을 약정하는 계약, ② 당사자 어느 한쪽의 의사표시에 의해 기초자산이나 기초자산의 가격·이자율·지표·단위 또는 이를 기초로 하는 지수 등에 의하여 산출된 금전 등을 수수하는 거래를 성립시킬 수 있는 권리를 부여하는 것을 약정하는 계약, ③ 장래의 일정 기간 동안 미리 정한 가격으로 기초자산이나 기초자산의 가격·이자율·지표·단위 또는 이를 기초로 하는 지수 등에 의해 산출된 금전 등을 교환할 것을 약정하는 계약, ④ 그 밖에 ①부터 ③까지의 계약들과 유사한 계약상의 권리를 말한다.

나. 파생상품에서 제외되는 것

금융투자상품의 유통 가능성과 계약당사자 및 발행사유 등을 고려하여 증권으로 규제하는 것이 타당한 것으로서 ① 파생결합증권에 해당하는 증권 및 장외파생상품에 대한 투자매매업의 인가를 받은 금융투자업자가 발행하는 증권 또는 증서로서 기초자산[50]의 가격·이자율·지표·단위 또는 이를 기초로 하는 지수 등의 변동과 연계하여 미리 정하여진 방법에 따라 그 기초자산의 매매나 금전을 수수하는 거래를 성립시킬 수 있는 권리가 표시된 증권 또는 증서, ② 지분증권에 해당하는 신주인수권증서와 신주인수권증권은 파생상품에서 제외한다.

2. 장내파생상품과 장외파생상품

가. 장내파생상품

장내파생상품은 ① 파생상품시장에서 거래되는 파생상품, ② 해외 파생상품시장에서 거래되는 파생상품, ③ 그 밖에 금융투자상품시장을 개설하여 운영하는 자가 정하는 기준과 방법에 따

---

50) 증권시장이나 해외 증권시장에서 매매거래 되는 주권 등 금융위원회가 정하여 고시하는 기초자산을 말한다.

라 금융투자상품시장에서 거래되는 파생상품에 해당하는 것을 말한다.

1) 파생상품시장

파생상품시장은 장내파생상품의 매매를 위해 거래소가 개설하는 시장을 의미한다. 파생상품시장에서의 매매거래에 따른 매매확인, 채무인수, 차감, 결제증권·결제품목·결제금액의 확정, 결제이행보증, 결제불이행에 따른 처리 및 결제지시 업무는 청산기관으로서 금융위원회가 지정하는 거래소가 수행한다.

2) 해외 파생상품시장

해외 파생상품시장은 파생상품시장과 유사한 시장으로서 해외에 있는 시장과 ① 런던금속거래소의 규정에 따라 장외[51]에서 이루어지는 금속거래, ② 런던귀금속시장협회의 규정에 따라 이루어지는 귀금속거래, ③ 미국선물협회의 규정에 따라 장외에서 이루어지는 외국환거래, ④ 선박운임선도거래업자협회의 규정에 따라 이루어지는 선박운임거래, ⑤ 그 밖에 국제적으로 표준화된 조건이나 절차에 따라 이루어지는 거래로서 금융위원회가 정하여 고시하는 거래의 어느 하나에 해당하는 거래 해외 파생상품거래가 이루어지는 시장을 말한다.

나. 장외파생상품

장외파생상품은 파생상품으로 장내파생상품이 아닌 것을 말한다. 장외파생상품은 장내파생상품과 비교해 상대방 위험이 커 금융투자업자는 다른 금융투자업자 및 외국 금융투자업자와 원화로 표시된 원본액에 대하여 일정한 기간 동안 고정이자와 변동이자를 장래의 특정 시점마다 원화로 교환할 것을 약정하는 거래로서 기초자산, 거래의 만기 등에 관하여 금융위원회가 정하여 고시하는 요건을 충족하는 장외파생상품의 매매 및 그 밖의 장외거래를 하는 경우 금융투자상품거래청산회사를 통해 청산의무거래에 수행하도록 하고 있다.

주권상장법인은 원칙적으로 전문투자자에 해당하지만 장외파생상품거래에 있어서는 전문투

---

51) 파생상품시장과 비슷한 시장으로서 해외에 있는 시장 밖을 말한다.

자자와 같은 대우를 받겠다는 의사를 금융투자업자에게 서면으로 통지하는 경우에만 전문투자자로 된다.

Ⅳ. 집합투자기구

1. 집합투자기구의 종류

집합투자기구는 집합투자를 수행하기 위한 기구(vehicle)를 말하며 자본시장통합법에서 특별히 정한 경우를 제외하고 상법 및 민법의 적용을 받는다. 집합투자업자인 위탁자가 신탁업자에게 신탁한 재산을 신탁업자로 하여금 그 집합투자업자의 지시에 따라 ① 투자·운용하게 하는 신탁 형태의 투자신탁, ② 상법에 따른 주식회사 형태의 투자회사, ③ 유한회사 형태의 투자유한회사, ④ 합자회사 형태의 투자합자회사, ⑤ 유한책임회사 형태의 투자유한책임회사, ⑥ 합자조합 형태의 투자합자조합, ⑦ 익명조합 형태의 투자익명조합이 집합투자기구에 해당한다.

2. 집합투자기구의 분류

가. 집합투자증권 발행방법 등에 따른 분류

집합투자기구는 집합투자증권의 발행방법과 투자자의 수에 따라 분류되고 공모집합투자기구와 사모투자집합투자기구가 있다.

나. 운영대상에 따른 분류

집합투자기구는 집합투자재산의 운용대상에 따라 ① 증권집합투자기구, ② 부동산집합투자기구, ③ 특별자산집합투자기구, ④ 혼합자산특별집합투자기구, ⑤ 단기금융집합투자기구로 분류한다.

다. 특수한 형태의 집합투자기구

특수한 형태의 집합투자기구에는 ① 환매금지형집합투자기구, ② 종류형집합투자기구, ③ 전환형집합투자기구, ④ 모자형집합투자기구, ⑤ 상장지수집합투자기구가 있다.

3. 집합투자재산

집합투자재산은 집합투자기구의 재산으로서 ① 투자신탁재산, ② 투자회사재산, ③ 투자유한회사재산, ④ 투자합자회사재산, ⑤ 투자유한책임회사재산, 투자합자조합재산, ⑥ 투자익명조합재산을 말한다.

4. 집합투자증권

집합투자증권은 집합투자기구에 대한 출자지분 또는 투자신탁의 수익권이 표시된 것을 말한다. 집합투자증권은 증권으로 분류하지 않고 6개 유형의 증권에 포함되는 것으로 보고 있다. 그 결과 투자신탁의 집합투자증권은 수익증권으로 분류되며 투자신탁의 집합투자증권을 제외한 집합투자증권은 지분증권으로 분류된다.

5. 집합투자증권의 환매

가. 환매청구 및 방법

투자자는 언제든지 집합투자증권의 환매를 청구할 수 있으며[52] 환매를 청구하고자 하는 경우에는 그 집합투자증권을 판매한 투자매매업자 또는 투자중개업자에게 청구해야 한다.[53] 환매청구를 받은 투자매매업자 또는 투자중개업자는 수익증권 또는 투자익명조합의 지분증권인 경우 해당 투자신탁 또는 투자익명조합의 집합투자업자에 대하여 투자회사등이 발행한 집합투자증

---

52) 자본시장법 제235조 제1항.
53) 자본시장법 제235조 제2항.

권인 경우 투자회사등에 대하여 각각 지체 없이 환매에 응할 것을 요구하여야 한다.

나. 환매대금의 지급

환매청구를 받거나 환매에 응할 것을 요구받은 투자신탁·투자익명조합의 집합투자업자·신탁업자·투자회사등은 그 집합투자기구의 투자대상자산의 환금성 등을 고려하여 투자자가 환매청구를 한 날부터 15일 이내에 집합투자규약에서 정한 환매일에 환매대금을 지급해야 한다.

다만 ① 각 집합투자기구 자산총액의 100분의 10의 범위에서 금융위원회가 정하여 고시하는 비율을 초과하여 시장성 없는 자산에 투자하는 경우, ② 각 집합투자기구 자산총액의 100분의 50을 초과하여 외화자산에 투자하는 경우, ③ 사모투자재간접집합투자기구인 경우, ④ 부동산 및 특별자산투자재간접집합투자기구인 경우 집합투자규약에서 환매청구를 받은 날부터 15일을 초과하여 환매일을 정한 경우는 예외로 한다.

다. 환매가격

투자신탁이나 투자익명조합의 집합투자업자 또는 투자회사등은 집합투자증권을 환매하는 경우 환매청구일 후에 산정되는 기준가격으로 해야 한다. 환매청구일 후에 산정되는 기준가격은 환매청구일부터 기산하여 제2영업일[54] 이후에 공고되는 기준가격으로서 해당 집합투자기구의 집합투자규약에서 정한 기준가격으로 한다. 다만 투자자의 이익 또는 집합투자재산의 안정적 운용을 해할 우려가 없는 경우에는 환매청구일 이전에 산정된 기준가격으로 환매할 수 있다.

투자자의 이익 또는 집합투자재산의 안정적 운용을 해할 우려가 없는 경우란 ① 투자매매업자 또는 투자중개업자가 단기금융집합투자기구의 집합투자증권을 판매한 경우로서 투자자가 금융투자상품 등의 매수에 따른 결제대금을 지급하기 위해 단기금융집합투자기구의 집합투자증권을 환매하기로 그 투자매매업자 또는 투자중개업자와 미리 약정한 경우, ② 투자자가 공과금 납부 등 정기적으로 발생하는 채무를 이행하기 위하여 단기금융집합투자기구의 집합투자증권을 환매하기로 그 투자매매업자 또는 투자중개업자와 미리 약정한 경우, ③ 단기금융집합투

---

54) 투자자가 집합투자규약에서 정한 집합투자증권의 환매청구일을 구분하기 위한 기준시점을 지나서 환매청구를 하는 경우에는 제3영업일로 한다.

자기구의 집합투자증권을 환매하는 경우[55] 등에 해당하는 경우로서 환매청구일에 공고되는 기준가격으로 환매청구일에 환매한다는 내용을 집합투자규약에 정한 경우를 말한다.

라. 환매수수료

집합투자증권을 환매하는 경우에 부과하는 환매수수료는 집합투자증권의 환매를 청구하는 해당 투자자가 부담하며 투자자가 부담한 환매수수료는 집합투자재산에 귀속된다. 환매수수료는 집합투자규약에서 정하는 기간 이내에 환매하는 경우에 부과하며 환매금액 또는 이익금 등을 기준으로 부과할 수 있다.

6. 집합투자재산의 평가 및 회계

가. 집합투자재산의 평가

집합투자업자는 ① 집합투자재산을 시가에 따라 평가하여야 하며, ② 평가일 현재 신뢰할 만한 시가가 없는 경우에는 공정가액으로 평가해야 한다. 다만 투자자가 수시로 변동되는 등 투자자의 이익을 해할 우려가 적은 경우로서 ③ 대통령령으로 정하는 경우에는 대통령령으로 정하는 가액으로 평가할 수 있다.

1) 시가평가

시가란 증권시장[56]에서 거래된 최종시가[57] 또는 장내파생상품이 거래되는 파생상품시장[58]에서 공표하는 가격[59]을 말한다. 다만 ① 경영참여형 사모집합투자기구가 지분증권에 투자하는 경우에는 그 지분증권의 취득가격, ② 평가기준일이 속하는 달의 직전 3개월간 계속하여 매월

---

55) 제77조 제1항 제2호 다목에 해당하는 단기금융집합투자기구를 말한다.
56) 해외 증권시장을 포함한다.
57) 해외 증권의 경우 전날의 최종시가를 말한다.
58) 해외 파생상품시장을 포함한다.
59) 해외 파생상품의 경우 전날의 가격을 말한다.

10일 이상 증권시장에서 시세가 형성된 채무증권의 경우에는 평가기준일에 증권시장에서 거래된 최종시가를 기준으로 둘 이상의 채권평가회사가 제공하는 가격정보를 기초로 한 가격, ③ 해외 증권시장에서 시세가 형성된 채무증권의 경우에는 둘 이상의 채권평가회사가 제공하는 가격정보를 기초로 한 가격으로 평가할 수 있다.

2) 공정가액

공정가액이란 집합투자재산에 속한 자산의 종류별로 ① 투자대상자산의 취득가격, ② 투자대상자산의 거래가격, ③ 투자대상자산에 대해 채권평가회사·회계법인·신용평가회사·감정평가업자·인수업을 영위하는 투자매매업자, 기타 앞에서 열거된 자에 준하는 자로서 관련 법령에 따라 허가·인가·등록 등을 받은 자 및 외국 채권평가회사 등, ④ 환율, ⑤ 집합투자증권의 기준가격을 고려하여 집합투자재산평가위원회가 충실의무를 준수하고 평가의 일관성을 유지하여 평가한 가격을 말한다. 이 경우 집합투자재산평가위원회는 집합투자재산에 속한 자산으로서 부도채권 등 부실화된 자산에 대하여는 금융위원회가 정하여 고시하는 기준에 따라 평가해야 한다.

3) 대통령령으로 정하는 경우와 가격

대통령령으로 정하는 경우란 단기금융집합투자기구의 집합투자재산의 경우를 말한다. 대통령령으로 정하는 가액이란 금융위원회가 정하여 고시하는 장부가격으로 ① 채무증권의 경우 취득원가와 만기액면가액의 차이를 상환기간에 걸쳐 유효이자율법에 따라 상각하여 취득원가와 이자수익에 가감하여 산정한 가격, ② 채무증권 외의 자산의 경우 취득원가에 평가일 현재까지 발생한 이자수익을 더하여 산정한 가격[60]을 말한다.

나. 집합투자증권 기준가격

투자신탁이나 투자익명조합의 집합투자업자 또는 투자회사등은 집합투자재산의 평가결과에

---

60) 금융투자업규정 제7-36조 제2항 제1호.

따라 기준가격의 공고 및 게시일 전날의 대차대조표상에 계상된 자산총액[61]에서 부채총액을 뺀 금액을 공고 및 게시일 전날의 집합투자증권 총수로 나누어 계산하는 방법에 따라 집합투자증권의 기준가격을 산정해야 한다.

다. 회계처리기준

투자신탁이나 투자익명조합의 집합투자업자 또는 투자회사등은 집합투자재산에 관하여 회계처리를 하는 경우 금융위원회가 증권선물위원회의 심의를 거쳐 정하여 고시한 회계처리기준에 따라야 한다.[62] 금융위원회는 회계처리기준의 제정 또는 개정을 한국회계기준원에게 위탁할 수 있다. 현재 한국회계기준원은 집합투자기구의 회계처리기준인 기업회계기준서 제5003호와 신탁업자의 신탁계정의 회계처리기준인 기업회계기준서 5004호를 제정하여 회계처리에 적용하도록 하고 있다.

7. 이익금의 분배 등

가. 이익금의 분배와 유보

투자신탁이나 투자익명조합의 집합투자업자 또는 투자회사등은 집합투자기구의 집합투자재산 운용에 따라 발생한 이익금을 투자자에게 금전 또는 새로 발행하는 집합투자증권으로 분배해야 한다. 다만 집합투자기구의 특성을 고려하여 단기금융집합투자기구를 제외한 집합투자기구의 경우에는 집합투자규약이 정하는 바에 따라 이익금의 분배를 집합투자기구에 유보할 수 있다.

나. 이익금의 분배방법 및 시기

이익금의 분배방법 및 시기는 집합투자규약에서 정하는 바에 따른다. 투자회사는 이익금 전

---

61) 자본시장법 제238조 제1항에 따른 평가방법으로 계산한 것을 말한다.
62) 자본시장법 제240조 제1항.

액을 새로 발행하는 주식으로 분배하려는 경우에는 정관에서 정하는 바에 따라 발행할 주식의 수, 발행시기 등 주식발행에 필요한 사항에 관하여 이사회의 결의를 거쳐야 한다.

다. 이익금의 초과 분배와 최저순자산액

집합투자기구의 특성에 따라 이익금을 초과하여 분배할 필요가 있는 경우에는 이익금을 초과하여 금전으로 분배할 수 있다. 이익금을 초과하여 금전으로 분배하려는 경우에는 집합투자규약에 그 뜻을 기재하고 이익금의 분배방법 및 시기, 그 밖에 필요한 사항을 미리 정해야 한다. 다만 투자회사의 경우에는 순자산액에서 최저순자산액을 뺀 금액을 초과하여 분배할 수 없다.

Ⅴ. 사모집합투자기구

1. 사모집합투자기구의 개념과 분류

사모집합투자기구란 집합투자증권을 사모로만 발행하는 집합투자기구로서 투자자의 총수가 100인 이하인 것을 말한다. 사모집합투자기구에는 일반사모집합투자기구와 기관전용사모집합투자기구가 있다.

사모집합투자기구의 투자자 총수는 ① 기관전용사모집합투자기구의 무한책임사원 및 사원(유한책임사원), ② 일반사모집합투자기구의 투자자의 수를 합산한 수로 한다. 이 경우 투자자의 총수를 계산할 때 다른 집합투자기구[63]가 그 집합투자기구의 집합투자증권 발행총수의 100분의 10 이상을 취득하는 경우에는 그 다른 집합투자기구의 투자자의 수를 더해야 한다.

2. 일반사모집합투자기구

---

63) 자본시장법 제80조 제1항 제5호의2에 따른 사모투자재간접집합투자기구, 같은 항 제5호의3에 따른 부동산·특별자산투자재간접집합투자기구 또는 같은 호 각 목의 어느 하나에 해당하는 집합투자기구 등에 대한 투자금액을 합산한 금액이 자산총액의 100분의 80을 초과하는 「부동산투자회사법」 제49조의3 제1항에 따른 공모부동산투자회사는 제외한다.

가. 일반사모집합투자기구의 개념

일반사모집합투자기구란 ① 전문투자자로서 대통령령으로 정하는 투자자, ② 1억원 이상을 투자하는 대통령령으로 정하는 금액 이상을 투자하는 개인 또는 법인, ③ 그 밖의 단체[64]에 해당하는 투자자에 한정하여 집합투자증권을 발행할 수 있는 사모집합투자기구를 말한다.

나. 일반사모집합투자기구의 투자자

1) 전문투자자로서 대통령령으로 정하는 투자자

가) 국가 등

전문투자자로서 대통령령으로 정하는 투자자란 ① 국가, ② 한국은행, ③ 은행·한국산업은행·중소기업은행·한국수출입은행·농업협동조합중앙회·수산업협동조합중앙회·보험회사·겸영금융투자업자·증권금융회사·종합금융회사·자금중개회사·금융지주회사·여신전문금융회사·상호저축은행 및 그 중앙회·산림조합중앙회·새마을금고연합회·신용협동조합중앙회·앞의 기관에 준하는 외국 금융기관,[65] ④ 주권상장법인, ⑤ 예금보험공사 및 정리금융회사·한국자산관리공사·한국주택금융공사·한국투자공사·협회·예탁결제원·전자등록기관[66]·거래소·금융감독원, ⑥ 법률에 따라 공제사업을 경영하는 법인·지방자치단체·해외 증권시장에 상장된 주권을 발행한 국내법인·금융위원회에 관련 자료를 제출한 날 전날의 금융투자상품 잔고가 100억원[67] 이상이고 금융투자상품 잔고가 100억원 이상 있음을 증명할 수 있는 관련 자료를 제출하고 제출한 날부터 2년이 지나지 않은 법인 또는 단체[68]를 말한다.

---

64) 국가재정법 별표 2에서 정한 법률에 따른 기금과 집합투자기구를 포함한다.
65) 자본시장법 제10조 제2항.
66) 주식·사채 등의 전자등록에 관한 법률 제2조 제6호.
67) 주식회사 등의 외부감사에 관한 법률에 따라 외부감사를 받는 주식회사는 50억원 이상으로 한다.
68) 외국 법인 또는 외국 단체는 제외한다.

나) 개인

개인으로 ① 관련 자료를 제출한 날의 전날을 기준으로 최근 5년 중 1년 이상의 기간 동안 금융위원회가 정하여 고시하는 금융투자상품을 월말 평균잔고 기준으로 5천만원 이상 보유한 경험이 있을 것, ② 금융위원회가 정하여 고시하는 소득액·자산 기준이나 금융 관련 전문성 요건을 충족할 것, ③ 금융위원회가 정하여 고시하는 금융투자업자에게 ①과 ②의 요건을 모두 충족하고 있음을 증명할 수 있는 관련 자료를 제출할 것의 요건을 모두 충족하는 개인을 말한다.

다만 외국인인 개인과 개인종합자산관리계좌에 가입한 거주자인 개인[69] 및 전문투자자와 같은 대우를 받지 않겠다는 의사를 금융투자업자에게 표시한 개인은 제외한다.

다) 외국인

① 외국 정부, ② 조약에 따라 설립된 국제기구, ③ 외국 중앙은행, ④ 국가 등과 개인으로서 요건을 충족하는 경우에 준하는 외국인[70]을 포함한다.

2) 대통령령으로 정하는 금액 이상 투자하는 개인 또는 법인

대통령령으로 정하는 금액이란 ① 파생상품의 매매에 따른 위험평가액, ② 집합투자재산으로 해당 일반 사모집합투자기구 외의 자를 위하여 채무보증 또는 담보제공을 하는 방법으로 운용하는 경우 그 채무보증액 또는 담보목적물의 가액, ③ 일반 사모집합투자기구의 계산으로 금전을 차입하는 경우 그 차입금의 총액, ④ 그 밖에 거래의 실질이 차입에 해당하는 경우로서 그 실질적인 차입금의 총액을 합산한 금액이 일반사모집합투자기구의 자산총액에서 부채총액을 뺀 가액의 100분의 200을 초과하지 않는 일반사모집합투자기구에 투자하는 경우에는 3억원 이상을 말한다. 이외의 일반사모집합투자기구에 투자하는 경우에는 5억원 이상을 말한다.

---

69) 조세특례제한법 제91조의18 제3항 제2호에 따라 신탁업자와 특정금전신탁계약을 체결하는 경우 및 자본시장법시행령 제98조 제1항 제4호의2 및 같은 조 제2항에 따라 투자일임업자와 투자일임계약을 체결하는 경우로 한정한다.

70) 다만, 「조세특례제한법」 제91조의18 제1항에 따른 개인종합자산관리계좌에 가입한 거주자인 외국인(같은 조 제3항 제2호에 따라 신탁업자와 특정금전신탁계약을 체결하는 경우 및 이 영 제98조 제1항 제4호의2 및 같은 조 제2항에 따라 투자일임업자와 투자일임계약을 체결하는 경우로 한정한다)은 제외한다.

3. 기관전용사모집합투자기구

가. 기관전용사모집합투자기구의 개념

기관전용사모집합투자기구란 ① 전문투자자로서 대통령령으로 정하는 투자자, ② 그 밖에 전문성 또는 위험감수능력 등을 갖춘 자로서 대통령령으로 정하는 투자자에 해당하는 자만을 사원으로 하는 투자합자회사인 사모집합투자기구를 말한다.[71]

나. 기관전용사모집합투자기구의 투자자

1) 전문투자자로서 대통령령으로 정하는 투자자

전문투자자로서 대통령령으로 정하는 투자자란 ① 국가, ② 한국은행, ③ 금융위원회에 자료를 제출하기 전날의 금융투자상품 잔고가 100억원[72] 이상이고 자료를 제출한 날부터 2년이 지나지 않을 것의 기준을 모두 충족하는 주권상장법인,[73] ④ 은행·한국산업은행·중소기업은행·한국수출입은행·농업협동조합중앙회·수산업협동조합중앙회·보험회사·겸영금융투자업자·증권금융회사·종합금융회사·자금중개회사·금융지주회사·여신전문금융회사·상호저축은행 및 그 중앙회·산림조합중앙회·새마을금고연합회·신용협동조합중앙회·앞의 기관에 준하는 외국 금융기관, ⑤ 예금보험공사 및 정리금융회사·한국자산관리공사·한국주택금융공사·한국투자공사·협회·예탁결제원·전자등록기관[74]·거래소·금융감독원·집합투자기구·신용보증기금·기술보증기금, ⑥ 법률에 따라 설립된 기금 및 그 기금을 관리·운용하는 법인, ⑦ 법률에 따라 공제사업을 경영하는 법인, ⑧ 지방자치단체, ⑨ 외국정부·조약에 따라 설립된 국제기구·외국 중앙은행 등의 어느 하나에 해당하는 외국인[75]을 말한다.

---

71) 자본시장법 제249조의11 제6항.
72) 주식회사 등의 외부감사에 관한 법률에 따라 외부감사를 받는 주식회사는 50억원을 말한다.
73) 코넥스시장에 상장된 법인은 제외한다.
74) 주식·사채 등의 전자등록에 관한 법률 제2조 제6호.
75) 다만, 「조세특례제한법」 제91조의18 제1항에 따른 개인종합자산관리계좌에 가입한 거주자인 외국인(같은 조 제3항 제2호에 따라 신탁업자와 특정금전신탁계약을 체결하는 경우 및 이 영 제98조 제1항 제4호의2 및 같은 조 제2항에 따라 투자일임업자와 투자일임계약을 체결하는 경우로 한정한다)은 제외한다.

집합투자기구의 경우 기관전용사모집합투자기구와 기관전용사모집합투자기구의 유한책임사원이 집합투자증권 전부를 보유하는 일반사모집합투자기구로 한정한다.

2) 전문성 등을 갖춘 대통령령으로 정하는 투자자

전문성 등을 갖춘 대통령령으로 정하는 자란 ① 기관전용사모집합투자기구의 업무집행사원과 관련된 기관전용사모집합투자기구의 업무집행사원의 임원이나 투자운용전문인력, ② 기관전용사모집합투자기구의 업무집행사원의 모회사,[76] ③ 기관전용사모집합투자기구의 업무집행사원의 임원이나 투자운용전문인력이 발행주식 또는 출자지분 전부를 보유하고 각각 1억원 이상을 출자한 법인 또는 단체를 말한다. 다만 업무집행사원이 운용하는 기관전용사모집합투자기구에 1억원 이상 투자하는 경우로 한정한다.

3) 업무집행사원과 보수

기관전용사모집합투자기구는 정관으로 무한책임사원 중 1인 이상을 업무집행사원으로 정하여야 한다. 업무집행사원은 회사의 업무를 집행할 권리와 의무를 가진다. 기관전용사모집합투자기구는 정관에서 정하는 바에 따라 기관전용사모집합투자기구의 집합투자재산으로 업무집행사원에게 보수[77]를 지급할 수 있다.

4) 손익의 분배 또는 순위

기관전용사모집합투자기구는 정관으로 업무집행사원에 대한 손익의 분배 또는 손익의 순위 등에 관한 사항을 정할 수 있다.

4. 투자목적회사

---

76) 상법 제342조의2 제1항에 따른 모회사를 말한다.
77) 운용실적에 따른 성과보수를 포함한다.

사모집합투자기구는 다음 각 호의 요건을 모두 충족하는 투자목적회사(Special Purpose Company, SPC)의 지분증권에 투자할 수 있다.

투자목적회사는 ① 상법에 따른 주식회사 또는 유한회사일 것, ② 특정 법인 또는 특정 자산 등에 대한 효율적인 투자를 목적으로 할 것, ③ 주주 또는 사원이 사모집합투자기구 또는 그 사모집합투자기구가 투자한 투자목적회사·투자목적회사가 투자하는 회사의 임원 또는 대주주·그 밖에 투자목적회사의 효율적 운영을 위하여 투자목적회사의 주주 또는 사원이 될 필요가 있는 자로서 대통령령으로 정하는 자[78]에 해당하고 사모집합투자기구 또는 그 사모집합투자기구가 투자한 투자목적회사에 해당하는 주주 또는 사원의 출자비율이 100분의 50 이상일 것, ④ 그 주주 또는 사원인 사모집합투자기구의 투자자 수와 사모집합투자기구가 아닌 주주 또는 사원의 수를 합산한 수가 100인 이내일 것, ⑤ 상근임원을 두거나 직원을 고용하지 않고 본점 외에 영업소를 설치하지 않아야 한다.

Ⅵ. 외국집합투자기구

---

78) ② 법 제249조의13 제1항 제3호 다목에서 "대통령령으로 정하는 자"란 다음 각 호의 어느 하나에 해당하는 자를 말한다. 〈개정 2021.10.21.〉
   1. 투자목적회사에 대하여 신용공여(법 제34조 제2항에 따른 신용공여를 말한다)를 한 금융기관(「금융위원회의 설치 등에 관한 법률」 제38조에 따른 검사대상기관을 말한다)으로서 출자전환 등을 한 자
   2. 다음 각 목의 요건을 모두 충족하는 자
   가. 다음의 어느 하나에 해당하는 자가 아닐 것
      1) 국가
      2) 한국은행
      3) 제10조 제2항 제1호부터 제17호까지의 규정에 해당하는 자
      4) 제10조 제3항 제1호부터 제14호까지의 규정에 해당하는 자
      5) 제10조 제3항 제18호 가목부터 다목까지의 규정에 해당하는 자
      6) 3) 및 4)에 따른 자에 준하는 외국인
      7) 1)부터 6)까지의 어느 하나에 해당하는 자 또는 같은 상호출자제한기업집단에 속하는 금융회사가 설립하였거나 사실상 지배하는 회사 또는 법인
   나. 국내에서 직접 임직원, 영업소, 그 밖에 사업을 하기 위하여 통상적으로 필요한 인적·물적 설비를 갖추고 「통계법」에 따라 통계청장이 고시하는 한국표준산업분류에 따른 제조업 등의 사업을 하는 자일 것
   다. 투자목적회사에 투자한 기관전용사모집합투자기구의 업무집행사원 또는 일반사모집합투자기구의 집합투자업자와의 합의 또는 계약 등에 따라 해당 투자목적회사가 투자하는 기업의 경영에 공동으로 참여할 것
   라. 그 밖에 투자자 보호와 금융시장의 안정 또는 건전한 거래질서 유지를 위하여 필요한 사항으로서 금융위원회가 정하여 고시하는 요건

외국집합투자기구란 집합투자기구와 유사한 것으로서 외국 법령에 따라 설정 또는 설립된 것을 말한다. 외국집합투자기구가 외국투자신탁이나 외국투자익명조합의 외국집합투자업자 또는 외국투자회사등은 외국집합투자증권을 국내에서 판매하고자 하는 경우에는 해당 외국집합투자기구를 금융위원회에 등록해야 한다. 외국집합투자증권을 국내에서 판매하는 경우에는 투자매매업자 또는 투자중개업자를 통하여 판매하여야 한다.

제5절 금융투자상품시장

Ⅰ. 금융투자상품시장과 거래소

1. 금융투자상품시장

금융투자상품시장이란 증권 또는 장내파생상품을 매매하는 시장을 말한다.

2. 거래소

거래소는 증권 및 장내파생상품의 공정한 가격 형성과 매매, 그 밖의 거래의 안정성 및 효율성을 도모하기 위해 금융위원회의 허가를 받아 금융투자상품시장을 개설하는 자를 말하며 자본시장법에 따른 거래소허가를 받지 않고 금융투자상품시장을 개설하거나 운영할 수 없다.

3. 거래소의 업무

거래소는 ① 거래소시장의 개설·운영에 관한 업무, ② 증권 및 장내파생상품의 매매에 관한 업무, ③ 다자간매매체결회사에서의 거래를 포함한 증권 및 장내파생상품의 거래에 따른 매매확인·채무인수·차감·결제증권과 결제품목 그리고 결제금액의 확정·결제이행보증·결제불이행에 따른 처리 및 결제지시에 관한 업무, ④ 장내파생상품의 매매거래에 따른 품목인도 및 대금지급에 관한 업무, ⑤ 증권의 상장에 관한 업무, ⑥ 장내파생상품 매매의 유형 및 품목의 결정에 관한 업무, ⑦ 상장법인의 신고·공시에 관한 업무, ⑧ 증권 또는 장내파생상품 매매 품목의 가격이나 거래량이 비정상적으로 변동하는 거래 등 이상거래의 심리 및 회원의 감리에 관한 업무, ⑨ 증권의 경매업무, ⑩ 거래소시장 등에서의 매매와 관련된 당사자의 신청이 있는 분쟁의 자율조정에 관한 업무, ⑪ 거래소시장의 개설에 수반되는 부대업무, ⑫ 금융위원회의 승인을 받은 업무, ⑬ 그 밖에 정관에서 정하는 업무를 수행한다.

Ⅱ. 거래소시장

거래소시장은 거래소가 개설하는 금융투자상품시장을 말한다. 거래소시장은 증권의 매매를 위해 거래소가 개설하는 증권시장과 장내파생상품의 매매를 위해 거래소가 개설하는 시장인 파생상품시장으로 구분한다.

1. 증권시장

현재 한국거래소와 한국금융투자협회가 개설해 운영하고 있는 증권시장이 있다.

1) 한국거래소 개설 증권시장

한국거래소가 개설한 증권시장에는 ① 유가증권시장(Korea Composite Stock Price Index, KOSPI), ② 코스닥시장(Korea Securities Dealers Automated Quotation, KOSDAQ), ③ 코넥스시장(Korea New Exchange, KONEX), ④ 스타트업전용시장(KRX Startup Market, KSM)이 있다.

세부적으로는 ① 주식시장, ② 상장지수집합투자기구 집합투자증권시장, ③ 상장지수증권시장, ④ 신주인수권증서시장, ⑤ 신주인수권증권시장, ⑥ 주식워런트증권시장, ⑦ 수익증권시장, ⑧ 채무증권시장으로 구분한다.[79] 아울러 ① 주식시장, ② 상장지수집합투자기구 집합투자증권

---

79) 유가증권시장 업무규정 제4조 제1항.

시장, ③ 상장지수증권시장은 정규시장외에 시간외시장이 있다.[80]

가) 유가증권시장

유가증권시장은 자본시장법에서 규정하고 있는 증권인 ① 채무증권, ② 지분증권, ③ 수익증권, ④ 투자계약증권, ⑤ 파생결합증권, ⑥ 증권예탁증권의 매매를 위해 개설한 증권시장이다.

나) 코스닥시장

코스닥시장은 자본시장법[81]에 따라 유가증권시장에 상장되지 않은 증권의 매매거래를 중개하기 위해 개설한 증권시장이다. 코스닥시장은 IT(Information technology), BT(Bio technology), CT(Culture technology) 기업을 비롯한 벤처기업의 자금 조달을 원활하게 지원하기 위한 목적으로 개설한 첨단 벤처기업 중심의 증권시장이다.

다) 코넥스시장

코넥스시장은 자본시장법[82]에 따라 자본시장을 통한 초기 벤처기업과 중소기업의 성장지원과 모험자본의 선순환 체계 구축을 위해 한국거래소가 개설한 장외시장이다.

라) 스타트업전용시장

스타트업전용시장은 크라우드펀딩(crowd funding) 성공기업을 포함한 창업 및 중소기업에 대한 투자자금 회수를 원활하게 하고 스타트업의 성장을 지원하기 위한 목적으로 개설한 장외시장이다.

---

80) 유가증권시장 업무규정 제4조 제2항.
81) 자본시장법 제390조.
82) 자본시장법 제390조.

2) 한국금융투자협회 개설 증권시장

한국금융투자협회가 비상장주식의 매매거래를 위해 자본시장법에 따라 개설해 운영하고 있는 협회장외시장(Korea Over The Counter, K-OTC)이 있다. 협회장외시장은 모든 비상장법인 주식의 투명하고 원활한 거래를 제공할 수 있도록 하고 투자자와 주식거래의 편의성 제고와 기업의 자금조달을 지원하고자 개설해 운영되고 있다.

2. 장내파생상품시장

파생상품시장은 장내파생상품의 거래를 위해 한국거래소가 개설한 파생상품시장이 있다.

3. 매매거래의 구분

장내거래는 거래소시장에서의 이루어지는 매매와 거래를 의미하며 장외거래는 거래소시장 외에서의 매매, 그 밖의 거래를 의미한다. 한국거래소가 개설한 ① 유가증권시장, ② 코스닥시장, ③ 파생상품시장의 장내에서 이루어지는 매매거래를 장내거래라 한다.

장외거래란 장내거래에 해당하지 않는 ① 유가증권시장 주권상장법인과 코스닥시장 상장법인의 장외매매거래, ② 코넥스시장·스타트업전용시장·협회장외시장에 상장된 법인의 매매거래, ③ 상장되지 않은 법인(비상장법인)의 매매거래를 장외거래라 한다.

Ⅲ. 한국거래소 유가증권시장

1. 상장

상장이란 유가증권시장 상장규정에서 다르게 정하는 경우를 제외하고는 특정한 종목의 증권에 유가증권시장에서 거래될 수 있는 자격을 부여하는 것을 말한다.[83] 상장은 아래 표와 같이

---

83) 유가증권시장 상장규정 제2조 제1항 제1호.

① 신규상장, ② 재상장, ③ 우회상장, ④ 합병상장, ⑤ 추가상장, ⑥ 변경상장으로 구분한다.

〈표-1 상장의 종류〉

구분	용어의 의미
신규상장	유가증권시장에 상장되지 않은 종목의 증권을 처음 상장하는 것
재상장	유가증권시장에서 상장이 폐지된 보통주권 또는 채무증권을 다시 상장하거나 보통주권 상장법인의 분할, 분할합병, 합병으로 설립된 법인의 보통주권을 상장하는 것으로서 유가증권시장 상장규정 제38조 또는 제89조에서 정하는 것
우회상장	합병, 주식의 포괄적 교환, 영업 또는 자산의 양수, 현물출자 등과 관련하여 주권상장법인의 경영권이 변동되고 주권비상장법인의 지분증권이 상장되는 효과가 있는 것으로서 유가증권시장 상장규정 제32조 또는 제54조에서 정하는 것
합병상장	기업인수목적회사가 주권비상장법인과 합병함에 따라 새로이 발행한 주권을 상장하는 것
추가상장	상장법인이 자본금, 사채액, 신탁원본액 등의 증가에 따라 이미 상장되어 있는 증권과 같은 종목의 증권을 새로이 발행하여 이를 상장하는 것
변경상장	상장증권의 종류, 종목명, 액면금액, 수량 등을 변경하여 상장하는 것. 다만 추가상장에 해당하는 것은 제외한다.

가. 상장신청인과 상장주선인

상장신청인이란 증권을 상장하기 위하여 상장예비심사나 상장심사를 신청하는 자를 말한다.[84] 상장주선인은 증권을 대상으로 투자매매업[85]과 투자중개업을 모두 인가받은 금융투자회사이어야 한다. 상장주선인은 ① 상장예비심사신청서와 첨부서류 등 상장을 위하여 거래소에 제출하는 서류의 작성과 그 제출에 관한 사항, ② 주식분산 요건의 충족에 관한 사항, ③ 이 규정에 따른 의무보유에 관한 사항의 사항을 수행한다.[86]

나. 유가증권상장법인과 주권비상장법인

유가증권상장법인이란 ① 상장법인이란 유가증권시장에 증권이 상장된 법인을, ② 주권상장

---

84) 유가증권시장 상장규정 제2조 제1항 제2호.
85) 인수업이 포함된 것을 말한다.
86) 유가증권시장 상장규정 제12조 제2항.

법인이란 유가증권시장에 주권이나 외국주식예탁증권[87]이 상장된 법인을, ③ 코스닥시장 상장법인이란 코스닥시장에 주권이나 외국주식예탁증권이 상장된 법인을 말한다. 주권비상장법인이란 주권상장법인이 아닌 법인을 말한다.

다. 주권

주권이란 주주권을 나타내는 증권으로서 ① 상법상의 주식회사가 발행한 보통주권과 종류주권, ② 상법상의 주식회사에 상응하는 외국기업[88]이 본국의 법령에 따라 발행한 외국보통주권과 외국종류주권을 말한다.

보통주권이란 국내법인이 발행한 것으로서 보통주식[89]에 대한 주권과 특별한 법률에 따라 직접 설립된 법인이 발행한 출자증권을 말한다. 다만 기업인수목적회사주권과 집합투자증권은 보통주권에서 제외한다.[90]

종류주권이란 국내법인이 발행한 것으로서 종류주식[91]에 대한 주권을 말하며[92] 외국종류주권이란 외국기업이 본국의 법령에 따라 발행한 것으로서 그 권리의 내용이 종류주식에 상응하는 것을 말한다. 외국주권등이란 외국보통주권과 외국주식예탁증권을 말한다.

라. 주식등

주식등이란 ① 주권, ② 신주인수권이 표시된 것, ③ 전환사채권, ④ 신주인수권부사채권, ⑤ ①부터 ④까지의 증권으로 교환하거나 상환할 수 있는 사채권, ⑥ 전환형 조건부자본증권, ⑦ 외국기업이 발행한 것으로서 ②부터 ⑥까지의 증권에 상응하는 것, ⑧ 외국주식예탁증권의 어느 하나에 해당하는 증권을 말한다.

---

87) 외국보통주권과 관련된 증권예탁증권을 말한다.
88) 외국의 법령에 따라 설립된 기업을 말한다.
89) 상법 제344조의 종류주식을 제외한 주식을 말한다.
90) 유가증권시장 상장규정 제18조 제1호.
91) 상법 제344조의 종류주식을 말한다.
92) 유가증권시장 상장규정 제18조 제2호.

마. 최대주주등과 일반주주

최대주주등이란 ① 금융회사의 지배구조에 관한 법률[93]에 따른 최대주주, ② 금융회사의 지배구조에 관한 법률 시행령 제3조 제1항에 따라 최대주주와 특수한 관계에 있는 자(특수관계인)[94]의 어느 하나에 해당하는 자를 말한다.

일반주주란 해당 법인의 주주 중에서 최대주주등과 금융사지배구조법 제2조 제6호 나목의 주요주주를 제외한 주주를 말한다.

바. 의무보유

의무보유란 유가증권시장 상장규정에 따른 의무보유대상자가 소유한 주식등을 일정 기간 동안 한국예탁결제원에 ① 계좌 간 대체, ② 질권 설정 및 말소(처분등)가 제한되도록 전자등록하는 것을 말한다. 다만 외국주권등을 신규상장하는 경우로서 한국거래소가 필요하다고 인정하는 경우에는 대표주관회사와 매각 제한에 관한 계약을 체결함으로써 의무보유에 갈음할 수 있다.

사. 기준시가총액과 상장시가총액

기준시가총액이란 상장하려는 종목을 기준으로 ① 상장신청인이 상장예비심사를 신청한 후에 모집·매출을 하는 법인인 경우에는 상장신청일 현재의 상장예정 주식수에 최근의 모집·매출 시의 발행가액을 곱한 금액, ② 상장신청인이 코스닥시장 상장법인인 경우에는 상장신청일부터 과거 90일 동안 코스닥시장에서 산출된 매일의 상장시가총액을 산술평균한 금액, ③ ① 및 ②에도 불구하고 상장신청인이 외국주식예탁증권[95]을 상장하거나 국내외 동시공모를 통하여 상장하는 법인, 그 밖에 기준시가총액을 산정하기 곤란한 법인인 경우에는 해외증권시장의 시세나 모집·매출 시의 발행가액 등을 고려하여 세칙으로 정하는 방법으로 산정한 금액을 말한다. 상장시가총액이란 상장주식수에 종가를 곱한 금액을 말한다.

---

93) 금융회사의 지배구조에 관한 법률 제2조 제6호 가목.
94) 이 경우 상법 제408조의2 제1항에 따른 집행임원 설치회사에는 금융사지배구조법시행령 제3조 제1항 각 호의 임원에 집행임원이 포함되는 것으로 본다.
95) 기초가 되는 외국보통주권이 해외증권시장에 상장된 경우만 해당한다.

아. 유동주식수

유동주식수란 보통주식 또는 외국주식예탁증권의 발행 총수(보통주식총수)에서 ① 정부와 예금보험공사(정부등)가 소유한 주식수, ② 외국인투자 촉진법에 따라 설립된 외국인투자기업에서 외국투자가가 소유한 주식수,[96] ③ 채무자 회생 및 파산에 관한 법률 또는 기업구조조정 촉진법상의 절차에 따라 발행된 주식으로서 법원의 결정으로 의무보유되거나 증권의 발행 및 공시 등에 관한 규정에 따른 전매제한 조치로 의무보유된 주식수,[97] ④ 의무보유되어 예탁결제원이 발행한 의무보유를 증명할 수 있는 서류를 제출하거나 상장주선인이 계속 보유하는 주식수를 뺀 것을 말한다.

자. 국내외 동시공모

국내외 동시공모란 상장예비심사를 신청한 후에 국내에서 주권을 모집·매출하고 그와 병행하여 적격 해외증권시장에 상장할 목적으로 해당 외국 법령에 따라 주권이나 주식예탁증권을 모집·매출하는 경우를 말한다.

차. 종가

종가란 유가증권시장 업무규정[98]에 따른 종가를 말한다. 다만 해당하는 날의 종가가 없는 경우에는 그날의 기준가격을 종가로 본다.

카. 사업보고서와 분기보고서

사업보고서란 사업연도 개시일부터 12개월간의 사업현황과 재무현황 등을 적은 것[99]을 말한

---

96) 다만 내국인이 소유한 주식이 보통주식총수의 100분의 51 이상인 경우만 해당한다.
97) 다만 의무보유를 증명할 수 있는 서류를 거래소에 제출한 경우만 해당한다.
98) 유가증권시장 업무규정 제2조 제8항.
99) 자본시장법 제159조에 따른 사업보고서를 말한다.

다. 분기보고서란 사업연도 개시일부터 6개월간의 사업현황과 재무현황 등을 적은 것[100]을 말한다. 분기보고서란 사업연도 개시일부터 3개월간 및 9개월간의 사업현황과 재무현황 등을 적은 것[101]을 말한다.

2. 유가증권시장 상장

가. 상장신청인의 신청

증권은 상장신청인의 신청에 따라 상장한다.[102] 다만 상장신청인은 상장예비심사나 상장심사를 신청하기 전에 상장 절차, 상장 시기, 우회상장 해당 여부 등을 미리 거래소와 협의해야 한다. 거래소는 ① 상장신청서나 첨부서류 등이 이 규정과 거래소가 따로 정한 형식에 맞지 않은 경우, ② 투자자 보호에 중요한 사항이 상장신청서나 첨부서류 등에 거짓으로 적혀 있거나 빠져 있는 경우, ③ 증권의 상장신청이 공익 실현과 투자자 보호 및 시장 관리 측면에서 부적절하다고 판단되는 경우의 어느 하나에 해당하는 경우에는 상장신청서의 접수를 거부할 수 있다.[103]

나. 상장의 제한

거래소는 상장신청인의 신청에 따라 상장예비심사나 상장심사를 한다. ① 신규상장신청인,[104] ② 재상장신청인, ③ 우회상장 대상 법인, ④ 합병상장의 상대방이 되는 주권비상장법인의 법인이 회계처리기준 위반[105]으로 거래소로부터 상장예비심사의 신청을 기각당하거나 상장예비심사

---

100) 자본시장법 제160조에 따른 반기보고서를 말한다.
101) 자본시장법 제160조에 따른 분기보고서를 말한다.
102) 유가증권시장 상장규정 제4조 제1항.
103) 유가증권시장 상장규정 제4조 제2항.
104) 종류주권, 외국종류주권, 주식워런트증권의 신규상장신청인을 제외한다.
105) ② 제1항에 따라 상장이 제한되는 회계처리기준 위반은 세칙으로 정하는 재무서류와 관련하여 다음 각 호의 어느 하나에 해당하는 경우를 말한다. 이 경우 제1항 각 호의 법인이 외국기업인 경우에는 외국회계기준과 본국 감독당국의 조치(제1호 및 제2호에 상응하는 조치를 말한다)를 기준으로 한다. 〈개정 2014.6.18, 2019.3.20, 2019.6.26〉
   1. 「외부감사 및 회계 등에 관한 규정」 제23조에 따른 재무제표 감리(이하 "재무제표 감리"라 한다) 결과 국내회계기준 위반으로 증권선물위원회로부터 검찰 고발이나 검찰 통보가 되는 경우
   2. 재무제표 감리 결과 국내회계기준 위반으로 증권선물위원회로부터 증권의 발행제한 또는 과징금 부과 조치(금융위원회의 과징

결과의 효력이 상실된 경우에는 해당 기각이나 효력 상실이 결정된 날부터 3년 이내에 해당 증권의 상장예비심사를 다시 신청할 수 없다.[106]

다. 상장주선인의 선임

상장신청인은 ① 보통주권의 신규상장, 우회상장 및 재상장, ② 외국주권등의 신규상장 및 우회상장, ③ 부동산투자회사주권의 신규상장, ④ 그 밖에 공익 실현과 투자자 보호를 위하여 상장주선인의 선임이 필요하다고 인정하여 세칙으로 정하는 경우에 해당하는 때에는 상장주선인을 선임해야 한다.[107] 다만 대표주관회사가 있는 경우에는 그 대표주관회사가 상장주선인이 된다.

라. 상장의 승인 또는 유예

거래소가 상장신청서를 접수한 경우에는 해당 상장신청인에게 지체 없이 상장 승인 여부를 알려야 한다.[108] 거래소는 상장신청인이 ① 신주 발행의 효력 등과 관련하여 소송이 제기된 경우, ② 배당기산일이 주식의 종류별로 다른 경우의 어느 하나에 해당하는 경우에는 그 사유가 해소될 때까지 상장을 유예할 수 있다.[109]

3. 유가증권시장 상장폐지

가. 신청에 따른 상장폐지

상장법인은 상장증권의 종목별로 거래소에 상장폐지를 신청할 수 있다.[110] 상장법인이 상장폐

금 부과 조치를 포함한다. 이하 같다)를 받은 경우로서 위반행위에 대한 조치결과를 반영하여 재무서류를 정정한 결과 기업규모나 경영성과에 관한 상장심사 요건을 충족하지 못하는 경우
106) 유가증권시장 상장규정 제5조.
107) 유가증권시장 상장규정 제12조 제1항.
108) 유가증권시장 상장규정 제24조 제1항.
109) 유가증권시장 상장규정 제24조 제2항.
110) 유가증권시장 상장규정 제7조 제1항.

지를 신청하려면 상장폐지신청서와 첨부서류를 거래소에 제출해야 한다.[111]

1) 기업인수목적회사주권 등

① 기업인수목적회사주권, ② 상장지수펀드증권과 외국상장지수펀드증권, ③ 환매 청구가 금지되는 투자회사주권과 수익증권을 상장한 법인은 상장폐지를 신청할 수 없다.

2) 주식워런트증권 등

주식워런트증권 또는 상장지수증권의 경우 ① 주식워런트증권은 발행인 또는 유동성공급자가 해당 증권을 전부 보유한 경우, ② 상장지수증권은 발행인 또는 유동성공급자가 해당 증권을 전부 보유한 경우와 해당 증권의 상장기간이 1년을 경과한 경우로서 발행인 또는 유동성공급자가 해당 증권총수의 100분의 95 이상을 보유한 경우의 어느 하나에 해당하는 경우에만 상장폐지를 신청할 수 있다.[112]

3) 상장폐지의 결정

거래소는 유가증권시장 상장공시위원회의 심의를 거쳐 상장폐지 여부를 결정한다. 다만 ① 주권상장법인이 코스닥시장 상장법인으로 되기 위하여 상장폐지를 신청한 경우, ② 주식워런트증권 또는 상장지수증권의 상장폐지를 신청한 경우, ③ 채무증권과 외국채무증권에 대하여 상장폐지를 신청한 경우, ④ 그 밖에 투자자 보호 측면에서 상장공시위원회의 심의가 필요하지 않다고 거래소가 인정한 경우의 어느 하나에 해당하는 경우에는 상장공시위원회의 심의를 거치지 않을 수 있다.[113]

나. 상장폐지 사유로 인한 상장폐지

---

111) 유가증권시장 상장규정 제7조 제3항.
112) 유가증권시장 상장규정 제7조 제2항.
113) 유가증권시장 상장규정 제7조 제4항.

거래소는 상장법인 또는 상장증권이 상장폐지 사유에 해당하는 경우에는 상장법인이 신청하지 않더라도 해당 증권을 상장폐지 할 수 있다.[114] 거래소는 주권상장법인이 상장폐지 사유에 해당하는 경우에는 ① 상장폐지의 사유와 근거, ② 상장폐지에 대하여 이의신청을 할 수 있다는 내용, ③ 그 밖에 거래소가 상장폐지 및 이의신청과 관련하여 필요하다고 인정하는 사항 모두를 해당 주권상장법인에 서면으로 알려야 한다.[115]

통지를 받은 주권상장법인이 해당 상장폐지에 대하여 이의가 있는 경우에는 그 통지를 받은 날부터 15일[116] 이내에 거래소에 이의를 신청할 수 있다.

다. 정리매매

거래소는 특정한 종목의 증권을 상장폐지 하는 경우에 일정한 기간을 정하여 그 증권의 매매거래(정리매매)를 허용할 수 있다.[117] 정리매매에 허용되는 기간은 7일[118]로 하며 거래소가 다르게 정하는 경우는 제외한다.

4. 보통주권의 상장

가. 신규상장

1) 상장예비신청

보통주권의 신규상장신청인은 신규상장을 신청하기 전에 상장예비심사신청서와 첨부서류를 거래소에 제출하여 상장예비심사를 받아야 한다.[119]

---

114) 유가증권시장 상장규정 제8조.
115) 유가증권시장 상장규정 제25조.
116) 영업일을 기준으로 한다.
117) 유가증권시장 상장규정 제9조 제1항.
118) 매매거래일을 기준으로 한다.
119) 유가증권시장 상장규정 제26조.

2) 주식등의 의무보유

가) 의무보유의 대상 주식등

보통주권의 신규상장과 관련하여 ① 신규상장신청인의 최대주주등, ② 상장예비심사 신청일 전 1년 이내에 신규상장신청인이 제3자 배정 방식으로 발행한 주식등을 취득하거나 같은 기간 동안에 신규상장신청인의 최대주주등이 소유하는 주식등을 취득한 자[120]에 해당하는 자는 자신이 소유하는 주식등을 의무보유해야 한다.[121] 이 경우 주식등에는 상장 후 6개월 이내에 무상증자[122]로 발행된 신주를 포함한다.

나) 의무보유의 면제

다음의 어느 하나에 해당하는 경우에는 의무보유를 요구하지 않을 수 있다. 신규상장신청인의 최대주주등과 관련해 ① 신규상장신청인이 공공적법인등인 경우, ② 신규상장신청인이 코스닥시장 상장법인인 경우,[123] ③ 최대주주의 특수관계인이 100주 미만을 소유한 경우, ④ 최대주주의 특수관계인의 주식보유 목적, 최대주주와의 관계 및 경영권 변경 가능성 등을 고려할 때 의무보유 면제가 불가피하다고 거래소가 인정하여 세칙으로 정하는 경우를 말한다.

아울러 상장예비심사 신청일 전 1년 이내에 신규상장신청인이 제3자 배정 방식으로 발행한 주식등을 취득하거나 같은 기간 동안에 신규상장신청인의 최대주주등이 소유하는 주식등을 취득한 자와 관련 신규상장신청인이 공공적법인등이거나 코스닥시장 상장법인인 경우를 포함한다.

다) 의무보유기간

의무보유기간은 상장일부터 6개월로 한다. 다만 ① 제3자 배정 방식으로 발행한 주식등을 취

---

120) 이 경우 해당 취득분에 한정한다.
121) 유가증권시장 상장규정 제27조.
122) 유상증자와 무상증자를 동시에 실시하는 경우에는 무상증자만 해당한다.
123) 다만 신규상장신청일 현재 코스닥시장 상장규정에 따른 의무보유기간이 지난 경우만 해당한다.

득한 경우에는 발행일부터 1년,[124] ② 신규상장신청인의 최대주주가 사모투자전문회사인 경우 최대주주등에 대한 의무보유기간은 상장일부터 1년으로 한다.

3) 신규상장 신청

보통주권의 신규상장신청인이 거래소의 상장예비심사를 통과한 후에 해당 보통주권을 신규상장하려면 상장예비심사 결과를 통지받은 날부터 6개월 이내[125]에 세칙으로 정하는 신규상장신청서와 첨부서류를 거래소에 제출해야 한다.[126] 신규상장신청인이 상장예비심사를 신청한 후에 모집·매출을 하지 않거나 상장예비심사를 신청한 때에 제출한 서류에서 바뀐 사항이 없는 경우에는 해당 첨부서류의 제출을 생략할 수 있다.[127]

4) 신규상장 심사요건

보통주권의 상장을 위해 충족해야 하는 요건은 ① 형식적 심사요건과 ② 질적 심사요건 두 가지가 있다. 보통주권의 신규상장신청인은 형식적 심사요건[128]을 모두 충족해야 하며

---

124) 그날이 상장일부터 6개월 이내인 경우에는 상장일부터 6개월이 되는 날까지 의무보유기간을 연장한다.
125) 제출기한이 연장된 경우에는 그 연장된 날까지로 한다.
126) 유가증권시장 상장규정 제28조 제1항.
127) 유가증권시장 상장규정 제28조 제2항.
128) 제29조(형식적 심사요건) ① 보통주권의 신규상장신청인은 다음 각 호의 형식적 심사요건을 모두 충족해야 한다. 〈개정 2014.6.18, 2015.11.4, 2016.6.8, 2019.6.26, 2021.3.8〉
  1. 영업활동기간: 상장예비심사 신청일 현재 설립 후 3년 이상이 경과하고 계속 영업을 하고 있을 것
  2. 기업규모: 상장예비심사 신청일 현재 다음 각 목의 요건을 모두 충족할 것. 이 경우 상장예비심사를 신청한 후에 모집·매출을 하는 법인은 신규상장신청일을 기준으로 판단한다.
    가. 상장예정인 보통주식총수가 100만주 이상일 것
    나. 자기자본이 300억원 이상일 것. 이 경우 종속회사가 있는 법인(지주회사가 아닌 경우에는 한국채택 국제회계기준을 적용한 사업연도만 해당한다)의 자기자본은 연결재무제표상 자본총계에서 비지배지분을 제외한 금액을 기준으로 하며, 이하 이 조에서 같다.
  3. 주식분산: 상장예비심사 신청일 현재의 보통주식을 기준으로 다음 각 목의 요건을 모두 충족할 것. 이 경우 상장예비심사를 신청한 후에 모집·매출을 하는 법인은 신규상장신청일을 기준으로 판단한다.
    가. 일반주주의 소유주식수 등이 다음의 어느 하나에 해당할 것. 다만, 「금융지주회사법」 제2조 제1항 제5호의 은행지주회사(이하 "은행지주회사"라 한다) 중 세칙으로 정하는 경우에는 이 목을 적용하지 않는다.
    (1) 일반주주가 보통주식총수의 100분의 25 이상을 소유하고 있을 것. 다만, 일반주주의 소유주식수가 500만주 이상으로서 세칙으로 정하는 수량 이상인 경우에는 이 요건을 충족한 것으로 본다.
    (2) 모집(법시행령 제11조 제3항에 따라 모집으로 보는 경우를 제외한다. 이하 이 조에서 같다) 또는 매출로 발행하거나 매각한 주식의 총수가 보통주식총수의 100분의 25 이상일 것. 다만, 모집 또는 매출로 발행하거나 매각한 주식의 총수가 500만주 이상으로서 세칙으로 정하는 수량 이상인 경우에는 이 요건을 충족한 것으로 본다.
    (3) 상장예비심사를 신청한 후에 모집 또는 매출로 발행하거나 매각한 주식의 총수가 신규상장신청일 현재 보통주식총수의

100분의 10 이상으로서 다음의 어느 하나에 해당할 것
(가) 상장예비심사신청일 현재의 자기자본을 기준으로 다음의 어느 하나에 해당할 것
1) 자기자본 500억원 이상 1,000억원 미만인 법인: 100만주 이상
2) 자기자본 1,000억원 이상 2,500억원 미만인 법인: 200만주 이상
3) 자기자본 2,500억원 이상인 법인: 500만주 이상
(나) 신규상장신청일 현재의 기준시가총액을 기준으로 다음의 어느 하나에 해당할 것
1) 기준시가총액 1,000억원 이상 2,000억원 미만인 법인: 100만주 이상
2) 기준시가총액 2,000억원 이상 5,000억원 미만인 법인: 200만주 이상
3) 기준시가총액 5,000억원 이상인 법인: 500만주 이상
(4) 국내외 동시공모를 하는 법인의 경우에는 국내외 동시공모로 발행하거나 매각한 주식의 총수가 신규상장신청일 현재 보통주식총수의 100분의 10 이상이고, 국내에서 모집 또는 매출로 발행하거나 매각한 주식의 총수가 100만주(액면주식인 경우에는 액면가액 5,000원을 기준으로 한다) 이상일 것
나. 삭제 〈2014.6.18〉
다. 일반주주의 수가 500명 이상일 것
4. 경영성과: 다음 각 목의 어느 하나에 해당할 것
가. 매출액과 수익성이 다음의 요건을 모두 충족할 것
(1) 매출액: 최근 사업연도에 1,000억원 이상이고, 최근 3사업연도(1사업연도가 1년 미만인 경우에는 3년으로 한다. 이하 이 조에서 같다) 평균 700억원 이상일 것. 이 경우 지주회사는 연결재무제표상 매출액을 기준으로 하며, 이하 이 조에서 같다.
(2) 수익성: 법인세비용차감전계속사업이익 또는 자기자본이익률이 다음 어느 하나에 해당할 것. 이 경우 종속회사가 있는 법인(지주회사가 아닌 경우에는 한국채택 국제회계기준을 적용한 사업연도만 해당한다)은 연결재무제표상 금액으로 하되, 자기자본이익률은 당기순이익에서 비지배지분을 제외한 금액을 기준으로 한다.
(가) 법인세비용차감전계속사업이익: 최근 사업연도에 30억원 이상이고, 최근 3사업연도의 합계가 60억원 이상일 것
(나) 자기자본이익률: 최근 사업연도에 100분의 5 이상이고, 최근 3사업연도의 합계가 100분의 10 이상일 것. 이 경우 최근 3사업연도 중 어느 한 사업연도의 자기자본이익률을 산출할 수 없는 때에는 해당 요건을 충족하지 못한 것으로 본다.
(다) 법인세비용차감전계속사업이익·자기자본이익률·영업현금흐름: 상장예비심사 신청일 현재 자기자본이 1,000억원 이상인 법인으로서 최근 사업연도의 법인세비용차감전계속사업이익이 50억원 이상이거나 자기자본이익률이 100분의 3 이상이고, 최근 사업연도의 영업활동에 따른 현금흐름(이하 "영업현금흐름"이라 한다)이 양(+)일 것. 이 경우 지주회사는 연결재무제표상 영업현금흐름을 기준으로 한다.
나. 최근 사업연도의 매출액이 1,000억원 이상이고, 신규상장신청일 현재의 기준시가총액이 2,000억원 이상일 것
다. 최근 사업연도의 법인세비용차감전계속사업이익이 50억원 이상이고, 신규상장신청일 현재의 기준시가총액이 2,000억원 이상일 것
라. 신규상장신청일 현재의 기준시가총액이 5,000억원 이상이고, 자기자본이 1,500억원 이상일 것
마. 신규상장신청일 현재의 기준시가총액이 1조원 이상일 것
5. 감사의견: 최근 3사업연도의 개별재무제표와 연결재무제표에 대한 감사인의 감사의견이 다음 각 목의 모두에 해당할 것. 이 경우 종속회사가 있는 법인(지주회사를 제외한다)은 한국채택 국제회계기준을 적용한 사업연도만 연결재무제표를 적용한다.
가. 최근 사업연도에 대하여 적정일 것
나. 최근 사업연도의 직전 2사업연도에 대하여 적정 또는 한정(감사범위 제한에 따른 한정을 제외한다)일 것
6. 삭제 〈2014.6.18〉
7. 주식양도 제한: 주식의 양도에 제한이 없을 것. 다만, 법령·정관 등에 따라 주식의 양도가 제한되는 경우로서 그 제한이 유가증권시장의 매매거래를 해치지 않는다고 거래소가 인정하는 경우에는 이 호를 적용하지 않는다.
8. 사외이사: 지주회사의 경우 신규상장신청일 현재 제77조의 사외이사 선임 의무를 충족하고 있을 것. 이 경우 「상법 시행령」 제34조 제1항 제3호의 신규상장법인에 대한 유예기간 규정을 준용하지 않는다.
9. 감사위원회: 지주회사의 경우 신규상장신청일 현재 제78조의 감사위원회 설치 의무를 충족하고 있을 것. 이 경우 「상법 시행령」 제37조 제1항 제4호의 신규상장법인에 대한 유예기간 규정을 준용하지 않는다.
② 보통주권을 신규상장하려는 지주회사에는 제1항의 심사요건 중 일부를 다음 각 호와 같이 적용한다. 〈개정 2014.6.18〉
1. 제1항 제1호의 영업활동 기간은 주요 자회사의 실질적인 영업활동기간을 고려할 수 있다.
2. 제1항 제4호의 경영성과는 다음 각 목과 같이 적용한다.

[129] 거래소는 형식적 심사요건을 충족한 법인의 보통주권을 상장하는 것이 적합한지에 대하여 질적 심사요건[130]을 종합적으로 고려하여 심사하여야 한다.[131]

    가. 지주회사의 설립일 또는 전환일이 속한 사업연도의 이전 사업연도에 대하여는 각 사업연도의 자회사 매출액에 설립 또는 전환 당시의 자회사에 대한 지분율을 곱하여 매출액을 산정한다.
    나. 설립 또는 전환 후 3년이 경과하지 아니한 지주회사에 대해서는 설립 또는 전환일이 속한 사업연도의 이전 사업연도는 자회사의 그 당시 재무제표를 기준으로 하되 다음의 적용방법을 따른다.
      (1) 자기자본이익률 산정 시 기준이 되는 이익액은 각 사업연도의 자회사 당기순이익에 설립 또는 전환 시의 지주회사 지분율을 곱한 금액으로 하고, 자본총계는 개시재무상태표상 자본총계를 적용한다.
      (2) 설립 또는 전환 후 1사업연도가 경과하지 아니한 지주회사는 각 자회사의 최근 사업연도의 영업이익, 법인세비용차감전계속사업이익, 당기순이익 각각의 합이 양(+)이어야 한다.
    다. 지주회사의 설립 또는 전환 후 1사업연도가 경과하지 아니한 지주회사는 각 자회사의 최근 사업연도의 영업현금흐름에 설립 또는 전환 시의 지주회사 지분율을 곱하여 영업현금흐름을 산정한다.
    라. 삭제 〈2014.6.18〉
  3. 제1항 제5호의 감사의견은 설립 또는 전환 후 3년이 경과하지 아니한 지주회사는 설립일 또는 전환일이 속하는 사업연도의 이전 사업연도는 자회사의 그 당시 재무제표에 대한 감사인의 감사보고서를 기준으로 한다.
③ 삭제 〈2014.6.18〉
④ 거래소는 매출액이나 자기자본이익률이 제1항에 따른 형식적 심사요건의 1. 3배 이하인 경우에는 신규상장신청인의 최근 2사업연도 재무제표에 대하여 증권선물위원회에 재무제표 감리를 요청할 수 있다.
⑤ 제1항에도 불구하고 설립 후 3사업연도가 경과되지 않은 신규상장신청인이 상장예비심사를 신청하기 전에 합병, 분할, 분할합병 등 세칙으로 정하는 사유에 해당하는 경우에는 제1항의 심사요건 중 일부를 다음 각 호와 같이 적용한다.
1. 제1항 제1호의 영업활동기간 요건과 같은 항 제4호의 경영성과 요건은 실질적인 영업활동기간을 고려할 수 있다.
2. 제1항 제5호의 감사의견 요건은 다음 각 목의 기준에 해당하는 때에 해당 요건을 충족한 것으로 본다.
    가. 경과된 사업연도의 재무제표(설립 후 1사업연도가 경과되지 않은 경우에는 경과월분의 재무제표를 말한다)에 대한 감사의견이 각각 적정일 것. 다만, 최근 사업연도의 직전 사업연도는 한정(감사범위 제한에 따른 한정을 제외한다)을 포함한다.
    나. 상장예비심사 신청일부터 3년 전의 날이 속하는 사업연도부터 설립 전까지 이전된 영업부문의 재무제표에 대한 검토의견이 각각 적정일 것
⑥ 제1항의 심사요건을 적용하는데 필요한 세부 적용 방법 등은 세칙으로 정한다.

129) 유가증권시장 상장규정 제29조.
130) 제30조(질적 심사요건) ① 거래소는 제29조의 형식적 심사요건을 충족한 법인의 보통주권을 상장하는 것이 적합한지에 대하여 다음 각 호의 사항을 종합적으로 고려하여 심사한다. 〈개정 2014.6.18〉
1. 영업, 재무상황, 경영환경 등에 비추어 기업의 계속성이 인정될 것
2. 기업지배구조, 내부통제제도, 공시체제, 특수관계인과의 거래 등에 비추어 경영투명성이 인정될 것
3. 지분 당사자 간의 관계, 지분구조의 변동 내용·기간 등에 비추어 기업 경영의 안정성이 인정될 것
4. 법적 성격과 운영방식 측면에서 「상법」상 주식회사로 인정될 것
5. 그 밖에 공익 실현과 투자자 보호를 해치지 않는다고 인정될 것
② 제1항에도 불구하고 거래소는 다음 각 호의 요건을 모두 충족하는 법인(그 적용에 필요한 사항은 세칙으로 정한다)에 대하여는 제1항 제1호의 기업 계속성을 고려하지 않고 심사한다. 다만, 거래소가 공익 실현과 투자자 보호를 위하여 필요하다고 인정하는 경우에는 그러지 아니한다.
1. 자기자본: 상장예비심사 신청일 현재 4,000억원 이상일 것
2. 매출액: 최근 사업연도에 7,000억원 이상이고, 최근 3사업연도(1사업연도가 1년 미만인 경우에는 3년으로 한다. 이하 이 조에서 같다) 평균 5,000억원 이상일 것
3. 법인세비용차감전계속사업이익: 최근 사업연도에 300억원 이상이고, 최근 3사업연도의 합계가 600억원 이상일 것. 이 경우 각 사업연도에 법인세비용차감전계속사업이익이 있어야 한다.
131) 유가증권시장 상장규정 제30조.

나. 우회상장

보통주권 상장법인과 주권비상장법인 또는 보통주권 상장법인과 주권비상장법인의 주요출자자 사이의 거래와 관련하여 보통주권 상장법인의 경영권이 변동되고 주권비상장법인[132]의 지분증권이 상장되는 효과가 있는 경우를 우회상장으로 본다.[133]

1) 중요한 영업양수

보통주권 상장법인과 주권비상장법인 간의 거래로서 ① 합병, ② 주식의 포괄적 교환, ③ 자본시장법[134]에 따른 주요사항보고서를 제출하는 영업양수(중요한 영업양수)의 어느 하나에 해당하는 거래를 말한다.

2) 중요한 자산양수

보통주권 상장법인과 주권비상장법인의 주요출자자[135] 사이의 거래로서 ① 자본시장법[136]에 따라 주요사항보고서를 제출하는 자산양수(중요한 자산양수), ② 주권비상장법인의 지분증권을 목적재산으로 하는 경우로서 출자가액이 유가증권업무규정 시행세칙으로 정하는 금액 이상인 현물출자에 해당하는 거래를 말한다.

다. 재상장

보통주권의 재상장은 ① 일반재상장, ② 분할재상장, ③ 합병재상장으로 구분한다.[137] ① 일반재상장은 유가증권시장에서 상장이 폐지된 보통주권의 발행인이 상장폐지일부터 5년 이내에

---

132) 유가증권시장에 지분증권이 상장되지 않은 단체나 조합, 그 밖의 발행인을 포함한다.
133) 유가증권시장 상장규정 제32조.
134) 자본시장법 제161조 제1항 제7호.
135) 최대주주등 세칙으로 정하는 자를 말한다.
136) 자본시장법 제161조 제1항 제7호.
137) 유가증권시장 상장규정 제38조 제1항.

해당 보통주권을 다시 상장하는 것을 말한다. ② 분할재상장은 보통주권 상장법인의 분할이나 분할합병[138]에 따라 설립된 법인의 보통주권을 상장하는 것을 말하며 물적분할에 따른 분할이나 분할합병은 제외한다. ③ 합병재상장은 보통주권 상장법인 간의 합병에 따라 설립된 법인의 보통주권을 상장하거나 보통주권 상장법인과 주권비상장법인과의 합병[139]에 따라 존속하게 되거나 설립된 법인이 보통주권을 상장하는 것을 의미하고 외국기업지배지주회사의 보통주권에는 적용하지 않는다.

라. 추가상장

보통주권 상장법인이 ① 유상증자, ② 무상증자, ③ 주식배당 등으로 이미 상장되어 있는 보통주권과 같은 종목의 보통주권을 새로이 발행하여 상장하는 경우를 추가상장이라 한다.[140] 추가상장 신청은 해당 신주 발행의 효력이 생긴 후에 지체 없이 해야 한다.

마. 변경상장

변경상장이란 보통주권 상장법인이 보통주권의 ① 종목명, ② 액면금액, ③ 수량 등이 바뀐 경우,[141] ④ 액면주식을 무액면주식으로 전환하거나 무액면주식을 액면주식으로 전환한 경우의 어느 하나에 해당하는 경우를 말한다.

5. 거래소시장의 운영

가. 호가와 주문

① 호가는 회원이 시장에서 매매거래를 하기 위한 매도 또는 매수의 의사표시를 의미하며 ② 주문은 위탁자가 매매거래를 하기 위한 매도 또는 매수의 의사표시를 말한다. 호가는 ① 지정가

---

138) 상대회사가 보통주권 상장법인인 경우만 해당한다.
139) 기업구조조정 촉진 목적의 세칙으로 정하는 합병에 한한다.
140) 유가증권시장 상장규정 제43조.
141) 다만 자본금이 증가된 경우는 제외한다.

호가, ② 시장가호가, ③ 조건부지정가호가, ④ 최유리지정가호가, ⑤ 최우선지정가호가, ⑥ 경쟁대량매매호가, ⑦ 동시호가로 구분한다. 주문은 각각의 호가에 따라 할 수 있다.

아울러 ① 시가는 정규시장의 매매거래시간개시(장개시) 후 형성되는 최초가격을 의미하고 ② 종가는 정규시장의 매매거래시간종료(장종료)시까지 형성되는 최종가격을 의미한다.

〈표-2 호가의 구분〉

구분	내용
① 지정가호가	상장증권의 종목, 수량 및 가격을 지정하는 호가를, 시장가호가는 종목 및 수량은 지정하지만 가격은 지정하지 않는 호가로서 제23조 제3항(단일가격에 의한 개별경쟁매매)[143] 및 제24조 제2항(복수가격에 의한 개별경쟁매매)[142]에서 각각 간주하는 가격으로 매매거래를 하고자 하는 호가를 의미한다.

---

142) ③ 제1항의 규정에 의하여 가격을 결정하는 경우 시장가호가는 다음 각 호의 가격으로 호가한 것으로 본다.
   1. 매도시장가호가와 매수시장가호가만 있는 경우에는 직전의 가격. 다만, 어느 일방 호가의 합계수량이 타방 호가의 합계수량보다 많은 경우에는 다음 각 목의 가격
     가. 매도시장가호가의 합계수량이 많은 경우에는 직전의 가격보다 1호가 가격단위 낮은 가격(하한가를 한도로 한다)
     나. 매수시장가호가의 합계수량이 많은 경우에는 직전의 가격보다 1호가 가격단위 높은 가격(상한가를 한도로 한다)
   2. 제1호 외의 경우 매도시장가호가는 다음 각 목의 가격 중 가장 낮은 가격
     가. 가장 낮은 매도지정가호가보다 1호가 가격단위 낮은 가격(하한가를 한도로 한다)
     나. 가장 낮은 매수지정가호가의 가격
     다. 직전의 가격
   3. 제1호 외의 경우 매수시장가호가는 다음 각 목의 가격 중 가장 높은 가격
     가. 가장 높은 매수지정가호가보다 1호가 가격단위 높은 가격(상한가를 한도로 한다)
     나. 가장 높은 매도지정가호가의 가격
     다. 직전의 가격

143) ② 제1항의 규정에 의하여 가격을 결정하는 경우 시장가호가는 그 수량이 전량매매될 때까지 다음 각 호의 가격으로 호가한 것으로 본다.
   1. 매도시장가호가의 경우 다음 각 목의 가격 중 가장 낮은 가격
     가. 매도지정가호가가 없는 경우에는 직전의 가격, 매도지정가호가가 있는 경우에는 당해 지정가호가 중 가장 낮은 지정가호가보다 1호가 가격단위 낮은 가격(하한가를 한도로 한다)
     나. 가장 낮은 매수지정가호가의 가격
   2. 매수시장가호가의 경우 다음 각 목의 가격 중 가장 높은 가격
     가. 매수지정가호가가 없는 경우에는 직전의 가격, 매수지정가호가가 있는 경우에는 당해 지정가호가 중 가장 높은 지정가호가보다 1호가 가격단위 높은 가격(상한가를 한도로 한다)
     나. 가장 높은 매도지정가호가의 가격

144) 유가증권시장 업무규정 제23조 제1항 제4호.
145) 유가증권시장 업무규정 제30조의2 제1항.
146) 유가증권시장 업무규정 제34조의3 제1항.

구분	내용
② 조건부지정가호가	단일가격에 의한 개별경쟁매매의 규정[144]에 의하여 장종료시의 가격을 단일가격에 의한 개별경쟁매매의 방법으로 결정하는 경우 시장가호가로 전환할 것을 조건으로 하는 지정가호가를 말한다.
③ 최유리지정가호가	종목 및 수량은 지정하지만 가격은 매도호가의 경우 매수호가의 가격, 매수호가의 경우 매도호가의 가격을 기준으로 유가증권시장 업무규정 시행세칙이 정하는 가격으로 지정한 것으로 보아 매매거래를 하고자 하는 호가를 말한다.
④ 최우선지정가호가	종목 및 수량은 지정하지만 가격은 매도호가의 경우 다른 매도호가의 가격, 매수호가의 경우 다른 매수호가의 가격을 기준으로 유가증권시장 업무규정 시행세칙이 정하는 가격으로 지정한 것으로 보아 매매거래를 하고자 하는 호가를 말한다.
⑤ 경쟁대량매매호가	종목과 수량은 지정하지만 가격은 장중경쟁대량매매[145] 또는 시간외경쟁대량매매[146]에 따른 가격으로 매매거래를 하고자 하는 호가를 뜻한다.
⑥ 동시호가	호가시간의 선후를 구분하지 않는 호가를 말한다.

나. 호가수량단위와 매매수량단위

호가수량단위와 매매수량단위는 아래 표와 같이 구분한다.

〈표-3 호가수량단위와 매매수량단위〉

구분	호가수량단위	매매수량단위
① 주권	1주	1주
② 외국주식예탁증권	1증권	1증권
③ 상장지수집합투자기구 집합투자증권	1주	1주
④ 상장지수집합투자기구 투자신탁 수익증권	1좌	1좌
⑤ 상장지수증권	1증권	1증권
⑥ 신주인수권증서	1증서	1증서
⑦ 신주인수권증권	1증권	1증권
⑧ 주식워런트증권	1증권	10증권
⑨ 수익증권	1좌	1좌

다. 호가가격단위

호가가격단위는 아래 표와 같이 구분한다. 다만 상장지수집합투자기구 집합투자증권과 상장

지수증권 및 주식워런트증권의 경우 5원으로 한다.[147]

〈표-4 호가가격단위〉

1주(1증권, 1증서, 1좌)의 거래가격	호가가격단위
① 1,000원 이상 5,000원 미만인 종목	5원
② 5,000원 이상 10,000원 미만인 종목	10원
③ 10,000원 이상 50,000원 미만인 종목	50원
④ 50,000원 이상 100,000원 미만인 종목	100원
⑤ 100,000원 이상 500,000원 미만인 종목	500원
⑥ 500,000원 이상인 종목	1,000원

라. 호가의 가격제한폭

① 주권, ② 외국주식예탁증권, ③ 상장지수집합투자기구 집합투자증권, ④ 상장지수증권 및 수익증권의 호가가격은 가격제한폭을 정할 때의 기준이 되는 기준가격에 가격제한폭을 더한 가격인 상한가보다 높거나 기준가격에서 가격제한폭을 뺀 가격인 하한가보다 낮아서는 안 된다. 가격제한폭은 기준가격에 100분의 30을 곱하여 산출한 금액[148]으로 한다.

상장지수집합투자기구 집합투자증권과 목표로 하는 기초자산의 가격 또는 지수 변화의 일정 배율[149]로 연동하는 상장지수증권의 경우에는 동 금액에 당해 배율[150]을 곱한 금액으로 한다. 동 금액이 호가가격단위 중 가장 낮은 가격 미만인 경우에는 호가가격단위 중 가장 낮은 가격으로 한다. 아울러 정리매매를 위해 일정 기간 매매거래를 허용하는 종목의 경우에는 가격을 제한하지 않으며 세칙이 정하는 경우에는 가격제한폭을 다르게 정할 수 있다.

마. 매매거래의 종류

---

147) 유가증권시장 업무규정 시행세칙 제32조 제2항.
148) 동금액 중 기준가격의 호가가격단위 미만의 금액은 절사한다.
149) 음의 배율도 포함한다.
150) 음의 배율인 경우 그 절댓값으로 한다.

매매거래의 종류는 ① 당일결제거래, ② 익일결제거래, ③ 보통거래가 있다. ① 당일결제거래는 매매계약을 체결한 당일에 결제하는 매매거래를 의미한다. ② 익일결제거래는 매매계약을 체결한 날의 다음 날에 결제하는 매매거래[151]를 말한다. ③ 보통거래는 매매계약을 체결한 날부터 기산하여 3일째(D+2일) 되는 날에 결제하는 매매거래를 의미한다. 익일결제거래와 보통거래에 의한 일수의 계산 시 휴장일은 제외한다. 또한 상장증권의 매매거래의 종류는 유가증권시장 업무규정 시행세칙에서 정하는 경우를 제외하고 보통거래로 한다.

바. 경쟁매매

매매거래는 개별경쟁매매의 방법에 의한다. 개별경쟁매매는 ① 단일가격에 의한 개별경쟁매매와 ② 복수가격에 의한 개별경쟁매매로 구분한다.

1) 개별경쟁매매

개별경쟁매매에 있어서 호가의 우선순위는 ① 낮은 가격의 매도호가는 높은 가격의 매도호가에 우선하고, ② 높은 가격의 매수호가는 낮은 가격의 매수호가에 우선한다. 다만 시장호가는 지정가호가에 가격적으로 우선하지만 ① 매도시장가호가와 하한가의 매도지정가호가, ② 매수시장가호가와 상한가의 매수지정가호가는 각각 동일한 가격의 호가로 본다. 동일한 가격호가 간의 우선순위와 시장가호가 간의 우선순위는 호가가 행하여진 시간의 선후에 따라 먼저 접수된 호가가 뒤에 접수된 호가에 우선한다.

2) 단일가격에 의한 개별경쟁매매

① 시가, ② 거래소가 시장의 전부 또는 일부를 정지한 후 시장이 재개 시 최초의 가격, ③ 매매거래가 재개된 후 최초의 가격,[152] ④ 장종료시의 가격, ⑤ 매매계약체결방법을 변경한 후 최

---

151) 유가증권시장 업무규정 시행세칙으로 정하는 경우에는 그다음 날로 한다.
152) 유가증권시장 업무규정 제25조 제1항·제26조 제4항·제10조 제4항·상장규정 제153조 제2항·유가증권시장 공시규정 제40조 제5항에 따라 매매거래가 재개된 후 최초의 가격을 말한다.

초의 가격의 결정[153]은 단일가격에 의한 개별경쟁매매에 의한다.

3) 복수가격에 의한 개별경쟁매매

단일가격에 의한 개별경쟁매매외의 정규시장의 매매거래시간 중 가격의 결정은 복수가격에 의한 개별경쟁매매에 의한다.[154] 복수가격에 의한 개별경재매매에 의하여 가격을 결정하는 경우 시장호가는 ① 그 수량이 전량매매 될 때까지 매도시장가호가가 없는 경우에는 직전의 가격으로, ② 매도지정가호가가 있는 경우에는 당해 지정가호가 중 가장 낮은 지정가호가보다 1호가 가격단위 낮은 가격(하한가 한도)이나 가장 낮은 매수지정가호가의 호가한 것으로 본다.[155]

사. 매매계약체결 특례

1) 장중경쟁대량매매

장중경쟁대량매매는 장중경쟁대량매매를 위한 호가접수시간 동안 ① 주권, ② 외국주식예탁증권, ③ 상장지수집합투자기구 집합투자증권, ④ 상장지수증권에 대하여 경쟁대량매매호가를 접수받아 해당 경쟁대량매매거래의 성립 후부터 장종료시까지 정규시장에서 성립된 해당 종목의 매매거래를 기준으로 산출한 거래량가중평균가격이나 당일의 종가[156]로 한다. 장중경쟁대량매매에 참여하는 호가의 우선순위는 먼저 접수된 호가가 뒤에 접수된 호가에 우선한다.

2) 장중대량매매

장중대량매매는 정규시장의 매매거래시간 동안 ① 종목, ② 수량, ③ 가격이 동일한 매도호가 및 매수호가로 회원[157]이 매매거래를 성립시키고자 거래소에 신청하는 경우 당해 종목의 매

---

153) 유가증권시장 업무규정 제26조의2 제1항.
154) 유가증권시장 업무규정 제24조 제1항.
155) 유가증권시장 업무규정 제24조 제2항.
156) 거래량가중평균가격이 없는 경우에 한한다.
157) 거래소 회원은 ① 거래소 결제회원, ② 매매전문회원, ③ 증권회원, ④ 파생상품회원, ⑤ 증권시장 내의 일부 시장이나 일부 종목에

매거래를 성립시키는 방법으로 한다. 다만 당해 호가의 접수직전까지 정규시장에서 매매거래가 성립하지 않는 경우에는 매매거래를 성립시키지 않는다. 장중대량매매를 신청하여 호가할 수 있는 가격은 호가의 접수직전까지 정규시장에서 형성된 최고가격과 최저가격 이내의 가격으로 한다.

3) 장중바스켓매매

장중바스켓매매는 정규시장의 매매거래시간 동안 바스켓을 구성하는 각각의 종목에 대하여 수량 및 가격이 동일한 매도호가 및 매수호가로 회원이 매매거래를 성립시키고자 거래소에 신청하는 경우 당해 바스켓을 구성하는 종목을 일괄하여 매매거래를 성립시키는 방법이다. 장중바스켓매매를 신청하여 호가할 수 있는 가격은 각각의 종목에 대하여 당해 호가의 접수직전까지 정규시장에서 형성된 최고가격과 최저가격 이내의 가격으로 한다.

4) 시간외매매

시간외시장은 ① 시간외종가매매, ② 시간외단일가매매, ③ 시간외경쟁대량매매, ④ 시간외대량매매, ⑤ 시간외바스켓매매거래가 이루어지는 시장으로 한다. 다만 시간외단일가매매거래는 장종료 후 시간외시장에 한하고 시간외경쟁대량매매는 장개시 전 시간외시장에 한한다.

5) 시간외종가매매

시간외종가매매는 시간외종가매매의 호가접수시간 동안 호가를 접수받아 당일[158] 종가로 매매거래를 성립시킨다. 다만 당일 정규시장의 매매거래시간 중 매매거래가 성립하지 않는 경우에는 매매거래를 성립시키지 않는다.

대하여 결제나 매매에 참가하는 회원, ⑥ 파생상품시장 내의 일부 시장이나 일부 품목에 대하여 결제 또는 매매에 참가하는 회원, ⑦ 그 밖에 회원관리규정으로 정하는 회원이 있다.

158) 장개시 전 시간외시장의 경우에는 전일로 한다.

6) 시간외단일가매매

시간외단일가매매는 시간외단일가매매의 호가접수시간 동안 호가를 접수받아 단일가격에 의한 개별경쟁매매방법에 의하여 매매거래를 성립시킨다. 다만 당일 정규시장의 매매거래시간 중 매매거래가 성립하지 않은 경우에는 매매거래를 성립시키지 않는다. 시간외단일가매매를 위해 호가할 수 있는 가격은 당일 종가를 기준으로 10% 높은 가격과 10% 낮은 가격 이내의 가격[159]과 당일의 상한가와 하한가 이내의 가격 모두에 해당하는 가격으로 한다.

7) 시간외경쟁대량매매

시간외경쟁대량매매는 장개시 전 시간외시장의 호가접수시간 동안 경쟁대량매매호가를 접수받아 장개시시부터 장종료시까지 정규시장에서 성립된 해당 종목의 매매거래를 기준으로 산출한 거래량 가중평균가격으로 거래량가중평균가격이나 거래량가중평균가격이 없는 경우에는 당일의 종가로 한다. 거래량가중평균가격의 산출방법과 당일의 종가가 없는 경우에는 유가증권시장 업무규정 시행세칙으로 정한다.

8) 시간외대량매매

시간외대량매매는 시간외시장의 호가접수시간 동안 ① 종목, ② 수량, ③ 가격이 동일한 매도호가 및 매수호가로 회원이 매매거래를 성립시키고자 거래소에 신청하는 경우 당해 종목의 매매거래를 성립시키는 방법으로 한다. 다만 당일[160] 정규시장의 매매거래시간 중 매매거래가 성립하지 않는 경우에는 매매거래를 성립시키지 않는다. 시간외대량매매를 신청하여 호가할 수 있는 가격은 당일의 상한가와 하한가 이내의 가격으로 한다.

9) 시간외바스켓매매

---

159) 이 경우 호가가격단위의 적용 등에 관해서는 유가증권시장 업무규정 제20조(호가의 가격제한폭)의 규정을 준용한다.
160) 장개시 전 시간외시장의 경우에는 전일로 한다.

시간외바스켓매매는 시간외시장의 호가접수시간 동안 바스켓을 구성하는 각각의 종목에 대하여 수량 및 가격이 동일한 매도호가 및 매수호가로 회원이 매매거래를 성립시키고자 거래소에 신청하는 경우 당해 바스켓을 구성하는 종목을 일괄하여 매매거래를 성립시키는 방법으로 한다. 시간외바스켓매매를 신청하여 호가할 수 있는 가격은 각각의 종목에 대하여 당일의 상한가와 하한가 이내의 가격으로 한다.

10) 시간외대량매매로 자기주식 매매 방법

정부 또는 예금보험공사로부터 시간외대량매매에 의한 방법으로 자기주식을 매수하고자 하는 주권상장법인 또는 금융위원회의 승인을 얻어 시간외대량매매에 의한 방법으로 자기주식을 매수하고자 하는 주권상장법인으로부터 매매거래를 위탁받은 회원[161]은 위탁받은 회원이 호가한 가격으로 매매거래를 성립시킬 수 있다.[162]

시간외대량매매에 의한 방법으로 자기주식을 매도하고자 하는 주권상장법인으로부터 매매거래를 위탁받은 회원은 당해 종목의 당일종가를 기준으로 5% 높은 가격(상한가 한도)과 5% 낮은 가격(하한가 한도) 이내의 가격으로 호가를 하여야 한다.[163] 이 경우 장개시 전 시간외시장의 경우에는 전일종가를 기준으로 적용한다. 다만 전일종가를 적용하는 것이 적절하지 않다고 인정되는 경우 유가증권시장 업무규정 시행세칙이 정하는 바에 의한다.

11) 주권상장법인 자기주식매매거래 위탁시 호가

회원은 주권상장법인으로부터 자본시장법[164]에 따른 자기주식매매거래를 위탁받은 때에는 아래 어느 하나의 가격으로 호가를 하여야 한다.[165] 다만 장종료 30분 전 이후에는 호가를 할 수 없다.

---

161) 상대방 회원을 포함한다.
162) 유가증권시장 업무규정 제35조 제4항.
163) 유가증권시장 업무규정 제35조 제5항.
164) 자본시장법 제165조3.
165) 유가증권시장 업무규정 제39조 제1항.

가) 장개시 전 호가하는 경우

① 매수를 하는 때에는 당해 종목의 전일 종가와 전일 종가를 기준으로 5% 높은 가격[166] 범위 이내의 가격으로 하며, ② 매도하는 경우 당해 종목의 전일 종가와 전일 종가보다 2호가 가격단위 낮은 가격범위 이내의 가격으로 호가를 하여야 한다.[167] 매도의 경우 당해 종목의 전일 종가와 전일 종가보다 2호가 가격단위 낮은 가격범위 이내의 가격으로 호가를 하여야 한다.[168]

나) 매매거래시간 중에 호가하는 경우

① 매수의 경우 당해 종목의 직전의 체결가격과 최우선매수호가의 가격 중 높은 가격으로부터 5호가 가격단위 높은 가격을 상한으로 하고 5호가 가격단위 낮은 가격을 하한으로 하는 범위 이내의 가격으로 호가를 하여야 한다.[169]

② 매도의 경우 당해 종목의 직전의 체결가격과 최우선매도호가의 가격 중 낮은 가격으로부터 5호가 가격단위 높은 가격을 상한으로 하고 5호가 가격단위 낮은 가격을 하한으로 하는 범위 이내의 가격으로 호가를 하여야 한다.[170]

다만 정규시장의 매매거래시간 중에 상기 정규시장의 호가접수시간 중에 주권상장법인의 자기주식매수를 위탁받아 호가의 가격을 매매거래시간 중에 호가하는 경우의 규정에 의한 가격으로 정정할 수 있다.

다) 주권상장법인 자기주식 매매 특례

거래소는 시장상황급변 등으로 투자자보호와 시장안정을 유지하기 위하여 금융위원회의 승인을 받는 경우에는 회원으로 하여금 정규시장의 호가접수시간 중에 주권상장법인의 자기주식

---

166) 동가격이 호가가격단위에 부합하지 않는 경우에는 종가방향으로 당해 가격과 가장 가까운 호가가격단위에 해당하는 가격으로 한다.
167) 유가증권시장 업무규정 제39조 제1항 제1호 가목.
168) 유가증권시장 업무규정 제39조 제1항 제1호 나목.
169) 유가증권시장 업무규정 제39조 제1항 제2호 가목.
170) 유가증권시장 업무규정 제39조 제1항 제2호 나목.

매수를 위탁받아 호가하도록 할 수 있다.[171]

정규시장의 호가접수시간 중에 주권상장법인의 자기주식매수를 위탁받아 호가하는 경우 호가의 가격은 ① 장개시 전에 호가하는 경우에는 당해 종목의 전일 종가와 전일 종가를 기준으로 5% 높은 가격[172]범위 이내의 가격,[173] ② 매매거래시간 중에 호가[174]하는 경우 당해 종목의 직전의 체결가격과 최우선매수호가의 가격 중 높은 가격으로부터 5호가 가격단위 높은 가격을 상한으로 하고 5호가 가격단위 낮은 가격을 하한으로 하는 범위 이내의 가격[175]과 같이 한다.[176]

아. 매매거래시간

매매거래시간은 아래와 같다. 다만 거래소가 전산장애발생 등 시장관리상 필요하다고 인정하는 경우에는 임시로 변경할 수 있다.

1) 정규시장

정규시장의 매매거래시간은 9시부터 15시 30분까지로 한다. 다만 장종료시의 가격을 결정하는 경우에는 15시 30분 이후 당해 가격이 결정되는 시점까지로 한다. 장중경쟁대량매매는 9시부터 15시까지로 한다.

2) 시간외시장

시간외시장의 경우 장개시 전 시간외시장과 장종료 후 시간외시장으로 구분된다. 장개시 전

---

171) 유가증권시장 업무규정 제40조 제1항.
172) 동가격이 호가가격단위에 부합하지 아니하는 경우에는 종가방향으로 당해 가격과 가장 가까운 호가가격단위에 해당하는 가격으로 한다.
173) 유가증권시장 업무규정 제39조 제1항 제1호 가목.
174) 신규호가 및 정정호가를 포함한다.
175) 유가증권시장 업무규정 제39조 제1항 제2호 가목.
176) 유가증권시장 업무규정 제40조 제2항.

시간외시장은 8시부터 9시까지로 한다. 다만 시간외종가매매는 8시 30분부터 8시 40분까지로 한다. 장종료 후 시간외사장은 15시 40분부터 18시까지로 한다. 다만 시간외종가매매의 경우에는 15시 40분부터 16시까지로 하고 시간외단일가매매의 경우 16시부터 18시[177]까지로 한다.

3) 시장의 정지와 재개

거래소는 시장관리상 필요하다고 인정하는 경우에는 시장의 전부 또는 일부를 정지할 수 있으며 시장을 정지한 후 정지사유가 해소된 때에는 지체 없이 시장을 재개할 수 있다.[178] 거래소는 코스피의 수치가 아래의 어느 하나에 해당하는 경우 주식시장 등의 모든 종목의 매매거래를 중단한 후 재개하거나 종결한다. 다만 코스피 수치의 변동 폭 또는 변동방향 등을 감안하여 유가증권시장 업무규정 시행세칙으로 정하는 경우에는 매매거래를 중단하지 않을 수 있다.

〈표-5 주식시장 등의 매매거래의 중단·재개·종결〉

구분	매매거래의 중단·재개·종결
① 직전 매매거래일의 최종 수치보다 8% 이상 하락하여 1분간 지속되는 경우	20분간 매매거래중단 후 재개
② 20분간 매매거래중단 후 재개한 후에도 직전 매매거래일의 최종 수치보다 15% 이상 하락하여 1분간 지속되는 경우	20분간 매매거래중단 후 재개
③ 15% 이상 하락 매매거래를 중단한 후 재개한 후에도 직전 매매거래일의 최종 수치보다 20% 이상 하락하여 1분간 지속되는 경우	매매거래중단 후 즉시 당일의 매매거래 종결

4) 거래소 휴장

거래소는 관공서의 공휴일에 관한 규정에 의한 공휴일, 근로자의 날 제정에 관한 법률에 의한 근로자의 날, 토요일, 12월 31일,[179] 그 밖에 경제사정의 급변 또는 급변이 예상되거나 거래소가 시장관리상 필요하다고 인정하는 날에 해당하는 날에는 매매거래를 하지 않는다.

---

177) 최종가격을 결정하는 경우는 18시 이후 당해 가격이 결정되는 시점까지로 한다.
178) 유가증권시장 업무규정 제6조.
179) 공휴일 또는 토요일인 경우에는 직전의 매매거래일로 한다.

Ⅳ. 한국거래소 파생상품시장

1. 파생상품거래의 정의

파생상품시장 업무규정에서는 파생상품거래를 한국거래소가 개설한 파생상품시장에서 이루어지는 자본시장법에 따른 장내파생상품의 거래로 정의하고 있다.[180]

2. 주요용어의 정의

가. 기초자산

기초자산이란 ① 선물거래의 경우에는 거래의 대상물을, ② 옵션거래의 경우에는 매수자의 일방적 의사표시(권리행사)에 의하여 성립되는 거래의 대상물을 말한다.

나. 행사가격

행사가격이란 권리행사에 따라 성립되는 거래에서 사전에 설정된 기초자산의 가격 또는 수치를 말한다.

다. 종목과 거래승수

종목이란 ① 선물거래의 경우에는 기초자산·최종거래일·최종결제방법 및 거래승수 등으로 구분되는 것을 말하고, ② 옵션거래의 경우에는 기초자산·콜옵션과 풋옵션·행사가격·최종거래일·거래승수 및 권리행사의 유형[181] 등으로 구분되는 것을 말한다.[182] 거래승수란 파생상품을 계약하는 최소거래단위를 뜻한다.

---

180) 파생상품시장 업무규정 제2조 제1항 제1호.
181) 최종거래일에만 권리행사를 할 수 있는 유형과 최종거래일 이전에 권리행사를 할 수 있는 유형을 말한다.
182) 파생상품시장 업무규정 제2조 제1항 제13호.

라. 호가와 주문

호가란 거래소의 회원이 시장에서 거래를 하기 위한 매도의 의사표시 또는 매수의 의사표시를 말하며 ① 지정호가, ② 시장가호가, ③ 조건부지정가호가, ④ 최유리지정가호가로 구분한다. 주문이란 위탁자가 거래를 위하여 투자중개업자에게 하는 매도의 의사표시 또는 매수의 의사표시를 말하며 ① 지정호가주문, ② 시장가호가주문, ③ 조건부지정가호가주문, ④ 최유리지정가호가주문으로 구분한다.

3. 파생상품시스템

파생상품거래에 이용되는 파생상품시스템에는 거래소파생상품시스템과 회원파생상품시스템이 있다. 거래소파생상품시스템이란 거래소가 ① 호가의 접수, ② 거래의 체결 및 결제 등을 위하여 설치 및 운영하는 시스템[183]을 말한다. 회원파생상품시스템이란 회원이 호가의 입력 등을 위하여 거래소의 승인을 얻어 거래소파생상품시스템과 연결하는 시스템을 말한다.

4. 파생상품시장의 구분

파생상품시장은 장내파생상품의 매매를 위하여 거래소가 개설하는 시장을 말한다. 파생상품시장은 ① 주식상품시장, ② 금리상품시장, ③ 통화상품시장, ④ 일반상품시장, ⑤ 선물스프레드시장, ⑥ 플렉스시장으로 구분한다. 세부적인 구분은 아래 표와 같다.

〈표-6 파생상품시장의 세부 시장 구분〉[184]

구분		세부 시장
주식상품 시장	국내지수선물시장	코스피200선물시장
		미니코스피200선물시장
		코스닥150선물시장
		KRX300선물시장
	섹터지수선물시장	별표 1의3에 따른 섹터지수 기초자산별 각 선물시장

---

[183] 거래소가 호가의 접수, 거래의 체결 등을 위하여 계약으로 제3자로부터 시스템을 제공받는 경우 해당 시스템을 포함한다.
[184] 파생상품시장 업무규정 시행세칙 별표 1의2.

구분		세부 시장
주식상품 시장	해외지수선물시장	유로스톡스50선물시장
	국내지수옵션시장	코스피200옵션시장
		미니코스피200옵션시장
		코스닥150옵션시장
	변동성지수선물시장	코스피200변동성지수선물시장
	국내주식선물시장	기초주권별 각 선물시장
	국내주식옵션시장	기초주권별 각 옵션시장
	ETF선물시장	기초ETF별 각 선물시장
금리상품 시장	국채선물시장	3년국채선물시장
		5년국채선물시장
		10년국채선물시장
통화상품 시장	통화선물시장	미국달러선물시장
		엔선물시장
		유로선물시장
		위안선물시장
	통화옵션시장	미국달러옵션시장
일반상품 시장	금선물시장	금선물시장
	돈육선물시장	돈육선물시장
선물 스프레드 시장	국내지수선물스프레드시장	코스피200선물스프레드시장
		미니코스피200선물스프레드시장
		코스닥150선물스프레드시장
		KRX300선물스프레드시장
	섹터지수선물스프레드시장	별표 1의3에 따른 섹터지수 기초자산별 각 선물스프레드시장
	해외지수선물스프레드시장	유로스톡스50선물스프레드시장
	변동성지수선물 스프레드시장	코스피200변동성지수선물 스프레드시장
	국내주식선물스프레드시장	기초주권별 각 선물스프레드시장
	ETF선물스프레드시장	기초ETF별 각 선물스프레드시장
	국채선물스프레드시장	3년국채선물스프레드시장
		5년국채선물스프레드시장
		10년국채선물스프레드시장
	국채선물상품간스프레드시장	3년국채선물·10년국채선물 상품간스프레드시장
	통화선물스프레드시장	미국달러선물스프레드시장
		엔선물스프레드시장
		유로선물스프레드시장
		위안선물스프레드시장
	금선물스프레드시장	금선물스프레드시장
	돈육선물스프레드시장	돈육선물스프레드시장
플렉스시장	플렉스선물시장	미국달러플렉스선물시장

5. 매매거래시간

가. 정규거래시간

파생상품시장의 정규거래시간은 9시부터 15시 45분까지로 하며 돈육선물시장과 돈육선물스프레드시장의 경우에는 10시 15분부터 15시 45분까지로 한다. ① 해외지수선물시장, ② 해외지수선물스프레드시장, ③ 해외주식선물시장, ④ 해외주식선물스프레드시장의 경우에는 해외파생상품시장[185]의 거래시간이나 거래 수요 및 거래의 편의성 등을 고려하여 9시부터 15시 45분까지로 한다.

나. 최종거래일이 도래한 종목의 정규거래시간

최종거래일이 도래한 종목의 정규거래시간은 최종결제방법과 최종결제가격의 산출방법 등을 고려하여 아래에 따른 시간[186]으로 한다.
① 금선물시장의 경우 9시부터 15시 20분까지로 하며 코스피200변동성지수선물시장의 경우에는 9시부터 15시 35분까지로 한다. ② 금리상품시장과 통화상품시장의 경우 9시부터 11시 30분까지로 하며 통화상품시장 중 미국달러옵션시장의 경우에는 9시부터 15시 30분까지로 한다. ③ 일반상품시장 중 돈육선물시장의 경우 10시 15분부터 15시 45분까지로 한다. ④ 선물스프레드시장의 경우의 경우 ①부터 ③까지의 거래시간 중 선물스프레드를 구성하는 선물거래의 종목에 해당하는 거래시간으로 한다.

다. 장개시전협의거래

장개시전협의거래의 거래시간은 7시 30분부터 8시 30분까지로 한다.

---

[185] 자본시장법 제5조에 따른 해외 파생상품시장을 말한다.
[186] 플렉스선물거래 및 해외지수선물거래의 종목은 제외하고, 선물스프레드거래의 경우에는 선물스프레드를 구성하는 선물거래의 2개 종목 중 최종거래일이 도래한 종목이 있는 종목으로 한다.

라. 글로벌거래

국내지수선물시장 및 통화선물시장 중 거래수요 등을 감안하여 세칙으로 정하는 시장의 경우에는 정규거래시간의 거래(정규거래) 이외에 당일 18시부터 다음 날 5시까지(글로벌거래시간) 거래(글로벌거래)를 한다. 거래소는 ① 거래소파생상품시스템 또는 회원파생상품시스템의 장애 발생으로 정상적인 거래를 할 수 없는 경우로서 세칙으로 정하는 경우, ② 정규거래시간이 변경되는 경우, ③ 그 밖에 거래소가 시장관리상 필요하다고 인정하는 경우에는 거래시간을 변경할 수 있다.

6. 주식상품거래

아래에서는 주식상품 중 ① 주가지수선물거래와 ② 주가지수옵션거래에 대해 살펴보고자 한다.

가. 주가지수선물거래

1) 주가지수선물거래 기초자산

주가지수선물거래의 기초자산은 다음의 구분에 따른 주가지수로 한다.[187]

〈표-7 주가지수선물거래 기초자산〉

구분	요건 등	주가지수
국내지수선물거래	거래소 또는 지수산출전문기관이 주식시장을 대상으로 산출하는 국내주가지수로서 해당 지수의 대표성 및 상품성, 거래 수요 등을 고려하여 세칙으로 정하는 주가지수로 한다.	1. 코스피200선물거래 및 미니코스피200선물거래의 경우: 코스피200[188] 2. 코스닥150선물거래의 경우: 코스닥150[189] 3. KRX300선물거래의 경우: KRX300[190]

---

187) 파생상품시장 업무규정 제10조.
188) 유가증권시장에 상장된 주권 중 200종목에 대하여 기준일인 1990년 1월 3일의 지수를 100포인트로 하여 거래소가 산출하는 시가총액방식의 주가지수를 말한다.
189) 코스닥시장에 상장된 주권 중 150종목에 대하여 기준일인 2010년 1월 4일의 지수를 1천포인트로 하여 거래소가 산출하는 시가총액방식의 주가지수를 말한다.
190) 유가증권시장 및 코스닥시장에 상장된 주권 중 300종목에 대하여 기준일인 2010년 1월 4일의 지수를 1천포인트로 하여 거래소가 산출하는 시가총액방식의 주가지수를 말한다.

섹터지수선물거래	다음 각 목의 요건을 충족하는 섹터지수[191]로서 구성종목과의 가격상관성 및 거래 수요 등을 고려하여 세칙으로 정하는 주가지수 가. 거래소 또는 지수산출전문기관이 산출할 것 나. 시가총액이 10조원 이상일 것 다. 구성종목이 10종목 이상일 것. 다만, 산업의 특수성 등을 고려하여 세칙으로 정하는 경우에는 구성종목이 5종목 이상일 것	① 코스피200 에너지/화학 ② 코스피200 정보기술 ③ 코스피200 금융 ④ 코스피200 경기소비재 ⑤ 코스피200 건설 ⑥ 코스피200 중공업 ⑦ 코스피200 헬스케어 ⑧ 코스피200 생활소비재 ⑨ 코스피200 철강/소재 ⑩ 코스피200 산업재 ⑪ 코스피고배당50 ⑫ 코스피배당성장50
해외지수선물거래	다음 각 목의 요건을 충족하는 해외주가지수로서 해당 지수의 대표성 및 상품성, 거래 수요 및 거래의 편의성 등을 고려하여 세칙으로 정하는 주가지수 가. 해외파생상품시장에서 거래되는 파생상품의 기초자산일 것 나. 해외증권시장을 대상으로 산출할 것 다. 외국거래소 또는 지수산출전문기관이 산출할 것 라. 해당 지수 또는 해당 지수를 기초자산으로 하는 파생상품 거래에 관한 권한을 가진 자와 그 지수의 사용 또는 그 파생상품의 거래 등에 관하여 제휴 또는 계약을 체결할 것	유로스톡스50을 말한다. ※ 유로스톡스50 유럽 12개 국가의 증권시장에 상장된 주권 중 50종목에 대하여 기준일인 1991년 12월 31일의 지수를 1천포인트로 하여 지수산출전문기관인 스톡스(STOXX Limited)가 산출하는 시가총액방식의 주가지수를 말한다.

2) 주가지수선물거래 결제월 등

주가지수선물거래 ① 결제월, ② 결제월의 수, ③ 결제월의 거래기간, ④ 거래승수, ⑤ 호가가격단위는 아래와 같다.

---

191) 주식시장 상장주권을 대상으로 산업군별 또는 유형별로 구분하여 산출한 지수를 말한다.

<표-8 주가지수선물거래 결제월 등>

구분 (결제월)	결제월의 수	결제월의 거래기간	거래승수	호가가격단위
코스피200 (분기월)[192]	7개[193] 7개12	① 3월 종목: 1년 ② 9월 종목: 1년 ③ 6월 종목: 2년 ④ 12월 종목: 3년	25만	0.05포인트
코스닥150 (분기월)			1만	0.10포인트
KRX300 (분기월)	분기월 중 4개	1년	5만	0.20포인트
섹터지수 (분기월)	7개[194]	① 3월 종목: 1년 ② 9월 종목: 1년 ③ 6월 종목: 2년 ④ 12월 종목: 3년	① 코스피고배당50: 2천 ② 코스피배당성장50: 2천 ③ 기타 주가지수: 1만	① 코스피고배당50: 0.50 포인트 ② 코스피배당성장50: 0.50포인트 ③ 기타 주가지수: 0.20포인트
해외지수 (분기월)	분기월 중 3개	9개월	1만	1포인트
미니코스피200 (매월)	연속하는 월 중 6개	6개월	5만	0.02포인트

3) 최종결제방법

주가지수선물거래의 최종결제는 최종거래일까지 소멸되지 아니한 미결제약정수량(최종결제수량)에 대하여 최종결제차금[195]을 수수하는 방법으로 한다.

4) 최종거래일

주가지수선물거래의 최종거래일은 ① 해외지수선물거래의 경우에는 유렉스 유로스톡스50선물거래의 최종거래일, ② 해외지수선물거래 이외의 경우 결제월의 두 번째 목요일[196]로 한다.

---

192) 분기월이란 3월, 6월, 9월, 12월을 말한다.
193) 3월 1개, 9월 1개, 6월 2개, 12월 3개.
194) 3월 1개, 9월 1개, 6월 2개, 12월 3개.
195) 최종거래일의 정산가격과 최종결제가격과의 차이에 최종결제수량 및 거래승수를 곱하여 산출되는 금액을 말한다.
196) 휴장일인 경우에는 순차적으로 앞당긴다.

5) 최종결제일

주가지수선물거래의 최종결제일은 ① 해외지수선물거래의 경우에는 최종거래일부터 계산하여 3일째의 거래일, ② 해외지수선물거래 이외의 경우 최종거래일의 다음 거래일로 한다.

6) 최종결제가격

주가지수선물거래의 최종결제가격은 ① 해외지수선물거래의 경우 유렉스 유로스톡스50선물의 최종결제가격,[197] ② 해외지수선물거래 이외의 경우 최종거래일의 해당 주가지수의 최종 수치[198]에 따른 가격으로 한다.

나. 주가지수옵션거래

1) 주가지수옵션거래 기초자산

주가지수옵션거래의 기초자산은 거래소 또는 지수산출전문기관이 주식시장을 대상으로 산출하는 국내주가지수로서 해당 지수의 대표성 및 상품성, 거래 수요 등을 고려하여 코스피200과 코스닥150 주가지수로 한다.

2) 주가지수옵션거래 결제월 등

주가지수옵션거래 ① 결제월,[199] ② 결제월의 기간, ③ 행사가격, ④ 거래승수, ⑤ 호가가격단

---

197) 유렉스가 정하는 기준과 방법에 따라 산출하는 해당 결제월종목의 최종결제가격을 말한다.
198) 다만, 최종거래일에 해당 주가지수가 없거나 해당 주가지수를 산출할 수 없는 경우에는 거래소가 다음 거래일에 해당 주가지수 구성종목의 최초약정가격[규정 제4조 제4항 제2호에 따른 주식시장(이하 "주식시장"이라 한다)의 기세를 포함한다]을 기초로 하여 해당 주가지수의 산출방법에 따라 산출하는 주가지수의 수치(이하 "특별최종결제가격"이라 한다)로 한다.
199) 주가지수옵션거래의 경우에는 결제월거래와 별도로 각 주의 특정한 거래일을 최종거래일로 할 수 있다. 각 주의 특정한 거래일을 최종거래일로 하는 경우의 주가지수옵션거래의 결제월의 수는 ① 코스피200옵션거래의 경우 분기월이 아닌 월(비분기월) 중 4개와 분기월 중 7개의 총 11개, ② 미니코스피200옵션거래의 경우 연속하는 월 중 6개, ③ 코스닥150옵션거래의 경우 비분기월 중 2개와 분기월 중 4개의 총 6개의 구분에 따른 개수로 한다.

위는 아래와 같다.

<표-9 주가지수옵션거래 결제월 등>

구분	결제월	결제월의 거래기간	행사가격	거래승수	호가가격단위
코스피200	매월	① 비분기월종목: 6개월	33개	25만	① 호가의 가격이 10포인트 미만인 경우: 0.01포인트 ② 호가의 가격이 10포인트 이상인 때에는 0.05포인트
		② 3월종목 및 9월종목: 1년	25개		
		③ 6월종목: 2년	13개		
		④ 12월종목: 3년	13개		
미니코스피200	매월	6개월	33개	5만	① 호가의 가격이 3포인트 미만인 경우: 0.01포인트 ② 호가의 가격이 3포인트 이상 10포인트 미만인 경우: 0.02포인트 ③ 호가의 가격이 10포인트 이상인 경우: 0.05포인트
코스닥150	매월	① 비분기월종목: 3개월 ② 분기월종목: 1년	17개	1만	① 호가의 가격이 50포인트 미만인 경우: 0.1포인트 ② 호가의 가격이 50포인트 이상인 경우: 0.5포인트

3) 최종거래일

주가지수옵션거래의 최종거래일은 ① 결제월거래의 경우 결제월의 두 번째 목요일, ② 결제주거래의 경우 결제월거래의 최종거래일을 제외한 결제주의 목요일로 한다. 다만 휴장일인 경우에는 순차적으로 앞당긴다.

4) 권리행사결제

주가지수옵션거래의 권리행사결제는 권리행사수량 및 배정수량(권리행사결제수량)에 대하여 행사가격과 권리행사결제기준가격과의 차이에 권리행사결제수량 및 거래승수를 곱하여 산출되는 금액인 권리행사차금을 수수하는 방법으로 한다.

제3장

신탁재산 및 집합투자기구 과세제도

제3장
신탁재산 및 집합투자기구 과세제도

신탁재산 및 집합투자기구 과세제도에서는 ① 신탁재산, ② 투자회사, ③ 사모집합투자기구 자체에 적용되는 과세제도에 대해 살펴보고자 한다. 사모집합투자기구 과세제도인 동업기업 과세특례는 조세특례제한법에서 규정하고 있으며 금융기관뿐만 아니라 개인 또는 법인이 투자구조를 설계하는 때에 투자 위험회피와 조세전략 측면에서 유용하게 활용할 수 있는 제도다.

제1절 과세제도의 이해

기업 과세제도는 기업을 독립된 실체로 보는가 보지 않는가에 따라 다르게 적용된다. 특히 신탁재산과 집합투자기구 과세제도는 실체론과 집합론 중 어느 기준을 적용하는가에 따라 다르게 적용된다. 주주 또는 출자자와 독립된 실체로 보는 것을 실체론(entity theory)이라 하며 실체가 없는 단순한 도구 또는 수단(Vehicle)에 불과하다고 보는 것을 집합론(aggregate theory)이라 하며 도관론(conduit theory)이라고도 한다.

실체론은 기업이 소유하는 자산을 주주 또는 투자자가 직접 소유한 것으로 보지 않고 투자한 투자비율 즉 지분비율을 소유하는 것으로 본다. 따라서 실체론에 따르면 기업의 사업으로 발생한 손익은 기업에 귀속되어 기업이 납세의무를 부담한다. 반면 집합론은 기업이 소유하는 자산을 주주 또는 투자자가 지분비율에 따라 공동 소유하고 주주 또는 투자자가 기업의 사업을 직접적으로 영위한 것으로 본다. 사업으로 발생한 손익 또한 기업이 아닌 주주 또는 투자자의 손익으로 보며 주주 또는 투자자가 납세의무를 부담한다.

집합투자기구 과세제도는 실체론과 집합론이 혼용되어 적용되고 있다. 투자회사의 경우 법인세법에 따라 과세하지만 소득금액 공제를 통해 실질적으로 세금을 면제하고 있다. 사모집합투자기구의 경우 조세특례제한법에 따른 동업기업 과세특례를 적용하지 않는 때에는 법인세법에 따라 과세하고 동업기업 과세특례를 적용하는 때에는 사모집합투자기구의 투자손익은 주주 또는 투자자에게 분배되고 실제 배분하는 때에 배당소득으로 과세한다.

제2절 신탁재산

I. 투자신탁 등의 내국법인 의제

1. 신탁

신탁이란 신탁을 설정하는 자(위탁자)와 신탁을 인수하는 자(수탁자) 간의 신임관계에 기하여 위탁자가 수탁자에게 특정의 재산[200]을 이전하거나 담보권의 설정 또는 그 밖의 처분을 하고 수탁자로 하여금 일정한 자(수익자)의 이익 또는 특정의 목적을 위하여 그 재산의 ① 관리, ② 처분, ③ 운용, ④ 개발, ⑤ 그 밖에 신탁 목적의 달성을 위하여 필요한 행위를 하게 하는 법률관계를 말한다.[201]

2. 내국법인 의제

자본시장법에 따른 ① 투자신탁, ② 투자합자조합, ③ 투자익명조합(투자신탁등)의 경우에는 투자신탁등을 내국법인으로 보아 외국법인세 공제와 환급을 적용한다. 이 경우 사업연도는 투자신탁등의 회계기간으로 보고 과세표준을 신고하는 때에는 결산시로 하고[202] 해당 사업연도의 법인세액은 없는 것으로 보아 외국법인세 공제를 적용한다.[203]

투자신탁등의 내국법인 의제를 적용할 때 자본시장법에 따른 투자신탁재산을 운용하는 집합

---

200) 영업이나 저작재산권의 일부를 포함한다.
201) 신탁법 제2조.
202) 법인세법 제57조의2 제3항.
203) 법인세법 제57조의2 제4항.

투자업자는 투자신탁을 대리하는 것으로 본다.[204]

Ⅱ. 신탁 수익자 법인세 과세대상 신탁

신탁재산에 귀속되는 소득에 대해서는 신탁재산의 신탁이익을 받을 수익자가 신탁재산을 가진 것으로 보아 법인세로 과세한다.[205]

1. 신탁 수익자 법인세 과세대상 신탁

① 수익자가 없는 특정의 목적을 위한 목적신탁,[206] ② 신탁행위로 수익권을 표시하는 수익증권을 발행할 수 있는 수익증권발행신탁,[207] ③ 신탁행위로 수탁자가 신탁재산에 속하는 채무에 대하여 신탁재산만으로 책임지는 유한책임신탁,[208] ④ 그 밖에 ①부터 ③호까지에 따른 신탁과 유사한 신탁으로서 대통령령으로 정하는 신탁의 어느 하나에 해당하는 신탁으로서 위탁자 법인세 과세대상 신탁의 경우에는 신탁재산에 귀속되는 소득에 대하여 신탁계약에 따라 신탁의 수탁자[209]가 법인세를 납부할 수 있다.[210] 이 경우 신탁재산별로 각각을 하나의 내국법인으로 본다.

다만 자본시장법에 따른 집합투자업자인 위탁자가 신탁업자에게 신탁한 재산을 신탁업자로 하여금 집합투자업자의 지시에 따라 투자운용하게 하는 신탁 형태의 집합투자기구는 제외한다.

2. 대통령령으로 정하는 요건을 충족하는 신탁

대통령령으로 정하는 요건을 충족하는 신탁이란 아래의 요건을 모두 갖춘 신탁을 말한다.

---

204) 법인세법 제57조의2 제5항.
205) 법인세법 제5조 제1항.
206) 신탁법 제3조 제1항 각 호 외의 부분 단서.
207) 신탁법 제78조 제2항.
208) 신탁법 제114조 제1항.
209) 내국법인 또는 소득세법에 따른 거주자인 경우에 한정한다.
210) 법인세법 제5조 제2항.

가. 수익자 수

수익자가 둘 이상이어야 한다. 다만 어느 하나의 수익자를 기준으로 법인세법[211]에 따른 경제적 연관관계 또는 경영지배관계 등 대통령령으로 정하는 관계에 있는 자에 해당하는 자이거나 소득세법시행령[212]에 따른 특수관계인에 해당하는 자는 수익자 수를 계산할 때 포함하지 않는다.

나. 신탁재산의 실질적 지배 및 통제

위탁자가 ① 신탁을 해지할 수 있는 권리, ② 수익자를 지정하거나 변경할 수 있는 권리, ③ 신탁 종료 후 잔여재산을 귀속받을 권리를 보유하는 등 신탁재산을 실질적으로 지배 및 통제할 것에 해당하지 않을 것의 요건을 모두 갖추어야 한다.[213]

3. 신탁 위탁자 법인세 과세대상 신탁

---

211) 제2조(정의)
⑤ 법 제2조 제12호에서 "경제적 연관관계 또는 경영지배관계 등 대통령령으로 정하는 관계에 있는 자"란 다음 각 호의 어느 하나에 해당하는 관계에 있는 자를 말한다. 〈신설 2019.2.12.〉
1. 임원(제40조 제1항에 따른 임원을 말한다. 이하 이 항, 제10조, 제19조, 제38조 및 제39조에서 같다)의 임면권의 행사, 사업방침의 결정 등 해당 법인의 경영에 대해 사실상 영향력을 행사하고 있다고 인정되는 자(「상법」 제401조의2 제1항에 따라 이사로 보는 자를 포함한다)와 그 친족(「국세기본법 시행령」 제1조의2 제1항에 따른 자를 말한다. 이하 같다)
2. 제50조 제2항에 따른 소액주주등이 아닌 주주 또는 출자자(이하 "비소액주주등"이라 한다)와 그 친족
3. 다음 각 목의 어느 하나에 해당하는 자 및 이들과 생계를 함께하는 친족
   가. 법인의 임원·직원 또는 비소액주주등의 직원(비소액주주등이 영리법인인 경우에는 그 임원을, 비영리법인인 경우에는 그 이사 및 설립자를 말한다)
   나. 법인 또는 비소액주주등의 금전이나 그 밖의 자산에 의해 생계를 유지하는 자
4. 해당 법인이 직접 또는 그와 제1호부터 제3호까지의 관계에 있는 자를 통해 어느 법인의 경영에 대해 「국세기본법 시행령」 제1조의2 제4항에 따른 지배적인 영향력을 행사하고 있는 경우 그 법인
5. 해당 법인이 직접 또는 그와 제1호부터 제4호까지의 관계에 있는 자를 통해 어느 법인의 경영에 대해 「국세기본법 시행령」 제1조의2 제4항에 따른 지배적인 영향력을 행사하고 있는 경우 그 법인
6. 해당 법인에 100분의 30 이상을 출자하고 있는 법인에 100분의 30 이상을 출자하고 있는 법인이나 개인
7. 해당 법인이 「독점규제 및 공정거래에 관한 법률」에 따른 기업집단에 속하는 법인인 경우에는 그 기업집단에 소속된 다른 계열회사 및 그 계열회사의 임원

212) 제98조(부당행위계산의 부인) ① 법 제41조 및 제101조에서 "특수관계인"이란 「국세기본법 시행령」 제1조의2 제1항, 제2항 및 같은 조 제3항 제1호에 따른 특수관계인을 말한다.
213) 법인세법시행령 제3조의2 제1항.

수익자가 특별히 정해지지 않았거나 존재하지 않는 신탁 또는 위탁자가 신탁재산을 실질적으로 통제하는 등 ① 위탁자가 신탁을 해지할 수 있는 권리, 수익자를 지정하거나 변경할 수 있는 권리, 신탁 종료 후 잔여재산을 귀속받을 권리를 보유하는 등 신탁재산을 실질적으로 지배·통제할 것, ② 신탁재산 원본을 받을 권리에 대한 수익자는 위탁자로, 수익을 받을 권리에 대한 수익자는 위탁자의 법인세법시행령 제43조 제7항[214]에 따른 지배주주등의 배우자 또는 같은 주소 또는 거소에서 생계를 같이 하는 직계존비속[215]으로 설정했을 것의 요건을 모두 갖춘 신탁[216]의 경우에는 신탁재산에 귀속되는 소득에 대하여 신탁의 위탁자가 법인세를 납부할 의무가 있다.[217]

4. 신탁재산 귀속 수입과 지출

자본시장법의 적용을 받는 법인의 신탁재산[218]에 귀속되는 수입과 지출은 그 법인에 귀속되는 수입과 지출로 보지 않는다.[219]

5. 신탁재산에 대한 법인세 과세방식의 적용

법인과세 수탁자는 법인세 과세대상 신탁재산에 귀속되는 소득에 대하여 그 밖의 소득과 구분하여 법인세를 납부하여야 한다.[220] 재산의 처분 등에 따라 법인과세 수탁자가 법인세 과세대상 신탁재산의 재산으로 그 법인과세 신탁재산에 부과되거나 그 법인세 과세 신탁재산이 납부할 법인세 및 강제징수비를 충당하여도 부족한 경우에는 그 신탁의 수익자[221]는 분배받은 재산

---

214) ⑦ 제3항에서 "지배주주등"이란 법인의 발행주식총수 또는 출자총액의 100분의 1 이상의 주식 또는 출자지분을 소유한 주주등으로서 그와 특수관계에 있는 자와의 소유 주식 또는 출자지분의 합계가 해당 법인의 주주등 중 가장 많은 경우의 해당 주주등(이하 "지배주주등"이라 한다)을 말한다.
215) 배우자의 직계존비속을 포함한다.
216) 법인세법시행령 제3조의2 제2항.
217) 법인세법 제5조 제3항.
218) 자본시장법 제251조 제1항에 따른 보험회사의 특별계정은 제외한다.
219) 법인세법 제5조 제4항.
220) 법인세법 제75조의11 제1항.
221) 신탁법 제101조에 따라 신탁이 종료되어 신탁재산이 귀속되는 자를 포함한다.

가액 및 이익을 한도로 그 부족한 금액에 대하여 제2차 납세의무를 진다.

법인세 과세대상 신탁재산이 그 이익을 수익자에게 분배하는 경우에는 배당으로 본다. 신탁계약의 변경 등으로 법인세 과세대상 신탁재산이 법인세 과세대상 신탁재산에 해당하지 않게 되는 경우에는 그 사유가 발생한 날이 속하는 사업연도분부터 위탁자 법인세 과세대상 신탁재산에 관한 규정을 적용하지 않는다.

6. 공동수탁자가 있는 법인과세 신탁재산에 대한 적용

하나의 법인과세 신탁재산에 신탁법[222]에 따라 둘 이상의 수탁자가 있는 경우에는 수탁자 중 신탁사무를 주로 처리하는 수탁자(대표수탁자)로 신고한 자가 법인세 과세대상 신탁재산에 귀속되는 소득에 대하여 법인세를 납부하여야 한다.[223] 대표수탁자 외의 수탁자는 법인세 과세대상 신탁재산에 관계되는 법인세에 대하여 연대하여 납부할 의무가 있다.[224]

7. 법인세 과세대상 신탁재산에 대한 소득공제

법인세 과세대상 신탁재산이 수익자에게 배당한 경우에는 그 금액을 해당 배당을 결의한 잉여금 처분의 대상이 되는 사업연도의 소득금액에서 공제한다.[225] 배당을 받은 법인세 과세대상 신탁재산의 수익자에 대하여 법인세법 또는 조세특례제한법에 따라 배당에 대한 소득세 또는 법인세가 비과세되는 경우에는 소득금액 공제를 적용하지 않는다. 다만 배당을 받은 수익자가 조세특례제한법에 따른 동업기업과세특례를 적용받는 동업기업인 경우로서 그 동업자들에 대하여 배분받은 배당에 해당하는 소득에 대한 소득세 또는 법인세가 전부 과세되는 경우에는 소득금액 공제를 적용한다.[226]

8. 법인세 과세대상 신탁재산의 소득금액 계산

---

222) 신탁법 제50조.
223) 법인세법 제75조의13 제1항.
224) 법인세법 제75조의13 제2항.
225) 법인세법 제75조의14 제1항.
226) 법인세법 제75조의14 제2항.

수탁자의 변경에 따라 법인과세 신탁재산의 수탁자가 그 법인세 과세대상 신탁재산에 대한 자산과 부채를 변경되는 수탁자에게 이전하는 경우 그 자산과 부채의 이전가액을 수탁자 변경일 현재의 장부가액으로 보아 이전에 따른 손익은 없는 것으로 한다.[227]

9. 법인세 과세대상 신탁재산의 원천징수

법인세 과세대상 신탁재산이 ① 소득세법 제16조 제1항에 따른 이자소득의 금액,[228][229] ② 소득세법 제17조 제1항 제5호에 따른 집합투자기구로부터의 이익 중 투자신탁의 이익의 금액 소득을 지급받고 법인과세 신탁재산의 수탁자가 금융회사 등에 해당하는 경우에는 원천징수하지 않는다.[230]

다만 내국법인의 채권등의 보유기간 이자상당액에 대한 원천징수[231]를 적용하는 때에는 법인세 과세대상 신탁재산에 속한 원천징수대상채권등을 매도하는 경우 법인과세 수탁자를 원천징수의무자로 본다.[232]

제3절 투자회사 과세제도

I. 소득금액 공제를 적용하는 경우

자본시장법에 따른 ① 투자회사, ② 투자목적회사, ③ 투자유한회사, ④ 투자합자회사, ⑤ 투자유한책임회사(투자회사등)의 어느 하나에 해당하는 내국법인이 배당가능이익의 100분의 90

---

227) 법인세법 제75조의16 제1항.
228) 금융보험업을 하는 법인의 수입금액을 포함한다.
229) 다만 법인세법 제73조의2 제1항 전단에 따른 원천징수대상채권등(「주식·사채 등의 전자등록에 관한 법률」 제59조 각 호 외의 부분 전단에 따른 단기사채등 중 같은 법 제2조제1호나목에 해당하는 것으로서 만기 1개월 이내의 것은 제외한다)의 이자등(법 제73조의2 제1항 전단에 따른 이자등을 말한다)을 「자본시장과 금융투자업에 관한 법률」에 따른 투자회사 또는 「조세특례제한법」 제104조의3 제1항에 따른 자본확충목적회사가 아닌 법인에 지급하는 경우는 제외한다.
230) 법인세법 제75조의18 제1항.
231) 법인세법 제73조의2 제1항.
232) 법인세법 제75조의18 제2항.

이상을 배당한 경우 그 금액은 해당 배당을 결의한 잉여금 처분의 대상이 되는 사업연도의 소득금액에서 공제한다.[233]

1. 배당가능이익

배당가능이익이란 기업회계기준에 따라 작성한 재무제표상의 법인세비용 차감 후 당기순이익에 이월이익잉여금을 가산하거나 이월결손금을 공제하고 상법에 따라 적립한 이익준비금을 차감한 금액을 말한다.[234] 다만 아래의 어느 하나에 해당하는 금액은 제외한다.

가. 자본준비금의 감액으로 받는 배당

상법에 따라 적립된 자본준비금 및 이익준비금의 총액이 자본금의 1.5배를 초과하는 경우에 주주총회의 결의에 따라 그 초과한 금액 범위에서 자본준비금을 감액하여 받는 배당은 제외한다.[235] 다만 법인의 잉여금의 전부 또는 일부를 자본이나 출자에 전입함으로써 주주등인 내국법인이 취득하는 주식등의 가액[236][237]에 해당하지 않는 자본준비금의 배당은 포함하지 않는다.[238]

나. 자산의 평가손익

당기순이익과 이월이익잉여금 및 이월결손금 중 ① 주식등, ② 채권, ③ 자본시장법에 따른 집합투자기구의 재산으로서 집합투자재산[239]의 평가손익은 제외한다.[240] 다만 법인세법시행령 제

---

233) 법인세법 제51조의2 제1항.
234) 법인세법시행령 제86조의2 제1항.
235) 법인세법 제18조 제8호.
236) 법인세법 제16조 제1항 제2호.
237) 다만, 다음 각 목의 어느 하나에 해당하는 금액을 자본에 전입하는 경우는 제외한다.
  가. 「상법」 제459조 제1항에 따른 자본준비금으로서 대통령령으로 정하는 것
  나. 「자산재평가법」에 따른 재평가적립금(같은 법 제13조 제1항 제1호에 따른 토지의 재평가차액에 상당하는 금액은 제외한다)
238) 법인세법시행령 제86조의2 제1항 제1호.
239) 법인세법시행령 제73조 제2호 가목부터 다목까지.
240) 법인세법시행령 제86조의2 제1항 제2호.

75조 제3항[241]에 따라 시가법으로 평가한 투자회사등의 집합투자재산에 따른 자산의 평가손익은 배당가능이익에 포함한다.

II. 소득금액 공제를 적용하지 않는 경우

1. 소득세 또는 법인세가 비과세되는 경우

배당을 받은 주주등에 대하여 법인세법 또는 조세특례제한법에 따라 소득세 또는 법인세가 비과세되는 경우에는 소득금액 공제를 적용하지 않는다.[242] 다만 배당을 받은 주주등이 동업기업 과세특례를 적용받는 동업기업인 경우로서 그 동업자들에 대하여 배분받은 배당에 해당하는 소득에 대한 소득세 또는 법인세가 전부 과세되는 경우는 제외한다.

2. 동업기업 과세특례를 적용받는 경우

투자합자회사 중 동업기업 과세특례를 적용받는 경영참여형 사모집합투자기구는 제외한다.

3. 1인 사모집합투자기구에 해당하는 경우

배당을 지급하는 내국법인이 주주등의 수 등을 고려하여 ① 사모방식으로 설립되었을 것, ② 개인 2인 이하 또는 개인 1인 및 그 친족(개인등)이 발행주식총수 또는 출자총액의 100분의 95 이상의 주식등을 소유할 것의 요건을 모두 갖춘 법인(1인 사모집합투자기구)을 말한다.[243]

---

241) ③ 투자회사등이 보유한 제73조 제2호 다목의 자산은 시가법에 따라 평가한다. 다만, 「자본시장과 금융투자업에 관한 법률」 제230조에 따른 환매금지형집합투자기구가 보유한 같은 법 시행령 제242조 제2항에 따른 시장성 없는 자산은 제1항 각 호의 어느 하나에 해당하는 방법 또는 시가법 중 해당 환매금지형집합투자기구가 법 제60조에 따른 신고와 함께 납세지 관할 세무서장에게 신고한 방법에 따라 평가하되, 그 방법을 이후 사업연도에 계속 적용하여야 한다.
242) 법인세법 제51조의2 제2항 제1호.
243) 법인세법시행령 제86조의2 제10항.

4. 소득금액 공제 적용 한도

투자회사 등에 대한 소득금액의 공제를 하는 때에 공제하는 배당금상당액이 해당 배당을 결의한 잉여금 처분의 대상이 되는 사업연도의 소득금액을 초과하는 경우 그 초과금액은 없는 것으로 본다.[244]

5. 소득금액 공제의 신청

투자회사 등에 대한 소득금액 공제를 적용받으려는 법인은 과세표준신고와 함께 소득공제신청서를 납세지 관할세무서장에게 제출해야 한다.[245] 다만 배당을 받은 주주등이 동업기업 과세특례를 적용받는 동업기업인 경우로서 그 동업자들에 대하여 배분받은 배당에 해당하는 소득에 대한 소득세 또는 법인세가 전부 과세되는 경우[246]에 소득금액 공제를 적용받으려는 법인은 배당을 받은 동업기업으로부터 조세특례제한법 제100조의23 제1항[247]에 따른 신고기한까지 제출받은 동업기업 과세특례 적용 및 동업자과세여부 확인서를 첨부해야 한다.

III. 외국납부세액 공제 및 환급 특례

1. 외국법인세액의 공제

경영참여형 사모집합투자기구[248]를 제외한 투자회사등과 내국법인으로 보는 신탁재산(간접투

---

244) 법인세법시행령 제86조의2 제8항.
245) 법인세법시행령 제86조의2 제9항.
246) 법인세법 제51조의2 제2항 제1호 단서.
247) 제100조의23(동업기업의 소득의 계산 및 배분명세 신고) ① 동업기업은 각 과세연도의 종료일이 속하는 달의 말일부터 3개월이 되는 날이 속하는 달의 15일까지 대통령령으로 정하는 바에 따라 해당 과세연도의 소득의 계산 및 배분명세를 관할 세무서장에게 신고하여야 한다.
248) 현행 법인세법 제57조의2 제1항에서는 "자본시장법 제9조 제19항 제1호의 경영참여형 사모집합투자기구는 제외"하는 것으로 규정하고 있으나 2021.4.20. 법률 제18128호로 개정된 현행 자본시장법 제9조 제19항 제1호에서는 "제249조의11 제6항에 해당하는 자만을 사원으로 하는 투자합자회사인 사모집합투자기구(기관전용사모집합투자기구)"로 개정되어 경영참여형 사모집합투자기구의 명칭 등과 관련된 법인세 및 법인세법시행령 등의 개정이 필요하다. 본서에서는 현행 세법에 따라 "경영참여형 사모집합투

자회사등)이 국외의 자산에 투자하여 얻은 소득에 대하여 납부한 외국법인세액이 있는 경우에는 당해 소득이 발생한 사업연도의 과세표준 신고를 하는 때에 그 사업연도의 법인세액에서 그 사업연도의 외국 납부세액을 빼고 납부한다.[249]

2. 외국법인세의 공제 한도

외국법인세란 법인세법 제57조 제1항[250] 및 제6항[251]의 외국법인세액을 말한다. 외국납부세액은 국외자산에 투자하여 얻은 소득에 대하여 소득세법 제129조 제1항 제2호[252]에 따른 세율을 곱하여 계산한 세액을 한도로 하고 이를 초과하는 금액은 없는 것으로 본다.

3. 외국법인세의 환급

간접투자회사등은 그 사업연도의 외국 납부세액이 그 사업연도의 법인세액을 초과하는 경우

자기구"로 사용하고자 한다.

249) 법인세법 제57조의2 제1항.

250) 제57조(외국 납부 세액공제 등) ①내국법인의 각 사업연도의 소득에 대한 과세표준에 국외원천소득이 포함되어 있는 경우로서 그 국외원천소득에 대하여 대통령령으로 정하는 외국법인세액(이하 이 조에서 "외국법인세액"이라 한다)을 납부하였거나 납부할 것이 있는 경우에는 다음 계산식에 따른 금액(이하 이 조에서 "공제한도금액"이라 한다) 내에서 외국법인세액을 해당 사업연도의 산출세액에서 공제할 수 있다. 〈개정 2020.12.22.〉

구 분		계산식
해당 사업연도의 산출세액(제55조의2에 따른 토지등 양도소득에 대한 법인세액 및 조세특례제한법 제100조의32에 따른 투자·상생협력 촉진을 위한 과세특례를 적용하여 계산한 법인세액은 제외한다)	①	① × ② ÷ ③ = ④
국외원천소득(조세특례제한법이나 그 밖의 법률에 따라 세액감면 또는 면제를 적용받는 경우에는 세액감면 또는 면제 대상 국외원천소득에 세액감면 또는 면제 비율을 곱한 금액은 제외한다)	②	
해당 사업연도의 소득에 대한 과세표준	③	
공제한도금액	④	

251) ⑥ 내국법인의 각 사업연도의 소득금액에 외국법인으로부터 받는 수입배당금액이 포함되어 있는 경우로서 그 외국법인의 소득에 대하여 해당 외국법인이 아니라 출자자인 내국법인이 직접 납세의무를 부담하는 등 대통령령으로 정하는 요건을 갖춘 경우에는 그 외국법인의 소득에 대하여 출자자인 내국법인에게 부과된 외국법인세액 중 해당 수입배당금액에 대응하는 것으로서 대통령령으로 정하는 바에 따라 계산한 금액은 제1항에 따른 세액공제의 대상이 되는 외국법인세액으로 본다. 〈개정 2020.12.22.〉

252) 2. 배당소득에 대해서는 다음에 규정하는 세율
가. 제17조 제1항 제8호에 따른 출자공동사업자의 배당소득에 대해서는 100분의 25
나. 그 밖의 배당소득에 대해서는 100분의 14

에는 환급받을 수 있다.[253]

제4절 사모집합투자기구 과세제도

Ⅰ. 동업기업과세 특례제도 개요

동업기업 과세특례는 외국의 파트너십 과세제도(Partnership taxation)를 국내 세법에 도입한 제도이다. 동업기업 과세특례는 동업기업 자체는 소득세 또는 법인세법에 따른 납세의무가 없으며 동업기업의 소득을 동업자에게 분배하는 때에 배당소득으로 과세한다. 동업기업 과세특례는 출자 또는 투자비율이 아닌 약정비율로서 수익을 배분하고 분배할 수 있다는 장점이 있다. 다만 약정비율로서 수익을 배분하고 분배할 수 있다는 것으로 인해 조세회피를 방지하는 규정을 두고 있다.

1. 주요용어의 정의

가. 동업기업

동업기업이란 2명 이상이 금전이나 그 밖의 재산 또는 노무 등을 출자하여 공동사업을 경영하면서 발생한 이익 또는 손실을 배분받기 위하여 설립한 단체를 말한다.

나. 동업자

동업자란 동업기업의 출자자인 ① 거주자, ② 비거주자, ③ 내국법인, ④ 외국법인을 말한다.

---

253) 법인세법 제57조의2 제2항.

다. 배분과 분배

① 배분이란 동업기업의 소득금액 또는 결손금 등을 각 과세연도의 종료일에 자산의 실제 분배 여부와 관계없이 동업자의 소득금액 또는 결손금 등으로 귀속시키는 것을 말한다. ② 분배란 동업기업의 자산이 동업자에게 실제로 이전되는 것을 말한다.[254]

2. 동업자군별 동업기업 소득금액 또는 결손금

동업자군별 동업기업 소득금액 또는 결손금이란 동업자를 ① 거주자, ② 비거주자, ③ 내국법인, ④ 외국법인의 네 개의 군(동업자군)으로 구분하여 각 군별로 동업기업을 각각 하나의 ① 거주자, ② 비거주자, ③ 내국법인, ④ 외국법인으로 보아 소득세법 또는 법인세법에 따라 계산한 해당 과세연도의 소득금액 또는 결손금을 말한다.[255]

3. 동업자군별 손익배분비율

동업자군별 손익배분비율이란 동업자군별로 해당 군에 속하는 동업자들의 손익배분비율을 합한 비율을 말한다.[256]

4. 동업자군별 배분대상 소득금액 또는 결손금

동업자군별 배분대상 소득금액 또는 결손금이란 동업자군별 동업기업 소득금액 또는 결손금에 동업자군별 손익배분비율을 곱하여 계산한 금액을 말한다.[257]

5. 지분가액

---

254) 조세특례제한법 제100조의14 제8호.
255) 조세특례제한법 제100조의14 제4호.
256) 조세특례제한법 제100조의14 제5호.
257) 조세특례제한법 제100조의14 제6호.

지분가액이란 동업자가 보유하는 동업기업 지분의 세무상 장부가액으로서 동업기업 지분의 양도 또는 동업기업 자산의 분배 시 과세소득의 계산 등의 기초가 되는 가액을 말한다.[258]

II. 적용대상 법인 또는 단체

동업기업 과세특례는 동업기업으로서 ① 민법에 따른 조합, ② 상법에 따른 합자조합 및 익명조합, ③ 상법에 따른 합명회사 및 합자회사, ④ 앞의 ①부터 ③의 단체와 유사하거나 인적 용역을 주로 제공하는 단체로서 대통령령으로 정하는 것, ⑤ 외국법인[259] 또는 비거주자로 보는 법인 아닌 단체[260] 중 앞의 단체와 유사한 단체로서 대통령령으로 정하는 기준에 해당하는 외국단체가 동업기업 과세특례 적용신청을 한 경우 해당 동업기업 및 그 동업자에 대하여 적용한다.

다만 동업기업 과세특례를 적용받는 동업기업의 동업자는 동업기업의 자격으로 동업기업 과세특례를 적용받을 수 없으며 동업기업 과세특례 적용을 신청한 외국단체의 경우 국내사업장을 하나의 동업기업으로 보아 해당 국내사업장과 실질적으로 관련되거나 해당 국내사업장에 귀속하는 소득으로 한정하여 동업기업 과세특례를 적용한다.[261] 이러한 규정을 두고 있는 것은 다단계 동업기업 구조를 활용한 조세회피를 방지하기 위한 것이다.

1. 대통령령으로 정하는 것

인적 용역을 주로 제공하는 단체로서 대통령령으로 정하는 것이란 ① 법무법인 및 법무조합,

---

258) 조세특례제한법 제100조의14 제7호.
259) 법인세법 제2조 제3호에 따른 외국법인을 말하며 본점 또는 주사무소가 외국에 있는 단체(사업의 실질적 관리장소가 국내에 있지 아니하는 경우만 해당한다)로서 대통령령으로 정하는 기준에 해당하는 법인을 말한다.
260) 소득세법 제2조 제3항에 따른 법인 또는 단체를 의미한다.
③ 「국세기본법」 제13조 제1항에 따른 법인 아닌 단체 중 같은 조 제4항에 따른 법인으로 보는 단체(이하 "법인으로 보는 단체"라 한다) 외의 법인 아닌 단체는 국내에 주사무소 또는 사업의 실질적 관리장소를 둔 경우에는 1거주자로, 그 밖의 경우에는 1비거주자로 보아 이 법을 적용한다. 다만, 다음 각 호의 어느 하나에 해당하는 경우에는 소득구분에 따라 해당 단체의 각 구성원별로 이 법 또는 「법인세법」에 따라 소득에 대한 소득세 또는 법인세[해당 구성원이 「법인세법」에 따른 법인(법인으로 보는 단체를 포함한다)인 경우로 한정한다. 이하 이 조에서 같다]를 납부할 의무를 진다. 〈개정 2010.12.27., 2013.1.1., 2018.12.31.〉
1. 구성원 간 이익의 분배비율이 정하여져 있고 해당 구성원별로 이익의 분배비율이 확인되는 경우
2. 구성원 간 이익의 분배비율이 정하여져 있지 아니하나 사실상 구성원별로 이익이 분배되는 것으로 확인되는 경우
261) 조세특례제한법 제100조의15 제1항.

② 특허법인, ③ 노무법인, ④ 법무사합동법인, ⑤ 전문적인 인적용역을 제공하는 법인으로서 법무법인(유한)·특허법인(유한)·회계법인·세무법인·관세법인에 해당하는 단체를 말한다.[262]

2. 대통령령으로 정하는 기준에 해당하는 외국단체

대통령령으로 정하는 기준에 해당하는 외국단체란 ① 동업기업 과세특례 적용대상 법인 또는 단체의 범위[263]에 해당하는 단체와 유사한 외국단체, ② 법인세법 또는 소득세법에 따른 국내사업장을 가지고 사업을 경영하는 외국단체,[264] ③ 우리나라와 조세조약이 체결된 국가에서 설립된 동업기업 과세특례와 유사한 제도를 적용받는 외국단체로 ①부터 ③까지 모두 해당하는 외국단체를 말한다.[265]

3. 동업기업 과세특례의 우선 적용

동업기업 과세특례를 적용받는 동업기업과 그 동업자에 대해서는 각 세법의 규정에 우선하여 동업기업 과세특례를 적용한다.[266]

4. 동업기업 및 동업자의 납세의무

동업기업은 소득세법 및 법인세법에 따른 소득에 대한 소득세 또는 법인세납세의무가 없으며[267] 동업자는 동업기업으로부터 배분받은 동업기업의 소득에 대하여 소득세 또는 법인세를 납부할 의무를 진다.[268]

---

262) 조세특례제한법시행령 제100조의15 제1항.
263) 경영참여형 사모집합투자기구는 제외한다.
264) 법인세법 제94조 또는 소득세법 제120조.
265) 조세특례제한법시행령 제100조의15 제2항.
266) 조세특례제한법 제100조의15 제2항.
267) 조세특례제한법 제100조의16 제1항.
268) 조세특례제한법 제100조의16 제2항.

Ⅲ. 동업기업 전환법인 법인세 과세표준과 세액의 신고

동업기업 전환법인은 동업기업 과세특례를 적용받는 최초 사업연도의 직전 사업연도 종료일 이후 3개월이 되는 날까지 준청산소득에 대한 법인세의 과세표준과 세액을 납세지 관할세무서장에게 신고해야 한다.[269] 동업기업 전환법인은 준청산소득에 대한 법인세의 세액을 준청산소득에 대한 법인세 과세표준과 세액을 신고한 때부터 3년의 기간 동안 균분한 금액 이상 납부해야 한다.[270]

1. 준청산소득에 대한 법인세

내국법인이 동업기업 과세특례를 적용받는 경우 해당 내국법인(동업기업 전환법인)은 법인세법[271]에 따른 해산에 의한 청산소득의 금액에 준하여 계산한 과세표준에 법인세법에 따른 세율을 적용하여 계산한 금액을 법인세(준청산소득에 대한 법인세)로 납부할 의무가 있다.[272]

2. 준청산소득에 대한 과세표준의 계산

준청산소득에 대한 법인세의 과세표준(준청산소득금액)은 해당 내국법인이 동업기업 과세특례를 적용받는 최초 사업연도의 직전 사업연도의 종료일(준청산일) 현재의 잔여재산의 가액에서 자기자본의 총액을 공제한 금액으로 한다.[273]

가. 잔여재산가액

잔여재산가액은 자산총액에서 부채총액을 공제한 금액으로 하며[274] 이 경우 자산총액 및 부

---

269) 조세특례제한법 제100조의16 제4항.
270) 조세특례제한법 제100조의16 제5항.
271) 법인세법 제79조 제1항.
272) 조세특례제한법 제100조의16 제3항.
273) 조세특례제한법시행령 제100조의16 제3항.
274) 조세특례제한법시행령 제100조의16 제4항.

채총액은 장부가액으로 계산한다.

나. 자기자본총액

자기자본의 총액은 자본금 또는 출자금과 잉여금의 합계액으로 하며 준청산일 이후 국세기본법에 따라 환급되는 법인세액이 있는 경우 이에 상당하는 금액은 준청산일 현재의 자기자본의 총액에 가산하고 준청산일 현재의 이월결손금의 잔액은 준청산일 현재의 자기자본의 총액에서 그에 상당하는 금액과 상계한다.[275] 다만 상계하는 이월결손금의 금액은 자기자본의 총액 중 잉여금의 금액을 초과하지 못하며 초과하는 이월결손금은 없는 것으로 본다.

다. 법인세법의 준용

준청산소득금액을 계산할 때 ① 준청산소득에 대한 과세표준, ② 잔여재산의 가액, ③ 자기자본의 총액을 제외하고는 법인세법 제14조부터 제54조까지를 준용한다.

3. 준청산소득의 신고

준청산소득을 신고하는 경우에는 ① 준청산소득에 대한 법인세과세표준 및 세액신고서, ② 준청산일 현재의 해당 내국법인의 재무상태표, ③ 준청산일 현재의 해당 내국법인의 자본금과 적립금조정명세서를 첨부하여 납세지 관할세무서장에게 제출하여야 한다.

Ⅳ. 동업기업 과세특례의 적용 및 포기 신청

1. 동업기업 과세특례의 적용

동업기업 과세특례를 적용받으려는 기업은 동업기업 과세특례를 적용받으려는 최초의 과세

---

[275] 조세특례제한법시행령 제100조의16 제5항.

연도의 개시일 이전에 동업자 전원의 동의서와 함께 동업기업 과세특례 적용신청서를 납세지 관할 세무서장에게 제출 및 신청을 해야 한다.[276]

가. 기업을 새로 설립하는 경우

기업을 새로 설립하는 경우로서 기업의 설립일이 속하는 과세연도부터 적용받으려는 경우에는 그 과세연도의 개시일부터 1개월 이내에 동업자 전원의 동의서와 함께 동업기업 과세특례 적용신청서를 납세지 관할 세무서장에게 제출 및 신청을 하여야 한다.[277]

나. 외국단체의 경우

외국단체의 경우에는 우리나라와 조세조약이 체결된 국가에서 설립된 동업기업 과세특례와 유사한 제도를 적용받는 외국단체에 해당하는 사항을 입증할 수 있는 서류를 함께 제출해야 한다.[278]

2. 동업기업 과세특례의 포기

동업기업 과세특례를 적용받고 있는 동업기업은 동업기업 과세특례의 적용을 포기할 수 있다.[279] 다만 동업기업 과세특례를 최초로 적용받은 과세연도와 그다음 과세연도의 개시일부터 4년 이내에 끝나는 과세연도까지는 동업기업 과세특례의 적용을 포기할 수 없다. 동업기업 과세특례의 적용을 포기하려는 때에는 동업기업 과세특례를 적용받지 않으려는 최초의 과세연도의 개시일 이전에 동업자 전원의 동의서와 함께 동업기업 과세특례 포기신청서를 납세지 관할 세무서장에게 제출해야 한다.[280]

---

276) 조세특례제한법 제100조의17 제1항.
277) 조세특례제한법시행령 제100조의16 제1항.
278) 조세특례제한법시행령 제100조의16 제1항.
279) 조세특례제한법 제100조의17 제2항.
280) 조세특례제한법시행령 제100조의16 제2항.

Ⅴ. 동업기업소득금액 등의 계산 및 배분

1. 동업자군별 배분대상 소득금액의 배분

동업자군별 배분대상 소득금액 또는 결손금은 각 과세연도의 종료일에 해당 동업자군에 속하는 동업자들에게 동업자 간의 손익배분비율에 따라 배분한다. 다만 동업기업의 경영에 참여하지 않고 출자만 하는 자로서 수동적동업자에게는 결손금을 배분하지 않으며 해당 과세연도의 종료일부터 10년 이내에 끝나는 각 과세연도에 그 수동적동업자에게 소득금액을 배분할 때 배분되지 않은 결손금을 그 배분대상 소득금액에서 대통령령으로 정하는 바에 따라 공제하고 배분한다.[281]

가. 수동적동업자

수동적동업자란 ① 동업기업에 성명 또는 상호를 사용하게 하지 아니할 것, 동업기업의 사업에서 발생한 채무에 대하여 무한책임을 부담하기로 약정하지 아니할 것, 법인세법시행령[282]에 따른 임원 또는 이에 준하는 자가 아닐 것의 요건을 모두 갖춘 동업자, ② 해당 동업기업이 경영참여형 사모집합투자기구인 경우에는 그 유한책임사원에 해당하는 동업자를 말한다.[283]

나. 손익배분비율

손익배분비율은 동업자 간에 서면으로 약정한 해당 사업연도의 손익의 분배에 관한 단일의 비율로서 신고한 비율(약정손익분배비율)에 따른다. 다만 약정손익분배비율이 없는 경우에는 출자지분의 비율에 따른다.

1) 조세회피 우려가 있는 경우

---

281) 조세특례제한법 제100조의18 제1항.
282) 법인세법 시행령 제40조 제1항.
283) 조세특례제한법시행령 제100조의18 제1항.

가) 직전 과세연도의 손익배분비율의 적용

약정손익분배비율을 적용할 때 조세회피의 우려가 있다고 인정되어 기획재정부령으로 정한 사유가 발생하면 해당 사유가 발생한 과세연도에 대하여는 직전 과세연도의 손익배분비율에 따른다. 어느 동업자의 출자지분과 그와 특수관계에 있는 자[284]인 동업자의 출자지분의 합계가 가장 큰 경우에는 그 동업자와 특수관계자인 동업자 간에는 출자지분의 비율에 따른다.

나) 기획재정부령으로 정한 사유

기획재정부령으로 정한 사유란 ① 해당 동업기업 내 어느 하나의 동업자군의 동업자군별 동업기업 소득금액 및 결손금의 합계가 직전 과세연도에는 영(0)보다 크고 해당 과세연도에는 영(0)보다 적은 경우, ② 해당 동업기업 내 어느 하나의 동업자군의 동업자군별 동업기업 소득금액 및 결손금의 합계가 직전 과세연도에는 영(0)보다 적으며 해당 과세연도에는 영(0)보다 큰 경우의 어느 하나에 해당하는 경우로서 직전 과세연도의 손익배분비율과 해당 과세연도의 손익배분비율을 달리 적용하는 경우를 말한다.

사유가 발생한 동업자군에 속하는 동업자에 한하여 적용하며 해당 과세연도 중 동업자가 가입하거나 탈퇴하여 변경된 경우에는 변경되지 않은 동업자에 한하여 적용한다.

2) 경영참여형 사모집합투자기구

동업기업이 경영참여형 사모집합투자기구인 경우로서 ① 정관, ② 약관 또는 투자계약서에서 정한 비율, ③ 순서 등에 따라 결정된 이익의 배당률 또는 손실의 배분율을 약정손익배분비율로 신고한 때에는 해당 비율에 따른다. 이 경우 성과보수는 업무집행사원에 대한 이익의 우선배당으로 본다.

우리나라에서는 업무집행사원에 대한 이익을 배당소득으로 구분하고 있으나 미국 등에서는 배당소득이 아닌 동업기업의 소득 유형에 따라 과세한다는 차이가 있다.

---

[284] 소득세법 시행령 제98조 제1항에 따른 특수관계에 있는 자 또는 법인세법 시행령 제2조 제5항에 따른 특수관계에 있는 자를 말한다.

3) 동업자의 가입 및 탈퇴의 경우

과세연도 중 동업자가 가입하거나 탈퇴하여 손익배분비율이 변경되면 변경 이전과 이후 기간 별로 산출한 동업자군별 배분대상 소득금액 또는 결손금을 각각의 해당 손익배분비율에 따라 계산한다.

다. 배분대상 결손금이 있는 경우의 배분

동업자군별 배분대상 결손금이 발생한 과세연도의 종료일부터 10년 이내에 종료하는 각 과세연도에 수동적동업자에게 동업자군별 소득금액을 배분하는 경우에는 ① 해당 과세연도에 수동적동업자에게 배분할 소득금액에서 ② 해당 동업자군별 배분대상 결손금이 발생한 과세연도에 그 수동적동업자에게 배분되지 않은 결손금을 공제하고 배분한다.[285]

동업자군별로 둘 이상으로 구분된 결손금이 발생한 때에는 배분한도 초과결손금은 각각의 구분된 결손금의 크기에 비례하여 발생한 것으로 본다.

〈표-10 해당 과세연도에 그 수동적동업자에게 배분할 소득금액〉

구분		계산식
해당 과세연도의 해당 동업자군별 배분대상 소득금액	①	
해당 과세연도의 그 수동적동업자의 손익배분비율	②	① × ② ÷ ③ = ④
해당 과세연도의 해당 동업자군별 손익배분비율	③	
해당 과세연도에 수동적 동업자에게 배분할 소득금액	④	

〈표-11 수동적동업자에게 배분되지 않은 결손금 공제 금액〉

구분		계산식
해당 동업자군별 배분대상 결손금이 발생한 과세연도의 해당 동업자군별 배분대상 결손금	①	
해당 동업자군별 배분대상 결손금이 발생한 과세연도의 그 수동적동업자의 손익배분비율	②	① × ② ÷ ③ = ④
해당 동업자군별 배분대상 결손금이 발생한 과세연도의 해당 동업자군별 손익배분비율	③	
수동적 동업자에게 배분할 결손금 공제 금액[286]	④	

---

285) 조세특례제한법시행령 제100조의18 제2항.
286) 해당 결손금이 발생한 과세연도 이후 과세연도에 공제되지 않은 금액만 해당한다.

라. 결손금의 이월공제

결손금의 이월공제에 관하여는 동업자군별로 ① 거주자로 구성된 동업자군(거주자군)은 소득세법 제45조,[287] ② 비거주자로 구성된 동업자군(비거주자군)은 소득세법 제122조,[288] ③ 내국법인으로 구성된 동업자군(내국법인군)은 법인세법 제13조 제1항 제1호,[289] ④ 외국법인으로

---

[287] 제45조(결손금 및 이월결손금의 공제) ① 사업자가 비치·기록한 장부에 의하여 해당 과세기간의 사업소득금액을 계산할 때 발생한 결손금은 그 과세기간의 종합소득과세표준을 계산할 때 근로소득금액·연금소득금액·기타소득금액·이자소득금액·배당소득금액에서 순서대로 공제한다.

② 제1항에도 불구하고 다음 각 호의 어느 하나에 해당하는 사업(이하 "부동산임대업"이라 한다)에서 발생한 결손금은 종합소득 과세표준을 계산할 때 공제하지 아니한다. 다만, 주거용 건물 임대업의 경우에는 그러하지 아니하다. 〈개정 2014.12.23., 2017.12.19.〉
  1. 부동산 또는 부동산상의 권리를 대여하는 사업
  2. 공장재단 또는 광업재단을 대여하는 사업
  3. 채굴에 관한 권리를 대여하는 사업으로서 대통령령으로 정하는 사업

③ 부동산임대업에서 발생한 결손금과 제1항 및 제2항 단서에 따라 공제하고 남은 결손금(이하 "이월결손금"이라 한다)은 해당 이월결손금이 발생한 과세기간의 종료일부터 15년 이내에 끝나는 과세기간의 소득금액을 계산할 때 먼저 발생한 과세기간의 이월결손금부터 순서대로 다음 각 호의 구분에 따라 공제한다. 다만, 「국세기본법」 제26조의2에 따른 국세부과의 제척기간이 지난 후에 그 제척기간 이전 과세기간의 이월결손금이 확인된 경우 그 이월결손금은 공제하지 아니한다. 〈개정 2014.12.23., 2020.12.29.〉
  1. 제1항 및 제2항 단서에 따라 공제하고 남은 이월결손금은 사업소득금액, 근로소득금액, 연금소득금액, 기타소득금액, 이자소득금액 및 배당소득금액에서 순서대로 공제한다.
  2. 부동산임대업에서 발생한 이월결손금은 부동산임대업의 소득금액에서 공제한다.

④ 제3항은 해당 과세기간의 소득금액에 대해서 추계신고(제160조 및 제161조에 따라 비치·기록한 장부와 증명서류에 의하지 아니한 신고를 말한다. 이하 같다)를 하거나 제80조 제3항 단서에 따라 추계조사결정하는 경우에는 적용하지 아니한다. 다만, 천재지변이나 그 밖의 불가항력으로 장부나 그 밖의 증명서류가 멸실되어 추계신고를 하거나 추계조사결정을 하는 경우에는 그러하지 아니하다.

⑤ 제1항과 제3항에 따라 결손금 및 이월결손금을 공제할 때 제62조에 따라 세액 계산을 하는 경우 제14조에 따라 종합과세되는 배당소득 또는 이자소득이 있으면 그 배당소득 또는 이자소득 중 원천징수세율을 적용받는 부분은 결손금 또는 이월결손금의 공제대상에서 제외하며, 그 배당소득 또는 이자소득 중 기본세율을 적용받는 부분에 대해서는 사업자가 그 소득금액의 범위에서 공제 여부 및 공제금액을 결정할 수 있다.

⑥ 제1항과 제2항에 따라 결손금 및 이월결손금을 공제할 때 해당 과세기간에 결손금이 발생하고 이월결손금이 있는 경우에는 그 과세기간의 결손금을 먼저 소득금액에서 공제한다.

[288] 제122조(비거주자 종합과세 시 과세표준과 세액의 계산) ① 제121조 제2항 또는 제5항에서 규정하는 비거주자의 소득에 대한 소득세의 과세표준과 세액의 계산에 관하여는 이 법 중 거주자에 대한 소득세의 과세표준과 세액의 계산에 관한 규정을 준용한다. 다만, 제51조 제3항에 따른 인적공제 중 비거주자 본인 외의 자에 대한 공제와 제52조에 따른 특별소득공제, 제59조의2에 따른 자녀세액공제 및 제59조의4에 따른 특별세액공제는 하지 아니한다.

② 제1항을 적용할 때 필요경비의 계산, 이자소득 또는 배당소득의 계산 등 종합과세 시 과세표준과 세액의 계산 방법에 필요한 사항은 대통령령으로 정한다.

[289] 1. 제14조 제3항의 이월결손금 중 다음 각 목의 요건을 모두 갖춘 금액
  가. 각 사업연도의 개시일 전 15년 이내에 개시한 사업연도에서 발생한 결손금일 것
  나. 제60조에 따라 신고하거나 제66조에 따라 결정·경정되거나 「국세기본법」 제45조에 따라 수정신고한 과세표준에 포함된 결손금일 것

구성된 동업자군(외국법인군)은 법인세법 제91조[290]에 따른 규정을 적용한다.[291]

동업자군별로 둘 이상으로 구분된 결손금이 발생한 때에는 배분한도 초과결손금은 각각의 구분된 결손금의 크기에 비례하여 발생한 것으로 본다.[292]

2. 동업자 배분 결손금의 한도와 이월 배분 등

가. 동업자 배분 결손금의 한도와 이월 배분

각 동업자에게 배분되는 결손금은 동업기업의 해당 과세연도의 종료일 현재 해당 동업자의 지분가액을 한도로 한다.[293] 이 경우 지분가액을 초과하는 해당 동업자의 결손금은 해당 과세연도의 다음 과세연도 개시일 이후 10년 이내에 끝나는 각 과세연도에 이월하여 배분한다.

나. 배분한도 초과결손금의 추가 배분

지분가액을 초과하는 동업자의 결손금(배분한도 초과결손금)은 이월된 각 과세연도에 배분하는 동업기업의 각 과세연도의 결손금이 지분가액에 미달할 때에만 그 미달하는 금액의 범위에

---

290) 제91조(과세표준) ① 국내사업장을 가진 외국법인과 제93조 제3호에 따른 국내원천 부동산소득이 있는 외국법인의 각 사업연도의 소득에 대한 법인세의 과세표준은 국내원천소득의 총합계액(제98조 제1항, 제98조의3, 제98조의5 또는 제98조의6에 따라 원천징수되는 국내원천소득 금액은 제외한다)에서 다음 각 호에 따른 금액을 차례로 공제한 금액으로 한다. 다만, 제1호의 금액에 대한 공제는 각 사업연도 소득의 100분의 60을 한도로 한다. 〈개정 2011.12.31., 2016.12.20., 2018.12.24., 2019.12.31.〉
  1. 제13조 제1항 제1호에 해당하는 결손금(국내에서 발생한 결손금만 해당한다)
  2. 이 법과 다른 법률에 따른 비과세소득
  3. 선박이나 항공기의 외국 항행(航行)으로 인하여 발생하는 소득. 다만, 그 외국법인의 본점 또는 주사무소가 있는 해당 국가가 우리나라의 법인이 운용하는 선박이나 항공기에 대하여 동일한 면제를 하는 경우만 해당한다.
  ② 제1항에 해당하지 아니하는 외국법인의 경우에는 제93조 각 호의 구분에 따른 각 국내원천소득의 금액을 그 법인의 각 사업연도의 소득에 대한 법인세의 과세표준으로 한다.
  ③ 제1항에 해당하는 외국법인의 국내원천소득으로서 제98조 제1항, 제98조의3, 제98조의5 또는 제98조의6에 따라 원천징수되는 소득에 대한 법인세의 과세표준은 제93조 각 호의 구분에 따른 각 국내원천소득의 금액으로 한다. 〈개정 2011.12.31.〉
  ④ 제1항 제3호는 국내사업장을 가지고 있지 아니하는 외국법인에 대하여도 적용한다.
  ⑤ 제1항의 과세표준을 계산할 때 같은 항 제1호에 따른 이월결손금은 먼저 발생한 사업연도의 결손금부터 차례로 공제하고, 해당 사업연도에 공제되지 아니한 비과세소득은 해당 사업연도의 다음 사업연도 이후로 이월하여 공제할 수 없다. 〈신설 2018.12.24.〉
291) 조세특례제한법시행령 제100조의18 제3항.
292) 조세특례제한법시행령 제100조의18 제5항.
293) 조세특례제한법 제100조의18 제2항.

서 추가로 배분한다.[294] 이 경우 배분한도 초과결손금에 해당하는 금액은 소득세법[295] 및 법인세법[296]에 따라 이월결손금의 공제를 적용할 때 해당 배분한도 초과결손금이 발생한 동업기업의 과세연도의 종료일에 발생한 것으로 본다.

3. 동업자가 배분받은 소득금액 또는 결손금의 계산

동업자는 동업기업의 과세연도의 종료일이 속하는 과세연도의 소득세 또는 법인세 과세표준을 계산할 때 동업자가 배분받은 소득금액 또는 결손금을 대통령령으로 정하는 구분에 따른 익금 또는 손금으로 보아 계산한다.[297]

가. 동업자가 배분받은 소득금액 및 결손금의 계산

1) 배분받은 소득금액의 계산

동업자가 배분받은 소득금액은 동업자군별로 아래 구분에 따른 각 소득에 대한 수입금액으로 보아 구분하여 계산한다. 아래 ⑥의 국내사업장을 가진 외국법인과 국내원천 부동산소득이 있는 외국법인군 외의 외국법인의 경우 동업기업인 경영참여형 사모집합투자기구가 투자목적회사를 통하여 지급받은 소득을 수동적동업자에게 배분하는 경우 수동적동업자가 배분받은 소득금액은 해당 투자목적회사가 지급받은 소득의 소득구분에 따른다.

---

294) 조세특례제한법시행령 제100조의18 제4항.
295) 소득세법 제45조.
296) 법인세법 제13조 제1항 제1호.
297) 조세특례제한법 제100조의18 제3항.

<표-12 동업자가 배분받은 소득금액의 동업자군별 수입금액 구분>

구분	소득금액의 구분
① 거주자군	ⓐ 이자소득, ⓑ 배당소득, ⓒ 사업소득, ⓓ 기타소득, ⓔ 양도소득에 따른 각 소득에 대한 수입금액
② 국내사업장이 있는 비거주자와 국내원천 부동산소득이 있는 비거주자, 원천징수되는 소득 중 국내원천 인적용역소득이 있는 비거주자	ⓐ 국내원천 부동산소득, ⓑ 선박등임대소득, ⓒ 사업소득, ⓓ 인적용역소득, ⓔ 부동산등양도소득, ⓕ 사용료소득, ⓖ 유가증권양도소득, ⓗ 기타소득에 따른 각 소득에 대한 수입금액
③ ② 외의 비거주자	ⓐ 국내원천 이자소득, ⓑ 배당소득, ⓒ 선박등임대소득, ⓓ 사업소득, ⓔ 인적용역소득, ⓕ 사용료소득, ⓖ 유가증권양도소득, ⓗ 기타소득에 따른 각 소득에 대한 수입금액
④ 내국법인군	법인세법에 따른 익금
⑤ 국내사업장을 가진 외국법인과 국내원천 부동산소득이 있는 외국법인군	국내원천소득 금액의 계산에 따른 익금
⑥ ⑤ 외의 외국법인	국내원천 ⓐ 이자소득, ⓑ 배당소득, ⓒ 선박등임대소득, ⓓ 사업소득, ⓔ 인적용역소득, ⓕ 사용료소득, ⓖ 유가증권양도소득, ⓗ 기타소득에 따른 각 소득에 대한 수입금액

2) 동업자가 배분받은 결손금의 계산

동업자가 배분받은 결손금은 동업자군별로 아래 구분에 따른 손금으로 보아 계산한다.

<표-13 동업자가 배분받은 결손금의 동업자별 손금 구분>

구분	소득금액의 구분
① 거주자군	사업소득 및 양도소득금액에 대한 필요경비
② 비거주자군	국내원천 부동산소득, 선박등임대소득, 사업소득, 인적용역소득, 부동산등양도소득, 사용료소득, 유가증권양도소득에 따른 각 소득에 대한 필요경비
③ 내국법인군	법인세법에 따른 손금
④ 외국법인군	국내원천소득 금액의 계산[298]에 따른 손금[299]

---

298) 제92조(국내원천소득 금액의 계산) ① 제91조 제1항에 해당하는 외국법인의 각 사업연도의 국내원천소득의 총합계액은 해당 사업연도에 속하는 익금의 총액에서 해당 사업연도에 속하는 손금의 총액을 뺀 금액으로 하며, 각 사업연도의 소득금액의 계산에 관하여는 대통령령으로 정하는 바에 따라 제14조부터 제18조까지, 제18조의2, 제19조, 제19조의2, 제20조부터 제31조까지, 제33조부터 제38조까지, 제40조부터 제42조까지, 제42조의2, 제43조, 제44조, 제44조의2, 제44조의3, 제45조, 제46조, 제46조의2부터 제46조의5까지, 제47조, 제47조의2, 제50조, 제51조, 제52조, 제53조, 제53조의2 및 제54조와 「조세특례제한법」 제138조를 준용한다. 다만, 제44조의3, 제45조, 제46조의3 및 제46조의4를 준용할 때 합병법인 및 분할신설법인등은 피합병법인 및 분할법인등의 결손금을 승계하지 아니하는 것으로 보아 각각의 규정을 준용한다.

299) 법인세법 제92조 제1항(같은 법 제97조 제1항에 따른 외국법인에 한정).

나. 수동적동업자가 배분받은 소득금액의 계산

1) 수동적동업자가 배분받은 소득금액

수동적동업자의 경우에는 배분받은 소득금액을 소득세법[300]에 따른 배당소득과 소득세법[301] 및 법인세법[302]에 따른 비거주자에 대한 국내원천 배당소득으로 본다.

2) 조세조약 체결 국가의 연기금 등

경영참여형 사모집합투자기구의 수동적동업자 중 우리나라와 조세조약이 체결된 국가에서 설립된 연금 및 기금 등으로서 배분받는 소득이 해당 국가에서 과세되지 않는 ① 우리나라와 조세조약이 체결된 국가에서 설립된 것일 것, ② 기관 또는 연금 및 기금[303]일 것, ③ 경영참여형 사모집합투자기구로부터 분배받은 소득에 대해 해당 국가에서 비과세 또는 면제 등으로 실질적인 조세부담이 없을 것에 모두 해당하는 수동적동업자[304]는 제외한다.

다. 동업자가 배분받은 소득금액의 동업자군별 구분

동업자가 배분받은 소득금액은 아래 구분에 따른 동업자군별 소득금액으로 구분하여 계산한다.[305]

---

300) 소득세법 제17조 제1항.
301) 소득세법 제119조 제2호.
302) 법인세법 제93조 제2호.
303) 가. 정부, 지방자치단체, 중앙은행 또는 우리나라의 「한국투자공사법」에 준하는 법률에 의해 설립된 투자기관으로서 해당 정부, 지방자치단체, 중앙은행, 공공기관 등의 자산을 위탁받아 관리·운용하는 투자기관
   나. 우리나라의 「국민연금법」, 「공무원연금법」, 「군인연금법」, 「사립학교교직원 연금법」 및 「근로자퇴직급여 보장법」 등에 준하는 법률에 따라 설립된 연금
   다. 법률에 따라 설립된 비영리단체로서 수익을 구성원에게 분배하지 아니하는 기금
304) 조세특례제한법시행령 제100조의18 제9항.
305) 조세특례제한법시행령 제100조의18 제6항.

〈표-14 동업자가 배분받은 소득금액의 동업자군별 소득금액의 구분〉

구분	소득금액의 구분
① 거주자군	소득세법[306]에 따른 각 소득에 대한 수입금액
② 비거주자군	소득세법[307]에 따른 비거주자의 경우에는 소득세법[308]에 따른 각 소득에 대한 수입금액, 기타 비거주자의 경우 소득세법[309]에 따른 각 소득에 대한 수입금액
③ 내국법인군	법인세법[310]에 따른 익금
④ 외국법인군	법인세법[311]에 따른 외국법인의 경우 법인세법[312]에 따른 익금, 기타 외국법인의 경우 법인세법[313]에 따른 각 소득에 대한 수입금액

라. 동업자가 배분받은 결손금의 동업자군별 구분

동업자가 배분받은 결손금은 아래 구분에 따른 동업자군별 손금으로 구분하여 계산한다.[314]

〈표-15 동업자가 배분받은 결손금의 동업자군별 구분〉

구분	소득금액의 구분
① 거주자군	소득세법[315]에 따른 각 소득에 대한 필요경비
② 비거주자군	소득세법[316]에 따른 각 소득에 대한 필요경비[317]
③ 내국법인군	법인세법[318]에 따른 손금
④ 외국법인군	법인세법[319]에 따른 손금[320]

---

306) 소득세법 제16조부터 제19조까지, 제21조 및 제94조.
307) 소득세법 제121조 제2항 및 제5항에 따른 비거주자를 말한다.
308) 제119조 제1호부터 제6호까지, 제9호부터 제12호까지를 말한다.
309) 제119조 제1호, 제2호, 제4호부터 제6호까지 및 제10호부터 제12호까지를 말한다.
310) 법인세법 제15조.
311) 법인세법 제97조 제1항.
312) 법인세법 제92조 제1항.
313) 법인세법 제93조 제1호, 제2호, 제4호부터 제6호까지 및 제8호부터 제10호까지를 말한다.
314) 조세특례제한법시행령 제100조의18 제7항.
315) 소득세법 제19조 및 제94조.
316) 소득세법 제119조 제3호부터 제6호까지, 제9호부터 제11호까지를 말한다.
317) 소득세법 제121조 제2항 및 제5항에 따른 비거주자에 한정한다.
318) 법인세법 제19조.
319) 법인세법 제92조 제1항.
320) 법인세법 제97조 제1항에 따른 외국법인에 한정한다.

4. 비거주자 등이 수동적동업자인 경우 보수 등의 공제

　동업기업이 사모집합투자기구인 경우로서 비거주자 및 외국법인인 수동적동업자에게 소득을 배분하는 경우에는 해당 동업자가 배분받은 소득금액에서 자본시장법에 따른 ① 보수,[321] ② 수수료 중 동업기업의 손익배분비율에 따라 그 동업자에게 귀속하는 금액을 뺀 금액을 그 동업자가 배분받은 소득금액으로 한다.[322]

　다만 조세특례제한법 제100조의18 제3항 본문[323] 또는 제100조의24 제3항 단서[324]가 적용되는 경영참여형 사모집합투자기구의 수동적동업자의 경우에는 소득세법[325] 또는 법인세법[326]에 따른 비거주자의 국내원천소득과 외국법인의 국내원천소득 구분에 따른 소득금액 비율로 안분하여 계산한 금액을 말한다.

5. 동업기업 관련 세액공제 등의 동업자 배분

　동업기업과 관련된 ① 법인세법 및 동업기업과세 특례에 따른 세액공제 및 세액감면금액, ② 동업기업에서 발생한 소득에 대하여 법인세법[327]에 따라 원천징수한 세액, ③ 법인세법[328]에 따른 가산세 및 동업기업과세 특례에 따른 가산세, ④ 법인세법[329]에 따른 토지 등 양도소득에 대한 법인세는 각 과세연도의 종료일에 동업자 간의 손익배분비율에 따라 동업자에게 배분한다.[330] 다만 토지 등 양도소득에 대한 법인세는 내국법인 및 외국법인인 동업자에게만 배분한다.

---

321) 성과보수는 제외한다.
322) 조세특례제한법시행령 제100조의18 제8항.
323) ③ 동업자는 동업기업의 과세연도의 종료일이 속하는 과세연도의 소득세 또는 법인세 과세표준을 계산할 때 제1항에 따라 배분받은 소득금액 또는 결손금을 대통령령으로 정하는 구분에 따른 익금 또는 손금으로 보아 계산한다.
324) 수동적 동업자가 소득을 직접 받지 아니하고 동업기업을 통하여 받음으로써 소득세 또는 법인세를 부당하게 감소시킨 것으로 인정될 때에는 제100조의18 제3항 단서에 따른 소득구분에 따르지 아니하고 동업기업이 받는 소득을 기준으로「소득세법」제119조 또는「법인세법」제93조의 소득구분에 따른다.
325) 소득세법 제119조.
326) 법인세법 제93조.
327) 법인세법 제73조 및 제73조의2.
328) 법인세법 제75조 및 제75조의2부터 제75조의9까지의 가산세를 말한다.
329) 법인세법 제55조의2.
330) 조세특례제한법 제100조의18 제4항.

6. 동업자가 배분받은 세액공제 등의 공제 및 가산

동업자가 동업기업의 과세연도의 종료일이 속하는 과세연도의 소득세 또는 법인세를 신고 및 납부할 때 배분받은 금액은 아래의 방법에 따라 공제하거나 가산한다.[331][332]

〈표-16 동업자가 배분받은 결손금의 동업자군별 구분〉

구분	공제 및 가산
① 세액공제 및 세액감면금액	산출세액에서 공제한다.
② 원천징수세액	기납부세액으로 공제한다.
	거주자·비거주자·외국법인인 수동적동업자의 경우·거주자인 동업자[333]로서 배분받은 소득이 소득세법에 따른 이자소득[334], 배당소득[335] 또는 기타소득[336]의 소득에 대한 수입금액으로 구분되는 경우에는 동업기업이 조세특례제한법[337] 또는 소득세법[338]에 따라 해당 동업자가 배분받은 소득에 대한 소득세 또는 법인세를 원천징수할 때 해당 세액에서 공제한다. 해당 세액을 초과하는 금액은 없는 것으로 본다.
③ 가산세[339]	산출세액에 합산한다.
④ 토지등 양도소득에 대한 법인세에 상당하는 세액	산출세액에 합산한다. 이 경우 토지등 양도소득에 대한 법인세에 상당하는 세액은 동업기업을 하나의 내국법인으로 보아 산출한 금액에 내국법인 및 외국법인인 동업자의 손익배분비율의 합계를 곱한 금액으로 한다.

VI. 동업기업과 동업자 간의 거래

1. 동업기업과 동업자 간의 거래 수익 또는 손비

---

[331] 조세특례제한법 제100조의18 제5항.
[332] 조세특례제한법시행령 제100조의19 제2항.
[333] 수동적 동업자는 제외한다.
[334] 소득세법 제16조.
[335] 소득세법 제17조.
[336] 소득세법 제21조.
[337] 조세특례제한법 제100조의24.
[338] 소득세법 제127조.
[339] 동업자 간의 손익배분비율에 따라 동업자에게 배분할 때 동업자에게 배분하는 가산세는 ① 법인세법 제75조의3, 제75조의5부터 제75조의8까지의 규정에 따른 가산 가산세, ② 조세특례제한법 제100조의25 제1항 및 제2항에 따른 가산세를 말한다.

동업자가 동업자의 자격이 아닌 제3자의 자격으로 동업기업과 거래를 하는 경우 동업기업과 동업자는 해당 과세연도의 소득금액을 계산할 때 그 거래에서 발생하는 수익 또는 손비를 익금 또는 손금에 산입한다.[340]

제3자의 자격으로 동업기업과 거래하는 경우 납세지 관할 세무서장은 동업기업 또는 동업자가 소득을 부당하게 감소시킨 것으로 인정되면 법인세법에 따른 부당행위계산의 부인을 준용하여 해당 소득금액을 계산할 수 있다. 이 경우 동업기업과 동업자는 특수관계인으로 본다.[341]

가. 제3자의 자격으로 동업기업과 거래하는 경우

제3자의 자격으로 동업기업과 거래하는 경우란 동업자가 동업기업으로부터 얻는 거래대가가 동업기업의 소득과 관계없이 해당 거래를 통하여 공급되는 재화 또는 용역의 가치에 따라 결정되는 경우로서 ① 동업자가 동업기업에 재화를 양도하거나 동업기업으로부터 재화를 양수하는 거래, ② 동업자가 동업기업에 금전이나 그 밖의 자산을 대부하거나 임대하는 거래 또는 동업기업으로부터 금전이나 그 밖의 자산을 차입하거나 임차하는 거래, ③ 동업자가 동업기업에 용역[342]을 제공하는 거래 또는 동업기업으로부터 용역을 제공받는 거래를 말한다.[343]

나. 동업기업이 경영참여형 사모집합투자기구인 경우

동업기업이 경영참여형 사모집합투자기구인 경우 그 업무집행사원이 자본시장법에 따라 해당 동업기업에 용역을 제공하는 거래는 동업자가 동업자의 자격이 아닌 제3자의 자격으로 동업기업과 거래하는 경우에 해당하는 것으로 본다.[344] 다만 업무집행사원이 성과보수를 지급받는 부분은 제외한다.

---

340) 조세특례제한법 제100조의19 제1항.
341) 조세특례제한법 제100조의19 제2항.
342) 해당 동업기업이 영위하는 사업에 해당하는 용역은 제외한다.
343) 조세특례제한법시행령 제100조의20 제1항.
344) 조세특례제한법시행령 제100조의20 제2항.

Ⅷ. 동업자의 최초 지분가액과 지분가액의 조정

1. 동업자의 최초 지분가액

동업자의 최초 지분가액은 동업기업 과세특례를 적용받는 최초 과세연도의 직전 과세연도의 종료일 현재의 동업기업의 출자총액에 해당 동업자의 출자비율을 곱하여 계산한 금액으로 한다.[345] 다만 기업의 설립일이 속하는 과세연도부터 적용받는 경우에는 그 과세연도의 개시일로 한다.

2. 동업자 지분가액의 증액조정

동업자가 동업기업으로부터 소득을 배분받는 경우 등 대통령령으로 정하는 사유가 발생하면 동업자의 지분가액을 증액조정한다.[346] 대통령령으로 정하는 사유와 그에 따라 증액조정하는 금액은 ① 동업기업에 자산을 출자하는 경우에는 출자일 현재의 자산의 시가, ② 동업기업의 지분을 매입하는 경우 또는 상속 또는 증여받는 경우 지분의 매입가액 또는 상속·증여일 현재의 지분의 시가, ③ 동업기업으로부터 소득금액을 배분받는 경우 소득금액[347]을 말한다.[348]

3. 동업자 지분가액의 감액조정

동업자가 동업기업으로부터 자산을 분배받는 경우 등 대통령령으로 정하는 사유가 발생하면 동업자의 지분가액을 감액조정한다.[349] 대통령령으로 정하는 사유와 그에 따라 감액조정하는 금액은 ① 동업기업의 자산을 분배받는 경우 분배일 현재의 자산의 시가, ② 동업기업의 지분을 양도하거나 상속·증여하는 경우 지분의 양도일 또는 상속·증여일 현재의 해당 지분의 지분가액,

---

345) 조세특례제한법시행령 제100조의21 제1항.
346) 조세특례제한법 제100조의20 제1항.
347) 소득세법, 법인세법 및 조세특례제한법에 따른 비과세소득을 포함한다.
348) 조세특례제한법시행령 제100조의21 제2항.
349) 조세특례제한법 제100조의20 제2항.

③ 동업기업으로부터 결손금을 배분받는 경우 결손금의 금액을 말한다.[350]

4. 둘 이상의 지분가액 조정사유 동시 발생

동업자의 지분가액 감액 조정과 관련 둘 이상의 지분가액 조정사유가 동시에 발생하는 때에는 ① 동업기업에 자산을 출자하는 경우 및 동업기업의 지분을 매입하는 경우 또는 상속·증여받는 경우에 따른 증액조정,[351] ② 동업기업의 자산을 분배받는 경우 및 동업기업의 지분을 양도하거나 상속·증여하는 경우에 따른 감액조정,[352] ③ 동업기업으로부터 소득금액을 배분받는 경우에 따른 감액조정,[353] ④ 동업기업으로부터 결손금을 배분받는 경우에 따른 감액조정[354]의 순서에 따른다.[355] 지분가액을 감액조정을 하는 경우 지분가액의 최저금액은 영(0)으로 한다.[356]

Ⅷ. 동업기업 지분의 양도

동업자가 동업기업의 지분을 타인에게 양도하는 경우 해당 지분의 양도소득에 대해서는 소득세법[357]에 따른 자산[358]을 양도한 것으로 보아 소득세법 또는 법인세법에 따라 양도소득세 또는 법인세를 과세한다.[359] 지분의 양도소득은 양도일 현재의 해당 지분의 지분가액을 취득가액으로 보아 계산한다.[360]

---

350) 조세특례제한법시행령 제100조의21 제3항.
351) 조세특례제한법시행령 제100조의21 제2항 제1호 및 제2호에 따른 증액조정을 말한다.
352) 조세특례제한법시행령 제100조의21 제3항 제1호 및 제2호에 따른 감액조정을 말한다.
353) 조세특례제한법시행령 제100조의21 제2항 제3호에 따른 증액조정을 말한다.
354) 조세특례제한법시행령 제100조의21 제3항 제3호에 따른 감액조정을 말한다.
355) 조세특례제한법시행령 제100조의21 제4항.
356) 조세특례제한법시행령 제100조의21 제5항.
357) 소득세법 제94조 제1항 제3호 또는 제4호 다목.
358) 해당 동업자가 비거주자인 경우 소득세법 제119조 제9호 나목 또는 제11호 가목에 따른 자산, 외국법인인 경우 법인세법 제93조 제7호 나목 또는 제9호 가목에 따른 자산을 말한다.
359) 조세특례제한법 제100조의21 제1항.
360) 조세특례제한법시행령 제100조의22.

IX. 동업기업 자산을 분배받은 경우

1. 분배받은 자산의 시가가 지분가액을 초과하는 경우

동업자가 동업기업으로부터 자산을 분배받은 경우 분배받은 자산의 시가가 분배일의 해당 동업자의 지분가액을 초과하면 동업자는 분배일이 속하는 과세연도의 소득금액을 계산할 때 그 초과하는 금액을 소득세법[361]에 따른 배당소득으로 본다.[362]

2. 분배받은 자산의 시가가 지분가액에 미달하는 경우

동업자가 동업기업의 해산 등 대통령령으로 정하는 사유가 발생함에 따라 동업기업으로부터 자산을 분배받은 경우 분배받은 자산의 시가가 분배일의 해당 동업자의 지분가액에 미달하면 동업자는 분배일이 속하는 과세연도의 소득금액을 계산할 때 그 미달하는 금액을 소득세법[363]에 따른 자산을 양도함에 따라 발생한 손실로 본다.[364]

대통령령으로 정하는 사유는 손실이 인정되는 자산의 분배 사유를 의미하며 ① 동업기업이 해산에 따른 청산, 분할, 합병 등으로 소멸되는 경우, ② 동업자가 동업기업을 탈퇴하는 경우에 해당하는 경우를 말한다.[365]

3. 분배일의 동업자의 지분가액 상당액의 익금불산입

동업기업으로부터 분배받은 자산의 시가 중 분배일의 해당 동업자의 지분가액 상당액은 해당 동업자의 분배일이 속하는 과세연도의 소득세 또는 법인세 과세표준을 계산할 때 익금에 산입하지 않는다.[366]

---

361) 소득세법 제17조 제1항.
362) 조세특례제한법 제100조의22 제1항.
363) 소득세법 제94조 제1항 제3호 또는 제4호 다목.
364) 조세특례제한법 제100조의22 제2항.
365) 조세특례제한법시행령 제100조의23.
366) 조세특례제한법 제100조의22 제3항.

Ⅹ. 동업기업의 소득 계산 및 배분명세 신고

동업기업은 각 과세연도의 종료일이 속하는 달의 말일부터 3개월이 되는 날이 속하는 달의 15일까지 해당 과세연도의 소득의 계산 및 배분명세를 관할 세무서장에게 신고해야 한다.[367] 각 과세연도의 소득금액이 없거나 결손금이 있는 동업기업의 경우에도 적용한다. 동업기업은 해당 과세연도의 소득의 계산 및 배분명세를 신고할 때 각 동업자에게 해당 동업자와 관련된 신고 내용을 통지해야 한다.

소득의 계산 및 배분명세를 신고할 때 동업기업 소득 계산 및 배분명세 신고서와 함께 ① 기업회계기준을 준용하여 작성한 재무상태표와 손익계산서, ② 기획재정부령으로 정하는 지분가액조정명세서, ③ 약정손익분배비율에 관한 서면약정서, ④ 수동적동업자에 대하여 우리나라와 조세조약이 체결된 국가에서 설립된 기관 또는 연금 및 기금이라는 사실을 입증할 수 있는 서류, ⑤ 그 밖에 기획재정부령으로 정하는 서류를 제출해야 하며 관련 첨부 서류를 첨부하지 않으면 동업기업 소득의 계산 및 배분명세 신고에 따른 신고로 보지 않는다.

Ⅺ. 비거주자 또는 외국법인인 동업자에 대한 원천징수

1. 동업자에게 배분된 소득에 대한 원천징수

동업기업은 비거주자 또는 외국법인인 동업자에게 배분된 소득에 대해서는 아래의 세율을 적용하여 계산한 금액에 상당하는 소득세 또는 법인세를 징수하여 신고기한[368][369]까지 납세지 관할 세무서장에게 납부해야 한다.[370]

---

[367] 조세특례제한법 제100조의23 제1항.
[368] 조세특례제한법 제100조의23 제1항.
[369] 제100조의23에 따라 신고하지 아니한 금액을 분배하는 경우에는 해당 분배일이 속하는 달의 다음 달 10일과 제100조의23 제1항에 따른 신고기한 중 빠른 날로 한다.
[370] 조세특례제한법 제100조의24 제1항.

<표-17 비거주자 또는 외국법인인 동업자에 대한 원천징수 세율>

구분	원천징수 세율
수동적 동업자인 경우	소득세법 제156조 제1항 제2호 및 법인세법 제98조 제1항 제2호에 따른 세율
	경영참여형 사모집합투자기구는 소득세법 제156조 제1항 각 호 및 법인세법 제98조 제1항 각 호에 따른 세율
수동적 동업자 외의 동업자[371]	비거주자인 동업자의 경우 소득세법 제55조에 따른 세율 중 최고세율
	외국법인인 동업자의 경우 법인세법 제55조에 따른 세율 중 최고세율

2. 원천징수 지급명세서의 제출과 지급시기

동업기업은 원천징수를 하는 경우 지급명세서를 제출하여야 한다.[372] 이 경우 해당 소득은 동업기업이 해당 과세연도 소득의 계산 및 배분명세 신고를 할 때[373]에 비거주자 또는 외국법인인 동업자에게 지급된 것으로 본다.[374]

3. 수동적 동업자에게 배분되는 소득의 구분

수동적 동업자에게 배분되는 소득의 구분은 비거주자에 대한 국내원천 배당소득으로 본다. 다만 수동적 동업자가 배분받은 ① 소득금액 또는 결손금 처리, ② 수동적 동업자가 소득을 직접 받지 않고 동업기업을 통하여 받음으로써 소득세 또는 법인세를 부당하게 감소시킨 것으로 인정되는 때에는 배당소득으로 구분하지 않는다. 수동적동업자에게 배분하는 경우 배분대상 소득금액 및 배분대상 결손금은 비거주자의 국내원천소득 또는 외국법인의 국내원천소득 소득 구분에 따라 계산한 금액으로 한다.

4. 동업자인 비거주자 등의 과세표준 신고 및 납부

수동적 동업자를 제외한 비거주자 및 외국법인인 동업자는 소득세법에 따른 과세표준확정신

---

371) 동업기업이 국내에서 사업을 하는 장소를 비거주자 또는 외국법인인 동업자의 국내사업장으로 본다.
372) 소득세법 제164조의2 및 법인세법 제120조의2.
373) 제100조의23에 따른 신고를 하지 아니한 금액이 분배되는 경우에는 분배할 때를 말한다.
374) 조세특례제한법 제100조의24 제2항.

고를 하거나 법인세에 따른 과세표준신고를 하여야 한다. 다만 동업기업이 소득세 또는 법인세를 원천징수하여 납부한 경우에는 과세표준확정신고 또는 과세표준신고를 하지 않을 수 있다.

수동적 동업자에 대하여 조세특례제한법 제100조의24 제3항 단서[375] 및 제100조의18 제3항 본문[376]이 적용되어 구분된 소득이 소득세법 제119조 제3호,[377] 법인세법 제93조 제3호[378]의 소득 또는 소득세법 제119조 제9호,[379] 법인세법 제93조 제7호[380]의 소득인 경우에는 제1

---

[375] 다만, 수동적 동업자가 소득을 직접 받지 아니하고 동업기업을 통하여 받음으로써 소득세 또는 법인세를 부당하게 감소시킨 것으로 인정될 때에는 제100조의18 제3항 단서에 따른 소득구분에 따르지 아니하고 동업기업이 받는 소득을 기준으로 「소득세법」 제119조 또는 「법인세법」 제93조의 소득구분에 따른다.

[376] 동업자는 동업기업의 과세연도의 종료일이 속하는 과세연도의 소득세 또는 법인세 과세표준을 계산할 때 제1항에 따라 배분받은 소득금액 또는 결손금을 대통령령으로 정하는 구분에 따른 익금 또는 손금으로 보아 계산한다. 다만, 수동적동업자(「자본시장과 금융투자업에 관한 법률」 제9조 제19항 제1호에 따른 경영참여형 사모집합투자기구의 수동적동업자 중 우리나라와 조세조약이 체결된 국가에서 설립된 연금·기금 등으로서 배분받는 소득이 해당 국가에서 과세되지 아니하는 대통령령으로 정하는 수동적동업자는 제외한다)의 경우에는 배분받은 소득금액을 「소득세법」 제17조 제1항, 제119조 제2호 및 「법인세법」 제93조 제2호에 따른 소득으로 본다.

[377] 3. 국내원천 부동산소득: 국내에 있는 부동산 또는 부동산상의 권리와 국내에서 취득한 광업권, 조광권, 지하수의 개발·이용권, 어업권, 토사석 채취에 관한 권리의 양도·임대, 그 밖에 운영으로 인하여 발생하는 소득. 다만, 제9호에 따른 국내원천 부동산등양도소득은 제외한다.

[378] 3. 국내원천 부동산소득: 국내에 있는 부동산 또는 부동산상의 권리와 국내에서 취득한 광업권, 조광권(租鑛權), 흙·모래·돌의 채취에 관한 권리 또는 지하수의 개발·이용권의 양도·임대 또는 그 밖의 운영으로 인하여 발생하는 소득. 다만, 제7호에 따른 양도소득은 제외한다.

[379] 9. 국내원천 부동산등양도소득: 국내에 있는 다음 각 목의 어느 하나에 해당하는 자산·권리를 양도함으로써 발생하는 소득
   가. 제94조 제1항 제1호·제2호 및 같은 항 제4호 가목·나목에 따른 자산 또는 권리
   나. 내국법인의 주식 또는 출자지분(주식·출자지분을 기초로 하여 발행한 예탁증서 및 신주인수권을 포함한다. 이하 이 장에서 같다) 중 양도일이 속하는 사업연도 개시일 현재 그 법인의 자산총액 중 다음의 가액의 합계액이 100분의 50 이상인 법인의 주식 또는 출자지분(이하 이 조에서 "부동산주식등"이라 한다)으로서 증권시장에 상장되지 아니한 주식 또는 출자지분. 이 경우 조세조약의 해석·적용과 관련하여 그 조세조약 상대국과 상호합의에 따라 우리나라에 과세권한이 있는 것으로 인정되는 부동산주식등도 전단의 부동산주식등에 포함한다.
      1) 제94조 제1항 제1호 및 제2호의 자산가액
      2) 내국법인이 보유한 다른 부동산 과다보유 법인의 주식가액에 그 다른 법인의 부동산 보유비율을 곱하여 산출한 가액. 이 경우 부동산 과다보유 법인의 판정 및 부동산 보유비율의 계산방법은 대통령령으로 정한다.

[380] 7. 국내원천 부동산등양도소득: 국내에 있는 다음 각 목의 어느 하나에 해당하는 자산·권리를 양도함으로써 발생하는 소득
   가. 「소득세법」 제94조 제1항 제1호·제2호 및 제4호 가목·나목에 따른 자산·권리
   나. 내국법인의 주식등(주식등을 기초로 하여 발행한 예탁증서 및 신주인수권을 포함한다. 이하 이 장에서 같다) 중 양도일이 속하는 사업연도 개시일 현재의 그 법인의 자산총액 중 다음의 가액의 합계액이 100분의 50 이상인 법인의 주식등(이하 이 조에서 "부동산주식등"이라 한다)으로서 「자본시장과 금융투자업에 관한 법률」에 따른 증권시장에 상장되지 아니한 주식등. 이 경우 조세조약의 해석·적용과 관련하여 그 조세조약 상대국과 상호합의에 따라 우리나라에 과세권한이 있는 것으로 인정되는 부동산주식등도 전단의 부동산주식등에 포함한다.
      1) 「소득세법」 제94조 제1항 제1호 및 제2호의 자산가액
      2) 내국법인이 보유한 다른 부동산 과다보유 법인의 주식가액에 그 다른 법인의 부동산 보유비율을 곱하여 산출한 가액. 이 경우 부동산 과다보유 법인의 판정 및 부동산 보유비율의 계산방법은 대통령령으로 정한다.

항 제1호 단서의 세율[381]로 원천징수하지 않는다.[382]

이 경우에는 ① 소득세법 제119조 제3호 또는 법인세법 제93조 제3호의 국내원천 부동산소득인 경우 수동적 동업자 외의 비거주자 및 외국법인인 동업자는 소득세법에 따른 과세표준확정신고를 하거나 법인세법에 따른 과세표준신고 및 납부하는 방법, ② 소득세법 제119조 제9호 또는 법인세법 제93조 7호의 국내원천 부동산등양도소득인 경우 동업기업이 제1항 제1호의 세율[383]로 원천징수하고 동업자가 소득세법에 따른 과세표준확정신고를 하거나 법인세법에 따른 과세표준신고 및 납부하는 방법에 따른다.[384]

5. 국내사업장이 있는 비거주자 등의 신고 및 납부

비거주자 또는 외국법인인 동업자가 소득세법 제120조 또는 법인세법 제94조에 따른 국내사업장[385]이 있고 동업자에게 배분된 소득이 그 국내사업장에 귀속되는 소득인 경우에는 위의 모든 규정을 적용하지 않고 그 국내사업장의 과세표준에 합산하여 신고 및 납부하여야 한다.[386]

---

381) 다만, 제3항 단서 및 제100조의18 제3항 본문이 적용되는 경우에는 「소득세법」 제156조 제1항 각 호 및 「법인세법」 제98조 제1항 각 호에 따른 세율.
382) 조세특례제한법 제100조의24 제5항.
383) 1. 수동적 동업자인 경우에는 「소득세법」 제156조 제1항 제2호 및 「법인세법」 제98조 제1항 제2호에 따른 세율. 다만, 제3항 단서 및 제100조의18 제3항 본문이 적용되는 경우에는 「소득세법」 제156조 제1항 각 호 및 「법인세법」 제98조 제1항 각 호에 따른 세율을 말한다.
384) 조세특례제한법 제100조의24 제5항.
385) 조세특례제한법 제100조의24 제6항에 따라 국내사업장으로 보는 경우는 제외한다.
386) 조세특례제한법 제100조의24 제8항.

제4장

거주자와 금융소득

제4장
거주자와 금융소득

거주자와 금융소득에서는 거주자의 주식등의 ① 취득, ② 보유, ③ 양도에 따른 과세제도에 대해 살펴보고자 한다. ① 주식등의 취득은 지방세법에 따른 과점주주 간주취득세와 국세기본법에 따른 제2차 납세의무를, ② 주식등의 보유와 관련된 소득에는 이자소득과 배당소득이 있으며 2022.12.31.까지 적용되는 현행 과세제도와 2023.1.1.부터 시행되는 과세제도를 함께 살펴보고자 한다. ③ 주식등의 양도와 관련 2022.12.31.까지 적용되는 양도소득세에 대해 알아보고자 하며 2023.1.1.부터 적용되는 과세제도는 제5장의 거주자와 금융투자소득에서 자세히 설명하고자 한다.

제1절 주식등의 취득과 세금

Ⅰ. 주식등의 취득과 제2차 납세의무

1. 제2차 납세의무자

국세기본법에 따른 제2차 납세의무자란 납세자가 납세의무를 이행할 수 없는 경우에 납세자를 갈음하여 납세의무를 지는 자를 말한다.[387] 국세기본법에서는 ① 청산인 등의 제2차 납세의무, ② 출자자의 제2차 납세의무, ③ 법인의 제2차 납세의무, ④ 사업 양수인의 제2차 납세의무를 규정하고 있다. 지방세법기본법에서도 국세기본법에 따른 제2차 납세의무와 유사한 규정을 두고 있다.

따라서 주식등을 취득하는 때에는 법인의 국세와 지방세등의 체납여부를 확인한 후 제2차 납

---

387) 국세기본법 제2조 제11호.

세의무를 부담하는지 검토한 후 투자하는 것이 바람직하다.

2. 청산인 등의 제2차 납세의무

가. 제2자 납세의무자

법인이 해산하여 청산하는 경우에 법인에 부과되거나 법인이 납부할 국세 및 강제징수비를 납부하지 않고 해산에 의한 잔여재산을 분배하거나 인도하였을 때에 그 법인에 대하여 강제징수를 하여도 징수할 금액에 미치지 못하는 경우에는 청산인 또는 잔여재산을 분배받거나 인도받은 자는 부족한 금액에 대하여 제2차 납세의무를 진다.[388]
이 경우 재산의 가액은 청산 후 남은 재산을 분배하거나 인도한 날 현재의 시가로 한다.[389]

나. 제2차 납세의무의 한도

제2차 납세의무의 한도는 ① 청산인은 분배하거나 인도한 재산의 가액, ② 잔여재산을 분배받거나 인도받은 자는 각자가 받은 재산의 가액으로 한다.[390]

3. 출자자의 제2차 납세의무

가. 제2차 납세의무자

법인[391]의 재산으로 법인에 부과되거나 법인이 납부할 국세 및 강제징수비에 충당하여도 부족한 경우에는 국세의 납세의무 성립일 현재 ① 무한책임사원으로서 합명회사의 사원과 합자회사의 무한책임사원에 해당하는 사원, ② 주주 또는 합자회사의 유한책임사원, 유한책임사원의 사원, 유한회사의 사원에 해당하는 사원 1명과 그의 특수관계인 중 대통령령으로 정하는 자

---

388) 국세기본법 제38조 제1항.
389) 국세기본법시행령 제19조.
390) 국세기본법 제38조 제2항.
391) 대통령령으로 정하는 증권시장에 주권이 상장된 법인은 제외한다. 대통령령으로 정하는 증권시장이란 자본시장법에 따른 유가증권시장과 코스닥 시장을 말한다.

로서 그들의 소유주식 합계 또는 출자액 합계가 해당 법인의 발행 주식 총수 또는 출자총액의 100분의 50을 초과하면서 법인의 경영에 대하여 지배적인 영향력을 행사하는 자들(과점주주)에 해당하는 자는 부족한 금액에 대하여 제2차 납세의무를 진다.[392]

나. 대통령령으로 정하는 자

대통령령으로 정하는 자란 주주 또는 합자회사의 유한책임사원, 유한책임회사의 사원, 유한회사의 사원에 해당하는 사원 1명과 ① 친족관계, ② 경제적 연관관계, ③ 경영지배관계 중 본인이 직접 또는 그와 친족관계 또는 경제적 연관관계에 있는 자를 통하여 법인의 경영에 대하여 지배적인 영향력을 행사하고 있는 경우 그 법인, ④ 개인 또는 법인이 직접 또는 그와 친족관계 또는 경제적 연관관계에 있는 자를 통하여 본인인 법인의 경영에 대하여 지배적인 영향력을 행사하고 있는 경우 그 개인 또는 법인, ⑤ 본인이 직접 또는 그와 경제적 연관관계 또는 ①의 관계에 있는 자를 통하여 어느 법인의 경영에 대하여 지배적인 영향력을 행사하고 있는 경우 그 법인을 말한다.[393]

다. 제2차 납세의무의 한도

과점주주의 경우에는 부족한 금액을 법인의 발행주식 총수[394] 또는 출자총액으로 나눈 금액에 해당 과점주주가 실질적으로 권리를 행사하는 주식수[395] 또는 출자액을 곱하여 산출한 금액을 한도로 한다.

4. 법인의 제2차 납세의무

가. 제2차 납세의무의 범위

---

392) 국세기본법 제39조.
393) 국세기본법시행령 제18조의2.
394) 의결권이 없는 주식은 제외한다.
395) 의결권이 없는 주식은 제외한다.

국세[396]의 납부기간 만료일 현재 법인의 무한책임사원 또는 과점주주(출자자)의 재산[397]으로 그 출자자가 납부할 국세 및 강제징수비에 충당하여도 부족한 경우에는 그 법인은 ① 정부가 출자자의 소유주식 또는 출자지분을 재공매하거나 수의계약으로 매각하려 하여도 매수희망자가 없는 경우, ② 법률 또는 그 법인의 정관에 의하여 출자자의 소유주식 또는 출자지분의 양도가 제한된 경우[398]에만 그 부족한 금액에 대하여 제2차 납세의무를 진다.[399]

나. 법인의 제2차 납세의무 한도액

법인의 제2차 납세의무는 아래의 계산식에 따라 계산한 금액을 한도로 한다.[400]

〈표-18 법인의 제2차 납세의무 한도액의 계산〉

구분		계산식
법인의 자산총액	①	
법인의 부채총액	②	
출자자의 소유주식 금액 또는 출자액	③	(① - ②) × ③ ÷ ④ = ⑤
발행주식 총액 또는 출자총액	④	
한도액	⑤	

5. 사업양수인의 제2차 납세의무 등

가. 제2차 납세의무의 한도

사업이 양도 및 양수된 경우에 양도일 이전에 양도인의 납세의무가 확정된 그 사업에 관한 국세 및 강제 징수비를 양도인의 재산으로 충당하여도 부족할 때에는 대통령령으로 정하는 사업의 양수인은 그 부족한 금액에 대하여 양수한 재산의 가액을 한도로 제2차 납세의무를 진다.[401]

---

396) 둘 이상의 국세의 경우에는 납부기한이 뒤에 오는 국세를 말한다.
397) 그 법인의 발행주식 또는 출자지분은 제외한다.
398) 국세징수법 제66조 제4항에 따라 공매할 수 없는 경우는 제외한다.
399) 국세기본법 제40조 제1항.
400) 국세기본법 제40조 제2항.
401) 국세기본법 제41조 제1항.

나. 대통령령으로 정하는 사업의 양수인

대통령령으로 정하는 사업의 양수인이란 사업장별로 그 사업에 관한 모든 권리[402]와 모든 의무[403]를 포괄적으로 승계한 자로서 ① 양도인과 특수관계인인 자, ② 양도인의 조세회피를 목적으로 사업을 양수한 자에 해당하는 자를 말한다.[404]

다. 양수한 재산의 가액

양수한 재산의 가액이란 ① 사업의 양수인이 양도인에게 지급하였거나 지급하여야 할 금액이 있는 경우에는 그 금액, ② ① 금액이 없거나 불분명한 경우에는 양수한 자산 및 부채를 상속증여세법 제60조부터 제66조까지의 규정을 준용하여 평가한 후 그 자산총액에서 부채총액을 뺀 가액을 말한다.[405] ①에 따른 금액과 시가의 차액이 3억원 이상이거나 시가의 100분의 30에 상당하는 금액 이상인 경우에는 ①과 ②의 금액 중 큰 금액으로 한다.[406]

라. 둘 이상의 사업장이 있는 경우의 납세의무 한도

사업의 양도인에게 둘 이상의 사업장이 있는 경우에 하나의 사업장을 양수한 자의 제2차 납세의무는 양수한 사업장과 관계되는 국세 및 강제징수비[407]에 대해서만 진다.[408]

II. 주식등의 취득과 과점주주 간주취득세

---

402) 미수금에 관한 것은 제외한다.
403) 미지급금에 관한 것은 제외한다.
404) 국세기본법시행령 제22조.
405) 국세기본법시행령 제23조 제2항.
406) 국세기본법시행령 제23조 제3항.
407) 둘 이상의 사업장에 공통되는 국세 및 강제징수비가 있는 경우에는 양수한 사업장에 배분되는 금액을 포함한다.
408) 국세기본법시행령 제23조 제1항.

금융상품 중 주식등을 취득 방법에는 ① 직접취득, ② 증여취득, ③ 상속취득이 있다. 주식등을 ① 직접취득하는 경우 과점주주에 해당하는 때에는 지방세법에 따른 과점주주 간주취득세, ② 증여취득과 상속취득의 경우 증여재산 또는 상속재산에 해당하여 증여세 또는 상속세가 과세된다. 과점주주 간주취득세는 법인이 소유하고 있는 부동산 등을 과점주주가 개인으로 직접 취득한 것은 아니지만 과점주주가 직접 취득한 것으로 간주하여 취득세를 부과하는 것을 말한다.

아래에서는 지방세법에 따른 과점주주 간주취득세 과세제도에 대해 살펴보고자 한다. 증여취득과 상속취득은 제7장 금융투자상품과 증여, 제8장 금융투자상품과 상속에서 상세하게 살펴보기로 한다.

1. 과점주주

과점주주란 주주 또는 유한책임사원 1명과 그의 특수관계인 중 대통령령으로 정하는 자로서 그들의 소유주식의 합계 또는 출자액의 합계가 해당 법인의 발행주식 총수 또는 출자총액의 100분의 50을 초과하면서 그에 관한 권리를 실질적으로 행사하는 자를 말한다.[409]

특수관계인 중 대통령령으로 정하는 자란 본인과 아래의 어느 하나에 해당하는 관계에 있는 자로[410] 본인도 그 특수관계인의 특수관계인으로 본다.

가. 친족관계

혈족과 인척 등으로 ① 6촌 이내의 혈족, ② 4촌 이내의 인척, ③ 배우자,[411] ④ 친생자로서 다른 사람에게 친양자 입양된 자 및 그 배우자·직계비속을 포함한 친족관계에 있는 자를 말한다.

나. 경제적 연관관계

임원이나 사용인 등으로 ① 임원과 그 밖의 사용인, ② 본인의 금전이나 그 밖의 재산으로 생

---

409) 지방세기본법 제46조 제2호.
410) 지방세기본법 제2조 제34호.
411) 사실상의 혼인관계에 있는 자를 포함한다.

계를 유지하는 자, ③ ①과 ②의 사람과 생계를 함께하는 친족을 포함한 경제적 연관관계에 있는 자를 말한다.

다. 경영지배관계

1) 본인이 개인인 경우

본인이 개인인 경우 ① 본인이 직접 또는 그와 친족관계 또는 경제적 연관관계에 있는 자를 통하여 법인의 경영에 대하여 지배적인 영향력을 행사하고 있는 경우 그 법인을 말한다.

2) 본인이 법인인 경우

본인이 법인인 경우 ① 개인 또는 법인이 직접 또는 그와 친족관계 또는 경제적 연관관계에 있는 자를 통하여 본인인 법인의 경영에 대하여 지배적인 영향력을 행사하고 있는 경우 그 개인 또는 법인, ② 본인이 직접 또는 그와 경제적 연관관계 또는 ①의 관계에 있는 자를 통하여 어느 법인의 경영에 대하여 지배적인 영향력을 행사하고 있는 경우 그 법인을 말한다.

3) 경영에 대한 지배적인 영향력의 행사

아래의 구분에 따른 요건에 해당하는 경우 해당 법인의 경영에 대하여 지배적인 영향력을 행사하고 있는 것으로 본다.

가) 영리법인의 경우

영리법인의 경우 ① 법인의 발행주식총수 또는 출자총액의 100분의 50 이상을 출자한 경우, ② 임원의 임면권의 행사 및 사업방침의 결정 등 법인의 경영에 대하여 사실상 영향력을 행사하고 있다고 인정되는 경우 해당 법인의 경영에 대하여 지배적인 영향력을 행사하고 있는 것으

로 본다.[412]

나) 비영리법인의 경우

비영리법인의 경우 ① 법인의 이사의 과반수를 차지하는 경우, ② 법인의 출연재산[413]의 100분의 30 이상을 출연하고 그중 1인이 설립자인 경우 해당 법인의 경영에 대하여 지배적인 영향력을 행사하고 있는 것으로 본다.[414]

2. 과점주주의 주식등 취득 유형과 납세의무

가. 주주등이 최초로 과점주주가 된 경우

법인의 과점주주가 아닌 주주 또는 유한책임사원이 다른 주주 또는 유한책임사원의 주식 또는 지분(주식등)을 취득하거나 증자 등으로 최초로 과점주주가 된 경우에는 최초로 과점주주가 된 날 현재 해당 과점주주가 소유하고 있는 법인의 주식등을 모두 취득한 것으로 보아 취득세를 부과한다.[415]

나. 과점주주의 주식등의 비율이 증가된 경우

이미 과점주주가 된 주주 또는 유한책임사원이 해당 법인의 주식등을 취득하여 해당 법인의 주식등의 총액에 대한 과점주주가 가진 주식등의 비율이 증가된 경우에는 그 증가분을 취득으로 보아 취득세를 부과한다.[416] 다만 증가된 후의 주식등의 비율이 해당 과점주주가 이전에 가지고 있던 주식등의 최고비율보다 증가되지 않은 경우에는 취득세를 부과하지 않는다.

---

412) 지방세기본법시행령 제2조 제4항 제1호.
413) 설립을 위한 출연재산만 해당한다.
414) 지방세기본법시행령 제2조 제4항 제2호.
415) 지방세법시행령 제11조 제1항.
416) 지방세법시행령 제11조 제2항.

다. 주식 재취득 등으로 다시 과점주주가 된 경우

과점주주였으나 ① 주식등의 양도, ② 해당 법인의 증자 등으로 과점주주에 해당되지 않은 주주 또는 유한책임사원이 된 자가 해당 법인의 주식등을 취득하여 다시 과점주주가 된 경우에는 다시 과점주주가 된 당시의 주식등의 비율이 그 이전에 과점주주가 된 당시의 주식등의 비율보다 증가된 경우 그 증가분만을 취득으로 보아 취득세를 부과한다.[417]

3. 주식등의 취득에 따른 납세의무자

법인의 주식 또는 지분을 취득함으로써 과점주주가 되었을 때에는 과점주주가 해당 법인의 부동산등을 취득한 것으로 본다.[418] 부동산등에는 법인이 신탁법에 따라 신탁한 재산으로서 수탁자 명의로 등기 또는 등록되어 있는 부동산등을 포함한다. 법인설립을 설립하는 때에 발행하는 주식 또는 지분을 취득함으로써 과점주주가 된 경우는 취득으로 보지 않는다.

4. 부동산등에 대한 과세표준

과점주주가 취득한 것으로 보는 해당 법인의 부동산등에 대한 과세표준은 ① 그 부동산등의 총가액을, ② 그 법인의 주식 또는 출자의 총수로 나눈 가액에, ③ 과점주주가 취득한 주식 또는 출자의 수를 곱한 금액으로 한다.[419]

5. 세액의 계산

가. 간주 취득세 세액의 계산 방법

과점주주의 간주 취득에 대한 취득세는 중과기준세율을 적용하여 계산한 금액을 세액으로 한

---

417) 지방세법시행령 제11조 제3항.
418) 지방세법 제7조 제5항.
419) 지방세법 제10조 제4항.

다.[420] 다만 취득물건이 ① 지방세법 제13조 제1항에 해당하는 경우에는 중과기준세율의 100분의 300을, ② 지방세법 제13조 제5항에 해당하는 경우에는 중과기준세율의 100분의 500을 각각 적용한다.

중과기준세율이란 지방세법 제11조(부동산 취득의 세율) 및 제12조(부동산외 취득의 세율)에 따른 세율에 가감하거나 지방세법 제15조 제2항에 따른 세율의 특례 적용기준이 되는 세율로서 1천분의 20을 말한다. 또한 산출된 취득세의 10%를 농어촌특별세로 함께 납부해야 한다.

〈표-19 과점주주의 취득세와 농어촌특별세의 계산 방법〉

구분		계산식
해당 법인의 취득세 대상	①	
부동산 등의 총가액	②	
과점주주가 취득한 주식등의 수	③	① ÷ ② × ③ ÷ ④ × ⑤
법인의 발행주식등의 총수	④	
중과기준세율(1000분의 20)	⑤	
과점주주의 취득세	⑥	⑥ × 10% = ⑦
농어촌특별세	⑦	
납부할 세액 총계	⑧	⑥ + ⑦ = ⑧

나. 중과기준세율의 100분의 300이 적용되는 경우

수도권정비계획법 제6조[421]에 따른 과밀억제권역에서 ① 대통령령으로 정하는 본점이나 주사무소의 사업용으로 신축하거나 증축하는 건축물,[422] ② 그 부속토지를 취득하는 경우, ③ 과밀억제권역[423]에서 공장을 신설하거나 증설하기 위하여 사업용 과세물건을 취득하는 경우의 취득세

---

420) 지방세법 제15조 제2항.
421) 제6조(권역의 구분과 지정) ① 수도권의 인구와 산업을 적정하게 배치하기 위하여 수도권을 다음과 같이 구분한다.
    1. 과밀억제권역: 인구와 산업이 지나치게 집중되었거나 집중될 우려가 있어 이전하거나 정비할 필요가 있는 지역
    2. 성장관리권역: 과밀억제권역으로부터 이전하는 인구와 산업을 계획적으로 유치하고 산업의 입지와 도시의 개발을 적정하게 관리할 필요가 있는 지역
    3. 자연보전권역: 한강 수계의 수질과 녹지 등 자연환경을 보전할 필요가 있는 지역
    ② 과밀억제권역, 성장관리권역 및 자연보전권역의 범위는 대통령령으로 정한다.
422) 신탁법에 따른 수탁자가 취득한 신탁재산 중 위탁자가 신탁기간 중 또는 신탁종료 후 위탁자의 본점이나 주사무소의 사업용으로 사용하기 위하여 신축하거나 증축하는 건축물을 포함한다.
423) 산업집적활성화 및 공장설립에 관한 법률을 적용받는 산업단지·유치지역 및 국토의 계획 및 이용에 관한 법률을 적용받는 공업지역은 제외한다.

율은 중과기준세율의 100분의 300을 적용한다.[424]

다. 중과기준세율의 100분의 500이 적용되는 경우

① 별장, ② 골프장, ③ 고급주택, ④ 고급오락장, ⑤ 고급선박에 해당하는 부동산등을 취득하는 경우[425] 중과기준세율의 100분의 500을 적용한다.[426]

6. 취득세의 신고납부

취득세는 신고납부의 방법으로 한다.[427] 취득세 과세물건을 취득한 자는 그 취득한 날[428]부터 60일[429] 이내에 그 과세표준에 세율을 적용하여 산출한 세액을 신고하고 납부해야 한다.[430] 다만 신고 및 납부기한 이내에 재산권과 그 밖의 권리의 취득 또는 이전에 관한 사항을 공부에 등기하거나 등록 및 등재 하려는 경우에는 등기 또는 등록 신청서를 등기 및 등록관서에 접수하는 날까지 취득세를 신고 납부해야 한다.[431][432]

제2절 주식등의 보유와 세금

---

424) 지방세법 제13조 제1항.
425) 별장 등을 구분하여 그 일부를 취득하는 경우를 포함한다.
426) 지방세법 제15조 제2항.
427) 지방세법 제18조.
428) 부동산 거래신고 등에 관한 법률 제10조 제1항에 따른 토지거래계약에 관한 허가구역에 있는 토지를 취득하는 경우로서 같은 법 제11조에 따른 토지거래계약에 관한 허가를 받기 전에 거래대금을 완납한 경우에는 그 허가일이나 허가구역의 지정 해제일 또는 축소일을 말한다.
429) 상속으로 인한 경우는 상속개시일이 속하는 달의 말일부터, 실종으로 인한 경우는 실종선고일이 속하는 달의 말일부터 각각 6개월(외국에 주소를 둔 상속인이 있는 경우에는 각각 9개월)로 한다.
430) 지방세법 제20조 제1항.
431) 지방세법 제20조 제4항.
432) 서울특별시 시세 조례에서는 취득세 납세의무자에 해당하는 과점주주는 ① 법인의 본점 또는 지점의 소재지, ② 주주 또는 사원명부, ③ 재산목록의 취득연월일과 취득원인, ④ 취득가격과 산출근거, ⑤ 주식 또는 출자지분의 변동 상황 등 그 밖의 참고사항을 확인할 수 있는 증빙서류를 갖추어 취득물건의 소재지를 관할하는 구청장에게 신고하도록 하고 있다.

Ⅰ. 과세제도 일반론

1. 거주자와 비거주자

① 거주자란 국내에 주소를 두거나 183일 이상의 거소를 둔 개인을 말하며[433] ② 비거주자란 거주자가 아닌 개인을 말한다.[434] 주소는 국내에서 생계를 같이 하는 가족 및 국내에 소재하는 자산의 유무 등 생활관계의 객관적 사실에 따라 판정하며 거소는 주소지 외의 장소 중 상당기간에 걸쳐 거주하는 장소로서 주소와 같이 밀접한 일반적 생활관계가 형성되지 않은 장소를 말한다.

가. 국내에 주소를 가진 것으로 보는 경우

국내에 거주하는 개인이 ① 계속하여 183일 이상 국내에 거주할 것을 통상 필요로 하는 직업을 가진 때, ② 국내에 생계를 같이하는 가족이 있고 그 직업 및 자산상태에 비추어 계속하여 183일 이상 국내에 거주할 것으로 인정되는 때에 해당하는 경우에는 국내에 주소를 가진 것으로 본다.[435] 국외에 거주 또는 근무하는 자가 외국국적을 가졌거나 외국법령에 의하여 그 외국의 영주권을 얻은 자로서 국내에 생계를 같이하는 가족이 없고 그 직업 및 자산상태에 비추어 다시 입국하여 주로 국내에 거주하리라고 인정되지 않는 때에는 국내에 주소가 없는 것으로 본다.[436]

나. 비거주자가 거주자로 되는 시기

비거주자가 거주자로 되는 시기는 ① 국내에 주소를 둔 날, ② 국내에 주소를 가지거나 국내에 주소가 있는 것으로 보는 사유가 발생한 날, ③ 국내에 거소를 둔 기간이 183일이 되는 날로

---

433) 소득세법 제1조의2 제1항 제1호.
434) 소득세법 제1조의2 제1항 제2호.
435) 소득세법시행령 제2조 제3항.
436) 소득세법시행령 제2조 제4항.

한다.[437] 거주자가 비거주자로 되는 시기는 ① 거주자가 주소 또는 거소의 국외 이전을 위하여 출국하는 날의 다음 날, ② 국내에 주소가 없거나 국외에 주소가 있는 것으로 보는 사유가 발생한 날의 다음 날로 한다.[438]

다. 거주기간의 계산

국내에 거소를 둔 기간은 입국하는 날의 다음 날부터 출국하는 날까지로 한다.[439] 국내에 거소를 두고 있던 개인이 출국 후 다시 입국한 경우에 생계를 같이하는 가족의 거주지나 자산소재지등에 비추어 그 출국목적이 관광, 질병의 치료 등으로서 명백하게 일시적인 것으로 인정되는 때에는 그 출국한 기간도 국내에 거소를 둔 기간으로 본다.[440] 국내에 거소를 둔 기간이 1과세기간 동안 183일 이상인 경우에는 국내에 183일 이상 거소를 둔 것으로 본다.[441]

재외동포의 출입국과 법적 지위에 관한 법률 제2조에 따른 재외동포가 입국한 경우 생계를 같이 하는 가족의 거주지나 자산소재지등에 비추어 그 입국목적이 관광 또는 질병의 치료 등 기획재정부령으로 정하는 사유에 해당하여 그 입국한 기간이 명백하게 일시적인 것으로 기획재정부령으로 정하는 방법에 따라 인정되는 때에는 해당 기간은 국내에 거소를 둔 기간으로 보지 않는다.

2. 내국법인과 외국법인

내국법인이란 본점이나 주사무소 또는 사업의 실질적 관리장소가 국내에 있는 내국법인을 말한다.[442] 외국법인이란 본점 또는 주사무소가 외국에 있는 단체[443]로서 대통령령으로 정하는 기준에 해당하는 법인을 말한다.[444]

---

437) 소득세법시행령 제2조의2 제1항.
438) 소득세법시행령 제2조의2 제2항.
439) 소득세법시행령 제4조 제1항.
440) 소득세법시행령 제4조 제2항.
441) 소득세법시행령 제4조 제3항.
442) 소득세법 제1조의2 제1항 제3호.
443) 사업의 실질적 관리장소가 국내에 있지 아니하는 경우만 해당한다.
444) 소득세법 제1조의2 제1항 제4호.

대통령령으로 정하는 기준에 해당하는 법인이란 ① 설립된 국가의 법에 따라 법인격이 부여된 단체, ② 구성원이 유한책임사원으로만 구성된 단체, ③ 그 밖에 해당 외국단체와 동종 또는 유사한 국내의 단체가 상법 등 국내의 법률에 따른 법인인 경우의 그 외국단체의 어느 하나에 해당하는 단체를 말한다.[445] 국세청장은 외국법인의 유형별 목록을 고시할 수 있으며 외국법인 기준의 적용은 조세조약 적용대상의 판정에 영향을 미치지 않는다.

비영리외국법인이란 외국법인 중 외국의 정부·지방자치단체 및 영리를 목적으로 하지 않는 법인[446]을 말한다.

3. 납세의무자

가. 국내원천소득에 대한 납세의무자

거주자와 비거주자로서 국내원천소득이 있는 개인은 소득세법에 따라 각자의 소득에 대한 소득세를 납부할 의무를 진다.[447] 국내원천소득이 있는 외국법인은 법인세법에 따라 소득에 대한 법인세를 납부할 의무가 있다.[448]

나. 국내원천소득에 대한 원천징수의무자

① 거주자, ② 비거주자, ③ 내국법인, ④ 외국법인의 국내지점 또는 국내영업소,[449] ⑤ 그 밖에 소득법 및 법인세법에서 정하는 원천징수의무자에 해당하는 자는 원천징수한 소득세를 납부할 의무를 진다.[450]

다. 법인 아닌 단체 중 법인으로 보는 단체

---

445) 법인세법시행령 제2조 제2항.
446) 법인으로 보는 단체를 포함한다.
447) 소득세법 제2조 제1항.
448) 법인세법 제3조 제1항.
449) 출장소, 그 밖에 이에 준하는 것을 포함한다.
450) 소득세법 제2조 제2항.

국세기본법 제13조 제1항에 따른 법인으로 보는 단체 외의 법인 아닌 단체는 ① 국내에 주사무소 또는 사업의 실질적 관리장소를 둔 경우에는 1거주자로, ② 그 밖의 경우에는 1비거주자로 보아 소득세법을 적용한다. 다만 ① 구성원 간 이익의 분배비율이 정해져 있고 해당 구성원별로 이익의 분배비율이 확인되는 경우, ② 구성원 간 이익의 분배비율이 정해져 있지 않지만 사실상 구성원별로 이익이 분배되는 것으로 확인되는 경우에는 소득구분에 따라 해당 단체의 각 구성원별로 소득세법 또는 법인세법에 따라 소득에 대한 소득세 또는 법인세[451]를 납부할 의무를 진다.[452]

해당 단체의 전체 구성원 중 일부 구성원의 분배비율만 확인되거나 일부 구성원에게만 이익이 분배되는 것으로 확인되는 경우에는 ① 확인되는 부분은 해당 구성원별로 소득세 또는 법인세에 대한 납세의무 부담, ② 확인되지 않는 부분은 해당 단체를 1거주자 또는 1비거주자로 보아 소득세에 대한 납세의무 부담에 따라 소득세 또는 법인세를 납부할 의무를 진다.[453]

라. 국외투자기구

법인으로 보는 단체 외의 법인 아닌 단체에 해당하는 국외투자기구를 소득세법 제119조의2 제1항 제2호[454]에 따라 국내원천소득의 실질귀속자로 보는 경우 그 국외투자기구는 1비거주자로서 소득세를 납부할 의무를 진다.[455] 국외투자기구란 투자권유를 하여 모은 금전 등을 가지고 재산적 가치가 있는 투자대상자산을 ① 취득, ② 처분, ③ 그 밖의 방법으로 운용하고 그 결과를 투자자에게 배분하여 귀속시키는 투자행위를 하는 기구로서 국외에서 설립된 기구를 말한다.

4. 납세의무

가. 상속인 또는 증여자의 납세의무

---

451) 해당 구성원이 법인세법에 따른 법인(법인으로 보는 단체를 포함한다)인 경우로 한정한다.
452) 소득세법 제2조 제3항.
453) 소득세법 제2조 제4항.
454) 2. 그 국외투자기구가 조세조약에서 실질귀속자로 인정되는 것으로 규정된 경우
455) 소득세법 제2조 제5항.

피상속인의 소득금액에 대해서 과세하는 경우에는 그 상속인이 납세의무를 지며 증여자가 자산을 직접 양도한 것으로 보는 경우 그 양도소득에 대해서는 증여자와 증여받은 자가 연대하여 납세의무를 진다.[456]

나. 종합소득과세표준에 합산되지 않는 소득

원천징수되는 소득[457]으로서 종합소득과세표준에 합산되지 않는 소득이 있는 자는 그 원천징수되는 소득세에 대해서 납세의무를 진다.[458]

다. 공동으로 소유한 자산의 경우

공동으로 소유한 자산에 대한 양도소득금액을 계산하는 경우에는 해당 자산을 공동으로 소유하는 각 거주자가 납세의무를 진다.

---

456) 소득세법 제2조의2 제3항.
457) 제127조(원천징수의무) ① 국내에서 거주자나 비거주자에게 다음 각 호의 어느 하나에 해당하는 소득을 지급하는 자(제3호 또는 제9호의 소득을 지급하는 자의 경우에는 사업자 등 대통령령으로 정하는 자로 한정한다)는 이 절의 규정에 따라 그 거주자나 비거주자에 대한 소득세를 원천징수하여야 한다. 〈개정 2009.12.31., 2010.12.27., 2015.12.15., 2020.12.29.〉
   1. 이자소득
   2. 배당소득
   3. 대통령령으로 정하는 사업소득(이하 "원천징수대상 사업소득"이라 한다)
   4. 근로소득. 다만, 다음 각 목의 어느 하나에 해당하는 소득은 제외한다.
      가. 외국기관 또는 우리나라에 주둔하는 국제연합군(미군은 제외한다)으로부터 받는 근로소득
      나. 국외에 있는 비거주자 또는 외국법인(국내지점 또는 국내영업소는 제외한다)으로부터 받는 근로소득. 다만, 다음의 어느 하나에 해당하는 소득은 제외한다.
         1) 제120조 제1항 및 제2항에 따른 비거주자의 국내사업장과 「법인세법」 제94조 제1항 및 제2항에 따른 외국법인의 국내사업장의 국내원천소득금액을 계산할 때 필요경비 또는 손금으로 계상되는 소득
         2) 국외에 있는 외국법인(국내지점 또는 국내영업소는 제외한다)으로부터 받는 근로소득 중 제156조의7에 따라 소득세가 원천징수되는 파견근로자의 소득
   5. 연금소득
   6. 기타소득. 다만, 다음 각 목의 어느 하나에 해당하는 소득은 제외한다.
      가. 제8호에 따른 소득
      나. 제21조 제1항 제10호에 따른 위약금·배상금(계약금이 위약금·배상금으로 대체되는 경우만 해당한다)
      다. 제21조 제1항 제23호, 제24호 또는 제27호에 따른 소득
   7. 퇴직소득. 다만, 제4호 각 목의 어느 하나에 해당하는 근로소득이 있는 사람이 퇴직함으로써 받는 소득은 제외한다.
   8. 대통령령으로 정하는 봉사료
   9. 대통령령으로 정하는 금융투자소득
458) 소득세법 제2조의2 제4항.

라. 신탁재산 귀속 소득에 대한 납세의무

1) 신탁재산 소득의 수익자 귀속

신탁재산에 귀속되는 소득은 그 신탁의 이익을 받을 수익자에게 귀속되는 것으로 본다.[459] 수익자가 사망하는 경우에는 그 상속인에게 귀속되는 것으로 본다.

2) 신탁재산 위탁자 법인세 과세대상 신탁

수익자가 특별히 정해지지 않았거나 존재하지 않는 신탁 또는 위탁자가 신탁재산을 실질적으로 통제하는 등 대통령령으로 정하는 요건을 충족하는 신탁재산 위탁자 법인세 과세대상 신탁의 경우에는 신탁재산에 귀속되는 소득은 위탁자에게 귀속되는 것으로 본다.[460]

대통령령으로 정하는 요건을 충족하는 신탁이란 ① 위탁자가 신탁을 해지할 수 있는 권리, 수익자를 지정하거나 변경할 수 있는 권리, 신탁 종료 후 잔여재산을 귀속받을 권리를 보유하는 등 신탁재산을 실질적으로 지배·통제할 것, ② 신탁재산 원본을 받을 권리에 대한 수익자는 위탁자로, 수익을 받을 권리에 대한 수익자는 그 배우자 또는 같은 주소 또는 거소에서 생계를 같이 하는 직계존비속[461]으로 설정했을 것의 요건을 모두 갖춘 신탁을 말한다.[462]

3) 수익자의 특정 또는 존재 여부

수익자의 특정 여부 또는 존재 여부는 신탁재산과 관련되는 수입 및 지출이 있는 때의 상황에 따른다.[463]

5. 과세소득의 범위

---

459) 소득세법 제2조의3 제1항.
460) 소득세법 제2조의3 제2항.
461) 배우자의 직계존비속을 포함한다.
462) 소득세법시행령 제4조의2 제4항.
463) 소득세법시행령 제4조의2 제2항.

가. 거주자

거주자는 소득세법에서 규정하는 모든 소득에 대해서 과세한다.[464] 다만 해당 과세기간 종료일 10년 전부터 국내에 주소나 거소를 둔 기간의 합계가 5년 이하인 외국인 거주자에게는 과세대상 소득 중 국외에서 발생한 소득의 경우 국내에서 지급되거나 국내로 송금된 소득에 대해서만 과세한다.

나. 비거주자

비거주자는 소득세법[465]에 따른 국내원천소득에 대해서만 과세한다.[466]

다. 동업기업 과세특례 적용 동업자

거주자와 비거주자에게 과세를 하는 때에 조세특례제한법[467]에 따른 동업자에게는 배분받은 소득 및 분배받은 자산의 시가 중 분배일의 지분가액을 초과하여 발생하는 소득에 대해서 과세한다.[468]

6. 소득의 구분

가. 거주자의 소득 구분

거주자의 소득은 ① 종합소득, ② 퇴직소득, ③ 금융투자소득, ④ 양도소득으로 구분해 과세한다.[469] 종합소득은 ① 이자소득, ② 배당소득, ③ 사업소득, ④ 근로소득, ⑤ 연금소득, ⑥ 기타소

---

464) 소득세법 제3조 제1항.
465) 소득세법 제119조.
466) 소득세법 제3조 제2항.
467) 조세특례제한법 제100조의14 제2호.
468) 소득세법 제3조 제3항.
469) 소득세법 제4조 제1항.

득을 합산한 것을 말한다.[470]

2020.12.29. 소득세법의 개정으로 금융투자소득이 추가되었으며 주식등의 양도로 발생한 소득은 2022.12.31.까지는 현재와 같이 양도소득으로 과세하며 2023.1.1.부터는 금융투자소득으로 구분되어 과세한다. 또한 기타소득의 범위에 가상자산 양도소득이 새롭게 포함되어 2023.1.1.부터 시행을 앞두고 있다.

나. 비거주자와 외국법인의 국내원천소득 구분

비거주자의 소득은 소득세법 제119조(비거주자의 국내원천소득) 및 법인세법 제93조(외국법인의 국내원천소득)에 따라 구분하며 후술하는 제10장 비거주자의 국내원천소득과 제11장 외국법인의 국내원천소득에서 자세히 설명하기로 한다.

다. 신탁이익의 구분

소득을 구분할 때 ① 법인세법에 따라 신탁재산에 귀속되는 소득에 대하여 그 신탁의 수탁자가 법인세를 납부하는 신탁, ② 자본시장법[471]에 따른 집합투자업자인 위탁자가 신탁업자에게 신탁한 재산을 신탁업자로 하여금 그 집합투자업자의 지시에 따라 투자 및 운용하게 하는 신탁 형태의 집합투자기구(투자신탁), ③ 자본시장법[472]에 따른 집합투자업겸영보험회사의 특별계정을 제외한 신탁의 이익은 신탁법 제2조[473]에 따라 수탁자에게 이전되거나 그 밖에 처분된 재산권에서 발생하는 소득의 내용별로 구분한다.[474]

다만 ②의 경우 2022년 12월 31일까지는 소득세법 제17조 제1항 제5호[475]에 따른 집합투

---

470) 소득세법 제4조 제1항 제1호.
471) 자본시장법 제9조 제18항 제1호.
472) 자본시장법 제251조 제1항.
473) 제2조(신탁의 정의) 이 법에서 "신탁"이란 신탁을 설정하는 자(이하 "위탁자"라 한다)와 신탁을 인수하는 자(이하 "수탁자"라 한다) 간의 신임관계에 기하여 위탁자가 수탁자에게 특정의 재산(영업이나 저작재산권의 일부를 포함한다)을 이전하거나 담보권의 설정 또는 그 밖의 처분을 하고 수탁자로 하여금 일정한 자(이하 "수익자"라 한다)의 이익 또는 특정의 목적을 위하여 그 재산의 관리, 처분, 운용, 개발, 그 밖에 신탁 목적의 달성을 위하여 필요한 행위를 하게 하는 법률관계를 말한다.
474) 소득세법 제4조 제2항.
475) 제26조의2(집합투자기구의 범위 등) ① 법 제17조 제1항 제5호에서 "대통령령으로 정하는 집합투자기구"란 다음 각 호의 요건을 모두 갖춘 집합투자기구를 말한다. 〈개정 2016.2.17.〉

자기구로 한정한다.

1) 신탁재산에 귀속되는 소득 등의 구분

신탁업을 경영하는 자는 각 과세기간의 소득금액을 계산할 때 신탁재산에 귀속되는 소득과 그 밖의 소득을 구분하여 경리하여야 한다.[476]

2) 자본시장법시행령에 따른 특정금전신탁

자본시장법시행령[477]에 따른 특정금전신탁으로서 소득세법 제4조 제2항[478]을 적용받는 신탁의 이익에 대한 소득금액의 계산은 해당 이익에서 자본시장법에 따른 각종 보수·수수료 등을 뺀 금액으로 한다.[479][480] 특정금전신탁의 이익에 대한 소득금액은 2023년 1월 1일부터 적용된다.

7. 과세기간

---

1. 「자본시장과 금융투자업에 관한 법률」에 따른 집합투자기구(같은 법 제251조에 따른 보험회사의 특별계정은 제외하되, 금전의 신탁으로서 원본을 보전하는 것을 포함한다. 이하 "집합투자기구"라 한다)일 것
2. 해당 집합투자기구의 설정일부터 매년 1회 이상 결산·분배할 것. 다만, 다음 각 목의 어느 하나에 해당하는 이익금은 분배를 유보할 수 있으며, 「자본시장과 금융투자업에 관한 법률」 제242조에 따른 이익금이 0보다 적은 경우에도 분배를 유보할 수 있다(같은 법 제9조 제22항에 따른 집합투자규약에서 정하는 경우에 한정한다).
    가. 「자본시장과 금융투자업에 관한 법률」 제234조에 따른 상장지수집합투자기구가 지수 구성종목을 교체하거나 파생상품에 투자함에 따라 계산되는 이익
    나. 「자본시장과 금융투자업에 관한 법률」 제238조에 따라 평가한 집합투자재산의 평가이익
    다. 「자본시장과 금융투자업에 관한 법률」 제240조 제1항의 회계처리기준에 따른 집합투자재산의 매매이익
3. 금전으로 위탁받아 금전으로 환급할 것(금전 외의 자산으로 위탁받아 환급하는 경우로서 해당 위탁가액과 환급가액이 모두 금전으로 표시된 것을 포함한다)

476) 소득세법시행령 제4조의2 제1항.
477) 자본시장법시행령 제103조 제1호.
478) ② 제1항에 따른 소득을 구분할 때 다음 각 호의 신탁을 제외한 신탁의 이익은 「신탁법」 제2조에 따라 수탁자에게 이전되거나 그 밖에 처분된 재산권에서 발생하는 소득의 내용별로 구분한다. 〈개정 2011.7.25., 2020.12.29.〉
    1. 「법인세법」 제5조 제2항에 따라 신탁재산에 귀속되는 소득에 대하여 그 신탁의 수탁자가 법인세를 납부하는 신탁
    2. 「자본시장과 금융투자업에 관한 법률」 제9조 제18항 제1호에 따른 투자신탁. 다만, 2022년 12월 31일까지는 이 법 제17조 제1항 제5호에 따른 집합투자기구로 한정한다.
    3. 「자본시장과 금융투자업에 관한 법률」 제251조 제1항에 따른 집합투자업겸영보험회사의 특별계정
479) 소득세법시행령 제4조의2 제3항.
480) 소득세법시행규칙 제2조의2.

소득세의 과세기간은 1월 1일부터 12월 31일까지 1년으로 한다.[481] 거주자가 사망한 경우의 과세기간은 1월 1일부터 사망한 날까지로 하며[482] 거주자가 주소 또는 거소를 국외로 이전(출국)하여 비거주자가 되는 경우의 과세기간은 1월 1일부터 출국한 날까지로 한다.[483]

8. 납세지

가. 거주자와 비거주자의 소득세 납세지

거주자의 소득세 납세지는 주소지로 하며 주소지가 없는 경우에는 거소지로 한다.[484] 비거주자의 소득세 납세지는 국내사업장의 소재지로 하며 국내사업장이 둘 이상 있는 경우에는 주된 국내사업장의 소재지로 하고 국내사업장이 없는 경우에는 국내원천소득이 발생하는 장소로 한다.[485] 납세지가 불분명한 경우에는 대통령령으로 정하는 바에 따라 납세지를 결정[486]한다.[487]

나. 원천징수 등의 경우의 납세지

1) 원천징수하는 자가 거주자인 경우

---

481) 소득세법 제5조 제1항.
482) 소득세법 제5조 제2항.
483) 소득세법 제5조 제3항.
484) 소득세법 제6조 제1항.
485) 소득세법 제6조 제2항.
486) 제5조(납세지의 결정과 신고) ①납세지가 불분명한 경우의 법 제6조 제3항의 규정에 의한 납세지의 결정은 다음 각 호에 의한다. 〈개정 2005.2.19., 2007.2.28., 2013.2.15., 2019.2.12.〉
  1. 주소지가 2 이상인 때에는 「주민등록법」에 의하여 등록된 곳을 납세지로 하고, 거소지가 2 이상인 때에는 생활관계가 보다 밀접한 곳을 납세지로 한다.
  2. 국내에 2 이상의 사업장이 있는 비거주자의 경우 그 주된 사업장을 판단하기가 곤란한 때에는 당해 비거주자가 제5항의 규정에 준하여 납세지로 신고한 장소를 납세지로 한다.
  3. 법 제120조에 따른 국내사업장(이하 "국내사업장"이라 한다)이 없는 비거주자에게 국내의 2 이상의 장소에서 법 제119조 제3호에 따른 국내원천 부동산소득 또는 같은 조 제9호에 따른 국내원천 부동산등양도소득이 발생하는 경우에는 그 국내원천소득이 발생하는 장소 중에서 해당 비거주자가 제5항의 규정에 준하여 납세지로 신고한 장소를 납세지로 한다.
  4. 비거주자가 제2호 또는 제3호의 규정에 의한 신고를 하지 아니하는 경우에는 소득상황 및 세무관리의 적정성등을 참작하여 국세청장 또는 관할지방국세청장이지 정하는 장소를 납세지로 한다.
487) 소득세법 제6조 제3항.

원천징수하는 자가 거주자인 경우에는 그 거주자의 주된 사업장 소재지로 한다.[488] 다만 주된 사업장 외의 사업장에서 원천징수를 하는 경우에는 그 사업장의 소재지로 하며 사업장이 없는 경우에는 그 거주자의 주소지 또는 거소지로 한다.

2) 원천징수하는 자가 비거주자인 경우

원천징수하는 자가 비거주자인 경우에는 그 비거주자의 주된 국내사업장 소재지로 한다.[489] 다만 주된 국내사업장 외의 국내사업장에서 원천징수를 하는 경우에는 그 국내사업장의 소재지로 하며 국내사업장이 없는 경우에는 그 비거주자의 거류지 또는 체류지로 한다.

3) 원천징수하는 자가 법인인 경우

원천징수하는 자가 법인인 경우에는 그 법인의 본점 또는 주사무소의 소재지로 하며[490] 그 법인의 지점, 영업소, 그 밖의 사업장이 독립채산제에 따라 독자적으로 회계 사무를 처리하는 경우에는 그 사업장의 소재지[491]로 한다.[492] 다만 대통령령으로 정하는 경우[493]에는 그 법인의 본점 또는 주사무소의 소재지를 소득세 원천징수세액의 납세지로 할 수 있다.

다. 상속 등의 경우의 납세지

1) 피상속인이 소득세의 납세의무자가 된 경우

---

488) 소득세법 제7조 제1항 제1호.
489) 소득세법 제7조 제1항 제2호.
490) 소득세법 제7조 제1항 제3호.
491) 그 사업장의 소재지가 국외에 있는 경우는 제외한다.
492) 소득세법 제7조 제1항 제4호.
493) ③ 법 제7조 제1항 제4호 단서에서 "대통령령으로 정하는 경우"란 법인이 다음 각 호의 어느 하나에 해당하는 경우를 말한다. 〈개정 1998.4.1., 1998.12.31., 1999.12.31., 2000.12.29., 2001.12.31., 2008.2.22., 2009.2.4., 2010.2.18., 2013.6.28., 2020.2.11.〉
   1. 법인이 지점, 영업소 또는 그 밖의 사업장에서 지급하는 소득에 대한 원천징수세액을 본점 또는 주사무소에서 전자적 방법 등을 통해 일괄계산하는 경우로서 본점 또는 주사무소의 관할 세무서장에게 신고한 경우
   2. 「부가가치세법」 제8조 제3항 및 제4항에 따라 사업자단위로 등록한 경우

거주자 또는 비거주자가 사망하여 그 상속인이 피상속인에 대한 소득세의 납세의무자가 된 경우 그 소득세의 납세지는 그 피상속인·상속인 또는 납세관리인의 주소지나 거소지 중 상속인 또는 납세관리인이 대통령령으로 정하는 바에 따라 그 관할 세무서장에게 납세지로서 신고하는 장소로 한다.[494]

2) 비거주자가 납세관리인을 둔 경우

비거주자가 납세관리인을 둔 경우 그 비거주자의 소득세 납세지는 그 국내사업장의 소재지 또는 그 납세관리인의 주소지나 거소지 중 납세관리인이 관할 세무서장에게 납세지로서 신고하는 장소로 한다.[495]

II. 과세표준의 계산과 신고 등

1. 과세표준의 계산

가. 종합소득 및 퇴직소득 과세표준의 구분

거주자의 종합소득 및 퇴직소득에 대한 과세표준은 각각 구분하여 계산한다.[496]

나. 종합소득과세표준과 종합소득금액

종합소득에 대한 과세표준(종합소득과세표준)이란 종합소득금액에서 종합소득공제를 뺀 금액을 말한다.[497] 종합소득금액이란 ① 이자소득, ② 배당소득, ③ 사업소득, ④ 근로소득, ⑤ 연금

---

494) 소득세법 제8조 제1항.
495) 소득세법 제8조 제2항.
496) 소득세법 제14조 제1항.
497) 소득세법 제14조 제2항.

소득, ⑥ 기타소득 금액의 합계액[498]을 의미한다. 종합소득공제란 ① 기본공제, ② 추가공제, ③ 연금보험료공제, ④ 주택담보노후연금 이자비용공제, ⑤ 특별소득공제, ⑥ 특별소득공제의 합계액[499]을 말한다.

다. 종합소득소득과세표준 계산시 합산배제 소득

① 조세특례제한법 또는 소득세법에 따라 과세되지 않는 소득, ② 대통령령으로 정하는 일용근로자의 근로소득, ③ 소득세법 제129조 제2항[500]의 세율에 따라 원천징수하는 이자소득 및 배당소득과 직장공제회 초과반환금, ④ 법인으로 보는 단체 외의 단체 중 수익을 구성원에게 배분하지 않는 단체로서 단체명을 표기하여 금융거래를 하는 단체가 금융실명거래 및 비밀보장에 관한 법률[501]에 해당하는 금융회사등으로부터 받는 이자소득 및 배당소득, ⑤ 조세특례제한법에 따라 분리과세 되는 소득, ⑥ ③부터 ⑤까지의 규정 외의 이자소득과 배당소득[502]으로서 그 소득의 합계액이 2천만원(이자소득등의 종합과세기준금액) 이하이면서 소득세법 제127조[503]에

---

498) 소득세법 제16조, 제17조, 제19조, 제20조, 제20조의3, 제21조, 제24조부터 제26조까지, 제27조부터 제29조까지, 제31조부터 제35조까지, 제37조, 제39조, 제41조부터 제46조까지, 제46조의2, 제47조 및 제47조의2에 따라 계산한 이자소득금액, 배당소득금액, 사업소득금액, 근로소득금액, 연금소득금액 및 기타소득금액의 합계액을 말한다.
499) 소득세법 제50조, 제51조, 제51조의3, 제51조의4 및 제52조에 따른 공제를 말한다.
500) ② 제1항에도 불구하고 다음 각 호의 이자소득 및 배당소득에 대해서는 다음 각 호에서 정하는 세율을 원천징수세율로 한다. 〈개정 2013.1.1., 2017.12.19., 2018.12.31.〉
  1. 「민사집행법」 제113조 및 같은 법 제142조에 따라 법원에 납부한 보증금 및 경락대금에서 발생하는 이자소득에 대해서는 100분의 14
  2. 대통령령으로 정하는 실지명의가 확인되지 아니하는 소득에 대해서는 100분의 42. 다만, 「금융실명거래 및 비밀보장에 관한 법률」 제5조가 적용되는 경우에는 같은 조에서 정한 세율로 한다.
501) 금융실명거래 및 비밀보장에 관한 법률 제2조 제1호.
502) 소득세법 제17조 제1항 제8호에 따른 배당소득은 제외한다.
503) 제127조(원천징수의무) ① 국내에서 거주자나 비거주자에게 다음 각 호의 어느 하나에 해당하는 소득을 지급하는 자(제3호 또는 제9호의 소득을 지급하는 자의 경우에는 사업자 등 대통령령으로 정하는 자로 한정한다)는 이 절의 규정에 따라 그 거주자나 비거주자에 대한 소득세를 원천징수하여야 한다. 〈개정 2009.12.31., 2010.12.27., 2015.12.15., 2020.12.29.〉
  1. 이자소득
  2. 배당소득
  3. 대통령령으로 정하는 사업소득(이하 "원천징수대상 사업소득"이라 한다)
  4. 근로소득. 다만, 다음 각 목의 어느 하나에 해당하는 소득은 제외한다.
    가. 외국기관 또는 우리나라에 주둔하는 국제연합군(미군은 제외한다)으로부터 받는 근로소득
    나. 국외에 있는 비거주자 또는 외국법인(국내지점 또는 국내영업소는 제외한다)으로부터 받는 근로소득. 다만, 다음의 어느 하나에 해당하는 소득은 제외한다.
      1) 제120조 제1항 및 제2항에 따른 비거주자의 국내사업장과 「법인세법」 제94조 제1항 및 제2항에 따른 외국법인의 국내

따라 원천징수 된 소득 등은 종합소득과세표준을 계산할 때 합산하지 않는다.[504] 기타소득(분리과세기타소득) 중 2023.1.1.부터 시행되는 가상자산[505]을 양도하거나 대여함으로써 발생하는 소득(가상자산소득) 등은 종합소득과세표준을 계산할 때 합산하지 않는다.

2. 종합소득 세액계산의 순서

거주자의 종합소득에 대한 소득세는 소득세법에 특별한 규정이 있는 경우를 제외하고는 다음

　　　사업장의 국내원천소득금액을 계산할 때 필요경비 또는 손금으로 계상되는 소득
　　2) 국외에 있는 외국법인(국내지점 또는 국내영업소는 제외한다)으로부터 받는 근로소득 중 제156조의7에 따라 소득세가 원천징수되는 파견근로자의 소득
5. 연금소득
6. 기타소득. 다만, 다음 각 목의 어느 하나에 해당하는 소득은 제외한다.
　　가. 제8호에 따른 소득
　　나. 제21조 제1항 제10호에 따른 위약금·배상금(계약금이 위약금·배상금으로 대체되는 경우만 해당한다)
　　다. 제21조 제1항 제23호, 제24호 또는 제27호에 따른 소득
7. 퇴직소득. 다만, 제4호 각 목의 어느 하나에 해당하는 근로소득이 있는 사람이 퇴직함으로써 받는 소득은 제외한다.
8. 대통령령으로 정하는 봉사료
9. 대통령령으로 정하는 금융투자소득
② 제1항에 따른 원천징수를 하여야 할 자(제1항 제3호에 따른 소득의 경우에는 사업자 등 대통령령으로 정하는 자로 한정한다)를 대리하거나 그 위임을 받은 자의 행위는 수권(授權) 또는 위임의 범위에서 본인 또는 위임인의 행위로 보아 제1항을 적용한다. 〈개정 2009.12.31., 2010.12.27.〉
③ 금융회사등이 내국인이 발행한 어음, 채무증서, 주식 또는 집합투자증권(이하 이 조에서 "어음등"이라 한다)을 인수·매매·중개 또는 대리하는 경우에는 그 금융회사등과 해당 어음등을 발행한 자 간에 대리 또는 위임의 관계가 있는 것으로 보아 제2항을 적용한다. 〈개정 2010.12.27.〉
④ 「자본시장과 금융투자업에 관한 법률」에 따른 신탁업자가 신탁재산을 운용하거나 보관·관리하는 경우에는 해당 신탁업자와 해당 신탁재산에 귀속되는 소득을 지급하는 자 간에 원천징수의무의 대리 또는 위임의 관계가 있는 것으로 보아 제2항을 적용한다. 〈개정 2010.12.27.〉
⑤ 외국법인이 발행한 채권 또는 증권에서 발생하는 제1항 제1호 및 제2호의 소득을 거주자에게 지급하는 경우에는 국내에서 그 지급을 대리하거나 그 지급 권한을 위임 또는 위탁받은 자가 그 소득에 대한 소득세를 원천징수하여야 한다. 〈개정 2009.12.31., 2010.12.27.〉
⑥ 사업자(법인을 포함한다. 이하 이 항에서 같다)가 음식·숙박용역이나 서비스용역을 공급하고 그 대가를 받을 때 제1항 제8호에 따른 봉사료를 함께 받아 해당 소득자에게 지급하는 경우에는 그 사업자가 그 봉사료에 대한 소득세를 원천징수하여야 한다. 〈개정 2009.12.31., 2010.12.27.〉
⑦ 금융회사등이 금융투자소득이 발생하는 계좌를 관리하는 경우에는 그 금융회사등과 제1항 제9호의 금융투자소득을 지급하는 자 간에 대리 또는 위임의 관계가 있는 것으로 보아 제2항을 적용한다. 〈신설 2020.12.29.〉
⑧ 제1항부터 제7항까지의 규정에 따라 원천징수를 하여야 할 자를 "원천징수의무자"라 한다. 〈개정 2010.12.27., 2020.12.29.〉
⑨ 원천징수의무자의 범위 등 그 밖에 필요한 사항은 대통령령으로 정한다. 〈신설 2013.1.1., 2020.12.29.〉

504) 소득세법 제14조 제3항.
505) 특정 금융거래정보의 보고 및 이용 등에 관한 법률 제2조 제3호.

에 따라 계산한다.[506]

〈표-20 거주자의 종합소득 계산 방법〉

구분		계산식
종합소득과세표준	①	
기본세율	②	① + ② = ③
종합소득 산출세액	③	
세액공제	④	
종합소득 결정세액	⑤	③ - ④ = ⑤
감면세액공제	⑥	
결정세액	⑦	⑤ - ⑥ = ⑦
가산세	⑧	
종합소득 총결정세액	⑨	⑦ + ⑧ = ⑨

3. 거주자의 종합소득에 대한 소득세의 계산

거주자의 종합소득에 대한 소득세는 해당 연도의 종합소득과세표준에 다음의 세율을 적용하여 계산한 금액(종합소득산출세액)을 세액으로 한다.[507]

〈표-21 거주자의 종합소득에 대한 세율〉

종합소득과세표준	적용세율
1,200만원 이하	과세표준의 6%
1,200만원 초과 4,600만원 이하	72만원 + (1,200만원을 초과하는 금액의 15%)
4,600만원 초과 8,800만원 이하	582만원 + (4,600만원을 초과하는 금액의 24%)
8,800만원 초과 1억 5천만원 이하	1,590만원 + (8,800만원을 초과하는 금액의 35%)
1억 5천만원 초과 3억원 이하	3,760만원 + (1억5천만원을 초과하는 금액의 38%)
3억원 초과 5억원 이하	9,460만원 + (3억원을 초과하는 금액의 40%)
5억원 초과 10억원 이하	1억 7,460만원 + (5억원을 초과하는 금액의 42%)
10억원 초과	3억 8,460만원 + (10억원을 초과하는 금액의 45%)

---

506) 소득세법 제15조.
507) 소득세법 제55조 제1항.

4. 종합소득과세표준 확정신고 및 납부

해당 과세기간의 종합소득금액이 있는 거주자[508]는 종합소득 과세표준을 과세기간의 다음 연도 5월 1일부터 5월 31일까지 납세지 관할 세무서장에게 신고해야 한다.[509] 거주자는 해당 과세기간의 과세표준에 대한 종합소득 산출세액에서 감면세액과 세액공제액을 공제한 금액을 과세표준확정신고기한까지 납세지 관할 세무서, 한국은행 또는 체신관서에 납부하여야 한다.[510]

5. 원천징수세액의 징수

가. 원천징수대상 소득

국내에서 거주자나 비거주자에게 원천징수 대상 ① 이자소득, ② 배당소득, ③ 원천징수대상 사업소득, ④ 근로소득, ⑤ 연금소득, ⑥ 기타소득, ⑦ 퇴직소득, ⑧ 봉사료, ⑨ 금융투자소득 중 어느 하나에 해당하는 소득을 지급하는 자는 거주자나 비거주자에 대한 소득세를 원천징수하여야 한다.[511]

나. 원천징수세액의 납부

원천징수의무자는 원천징수한 소득세를 그 징수일이 속하는 달의 다음 달 10일까지 원천징수 관할 세무서, 한국은행 또는 체신관서에 납부해야 한다.[512] 2023.1.1.부터 시행되는 금융투자소득의 경우에는 금융투자소득 원천징수기간 종료일이 속하는 달의 다음 달 10일까지 납부[513]하여야 한다.

---

508) 종합소득과세표준이 없거나 결손금이 있는 거주자를 포함한다.
509) 소득세법 제70조 제1항.
510) 소득세법 제76조.
511) 소득세법 제127조 제1항.
512) 소득세법 제128조 제1항.
513) 소득세법 제148조의2 제1항.

다. 원천징수세율

원천징수의무자가 원천징수 대상 소득을 지급하여 소득세를 원천징수할 때 적용하는 세율(원천징수세율)은 아래와 같다.[514] 다만 ① 민사집행법[515]에 따라 법원에 납부한 보증금 및 경락대금에서 발생하는 이자소득에 대해서는 100분의 14, ② 대통령령으로 정하는 실지명의가 확인되지 않는 소득에 대해서는 100분의 42[516]를 원천징수세율로 한다.[517]

원천징수세율 중 가상자산과 금융투자소득 원천징수세율은 2023.1.1.부터 적용한다.

〈표-22 소득구분별 원천징수세율〉

소득구분	원천징수세율	
이자소득	비영업대금의 이익	100분의 25
	온라인투자연계금융업자[518]를 통하여 지급받는 이자소득	100분의 14
	직장공제회 초과반환금[519]	기본세율
	그 밖의 이자소득	100분의 14
배당소득	출자공동사업자의 배당소득[520]	100분의 25
	그 밖의 배당소득	100분의 14
기타소득	복권 당첨금과 이와 유사한 소득[521]의 금액이 3억원을 초과하는 경우 그 초과하는 분	100분의 30
	소기업·소상공인 공제부금의 해지일시금과 연금외수령한 소득[522]	100분의 15
	가상자산을 포함한 그 밖의 기타소득	100분의 20
금융투자소득	대통령령으로 정하는 금융투자소득	100분의 20

라. 외국소득세액 공제

---

514) 소득세법 제129조 제1항.
515) 민사집행법 제113조 및 같은 법 제142조.
516) 다만 금융실명거래 및 비밀보장에 관한 법률 제5조가 적용되는 경우에는 같은 조에서 정한 세율로 한다.
517) 소득세법 제129조 제2항.
518) 온라인투자연계금융업 및 이용자 보호에 관한 법률에 따라 금융위원회에 등록한 온라인투자연계금융업자를 말한다.
519) 소득세법 제16조 제1항 제10호.
520) 소득세법 제17조 제1항 제8호.
521) 소득세법 제14조 제3항 제8호 라목 및 마목에 따른 복권당첨금 등을 말한다.
522) 소득세법 제21조 제1항 제18호 및 제21호에 따른 기타소득을 말한다.

원천징수세액을 계산할 때 ① 이자소득, ② 배당소득, ③ 금융투자소득에 대해서 외국에서 외국소득세액을 납부한 경우에는 원천징수세액에서 그 외국소득세액을 뺀 금액을 원천징수세액으로 한다.[523]

이 경우 ① 자본시장법에 따른 ⓐ 투자회사, ⓑ 투자목적회사, ⓒ 투자유한회사, ⓓ 투자합자회사,[524] ⓔ 투자유한책임회사, ⓕ 투자신탁, ⓖ 투자합자조합, ⓗ 투자익명조합, ② 부동산투자회사법에 따른 기업구조조정 부동산투자회사 및 위탁관리 부동산투자회사, ③ 법인세법 제5조 제2항에 따라 내국법인으로 보는 신탁재산의 어느 하나에 해당하는 것이 해당 소득에 대하여 법인세법 제57조 제1항에 따른 외국법인세액을 납부한 경우에는 원천징수세액에서 외국법인세액을 뺀 금액을 원천징수세액으로 한다.

외국소득세액 또는 외국법인세액이 원천징수세액을 초과하는 경우에는 그 초과하는 금액은 없는 것으로 한다.[525]

마. 이자소득 및 배당소득의 원천징수

원천징수의무자가 이자소득 또는 배당소득을 지급할 때에는 그 지급금액에 원천징수세율을 적용하여 계산한 소득세를 원천징수한다.[526] 원천징수를 하는 때에는 소득세의 10%에 해당하는 금액을 주민세로 함께 원천징수해야 한다.

바. 이자소득 등의 원천징수시기에 대한 특례

1) 3개월이 되는 날까지 지급하지 않은 경우

법인이 이익 또는 잉여금의 처분에 따른 배당 또는 분배금을 그 처분을 결정한 날부터 3개월이 되는 날까지 지급하지 않은 경우에는 그 3개월이 되는 날에 그 배당소득을 지급한 것으로

---

523) 소득세법 제129조 제4항.
524) 자본시장법 제9조 제19항 제1호의 기관전용사모집합투자기구는 제외한다.
525) 소득세법 제129조 제5항.
526) 소득세법 제130조.

보아 소득세를 원천징수한다.[527] 다만 11월 1일부터 12월 31일까지의 사이에 결정된 처분에 따라 다음 연도 2월 말일까지 배당소득을 지급하지 않은 경우에는 그 처분을 결정한 날이 속하는 과세기간의 다음 연도 2월 말일에 그 배당소득을 지급한 것으로 보아 소득세를 원천징수한다.

2) 법인세법에 따라 처분되는 배당의 경우

법인세법 제67조[528]에 따라 처분되는 배당에 대하여는 ① 법인세 과세표준을 결정 또는 경정하는 경우 소득금액변동통지서를 받은 날, ② 법인세 과세표준을 신고하는 경우 그 신고일 또는 수정신고일의 어느 하나에 해당하는 날에 그 배당소득을 지급한 것으로 보아 소득세를 원천징수한다.[529]

3) 채권 등에 대한 원천징수 특례

거주자 또는 비거주자가 ① 채권등의 발행법인으로부터 이자등을 지급받거나 해당 채권등의 발행법인 또는 대통령령으로 정하는 법인(발행법인등)에게 매도하는 경우 그 채권등의 발행일 또는 직전 원천징수일을 시기로 하고, ② 이자등의 지급일 등 또는 채권등의 매도일 등을 종기로 하여 대통령령으로 정하는 기간계산방법에 따른 원천징수기간의 이자등 상당액을 이자소득으로 보고, ③ 해당 채권등의 발행법인등을 원천징수의무자로 하며, ④ 이자등의 지급일 등 또는는 채권등의 매도일 등 대통령령으로 정하는 날을 원천징수하는 때로 하여 관련 규정[530]을 적용한다.[531]

---

527) 소득세법 제131조 제1항.
528) 제67조(소득처분) 다음 각 호의 법인세 과세표준의 신고·결정 또는 경정이 있는 때 익금에 산입하거나 손금에 산입하지 아니한 금액은 그 귀속자 등에게 상여(賞與)·배당·기타사외유출(其他社外流出)·사내유보(社內留保) 등 대통령령으로 정하는 바에 따라 처분한다.
  1. 제60조에 따른 신고
  2. 제66조 또는 제69조에 따른 결정 또는 경정
  3. 「국세기본법」 제45조에 따른 수정신고
529) 소득세법 제131조 제2항.
530) 소득세법 제127조부터 제133조까지, 제164조 및 제164조의2의 규정을 말한다.
531) 소득세법 제133조의2 제1항.

사. 특정금전신탁 등의 원천징수의 특례

소득세법 제4조 제2항[532]에 따른 신탁을 제외한 신탁의 경우에는 아래에 따라 해당 소득에 대한 소득세를 원천징수해야 한다.[533] ① 원천징수를 대리하거나 위임을 받은 자가 이자소득 및 배당소득이 신탁에 귀속된 날부터 3개월 이내의 특정일[534]에 소득세를 원천징수할 것, ② 원천징수를 대리하거나 위임을 받은 금융회사등이 금융투자소득에 대하여 원천징수할 때에는 금융투자소득에 대한 원천징수시기 및 방법,[535] ③ 금융투자소득에 대한 원천징수영수증의 발급[536]을 준용하여 징수한다.

특정금전신탁 등의 원천징수 특례와 관련한 위 ②와 ③의 규정은 2023.1.1.부터 적용한다.

아. 연대납세의무와 원천징수의 승계

법인이 해산한 경우에 원천징수를 하여야 할 소득세를 징수하지 않았거나 징수한 소득세를 납부하지 않고 잔여재산을 분배하였을 때에는 청산인은 그 분배액을 한도로 하여 분배를 받은 자와 연대하여 납세의무를 진다.[537]

법인이 합병한 경우에 합병 후 존속하는 법인이나 합병으로 설립된 법인은 합병으로 소멸된 법인이 원천징수를 하여야 할 소득세를 납부하지 아니하면 그 소득세에 대한 납세의무를 진다.[538]

---

532) ② 제1항에 따른 소득을 구분할 때 다음 각 호의 신탁을 제외한 신탁의 이익은 「신탁법」 제2조에 따라 수탁자에게 이전되거나 그 밖에 처분된 재산권에서 발생하는 소득의 내용별로 구분한다. 〈개정 2011.7.25., 2020.12.29.〉
  1. 「법인세법」 제5조 제2항에 따라 신탁재산에 귀속되는 소득에 대하여 그 신탁의 수탁자가 법인세를 납부하는 신탁
  2. 「자본시장과 금융투자업에 관한 법률」 제9조 제18항 제1호에 따른 투자신탁. 다만, 2022년 12월 31일까지는 이 법 제17조 제1항 제5호에 따른 집합투자기구로 한정한다.
  3. 「자본시장과 금융투자업에 관한 법률」 제251조 제1항에 따른 집합투자업경영보험회사의 특별계정
533) 소득세법 제155조의2.
534) 동일 귀속연도 이내로 한정한다.
535) 소득세법 제148조의2.
536) 소득세법 제148조의3.
537) 소득세법 제157조 제1항.
538) 소득세법 제157조 제2항.

6. 내국법인의 이자소득 등에 대한 원천징수

가. 이자소득 등에 대한 원천징수

1) 원천징수 대상 소득의 범위

가) 현행 과세제도

내국법인[539]에 ① 소득세법에 따른 이자소득의 금액,[540] ② 소득세법[541]에 따른 집합투자기구로부터의 이익 중 자본시장법에 따른 투자신탁의 이익(투자신탁의 이익의 금액)을 지급하는 자(원천징수의무자)는 지급하는 금액에 100분의 14[542]의 세율을 적용하여 계산한 금액에 상당하는 법인세[543]를 원천징수하여 그 징수일이 속하는 달의 다음 달 10일까지 납세지 관할 세무서 등에 납부하여야 한다.[544] 다만 법인세가 부과되지 않거나 면제되는 소득 등 대통령령으로 정하는 소득에 대해서는 법인세를 원천징수하지 않는다.[545]

아울러 자본시장법에 따른 투자신탁재산에 소득금액이 귀속되는 시점에는 해당 소득금액이 지급되지 않은 것으로 보아 원천징수하지 않으며[546] 외국법인이 발행한 채권 또는 증권에서 발생하는 소득을 내국법인에 지급하는 경우에는 국내에서 그 지급을 대리하거나 그 지급권한을 위임받거나 위탁받은 자가 그 소득에 대한 법인세를 원천징수하여야 한다.

나) 2023.1.1. 시행 예정 과세제도

---

539) 대통령령으로 정하는 금융회사 등의 대통령령으로 정하는 소득은 제외한다.
540) 금융보험업을 하는 법인의 수입금액을 포함한다.
541) 소득세법 제17조 제1항 제5호.
542) 소득세법 제16조 제1항 제11호의 비영업대금의 이익인 경우에는 100분의 25를 말한다.
543) 1천원 이상인 경우만 해당한다.
544) 법인세법 제73조 제1항.
545) 법인세법 제73조 제2항.
546) 법인세법 제73조 제3항.

내국법인[547]에 ① 소득세법에 따른 이자소득의 금액,[548] ② 소득세법[549]에 따른 집합투자기구로부터의 이익 중 자본시장법에 따른 투자신탁의 이익(투자신탁이익)의 금액을 지급하는 자(원천징수의무자)는 그 지급하는 금액에 100분의 14[550]의 세율을 적용하여 계산한 금액에 상당하는 법인세[551]를 원천징수하여 그 징수일이 속하는 달의 다음 달 10일까지 납세지 관할 세무서 등에 납부하여야 한다. 이 경우 ②의 금액을 지급하는 원천징수의무자가 ②에 따른 투자신탁이익에 대하여 외국법인세액을 납부한 경우에는 원천징수세액에서 그 외국법인세액을 뺀 금액[552]을 원천징수한다.[553]

2) 법인세가 부과되지 않거나 면제되는 소득 등

법인세가 부과되지 않거나 면제되는 소득 등 대통령령으로 정하는 소득이란 법인세법시행령 제111조 제2항에 따른 아래의 어느 하나에 해당하는 소득을 말한다.

① 법인세가 부과되지 아니하거나 면제되는 소득, ② 신고한 과세표준에 이미 산입된 미지급소득, ③ 법령 또는 정관에 의하여 비영리법인이 회원 또는 조합원에게 대부한 융자금과 비영리법인이 당해 비영리법인의 연합회 또는 중앙회에 예탁한 예탁금에 대한 이자수입, ④ 법률에 따라 설립된 기금을 관리·운용하는 법인으로서 기금운용법인과 법률에 따라 공제사업을 영위하는 법인으로서 건강보험·연금관리 및 공제사업을 영위하는 비영리내국법인[554]이 국채법에 따라 등록하거나 주식·사채 등의 전자등록에 관한 법률에 따라 전자등록한 ⓐ 국가 또는 지방자치단체가 발행한 채권 또는 증권, ⓑ 한국은행이 발행한 통화안정증권, ⓒ 기획재정부령이 정하는 채권 또는 증권의 국공채 등을 발행일부터 이자지급일 또는 상환일까지 계속하여 등록·보유함으로써 발생한 이자 및 할인액, ⑤ ⓐ 상장유가증권에 대한 투자를 통한 증권시장의 안정을 목적으로 설립된 조합으로서 기획재정부령으로 정하는 조합, ⓑ 채권시장의 안정을 목적으로 설립

---

547) 대통령령으로 정하는 금융회사 등의 대통령령으로 정하는 소득은 제외한다.
548) 금융보험업을 하는 법인의 수입금액을 포함한다.
549) 제17조 제1항 제5호.
550) 소득세법 제16조 제1항 제11호의 비영업대금의 이익인 경우에는 100분의 25를 말한다.
551) 1천원 이상인 경우만 해당한다.
552) 그 금액이 영(0)보다 작은 경우에는 영(0)으로 본다.
553) 법인세법 제73조 제1항.
554) 기금운용법인의 경우에는 해당 기금사업에 한정한다.

된 조합으로서 기획재정부령이 정하는 조합의 어느 하나에 해당하는 조합의 조합원인 법인[555] 이 해당 조합의 규약에 따라 조합원 공동으로 예탁한 자금에 대한 이자수입, ⑥ 한국토지주택공사가 주택도시기금에 예탁한 자금[556]에 대한 이자수입을 말한다.[557]

나. 채권등의 보유기간 이자상당액에 대한 원천징수

내국법인이 소득세법[558]에 따른 채권등 또는 투자신탁의 수익증권(원천징수대상채권등)을 타인에게 매도[559]하는 경우 그 내국법인은 해당 원천징수대상채권등의 보유기간에 따른 이자, 할인액 및 투자신탁이익(이자등)의 금액에 100분의 14의 세율을 적용하여 계산한 금액에 상당하는 법인세[560]를 원천징수하여 그 징수일이 속하는 달의 다음 달 10일까지 납세지 관할 세무서 등에 납부하여야 한다.[561] 이 경우 해당 내국법인을 원천징수의무자로 본다. 다만 법인세가 부과되지 않거나 면제되는 소득 등 대통령령으로 정하는 소득에 대해서는 법인세를 원천징수하지 않는다.[562]

법인세가 부과되지 않거나 면제되는 소득 등 대통령령으로 정하는 소득이란 ① 법인세법시행령 제111조 제2항의 어느 하나에 해당하는 소득, ② 자본시장법에 따른 투자회사 및 자본확충목적회사의 원천징수대상채권등[563][564]에 대한 보유기간이자상당액,[565] ③ 투자회사 및 자본확충목적회사의 원천징수대상채권등 이외에 주식·사채 등의 전자등록에 관한 법률에[566] 따른 단기

---

555) 한국표준산업분류상 금융보험업을 영위하는 법인을 제외한다.
556) 국민연금법에 의한 국민연금 및 우체국예금·보험에 관한 법률에 의한 우체국예금으로부터 사채발행을 통하여 조성한 자금을 예탁한 것으로서 이자소득 지급당시 국민연금 및 우체국예금이 그 사채를 계속 보유하고 있는 경우에 한한다.
557) 법인세법시행령 제111조 제2항.
558) 소득세법 제46조 제1항.
559) 중개·알선과 그 밖에 대통령령으로 정하는 경우를 포함하되, 환매조건부 채권매매 등 대통령령으로 정하는 경우는 제외한다.
560) 1천원 이상인 경우만 해당한다.
561) 법인세법 제73조의2 제1항.
562) 법인세법 제73조의2 제2항.
563) 법인세법시행령 제111조 제1항 제16호.
564) 법인세법 제73조의2 제1항에 전단에 따른 원천징수대상채권등을 말한다.
565) 법인세법시행령 제111조 제2항 제2호.
566) 금융회사등의 주식·사채 등의 전자등록에 관한 법률 제59조.

사채등 중 같은 법 제2조 제1호 나목[567]에 해당하는 것으로서 만기 1개월 이내의 것에 대한 보유기간이자상당액[568]을 말한다.[569]

Ⅲ. 이자소득

1. 이자소득의 범위

이자소득은 해당 과세기간에 발생한 아래의 이익으로 하며 이자소득금액은 해당 과세기간의 총수입금액으로 한다. 다만 대통령령으로 정하는 저축성보험의 보험차익 중 ① 최초로 보험료를 납입한 날부터 만기일 또는 중도해지일까지의 기간이 10년 이상으로서 대통령령으로 정하는 요건을 갖춘 보험과 ② 대통령령으로 정하는 요건을 갖춘 종신형 연금보험의 보험차익은 이자소득의 범위에서 제외한다.[570]

현재 배당소득으로 분류하고 있는 파생결합사채로부터의 이익은 2023.1.1.부터 이자소득으로 분류한다.

〈표-23 이자소득의 범위〉

구분	이자소득의 범위		금융투자 이자소득 여부
	현행	2023.1.1. 시행	
① 국가나 지방자치단체가 발행한 채권 또는 증권의 이자와 할인액	○	○	○
② 내국법인이 발행한 채권 또는 증권의 이자와 할인액	○	○	○
②의2 국내 또는 국외에서 받는 대통령령으로 정하는 파생결합사채로부터의 이익	×	○	○
③ 국내에서 받는 예금(적금·부금·예탁금 및 우편대체 포함)의 이자	○	○	○

---

567) 사채(「신탁법」에 따른 신탁사채 및 「자본시장과 금융투자업에 관한 법률」에 따른 조건부자본증권을 포함한다)
568) 법인세법시행령 제111조 제2항 제3호.
569) 법인세법시행령 제113조 제4항.
570) 소득세법 제16조 제1항 제9호 단서.

구분	이자소득의 범위		금융투자 이자소득 여부
	현행	2023.1.1. 시행	
④ 「상호저축은행법」에 따른 신용계(信用契) 또는 신용부금으로 인한 이익	○	○	×
⑤ 외국법인의 국내지점 또는 국내영업소에서 발행한 채권 또는 증권의 이자와 할인액	○	○	×
⑥ 외국법인이 발행한 채권 또는 증권의 이자와 할인액	○	○	○
⑦ 국외에서 받는 예금의 이자	○	○	○
⑧ 대통령령으로 정하는 채권 또는 증권의 환매조건부 매매차익	○	○	×
⑨ 대통령령으로 정하는 저축성보험의 보험차익	○	○	○
⑩ 대통령령으로 정하는 직장공제회 초과반환금	○	○	×
⑪ 비영업대금의 이익	○	○	×
⑫ ①부터 ⑪까지의 소득과 유사한 소득으로서 금전 사용에 따른 대가로서의 성격이 있는 것	○	○	○
⑬ ①부터 ⑫까지의 규정 중 어느 하나에 해당하는 소득을 발생시키는 거래 또는 행위와 「자본시장과 금융투자업에 관한 법률」 제5조에 따른 파생상품이 대통령령으로 정하는 바에 따라 결합된 경우 해당 파생상품의 거래 또는 행위로부터의 이익	○	○	○

가. 국가 등이 발행한 채권 등의 이자와 할인액

국가가 발행한 채권이 원금과 이자가 분리되는 경우에는 원금에 해당하는 채권 및 이자에 해당하는 채권의 할인액은 국가나 지방자치단체가 발행한 채권 또는 증권의 이자와 할인액으로 본다.[571] 원금이 물가에 연동되는 채권(물가연동국고채)의 경우 해당 채권의 원금증가분은 국가 등이 발행한 채권 또는 증권의 이자와 할인액에 포함한다.[572] 다만 ① 국채, ② 한국산업은행법[573]에 따른 산업금융채권, ③ 예금자보호법[574]에 따른 예금보험기금채권과 예금보험기금채권상환기금채권, ④ 한국은행법[575]에 따른 한국은행통화안정증권을 공개시장에서 통합발행[576]하는

---

571) 소득세법시행령 제22조의2 제1항.
572) 소득세법시행령 제22조의2 제3항.
573) 한국산업은행법 제23조.
574) 예금자보호법 제26조의2 및 제26조의3.
575) 한국은행법 제69조.
576) 일정 기간 동안 추가하여 발행할 채권의 표면금리와 만기 등 발행조건을 통일하여 발행하는 것을 말한다.

경우 해당 채권의 매각가액과 액면가액과의 차액은 국가나 지방자치단체가 발행한 채권 또는 증권의 이자와 할인액 또는 내국법인이 발행한 채권 또는 증권의 이자와 할인액에 포함하지 않는다.[577]

나. 파생결합사채로부터의 이익

파생결합사채로부터의 이익이란 상법[578]에 따른 사채로서 ① 발행과 동시에 투자자가 지급한 금전등에 대한 이자, ② 그 밖의 과실에 대해서만 해당 기초자산의 가격·이자율·지표·단위 또는 이를 기초로 하는 지수 등의 변동과 연계된 증권[579]으로부터 발생한 이익을 말한다.[580] 따라서 파생결합사채에 해당하는 주가연계파생결합사채(Equity-Linked Bond, ELB)와 기타파생결합사채(Derivative-Linked Bond, DLB)에 투자하여 받는 소득은 2023.1.1.부터 이자소득의 범위에 포함된다.

다. 환매조건부매매차익

증권의 환매조건부 매매차익이란 금융회사 등[581]이 환매기간에 따른 사전약정이율을 적용하여 환매수 또는 환매도하는 조건으로 매매하는 채권 또는 증권의 매매차익을 말한다.[582] 사전약정이율을 적용하여 환매수 또는 환매도하는 조건이란 거래의 형식 여하에 불구하고 환매수 또는 환매도하는 경우에 당해채권 또는 증권의 시장가격에 의하지 않고 사전에 정해진 이율에 의하여 결정된 가격으로 환매수 또는 환매도하는 조건을 말한다.[583]

라. 저축성보험의 보험차익

---

577) 소득세법시행령 제22조의2 제2항.
578) 상법 제469조 제2항 제3호.
579) 자본시장법 제4조 제7항 제1호.
580) 소득세법시행령 제23조.
581) 금융실명거래 및 비밀보장에 관한 법률 제2조 제1호 각 목의 어느 하나에 해당하는 금융회사등과 법인세법시행령 제111조 제1항 각 호의 어느 하나에 해당하는 법인을 말한다.
582) 소득세법시행령 제24조.
583) 소득세법시행규칙 제12조 제2항.

1) 보험계약의 범위

보험계약이란 ① 생명보험계약 또는 손해보험계약, ② 수산업협동조합중앙회 및 조합, 신용협동조합중앙회, 새마을금고중앙회가 해당 법률에 의하여 영위하는 생명공제계약 또는 손해공제계약, ③ 우체국보험계약의 어느 하나에 해당하는 것을 말한다.[584]

2) 저축성보험의 보험차익

저축성보험의 보험차익이란 보험계약에 따라 만기 또는 보험의 계약기간 중에 받는 보험금·공제금 또는 계약기간 중도에 해당 보험계약이 해지됨에 따라 받는 환급금(보험금)[585]에서 납입보험료 또는 납입공제료(보험료)를 뺀 금액을 말한다.[586] 보험료의 계산에 있어서 보험계약기간 중에 보험계약에 의하여 받은 배당금 기타 이와 유사한 금액(배당금등)은 납입보험료에서 차감한다. 다만 그 배당금등으로 납입할 보험료를 상계한 경우에는 배당금등을 받아 보험료를 납입한 것으로 본다.[587]

마. 대통령령으로 정하는 요건을 갖춘 저축성보험

대통령령으로 정하는 요건을 갖춘 저축성보험이란 다음의 어느 하나에 해당하는 보험을 말한다.[588]

1) 납입할 보험료 합계액이 기준금액 이하인 경우

계약자 1명당 납입할 보험료 합계액[589]이 ① 2017년 3월 31일까지 체결하는 보험계약의 경

---

584) 소득세법시행령 제25조 제2항.
585) 피보험자의 사망·질병·부상 그 밖의 신체상의 상해로 인하여 받거나 자산의 멸실 또는 손괴로 인하여 받는 것이 아닌 것으로 한정한다.
586) 소득세법시행령 제25조 제1항.
587) 소득세법시행령 제25조 제8항.
588) 소득세법시행령 제25조 제3항.
589) 계약자가 가입한 모든 저축성보험계약(제2호에 따른 저축성보험 및 제4항에 따른 종신형 연금보험은 제외한다)의 보험료 합계액을 말한다.

우 2억원, ② 2017년 4월 1일부터 체결하는 보험계약의 경우 1억원 이하인 저축성보험[590]이어야 한다.[591] 보험료 합계액이란 계약자가 가입한 모든 월적립식 보험계약의 기본보험료와 추가로 납입하는 보험료 등 월별로 납입하는 보험료의 합계액을 의미하며 계약자가 가입한 모든 월적립식 보험계약의 보험료[592]를 기준으로 아래 계산식에 따라 계산한 금액을 말한다.

〈표-24 보험료 합계액의 계산〉

구분		계산식
해당연도의 기본보험료와 추가로 납입하는 보험료의 합계액	①	
보험 계약기간 중 해당연도에서 경과된 개월 수	②	① ÷ ② = ③
보험료 합계액	③	

2) 요건을 갖춘 월적립식 저축성보험

요건을 갖춘 월적립식 저축성보험이란 ① 최초납입일부터 납입기간이 5년 이상인 월적립식 보험계약일 것, ② 최초납입일부터 매월 납입하는 기본보험료가 균등[593]하고 기본보험료의 선납기간이 6개월 이내일 것, ③ 계약자 1명당 매월 납입하는 보험료 합계액이 150만원 이하일 것[594]의 요건을 모두 갖춘 월적립식 저축성보험을 말한다.[595] 다만 월적립식 보험계약 중 만기에 환급되는 금액이 납입보험료를 초과하지 않는 보험계약으로서 ① 저축을 목적으로 하지 않고 피보험자의 사망·질병·부상, 그 밖의 신체상의 상해나 자산의 멸실 또는 손괴만을 보장하는 계약일 것, ② 만기 또는 보험 계약기간 중 특정시점에서의 생존을 사유로 지급하는 보험금·공제금이 없을 것의 요건을 모두 갖춘 보험은 제외한다.

---

590) 다만 최초로 보험료를 납입한 날(최초납입일)부터 만기일 또는 중도해지일까지의 기간은 10년 이상이지만 납입한 보험료를 최초납입일부터 10년이 경과하기 전에 확정된 기간 동안 연금형태로 분할하여 지급받는 경우는 제외한다.
591) 소득세법시행령 제25조 제3항 제1호.
592) 피보험자의 사망·질병·부상, 그 밖의 신체상의 상해나 자산의 멸실 또는 손괴를 보장하기 위한 특약에 따라 납입하는 보험료 및 「상법」 제650조의2에 따른 보험계약의 부활을 위하여 납입하는 보험료는 제외하되, 납입기간이 종료되었으나 계약기간 중에 있는 보험계약의 기본보험료를 포함한다.
593) 최초 계약한 기본보험료의 1배 이내로 기본보험료를 증액하는 경우를 포함한다.
594) 2017년 4월 1일부터 체결하는 보험계약으로 한정한다.
595) 소득세법시행령 제25조 제3항 제2호.

3) 대통령령으로 정하는 요건을 갖춘 종신형 연금 보험

대통령령으로 정하는 요건을 갖춘 종신형 연금보험이란 보험계약 체결시점부터 ① 계약자가 보험료 납입 계약기간 만료 후 55세 이후부터 사망시까지 보험금·수익 등을 연금으로 지급받을 것, ② 연금 외의 형태로 보험금·수익 등을 지급하지 않을 것, ③ 사망시[596] 보험계약 및 연금재원이 소멸할 것, ④ 계약자와 피보험자 및 수익자가 동일하고 최초 연금지급개시 이후 사망일 전에 중도해지할 수 없을 것, ⑤ 매년 수령하는 연금액의 요건을 모두 갖춘 종신형 연금보험을 말한다.[597] 매년 수령하는 연금액에는 연금수령 개시 후에 금리변동에 따라 변동된 금액과 이연(移延)하여 수령하는 연금액은 포함하지 않으며 연금액이 아래의 계산식에 따라 계산한 금액을 초과하지 않아야 한다.

〈표-25 연금액 한도액의 계산〉

구분		계산식
연금수령 개시일 현재 연금계좌 평가액	①	
연금수령 개시일 현재 기대여명 연수	②	① ÷ ② × 3 = ③
연금액 한도액	③	

바. 대통령령으로 정하는 직장공제회 초과반환금

1) 직장공제회의 정의

대통령령으로 정하는 직장공제회란 민법 제32조 또는 그 밖의 법률에 따라 설립된 공제회·공제조합[598]으로서 동일직장이나 직종에 종사하는 근로자들의 생활안정, 복리증진 또는 상호부조 등을 목적으로 구성된 단체를 말한다.[599]

---

596) 통계법 제18조에 따라 통계청장이 승인하여 고시하는 통계표에 따른 성별·연령별 기대여명 연수(소수점 이하는 버리며, 이하 이 조에서 "기대여명연수"라 한다) 이내에서 보험금·수익 등을 연금으로 지급하기로 보증한 기간(이하 이 조에서 "보증기간"이라 한다)이 설정된 경우로서 계약자가 해당 보증기간 이내에 사망한 경우에는 해당 보증기간의 종료시를 말한다.
597) 소득세법시행령 제25조 제4항.
598) 이와 유사한 단체를 포함한다.
599) 소득세법시행령 제26조 제1항.

2) 직장공제회의 초과반환금

직장공제회의 초과반환금은 근로자가 퇴직하거나 탈퇴하여 그 규약에 따라 직장공제회로부터 받는 반환금에서 납입공제료를 뺀 금액(납입금 초과이익)과 반환금을 분할하여 지급하는 경우 그 지급하는 기간 동안 추가로 발생하는 이익(반환금 추가이익)으로 한다.[600]

사. 비영업대금의 이익

비영업대금의 이익은 금전의 대여를 사업목적으로 하지 않는 자가 일시적·우발적으로 금전을 대여함에 따라 지급받는 이자 또는 수수료 등으로 한다.[601]

아. 같은 종류와 같은 양의 채권 반환 조건 대여

거주자가 일정 기간 후에 같은 종류로서 같은 양의 채권을 반환받는 조건으로 채권을 대여하고 해당 채권의 차입자로부터 지급받는 해당 채권에서 발생하는 이자에 상당하는 금액은 금전 사용에 따른 대가로서의 성격이 있는 것으로 보아 이자소득에 포함한다.[602]

자. 대통령령으로 정하는 바에 따라 결합된 경우

대통령령으로 정하는 바에 따라 결합된 경우란 개인이 이자소득이 발생하는 상품(이자부상품)과 자본시장법에 따른 파생상품을 함께 거래하는 경우로서 다음의 어느 하나에 해당하는 경우를 말한다.[603]

1) 실질상 하나의 상품과 같이 운영되는 경우

---

600) 소득세법시행령 제26조 제2항.
601) 소득세법시행령 제26조 제3항.
602) 소득세법시행령 제26조 제4항.
603) 소득세법시행령 제26조 제5항.

① 금융회사 등이 직접 개발·판매한 이자부상품의 거래와 해당 금융회사 등의 파생상품 계약이 해당 금융회사 등을 통하여 이루어질 것, ② 파생상품이 이자부상품의 원금 및 이자소득의 전부 또는 일부(이자소득등)나 이자소득등의 가격·이자율·지표·단위 또는 이를 기초로 하는 지수 등에 따라 산출된 금전이나 그 밖의 재산적 가치가 있는 것을 거래하는 계약일 것, ③ 금융회사 등이 이자부상품의 이자소득등과 파생상품으로부터 이익을 지급할 것의 요건을 모두 갖추어 실질상 하나의 상품과 같이 운영되는 경우에 어느 하나에는 해당하는 때에는 이자부상품으로 본다.[604]

2) 특정 시점에 지급하는 이익이 확정된 경우

① 금융회사 등이 취급한 이자부상품의 거래와 해당 금융회사 등의 파생상품의 계약이 해당 금융회사 등을 통하여 이루어질 것,[605] ② 파생상품이 이자부상품의 이자소득등이나 이자소득등의 가격·이자율·지표·단위 또는 이를 기초로 하는 지수 등에 따라 산출된 금전이나 그 밖의 재산적 가치가 있는 것을 거래하는 계약일 것, ③ 파생상품으로부터의 확정적인 이익이 이자부상품의 이자소득보다 클 것의 요건을 모두 갖추어 장래의 특정 시점에 금융회사 등이 지급하는 파생상품[606]으로부터의 이익이 확정되는 경우를 말한다.[607]

2. 이자소득의 수입시기

이자소득의 수입시기란 이자소득이 귀속되는 연도를 의미하며 아래 표와 같이 구분한다.

---

604) 소득세법시행령 제26조 제5항 제1호.
605) 이자부상품의 거래와 파생상품의 계약이 2 이상의 금융회사 등을 통하여 별도로 이루어지더라도 파생상품의 계약을 이행하기 위하여 이자부상품을 질권으로 설정하거나 자본시장법시행령 제103조에 따른 금전신탁을 통하여 이루어지는 경우를 포함한다.
606) 자본시장법 제166조의2 제1항 제1호에 해당하는 경우에 한정한다.
607) 소득세법시행령 제26조 제5항 제2호.

<표-26 이자소득의 수입시기>

구분	수입시기
① 채권등으로서 무기명인 것의 이자와 할인액	이자와 할인액을 지급받은 날
② 채권등으로서 기명인 것의 이자와 할인액	약정에 의한 지급일
③ 파생결합사채로부터의 이익 (2023.1.1.부터 적용)	그 이익을 지급받은 날. 다만, 원본에 전입하는 뜻의 특약이 있는 분배금은 그 특약에 따라 원본에 전입되는 날로 한다.
④ 보통예금·정기예금·적금 또는 부금 이자	실제로 이자를 지급받는 날
	원본에 전입하는 뜻의 특약이 있는 이자는 그 특약에 의하여 원본에 전입된 날
	해약으로 인하여 지급되는 이자는 그 해약일
	계약기간을 연장하는 경우에는 그 연장하는 날
	정기예금연결정기적금의 경우 정기예금의 이자는 정기예금 또는 정기적금이 해약되거나 정기적금의 저축기간이 만료되는 날
⑤ 통지예금의 이자	인출일
⑥ 채권 또는 증권의 환매조건부 매매차익	약정에 의한 당해 채권 또는 증권의 환매수일 또는 환매도일. 다만, 기일 전에 환매수 또는 환매도하는 경우에는 그 환매수일 또는 환매도일로 한다.
⑦ 저축성보험의 보험차익	보험금 또는 환급금의 지급일. 다만, 기일 전에 해지하는 경우에는 그 해지일로 한다.
⑧ 직장공제회 초과반환금	약정에 따른 납입금 초과이익 및 반환금 추가이익의 지급일. 다만, 반환금을 분할하여 지급하는 경우 원본에 전입하는 뜻의 특약이 있는 납입금 초과이익은 특약에 따라 원본에 전입된 날로 한다.
⑨ 비영업대금의 이익	약정에 의한 이자지급일. 다만, 이자지급일의 약정이 없거나 약정에 의한 이자지급일전에 이자를 지급 받는 경우 또는 회수불능으로 총수입금액 계산에서 제외하였던 이자를 지급받는 경우에는 그 이자지급일로 한다.
⑩ 채권등의 보유기간이자등상당액	해당 채권등의 매도일 또는 이자등의 지급일
⑪ 이자소득이 발생하는 상속재산이 상속되거나 증여되는 경우	상속개시일 또는 증여일
⑫ 유형별 포괄주의 이자	약정에 따른 상환일. 다만, 기일 전에 상환하는 때에는 그 상환일
⑬ 파생상품 결합 금융상품 이자	

Ⅳ. 배당소득

1. 배당소득의 범위

배당소득이란 수익분배의 성격으로 받는 소득을 의미하며 소득세법에서는 배당소득의 범위를 아래 표와 같이 열거하고 있다. 2023.1.1. 시행 예정인 소득세법에서는 국내 또는 국외에서 받는 대통령령으로 정하는 집합투자기구로부터의 이익의 경우 "다만, 소득세법 제87조의6 제1항 제4호[608]의 적격집합투자기구로부터의 이익은 집합투자기구의 이익금에 대한 소득의 구분을 고려하여 대통령령으로 정하는 이익으로 한정한다"는 단서를 추가하였다. 아울러 "국내 또는 국외에서 받는 대통령령으로 정하는 파생결합증권 또는 파생결합사채로부터의 이익"은 2023.1.1.부터 금융투자소득과 이자소득으로 각각 과세한다.

〈표-27 배당소득의 범위〉

구분	배당소득의 범위	
	현행	2023.1.1. 시행
① 내국법인으로부터 받는 이익이나 잉여금의 배당 또는 분배금	○	○
② 법인으로 보는 단체로부터 받는 배당금 또는 분배금	○	○
②의2 내국법인으로 보는 신탁재산(법인과세 신탁재산)으로부터 받는 배당금 또는 분배금	○	○
③ 의제배당	○	○

---

608) 4. 대통령령으로 정하는 집합투자증권의 환매·양도 및 집합투자기구의 해지·해산(이하 "환매등"이라 한다)으로 발생한 이익과 연 1회 이상 이익금의 분배 등 대통령령으로 정하는 요건을 갖춘 집합투자기구(이하 "적격집합투자기구"라 한다)로부터의 이익 중 집합투자기구의 이익금에 대한 소득의 구분을 고려하여 대통령령으로 정하는 이익

609) 제27조(특정외국법인의 유보소득 배당간주) ① 법인의 실제부담세액이 실제발생소득의 15% 이하인 국가 또는 지역(이하 이 절에서 "특정국가등"이라 한다)에 본점 또는 주사무소를 둔 외국법인에 대하여 내국인이 출자한 경우에는 그 외국법인 중 내국인과 특수관계(제2조 제1항 제3호 가목의 관계에 해당하는지를 판단할 때에는 내국인의 친족 등 대통령령으로 정하는 특수관계인이 직접 또는 간접으로 보유하는 주식을 포함한다)가 있는 법인(이하 "특정외국법인"이라 한다)의 각 사업연도 말 현재 배당 가능한 유보소득(留保所得) 중 내국인에게 귀속될 금액은 내국인이 배당받은 것으로 본다.
② 제1항을 적용받는 내국인의 범위는 특정외국법인의 각 사업연도 말 현재 발행주식의 총수 또는 출자총액의 10% 이상을 직접 또는 간접으로 보유한 자로 한다. 이 경우 발행주식의 총수 또는 출자총액의 10%를 판단하는 경우에는 「국세기본법」 제2조 제20호 가목 및 나목에 따른 내국인의 특수관계인이 직접 보유하는 발행주식 또는 출자지분을 포함한다.
③ 과세당국은 외국법인이 사업의 실질적 관리장소를 특정국가등에 두고 있는 경우에는 사업의 실질적 관리장소를 제1항의 본점 또는 주사무소로 보아 제1항 및 제2항을 적용할 수 있다.
④ 제1항에 따른 실제발생소득의 범위와 특정국가등의 구체적인 판단기준은 대통령령으로 정한다.

610) 소득세법 제43조.

구분	배당소득의 범위	
	현행	2023.1.1. 시행
④ 법인세법에 따라 배당으로 처분된 금액	○	○
⑤ 국내 또는 국외에서 받는 대통령령으로 정하는 집합투자기구로부터의 이익. (다만, 제87조의6 제1항 제4호의 적격집합투자기구로부터의 이익은 집합투자기구의 이익금에 대한 소득의 구분을 고려하여 대통령령으로 정하는 이익으로 한정한다. 본 단서는 2023.1.1.부터 적용)	○	○
⑤의2 국내 또는 국외에서 받는 대통령령으로 정하는 파생결합증권 또는 파생결합사채로부터의 이익(2023.1.1.부터는 파생결합증권으로부터의 이익은 금융투자소득으로, 파생결합사채로부터의 이익은 이자소득으로 과세한다)	○	×
⑥ 외국법인으로부터 받는 이익이나 잉여금의 배당 또는 분배금	○	○
⑦ 국제조세조정에 관한 법률[609]에 따라 배당받은 것으로 간주된 금액	○	○
⑧ 공동사업[610]에서 발생한 소득금액 중 출자공동사업자의 손익분배비율에 해당하는 금액	○	○
⑨ ①부터 ⑦에 따른 소득과 유사한 소득으로서 수익분배의 성격이 있는 것	○	○
⑩ ①부터 ⑨까지의 규정 중 어느 하나에 해당하는 소득을 발생시키는 거래 또는 행위와 파생상품이 대통령령으로 정하는 바에 따라 결합된 경우 해당 파생상품의 거래 또는 행위로부터의 이익	○	○

가. 법인과세 신탁재산으로부터 받는 배당금 등

개인이 내국법인으로 보는 신탁재산(법인과세 신탁재산)으로부터 받는 배당금 또는 분배금[611]은 배당소득으로 과세한다.[612]

나. 집합투자기구로부터의 이익

1) 대통령령으로 정하는 집합투자기구로부터의 이익

가) 현행 과세제도

---

611) 법인세법 제5조 제2항.
612) 소득세법 제17조 제2조의2.

(1) 대통령령으로 정하는 집합투자기구

대통령령으로 정하는 집합투자기구란 ① 자본시장법에 따른 집합투자기구[613]일 것, ② 집합투자기구의 설정일부터 매년 1회 이상 결산 및 분배 할 것, ③ 금전으로 위탁받아 금전으로 환급[614]할 것의 요건을 모두 갖춘 집합투자기구를 말하며 적격집합투자기구라 한다.[615] 국외에서 설정된 집합투자기구는 요건을 갖추지 않은 경우에도 적격집합투자기구로 본다.[616]

다만 ① 자본시장법에 따른 상장지수집합투자기구가 지수 구성종목을 교체하거나 파생상품에 투자함에 따라 계산되는 이익, ② 자본시장법에 따라 평가한 집합투자재산의 평가이익, ③ 자본시장법의 회계처리기준에 따른 집합투자재산의 매매이익의 어느 하나에 해당하는 이익금, ④ 자본시장법 제242조[617]에 따른 이익금이 영(0)보다 적은 경우[618] 분배를 유보할 수 있다.[619]

(2) 대통령령으로 정하는 집합투자기구로부터의 이익

대통령령으로 정하는 집합투자기구로부터의 이익에는 집합투자기구가 직접 또는 자본시장법에 따른 집합투자증권에 투자하여 취득한 증권[620]으로서 ① 증권시장에 상장된 증권,[621] ② 벤처기업육성에 관한 특별조치법에 따른 벤처기업의 주식 또는 출자지분, ③ ①의 증권을 대상으로

---

613) 자본시장법에 따른 보험회사의 특별계정은 제외하며 금전의 신탁으로서 원본을 보전하는 것을 포함한다.
614) 금전 외의 자산으로 위탁받아 환급하는 경우로서 해당 위탁가액과 환급가액이 모두 금전으로 표시된 것을 포함한다.
615) 소득세법시행령 제26조의2 제1항.
616) 소득세법시행령 제26조의2 제2항.
617) 제242조(이익금의 분배) ① 투자신탁이나 투자익명조합의 집합투자업자 또는 투자회사등은 집합투자기구의 집합투자재산 운용에 따라 발생한 이익금을 투자자에게 금전 또는 새로 발행하는 집합투자증권으로 분배하여야 한다. 다만, 집합투자기구의 특성을 고려하여 대통령령으로 정하는 집합투자기구의 경우에는 집합투자규약이 정하는 바에 따라 이익금의 분배를 집합투자기구에 유보할 수 있다.
② 투자신탁이나 투자익명조합의 집합투자업자 또는 투자회사등은 집합투자기구의 특성에 따라 이익금을 초과하여 분배할 필요가 있는 경우에는 이익금을 초과하여 금전으로 분배할 수 있다. 다만, 투자회사의 경우에는 순자산액에서 최저순자산액을 뺀 금액을 초과하여 분배할 수 없다.
③ 제1항에 따른 이익금의 분배 및 제2항에 따른 이익금을 초과하는 금전의 분배에 관하여 필요한 사항은 대통령령으로 정한다. 〈개정 2009.2.3.〉
618) 자본시장법 제9조 제22항에 따른 집합투자규약에서 정하는 경우에 한정한다.
619) 소득세법시행령 제26조의2 제1항 제2호 단서.
620) 상장지수증권에 투자한 경우에는 그 상장지수증권의 지수를 구성하는 기초자산에 해당하는 증권을 말한다.
621) 소득세법 제46조 제1항에 따른 채권등과 외국 법령에 따라 설립된 외국 집합투자기구의 주식 또는 수익증권은 제외한다.

하는 장내파생상품의 어느 하나에 해당하는 증권 또는 자본시장법에 따른 장내파생상품의 거래나 평가로 발생한 손익은 집합투자기구로부터의 이익에서 제외한다.[622]

비거주자 또는 외국법인이 전문투자형 사모집합투자기구 또는 동업기업 과세특례를 적용받지 않는 경영참여형 사모집합투자기구가 양도일이 속하는 연도와 그 직전 5년의 기간 중 그 주식 또는 출자증권을 발행한 법인의 발행주식 총수 또는 출자총액의 100분의 25 이상을 소유한 경우 취득한 주식 또는 출자증권의 거래로 발생한 손익은 집합투자기구 이익에 포함한다.

집합투자증권 및 외국 집합투자증권을 ① 계좌 간 이체, ② 계좌의 명의변경, ③ 집합투자증권의 실물양도의 방법으로 거래하여 발생한 이익은 집합투자기구로부터의 이익에 포함한다.[623] 그러나 ① 양도소득으로 과세되는 주식 또는 출자지분,[624] ② 상장지수집합투자기구로서 증권시장에서 거래되는 주식의 가격만을 기반으로 하는 지수의 변화를 그대로 추적하는 것을 목적으로 하는 집합투자기구의 집합투자증권, ③ 증권시장에 상장된 투자회사[625]의 집합투자증권은 제외한다.

나) 2023.1.1. 시행 과세제도

2023.1.1. 시행 예정 소득세법에서는 "다만 대통령령으로 정하는 집합투자기구로부터의 이익은 집합투자기구의 이익금에 대한 소득의 구분을 고려하여 대통령령으로 정하는 이익으로 한

---

622) 소득세법시행령 제26조의2 제4항.
623) 소득세법시행령 제26조의2 제5항.
624) 3. 다음 각 목의 어느 하나에 해당하는 주식등의 양도로 발생하는 소득
   가. 주권상장법인의 주식등으로서 다음의 어느 하나에 해당하는 주식등
   1) 소유주식의 비율·시가총액 등을 고려하여 대통령령으로 정하는 주권상장법인의 대주주가 양도하는 주식등
   2) 1)에 따른 대주주에 해당하지 아니하는 자가 「자본시장과 금융투자업에 관한 법률」에 따른 증권시장(이하 "증권시장"이라 한다)에서의 거래에 의하지 아니하고 양도하는 주식. 다만, 「상법」 제360조의2 및 제360조의15에 따른 주식의 포괄적 교환·이전 또는 같은 법 제360조의5 및 제360조의22에 따른 주식의 포괄적 교환·이전에 대한 주식매수청구권 행사로 양도하는 주식등은 제외한다.
   나. 주권비상장법인의 주식등. 다만, 소유주식의 비율·시가총액 등을 고려하여 대통령령으로 정하는 주권비상장법인의 대주주에 해당하지 아니하는 자가 「자본시장과 금융투자업에 관한 법률」 제283조에 따라 설립된 한국금융투자협회가 행하는 같은 법 제286조 제1항 제5호에 따른 장외매매거래에 의하여 양도하는 대통령령으로 정하는 중소기업(이하 이 장에서 "중소기업"이라 한다) 및 대통령령으로 정하는 중견기업의 주식등은 제외한다.
   다. 외국법인이 발행하였거나 외국에 있는 시장에 상장된 주식등으로서 대통령령으로 정하는 것
625) 이전 사업연도에 법인세법 제51조의2 제1항에 따른 배당가능이익 전체를 1회 이상 배당하지 않은 것은 제외한다.

정 한다"는 단서를 추가했다. 대통령령으로 정하는 이익이란 자본시장법 제242조[626]에 따른 집합투자기구의 이익금 중 금융투자소득이 아닌 소득에 해당하는 부분으로부터 분배받은 금액을 말한다.

(1) 대통령령으로 정하는 집합투자기구

대통령령으로 정하는 집합투자기구란 집합투자기구 중 ① 해당 집합투자기구의 설정일부터 매년 1회 이상 결산 및 분배할 것,[627] ② 금전으로 위탁받아 금전으로 환급할 것,[628] ③ 집합투자기구이익금과 ①의 분배금 및 유보금 내역 등을 납세지 관할 세무서장에게 신고할 것의 요건을 모두 갖춘 집합투자기구(적격집합투자기구)를 말한다. 현행 과세제도에서는 국외에서 설정된 집합투자기구는 요건을 갖추지 않은 경우에도 적격집합투자기구의 범위에 포함하고 있으나 2023.1.1.부터는 국외에서 설정된 집합투자기구가 적격집합투자기구 요건을 모두 충족하는 경우에도 적격집합투자기구로 보지 않는다.[629]

(2) 대통령령으로 정하는 집합투자기구의 이익

대통령령으로 정하는 집합투자기구로부터의 이익이란 자본시장법에 따른 집합투자기구[630]로부터의 이익과 국외에서 설정된 집합투자기구로부터의 이익을 말한다. 다만 금융투자소득으로

---

[626] 제242조(이익금의 분배) ① 투자신탁이나 투자익명조합의 집합투자업자 또는 투자회사등은 집합투자기구의 집합투자재산 운용에 따라 발생한 이익금을 투자자에게 금전 또는 새로 발행하는 집합투자증권으로 분배하여야 한다. 다만, 집합투자기구의 특성을 고려하여 대통령령으로 정하는 집합투자기구의 경우에는 집합투자규약이 정하는 바에 따라 이익금의 분배를 집합투자기구에 유보할 수 있다.
② 투자신탁이나 투자익명조합의 집합투자업자 또는 투자회사등은 집합투자기구의 특성에 따라 이익금을 초과하여 분배할 필요가 있는 경우에는 이익금을 초과하여 금전으로 분배할 수 있다. 다만, 투자회사의 경우에는 순자산액에서 최저순자산액을 뺀 금액을 초과하여 분배할 수 없다.
③ 제1항에 따른 이익금의 분배 및 제2항에 따른 이익금을 초과하는 금전의 분배에 관하여 필요한 사항은 대통령령으로 정한다. 〈개정 2009.2.3.〉
[627] ① 자본시장법에 따른 집합투자규약에서 정하는 바에 따라 집합투지기구이익금 중 금융투자소득에 해당하는 금액, ② 자본시장법에 따라 평가한 집합투자재산의 평가이익은 분배를 유보할 수 있으며, ③ 집합투자기구이익금이 영(0)보다 작은 경우에도 분배를 유보할 수 있다.
[628] 금전 외의 자산으로 위탁받아 환급하는 경우로서 해당 위탁가액과 환급가액이 모두 금전으로 표시된 것을 포함한다.
[629] 소득세법시행령 제150조의7 제2항.
[630] 자본시장법 제251조에 따른 보험회사의 특별계정은 제외하며 금전의 신탁으로서 원본을 보전하는 것을 포함한다.

과세하는 대통령령으로 정하는 집합투자증권의 환매·양도 및 집합투자기구의 해지·해산(환매 등)으로 발생한 이익과 적격집합투자기구로부터의 이익 중 집합투자기구의 이익금에 대한 소득의 구분을 고려하여 대통령령으로 정하는 이익에 따른 집합투자증권의 환매등으로 발생한 이익은 제외한다.

(가) 대통령령으로 정하는 집합투자증권

대통령령으로 정하는 집합투자증권이란 자본시장법[631]에 따른 집합투자기구에 대한 출자지분(투자신탁의 경우 수익권)을 말하며 국외에서 설정된 집합투자기구에 대한 출자지분 또는 수익권이 표시된 것을 포함한다.

(나) 대통령령으로 정하는 이익

대통령령으로 정하는 이익이란 집합투자기구이익금 중 금융투자소득에 해당하는 부분으로부터 분배받은 금액을 말한다.

2) 비적격집합투자기구로부터의 이익

적격집합투자기구 요건을 갖추지 않은 집합투자기구(비적격집합투자기구)로 부터의 이익은 아래의 구분에 따라 과세한다.[632] 비적격집합투자기구로 부터의 이익 과세 규정은 2022.12.31.까지만 적용된다.

가) 신탁형과 조합형

자본시장법[633]에 따른 투자신탁·투자조합·투자익명조합으로부터의 이익은 집합투자기구 외의

---

631) 자본시장법 제9조 제21항.
632) 소득세법시행령 제26조의2 제3항.
633) 자본시장법 제9조 제18항.

신탁의 이익[634]으로 보아 수탁자에게 이전되거나 그 밖에 처분된 재산권에서 발생하는 소득의 내용별로 구분해 과세한다.

나) 회사형

자본시장법에 따른 투자회사·투자유한회사·투자합자회사 및 동업기업 과세특례를 적용받지 않는 경영참여형 사모집합투자기구로부터의 이익은 배당 및 분배금으로 보아 배당소득으로 과세한다.

3) 1인 사모집합투자기구로부터의 이익

자본시장법에 따른 사모집합투자기구로서 ① 투자자가 거주자[635] 1인이거나 거주자 1인 및 그 거주자의 특수관계인으로 구성된 경우, ② 투자자가 사실상 자산운용에 관한 의사결정을 하는 경우의 요건을 모두 갖춘 집합투자기구(1인 사모집합투자기구)는 적격집합투자기구의 요건을 모두 갖추는 경우에도 적격집합투자기구로 보지 않고 소득의 내용별로 구분[636] 과세한다.[637]

1인 사모집합투자기구 과세제도는 금융투자소득 과세제도와 관계없이 현재의 과세제도가 2023.1.1. 이후에도 동일하게 적용된다. 아래에서는 투자자가 ① 거주자, ② 비거주자, ③ 국내사업장이 없는 외국법인인 경우의 특수관계인의 범위에 대해 살펴보고자 한다.

가) 투자자가 거주자인 경우

특수관계인이란 본인과 ① 친족관계, ② 경제적 연관관계, ③ 경영지배관계의 어느 하나에 해당하는 관계에 있는 자를 말한다.

---

634) 소득세법 제4조 제2항.
635) 비거주자와 국내사업장이 없는 외국법인을 포함한다.
636) 소득세법 제4조 제2항.
637) 소득세법시행령 제26조의2 제8항.

(1) 친족관계

혈족과 인척 등으로 ① 6촌 이내의 혈족, ② 4촌 이내의 인척, ③ 배우자,[638] ④ 친생자로서 다른 사람에게 친양자 입양된 자 및 그 배우자·직계비속을 포함한 친족관계에 있는 자를 말한다.[639]

(2) 경제적 연관관계

임원이나 사용인 등으로 ① 임원과 그 밖의 사용인, ② 본인의 금전이나 그 밖의 재산으로 생계를 유지하는 자, ③ ①과 ②에 해당하는 자와 생계를 함께하는 친족을 포함한 경제적 연관관계에 있는 자를 말한다.[640]

(3) 경영지배관계

(가) 본인이 개인인 경우

본인이 개인인 경우 ① 본인이 직접 또는 그와 친족관계 또는 경제적 연관관계에 있는 자를 통하여 법인의 경영에 대하여 지배적인 영향력을 행사하고 있는 경우 그 법인, ② 본인이 직접 또는 그와 친족관계나 경제적 연관관계 또는 ①의 관계에 있는 자를 통하여 법인의 경영에 대하여 지배적인 영향력을 행사하고 있는 경우 그 법인을 말한다.[641]

(나) 본인이 법인인 경우

본인이 법인인 경우 ① 개인 또는 법인이 직접 또는 그와 친족관계 또는 경제적 연관관계에

---

[638] 사실상의 혼인관계에 있는 자를 포함한다.
[639] 국세기본법시행령 제1조의2 제1항.
[640] 국세기본법시행령 제1조의2 제2항.
[641] 국세기본법시행령 제1조의2 제3항 제1호.

있는 자를 통하여 본인이 법인의 경영에 대하여 지배적인 영향력을 행사하고 있는 경우 그 개인 또는 법인, ② 본인이 직접 또는 그와 경제적 연관관계 또는 ①의 관계에 있는 자를 통하여 어느 법인의 경영에 대하여 지배적인 영향력을 행사하고 있는 경우 그 법인, ③ 본인이 직접 또는 그와 경제적 연관관계 또는 ①과 ②의 관계에 있는 자를 통하여 어느 법인의 경영에 대하여 지배적인 영향력을 행사하고 있는 그 법인, ④ 본인이 독점규제 및 공정거래에 관한 법률에 따른 기업집단에 속하는 경우 그 기업집단에 속하는 다른 계열회사 및 그 임원으로 경영지배관계에 있는 자를 말한다.[642]

(다) 비거주자와 국내사업장이 없는 외국법인인 경우

투자자가 비거주자와 국내사업장이 없는 외국법인인 경우에는 ① 비거주자와 그의 배우자·직계혈족 및 형제자매인 관계, ② 일방이 타방의 의결권 있는 주식의 100분의 50 이상을 직접 또는 간접으로 소유하고 있는 관계, ③ 제3자가 일방 또는 타방의 의결권 있는 주식의 100분의 50 이상을 직접 또는 간접으로 각각 소유하고 있는 경우 그 일방과 타방 간의 관계의 어느 하나에 해당하는 관계에 있는 자를 말한다.

위 ②와 ③의 주식의 간접소유비율은 ① 다른 쪽의 주주인 법인(주주법인)의 의결권 있는 주식의 50% 이상을 어느 한쪽이 소유하고 있는 경우 주주법인이 소유하고 있는 다른 쪽의 의결권 있는 주식이 그 다른 쪽의 의결권 있는 주식에서 차지하는 비율(주주법인의 주식소유비율), ② 주주법인의 의결권 있는 주식의 50% 미만을 어느 한쪽이 소유하고 있는 경우 그 소유비율에 주주법인의 주식소유비율을 곱한 비율, ③ ①과 ②를 적용할 때 주주법인이 둘 이상인 경우 주주법인별로 ①과 ②에 따라 계산한 비율을 더한 비율, ④ 어느 한쪽과 주주법인 그리고 이들 사이의 하나 이상의 법인이 주식소유관계를 통하여 연결되어 있는 경우 ①부터 ③까지의 계산방법을 준용하여 계산한 비율의 구분에 따른 방법으로 계산한 비율로 한다.

4) 집합투자기구로부터의 이익의 계산

집합투자기구로부터의 이익은 자본시장법에 따른 각종 보수·수수료 등을 뺀 금액으로 한다.[643]

---

642) 국세기본법시행령 제1조의2 제3항 제2호.
643) 소득세법시행령 제26조의2 제6항.

5) 집합투자기구 이익의 과세표준계산 방법

가) 현행 과세제도

(1) 집합투자기구로부터의 분배 이익

자본시장법에 따른 집합투자기구의 결산에 따라 집합투자기구로부터의 이익을 분배받는 경우 투자자가 보유하는 자본시장법에 따른 집합투자증권의 좌당 또는 주당 배당소득금액(좌당 배당소득금액)은 아래의 금액으로 한다.[644]

(가) 상장지수집합투자기구 등의 집합투자증권

상장지수집합투자기구로서 증권시장에서 거래되는 주식의 가격만을 기반으로 하는 지수의 변화를 그대로 추적하는 것을 목적으로 하는 집합투자기구의 집합투자증권 또는 증권시장에 상장된 투자회사[645]의 집합투자증권은 집합투자기구가 투자자에게 좌당 또는 주당 분배하는 금액으로 한다. 다만 집합투자기구로부터의 이익에 포함되지 않는 손익[646]은 제외한다.

(나) 상장지수집합투자기구 등의 집합투자증권 이외의 경우

상장된 상장지수집합투자기구와 투자회사의 집합투자증권 이외의 경우에는 집합투자증권의 결산 시 과세표준기준가격[647]에서 매수하는 때[648]의 과세표준기준가격을 뺀 후 직전 결산·분배 시 발생한 과세되지 않은 투자자별 손익을 더하거나 뺀 금액으로 한다. 이 경우 집합투자기구로

---

644) 소득세법시행규칙 제13조 제1항.
645) 이전 사업연도에 법인세법 제51조의2 제1항에 따른 배당가능이익 전체를 1회 이상 배당하지 아니한 것은 제외한다.
646) 소득세법시행령 제26조의2 제4항.
647) 자본시장법 제238조 제6항에 따른 기준가격에서 소득세법시행령 제26조의2 제4항 각 호 외의 부분 본문에 따라 집합투자기구로부터의 이익에 포함되지 아니하는 손익을 제외하여 산정한 금액을 말하며, 같은 법 제279조 제1항에 따른 외국 집합투자증권으로서 과세표준기준가격이 없는 경우에는 같은 법 제280조 제4항 본문에 따른 기준가격을 말한다.
648) 매수 후 결산·분배가 있었던 경우에는 직전 결산·분배 직후를 말한다.

부터의 이익으로서 집합투자기구가 투자자에게 분배하는 금액을 한도로 한다.

(2) 집합투자증권의 환매등의 이익

집합투자증권의 환매 및 매도 또는 집합투자기구의 해지 및 해산(환매등)을 통하여 집합투자기구로부터의 이익을 받는 경우 집합투자증권의 좌당 배당소득금액은 다음의 금액으로 한다.
① 상장된 상장지수집합투자기구와 투자회사의 집합투자증권의 경우 환매등[649]이 발생하는 시점의 과세표준기준가격에서 직전 결산·분배 직후의 과세표준기준가격[650]을 뺀 금액으로 한다.
② 상장된 상장지수집합투자기구와 투자회사의 집합투자증권의 경우 외의 집합투자증권은 환매등이 발생하는 시점의 과세표준기준가격에서 매수하는 때에[651] 과세표준기준가격을 뺀 후 직전 결산·분배 시 발생한 과세되지 아니한 투자자별 손익을 더하거나 뺀 금액으로 한다.

(3) 상장된 집합투자증권의 매도 이익

상장지수집합투자기구와 투자회사의 집합투자증권을 제외한 증권시장에 상장된 집합투자증권을 증권시장에서 매도하는 경우의 좌당 배당소득금액은 상장된 상장지수집합투자기구와 투자회사의 집합투자증권의 경우 외의 집합투자증권의 환매등이 발생하는 시점의 과세표준기준가격에서 매수하는 때에[652] 과세표준기준가격을 뺀 후 직전 결산·분배 시 발생한 과세되지 않은 투자자별 손익을 더하거나 뺀 금액과 매수·매도 시의 과세표준기준가격을 실제 매수·매도가격으로 하여 계산된 금액 중 적은 금액으로 한다.

(4) 투자자별 배당소득금액의 계산

투자자별 배당소득금액은 아래 계산식에 따라 계산한 금액으로 한다.

---

649) 집합투자증권의 매도는 제외한다.
650) 최초 설정 또는 설립 후 결산·분배가 없었던 경우에는 최초 설정 또는 설립 시 과세표준기준가격을 말한다.
651) 매수 후 결산·분배가 있었던 경우에는 직전 결산·분배 직후를 말한다.
652) 매수 후 결산·분배가 있었던 경우에는 직전 결산·분배 직후를 말한다.

<표-28 투자자별 배당소득금액의 계산>

구분		계산식
(1) 집합투자기구로부터의 분배이익, (2) 집합투자증권의 환매등의 이익, (3) 상장된 집합투자증권의 매도 이익의 규정에 따른 좌당 배당소득금액	①	(① × ②) - ③ = ④
결산 및 분배 시 보유하고 있는 좌수·주수 또는 환매등이 발생하는 좌수·주수	②	
소득세법시행령 제26조의2 제6항에 따른 각종 수수료 등	③	
투자자별 배당소득금액	④	

(가) 집합투자증권을 2회 이상 매수한 경우

같은 계좌 내에서 같은 집합투자증권을 2회 이상 매수한 경우 매수 시의 과세표준기준가격은 선입선출법[653]에 따라 산정하고 투자자별 배당소득금액은 같은 시점에서 결산·분배 또는 환매등이 발생하는 집합투자증권 전체를 하나의 과세단위로 하여 계산한다.

(나) 상장지수집합투자증권을 2회 이상 매수한 경우

같은 계좌 내에서 같은 상장지수집합투자증권을 증권시장에서 2회 이상 매수한 경우 매수 시의 과세표준기준가격은 이동평균법[654]에 따라 산정하고 투자자별 배당소득금액은 같은 시점에서 결산·분배 또는 환매등이 발생하는 상장지수집합투자증권 전체를 하나의 과세단위로 하여 계산한다. 같은 날 매도되는 상장지수집합투자증권은 전체를 하나의 과세단위로 하여 투자자별 배당소득금액을 계산한다.

(다) 집합투자재산의 평가이익

---

653) 선입선출법이란 먼저 매수한 집합투자증권부터 차례대로 환매등이 발생하는 것으로 보아 집합투자증권의 좌당 또는 주당 과세표준기준가격을 산정하는 방법을 말한다.

654) 이동평균법이란 집합투자증권을 매수할 때마다 집합투자증권의 과세표준기준가격의 합계액을 집합투자증권의 좌수 또는 주수의 합계액으로 나누는 방법으로 좌당 또는 주당 평균 과세표준기준가격을 산출하고 그중 가장 나중에 산출된 평균 과세표준기준가격에 따라 집합투자증권의 좌당 또는 주당 과세표준기준가격을 산정하는 방법을 말한다.

집합투자재산의 평가이익[655]은 집합투자재산으로 인식되지만 실제로 귀속되지 않은 이익으로서 이미 경과한 기간에 대응하는 집합투자재산의 이자, 미수배당금, 미수임대료 수입 등을 포함한다.

나) 2023.1.1. 시행 과세제도

2023.1.1.부터 시행되는 집합투자기구 배당소득금액의 계산 방법에서는 집합투자기구로부터의 이익에 대한 배당소득금액은 해당 이익에서 자본시장법에 따른 각종 보수·수수료 등을 뺀 금액으로 규정하고 있다.[656] 집합투자기구 배당소득금액은 아래에 따라 계산한 금액으로 한다.[657]

〈표-29 집합투자기구 분배소득금액의 계산〉

구분		계산식
집합투자기구 집합투자증권 좌당분배소득금액	①	
결산·분배 시 보유하고 있는 좌수·주수	②	(① × ②) - ③ = ④
자본시장법에 따른 각종 보수와 수수료 등	③	
집합투자기구 분배소득금액	④	

다. 파생결합증권 및 파생결합사채로부터의 이익

국내 또는 국외에서 받는 대통령령으로 정하는 파생결합증권 또는 파생결합사채로부터의 이익[658]은 2022.12.31.까지는 배당소득으로 과세한다. 다만 2023.1.1.부터는 파생결합증권은 금융투자소득으로 과세하고 파생결합사채는 이자소득으로 과세한다. 국내 또는 국외에서 받는 대통령령으로 정하는 파생결합증권 또는 파생결합사채로부터의 이익이란 다음의 어느 하나에 해

---

655) 소득세법시행령 제26조의2 제1항 제2호 나목.
656) 소득세법시행규칙 제13조.
657) 소득세법시행령 제150조의17 제2항.
658) 소득세법 제17조 제1항 제5의2호.

당하는 이익을 말한다.[659]

1) 파생결합증권으로부터 발생한 이익

자본시장법에 따른 파생결합증권으로부터 발생한 이익을 말하며[660] 다만 당사자 일방의 의사표시에 따라 증권시장 또는 이와 유사한 시장으로서 외국에 있는 시장에서 매매거래 되는 특정 주권의 가격이나 주가지수 수치의 변동과 연계하여 미리 정해진 방법에 따라 주권의 매매나 금전을 수수하는 거래를 성립시킬 수 있는 권리를 표시하는 증권 또는 증서로부터 발생한 이익은 제외한다.

2) 상장지수증권을 거래하여 발생한 이익

파생결합증권 중 자본시장법에 따른 기초자산의 가격·이자율·지표·단위 또는 이를 기초로 하는 지수 등의 변동과 연계하여 미리 정해진 방법에 따라 이익을 얻거나 손실을 회피하기 위한 계약상의 권리를 나타내는 것으로서 증권시장에 상장되어 거래되는 증권 또는 증서(상장지수증권)를 ① 계좌 간 이체, ② 계좌의 명의변경, ③ 상장지수증권의 실물양도의 방법으로 거래하여 발생한 이익을 말한다.[661] 다만 증권시장에서 거래되는 주식의 가격만을 기반으로 하는 지수의 변화를 그대로 추적하는 것을 목적으로 하는 상장지수증권을 계좌 간 이체, 계좌의 명의변경 및 상장지수증권의 실물양도의 방법으로 거래하여 발생한 이익은 제외한다. 상장지수증권으로부터의 이익은 자본시장법에 따른 각종 보수·수수료 등을 뺀 금액으로 한다.[662]

가) 상장지수증권의 증권당 배당소득금액

상장지수증권으로부터의 이익을 분배받는 경우 투자자가 보유하는 상장지수증권의 증권당

---

659) 소득세법시행령 제26조의3 제1항.
660) 소득세법시행령 제26조의3 제1항 제1호.
661) 소득세법시행령 제26조의3 제1항 제2호.
662) 소득세법시행령 제26조의3 제3항.

배당소득금액은 아래의 구분에 따른다.[663]

(1) 지수 변화 추적 목적 상장지수증권

증권시장에서 거래되는 주식의 가격만을 기반으로 하는 지수의 변화를 그대로 추적하는 것을 목적으로 하는 상장지수증권은 상장지수증권을 발행하는 자가 투자자에게 증권당 분배하는 금액을 증권당 배당소득금액으로 한다.[664] 다만 증권 또는 장내파생상품의 평가[665]로 발생한 손익은 제외한다.

(2) 기타 상장지수증권

지수 변화를 그대로 추적하는 것을 목적으로 하는 상장지수증권 이외의 상장지수증권은 상장지수증권의 분배하는 때의 과세표준기준가격[666]에서 매수한 때의 과세표준기준가격을 뺀 후 직전 분배한 때 발생한 과세되지 않은 투자자별 손익을 더하거나 뺀 금액을 증권당 배당소득금액으로 한다. 이 경우 상장지수증권으로부터의 이익으로서 상장지수증권을 발행한 자가 투자자에게 분배하는 금액을 한도로 한다.

나) 환매 등의 경우 증권당 배당소득금액

상장지수증권의 환매 및 매도 또는 상장폐지(환매 등)를 통하여 상장지수증권으로부터의 이익을 받는 경우 상장지수증권의 증권당 배당소득금액은 다음의 구분에 따른 금액으로 한다.[667]

(1) 지수 변화 추적 목적 상장지수증권

---

663) 소득세법시행령 제26조의3 제3항.
664) 소득세법시행규칙 제14조 제1항 제1호.
665) 소득세법시행령 제26조의2 제4항.
666) 상장지수증권의 기초자산을 구성하는 가격·이자율·지표·단위 또는 이를 기초로 하는 지수 등의 증권당 평가금액에서 영 제26조의2 제4항 각 호의 증권 또는 장내파생상품의 평가로 발생한 손익을 제외하여 산정한 금액을 말한다.
667) 소득세법시행규칙 제14조 제2항.

지수 변화를 그대로 추적하는 것을 목적으로 하는 상장지수증권의 환매 등[668]이 발생하는 시점의 과세표준기준가격에서 직전 분배 직후의 과세표준기준가격[669]을 뺀 금액을 증권당 배당소득금액으로 한다.[670]

(2) 기타의 상장지수증권

기타의 상장지수증권은 환매 등이 발생하는 시점의 과세표준기준가격에서 매수 시 과세표준기준가격을 뺀 후 직전 분배한 때 발생한 과세되지 않은 투자자별 손익을 더하거나 뺀 금액을 증권당 배당소득금액으로 한다.[671]

다) 기타 상장지수증권의 증권시장 매도

지수 변화를 그대로 추적하는 것을 목적으로 하는 상장지수증권을 제외한 상장지수증권을 증권시장에서 매도하는 경우의 증권당 배당소득금액은 ① 기타의 상장지수증권의 환매 등의 경우의 증권당 배당소득금액 계산에 따라 계산된 금액과 ② 매수·매도하는 때의 과세표준기준가격을 실제 매수·매도 가격으로 하여 ①에 따라 계산된 금액 중 적은 금액으로 한다.[672]

3) 파생결합사채로부터 발생한 이익

상법[673]에 따른 유가증권이나 통화 또는 자본시장법에 따른 기초자산의 가격·이자율·지표·단위 또는 이를 기초로 하는 지수나 지표 등의 변동과 연계하여 미리 정하여진 방법에 따라 상환 또는 지급금액이 결정되는 사채로부터 발생한 이익을 말한다.[674]

---

668) 상장지수증권의 매도는 제외한다.
669) 최초 설정 후 분배가 없었던 경우에는 최초 설정 시 과세표준기준가격을 말한다.
670) 소득세법시행규칙 제14조 제2항 제1호.
671) 소득세법시행규칙 제14조 제2항 제2호.
672) 소득세법시행규칙 제14조 제3항.
673) 상법 제469조 제2항 제3호.
674) 소득세법시행령 제26조의3 제1항 제3호.

4) 투자자별 배당소득금액의 계산

투자자별 배당소득금액은 아래의 계산식에 따라 계산한 금액으로 한다.[675] 적용하는 때에 같은 계좌 내에서 같은 상장지수증권을 증권시장에서 두 차례 이상 매수한 경우 매수 시의 과세표준기준가격은 이동평균법을 준용하여 산정한다. 투자자별 배당소득금액은 같은 시점에서 분배 또는 환매 등이 발생하는 상장지수증권 전체를 하나의 과세단위로 하여 계산한다.[676] 다만 같은 날 매도되는 상장지수증권은 전체를 하나의 과세단위로 하여 투자자별 배당소득금액을 계산한다.

〈표-30 투자자별 배당소득금액의 계산 방법〉

구분		계산식
1) 파생결합증권으로부터 발생한 이익, 2) 상장지수증권을 거래하여 발생한 이익, 3) 파생결합사채로부터 발생한 이익에 따른 증권당 배당소득금액	①	(① - ②) - ③ = ④
분배하는 때에 보유하고 있는 증권 수 또는 환매 등이 발생하는 증권 수	②	
자본시장법에 따른 각종 보수 및 수수료	③	
투자자별 배당소득금액	④	

라. 같은 종류 및 같은 양의 주식 반환 대여

거주자가 일정 기간 후에 같은 종류로서 같은 양의 주식을 반환받는 조건으로 주식을 대여하고 해당 주식의 차입자로부터 지급받는 해당 주식에서 발생하는 배당에 상당하는 금액은 배당소득에 포함한다.[677]

마. 개인이 배당부상품과 파생상품을 함께 거래하는 경우

---

675) 소득세법시행규칙 제14조 제4항.
676) 소득세법시행규칙 제14조 제5항.
677) 소득세법시행령 제26조의3 제4항.

대통령령으로 정하는 바에 따라 결합된 경우[678]란 개인이 배당소득이 발생하는 상품(배당부상품)과 파생상품을 함께 거래하는 경우로서 다음의 어느 하나에 해당하는 경우를 말한다. 2022.12.31.까지 배당소득으로 과세되며 2023.1.1.부터는 금융투자소득 과세제도에 따른다.

1) 실질상 하나의 상품과 같이 운용되는 경우

실질상 하나의 상품과 같이 운용되는 경우란 ① 금융회사 등이 직접 개발·판매한 배당부상품의 거래와 해당 금융회사 등의 파생상품의 계약이 해당 금융회사 등을 통하여 이루어질 것, ② 파생상품이 배당부상품의 원금 및 배당소득의 전부 또는 일부(배당소득등)나 배당소득등의 가격·이자율·지표·단위 또는 이를 기초로 하는 지수 등에 따라 산출된 금전이나 그 밖의 재산적 가치가 있는 것을 거래하는 계약일 것, ③ 금융회사 등이 배당부상품의 배당소득등과 파생상품으로부터 이익을 지급할 것의 요건을 모두 갖춘 경우를 말한다.[679]

2) 장래 특정시점에 파생상품으로부터의 이익이 확정되는 경우

① 금융회사 등이 취급한 배당부상품의 거래와 해당 금융회사 등의 파생상품의 계약이 해당 금융회사 등을 통하여 이루어질 것,[680] ② 파생상품이 배당부상품의 배당소득등이나 배당소득등의 가격·이자율·지표·단위 또는 이를 기초로 하는 지수 등에 따라 산출된 금전이나 그 밖의 재산적 가치가 있는 것을 거래하는 계약일 것, ③ 파생상품으로부터의 확정적인 이익이 배당부상품의 배당소득보다 클 것[681]의 요건을 모두 갖추어 장래의 특정 시점에 금융회사 등이 지급하는 파생상품[682][683]으로부터의 이익이 확정되는 경우를 말한다.

---

678) 소득세법 제17조 제1항 제10호.
679) 소득세법시행령 제26조의3 제5항 제1호.
680) 배당부상품의 거래와 파생상품의 계약이 2 이상의 금융회사 등을 통하여 별도로 이루어지더라도 파생상품의 계약을 이행하기 위하여 배당부상품을 질권으로 설정하거나 자본시장법에 따른 금전신탁을 통하여 이루어지는 때에는 파생상품으로부터의 이익이 확정되는 경우를 포함한다.
681) 외국법인등에 해당하는 경우로 한정한다.
682) 자본시장법 제166조의2 제1항 제1호에 해당하는 경우에 한정한다.
683) 제166조의2(장외파생상품의 매매 등) ① 투자매매업자 또는 투자중개업자는 장외파생상품을 대상으로 하여 투자매매업 또는 투자중개업을 하는 경우에는 다음 각 호의 기준을 준수하여야 한다.
　　1. 장외파생상품의 매매 및 그 중개·주선 또는 대리의 상대방이 일반투자자인 경우에는 그 일반투자자가 대통령령으로 정하는 위험

3) 자본준비금을 감액해 받은 배당

상법에 따라 자본준비금을 감액해 받은 배당(소득세법 제17조 제2항 제2호[684] 각 목에 해당하지 않는 자본준비금을 감액하여 받은 배당은 제외)은 배당소득에 포함하지 않는다.[685]

바. 의제배당

의제배당이란 실제 배당은 아니지만 ① 주주, ② 사원, ③ 그 밖의 출자자에게 배당한 것으로 의제하는 것을 의미한다. 의제배당에 해당하는 때에는 아래의 금액을 배당한 것으로 본다.[686]

1) 의제배당의 범위

가) 의제배당에 포함되는 것

① 주식의 소각이나 자본의 감소로 인해 주주가 취득하는 금전, ② 그 밖의 재산의 가액 또는 퇴사·탈퇴나 출자의 감소로 인하여 사원이나 출자자가 취득하는 금전, 그 밖의 재산의 가액이 주주·사원이나 출자자가 그 주식 또는 출자를 취득하기 위하여 사용한 금액을 초과하는 금액,[687] ② 법인의 잉여금의 전부 또는 일부를 자본 또는 출자의 금액에 전입함으로써 취득하는 주식 또는 출자의 가액,[688] ③ 해산한 법인[689]의 주주·사원·출자자 또는 구성원이 그 법인의 해산으로 인한 잔여재산의 분배로 취득하는 금전이나 그 밖의 재산의 가액이 해당 주식·출자 또는

회피 목적의 거래를 하는 경우에 한할 것. 이 경우 투자매매업자 또는 투자중개업자는 일반투자자가 장외파생상품 거래를 통하여 회피하려는 위험의 종류와 금액을 확인하고, 관련 자료를 보관하여야 한다.

[684] 2. 법인의 잉여금의 전부 또는 일부를 자본 또는 출자의 금액에 전입함으로써 취득하는 주식 또는 출자의 가액. 다만, 다음 각 목의 어느 하나에 해당하는 금액을 자본에 전입하는 경우는 제외한다.
　가. 「상법」 제459조 제1항에 따른 자본준비금으로서 대통령령으로 정하는 것
　나. 「자산재평가법」에 따른 재평가적립금(같은 법 제13조 제1항 제1호에 따른 토지의 재평가차액에 상당하는 금액은 제외한다)
[685] 소득세법시행령 제26조의3 제6항.
[686] 소득세법 제17조 제2항.
[687] 소득세법 제17조 제2항 제1호.
[688] 소득세법 제17조 제2항 제2호.
[689] 법인으로 보는 단체를 포함한다.

자본을 취득하기 위하여 사용된 금액을 초과하는 금액,[690] ④ 합병으로 소멸한 법인의 주주·사원 또는 출자자가 합병 후 존속하는 법인 또는 합병으로 설립된 법인으로부터 그 합병으로 취득하는 주식 또는 출자의 가액과 금전의 합계액이 그 합병으로 소멸한 법인의 주식 또는 출자를 취득하기 위하여 사용한 금액을 초과하는 금액,[691] ⑤ 법인이 자기주식 또는 자기출자지분을 보유한 상태에서 ②에 따른 자본전입을 함에 따라 그 법인 외의 주주 등의 지분비율이 증가한 경우 증가한 지분비율에 상당하는 주식 등의 가액,[692] ⑥ 법인이 분할하는 경우 분할되는 법인(분할법인) 또는 소멸한 분할합병의 상대방 법인의 주주가 분할로 설립되는 법인 또는 분할합병의 상대방 법인으로부터 분할로 취득하는 주식의 가액과 금전, 그 밖의 재산가액의 합계액(분할대가)이 그 분할법인 또는 소멸한 분할합병의 상대방 법인의 주식[693]을 취득하기 위하여 사용한 금액을 초과하는 금액[694]을 말한다.

나) 의제배당에서 제외되는 것

(1) 상법에 따른 준비금 등

상법[695]에 따른 자본준비금으로서 대통령령으로 정하는 것과 자산재평가법에 따른 재평가적립금[696]의 어느 하나에 해당하는 금액을 자본에 전입하는 경우는 의제배당의 범위에서 제외한

---

690) 소득세법 제17조 제2항 제3호.
691) 소득세법 제17조 제2항 제4호.
692) 소득세법 제17조 제2항 제5호.
693) 분할법인이 존속하는 경우에는 소각 등으로 감소된 주식에 한정한다.
694) 소득세법 제17조 제2항 제6호.
695) 상법 제459조 제1항.
696) 제28조(재평가적립금) ① 법인이 재평가를 한 경우에는 그 재평가차액에서 재평가일 1일 전의 대차대조표상의 이월결손금을 공제한 잔액을 재평가적립금으로서 적립하여야 한다.
② 재평가적립금은 다음 각 호의 1에 해당하는 경우를 제외하고는 이를 처분하지 못한다. 다만, 제2호의 경우에 단수가 생긴 때에는 그 금액은 이를 재평가일 이후 종료하는 사업연도의 익금에 산입할 수 있다. 〈개정 1974.12.21.〉
　1. 재평가세의 납부
　2. 자본에의 전입
　3. 재평가일 이후 발생한 대차대조표상의 이월결손금의 보전
　4. 환율조정계정상의 금액과의 상계
③ 제2항 단서의 경우에 익금으로 산입된 금액은 법인세법의 규정에 의한 소득금액계산상 이를 익금으로 보지 아니한다. 〈개정 1998.4.10.〉

다.[697] 대통령령으로 정하는 것이란 법인세법[698]에 따른 ① 주식발행액면초과액,[699][700] ② 주식의 포괄적 교환차익,[701] ③ 주식의 포괄적 이전차익,[702] ④ 감자차익,[703] ⑤ 합병차익,[704] ⑥ 분할차익[705]을 말한다.[706]

다만 법인세법 시행령[707]에 따른 ① 채무의 출자전환으로 주식등을 발행하는 경우 그 주식등이 건전한 사회 통념 및 상거래 관행과 특수관계인이 아닌 자 간의 정상적인 거래에서 적용되거나 적용될 것으로 판단되는 가격에 따른 시가를 초과하여 발행된 초과금액,[708] ② 자기주식 또는 자기출자지분을 소각하여 생긴 이익,[709] ③ 법인세법 제44조 제2항[710]에 따른 적격합병(적격합병)[711]을 한 경우 합병등기일 현재 합병법인이 승계한 재산의 가액이 그 재산의 피합병법인 장부가액[712]을 초과하는 경우 그 초과하는 금액·피합병법인의 기획재정부령으로 정하는 자

---

697) 소득세법 제17조 제2항 제2호 단서.
698) 법인세법 제17조 제1항.
699) 액면금액 이상으로 주식을 발행한 경우 그 액면금액을 초과한 금액(무액면주식의 경우에는 발행가액 중 자본금으로 계상한 금액을 초과하는 금액을 말한다)을 말한다.
700) 다만 채무의 출자전환으로 주식등을 발행하는 경우에는 그 주식등의 제52조 제2항에 따른 시가를 초과하여 발행된 금액은 제외한다.
701) 상법 제360조의2에 따른 주식의 포괄적 교환을 한 경우로서 같은 상법 제360조의7에 따른 자본금 증가의 한도액이 완전모회사의 증가한 자본금을 초과한 경우의 그 초과액을 말한다.
702) 상법 제360조의15에 따른 주식의 포괄적 이전을 한 경우로서 상법 제360조의18에 따른 자본금의 한도액이 설립된 완전모회사의 자본금을 초과한 경우의 그 초과액을 말한다.
703) 자본감소의 경우로서 그 감소액이 주식의 소각, 주금(株金)의 반환에 든 금액과 결손의 보전(補塡)에 충당한 금액을 초과한 경우의 그 초과금액을 말한다.
704) 상법 제174조에 따른 합병의 경우로서 소멸된 회사로부터 승계한 재산의 가액이 그 회사로부터 승계한 채무액, 그 회사의 주주에게 지급한 금액과 합병 후 존속하는 회사의 자본금증가액 또는 합병에 따라 설립된 회사의 자본금을 초과한 경우의 그 초과금액. 다만, 소멸된 회사로부터 승계한 재산가액이 그 회사로부터 승계한 채무액, 그 회사의 주주에게 지급한 금액과 주식가액을 초과하는 경우로서 이 법에서 익금으로 규정한 금액은 제외한다.
705) 상법 제530조의2에 따른 분할 또는 분할합병으로 설립된 회사 또는 존속하는 회사에 출자된 재산의 가액이 출자한 회사로부터 승계한 채무액, 출자한 회사의 주주에게 지급한 금액과 설립된 회사의 자본금 또는 존속하는 회사의 자본금증가액을 초과한 경우의 그 초과금액. 다만, 분할 또는 분할합병으로 설립된 회사 또는 존속하는 회사에 출자된 재산의 가액이 출자한 회사로부터 승계한 채무액, 출자한 회사의 주주에게 지급한 금액과 주식가액을 초과하는 경우로서 이 법에서 익금으로 규정한 금액은 제외한다.
706) 소득세법시행령 제27조 제4항.
707) 법인세법 시행령 제12조 제1항.
708) 법인세법 제17조 제1항 제1호 단서에 따른 초과금액을 말한다.
709) 소각 당시 법인세법 제52조 제2항에 따른 시가가 취득가액을 초과하지 아니하는 경우로서 소각일부터 2년이 지난 후 자본에 전입하는 금액은 제외한다.
710) ② 적격합병을 한 합병법인은 피합병법인의 합병등기일 현재의 제13조 제1항 제1호의 결손금과 피합병법인이 각 사업연도의 소득금액 및 과세표준을 계산할 때 익금 또는 손금에 산입하거나 산입하지 아니한 금액, 그 밖의 자산·부채 및 제59조에 따른 감면·세액공제 등을 대통령령으로 정하는 바에 따라 승계한다. 〈개정 2018.12.24.〉
711) 법인세법 제3항에 따라 적격합병으로 보는 경우를 포함한다.
712) 법인세법 제85조 제1호에 따른 세무조정사항이 있는 경우에는 그 세무조정사항 중 익금불산입액은 더하고 손금불산입액은 뺀 가액으로 한다.

본잉여금 중 법인세법 제16조 제1항 제2호[713] 각 목 외의 부분 본문에 따른 잉여금(의제배당대상 자본잉여금)에 상당하는 금액·피합병법인의 이익잉여금에 상당하는 금액[714]의 합계액[715] 중의 어느 하나에 해당하는 금액은 제외한다.[716]

(2) 내국법인의 조직변경

내국법인이 조직을 변경하는 경우로서 ① 상법에 따라 조직을 변경하는 경우, ② 특별법에 따라 설립된 법인이 해당 특별법의 개정 또는 폐지에 따라 상법에 따른 회사로 조직을 변경하는 경우, ③ 그 밖의 법률에 따라 내국법인이 조직을 변경하는 경우로서 대통령령으로 정하는 경우의 어느 하나에 해당하는 경우는 제외한다.[717]

2) 금전 외의 재산의 가액 계산

의제배당에 있어서 금전 외의 재산의 가액은 다음의 구분에 따라 계산한 금액에 따른다.[718] 이외의 경우에는 그 재산의 취득 당시의 시가로 한다.[719]

가) 법인 잉여금의 자본등의 전입 등

① 법인의 잉여금의 전부 또는 일부를 자본 또는 출자의 금액에 전입함으로써 취득하는 주식 또는 출자의 가액, ② 법인이 자기주식 또는 자기출자지분을 보유한 상태에서 ①에 따른 자본전

---

713) 2. 법인의 잉여금의 전부 또는 일부를 자본이나 출자에 전입(轉入)함으로써 주주등인 내국법인이 취득하는 주식등의 가액. 다만, 다음 각 목의 어느 하나에 해당하는 금액을 자본에 전입하는 경우는 제외한다.
　가. 「상법」 제459조 제1항에 따른 자본준비금으로서 대통령령으로 정하는 것
　나. 「자산재평가법」에 따른 재평가적립금(같은 법 제13조 제1항 제1호에 따른 토지의 재평가차액에 상당하는 금액은 제외한다)
714) 주식회사 외의 법인인 경우에는 이를 준용하여 계산한 금액을 말한다.
715) 이 경우 법인세법 제17조 제1항 제5호에 따른 금액(합병차익)을 한도로 한다.
716) 소득세법시행령 제27조 제4항 단서.
717) 소득세법 제17조 제2항 제3호 단서.
718) 소득세법시행령 제27조 제1항.
719) 소득세법시행령 제27조 제2항.

입을 함에 따라 그 법인 외의 주주 등의 지분비율이 증가한 경우에 의한 주식등의 경우에는 액면가액 또는 출자금액으로 한다.[720] 무액면주식의 가액은 법인의 자본금에 전입한 금액을 자본금 전입에 따라 신규로 발행한 주식수로 나누어 계산한 금액으로 한다.

나) 합병·분할에 따른 주식등

소득세법 제17조 제2항 제4호[721] 또는 제6호[722]에 따른 주식등으로서 법인세법 제44조 제2항 제1호[723] 및 제2호[724][725] 또는 법인세법 제46조 제2항 제1호[726] 및 제2호[727][728]의 요건을 갖추거나(적격합병 및 적격분할) 법인세법 제44조 제3항[729]에 해당하는 경우에는 피합병법인, 분

---

[720] 소득세법시행령 제27조 제1항 제1호 가목.

[721] 4. 합병으로 소멸한 법인의 주주·사원 또는 출자자가 합병 후 존속하는 법인 또는 합병으로 설립된 법인으로부터 그 합병으로 취득하는 주식 또는 출자의 가액과 금전의 합계액이 그 합병으로 소멸한 법인의 주식 또는 출자를 취득하기 위하여 사용한 금액을 초과하는 금액

[722] 6. 법인이 분할하는 경우 분할되는 법인(이하 "분할법인"이라 한다) 또는 소멸한 분할합병의 상대방 법인의 주주가 분할로 설립되는 법인 또는 분할합병의 상대방 법인으로부터 분할로 취득하는 주식의 가액과 금전, 그 밖의 재산가액의 합계액(이하 "분할대가"라 한다)이 그 분할법인 또는 소멸한 분할합병의 상대방 법인의 주식(분할법인이 존속하는 경우에는 소각 등으로 감소된 주식에 한정한다)을 취득하기 위하여 사용한 금액을 초과하는 금액

[723] 1. 합병등기일 현재 1년 이상 사업을 계속하던 내국법인 간의 합병일 것. 다만, 다른 법인과 합병하는 것을 유일한 목적으로 하는 법인으로서 대통령령으로 정하는 법인의 경우는 제외한다.

[724] 2. 피합병법인의 주주등이 합병으로 인하여 받은 합병대가의 총합계액 중 합병법인의 주식등의 가액이 100분의 80 이상이거나 합병법인의 모회사(합병등기일 현재 합병법인의 발행주식총수 또는 출자총액을 소유하고 있는 내국법인을 말한다)의 주식등의 가액이 100분의 80 이상인 경우로서 그 주식등이 대통령령으로 정하는 바에 따라 배정되고, 대통령령으로 정하는 피합병법인의 주주등이 합병등기일이 속하는 사업연도의 종료일까지 그 주식등을 보유할 것

[725] 주식등의 보유와 관련된 부분은 제외한다.

[726] 1. 분할등기일 현재 5년 이상 사업을 계속하던 내국법인이 다음 각 목의 요건을 모두 갖추어 분할하는 경우일 것(분할합병의 경우에는 소멸한 분할합병의 상대방법인 및 분할합병의 상대방법인이 분할등기일 현재 1년 이상 사업을 계속하던 내국법인일 것)
가. 분리하여 사업이 가능한 독립된 사업부문을 분할하는 것일 것
나. 분할하는 사업부문의 자산 및 부채가 포괄적으로 승계될 것. 다만, 공동으로 사용하던 자산, 채무자의 변경이 불가능한 부채 등 분할하기 어려운 자산과 부채 등으로서 대통령령으로 정하는 것은 제외한다.
다. 분할법인등만의 출자에 의하여 분할하는 것일 것

[727] 주식등의 보유와 관련된 부분은 제외한다.

[728] 2. 분할법인등의 주주가 분할신설법인등으로부터 받은 분할대가의 전액이 주식인 경우(분할합병의 경우에는 분할대가의 100분의 80 이상이 분할신설법인등의 주식인 경우 또는 분할대가의 100분의 80 이상이 분할합병의 상대방 법인의 발행주식총수 또는 출자총액을 소유하고 있는 내국법인의 주식인 경우를 말한다)로서 그 주식이 분할법인등의 주주가 소유하던 주식의 비율에 따라 배정(분할합병의 경우에는 대통령령으로 정하는 바에 따라 배정한 것을 말한다)되고 대통령령으로 정하는 분할법인등의 주주가 분할등기일이 속하는 사업연도의 종료일까지 그 주식을 보유할 것

[729] ③ 다음 각 호의 어느 하나에 해당하는 경우에는 제2항에도 불구하고 적격합병으로 보아 양도손익이 없는 것으로 할 수 있다. 〈개정 2011.12.31., 2016.12.20., 2018.12.24.〉

할법인 또는 소멸한 분할합병의 상대방법인(피합병법인등)의 주식등의 취득가액으로 한다.[730] 다만 합병 또는 분할로 소득세법 제17조 제2항 제4호[731] 또는 제6호[732]에 따른 주식등과 금전 또는 그 밖의 재산을 함께 받은 경우로서 해당 주식등의 시가가 피합병법인등의 주식등의 취득가액보다 작은 경우에는 시가로 한다.

무액면주식의 가액은 법인의 자본금에 전입한 금액을 자본금 전입에 따라 신규로 발행한 주식수로 나누어 계산한 금액으로 한다.

다) 주식배당의 경우

주식배당의 경우에는 발행금액으로 한다.[733] 회사가 주식배당을 하는 것은 현금으로 배당을 받아 액면금액(발행금액)으로 현금을 지급하고 주식을 사는 것과 같은 의미다. 법인의 입장에서는 회사의 현금이 외부로 유출되지 않고 주주에게 배당을 한다는 장점이 있고 주주는 일반적으로 시장가격보다 낮은 금액을 주고 주식을 사기 때문에 시세차익에 따른 추가적인 이익을 취할 수 있다는 장점이 있다.

라) 기타의 주식등의 경우

위의 가)부터 다)까지에 해당하지 않는 주식등의 경우에는 취득 당시의 시가로 한다.[734]

---

1. 내국법인이 발행주식총수 또는 출자총액을 소유하고 있는 다른 법인을 합병하거나 그 다른 법인에 합병되는 경우
2. 동일한 내국법인이 발행주식총수 또는 출자총액을 소유하고 있는 서로 다른 법인 간에 합병하는 경우

730) 소득세법시행령 제27조 제1항 제1호 나목.
731) 4. 합병으로 소멸한 법인의 주주·사원 또는 출자자가 합병 후 존속하는 법인 또는 합병으로 설립된 법인으로부터 그 합병으로 취득하는 주식 또는 출자의 가액과 금전의 합계액이 그 합병으로 소멸한 법인의 주식 또는 출자를 취득하기 위하여 사용한 금액을 초과하는 금액
732) 6. 법인이 분할하는 경우 분할되는 법인(이하 "분할법인"이라 한다) 또는 소멸한 분할합병의 상대방 법인의 주주가 분할로 설립되는 법인 또는 분할합병의 상대방 법인으로부터 분할로 취득하는 주식의 가액과 금전, 그 밖의 재산가액의 합계액(이하 "분할대가"라 한다)이 그 분할법인 또는 소멸한 분할합병의 상대방 법인의 주식(분할법인이 존속하는 경우에는 소각 등으로 감소된 주식에 한정한다)을 취득하기 위하여 사용한 금액을 초과하는 금액
733) 소득세법시행령 제27조 제1항 제1호 다목.
734) 소득세법시행령 제27조 제1항 제1호 라목.

마) 상법에 따른 준비금 등의 장부가액

소득세법 제17조 제2항 제2호 단서[735]의 규정에 의하여 주식등을 취득하는 경우 신·구주식등의 1주 또는 1좌당 장부가액은 아래 계산식에 따라 산출된 금액으로 한다.[736]

〈표-31 신·구주식등의 1주 또는 1좌당 장부가액의 계산〉

구분		계산식
구주식등 1주 또는 1좌당 장부가액	①	
구주식등 1주 또는 1좌당 신주등 배정수	②	① ÷ (1 + ②) = ③
1주 또는 1좌당 장부가액	③	

바) 주식소각등의 장부가액 계산

출자의 감소 또는 출자지분의 소각을 포함한 자본의 감소 또는 주식의 소각[737](주식소각등)에 의한 의제배당 총수입금액을 계산함에 있어서 의제배당일부터 역산하여 2년 이내에 자본준비금의 자본전입에 따라 취득한 주식등으로서 상법에 따른 준비금 등의 규정[738]에 의해 의제배당으로 보지 않는 것(단기소각주식등)[739]이 있는 경우에는 단기소각주식등이 먼저 감소 또는 소각된 것으로 보며 당해 단기소각주식등의 취득가액은 없는 것으로 본다.[740]

이 경우 단기소각주식등을 취득한 후 의제배당일까지의 기간 중에 주식등의 일부를 양도하는 경우에는 단기소각주식등과 다른 주식등을 각 주식등의 수에 비례하여 양도되는 것으로 보아 계산하며 주식소각등이 있는 이후의 1주 또는 1좌당 장부가액은 아래 계산식에 따라 계산한 금액으로 한다.

---

735) 다만, 다음 각 목의 어느 하나에 해당하는 금액을 자본에 전입하는 경우는 제외한다.
　가. 「상법」 제459조 제1항에 따른 자본준비금으로서 대통령령으로 정하는 것
　나. 「자산재평가법」에 따른 재평가적립금(같은 법 제13조 제1항 제1호에 따른 토지의 재평가차액에 상당하는 금액은 제외한다)
736) 소득세법시행령 제27조 제2항.
737) 소득세법 제17조 제2항 제1호.
738) 소득세법 제17조 제2항 제2호 단서.
739) 법인세법 제17조 제1항 제1호 본문에 따른 주식발행액면초과액의 자본전입에 따라 발행된 주식을 제외한다.
740) 소득세법시행령 제27조 제3항.

〈표-32 주식소각 등의 1주 또는 1좌당 장부가액의 계산〉

구분		계산식
주식소각등이 있은 이후의 취득가액합계	①	
주식소각등이 있은 이후의 주식등 수의 합계	②	① ÷ ② = ③
1주 또는 1좌당 장부가액	③	

사) 재평가적립금의 자본금 등의 전입

재평가적립금의 일부를 자본금 또는 출자금에 전입하는 경우 토지의 재평가차액[741]에 상당하는 금액은 아래의 계산식에 의해 계산한다.[742]

〈표-33 신·구주식등의 1주 또는 1좌당 장부가액의 계산〉

구분		계산식
당해 자본금 또는 출자금에 전입된 재평가적립금	①	
자산재평가법 제13조 제1항 제1호[743][744]의 규정에 의한 재평가차액	②	① × (② ÷ ③) = ④
자산재평가차액	③	
1주 또는 1좌당 장부가액	④	

아) 소액주주의 주식취득금액이 불분명한 경우

---

741) 자산재평가법 제13조 제1항 제1호.
742) 소득세법시행령 제27조 제5항.
743) 1. 제5조 제1항 제2호의 규정에 의한 토지(1983년 12월 31일 이전에 취득한 土地로서 1984년 1월 1일 이후 再評價를 실시하지 아니한 土地를 최초로 再評價하는 경우 당해土地를 제외한다)의 재평가차액에 상당하는 과세표준에 대하여는 100분의 1
744) 제5조(재평가자산의 범위) ① 법인 및 소득세법 제28조의 규정에 의한 사업자는 재평가일 현재 그 기업에 속속된 자산으로서 국내에 소재하는 다음 각 호의 자산에 대하여 이 법이 정하는 바에 의하여 재평가를 할 수 있다. 다만, 매매목적으로 소유하는 자산등으로서 대통령령이 정하는 자산은 예외로 한다. 〈개정 1998.4.10〉
2. 1997년 12월 31일 이전에 취득한 토지

소득세법 제17조 제2항 ① 제1호,[745] ② 제3호,[746] ③ 제4호,[747] ④ 제6호[748]에 따라 해당 주식을 취득하기 위하여 소요된 금액을 계산할 때에 주주가 소유주식의 비율 등을 고려하여 기획재정부령으로 정하는 소액주주에 해당하고 해당 주식을 보유한 주주의 수가 다수이거나 해당 주식의 빈번한 거래 등에 따라 해당 주식을 취득하기 위하여 소요된 금액의 계산이 불분명한 경우에는 액면가액을 해당 주식의 취득에 소요된 금액으로 본다.[749] 다만 주식소각등에 의한 의제배당이 적용되는 경우 및 해당 주주가 액면가액이 아닌 다른 가액을 입증하는 경우에는 그렇지 않다.

기획재정부령으로 정하는 소액주주란 ① 해당 법인의 발행주식총액등의 100분의 1 이상의 주식을 소유한 주주[750]로서 그와 소득세법시행령 제98조 제1항[751]에 따른 특수관계에 있는 주주와의 소유주식 합계가 해당 법인의 주주 중 가장 많은 경우의 해당 주주의 어느 하나에 해당하는 주주를 제외한 주주로서 해당 법인의 발행주식총액 또는 출자총액(발행주식총액등)의 100분의 1에 해당하는 금액과 액면가액 합계액 3억원 중 적은 금액 미만의 주식을 소유하는 주주[752]를 말한다.[753]

2. 배당소득의 수입시기

---

745) 주식의 소각이나 자본의 감소로 인하여 주주가 취득하는 금전, 그 밖의 재산의 가액 또는 퇴사·탈퇴나 출자의 감소로 인하여 사원이나 출자자가 취득하는 금전, 그 밖의 재산의 가액이 주주·사원이나 출자자가 그 주식 또는 출자를 취득하기 위하여 사용한 금액을 초과하는 금액을 말한다.

746) 해산한 법인의 주주·사원·출자자 또는 구성원이 그 법인의 해산으로 인한 잔여재산의 분배로 취득하는 금전이나 그 밖의 재산의 가액이 해당 주식·출자 또는 자본을 취득하기 위하여 사용된 금액을 초과하는 금액을 말한다.

747) 합병으로 소멸한 법인의 주주·사원 또는 출자자가 합병 후 존속하는 법인 또는 합병으로 설립된 법인으로부터 그 합병으로 취득하는 주식 또는 출자의 가액과 금전의 합계액이 그 합병으로 소멸한 법인의 주식 또는 출자를 취득하기 위하여 사용한 금액을 초과하는 금액을 말한다.

748) 법인이 분할하는 경우 분할법인 또는 소멸한 분할합병의 상대방 법인의 주주가 분할로 설립되는 법인 또는 분할합병의 상대방 법인으로부터 분할로 취득하는 주식의 가액과 금전, 그 밖의 재산가액의 합계액이 그 분할법인 또는 소멸한 분할합병의 상대방 법인의 주식을 취득하기 위하여 사용한 금액을 초과하는 금액을 말한다.

749) 소득세법시행령 제27조 제7항.

750) 국가 또는 지방자치단체인 주주는 제외한다.

751) 제98조(부당행위계산의 부인) ① 법 제41조 및 제101조에서 "특수관계인"이란 「국세기본법 시행령」 제1조의2 제1항, 제2항 및 같은 조 제3항 제1호에 따른 특수관계인을 말한다.

752) 은행법에 따른 은행의 경우에는 발행주식총액등의 100분의 1에 해당하는 금액 미만의 주식을 소유하는 주주를 말한다.

753) 소득세법시행규칙 제14조의2.

배당소득은 원칙적으로 실제 배당을 지급하는 날을 수입시기로 한다. 다만 일부 배당소득에 대해서는 아래와 같이 수입시기를 다르게 규정하고 있다.

〈표-34 배당소득의 수입시기〉

구분	수입시기
① 무기명주식의 이익이나 배당	그 지급을 받은 날
② 잉여금의 처분에 의한 배당	당해 법인의 잉여금 처분결의일
③ 출자공동사업자의 배당	과세기간 종료일
④ 배당 또는 분배금	그 지급을 받은 날
⑤ 의제배당	주식의 소각, 자본의 감소 또는 자본에의 전입을 결정한 날,[754] 퇴사 또는 탈퇴한 날
	법인이 해산으로 인하여 소멸한 경우에는 잔여재산의 가액이 확정된 날
	법인이 합병으로 인하여 소멸한 경우에는 그 합병등기를 한 날
	법인이 분할 또는 분할합병으로 인하여 소멸 또는 존속하는 경우에는 그 분할등기 또는 분할합병등기를 한 날
⑥ 법인세법에 의하여 처분된 배당	당해 법인의 당해 사업연도의 결산확정일
⑦ 집합투자기구로부터의 이익	(2022.12.31.까지 적용) 집합투자기구로부터의 이익을 지급받은 날. 다만, 원본에 전입하는 뜻의 특약이 있는 분배금은 그 특약에 따라 원본에 전입되는 날로 한다. (2023.1.1.부터 적용) **제26조의2 제1항에 따른 집합투자기구로부터의 이익 중 배당소득을 지급받은 날.** 다만, 원본에 전입하는 뜻의 특약이 있는 분배금은 그 특약에 따라 원본에 전입되는 날로 한다.
⑧ **파생결합증권 또는 파생결합사채로부터의 이익** (2022.12.31.까지 적용)	그 이익을 지급받은 날. 다만, 원본에 전입하는 뜻의 특약이 있는 분배금은 그 특약에 따라 원본에 전입되는 날로 한다.

3. 배당소득금액의 총수입금액 계산

---

754) 이사회의 결의에 의하는 경우에는 「상법」 제461조 제3항의 규정에 의하여 정한 날을 말한다.

가. 배당소득금액의 총수입금액

배당소득금액은 해당 과세기간의 총수입금액으로 한다.[755] 배당소득금액을 총수입금액으로 하는 것은 배당소득에 대해서는 필요경비를 인정하지 않기 때문에 배당소득금액 전액을 총수입금액으로 하는 것이다.

배당에 따른 총수입금액의 계산에서는 배당소득금액 가산(Gross-up)과 수입배당금 익금불산입 제도라는 특별한 제도를 두고 있다. 이러한 제도는 배당을 지급하는 법인의 배당 재원이 되는 소득은 법인의 단계에서 이미 법인세가 과세되었기 때문에 주주가 법인으로부터 배당을 받는 때에 또다시 과세하는 경우 이중과세 문제가 있어 이중과세를 조정하기 위한 목적을 가지고 있다.

나. 배당소득금액 가산 제도

배당소득금액 가산 제도는 법인이 개인주주에게 배당을 지급하는 경우에 적용되는 제도로서 총수입금액에 포함하는 것과 하지 않는 것으로 구분하며 배당소득금액산정을 하는 때에 배당소득금액에 배당가산율을 곱하여 산출된 금액을 더한 후 종합소득결정세액을 계산하는 때에 다시 해당 금액을 세액에서 공제한다.

⟨표-35 배당소득금액 가산제도의 계산 방식⟩

구분		계산식
배당수입금액(배당소득금액 가산 대상 배당소득금액)	①	① + (① × ②) = ③
배당가산, 배당수입금액의 100분의 11 또는 100분의 12	②	
배당소득금액	③	
기타의 종합소득금액	④	③ + ④ = ⑤
종합소득금액	⑤	
소득공제	⑥	⑤ - ⑥ = ⑦
종합소득과세표준	⑦	
기본세율	⑧	⑦ × ⑧ = ⑨
산출세액	⑨	
세액감면	⑩	
배당세액공제	⑪	(① × ②) = ⑪
기타 세액공제	⑫	
결정세액	⑬	⑨ - ⑩ - ⑪ - ⑫ = ⑬

---

755) 소득세법 제17조 제3항.

1) 배당소득금액에 가산하는 금액

① 내국법인으로부터 받는 이익이나 잉여금의 배당 또는 분배금, ② 법인으로 보는 단체로부터 받는 배당금 또는 분배금, ③ 법인세법에 따라 내국법인으로 보는 신탁재산으로부터 받는 배당금 또는 분배금, ④ 법인세법에 따라 배당으로 처분된 금액에 따른 배당소득 중 배당소득금액 가산 대상에서 제외되는 것을 제외한 것, ⑤ 국내 또는 국외에서 받는 대통령령으로 정하는 집합투자기구로부터의 이익에 따른 배당소득 중 경영참여형 사모집합투자기구[756]로부터 받는 배당소득에 해당하는 것에 대해서는 해당 과세기간의 총수입금액에 그 배당소득의 100분의 11[757](배당가산율)에 해당하는 금액을 더한 금액으로 한다.[758]

2) 배당소득금액에 가산하지 않는 금액

배당소득금액에 가산하지 않는 것이란 ① 자기주식 또는 자기출자지분의 소각이익의 자본전입으로 인한 의제배당,[759] ② 토지의 재평가차액의 자본전입으로 인한 의제배당,[760] ③ 의제배당,[761] ④ 조세특례제한법 제132조에 따른 최저한세액이 적용되지 않는 법인세의 비과세·면제·감면 또는 소득공제[762]를 받은 법인 중 대통령령으로 정하는 법인으로부터 받은 배당소득이 있는 경우에는 그 배당소득의 금액에 대통령령으로 정하는 율을 곱하여 산출한 금액을 말한다.

가) 대통령령으로 정하는 법인

대통령령으로 정하는 법인이란 ① 유동화전문회사등에 대한 소득공제,[763] ② 동업기업 및 동

---

756) ① 유동화전문회사등에 대한 소득공제, ② 동업기업 및 동업자의 납세의무, ③ 프로젝트금융투자회사에 대한 소득공제를 받지 않는 회사만 해당한다.
757) 2009년 1월 1일부터 2010년 12월 31일까지의 배당소득분은 100분의 12로 한다.
758) 소득세법 제17조 제3항 단서.
759) 소득세법 제17조 제2항 제2호 가목.
760) 소득세법 제17조 제2항 제2호 나목.
761) 소득세법 제17조 제2항 제5호.
762) 조세특례제한법외의 법률에 따른 비과세·면제·감면 또는 소득공제를 포함한다.
763) 법인세법 제51조의2.

업자의 납세의무,[764] ③ 프로젝트금융투자회사에 대한 소득공제,[765] ④ 수도권 밖으로 본사를 이전하는 법인에 대한 세액감면 등,[766] ⑤ 외국인투자에 대한 조세 감면, ⑥ 증자의 조세감면,[767] ⑦ 제주첨단과학기술단지 입주기업에 대한 법인세 등의 감면,[768] ⑧ 제주투자진흥지구 또는 제주자유무역지역 입주기업에 대한 법인세 등의 감면[769]의 어느 하나에 해당하는 법인으로 법인세 면제등을 받는 법인등을 말한다.[770]

나) 대통령령으로 정하는 율

대통령령으로 정하는 율이란 대통령령으로 정하는 법인 중 ①, ②, ③에 해당하는 경우 100분의 100,[771] ④부터 ⑧까지에 해당하는 법인[772]의 경우에는 아래의 산식에 의한 비율[773]을 말한다.[774]

⟨표-36 소득세법시행령 제27조의3 제2호에 해당하는 법인의 적용대상 율 계산⟩

구분		계산식
직전 2개 사업연도의 감면대상소득금액의 합계액	①	
감면비율	②	① × ② ÷ ③ = ④
직전 2개 사업연도의 총소득금액의 합계액	③	
적용대상 율	④	

---

764) 조세특례제한법 제100조의16.
765) 조세특례제한법 제104조의31.
766) 조세특례제한법 제63조의2.
767) 조세특례제한법 제121조의4.
768) 조세특례제한법 제121조의8.
769) 조세특례제한법 제121조의9.
770) 소득세법 제21조의3 제1항.
771) 소득세법시행령 제27조의3 제1항 제1호.
772) 소득세법시행령 제27조의3 제1항 제2호.
773) 사업연도가 1개 사업연도인 경우에는 당해 사업연도의 소득금액을 기준으로 계산하며, 당해 비율이 100분의 100을 초과하는 경우에는 100분의 100으로 한다.
774) 소득세법시행령 제27조의3 제2항.

다. 수입배당금 익금불산입 제도

1) 내국법인의 수입배당금 익금불산입

내국법인이 해당 법인이 출자한 다른 내국법인(피출자법인)으로부터 받은 이익의 배당금 또는 잉여금의 분배금과 법인세법에 따라 배당금 또는 분배금으로 보는 금액(수입배당금액) 중 ① 피출자법인별 수입배당금액 익금불산입 금액에서 ② 익금불산입 대상에서 제외되는 수입배당금액을 뺀 금액은 각 사업연도 소득금액을 계산할 때 익금에 산입하지 않는다. 이 경우 그 금액이 영(0)보다 작은 경우에는 없는 것으로 본다.[775]

가) 피출자법인별 수입배당금액 익금불산입 금액

피출자법인별 수입배당금액에 아래 구분에 따른 익금불산입률을 곱한 금액의 합계액으로 한다. 내국법인이 출자한 다른 내국법인(피출자법인)에 대한 출자비율은 피출자법인의 배당기준일 현재 3개월 이상 계속해서 보유하고 있는 주식등을 기준[776]으로 계산한다. 보유 주식등의 수를 계산할 때 같은 종목의 주식등의 일부를 양도한 경우에는 먼저 취득한 주식등을 먼저 양도(선입선출법)한 것으로 본다.[777]

〈표-37 피출자법인별 수입배당금액 익금불산입 금액의 계산〉

피출자법인의 구분	피출자법인에 대한 출자비율	익금불산입률
주권상장법인[778]	100%	100%
	30% 이상 100% 미만	50%
	30% 미만	30%
주권상장법인 외의 법인	100%	100%
	50% 이상 100% 미만	50%
	50% 미만	30%

---

775) 법인세법 제18조의2 제1항.
776) 상장주식의 경우 D+2(주식의 매매일 +2일) 후에 매매대금이 정산되므로 주식등의 매매일이 아닌 결제일 기준으로 보유주식수를 계산해야 한다.
777) 법인세법시행령 제17조의2 제1항.
778) 자본시장법에 따른 주권상장법인을 말한다.

나) 익금불산입 대상에서 제외되는 수입배당금액

① 배당기준일 전 3개월 이내에 취득한 주식등을 보유함으로써 발생하는 수입배당금액, ② 지주회사 수입배당금액의 익금불산입 특례[779]를 적용받는 수입배당금액, ③ 유동화전문회사 등에 대한 소득공제[780] 또는 프로젝트금융투자회사에 대한 소득공제[781]에 따라 지급한 배당에 대하여 소득공제를 적용받는 법인으로부터 받은 수입배당금액, ④ 법인세법과 조세특례제한법에 따라 법인세를 비과세·면제·감면받는 법인(대통령령으로 정하는 법인으로 한정)으로부터 받은 수입배당금액, ⑤ 법인과세 신탁재산에 대한 소득공제[782]에 따라 지급한 배당에 대하여 소득공제를 적용받는 법인과세 신탁재산으로부터 받은 수입배당금액에 해당하는 수입배당금액에 대해서는 적용하지 않는다.[783]

(1) 비과세 등을 받는 법인 중 대통령령으로 정하는 법인

법인세법과 조세특례제한법에 따라 법인세를 비과세·면제·감면받는 법인 중 대통령령으로 정하는 법인이란 ① 수도권 밖으로 본사를 이전하는 법인에 대한 세액감면 등,[784] ② 제주첨단과학기술단지 입주기업에 대한 법인세 등의 감면,[785] ③ 제주투자진흥지구 또는 제주자유무역지역 입주기업에 대한 법인세 등의 감면[786]을 적용받는 법인,[787][788] ④ 동업기업 과세특례[789]를 적용받는 법인을 말한다.[790]

---

779) 법인세법 제18조의3.
780) 법인세법 제51조의2.
781) 조세특례제한법 제104조의31.
782) 법인세법 제75조의14.
783) 법인세법 제18조의2 제2항.
784) 조세특례제한법 제63조의2.
785) 조세특례제한법 제121조의8.
786) 조세특례제한법 제121조의9.
787) 감면율이 100분의 100인 사업연도에 한정한다.
788) 법인세법시행령 제17조의2 제4항.
789) 조세특례제한법 제100조의15 제1항.
790) 법인세법 제18조의3 제9항 제2호.

(2) 익금불산입 대상에서 제외되는 수입배당금액의 계산

익금불산입 대상에서 제외되는 수입배당금액을 계산할 때 법인세법 제55조(세율)에 따라 이미 손금불산입된 금액은 차입금 및 그 차입금의 이자에서 제외한다.[791] 익금불산입 대상에서 제외되는 수입배당금액은 아래 계산식에 따라 계산한 차감금액의 합계액으로 한다.[792]

〈표-38 익금불산입 대상에서 제외되는 수입배당금액의 계산〉

구분		계산식
내국법인의 차입금 이자	①	
해당 피출자법인의 주식등[793]의 장부가액 적수 (일별 잔액의 합계액을 말한다.)	②	① × ② ÷ ③ × ④ = ⑤
내국법인의 사업연도종료일 현재 재무상태표상 자산총액의 적수	③	
법인세법 제18조의2 제1항 제1호의 구분에 따른 익금불산입률	④	
차감금액	⑤	

2) 지주회사 수입배당금액 익금불산입 특례

가) 특례의 적용 대상이 되는 지주회사

수입배당금액의 익금불산입 특례의 적용 대상이 되는 지주회사란 ① 사업연도 종료일 현재 독점규제 및 공정거래에 관한 법률, ② 금융지주회사법, ③ 기술의 이전 및 사업화 촉진에 관한 법률, ④ 산업교육진흥 및 산학연협력촉진에 관한 법률에 따라 지주회사로 신고한 내국법인을 말한다.[794] 해당 사업연도 종료일 현재 해당 법률에 따른 지주회사의 설립 및 전환의 신고기한이 도래하지 않은 자가 해당 각 사업연도의 소득에 대한 과세표준 신고기한[795]까지 해당 법률에 따라 지주회사로 신고한 경우에는 지주회사로 본다.

---

791) 법인세법시행령 제17조의2 제2항.
792) 법인세법시행령 제17조의2 제3항.
793) 국가 및 지방자치단체로부터 현물출자받은 주식등은 제외한다.
794) 법인세법시행령 제17조의3 제1항.
795) 법인세법 제60조.

나) 자회사

자회사란 해당 지주회사가 출자한 법인으로서 지주회사의 자회사에 대한 출자 비율 등을 고려하여 아래의 요건을 모두 갖춘 내국법인(자회사)을 말한다.[796]

(1) 주식등의 보유 요건

수입배당금액의 익금불산입 특례의 적용 대상이 되는 지주회사가 직접 그 내국법인의 발행주식총수 또는 출자총액의 100분의 40 이상을 그 내국법인의 배당기준일 현재 3개월 이상 계속하여 보유하고 있는 법인이어야 한다. 다만 자본시장법에 따른 주권상장법인 또는 벤처기업육성에 관한 특별조치법 제2조 제1항[797)798)]에 따른 벤처기업인 경우에는 100분의 20으로 한다.[799]

---

796) 법인세법시행령 제17조의3 제2항.
797) 제2조(정의) ① "벤처기업"이란 제2조의2의 요건을 갖춘 기업을 말한다. 〈개정 2007.8.3.〉
798) 제2조의2(벤처기업의 요건) ① 벤처기업은 다음 각 호의 요건을 갖추어야 한다.
   1. 「중소기업기본법」 제2조에 따른 중소기업(이하 "중소기업"이라 한다)일 것
   2. 다음 각 목의 어느 하나에 해당할 것
     가. 다음 각각의 어느 하나에 해당하는 자의 투자금액의 합계(이하 이 목에서 "투자금액의 합계"라 한다) 및 기업의 자본금 중 투자금액의 합계가 차지하는 비율이 각각 대통령령으로 정하는 기준 이상인 기업
      (1) 「벤처투자 촉진에 관한 법률」 제2조 제10호에 따른 중소기업창업투자회사(이하 "중소기업창업투자회사"라 한다)
      (2) 「벤처투자 촉진에 관한 법률」 제2조 제11호에 따른 벤처투자조합(이하 "벤처투자조합"이라 한다)
      (3) 「여신전문금융업법」에 따른 신기술사업금융업자(이하 "신기술사업금융업자"라 한다)
      (4) 「여신전문금융업법」에 따른 신기술사업투자조합(이하 "신기술사업투자조합"이라 한다)
      (5) 삭제 〈2020.2.11〉
      (6) 「벤처투자 촉진에 관한 법률」 제66조에 따른 한국벤처투자
      (7) 중소기업에 대한 기술평가 및 투자를 하는 자로서 대통령령으로 정하는 자
      (8) 투자실적, 경력, 자격요건 등 대통령령으로 정하는 기준을 충족하는 개인
     나. 다음의 어느 하나를 보유한 기업의 연간 연구개발비와 연간 총매출액에 대한 연구개발비의 합계가 차지하는 비율이 각각 대통령령으로 정하는 기준 이상이고, 제25조의3 제1항에 따라 지정받은 벤처기업확인기관(이하 "벤처기업확인기관"이라 한다)으로부터 성장성이 우수한 것으로 평가받은 기업. 다만, 연간 총매출액에 대한 연구개발비의 합계가 차지하는 비율에 관한 기준은 창업 후 3년이 지나지 아니한 기업에 대하여는 적용하지 아니한다.
      1) 「기초연구진흥 및 기술개발지원에 관한 법률」 제14조의2 제1항에 따라 인정받은 기업부설연구소 또는 연구개발전담부서
      2) 「문화산업진흥 기본법」 제17조의3 제1항에 따라 인정받은 기업부설창작연구소 또는 기업창작전담부서
     다. 벤처기업확인기관으로부터 기술의 혁신성과 사업의 성장성이 우수한 것으로 평가받은 기업(창업 중인 기업을 포함한다)
   ② 제1항 제2호 나목 및 다목에 따른 평가기준과 평가방법 등에 관하여 필요한 사항은 대통령령으로 정한다. 〈개정 2020.2.11〉
799) 법인세법시행령 제17조의3 제2항 제1호.

(2) 금융기관 또는 비금융 내국법인

① 해당 내국법인의 지주회사가 금융지주회사법에 따른 금융지주회사인 경우 금융지주회사법 제2조 제1항 제1호[800]의 금융기관,[801] ② 해당 내국법인의 지주회사가 금융지주회사 외의 지주회사인 경우 한국표준산업분류에 따른 금융 및 보험업을 영위하지 않는 법인으로 내국법인이어야 한다.[802] 다만 해당 내국법인이 금융지주회사 외의 지주회사인 경우에는 금융 및 보험업을 영위하지 않는 법인으로 본다.

다) 익금불산입 대상에서 제외되는 수입배당금

① 배당기준일 전 3개월 이내에 취득한 주식등을 보유함으로써 발생하는 수입배당금액,[803] ② 법인세법 제51조의2(유동화전문회사 등에 대한 소득공제) 또는 조세특례제한법 제104조의31(프로젝트금융투자회사에 대한 소득공제)에 따라 지급한 배당에 대하여 소득공제를 적용받는 법인으로부터 받은 수입배당금액,[804] ③ 법인세법과 조세특례제한법에 따라 법인세를 비과세·면제·감면받는 법인(대통령령으로 정하는 법인으로 한정)으로부터 받은 수입배당금액,[805] ④ 법인세법 제75조의14(법인과세 신탁재산에 대한 소득공제)에 따라 지급한 배당에 대하여 소득공제를 적용받는 법인과세 신탁재산으로부터 받은 수입배당금액에 해당하는 수입배당금액[806]에 대해서는 적용하지 않는다.

---

800) 제2조(정의) ①이 법에서 사용하는 용어의 정의는 다음과 같다. 〈개정 2002.4.27., 2007.8.3., 2009.7.31., 2010.5.17., 2013.8.13., 2015.7.24., 2015.7.31.〉
　1. "금융지주회사"라 함은 주식(지분을 포함한다. 이하 같다)의 소유를 통하여 금융업을 영위하는 회사(이하 "금융기관"이라 한다) 또는 금융업의 영위와 밀접한 관련이 있는 회사를 대통령령이 정하는 기준에 의하여 지배(이하 "지배"라 한다)하는 것을 주된 사업으로 하는 회사로서 다음 각 목에 모두 해당하는 것을 말한다.
　　가. 1 이상의 금융기관을 지배할 것
　　나. 자산총액이 대통령령으로 정하는 기준 이상일 것
　　다. 제3조에 따라 금융위원회의 인가를 받을 것
801) 금융지주회사법시행령 제2조 제2항에 해당하는 법인을 포함한다.
802) 법인세법시행령 제17조의3 제2항 제2호.
803) 법인세법 제18조의3 제2항 제1호.
804) 법인세법 제18조의3 제2항 제2호.
805) 법인세법 제18조의3 제2항 제3호.
806) 법인세법 제18조의3 제2항 제4호.

(1) 주식의 평가방법

배당기준일 전 3개월 이내에 취득한 주식등을 보유함으로써 발생하는 수입배당금액을 적용할 때 동일 종목의 주식등의 일부를 양도한 경우에는 먼저 취득한 주식등을 먼저 양도한 것으로 본다.

(2) 대통령령으로 정하는 법인

대통령령으로 정하는 법인이란 다음의 어느 하나에 해당하는 법인을 말한다.[807] ① 수도권 밖으로 본사를 이전하는 법인에 대한 세액감면 등,[808] ② 제주첨단과학기술단지 입주기업에 대한 법인세 등의 감면,[809] ③ 제주투자진흥지구 또는 제주자유무역지역 입주기업에 대한 법인세 등의 감면[810]을 적용받는 법인으로 감면율이 100분의 100인 사업연도에 한한다.[811] 또한 동업기업 과세특례[812]를 적용받는 법인을 말한다.[813]

라) 수입배당금액 익금불산입 대상 금액

내국법인 중 ① 독점규제 및 공정거래에 관한 법률에 따른 지주회사, ② 금융지주회사법에 따른 금융지주회사, ③ 기술의 이전 및 사업화 촉진에 관한 법률에 따른 공공연구기관첨단기술지주회사 및 산업교육진흥 및 산학연협력촉진에 관한 법률에 따른 산학연협력기술지주회사(지주회사)가 자회사로부터 받은 수입배당금액 중 자회사별 수입배당금액 익금불산입 대상 금액에서 지주회사가 각 사업연도에 지급한 차입금의 이자가 있는 경우에는 차입금의 이자 중 자회사별 수입배당금액 익금불산입률 및 자회사에 출자한 금액이 지주회사의 자산총액에서 차지하는

---

807) 법인세법시행령 제17조의3 제9항.
808) 조세특례제한법 제63조의2.
809) 조세특례제한법 제121조의8.
810) 조세특례제한법 제121조의9.
811) 법인세법시행령 제17조의3 제9항 제1호.
812) 조세특례제한법 제100조의15 제1항.
813) 법인세법시행령 제17조의3 제9항 제2호.

비율 등을 고려하여 대통령령으로 정하는 바에 따라 계산한 금액[814]을 뺀 금액은 각 사업연도의 소득금액을 계산할 때 익금에 산입하지 않는다.[815] 이 경우 그 금액이 영(0)보다 작은 경우에는 없는 것으로 본다.

(1) 자회사별 수입배당금액 익금불산입 대상 금액

자회사별 수입배당금액 익금불산입 대상 금액은 자회사별로 수입배당금액에 익금불산입률을 곱한 금액의 합계액으로 한다.[816] 지주회사의 자회사에 대한 출자비율은 자회사의 배당기준일 현재 3월 이상 계속하여 보유하고 있는 주식등을 기준으로 계산한다.[817] 다만 지주회사의 완전자회사가 되기 전에 부여한 신주인수권과 전환권이 지주회사의 완전자회사가 된 후 행사되어 자회사의 발행주식총수가 증가하는 경우 동 발행주식[818]에 대하여는 배당기준일 현재 보유하고 있는 주식등을 기준으로 계산한다.

〈표-39 자회사별로 수입배당금액 익금불산입 금액의 계산〉

자회사의 구분	자회사에 대한 출자비율	익금불산입률
주권상장법인	40% 이상	100%
	30% 이상 40% 미만	90%
	30 % 미만	80%
주권상장법인 외의 법인	80%	100%
	50% 이상 80% 미만	90%
	50% 미만	80%

(2) 대통령령으로 정하는 바에 따라 계산한 금액

대통령령으로 정하는 바에 따라 계산한 금액이란 아래의 계산식에 따라 계산한 차감금액의 합계액으로 한다. 계산하는 때에 차입금 및 그 차입금의 이자에는 금융지주회사법에 따른 금융

---

814) 법인세법시행령 제17조의3 제5항.
815) 법인세법 제18조의3 제1항.
816) 법인세법 제18조의3 제1항 제1호.
817) 법인세법시행령 제17조의3 제3항.
818) 배당기준일전 3월 이내에 발행된 것에 한한다.

지주회사가 차입할 때의 이자율보다 높은 이자율로 자회사에 대여한 금액에 상당하는 차입금의 이자와 법인세법 제55조(세율)에 따라 이미 손금불산입된 금액은 제외한다.[819]

〈표-40 익금불산입 대상에서 제외되는 수입배당금액의 계산〉

구분		계산식
지주회사의 차입금 이자	①	
해당 자회사의 주식등[820]의 장부가액 적수	②	
지주회사의 사업연도 종료일 현재 재무상태표상 자산총액[821]의 적수	③	① × ② ÷ ③ × ④ = ⑤
법인세법 제18조의3 제1항 제1호의 구분에 따른 익금불산입률	④	
익금불산입 대상에서 제외되는 수입배당금액	⑤	

제3절 주식등의 양도와 세금

I. 주요 용어의 정의

1. 양도

양도란 자산에 대한 등기 또는 등록과 관계없이 ① 매도, ② 교환, ③ 법인에 대한 현물출자 등을 통하여 자산을 유상으로 사실상 이전하는 것을 말한다.[822] 이 경우 대통령령으로 정하는 부담부증여를 하는 때에는 수증자가 부담하는 채무액에 해당하는 부분은 양도로 본다.

가. 위탁자가 신탁재산을 실질적 지배하고 소유하는 경우

위탁자와 수탁자 간 신임관계에 의해 위탁자의 자산에 신탁이 설정되고 그 신탁재산의 소유

---

819) 법인세법시행령 제17조의3 제4항.
820) 국가 및 지방자치단체로부터 현물출자받은 주식등은 제외한다.
821) 금융지주회사법에 따른 금융지주회사가 차입할 때의 이자율보다 높은 이자율로 자회사에게 대여한 금액이 있는 경우에는 자산총액에서 그 대여금을 뺀 금액을 말한다.
822) 소득세법 제88조 제1호.

권이 수탁자에게 이전된 경우로서 위탁자가 신탁 설정을 해지하거나 신탁의 수익자를 변경할 수 있는 등 신탁재산을 실질적으로 지배하고 소유하는 것으로 볼 수 있는 경우에는 양도로 보지 않는다.

나. 채무 변제 목적 담보 자산의 양도계약을 체결한 경우

채무자가 채무의 변제를 담보하기 위해 자산을 양도하는 계약을 체결한 경우 ① 당사자 사이에 채무의 변제를 담보하기 위해 양도한다는 의사표시가 있을 것, ② 당해 자산을 채무자가 원래대로 사용 또는 수익한다는 의사표시가 있을 것, ③ 원금·이율·변제기한·변제의 방법등에 관한 약정이 있을 것의 요건을 모두 갖춘 계약서의 사본을 양도소득 과세표준 확정신고서에 첨부하여 신고하는 때에는 양도로 보지 않는다.[823] 다만 계약을 체결한 후 요건에 위배하거나 채무불이행으로 인하여 자산을 변제에 충당한 때에는 그때에 이를 양도한 것으로 본다.[824]

다. 부담부증여의 채무액에 해당하는 부분

대통령령으로 정하는 부담부증여의 채무액에 해당하는 부분이란 부담부증여를 하는 때에 증여자의 채무를 수증자가 인수하는 경우 증여가액 중 채무액에 해당하는 부분을 말한다.[825] 다만 배우자 사이 또는 직계존비속 사이의 부담부증여[826]로서 수증자에게 인수되지 않은 것으로 추정되는 채무액[827]은 제외한다.

2. 주식등

주식등이란 주식 또는 출자지분을 말한다. 주식등에는 신주인수권과 지분증권[828]을 예탁받은

---

823) 소득세법시행령 제151조 제1항.
824) 소득세법시행령 제151조 제2항.
825) 소득세법시행령 제151조 제3항.
826) 상속증여세법 제44조에 따라 증여로 추정되는 경우를 포함한다.
827) 상속증여세법 제47조 제3항 본문에 따라 수증자에게 인수되지 않은 것으로 추정되는 채무액을 말한다.
828) 자본시장법 제4조 제2항 제2호.

자가 그 증권이 발행된 국가 외의 국가에서 발행한 것으로서 그 예탁 받은 증권에 관련된 권리가 표시[829]된 증권예탁증권을 포함한다.[830]

3. 주권상장법인과 주권비상장법인

주권상장법인이란 ① 증권시장에 상장된 주권을 발행한 법인, ② 주권과 관련된 증권예탁증권이 증권시장에 상장된 경우에는 그 주권을 발행한 법인[831]을 말한다.[832] 주권비상장법인이란 주권상장법인이 아닌 법인을 말한다.[833]

4. 실지거래가액

실지거래가액이란 자산의 양도 또는 취득 당시에 양도자와 양수자가 실제로 거래한 가액으로서 해당 자산의 양도 또는 취득과 대가관계에 있는 금전과 그 밖의 재산가액을 말한다.[834]

Ⅱ. 양도소득과세표준의 계산과 양도소득세액 계산의 순서

1. 양도소득과세표준의 계산

거주자의 양도소득에 대한 과세표준(양도소득과세표준)은 종합소득 및 퇴직소득에 대한 과세표준과 구분하여 계산한다.[835] 양도소득과세표준의 계산은 양도소득금액[836]에서 양도소득 기본

---

829) 소득세법시행령 제152조의2.
830) 소득세법 제88조 제2호.
831) 자본시장법 제9조 제15항 제3호.
832) 소득세법 제88조 제3호.
833) 소득세법 제88조 제4호.
834) 소득세법 제88조 제5호.
835) 소득세법 제92조 제1항.
836) 소득세법 제94조부터 제99조까지, 제99조의2, 제100조부터 제102조까지 및 제118조에 따른 양도소득금액을 말한다.

공제[837]를 한 금액으로 한다.[838]

2. 양도소득세액 계산의 순서

양도소득세는 소득세법에 특별한 규정이 있는 경우를 제외하고는 ① 양도소득과세표준에 세율[839]을 적용하여 양도소득 산출세액을 계산 한 후,[840] ② ①에 따라 계산한 산출세액에서 감면[841]되는 세액이 있을 때에는 공제하여 양도소득 결정세액을 계산하고,[842] ③ 결정세액에 가산세[843]를 더하여 양도소득 총결정세액을 계산한다.[844]

III. 주식등의 양도소득 범위

양도소득은 해당 과세기간에 발생한 아래의 어느 하나에 해당하는 주식등의 양도로 발생하는 소득으로 한다.[845] 주식등 및 기타자산의 양도에 모두 해당되는 경우에는 기타자산의 양도로 본다.

1. 주권상장법인의 주식등

주권상장법인의 주식등으로서 아래의 어느 하나에 해당하는 주식등으로 한다.[846]

가. 주권상장법인의 대주주 양도 주식등

---

[837] 소득세법 제103조.
[838] 소득세법 제92조 제2항.
[839] 소득세법 제104조.
[840] 소득세법 제93조 제1호.
[841] 소득세법 제90조.
[842] 소득세법 제93조 제2호.
[843] 소득세법 제114조의2, 제115조 및 국세기본법 제47조의2부터 제47조의4까지의 규정에 따른 가산세를 말한다.
[844] 소득세법 제93조.
[845] 소득세법 제94조 제1항 제3호.
[846] 소득세법 제94조 제1항 제3호 가목.

주권상장법인의 대주주가 양도하는 주식등이란 소유주식의 비율과 시가총액 등을 고려하여 아래의 어느 하나에 해당하는 주권상장법인의 대주주(주권상장법인대주주)가 양도하는 주식등을 말한다.[847]

1) 소유주식의 비율에 따른 구분

주식등을 소유하고 있는 주주 또는 출자자 1인(주주 1인) 및 주식등의 양도일이 속하는 사업연도의 직전 사업연도 종료일[848] 현재 아래의 구분에 따른 자(기타주주)가 주식등의 양도일이 속하는 사업연도의 직전사업연도 종료일 현재 소유한 주식등의 합계액이 해당 법인의 주식등의 합계액에서 차지하는 비율(소유주식의 비율)이 100분의 1 이상인 경우 해당 주주 1인 및 기타주주를 말한다.[849]

직전사업연도 종료일 현재 100분의 1에 미달하였으나 그 후 주식등을 취득함으로써 소유주식의 비율이 100분의 1 이상이 되는 때에는 그 취득일 이후의 주주 1인 및 기타주주를 포함한다.

가) 소유주식 비율의 합계가 법인의 최대인 경우

주주 1인 및 그와 법인세법시행령 제43조 제8항 제1호[850]에 따른 특수관계에 있는 자(주주 1인등)의 소유주식 비율의 합계가 해당 법인의 주주 1인등 중에서 최대인 경우 ① 국세기본법 시행령 제1조의2 제1항[851]의 어느 하나에 해당하는 자, ② 국세기본법 시행령 제1조의2 제3항 제

---

847) 소득세법 제94조 제1항 제3호 가목 1).
848) 주식등의 양도일이 속하는 사업연도에 새로 설립된 법인의 경우에는 해당 법인의 설립등기일로 한다.
849) 소득세법시행령 제157조 제4항 제1호.
850) ⑧ 제3항 및 제7항에서 "특수관계에 있는 자"란 해당 주주등과 다음 각 호의 어느 하나에 해당하는 관계에 있는 자를 말한다. 〈신설 2008.2.22., 2009.2.4., 2012.2.2., 2019.2.12.〉
   1. 해당 주주등이 개인인 경우에는 다음 각 목의 어느 하나에 해당하는 관계에 있는 자
     가. 친족(「국세기본법 시행령」 제1조의2 제1항에 해당하는 자를 말한다. 이하 같다)
     나. 제2조 제5항 제1호의 관계에 있는 법인
     다. 해당 주주등과 가목 및 나목에 해당하는 자가 발행주식총수 또는 출자총액의 100분의 30 이상을 출자하고 있는 법인
     라. 해당 주주등과 그 친족이 이사의 과반수를 차지하거나 출연금(설립을 위한 출연금에 한한다)의 100분의 30 이상을 출연하고 그 중 1명이 설립자로 되어 있는 비영리법인
     마. 다목 및 라목에 해당하는 법인이 발행주식총수 또는 출자총액의 100분의 30 이상을 출자하고 있는 법인
851) 제1조의2(특수관계인의 범위) ① 법 제2조 제20호 가목에서 "혈족·인척 등 대통령령으로 정하는 친족관계"란 다음 각 호의 어느 하

1호[852)]에 해당하는 자를 말한다.[853)]

나) 소유주식 비율의 합계가 법인의 최대가 아닌 경우

주주 1인등의 소유주식 비율의 합계가 해당 법인의 주주 1인등 중에서 최대가 아닌 경우 ① 직계존비속, ② 사실상의 혼인 관계에 있는 자를 포함한 배우자, ③ 국세기본법 시행령 제1조의2 제3항 제1호[854)]에 해당하는 자의 어느 하나에 해당하는 자를 말한다.[855)]

2) 주식등의 시가총액에 따른 구분

주식등의 양도일이 속하는 사업연도의 직전사업연도 종료일 현재 주주 1인 및 기타주주가 소유하고 있는 해당 법인의 주식등의 시가총액이 아래의 구분에 따른 금액 이상인 경우의 해당 주주 1인 및 기타주주를 말한다.[856)]

〈표-41 주식등의 시가총액의 구분에 따른 금액〉

구분	시가총액
2020년 4월 1일부터 2022년 12월 31일까지의 기간 동안 주식등을 양도하는 경우	10억원

나에 해당하는 관계(이하 "친족관계"라 한다)를 말한다.
1. 6촌 이내의 혈족
2. 4촌 이내의 인척
3. 배우자(사실상의 혼인관계에 있는 자를 포함한다)
4. 친생자로서 다른 사람에게 친양자 입양된 자 및 그 배우자·직계비속

852) ③ 1. 본인이 개인인 경우
　가. 본인이 직접 또는 그와 친족관계 또는 경제적 연관관계에 있는 자를 통하여 법인의 경영에 대하여 지배적인 영향력을 행사하고 있는 경우 그 법인
　나. 본인이 직접 또는 그와 친족관계, 경제적 연관관계 또는 가목의 관계에 있는 자를 통하여 법인의 경영에 대하여 지배적인 영향력을 행사하고 있는 경우 그 법인
853) 소득세법시행령 제157조 제4항 제1호 가목.
854) 1. 본인이 개인인 경우
　가. 본인이 직접 또는 그와 친족관계 또는 경제적 연관관계에 있는 자를 통하여 법인의 경영에 대하여 지배적인 영향력을 행사하고 있는 경우 그 법인
　나. 본인이 직접 또는 그와 친족관계, 경제적 연관관계 또는 가목의 관계에 있는 자를 통하여 법인의 경영에 대하여 지배적인 영향력을 행사하고 있는 경우 그 법인
855) 소득세법시행령 제157조 제4항 제1호 나목.
856) 소득세법시행령 제157조 제4항 제2호.

나. 증권시장 외에서 양도하는 주식등

대주주에 해당하지 않는 자가 증권시장에서의 거래에 의하지 않고 양도하는 주식등으로 한다.[857] 다만 주식의 포괄적 교환 및 이전[858] 또는 주식의 포괄적 교환 및 이전[859]에 대한 주식매수청구권 행사로 양도하는 주식등은 제외한다.

다. 코스닥시장과 코넥스시장 상장법인의 주식등

주식등의 양도일이 속하는 사업연도의 직전 사업연도 종료일 현재 주주 1인 및 기타주주의 소유주식의 비율 또는 주주 1인 및 기타주주가 소유하고 있는 해당 법인의 주식등의 시가총액이 아래의 구분에 따른 기준에 해당하는 경우에는 해당 주주 1인 및 기타주주를 대주주로 본다.[860] 이 경우 소유주식의 비율이 직전 사업연도 종료일 현재 그 기준에 미달하였으나 그 후 주식등을 취득함으로써 그 기준에 해당하게 되는 경우에는 그 취득일 이후의 주주 1인 및 기타주주를 대주주에 포함한다.

1) 코스닥시장상장법인의 주식등

코스닥시장상장법인[861]의 주식등의 경우 소유주식의 비율이 100분의 2 이상이거나 시가총액이 아래의 구분에 따른 금액 이상인 경우를 말한다.[862]

〈표-42 코스닥시장상장법인의 시가총액 구분에 따른 금액〉

구분	시가총액
2020년 4월 1일부터 2022년 12월 31일까지의 기간 동안 주식등을 양도하는 경우	10억원

---

857) 소득세법 제94조 제1항 제3호 가목 2).
858) 상법 제360조의2 및 제360조의15.
859) 상법 제360조의5 및 제360조의22.
860) 소득세법시행령 제157조 제5항.
861) 대통령령 제24697호 자본시장과 금융투자업에 관한 법률 시행령 일부개정령 부칙 제8조에 따른 코스닥시장에 상장된 주권을 발행한 법인을 말한다.
862) 소득세법시행령 제157조 제5항 제1호.

2) 코넥스시장상장법인의 주식등

코넥스시장상장법인[863]의 주식등의 경우 소유주식의 비율이 100분의 4 이상이거나 2022년 12월 31일까지 주식등을 양도하는 경우 시가총액이 10억원 이상인 경우를 말한다.[864]

2. 주권비상장법인의 주식등

주권비상장법인의 주식등을 말한다.[865] 다만 소유주식의 비율과 시가총액 등을 고려하여 대통령령으로 정하는 주권비상장법인의 대주주에 해당하지 않는 자가 한국금융투자협회가 행하는 장외매매거래에 의하여 양도하는 대통령령으로 정하는 중소기업 및 대통령령으로 정하는 중견기업의 주식등은 제외한다.

가. 주권비상장법인의 대주주

대통령령으로 정하는 주권비상장법인의 대주주란 소득세법시행령 제167조의8 제1항 제2호[866]에도 불구하고 주식등의 양도일이 속하는 사업연도의 직전 사업연도 종료일 현재 주주 1인 및 기타주주의 소유주식의 비율 또는 주주 1인 및 기타주주가 소유하고 있는 해당 법인의 주식

---

863) 「자본시장과 금융투자업에 관한 법률 시행령」 제11조 제2항에 따른 코넥스시장(이하 "코넥스시장"이라 한다)에 상장된 주권을 발행한 법인을 말한다.
864) 소득세법시행령 제157조 제5항 제2호.
865) 소득세법 제94조 제1항 제3호 나목.
866) 2. 주권비상장법인의 주주로서 다음 각 목의 어느 하나에 해당하는 자
　가. 주식등의 양도일이 속하는 사업연도의 직전 사업연도 종료일 현재 주주 1인 및 기타주주의 소유주식의 비율이 100분의 4 이상인 경우 해당 주주 1인 및 기타주주. 이 경우 직전 사업연도 종료일 현재 100분의 4에 미달하였으나 그 후 주식등을 취득함으로써 소유주식의 비율이 100분의 4 이상이 되는 때에는 그 취득일 이후의 주주 1인 및 기타주주를 포함한다.
　나. 주식등의 양도일이 속하는 사업연도의 직전 사업연도 종료일 현재 주주 1인 및 기타주주가 소유하고 있는 해당 법인의 주식등의 시가총액이 다음의 구분에 따른 금액(「자본시장과 금융투자업에 관한 법률 시행령」 제178조 제1항에 따라 거래되는 「벤처기업육성에 관한 특별조치법」 제2조 제1항에 따른 벤처기업의 주식등의 경우에는 40억원으로 한다) 이상인 경우 해당 주주 1인 및 기타주주
　　1) 2018년 3월 31일까지 주식등을 양도하는 경우: 25억원
　　2) 2018년 4월 1일부터 2020년 3월 31일까지의 기간 동안 주식등을 양도하는 경우: 15억원
　　3) 2020년 4월 1일부터 2022년 12월 31일까지의 기간 동안 주식등을 양도하는 경우: 10억원

등의 시가총액이 코넥스시장상장법인의 주식등[867]의 기준에 해당하는 경우 해당 주주 1인 및 기타주주를 말한다.[868]

이 경우 소유주식의 비율이 직전 사업연도 종료일 현재 그 기준에 미달하였으나 그 후 주식등을 취득함으로써 그 기준에 해당하게 되는 경우에는 그 취득일 이후의 주주 1인 및 기타주주를 포함한다.

나. 대통령령으로 정하는 중소기업

대통령령으로 정하는 중소기업이란 중소기업기본법 제2조[869]에 따른 중소기업에 해당하는 기업을 말한다.[870] 중소기업에 해당하는지 여부의 판정은 중소기업기본법 시행령 제3조의3 제1항[871]에도 불구하고 주식등의 양도일이 속하는 사업연도의 직전 사업연도 종료일 현재를 기준으

---

[867] 소득세법시행령 제157조 제5항 제2호.
[868] 소득세법시행령 제157조 제6항.
[869] 제2조(중소기업자의 범위) ①중소기업을 육성하기 위한 시책(이하 "중소기업시책"이라 한다)의 대상이 되는 중소기업자는 다음 각 호의 어느 하나에 해당하는 기업 또는 조합 등(이하 "중소기업"이라 한다)을 영위하는 자로 한다. 다만, 「독점규제 및 공정거래에 관한 법률」 제14조 제1항에 따른 공시대상기업집단에 속하는 회사 또는 같은 법 제14조의3에 따라 공시대상기업집단의 소속회사로 편입·통지된 것으로 보는 회사는 제외한다.
  1. 다음 각 목의 요건을 모두 갖추고 영리를 목적으로 사업을 하는 기업
  가. 업종별로 매출액 또는 자산총액 등이 대통령령으로 정하는 기준에 맞을 것
  나. 지분 소유나 출자 관계 등 소유와 경영의 실질적인 독립성이 대통령령으로 정하는 기준에 맞을 것
  2. 「사회적기업 육성법」 제2조 제1호에 따른 사회적기업 중에서 대통령령으로 정하는 사회적기업
  3. 「협동조합 기본법」 제2조에 따른 협동조합, 협동조합연합회, 사회적협동조합, 사회적협동조합연합회, 이종(異種)협동조합연합회(이 법 제2조 제1항 각 호에 따른 중소기업을 회원으로 하는 경우로 한정한다) 중 대통령령으로 정하는 자
  4. 「소비자생활협동조합법」 제2조에 따른 조합, 연합회, 전국연합회 중 대통령령으로 정하는 자
  5. 「중소기업협동조합법」 제3조에 따른 협동조합, 사업협동조합, 협동조합연합회 중 대통령령으로 정하는 자
    ② 중소기업은 대통령령으로 정하는 구분기준에 따라 소기업(小企業)과 중기업(中企業)으로 구분한다.
    ③ 제1항을 적용할 때 중소기업이 그 규모의 확대 등으로 중소기업에 해당하지 아니하게 된 경우 그 사유가 발생한 연도의 다음 연도부터 3년간은 중소기업으로 본다. 다만, 중소기업 외의 기업과 합병하거나 그 밖에 대통령령으로 정하는 사유로 중소기업에 해당하지 아니하게 된 경우에는 그러하지 아니하다.
    ④ 중소기업시책별 특성에 따라 특히 필요하다고 인정하면 해당 법률에서 정하는 바에 따라 법인·단체 등을 중소기업자로 할 수 있다. 〈개정 2020.10.20.〉
[870] 소득세법시행령 제157조의2 제1항.
[871] 제3조의3(중소기업 여부의 적용기간 등) ① 제3조에 따른 중소기업 여부의 적용기간은 직전 사업연도 말일에서 3개월이 경과한 날부터 1년간으로 한다. 다만, 제3조 제1항 제2호 다목에 해당하여 중소기업에서 제외된 기업이 직전 사업연도 말일이 지난 후 주식 등의 소유현황이 변경되어 중소기업에 해당하게 된 경우 중소기업 여부의 적용기간은 그 변경일부터 해당 사업연도 말일에서 3개월이 지난 날까지로 한다. 〈개정 2014.4.14., 2017.10.17.〉
  ② 중소벤처기업부장관은 제3조 제1항 제1호에 따른 기준의 실효성을 확보하기 위하여 5년마다 그 적정성을 검토하여야 한다. 〈개정 2014.4.14., 2017.7.26.〉

로 한다.[872] 다만 주식등의 양도일이 속하는 사업연도에 새로 설립된 법인의 경우에는 주식등의 양도일 현재를 기준으로 한다.

다. 대통령령으로 정하는 중견기업

대통령령으로 정하는 중견기업이란 주식등의 양도일 현재 조세특례제한법 시행령 제6조의4 제1항[873]에 따른 중견기업에 해당하는 기업을 말한다.[874]

3. 외국법인 발행 또는 외국의 시장에 상장된 주식등

외국법인이 발행하였거나 외국에 있는 시장에 상장된 주식등으로서 대통령령으로 정하는 것으로 한다.[875] 대통령령으로 정하는 것이란 다음의 어느 하나에 해당하는 주식등을 말한다.[876] ① 외국법인이 발행한 주식등을 말하며, 증권시장에 상장된 주식등과 소득세법시행령 제178조의2 제4항[877]의 기타자산에 해당하는 주식등은 제외한다. ② 국외 예탁기관이 발행한 증권예탁

---

③ 중소벤처기업부장관은 제2항에 따라 적정성을 검토하는 경우 중소기업에 관한 학식과 경험이 풍부한 외부 전문가의 의견을 들을 수 있다. 〈신설 2014.4.14., 2017.7.26.〉
④ 제1항부터 제3항까지에서 규정한 사항 외에 중소기업 여부의 판단 등에 관한 세부적인 사항은 중소벤처기업부장관이 정하여 고시한다. 〈신설 2014.4.14., 2017.7.26.〉

872) 소득세법시행령 제157조의2 제3항.
873) 제6조의4(상생결제 지급금액에 대한 세액공제) ① 법 제7조의4 제1항 각 호 외의 부분 본문에서 "대통령령으로 정하는 중견기업"이란 다음 각 호의 요건을 모두 갖춘 기업(이하 제9조를 제외하고 "중견기업"이라 한다)을 말한다. 〈개정 2021.2.17.〉
  1. 중소기업이 아닐 것
  2. 다음 각 목의 어느 하나에 해당하는 업종을 주된 사업으로 경영하지 않을 것. 이 경우 둘 이상의 서로 다른 사업을 경영하는 경우에는 사업별 사업수입금액이 큰 사업을 주된 사업으로 본다.
    가. 제29조 제3항에 따른 소비성서비스업
    나. 「중견기업 성장촉진 및 경쟁력 강화에 관한 특별법 시행령」 제2조 제2항 제2호 각 목의 업종
  3. 소유와 경영의 실질적인 독립성이 「중견기업 성장촉진 및 경쟁력 강화에 관한 특별법 시행령」 제2조 제2항 제1호에 적합할 것
  4. 직전 3개 과세연도의 매출액(매출액은 제2조 제4항에 따른 계산방법으로 산출하며, 과세연도가 1년 미만인 과세연도의 매출액은 1년으로 환산한 매출액을 말한다)의 평균금액이 3천억원 미만인 기업일 것
874) 소득세법시행령 제157조의2 제2항.
875) 소득세법 제94조 제1항 제3호 다목.
876) 소득세법시행령 제157조의3 제1항.
877) ④ 법 제118조의2 제5호에서 "대통령령으로 정하는 자산"이란 국외에 있는 자산으로서 법 제94조 제1항 제4호에 따른 기타자산과 법 제118조의2 제2호에 따른 부동산에 관한 권리로서 미등기 양도자산을 말한다.

증권을 포함한 내국법인이 발행한 주식등으로서 해외 증권시장에 상장된 것을 말한다.[878]

4. 시가총액의 계산

시가총액을 계산할 때 적용하는 시가는 아래의 금액에 따른다.

가. 주권상장법인의 주식등의 경우

주권상장법인의 주식등의 경우에는 주식등의 양도일이 속하는 사업연도의 직전사업연도 종료일 현재의 최종시세가액으로 한다. 다만 직전사업연도 종료일 현재의 최종시세가액이 없는 경우에는 직전거래일의 최종시세가액에 따른다.

나. 주권상장법인의 주식등 외의 경우

주권상장법인의 주식등 외의 주식등의 경우 아래에 따라 계산한 가액을 평가액으로 한다.[879]

1) 1주당 가액의 평가

1주당 가액의 평가는 순손익가치와 순자산가치를 각각 3과 2의 비율로 가중평균한 가액으로 한다.[880] 다만 가중평균한 가액이 1주당 순자산가치에 100분의 80을 곱한 금액보다 적은 경우에는 1주당 순자산가치에 100분의 80을 곱한 금액을 평가액으로 한다.

부동산등 과다 보유 법인의 과점주주가 양도하는 주식등[881]에 해당하는 법인의 경우에는 순손익가치와 순자산가치의 비율을 각각 2와 3으로 한다.

---

878) 소득세법시행령 제157조의3 제2항.
879) 소득세법시행령 제165조 제4항.
880) 소득세법시행령 제165조 제4항 제1호.
881) 소득세법 제94조 제1항 제4호 다목.

2) 순손익가치

순손익가치란 양도일 또는 취득일이 속하는 사업연도의 직전 사업연도의 1주당 순손익액을 금융기관[882]이 보증한 3년만기 회사채의 유통수익률을 고려하여 기획재정부장관이 정하여 고시하는 이자율로 나누어 평가한 가액을 말한다.[883]

3) 순자산가치

순자산가치란 양도일 또는 취득일이 속하는 사업연도의 직전 사업연도 종료일 현재 해당 법인의 장부가액[884]을 발행주식총수로 나누어 평가한 가액을 말한다.[885] 발행주식총수는 양도일 또는 취득일이 속하는 사업연도의 직전 사업연도 종료일 현재의 발행주식총수에 의한다.[886]

다. 발행주식총수 등의 100분의 10 이하 소유한 경우

비상장주식등[887]을 발행한 법인이 다른 비상장주식등을 발행한 법인의 발행주식총수 또는 출자총액의 100분의 10 이하의 주식 또는 출자지분을 소유하고 있는 경우에는 그 다른 비상장주식등의 평가는 자산을 취득할 때마다 장부시재금액을 장부시재수량으로 나누어 평균단가를 산출하고 그 평균단가에 의하여 산출한 취득가액을 그 자산의 평가액으로 하는 방법인 이동평균법[888]에 따른 취득가액에 따를 수 있다.[889]

라. 청산절차가 진행 중인 법인 등의 경우

---

882) 금융실명거래 및 비밀보장에 관한 법률 제2조 제1호에 따른 금융기관을 말한다.
883) 소득세법시행령 제165조 제4항 제1호 가목.
884) 토지의 경우는 소득세법 제99조 제1항 제1호 가목에 따른 기준시가를 말한다.
885) 소득세법시행령 제165조 제4항 제1호 나목.
886) 소득세법시행령 제165조 제4항 제4호.
887) 소득세법 제99조 제1항 제4호.
888) 법인세법 시행령 제74조 제1항 제1호 마목.
889) 소득세법시행령 제165조 제4항 제2호.

① 양도소득과세표준 확정신고기한[890] 이내에 청산절차가 진행 중인 법인과 사업자의 사망 등으로 인하여 사업의 계속이 곤란하다고 인정되는 법인의 주식등, ② 사업개시 전의 법인과 사업개시 후 1년 미만의 법인 및 휴·폐업 중에 있는 법인의 주식등, ③ 양도일 또는 취득일이 속하는 사업연도 전 3년 이내의 사업연도부터 계속하여 결손금[891]이 있는 법인의 주식등의 경우에는 순자산가액으로 한다.[892]

마. 피합병법인의 주주가 신주를 교부받은 경우

피합병법인의 주주가 합병에 따라 합병법인의 신주를 교부받아 그 주식을 합병등기일이 속하는 사업연도에 양도하는 경우 대주주의 범위 등에 관하여는 해당 피합병법인의 합병등기일 현재 주식보유 현황에 따른다.[893]

바. 분할신설법인의 신주를 양도한 경우

분할법인의 주주가 분할에 따라 분할신설법인의 신주를 교부받아 그 주식을 설립등기일이 속하는 사업연도에 양도하거나 분할법인의 주식을 분할등기일이 속하는 사업연도에 분할등기일 이후 양도하는 경우 대주주의 범위 등에 관하여는 해당 분할 전 법인의 분할등기일 현재의 주식보유 현황에 따른다.[894]

사. 같은 종류 및 양의 주식등 반환 조건 대여한 경우

주주가 일정 기간 후에 같은 종류로서 같은 양의 주식등을 반환받는 조건으로 주식등을 대여하는 경우 주식등을 대여한 날부터 반환받은 날까지의 기간 동안 그 주식등은 대여자의 주식등

---

890) 소득세법 제110조.
891) 법인세법상 각 사업연도에 속하거나 속하게 될 손금의 총액이 그 사업연도에 속하거나 속하게 될 익금의 총액을 초과하는 금액을 말한다.
892) 소득세법시행령 제165조 제4항 제3호.
893) 소득세법 제157조 제8항.
894) 소득세법 제157조 제9항.

으로 보아 ① 주권상장법인의 주식등 외의 경우, ② 발행주식총수 등의 100분의 10 이하 소유한 경우, ③ 청산절차가 진행 중인 법인 등의 경우[895]를 준용하여 적용한다.[896]

아. 사모집합투자기구를 통한 주식등 취득

거주자가 자본시장법에 따른 사모집합투자기구를 통하여 법인의 주식등을 취득하는 경우 그 주식등[897]은 해당 거주자의 소유로 보아 ① 주권상장법인의 주식등 외의 경우, ② 발행주식총수 등의 100분의 10 이하 소유한 경우, ③ 청산절차가 진행 중인 법인 등의 경우[898]를 준용하여 적용한다.[899]

5. 특정주식의 양도

부동산 과다 보유 법인의 과점주주 양도 주식등(특정주식)이란 아래의 어느 하나에 해당하는 주식등을 말한다. 특정주식에 해당하는 경우 소득세법 제55조 제1항에 따른 종합소득세율이 적용된다는 점에 주의해야 한다. 아울러 특정주식은 2023.1.1. 시행되는 금융투자소득 과세제도와 관계없이 종합소득세율이 적용되어 양도소득세로 과세한다.

가. 시설물 이용권을 포함하고 있는 주식등

시설물 이용권법인의 주식 등을 소유하는 것만으로 시설물을 배타적으로 이용하거나 일반이용자보다 유리한 조건으로 시설물 이용권을 부여받게 되는 경우 그 주식 등을 포함한 이용권·회원권, 그 밖에 그 명칭과 관계없이 시설물을 배타적으로 이용하거나 일반이용자보다 유리한 조건으로 이용할 수 있도록 약정한 단체의 구성원이 된 자에게 부여되는 시설물 이용권을 포함

---

[895] 소득세법시행령 제165조 제4항부터 제7항까지를 말한다.
[896] 소득세법 제157조 제10항.
[897] 사모집합투자기구의 투자비율로 안분하여 계산한 분으로 한정한다.
[898] 소득세법시행령 제165조 제4항부터 제7항까지를 말한다.
[899] 소득세법 제157조 제11항.

하고 있는 주식 등으로 양도로 발생하는 소득에 대해서는 양도소득세를 과세한다.[900]

나. 부동산 과다 보유 법인의 과점주주 양도 주식등

부동산 과다 보유 법인의 과점주주 양도 주식등이란 법인의 자산총액 중 부동산등이 차지하는 비율이 100분의 50 이상인 법인의 과점주주가 그 법인의 주식 등의 100분의 50 이상을 해당 과점주주 외의 자에게 양도하는 경우 말한다.[901]

부동산 과다보유 법인의 과점주주 보유주식 양도에 해당하는지는 과점주주 중 1인이 주식 등을 양도하는 날부터 소급하여 그 합산하는 기간 중 최초로 양도하는 날 현재의 해당 법인의 주식 등의 합계액 또는 자산총액을 기준으로 한다.[902] 과점주주가 다른 과점주주에게 양도한 후 양수한 과점주주가 과점주주 외의 자에게 다시 양도하는 경우도 부동산 과다보유 법인의 과점주주 보유 주식등의 양도에 포함된다.[903] 또한 과점주주 외의 자에게 여러 번에 걸쳐 양도하는 경우 과점주주 중 1인이 주식 등을 양도하는 날부터 소급해 3년 내에 과점주주가 양도한 주식 등을 합산해 해당 법인의 주식 등의 100분의 50 이상을 양도하는 경우를 포함한다.[904]

1) 과점주주의 정의

과점주주란 법인의 주주 1인 및 기타주주가 소유하고 있는 주식 등의 합계액이 해당법인의 주식 등의 합계액의 100분의 50을 초과하는 경우 그 주주 1인 및 기타주주를 말한다.[905][906]

2) 자산총액 중 부동산등이 차지하는 비율

---

900) 소득세법 제94조 제1항 제4호 나목.
901) 소득세법 제94조 제1항 제4호 다목.
902) 소득세법시행령 제158조 제2항.
903) 소득세법 제94조 제1항 제4호 다목.
904) 소득세법시행령 제158조 제2항.
905) 소득세법 제94조 제1항 제4호 다목.
906) 소득세법시행령 제158조 제1항.

자산총액 중 부동산등이 차지하는 비율이란 법인의 자산총액 중 ① 토지[907] 또는 건물[908]의 양도로 발생하는 소득[909] 및 부동산을 취득할 수 있는 권리[910]·지상권·전세권과 등기된 부동산임차권에 해당하는 부동산에 관한 권리의 양도로 발생하는 소득[911]에 따른 자산(부동산 등)의 가액[912]에, ② 해당 법인이 직접 또는 간접으로 보유한 다른 법인의 주식가액에 그 다른 법인의 부동산 등 보유비율을 곱하여 산출한 가액[913]의 합계액이 차지하는 비율을 말한다.

다른 법인이란 ① 부동산등의 보유비율이 100분의 50 이상인 법인, ② 특정 사업을 영위하는 법인으로서 부동산등 보유비율이 100분의 80 이상인 법인의 어느 하나에 해당하는 법인을 의미한다.[914] 다른 법인의 부동산등 보유비율은 아래에 따라 계산한 부동산등 보유비율로 한다.[915]

〈표-43 다른 법인의 부동산등 보유비율의 계산〉

구분		계산식
다른 법인이 보유하고 있는 소득세법 제94조 제1항 제1호에 따른 토지의 자산가액	①	
다른 법인이 보유하고 있는 소득세법 제94조 제1항 제2호에 따른 건물의 자산가액	②	(① + ② + ③) ÷ ④ = ⑤
다른 법인이 보유하고 있는 국세기본법시행령 제1조의2 제3항 제2호 및 같은 조 제4항에 따른 경영지배관계에 있는 법인이 발행한 주식가액에 그 경영지배관계에 있는 법인의 부동산등 보유비율을 곱하여 산출한 가액	③	
다른 법인의 자산총액	④	
다른 법인의 부동산등 보유비율	⑤	

3) 자산총액의 계산

자산총액은 해당 법인의 장부가액에 따른다. 다만 소득세법 제94조 제1항 제1호에 따른 토

---

907) 공간정보의 구축 및 관리 등에 관한 법률」에 따라 지적공부(地籍公簿)에 등록하여야 할 지목에 해당하는 것을 말한다.
908) 건물에 부속된 시설물과 구축물을 포함한다.
909) 소득세법 제94조 제1항 제1호.
910) 건물이 완성되는 때에 그 건물과 이에 딸린 토지를 취득할 수 있는 권리를 포함한다.
911) 소득세법 제94조 제1항 제2호.
912) 소득세법 제94조 제1항 제4호 다목 1).
913) 소득세법 제94조 제1항 제4호 다목 2).
914) 소득세법시행령 제158조 제6항.
915) 소득세법시행령 제158조 제7항.

지 또는 건물로서 해당 자산의 기준시가가 장부가액보다 큰 경우에는 기준시가를 적용한다.[916]

법인세법시행령 제24조 제1항 제2호 바목 및 사목에 따른 무형자산의 금액[917]과 양도일부터 소급하여 1년이 되는 날부터 양도일까지의 기간 중에 차입금 또는 증자 등에 의하여 증가한 ① 현금, ② 금융재산,[918] ③ 대여금의 합계액[919]은 자산총액에 포함하지 않는다.

가) 자산총액에 포함되지 않는 무형자산

(1) 기업회계기준에 따른 개발비

상업적인 생산 또는 사용 전에 재료·장치·제품·공정·시스템 또는 용역을 창출하거나 현저히 개선하기 위한 계획 또는 설계를 위하여 연구결과 또는 관련지식을 적용하는 데 발생하는 비용으로서 기업회계기준에 따른 개발비 요건[920]을 갖춘 개발비 금액은 자산총액에 포함하지 않는다.[921]

(2) 사용수익기부자산가액

사용수익기부자산가액으로 금전 외의 자산을 ① 국가 또는 지방자치단체, ② 사립학교 등의 법인 또는 비영리법인에게 기부한 후 그 자산을 사용하거나 그 자산으로부터 수익을 얻는 경우 해당 자산의 장부가액은 자산총액에 포함하지 않는다.[922]

나) 자산총액에 포함되지 않는 금융재산 및 대여금

---

916) 소득세법시행령 제158조 제4항.
917) 소득세법시행령 제158조 제4항 제1호.
918) 상속증여세법 제22조에 따른 금융재산을 말한다.
919) 소득세법시행령 제158조 제4항 제2호.
920) 「산업기술연구조합 육성법」에 따른 산업기술연구조합의 조합원이 해당 조합에 연구개발 및 연구시설 취득 등을 위하여 지출하는 금액을 포함한다.
921) 법인세법시행령 제24조 제1항 제2호 바목.
922) 법인세법시행령 제24조 제1항 제2호 사목.

거주자의 사망으로 상속이 개시되는 경우로서 상속개시일 현재 상속재산가액 중 대통령령으로 정하는 금융재산의 가액에서 금융채무를 뺀 순금융재산의 가액이 있는 경우 아래의 구분에 따른 금액을 상속세 과세가액에서 공제한다. 다만 해당금액이 2억원을 초과하면 2억원을 공제한다.[923)]

순금융재산의 가액이 2천만원을 초과하는 경우 그 순금융재산의 100분의 20 또는 2천만원 중 큰 금액을 공제한다.[924)] 순금융재산의 가액이 2천만원 이하인 경우에는 그 순금융재산의 가액 전액을 공제한다.[925)]

다. 특정사업 영위 법인의 주식등의 양도

특정사업 영위 법인의 주식등이란 특정사업을 영위하는 법인의 자산총액 중 부동산등이 차지하는 비율이 100분의 80 이상인 주식등을 의미한다.[926)] 자산총액은 해당 법인의 장부가액에 따른다.[927)] 다만 토지 또는 건물은 해당 자산의 기준시가가 장부가액보다 큰 경우 기준시가를 적용한다.

1) 특정사업의 의미

특정사업이란 체육시설의 설치·이용에 관한 법률에 따른 골프장업·스키장업 등 체육시설업, 관광진흥법에 따른 관광사업 중 휴양시설관련업 및 부동산업·부동산개발업[928)]으로서 골프장, 스키장, 휴양콘도미니엄, 전문휴양시설을 건설 또는 취득하여 직접 경영하거나 분양 또는 임대하는 사업을 말한다.[929)]

---

923) 상속증여세법 제22조 제1항.
924) 상속증여세법 제22조 제1항 제1호.
925) 상속증여세법 제22조 제1항 제2호.
926) 소득세법 제94조 제1항 제4호 라목.
927) 소득세법시행령 제158조 제4항.
928) 소득세법시행령 제158조 제8항.
929) 소득세법 시행규칙 제76조 제2항.

2) 특정사업 영위 법인의 주식등의 판단

특정사업 영위 법인의 주식등에 해당하는지의 여부는 양도일 현재 해당 법인의 자산총액을 기준으로 판정한다. 다만 양도일 현재의 자산총액을 알 수 없는 경우에는 양도일이 속하는 사업연도의 직전사업연도 종료일 현재의 자산총액을 기준으로 한다.[930]

Ⅳ. 파생상품

대통령령으로 정하는 파생상품등의 거래 또는 행위로 발생하는 소득을 말한다.[931] 다만 소득세법 제16조 제1항 제13호[932] 및 제17조 제1항 제10호[933]에 따른 파생상품의 거래 또는 행위로부터의 이익은 제외한다.

1. 대통령령으로 정하는 파생상품

대통령령으로 정하는 파생상품등이란 ① 파생결합증권, ② 장내파생상품, ③ 장외파생상품 중 다음의 어느 하나에 해당하는 것을 말한다.[934]

가. 장내파생상품

파생상품시장에서 거래되는 장내파생상품으로서 증권시장 또는 이와 유사한 시장으로서 외

---

930) 소득세법 시행규칙 제76조 제1항.
931) 소득세법 제94조 제1항 제5호.
932) 13. 제1호부터 제12호까지의 규정 중 어느 하나에 해당하는 소득을 발생시키는 거래 또는 행위와 「자본시장과 금융투자업에 관한 법률」 제5조에 따른 파생상품(이하 "파생상품"이라 한다)이 대통령령으로 정하는 바에 따라 결합된 경우 해당 파생상품의 거래 또는 행위로부터의 이익
933) 10. 제1호부터 제5호까지, 제5호의2 및 제6호부터 제9호까지의 규정 중 어느 하나에 해당하는 소득을 발생시키는 거래 또는 행위와 파생상품이 대통령령으로 정하는 바에 따라 결합된 경우 해당 파생상품의 거래 또는 행위로부터의 이익
934) 소득세법시행령 제159조의2 제1항.

국에 있는 시장을 대표하는 종목을 기준으로 산출된 지수[935]를 기초자산으로 하는 상품을 말한다.[936]

나. 장외파생상품

자본시장법에 따른 장외파생상품으로서 다음의 요건을 모두 갖춘 파생상품[937]을 말한다.[938]

① 계약 체결 당시 약정가격과 계약에 따른 약정을 소멸시키는 반대거래 약정가격 간의 차액을 현금으로 결제하고 계약 종료시점을 미리 정하지 않고 거래 일방의 의사표시로 계약이 종료되는 상품의 요건을 갖추어야 한다.

② ⓐ 주식등,[939] ⓑ 상장지수집합투자기구[940]로서 증권시장 또는 이와 유사한 시장으로서 외국에 있는 시장을 대표하는 종목을 기준으로 산출된 지수[941]를 추적하는 것을 목적으로 하는 집합투자기구의 집합투자증권, ⓒ 상장지수증권[942]으로서 증권시장 또는 이와 유사한 시장으로서 외국에 있는 시장을 대표하는 종목을 기준으로 산출된 지수[943]를 추적하는 것을 목적으로 하는 상장지수증권의 어느 하나 이상에 해당하는 기초자산의 가격과 연계하는 상품의 요건을 갖추어야 한다.

③ 당사자 일방의 의사표시에 따라 장내파생상품으로서 증권시장 또는 이와 유사한 시장으로서 외국에 있는 시장을 대표하는 종목을 기준으로 산출된 지수[944]의 수치의 변동과 연계하여 미리 정하여진 방법에 따라 주권의 매매나 금전을 수수하는 거래를 성립시킬 수 있는 권리를 표시하는 증권 또는 증서에 해당해야 한다.[945]

---

935) 해당 지수의 변동성을 기준으로 산출된 지수를 포함한다.
936) 소득세법시행령 제159조의2 제1항 제1호.
937) 경제적 실질이 동일한 상품을 포함한다.
938) 소득세법시행령 제159조의2 제1항 제2호.
939) 외국법인이 발행한 주식을 포함한다.
940) 상장지수집합투자기구와 유사한 것으로서 외국 상장지수집합투자기구를 포함한다.
941) 해당 지수의 변동성을 기준으로 산출된 지수를 포함한다.
942) 상장지수증권과 유사한 것으로서 외국 상장지수증권을 포함한다.
943) 해당 지수의 변동성을 기준으로 산출된 지수를 포함한다.
944) 소득세법시행령 제159조의2 제1항 제1호.
945) 소득세법시행령 제159조의2 제1항 제4호.

④ 자본시장법 제5조 제2항 제2호[946)]에 따른 해외 파생상품시장에서 거래되는 파생상품에 해당되어야 한다.[947)]

⑤ 자본시장법[948)]에 따른 장외파생상품으로서 경제적 실질이 장내파생상품으로서 증권시장 또는 이와 유사한 시장으로서 외국에 있는 시장을 대표하는 종목을 기준으로 산출된 지수[949)]에 따른 장내파생상품과 동일한 상품에 해당되어야 한다.[950)]

2. 파생상품등에 대한 양도차익 등의 계산

가. 금전등을 장래 특정 시점에 인도할 것을 약정하는 계약

파생상품시장에서 거래되는 장내파생상품[951)]으로서 기초자산이나 기초자산의 가격·이자율·지표·단위 또는 이를 기초로 하는 지수 등에 의하여 산출된 금전등을 장래의 특정 시점에 인도할 것을 약정하는 계약에 해당하는 파생상품의 양도차익은 계좌별로 동일한 종목의 매도 미결제약정과 매수 미결제약정이 상계(반대거래를 통한 상계)되거나 최종거래일이 종료되는 등의 원인으로 소멸된 계약에 대하여 각각 계약체결 당시 약정가격과 최종결제가격 및 거래승수 등을 고려하여 기획재정부령으로 정하는 방법에 따라 산출되는 손익에서 그 계약을 위하여 직접 지출한 비용으로서 기획재정부령으로 정하는 비용을 공제한 금액의 합계액으로 한다.[952)]

1) 손익의 계산

기획재정부령으로 정하는 방법에 따라 산출되는 손익이란 다음 산식에 따라 계산한 금액을

---

946) 2. 해외 파생상품시장(파생상품시장과 유사한 시장으로서 해외에 있는 시장과 대통령령으로 정하는 해외 파생상품거래가 이루어지는 시장을 말한다)에서 거래되는 파생상품
947) 소득세법시행령 제159조의2 제1항 제5호.
948) 자본시장법 제5조 제3항.
949) 소득세법시행령 제159조의2 제1항 제1호.
950) 소득세법시행령 제159조의2 제1항 제6호.
951) 소득세법시행령 제159조의2 제1항 제1호.
952) 소득세법시행령 제161조의2 제1항.

말한다.[953]

〈표-44 기획재정부령으로 정하는 방법에 따라 산출되는 손익의 계산〉

구분		계산식
미결제약정 수량을 증가시키는 거래의 계약 체결 당시 약정가격	①	((① × ③ + ② × ③) × ④ = ⑤
각 종목의 매수계약과 매도계약별로 미결제약정 수량을 소멸시키는 거래(반대거래)의 계약 체결 당시 약정가격 또는 최종거래일의 도래로 소멸되는 계약의 최종거래일 최종결제가격	②	
매도계약의 경우[954]이면 1, 매수계약의 경우[955]이면 -1	③	
자본시장법 제393조 제2항의 파생상품시장업무 규정에 따른 거래승수	④	
산출되는 손익	⑤	

2) 기획재정부령으로 정하는 비용

기획재정부령으로 정하는 비용이란 자본시장법에 따른 수수료[956]로서 위탁매매수수료[957]와 자본시장법[958]에 따른 투자일임업을 영위하는 자본시장법[959]에 따른 투자중개업자가 투자중개업무와 투자일임업무를 결합한 자산관리계좌를 운용하여 부과하는 투자일임수수료 중 ① 전체 투자일임수수료를 초과하지 않을 것, ② 파생상품등을 온라인으로 직접 거래하는 경우에 부과하는 위탁매매수수료를 초과하지 않을 것, ③ 부과기준이 약관 및 계약서에 적혀 있을 것의 요건을 모두 갖춘 위탁매매수수료에 상당하는 비용을 말한다.[960]

나. 금전등을 수수하는 거래를 성립시킬 수 있는 권리

---

953) 소득세법시행규칙 제76조의3 제1항.
954) 매수계약의 최종거래일이 종료되는 경우를 포함한다.
955) 매도계약의 최종거래일이 종료되는 경우를 포함한다.
956) 자본시장법 제58조.
957) 소득세법시행규칙 제76조의3 제4항 제1호.
958) 자본시장법 제6조 제8항.
959) 자본시장법 제8조 제3항.
960) 소득세법시행규칙 제76조의3 제4항 제2호.

장내파생상품으로서 증권시장 또는 이와 유사한 시장으로서 외국에 있는 시장을 대표하는 종목을 기준으로 산출된 지수를 기초자산으로 하는 파생상품[961]으로서 당사자 어느 한쪽의 의사표시에 의하여 기초자산이나 기초자산의 가격·이자율·지표·단위 또는 이를 기초로 하는 지수 등에 의해 산출된 금전등을 수수하는 거래를 성립시킬 수 있는 권리를 부여하는 것을 약정하는 계약[962]에 해당하는 파생상품의 양도차익은 ① 반대거래를 통한 ⓐ 상계, ⓑ 권리행사, ⓒ 최종거래일의 종료 등의 원인으로 소멸된 계약에 대하여 ② 각각 계약체결 당시 ⓐ 약정가격, ⓑ 권리행사결제기준가격, ⓒ 행사가격, ⓓ 거래승수 등을 고려하여 기획재정부령으로 정하는 방법에 따라 산출되는 손익에서 그 계약을 위하여 직접 지출한 비용으로서 기획재정부령으로 정하는 비용을 공제한 금액의 합계액으로 한다.[963]

1) 기획재정부령으로 정하는 방법에 따라 산출되는 손익

기획재정부령으로 정하는 방법에 따라 산출되는 손익이란 다음 산식에 따라 계산한 금액을 말한다.[964]

〈표-45 반대거래로 계약이 소멸되는 경우〉

구분		계산식
미결제약정 수량을 증가시키는 계약체결 당시 약정가격	①	
반대거래 체결 당시 약정가격	②	
매도계약의 경우이면 1, 매수계약의 경우이면 -1	③	(① × ③ + ② × ③) × ④ = ⑤
거래승수	④	
손익	⑤	

---

961) 소득세법시행령 제159조의2 제1항 제1호.
962) 자본시장법 제5조 제1항 제2호.
963) 소득세법시행령 제161조의2 제2항.
964) 소득세법시행규칙 제76조의3 제2항.

〈표-46 권리행사 또는 최종거래일의 종료로 계약이 소멸되는 경우〉

구분		계산식
최종거래일의 권리행사결제기준가격	①	[{(① - ②) × ③}과 ④ 중 큰 금액 - ④] × ⑤ × ⑥ = ⑦
해당 옵션의 행사가격	②	
옵션의 유형이 콜옵션이면 1, 풋옵션이면 -1	③	
미결제약정 수량을 증가시키는 거래의 계약체결 당시 약정가격	④	
거래승수	⑤	
매수계약이 소멸되는 경우이면 1, 매도계약이 소멸되는 경우이면 -1	⑥	
손익	⑦	

2) 기획재정부령으로 정하는 비용

기획재정부령으로 정하는 비용이란 자본시장법에 따른 수수료로서 위탁매매수수료와 투자일임업을 영위하는 투자중개업자가 투자중개업무와 투자일임업무를 결합한 자산관리계좌를 운용하여 부과하는 투자일임수수료 중 ① 전체 투자일임수수료를 초과하지 않을 것, ② 파생상품 등을 온라인으로 직접 거래하는 경우에 부과하는 위탁매매수수료를 초과하지 않을 것, ③ 부과기준이 약관 및 계약서에 적혀 있을 것의 요건을 모두 갖춘 위탁매매수수료에 상당하는 비용을 말한다.[965]

다. 파생결합증권의 양도차익

당사자 일방의 의사표시에 따라 지수의 수치 변동과 연계하여 미리 정해진 방법에 따라 주권의 매매나 금전을 수수하는 거래를 성립시킬 수 있는 권리를 표시하는 증권 또는 증서[966]에 따른 파생결합증권의 양도차익은 환매, 권리행사, 최종거래일의 종료 등의 원인으로 양도 또는 소멸된 증권에 대하여 각각 매수 당시 증권가격, 권리행사결제기준가격, 행사가격, 전환비율 등을 고려하여 기획재정부령으로 정하는 방법에 따라 산출되는 손익에서 그 증권의 매매를 위하여 직접 지출한 비용으로서 기획재정부령으로 정하는 비용을 공제한 금액의 합계액으로 한다.[967]

---

965) 소득세법시행규칙 제76조의3 제4항 제2호.
966) 소득세법시행령 제159조의2 제1항 제4호.
967) 소득세법시행령 제161조의2 제3항.

1) 기획재정부령으로 정하는 방법에 따라 산출되는 손익

기획재정부령으로 정하는 방법에 따라 산출되는 손익이란 ① 증권을 환매하는 경우에는 증권의 매도가격에서 증권의 매수가격 뺀 금액, ② 권리행사 또는 최종거래일의 종료로 증권이 소멸되는 경우 아래 산식에 따라 계산한 금액을 말한다.[968]

〈표-47 증권이 소멸되는 경우의 산출되는 손익〉

구분		계산식
최종거래일의 권리행사결제기준가격	①	[(① - ②) × ③ × ④]와 ④ 중 큰 금액 - ⑤ = ⑥
증권의 행사가격	②	
증권의 유형이 살 수 있는 권리가 있는 증권인 경우에는 1, 팔 수 있는 권리가 있는 증권인 경우에는 -1	③	
자본시장법 제390조 제1항의 증권상장규정에 따른 전환비율	④	
증권의 매수가격	⑤	
손익	⑥	

2) 기획재정부령으로 정하는 비용

기획재정부령으로 정하는 비용이란 자본시장법에 따른 수수료[969]로서 위탁매매수수료[970]와 투자일임업을 영위하는 투자중개업자가 투자중개업무와 투자일임업무를 결합한 자산관리계좌를 운용하여 부과하는 투자일임수수료 중 ① 전체 투자일임수수료를 초과하지 않을 것, ② 파생상품등을 온라인으로 직접 거래하는 경우에 부과하는 위탁매매수수료를 초과하지 않을 것, ③ 부과기준이 약관 및 계약서에 적혀 있을 것의 요건을 모두 갖춘 위탁매매수수료에 상당하는 비용을 말한다.[971]

라. 자본시장법에 따른 장외파생상품

---

968) 소득세법시행규칙 제76조의3 제3항.
969) 자본시장법 제58조.
970) 소득세법시행규칙 제76조의3 제4항 제1호.
971) 소득세법시행규칙 제76조의3 제4항 제2호.

자본시장법에 따른 장외파생상품에 해당하는 파생상품의 양도차익은 계좌별로 동일한 종목의 계약체결 당시 약정가격과 반대거래의 약정가격의 차액 및 그 계약을 위하여 발생한 수입과 비용 등을 고려하여 기획재정부령으로 정하는 방법에 따라 산출된 금액의 합계액으로 한다.[972] 기획재정부령으로 정하는 방법에 따라 산출된 금액이란 아래 계산식에 따라 계산한 금액을 말한다.[973]

〈표-48 기획재정부령으로 정하는 방법에 따라 산출되는 손익〉

구분		계산식
미결제약정 수량을 증가시키는 거래의 계약 체결 당시 약정가격	①	
반대거래의 계약 체결 당시 약정가격	②	
매도계약의 경우이면 1, 매수계약의 경우이면 -1	③	
기초자산에서 발생하는 배당소득 등 약정에 따른 매매차익 외의 계약에 따라 지급받는 소득	④	(① × ③ + ② × ③) + ④ - ⑤ = ⑥
증권거래세, 농어촌특별세, 차입이자, 수수료(투자일임수수료는 제4항[974]을 준용하여 계산한다) 등 약정에 따른 매매차손 이외의 계약에 따라 지급하는 비용	⑤	
손익	⑥	

마. 양도차익 계산의 방법 등

앞의 가.부터 라.까지를 적용하는 경우 먼저 거래한 것부터 순차적으로 소멸된 것으로 보아 양도차익을 계산한다.[975] 해외 파생상품시장에서 거래되는 파생상품과 장외파생상품으로서 경제적 실질이 가.에 따른 장내파생상품과 동일한 상품의 양도차익은 파생상품의 유형 및 품목 등에 따라 각각 가.와 라.를 준용하여 계산한다.

---

972) 소득세법시행령 제161조의2 제4항.
973) 소득세법시행규칙 제76조의3 제5항.
974) 투자일임수수료 중 ① 전체 투자일임수수료를 초과하지 아니할 것, ② 소득세법시행령 제159조의2 제1항에 해당하는 파생상품등을 온라인으로 직접 거래하는 경우에 부과하는 위탁매매수수료를 초과하지 아니할 것, ③ 부과기준이 약관 및 계약서에 적혀 있을 것의 요건을 모두 갖춘 위탁매매수수료에 상당하는 비용을 말한다.
975) 소득세법시행령 제161조의2 제5항.

Ⅴ. 신탁 수익권

1. 양도소득 과세 대상 신탁 수익권

양도소득세 과세 대상 신탁 수익권에는 신탁의 이익을 받을 권리(신탁 수익권)의 양도로 발생하는 소득을 포함한다.[976] 다만 자본시장법 제110조[977]에 따른 수익증권 및 자본시장법 제189조[978]에 따른 투자신탁의 수익권 등 대통령령으로 정하는 수익권은 제외하며 신탁 수익권의 양

---

976) 소득세법 제94조 제1항 제6호.
977) 제110조(수익증권) ① 신탁업자는 금전신탁계약에 의한 수익권이 표시된 수익증권을 발행할 수 있다.
② 신탁업자는 제1항에 따라 수익증권을 발행하고자 하는 경우에는 대통령령으로 정하는 서류를 첨부하여 금융위원회에 미리 신고하여야 한다. 〈개정 2008.2.29.〉
③ 수익증권은 무기명식으로 한다. 다만, 수익자의 청구가 있는 경우에는 기명식으로 할 수 있다.
④ 기명식 수익증권은 수익자의 청구에 의하여 무기명식으로 할 수 있다.
⑤ 수익증권에는 다음 각 호의 사항을 기재하고 신탁업자의 대표자가 이에 기명날인 또는 서명하여야 한다.
  1. 신탁업자의 상호
  2. 기명식의 경우에는 수익자의 성명 또는 명칭
  3. 액면액
  4. 운용방법을 정한 경우 그 내용
  5. 제103조 제3항에 따른 손실의 보전 또는 이익의 보장에 관한 계약을 체결한 경우에는 그 내용
  6. 신탁계약기간
  7. 신탁의 원금의 상환과 수익분배의 기간 및 장소
  8. 신탁보수의 계산방법
  9. 그 밖에 대통령령으로 정하는 사항
⑥ 수익증권이 발행된 경우에는 해당 신탁계약에 의한 수익권의 양도 및 행사는 그 수익증권으로 하여야 한다. 다만, 기명식 수익증권의 경우에는 수익증권으로 하지 아니할 수 있다.
978) 제189조(투자신탁의 수익권 등) ① 투자신탁을 설정한 집합투자업자는 투자신탁의 수익권을 균등하게 분할하여 수익증권을 발행한다. 〈개정 2016.3.22.〉
② 수익자는 신탁원본의 상환 및 이익의 분배 등에 관하여 수익증권의 좌수에 따라 균등한 권리를 가진다.
③ 투자신탁을 설정한 집합투자업자는 신탁계약에서 정한 신탁원본 전액이 납입된 경우 신탁업자의 확인을 받아 「주식·사채 등의 전자등록에 관한 법률」에 따른 전자등록의 방법으로 투자신탁의 수익권을 발행하여야 한다. 〈개정 2016.3.22.〉
④ 수익증권은 무액면 기명식으로 한다.
⑤ 투자신탁을 설정한 집합투자업자는 제3항에 따른 수익증권을 발행하는 경우에는 다음 각 호의 사항이 「주식·사채 등의 전자등록에 관한 법률」에 따라 전자등록 또는 기록되도록 하여야 한다. 이 경우 그 집합투자업자 및 그 투자신탁재산을 보관·관리하는 신탁업자의 대표이사(집행임원 설치회사의 경우 대표집행임원을 말한다)로부터 대통령령으로 정하는 방법과 절차에 따라 확인을 받아야 한다. 〈개정 2013.5.28., 2016.3.22.〉
  1. 집합투자업자 및 신탁업자의 상호
  2. 수익자의 성명 또는 명칭
  3. 신탁계약을 체결할 당시의 신탁원본의 가액 및 수익증권의 총좌수
  4. 수익증권의 발행일
  5. 삭제 〈2016.3.22.〉
⑥ 투자신탁을 설정한 집합투자업자는 수익자명부의 작성에 관한 업무를 「주식·사채 등의 전자등록에 관한 법률」 제2조 제6호에 따른 전자등록기관(이하 "전자등록기관"이라 한다)에 위탁하여야 한다. 〈개정 2016.3.22.〉
⑦ 전자등록기관은 제6항에 따라 위탁을 받은 경우 다음 각 호의 사항을 기재한 수익자명부를 작성·비치하여야 한다. 〈개정 2016.3.22.〉

도를 통해 신탁재산에 대한 지배·통제권이 사실상 이전되는 경우는 신탁재산 자체의 양도로 본다.

2. 대통령령으로 정하는 수익권

투자신탁의 수익권 등 대통령령으로 정하는 수익권이란 ① 자본시장법[979]에 따른 수익권 또는 수익증권, ② 자본시장법[980]에 따른 투자신탁의 수익권 또는 수익증권으로서 해당 수익권 또는 수익증권의 양도로 발생하는 소득이 배당소득으로 과세되는 수익권 또는 수익증권, ③ 신탁의 이익을 받을 권리에 대한 양도로 발생하는 소득이 배당소득으로 과세되는 수익권 또는 수익증권, ④ 위탁자의 채권자가 채권담보를 위하여 채권 원리금의 범위 내에서 선순위 수익자로서 참여하고 있는 경우 해당 수익권[981] 또는 수익증권을 말한다.[982]

제4절 양도소득금액의 계산

Ⅰ. 양도소득금액

주식등의 양도소득금액은 양도소득의 총수입금액(양도가액)[983]에서 필요경비[984]를 공제한 금

---

   1. 수익자의 주소 및 성명
   2. 수익자가 소유하는 수익증권의 좌수
   3. 삭제 〈2016.3.22.〉
⑧ 전자등록기관은 제7항 각 호에 관한 정보를 타인에게 제공해서는 아니 된다. 다만, 수익자총회 개최를 위하여 집합투자업자에게 제공하는 경우, 그 밖에 대통령령으로 정하는 경우에는 이를 제공할 수 있다. 〈개정 2016.3.22.〉
⑨ 「상법」 제337조, 제339조, 제340조 및 「주식·사채 등의 전자등록에 관한 법률」 제35조 제3항 후단은 수익권 및 수익증권에 관하여 준용하며, 「상법」 제353조 및 제354조는 수익자명부에 관하여 준용한다. 〈개정 2016.3.22.〉

979) 자본시장법 제110조.
980) 자본시장법 제189조.
981) 이 경우 법 제115조의2에 따른 신탁 수익자명부 변동상황명세서를 제출해야 한다.
982) 소득세법시행령 제159조의3.
983) 소득세법 제94조.
984) 소득세법 제97조.

액(양도차익)으로 한다.[985]

II. 양도가액

주식등의 양도가액은 그 자산의 양도 당시의 양도자와 양수자 사이에 실지거래가액에 따른다.[986] 다만 거주자가 주식등의 양도소득의 범위에 해당하는 ① 주권상장법인의 대주주가 양도하는 주식등, ② 대주주에 해당하지 않는 자가 증권시장에서의 거래에 의하지 않고 양도하는 주식등, ③ 주권비상장법인의 주식등, ④ 외국법인이 발행하였거나 외국에 있는 시장에 상장된 주식등, ⑤ 단체의 구성원이 된 자에게 부여되는 시설물 이용권을 포함하고 있는 주식 등, ⑥ 부동산 과다 보유 법인의 과점주주 양도 주식등, ⑦ 특정사업 영위 법인의 주식등, ⑧ 파생상품등의 거래 또는 행위로 발생하는 소득, ⑨ 신탁의 이익을 받을 권리를 양도하는 경우로서 아래의 어느 하나에 해당하는 경우에는 그 가액을 해당 자산의 양도 당시의 실지거래가액으로 본다.

1. 특수관계법인에 양도한 경우

특수관계인에 해당하는 법인(특수관계법인)[987]에 양도한 경우로서 법인세법에 따라 해당 거주자의 상여·배당 등으로 처분된 금액이 있는 경우에는 법인세법 제52조(부당행위계산의 부인)에 따른 시가로 한다.[988]

2. 특수관계인 외의 자에게 고가 양도한 경우

특수관계법인 외의 자에게 자산을 시가보다 높은 가격으로 양도(고가 양도)한 경우로서 상속증여세법 제35조(저가 양수 또는 고가 양도에 따른 이익의 증여)에 따라 해당 거주자의 증여재

---

985) 소득세법 제95조 제1항.
986) 소득세법 제96조 제1항.
987) 외국법인을 포함하며 법인세법 제2조 제12호에 따른 특수관계인에 해당하는 법인을 말한다.
988) 소득세법 제96조 제2항 제1호.

산가액으로 하는 금액이 있는 경우에는 그 양도가액에서 증여재산가액을 뺀 금액으로 한다.[989]

Ⅲ. 필요경비 계산

거주자의 양도차익을 계산할 때 양도가액에서 공제할 필요경비는 ① 취득가액,[990] ② 실지거래가액을 확인할 수 없는 경우 ⓐ 대통령령으로 정하는 매매사례가액,[991] ⓑ 감정가액, ⓒ 환산취득가액을 순차적으로 적용한 금액,[992] ③ 양도비 등으로서 대통령령으로 정하는 것[993]의 금액을 적용한다.[994] 양도소득의 필요경비는 아래에 따라 계산한다.[995]

1. 취득가액을 실지거래가액에 의하는 경우

가. 필요경비의 계산

취득가액을 실지거래가액에 의하는 경우의 필요경비는 ① 실지거래가액, ② 매매사례가액, ③ 감정가액, ④ 환산취득가액을 순차적으로 적용한 금액으로 한다.

양도가액 또는 취득가액을 실지거래가액에 따라 정하는 경우로서 대통령령으로 정하는 사유로 장부나 그 밖의 증명서류에 의하여 해당 자산의 양도 당시 또는 취득 당시의 실지거래가액을 인정 또는 확인할 수 없는 때에 대통령령으로 정하는 바에 따라 양도가액 또는 취득가액을 ① 매매사례가액, ② 감정가액, ③ 환산취득가액, ④ 기준시가 등에 따라 추계 조사하여 결정 또는 경정한 금액[996]에 따른 환산취득가액에 의하여 취득 당시의 실지거래가액을 계산하는 경우

---

989) 소득세법 제96조 제2항 제2호.
990) 소득세법 제97조 제1항 제1호 가목.
991) ⑫ 법 제97조 제1항 제1호 나목에서 "대통령령으로 정하는 매매사례가액, 감정가액 또는 환산취득가액"이란 제176조의2 제2항부터 제4항까지의 규정에 따른 가액을 말한다.
992) 소득세법 제97조 제1항 제1호 나목.
993) 소득세법 제97조 제1항 제3호.
994) 소득세법 제97조 제1항.
995) 소득세법 제97조 제2항.
996) 소득세법 제114조 제7항.

로서 의제취득일[997] 전에 취득한 자산[998]의 취득가액을 취득 당시의 실지거래가액과 그 가액에 취득일부터 의제취득일의 전날까지의 보유기간의 생산자물가상승률을 곱하여 계산한 금액을 합산한 가액에 의하는 경우에는 그 합산한 가액에 양도비 등으로서 대통령령으로 정하는 것의 금액을 더한 금액으로 한다.[999]

나. 실지거래가액의 계산

취득에 든 실지거래가액은 ① 소득세법시행령 제89조 제1항[1000]을 준용하여 계산한 취득원가에 상당하는 가액,[1001][1002] ② 취득에 관한 쟁송이 있는 자산에 대하여 그 소유권등을 확보하기 위하여 직접소요 된 ⓐ 소송비용, ⓑ 화해비용 등의 금액으로서 그 지출한 연도의 각 소득금액의 계산에 있어서 필요경비에 산입된 것을 제외한 금액[1003]을 합한 것으로 한다.[1004]

1) 이자상당액을 가산하여 거래가액을 확정하는 경우

당사자 약정에 의한 대금지급방법에 따라 취득원가에 이자상당액을 가산하여 거래가액을 확정하는 경우 당해 이자상당액은 취득원가에 포함한다. 다만 당초 약정에 의한 거래가액의 지급기일의 지연으로 인하여 추가로 발생하는 이자상당액은 취득원가에 포함하지 않는다.[1005]

---

997) 법률 제4803호 소득세법개정법률 부칙 제8조에 따라 취득한 것으로 보는 날을 의미한다.
998) 상속 또는 증여받은 자산을 포함한다.
999) 소득세법 제97조 제2항 제1호.
1000) 제89조(자산의 취득가액등) ①법 제39조 제2항의 규정에 의한 자산의 취득가액은 다음 각 호의 금액에 따른다. 〈개정 1998.12.31., 2000.12.29., 2008.2.29., 2015.2.3.〉
 1. 타인으로부터 매입한 자산은 매입가액에 취득세·등록면허세 기타 부대비용을 가산한 금액
 2. 자기가 행한 제조·생산 또는 건설등에 의하여 취득한 자산은 원재료비·노무비·운임·하역비·보험료·수수료·공과금(취득세와 등록면허세를 포함한다)·설치비 기타 부대비용의 합계액
 3. 제1호 및 제2호의 자산으로서 그 취득가액이 불분명한 자산과 제1호 및 제2호의 자산 외의 자산은 해당 자산의 취득 당시의 기획재정부령이 정하는 시가에 취득세·등록면허세 기타 부대비용을 가산한 금액
1001) 소득세법시행령 제89조 제2항 제1호에 따른 현재가치할인차금과 부가가치세법 제10조 제1항 및 제6항에 따라 납부하였거나 납부할 부가가치세를 포함하되 부당행위계산에 의한 시가초과액을 제외한다.
1002) 소득세법시행령 제163조 제1항 제1호.
1003) 소득세법시행령 제163조 제1항 제2호.
1004) 소득세법시행령 제163조 제1항.
1005) 소득세법시행령 제163조 제1항 제3호.

2) 합병법인으로부터 교부받은 주식

합병으로 인하여 소멸한 법인의 주주가 합병 후 존속하거나 합병으로 신설되는 법인(합병법인)으로부터 교부받은 주식의 1주당 취득원가에 상당하는 가액은 합병 당시 해당 주주가 보유하던 피합병법인의 주식을 취득하는 데 든 총금액[1006]을 합병으로 교부받은 주식수로 나누어 계산한 가액으로 한다.[1007]

3) 분할 또는 분할합병으로 취득하는 주식

분할법인 또는 소멸한 분할합병의 상대방 법인의 주주가 분할신설법인 또는 분할합병의 상대방 법인으로부터 분할 또는 분할합병으로 인하여 취득하는 주식의 1주당 취득원가에 상당하는 가액은 분할 또는 분할합병 당시의 해당 주주가 보유하던 분할법인 또는 소멸한 분할합병의 상대방 법인의 주식을 취득하는 데 소요된 총금액[1008]을 분할로 인하여 취득하는 주식수로 나누어 계산한 가액으로 한다.[1009]

4) 현재가치할인차금을 취득원가에 포함하는 경우

현재가치할인차금을 취득원가에 포함하는 경우에 있어서 양도자산의 보유기간 중에 그 현재가치할인차금의 상각액을 각 연도의 사업소득금액 계산 시 필요경비로 산입하였거나 산입할 금액이 있는 때에는 이를 공제한다.[1010]

다. 양도비 등으로서 대통령령으로 정하는 것

1) 대통령령으로 정하는 것

1006) 법인세법 제16조 제1항 제5호의 금액은 더하고 같은 호의 합병대가 중 금전이나 그 밖의 재산가액의 합계액은 뺀 금액으로 한다.
1007) 소득세법시행령 제163조 제1항 제4호.
1008) 법인세법 제16조 제1항 제6호의 금액은 더하고 같은 호의 분할대가 중 금전이나 그 밖의 재산가액의 합계액은 뺀 금액으로 한다.
1009) 소득세법시행령 제163조 제1항 제5호.
1010) 소득세법시행령 제163조 제2항.

양도비 등으로서 대통령령으로 정하는 것이란 자산을 양도하기 위하여 직접 지출한 비용으로서 ① 증권거래세, ② 양도소득세과세표준 신고서 작성비용 및 계약서 작성비용, ③ 공증비용, 인지대 및 소개비, ④ 매매계약에 따른 인도의무를 이행하기 위하여 양도자가 지출하는 명도비용, ⑤ ①부터 ④까지의 비용과 유사한 비용으로서 기획재정부령으로 정하는 비용의 어느 하나에 해당하는 것으로서 그 지출에 관한 계산서, 세금계산서, 신용카드매출전표, 현금영수증 등의 증명서류를 수취 및 보관하거나 실제 지출사실이 금융거래 증명서류에 의하여 확인되는 경우를 말한다.[1011]

2) 기획재정부령으로 정하는 비용

기획재정부령으로 정하는 비용이란 주식등[1012]을 양도하기 위해 직접 지출한 비용으로서 자본시장법에 따른 수수료로서 위탁매매수수료와 투자일임업을 영위하는 투자중개업자가 투자중개업무와 투자일임업무를 결합한 자산관리계좌를 운용해 부과하는 투자일임수수료 중 ① 전체 투자일임수수료를 초과하지 않을 것, ② 주식등을 온라인으로 직접 거래하는 경우에 부과하는 위탁매매수수료를 초과하지 않을 것, ③ 부과기준이 약관 및 계약서에 적혀 있을 것의 요건을 모두 갖춘 위탁매매수수료에 상당하는 비용을 말하며[1013] 농어촌특별세를 포함한다.

2. 그 밖의 경우의 필요경비의 계산

그 밖의 경우의 필요경비는 ① 대통령령으로 정하는 매매사례가액, 감정가액 또는 환산취득가액을 순차적으로 적용한 금액 또는 ② 추계조사 결정 또는 경정한 금액을 더한 금액을 말한다.[1014]

3. 상속 또는 증여 받은 자산의 실지거래가액 적용

1011) 소득세법시행령 제163조 제5항.
1012) 소득세법 제94조 제1항 제3호에 따른 주식등을 말한다.
1013) 소득세법시행규칙 제79조 제2항.
1014) 소득세법 제97조 제2항 제2호.

상속 또는 증여[1015]받은 자산에 대하여 실지거래가액을 적용할 때에는 상속개시일 또는 증여일 현재 상속증여세법 제60조부터 제66조까지의 규정에 따라 평가한 가액(보충적 평가방법)[1016]을 취득당시의 실지거래가액으로 본다.[1017] 상속증여세법[1018]에 따라 상속세나 증여세를 과세받은 경우에는 해당 상속재산가액이나 증여재산가액[1019] 또는 그 증·감액을 취득가액에 더하거나 뺀다.[1020]

4. 특수관계인으로부터 취득한 경우

법인세법 제2조 제12호[1021]에 따른 특수관계인[1022]으로부터 취득한 경우로서 같은 법인세법 제67조에 따라 거주자의 상여·배당 등으로 처분된 금액이 있으면 그 상여·배당 등으로 처분된 금액을 취득가액에 더한다.[1023]

5. 대통령령으로 정하는 매매사례가액 등

대통령령으로 정하는 매매사례가액, 감정가액 또는 환산취득가액이란 아래에 따른 가액[1024]을 말한다.

가. 주식등과 기타자산의 환산가액

1015) 법 제88조 제1호 각 목 외의 부분 후단에 따른 부담부증여의 채무액에 해당하는 부분도 포함한다. 다만 상속증여세법 제34조부터 제39조까지, 제39조의2, 제39조의3, 제40조, 제41조의2부터 제41조의5까지, 제42조, 제42조의2 및 제42조의3에 따른 증여는 제외한다.
1016) 상속증여세법 제76조에 따라 세무서장등이 결정·경정한 가액이 있는 경우 그 결정·경정한 가액으로 한다.
1017) 소득세법시행령 제163조 제9항.
1018) 제3조의2 제2항, 제33조부터 제39조까지, 제39조의2, 제39조의3, 제40조, 제41조의2부터 제41조의5까지, 제42조, 제42조의2, 제42조의3, 제45조의3부터 제45조의5까지의 규정을 말한다.
1019) 상속증여세법 제45조의3부터 제45조의5까지의 규정에 따라 증여세를 과세 받은 경우에는 증여의제이익을 말한다.
1020) 소득세법시행령 제163조 제10항 제1호.
1021) 12. "특수관계인"이란 법인과 경제적 연관관계 또는 경영지배관계 등 대통령령으로 정하는 관계에 있는 자를 말한다. 이 경우 본인도 그 특수관계인의 특수관계인으로 본다.
1022) 외국법인을 포함한다.
1023) 소득세법시행령 제163조 제10항 제2호.
1024) 소득세법시행령 제176조의2 제2항부터 제4항.

주식등[1025]과 기타자산[1026]의 경우에는 다음 산식에 의해 계산한 가액을 말한다.[1027]

〈표-49 주식등과 기타자산의 환산가액〉

구분		계산식
양도 당시의 실지거래가액, 매매사례가액 또는 감정가액	①	
취득 당시의 기준시가	②	① × ② ÷ ③ = ④
양도 당시의 기준시가	③	
환산가액	④	

[1025] 3. 다음 각 목의 어느 하나에 해당하는 주식등의 양도로 발생하는 소득
　가. 주권상장법인의 주식등으로서 다음의 어느 하나에 해당하는 주식등
　　1) 소유주식의 비율·시가총액 등을 고려하여 대통령령으로 정하는 주권상장법인의 대주주가 양도하는 주식등
　　2) 1)에 따른 대주주에 해당하지 아니하는 자가 「자본시장과 금융투자업에 관한 법률」에 따른 증권시장(이하 "증권시장"이라 한다)에서의 거래에 의하지 아니하고 양도하는 주식등. 다만, 「상법」 제360조의2 및 제360조의15에 따른 주식의 포괄적 교환·이전 또는 같은 법 제360조의5 및 제360조의22에 따른 주식의 포괄적 교환·이전에 대한 주식매수청구권 행사로 양도하는 주식등은 제외한다.
　나. 주권비상장법인의 주식등. 다만, 소유주식의 비율·시가총액 등을 고려하여 대통령령으로 정하는 주권비상장법인의 대주주에 해당하지 아니하는 자가 「자본시장과 금융투자업에 관한 법률」 제283조에 따라 설립된 한국금융투자협회가 행하는 같은 법 제286조 제1항 제5호에 따른 장외매매거래에 의하여 양도하는 대통령령으로 정하는 중소기업(이하 이 장에서 "중소기업"이라 한다) 및 대통령령으로 정하는 중견기업의 주식등은 제외한다.
　다. 외국법인이 발행하였거나 외국에 있는 시장에 상장된 주식등으로서 대통령령으로 정하는 것

[1026] 4. 다음 각 목의 어느 하나에 해당하는 자산(이하 이 장에서 "기타자산"이라 한다)의 양도로 발생하는 소득
　가. 사업에 사용하는 제1호 및 제2호의 자산과 함께 양도하는 영업권(영업권을 별도로 평가하지 아니하였으나 사회통념상 자산에 포함되어 함께 양도된 것으로 인정되는 영업권과 행정관청으로부터 인가·허가·면허 등을 받음으로써 얻는 경제적 이익을 포함한다)
　나. 이용권·회원권, 그 밖에 그 명칭과 관계없이 시설물을 배타적으로 이용하거나 일반이용자보다 유리한 조건으로 이용할 수 있도록 약정한 단체의 구성원이 된 자에게 부여되는 시설물 이용권(법인의 주식등을 소유하는 것만으로 시설물을 배타적으로 이용하거나 일반이용자보다 유리한 조건으로 시설물 이용권을 부여받게 되는 경우 그 주식등을 포함한다)
　다. 법인의 자산총액 중 다음의 합계액이 차지하는 비율이 100분의 50 이상인 법인의 과점주주(소유 주식등의 비율을 고려하여 대통령령으로 정하는 주주를 말하며, 이하 이 장에서 "과점주주"라 한다)가 그 법인의 주식등의 100분의 50 이상을 해당 과점주주 외의 자에게 양도하는 경우(과점주주가 다른 과점주주에게 양도한 후 양수한 과점주주가 과점주주 외의 자에게 다시 양도하는 경우로서 대통령령으로 정하는 경우를 포함한다)에 해당 주식등
　　1) 제1호 및 제2호에 따른 자산(이하 이 조에서 "부동산등"이라 한다)의 가액
　　2) 해당 법인이 직접 또는 간접으로 보유한 다른 법인의 주식가액에 그 다른 법인의 부동산등 보유비율을 곱하여 산출한 가액. 이 경우 다른 법인의 범위 및 부동산등 보유비율의 계산방법 등은 대통령령으로 정한다.
　라. 대통령령으로 정하는 사업을 하는 법인으로서 자산총액 중 다목 1) 및 2)의 합계액이 차지하는 비율이 100분의 80 이상인 법인의 주식등
　마. 제1호의 자산과 함께 양도하는 「개발제한구역의 지정 및 관리에 관한 특별조치법」 제12조 제1항 제2호 및 제3호의2에 따른 이축을 할 수 있는 권리(이하 "이축권"이라 한다). 다만, 해당 이축권 가액을 대통령령으로 정하는 방법에 따라 별도로 평가하여 신고하는 경우는 제외한다.

[1027] 소득세법시행령 제176조의2 제2항 제1호.

나. 매매사례가액

양도가액 또는 취득가액을 추계결정 또는 경정하는 경우에는 다음의 방법을 순차적으로 적용하여 산정한 가액에 따른다.[1028] 다만 매매사례가액 또는 감정가액이 특수관계인과의 거래에 따른 가액 등으로서 객관적으로 부당하다고 인정되는 경우[1029]에는 해당 가액을 적용하지 않는다. 신주인수권의 경우에는 아래 ③을 적용하지 않는다.

① 양도일 또는 취득일 전후 각 3개월 이내에 해당 자산[1030]과 동일성 또는 유사성이 있는 자산의 매매사례가 있는 경우 그 가액으로 한다. ② 양도일 또는 취득일 전후 각 3개월 이내에 해당 자산[1031]에 대하여 둘 이상의 감정평가업자가 평가한 것으로서 신빙성이 있는 것으로 인정되는 감정가액[1032]이 있는 경우에는 그 감정가액의 평균액으로 한다. 다만 기준시가가 10억원 이하인 자산[1033]의 경우에는 양도일 또는 취득일 전후 각 3개월 이내에 하나의 감정평가업자가 평가한 것으로서 신빙성이 있는 것으로 인정되는 경우 그 감정가액[1034]으로 한다. ③ 환산한 가액과 ④ 기준시가에 따른다.

6. 주식매수선택권을 행사하여 취득한 주식의 양도

주식매수선택권을 행사하여 취득한 주식을 양도하는 때에는 주식매수선택권을 행사하는 당시의 시가를 취득가액[1035]으로 한다.[1036]

IV. 양도차익의 산정

1028) 소득세법시행령 제176조의2 제3항
1029) 소득세법 제98조 제1항.
1030) 주권상장법인의 주식등은 제외한다.
1031) 주식등을 제외한다.
1032) 감정평가기준일이 양도일 또는 취득일 전후 각 3개월 이내인 것에 한정한다.
1033) 주식등은 제외한다.
1034) 감정평가기준일이 양도일 또는 취득일 전후 각 3개월 이내인 것에 한정한다.
1035) 소득세법 제97조 제1호 제1호.
1036) 소득세법시행령 제163조 제11항.

1. 취득시기 및 양도시기

자산의 양도차익을 계산할 때 그 취득시기 및 양도시기는 대금을 청산한 날이 분명하지 않은 경우 등을 제외하고 해당 자산의 대금을 청산한 날로 한다.[1037] 이 경우 자산의 대금에는 해당 자산의 양도에 대한 양도소득세 및 양도소득세의 부가세액을 양수자가 부담하기로 약정한 경우에는 해당 양도소득세 및 양도소득세의 부가세액은 제외한다.

2. 양도차익의 산정

양도차익을 계산할 때 양도가액을 실지거래가액[1038]에 따를 때에는 취득가액도 실지거래가액[1039]에 따르고 양도가액을 기준시가에 따를 때에는 취득가액도 기준시가에 따른다.[1040]

Ⅴ. 양도소득의 부당행위계산

1. 부당행위계산의 적용 대상

납세지 관할 세무서장 또는 지방국세청장은 양도소득이 있는 거주자의 행위 또는 계산이 거주자의 특수관계인과의 거래로 인하여 소득에 대한 조세 부담을 부당하게 감소시킨 것으로 인정되는 경우에는 거주자의 행위 또는 계산과 관계없이 해당 과세기간의 소득금액을 계산할 수 있다.[1041]

소득세법 제97조의2 제1항[1042]을 적용받는 배우자 및 직계존비속을 제외한 특수관계인에게

1037) 소득세법 제98조.
1038) 소득세법 제96조 제3항에 따른 가액 및 제114조 제7항에 따라 매매사례가액·감정가액이 적용되는 경우 그 매매사례가액·감정가액 등을 포함한다.
1039) 소득세법 제97조 제7항에 따른 가액 및 제114조 제7항에 따라 매매사례가액·감정가액·환산취득가액이 적용되는 경우 그 매매사례가액·감정가액·환산취득가액 등을 포함한다.
1040) 소득세법 제100조 제1항.
1041) 소득세법 제101조 제1항.
1042) ① 거주자가 양도일부터 소급하여 5년 이내에 그 배우자(양도 당시 혼인관계가 소멸된 경우를 포함하되, 사망으로 혼인관계가 소

자산을 증여한 후 그 자산을 증여받은 자가 증여일부터 5년 이내에 다시 타인에게 양도한 경우로서 증여받은 자의 증여세[1043]와 양도소득세[1044]를 합한 세액이 증여자가 직접 양도하는 경우로 보아 계산한 양도소득세에 따른 세액보다 적은 경우에는 증여자가 자산을 직접 양도한 것으로 본다. 다만 양도소득이 해당 수증자에게 실질적으로 귀속된 경우는 제외한다.[1045]

증여자에게 양도소득세가 과세되는 경우에는 당초 증여받은 자산에 대해서는 증여세를 부과하지 않는다.

2. 조세의 부담을 부당하게 감소시킨 경우

조세의 부담을 부당하게 감소시킨 것으로 인정되는 경우란 ① 특수관계인으로부터 시가보다 높은 가격으로 자산을 매입하거나 특수관계인에게 시가보다 낮은 가격으로 자산을 양도한 때, ② 그 밖에 특수관계인과의 거래로 해당 연도의 양도가액 또는 필요경비의 계산 시 조세의 부담을 부당하게 감소시킨 것으로 인정되는 때의 어느 하나에 해당하는 때를 말한다.[1046] 다만 시가와 거래가액의 차액이 3억원 이상 또는 시가의 100분의 5에 상당하는 금액 이상인 경우로 한정한다.

3. 시가의 의미

가. 주권상장법인이 발행한 주식의 시가

주권상장법인이 발행한 주식의 시가는 법인세법 시행령 제89조(시가의 범위) 제1항에 따른 시가로 한다.

멸된 경우는 제외한다. 이하 이 항에서 같다) 또는 직계존비속으로부터 증여받은 제94조 제1항 제1호에 따른 자산이나 그 밖에 대통령령으로 정하는 자산의 양도차익을 계산할 때 양도가액에서 공제할 필요경비는 제97조 제2항에 따르되, 취득가액은 그 배우자 또는 직계존비속의 취득 당시 제97조 제1항 제1호에 따른 금액으로 한다. 이 경우 거주자가 증여받은 자산에 대하여 납부하였거나 납부할 증여세 상당액이 있는 경우에는 제97조 제2항에도 불구하고 필요경비에 산입한다.

1043) 상속증여세에 따른 산출세액에서 공제·감면세액을 뺀 세액을 말한다.
1044) 소득세법에 따른 산출세액에서 공제·감면세액을 뺀 결정세액을 말한다.
1045) 소득세법 제101조 제2항.
1046) 소득세법시행령 제167조 제3항.

나. 주권상장법인이 발행한 주식 외의 시가

주권상장법인이 발행한 주식 외의 시가란 상속증여세법에 따른 보충적 평가방법[1047]을 준용하여 평가한 가액에 따른 금액을 말한다.[1048]

다. 개인과 법인 사이의 재산 양수 또는 양도

개인과 법인 사이에 재산을 양수 또는 양도하는 경우로서 그 대가가 법인세법 시행령에 의한 주권상장법인이 발행한 주식의 시가 및 시가가 불분명한 경우에 적용되는 시가[1049]의 계산방법에 따른 가액에 해당되어 당해 법인의 거래에 대하여 법인세법에 따른 부당행위부인의 계산의 규정이 적용되지 않는 경우에는 양도소득의 부당행위계산을 적용하지 않는다.[1050] 다만 거짓 그 밖의 부정한 방법으로 양도소득세를 감소시킨 것으로 인정되는 경우는 제외한다.

4. 법인세법에 따른 부당행위계산의 부인

가. 부당행위계산의 부인

납세지 관할 세무서장 또는 관할지방국세청장은 내국법인의 행위 또는 소득금액의 계산이 특수관계인과의 거래로 인하여 그 법인의 소득에 대한 조세의 부담을 부당하게 감소시킨 것으로 인정되는 경우에는 그 법인의 행위 또는 소득금액의 계산(부당행위계산)과 관계없이 그 법인의 각 사업연도의 소득금액을 계산한다.[1051]

나. 시가

1047) 상속증여세법 제60조부터 제66조까지와 같은 법 시행령 제49조, 제50조부터 제52조까지, 제52조의2, 제53조부터 제58조까지, 제58조의2부터 제58조의4까지, 제59조부터 제63조까지의 규정을 말한다.
1048) 소득세법시행령 제167조 제5항.
1049) 법인세법 시행령 제89조 제2항.
1050) 소득세법시행령 제167조 제6항.
1051) 법인세법 제52조 제1항.

부당행위계산을 적용할 때에는 건전한 사회 통념 및 상거래 관행과 특수관계인이 아닌 자 사이의 정상적인 거래에서 적용되거나 적용될 것으로 판단되는 가격(시가)[1052]을 기준으로 한다.[1053]

1) 주권상장법인이 발행한 주식

가) 제3자 사이에 일반적으로 거래된 가격

주권상장법인이 발행한 주식의 시가는 해당 거래와 유사한 상황에서 해당 법인이 특수관계인 외의 불특정다수인과 계속적으로 거래한 가격 또는 특수관계인이 아닌 제3자 사이에 일반적으로 거래된 가격이 있는 경우에는 그 가격을 시가로 한다.[1054]

나) 증권시장 외에서 거래하는 경우 등

주권상장법인이 발행한 주식을 ① 증권시장 외에서 거래하는 방법, ② 대량매매 등 거래소의 증권시장업무규정에서 일정 수량 또는 금액 이상의 요건을 충족하는 경우에 한정하여 매매가 성립하는 거래방법의 어느 하나에 해당하는 방법으로 거래한 경우 해당 주식의 시가는 그 거래일의 거래소 최종시세가액[1055]으로 한다.

사실상 경영권의 이전이 수반되는 경우에는 상속증여세법 제63조 제3항[1056]을 준용하여 그 가액의 100분의 20을 가산한다. 사실상 경영권의 이전이 수반되는 경우란 ① 최대주주 또는 최대출자자가 변경되는 경우, ② 최대주주등 간의 거래에서 주식등의 보유비율이 100분의 1

1052) 요율·이자율·임대료 및 교환 비율과 그 밖에 이에 준하는 것을 포함한다.
1053) 법인세법 제52조 제2항.
1054) 법인세법 시행령 제89조 제1항.
1055) 거래소 휴장 중에 거래한 경우에는 그 거래일의 직전 최종시세가액으로 한다.
1056) ③ 제1항 제1호, 제2항 및 제60조 제2항을 적용할 때 대통령령으로 정하는 최대주주 또는 최대출자자 및 그의 특수관계인에 해당하는 주주등(이하 이 항에서 "최대주주등"이라 한다)의 주식등(대통령령으로 정하는 중소기업 및 평가기준일이 속하는 사업연도 전 3년 이내의 사업연도부터 계속하여 「법인세법」 제14조 제2항에 따른 결손금이 있는 법인의 주식등 대통령령으로 정하는 주식등은 제외한다)에 대해서는 제1항 제1호 및 제2항에 따라 평가한 가액 또는 제60조 제2항에 따라 인정되는 가액에 그 가액의 100분의 20을 가산한다. 이 경우 최대주주등이 보유하는 주식등의 계산방법은 대통령령으로 정한다. 〈개정 2011.12.31., 2015.12.15., 2016.12.20., 2019.12.31.〉

이상 변동되는 경우의 어느 하나에 해당하는 경우를 말한다.[1057]

2) 시가가 불분명한 경우

시가가 불분명한 경우에는 ① 감정평가법인등이 감정한 가액,[1058] ② 상속증여세법 제38조(합병에 따른 이익의 증여)·제39조(증자에 따른 이익의 증여)·제39조의2(감자에 따른 이익의 증여)·제39조의3(현물출자에 따른 이익의 증여), 제61조부터 제66조까지의 규정(재산의 평가)을 준용하여 평가한 가액을 차례로 적용하여 계산한 금액으로 한다.[1059]

②를 적용하는 경우 상속증여세법에 따른 비상장주식등의 평가 방법[1060]에 따라 비상장주식을 평가할 때 해당 비상장주식을 발행한 법인이 보유한 주권상장법인이 발행한 주식의 평가금액은 평가기준일의 거래소 최종시세가액으로 한다.

3) 금전의 대여 또는 차용의 경우

금전의 대여 또는 차용의 경우에는 기획재정부령으로 정하는 가중평균차입이자율을 시가로 한다.[1061] 다만 ① 가중평균차입이자율의 적용이 불가능한 경우로서 기획재정부령으로 정하는 사유가 있는 경우 해당 대여금 또는 차입금에 한정하여 당좌대출이자율을, ② 대여기간이 5년을 초과하는 대여금이 있는 경우 등 기획재정부령으로 정하는 경우 해당 대여금 또는 차입금에 한정하여 당좌대출이자율을, ③ 해당 법인이 법인세법 제60조(과세표준 등의 신고)에 따른 신고와 함께 기획재정부령으로 정하는 바에 따라 당좌대출이자율을 시가로 선택하는 경우 당좌대출이자율을 시가로 하여 선택한 사업연도와 이후 2개 사업연도는 당좌대출이자율을 시가로 한다.

가) 기획재정부령으로 정하는 가중평균차입이자율

1057) 법인세법시행규칙 제42조의6 제1항.
1058) 그 가액 감정한 가액이 2 이상인 경우에는 그 감정한 가액의 평균액으로 한다. 다만 주식등은 제외한다.
1059) 법인세법시행령 제89조 제2항.
1060) 상속증여세법시행령 제54조.
1061) 법인세법시행령 제89조 제3항.

기획재정부령으로 정하는 가중평균차입이자율이란 자금을 대여한 법인의 대여시점 현재 각각의 차입금 잔액[1062]에 차입 당시의 각각의 이자율을 곱한 금액의 합계액을 해당 차입금 잔액의 총액으로 나눈 비율을 말한다.[1063] 이 경우 산출된 비율 또는 대여금리가 해당 대여시점 현재 자금을 차입한 법인의 각각의 차입금 잔액[1064]에 차입 당시의 각각의 이자율을 곱한 금액의 합계액을 해당 차입금 잔액의 총액으로 나눈 비율보다 높은 때에는 해당 사업연도의 가중평균차입이자율이 없는 것으로 본다.

가중평균차입이자율을 적용할 때에 변동금리로 차입한 경우에는 차입 당시의 이자율로 차입금을 상환하고 변동된 이자율로 그 금액을 다시 차입한 것으로 보며 차입금이 채권자가 불분명한 사채 또는 매입자가 불분명한 채권·증권의 발행으로 조달된 차입금에 해당하는 경우에는 해당 차입금의 잔액은 가중평균차입이자율 계산을 위한 잔액에 포함하지 않는다.[1065]

나) 기획재정부령으로 정하는 당좌대출이자율

기획재정부령으로 정하는 당좌대출이자율이란 연간 1,000분의 46을 말한다.[1066]

다) 기획재정부령으로 정하는 사유

기획재정부령으로 정하는 사유란 ① 특수관계인이 아닌 자로부터 차입한 금액이 없는 경우, ② 차입금 전액이 채권자가 불분명한 사채 또는 매입자가 불분명한 채권 및 증권의 발행으로 조달된 경우, ③ 가중평균차입이자율이 없는 것으로 보는 경우[1067]의 어느 하나에 해당하는 경우를 말한다.[1068]

1062) 특수관계인으로부터의 차입금은 제외한다.
1063) 법인세법시행규칙 제43조 제1항.
1064) 특수관계인으로부터의 차입금은 제외한다.
1065) 법인세법시행규칙 제43조 제6항.
1066) 법인세법시행규칙 제43조 제2항.
1067) 법인세법시행규칙 제43조 제1항 후단에 따라 가중평균차입이자율이 없는 것으로 보는 경우를 말한다.
1068) 법인세법시행규칙 제43조 제3항.

라) 기획재정부령으로 정하는경우

기획재정부령으로 정하는 경우란 대여한 날[1069]부터 해당 사업연도 종료일[1070]까지의 기간이 5년을 초과하는 대여금이 있는 경우를 말한다.[1071]

4) 상속증여세법 및 상속증여세법시행령의 준용

주주등[1072]인 법인이 ① 특수관계인인 다른 주주등에게 이익을 분여한 경우,[1073] ② 증자·감자, ③ 합병[1074]·분할, ④ 상속증여세법[1075]에 따른 전환사채등에 의한 주식의 전환·인수·교환 등 자본거래를 통해 법인의 이익을 분여하였다고 인정되는 경우,[1076] ⑤ 금전을 제외한 자산을 제공하는 경우[1077]의 규정에 의하여 익금에 산입할 금액의 계산에 관하여는 그 유형에 따라 상속증여세법 및 상속증여세법시행령에 따른 규정[1078]을 준용한다.[1079]

다. 부당행위계산의 유형

조세의 부담을 부당하게 감소시킨 것으로 인정되는 경우란 다음의 어느 하나에 해당하는 경우를 말한다.[1080]

1069) 계약을 갱신한 경우에는 그 갱신일을 말한다.
1070) 해당 사업연도에 상환하는 경우는 상환일을 말한다.
1071) 법인세법시행령 제89조 제5항.
1072) 소액주주등은 제외한다.
1073) 법인세법시행령 제88조 제1항 제8호.
1074) 분할합병을 포함한다.
1075) 상속증여세법 제40조 제1항.
1076) 법인세법시행령 제88조 제1항 제9호.
1077) 법인세법시행령 제89조 제5항.
1078) 상속증여세법 제38조·제39조·제39조의2·제39조의3·제40조·제42조의2와 상속증여세법시행령 제28조 제3항부터 제7항까지, 제29조 제2항, 제29조의2 제1항·제2항, 제29조의3 제1항, 제30조 제5항 및 제32조의2의 규정을 말한다. 이 경우 "대주주" 및 "특수관계인"은 이 영에 의한 "특수관계인"으로 보고, "이익" 및 "대통령령으로 정하는 이익"은 "특수관계인에게 분여한 이익"으로 본다.
1079) 법인세법시행령 제89조 제6항.
1080) 법인세법시행령 제88조 제1항.

① 자산을 시가보다 높은 가액으로 매입 또는 현물출자 받았거나 그 자산을 과대 상각한 경우, ② 무수익 자산을 매입 또는 현물출자 받았거나 그 자산에 대한 비용을 부담한 경우, ③ 자산을 무상 또는 시가보다 낮은 가액으로 양도 또는 현물출자한 경우,[1081] ④ 특수관계인인 법인간 합병[1082]·분할에 있어서 불공정한 비율로 합병·분할하여 합병·분할에 따른 양도손익을 감소시킨 경우,[1083] ⑤ 불량자산을 차환하거나 불량채권을 양수한 경우, ⑥ 출연금을 대신 부담한 경우, ⑦ 금전이나 그 밖의 자산 또는 용역을 무상 또는 시가보다 낮은 이율·요율이나 임대료로 대부하거나 제공한 경우,[1084] ⑧ 기획재정부령으로 정하는 파생상품[1085]에 근거한 권리를 행사하지 않거나 그 행사기간을 조정하는 등의 방법으로 이익을 분여하는 경우, ⑨ 금전이나 그 밖의 자산 또는 용역을 시가보다 높은 이율·요율이나 임차료로 차용하거나 제공받은 경우[1086]를 말한다.

또한 ① 특수관계인인 법인간의 합병[1087]에 있어서 주식등을 시가보다 높거나 낮게 평가하여 불공정한 비율로 합병한 경우[1088], ② 법인의 자본[1089]을 증가시키는 거래에 있어서 신주[1090]를 배정·인수받을 수 있는 권리의 전부 또는 일부를 포기[1091]하거나 신주를 시가보다 높은 가액으로 인수하는 경우, ③ 법인의 감자에 있어서 주주등의 소유주식등의 비율에 의하지 아니하고 일부 주주등의 주식등을 소각하는 경우의 어느 하나에 해당하는 자본거래로 인하여 주주등[1092]인

[1081] 다만 법인세법시행령 제19조 제19호의2 각 목 외의 부분에 해당하는 주식매수선택권등의 행사 또는 지급에 따라 주식을 양도하는 경우는 제외한다.

[1082] 분할합병을 포함한다.

[1083] 다만 자본시장법 제165조의4에 따라 합병·분할하는 경우는 제외한다.

[1084] 다만 ① 법인세법시행령 제19조 제19호의2 각 목 외의 부분에 해당하는 주식매수선택권등의 행사 또는 지급에 따라 금전을 제공하는 경우, ② 주주등이나 출연자가 아닌 임원(소액주주등인 임원을 포함한다) 및 직원에게 사택(기획재정부령으로 정하는 임차사택을 포함한다)을 제공하는 경우, ③ 법인세법 제76조의8에 따른 연결납세방식을 적용받는 연결법인 간에 연결법인세액의 변동이 없는 등 기획재정부령으로 정하는 요건을 갖추어 용역을 제공하는 경우는 제외한다.

[1085] 제42조의4(파생상품) 영 제88조 제1항 제7호의2에서 "기획재정부령으로 정하는 파생상품"이라 함은 기업회계기준에 따른 선도거래, 선물, 스왑, 옵션, 그 밖에 이와 유사한 거래 또는 계약을 말한다.

[1086] 다만 법인세법 제76조의8에 따른 연결납세방식을 적용받는 연결법인 간에 연결법인세액의 변동이 없는 등 기획재정부령으로 정하는 요건을 갖추어 용역을 제공받은 경우는 제외한다.

[1087] 분할합병을 포함한다.

[1088] 다만 자본시장법 제165조의4에 따라 합병하는 경우는 제외한다.

[1089] 출자액을 포함한다.

[1090] 전환사채·신주인수권부사채 또는 교환사채 등을 포함한다.

[1091] 그 포기한 신주가 자본시장법 제9조 제7항에 따른 모집방법으로 배정되는 경우를 제외한다.

[1092] 소액주주등은 제외한다.

법인이 특수관계인인 다른 주주등에게 이익을 분여한 경우가 해당한다. 증자·감자, 합병[1093]·분할, 상속증여세법[1094]에 따른 전환사채등에 의한 주식의 전환·인수·교환 등 자본거래를 통해 법인의 이익을 분여하였다고 인정되는 경우[1095]와 그 밖에 유사한 행위 또는 계산 및 그 외에 법인의 이익을 분여하였다고 인정되는 경우를 포함한다.

1) 부당행위계산의 적용 기준 시점

부당행위계산의 부인은 그 행위당시를 기준으로 하여 당해 법인과 특수관계인 간의 거래[1096]에 대하여 이를 적용한다. 다만 법인세법시행령 제1항 제8호 가목[1097]의 규정을 적용함에 있어서 특수관계인인 법인의 판정은 합병등기일이 속하는 사업연도의 직전 사업연도의 개시일[1098]부터 합병등기일까지의 기간에 의한다.[1099]

2) 부당행위계산의 적용

① 자산을 시가보다 높은 가액으로 매입 또는 현물출자 받았거나 그 자산을 과대 상각한 경우, ② 자산을 무상 또는 시가보다 낮은 가액으로 양도 또는 현물출자한 경우, ③ 금전, 그 밖의 자산 또는 용역을 무상 또는 시가보다 낮은 이율·요율이나 임대료로 대부하거나 제공한 경우, ④ 금전이나 그 밖의 자산 또는 용역을 시가보다 높은 이율·요율이나 임차료로 차용하거나 제공

1093) 분할합병을 포함한다.
1094) 상속증여세법 제40조 제1항.
1095) 다만 법인세법시행령 제19조 제19호의2 각 목 외의 부분에 해당하는 주식매수선택권등 중 주식매수선택권의 행사에 따라 주식을 발행하는 경우는 제외한다.
1096) 특수관계인 외의 자를 통하여 이루어진 거래를 포함한다.
1097) 8. 다음 각 목의 어느 하나에 해당하는 자본거래로 인하여 주주등(소액주주등은 제외한다. 이하 이 조에서 같다)인 법인이 특수관계인인 다른 주주등에게 이익을 분여한 경우
　　가. 특수관계인인 법인간의 합병(분할합병을 포함한다)에 있어서 주식등을 시가보다 높거나 낮게 평가하여 불공정한 비율로 합병한 경우. 다만, 「자본시장과 금융투자업에 관한 법률」 제165조의4에 따라 합병(분할합병을 포함한다)하는 경우는 제외한다.
　　나. 법인의 자본(출자액을 포함한다)을 증가시키는 거래에 있어서 신주(전환사채·신주인수권부사채 또는 교환사채 등을 포함한다. 이하 이 목에서 같다)를 배정·인수받을 수 있는 권리의 전부 또는 일부를 포기(그 포기한 신주가 「자본시장과 금융투자업에 관한 법률」 제9조 제7항에 따른 모집방법으로 배정되는 경우를 제외한다)하거나 신주를 시가보다 높은 가액으로 인수하는 경우
　　다. 법인의 감자에 있어서 주주등의 소유주식등의 비율에 의하지 아니하고 일부 주주등의 주식등을 소각하는 경우
1098) 그 개시일이 서로 다른 법인이 합병한 경우에는 먼저 개시한 날을 말한다.
1099) 법인세법시행령 제88조 제2항.

받은 경우, ⑤ 그 밖에 유사한 행위 또는 계산 및 그 외에 법인의 이익을 분여하였다고 인정되는 경우는 시가와 거래가액의 차액이 3억원 이상 또는 시가의 100분의 5에 상당하는 금액 이상인 경우에 한하여 적용한다.[1100] 다만 주권상장법인이 발행한 주식을 거래한 경우에는 적용하지 않는다.

제5절 양도소득금액의 구분 계산 등

I. 양도소득금액의 구분 계산

양도소득금액은 ① 토지 또는 건물 및 기타자산(시설물이용권과 특정주식 등)에 따른 소득,[1101] ② 주권상장법인의 주식등에 따른 소득,[1102] ③ 파생상품등의 거래 또는 행위로 발생하는 소득,[1103] ④ 신탁의 이익을 받을 권리[1104]의 소득별로 구분하여 계산한다.[1105] 이 경우 소득금액을 계산할 때 발생하는 결손금은 다른 소득금액과 합산하지 않는다.

II. 양도차손의 통산

양도소득금액을 계산할 때 양도차손이 발생한 자산이 있는 경우에는 각 소득 구분별로 해당 자산 외의 다른 자산에서 발생한 양도소득금액에서 그 양도차손을 공제한다.[1106] 양도차손은 양

1100) 법인세법시행령 제88조 제3항.
1101) 소득세법 제94조 제1항 제1호·제2호 및 제4호에 따른 소득을 말한다.
1102) 소득세법 제94조 제1항 제3호에 따른 소득을 말한다.
1103) 소득세법 제94조 제1항 제5호에 따른 소득을 말한다.
1104) 소득세법 제94조 제1항 제6호에 따른 소득을 말한다.
1105) 소득세법 제102조 제1항.
1106) 소득세법 제102조 제2항.

도차손이 발생한 자산과 같은 세율을 적용받는 자산의 양도소득금액에서 먼저 공제한다.[1107] 그 다음 양도차손이 발생한 자산과 다른 세율을 적용받는 자산의 양도소득금액에서 순차로 공제하며 이 경우 다른 세율을 적용받는 자산의 양도소득금액이 2 이상인 경우에는 각 세율별 양도소득금액의 합계액에서 당해 양도소득금액이 차지하는 비율로 안분하여 공제한다.[1108]

III. 양도소득 기본공제

양도소득이 있는 거주자에 대해서는 각 소득 구분별로 해당 과세기간의 양도소득금액에서 각각 연 250만원을 공제하며[1109] 이를 양도소득 기본공제라 한다.

IV. 양도소득세의 세율

거주자의 양도소득세는 해당 과세기간의 양도소득과세표준에 다음의 세율을 적용하여 계산한 금액(양도소득 산출세액)을 그 세액으로 한다.[1110] 이 경우 하나의 자산이 둘 이상에 해당할 때에는 해당 세율을 적용하여 계산한 양도소득 산출세액 중 큰 것을 그 세액으로 한다.

1. 시설물이용권 등의 양도로 발생하는 소득

① 시설물이용권, ② 부동산등의 합계액이 차지하는 비율이 100분의 50 이상인 법인의 과점주주, ③ 부동산등의 합계액이 차지하는 비율이 100분의 80 이상인 법인의 주식등은 종합소득과세표준에 대해 적용되는 세율(종합소득세율)[1111]로 한다.[1112]

[1107] 소득세법시행령 제167조의2 제1항 제1호.
[1108] 소득세법시행령 제167조의2 제1항 제2호.
[1109] 소득세법 제103조 제1항.
[1110] 소득세법 제104조 제1항.
[1111] 소득세법 제55조 제1항에 따른 세율을 말한다.
[1112] 소득세법 제104조 제1항 제1호.

2. 주식등의 양도로 발생하는 소득

가. 대주주가 양도하는 주식등

소유주식의 비율·시가총액 등을 고려하여 대통령령으로 정하는 대주주가 양도하는 1년 미만 보유한 주식등으로서 중소기업 외의 법인의 주식등은 양도소득 과세표준의 100분의 30으로 한다.[1113] 이외의 주식등은 아래에 따른 세율을 적용한다.[1114]

〈표-50 대주주가 양도하는 주식등〉

양도소득과세표준	적용 세율
3억원 이하	20%
3억원 초과	6천만원 + (3억원 초과액 × 25%)

1) 소유주식등의 비율 기준

주식등의 양도일이 속하는 사업연도의 직전 사업연도 종료일 현재 주주 1인 및 기타주주의 소유주식의 비율이 100분의 4 이상인 경우 해당 주주 1인 및 기타주주를 말한다.[1115] 이 경우 직전 사업연도 종료일 현재 100분의 4에 미달하였으나 그 후 주식등을 취득함으로써 소유주식의 비율이 100분의 4 이상이 되는 때에는 그 취득일 이후의 주주 1인 및 기타주주를 포함한다.

2) 소유 주식등의 시가총액 기준

주식등의 양도일이 속하는 사업연도의 직전 사업연도 종료일 현재 주주 1인 및 기타주주가 소유하고 있는 해당 법인의 주식등의 시가총액이 아래의 구분에 따른 금액 이상인 경우 해당

1113) 소득세법 제104조 제1항 제11호 가목 1).
1114) 소득세법 제104조 제1항 제11호 가목 2).
1115) 소득세법시행령 제167조의8 제1항 제2호 가목.

주주 1인 및 기타주주를 말한다.[1116] 다만 자본시장법시행령 제178조 제1항[1117]에 따라 거래되는 벤처기업육성에 관한 특별조치법 제2조 제1항[1118][1119]에 따른 벤처기업의 주식등의 경우에는 40억원으로 한다.

1116) 소득세법시행령 제167조의8 제1항 제2호 나목.

1117) 제178조(협회 등을 통한 장외거래) ① 협회 또는 종합금융투자사업자는 장외매매거래에 관한 업무를 수행하는 경우 다음 각 호의 구분에 따른 기준을 준수해야 한다. 〈개정 2019.8.20.〉
  1. 불특정 다수인을 대상으로 협회가 법 제286조 제1항 제5호에 따라 증권시장에 상장되지 않은 주권의 장외매매거래에 관한 업무를 수행하거나 종합금융투자사업자가 제77조의6 제1항 제1호에 따라 증권시장에 상장되지 않은 주권의 장외매매거래에 관한 업무를 수행하는 경우: 다음 각 목의 기준에 따를 것
    가. 동시에 다수의 자를 각 당사자로 하여 당사자가 매매하기 위해 제시하는 주권의 종목, 매수하기 위해 제시하는 가격(이하 "매수호가"라 한다) 또는 매도하기 위해 제시하는 가격(이하 "매도호가"라 한다)과 그 수량을 공표할 것
    나. 주권의 종목별로 금융위원회가 정하여 고시하는 단일의 가격 또는 당사자 간의 매도호가와 매수호가가 일치하는 경우에는 그 가격으로 매매거래를 체결시킬 것
    다. 매매거래대상 주권의 지정·해제 기준, 매매거래방법, 결제방법 등에 관한 업무기준을 정하여 금융위원회에 보고하고, 이를 일반인이 알 수 있도록 공표할 것
    라. 금융위원회가 정하여 고시하는 바에 따라 재무상태·영업실적 또는 자본의 변동 등 발행인의 현황을 공시할 것
  2. 제11조 제2항 각 호의 어느 하나에 해당하는 자만을 대상으로 협회가 법 제286조 제1항 제5호 및 이 영 제307조 제2항 제5호의2에 따라 증권시장에 상장되지 않은 지분증권의 장외매매거래에 관한 업무를 수행하는 경우: 다음 각 목의 기준에 따를 것
    가. 매매거래방법 등에 관한 업무기준을 정하여 비상장법인 및 제11조 제2항 각 호의 어느 하나에 해당하는 자가 알 수 있도록 공표할 것
    나. 그 밖에 금융위원회가 정하여 고시하는 방법으로 업무를 수행할 것

1118) ① "벤처기업"이란 제2조의2의 요건을 갖춘 기업을 말한다.

1119) 제2조의2(벤처기업의 요건) ① 벤처기업은 다음 각 호의 요건을 갖추어야 한다.
  1. 「중소기업기본법」 제2조에 따른 중소기업(이하 "중소기업"이라 한다)일 것
  2. 다음 각 목의 어느 하나에 해당할 것
    가. 다음 각각의 어느 하나에 해당하는 자의 투자금액의 합계(이하 이 목에서 "투자금액의 합계"라 한다) 및 기업의 자본금 중 투자금액의 합계가 차지하는 비율이 각각 대통령령으로 정하는 기준 이상인 기업
      (1) 「벤처투자 촉진에 관한 법률」 제2조 제10호에 따른 중소기업창업투자회사(이하 "중소기업창업투자회사"라 한다)
      (2) 「벤처투자 촉진에 관한 법률」 제2조 제11호에 따른 벤처투자조합(이하 "벤처투자조합"이라 한다)
      (3) 「여신전문금융업법」에 따른 신기술사업금융업자(이하 "신기술사업금융업자"라 한다)
      (4) 「여신전문금융업법」에 따른 신기술사업투자조합(이하 "신기술사업투자조합"이라 한다)
      (5) 삭제 〈2020.2.11.〉
      (6) 「벤처투자 촉진에 관한 법률」 제66조에 따른 한국벤처투자
      (7) 중소기업에 대한 기술평가 및 투자를 하는 자로서 대통령령으로 정하는 자
      (8) 투자실적, 경력, 자격요건 등 대통령령으로 정하는 기준을 충족하는 개인
    나. 다음의 어느 하나를 보유한 기업의 연간 연구개발비와 연간 총매출액에 대한 연구개발비의 합계가 차지하는 비율이 각각 대통령령으로 정하는 기준 이상이고, 제25조의3 제1항에 따라 지정받은 벤처기업확인기관(이하 "벤처기업확인기관"이라 한다)으로부터 성장성이 우수한 것으로 평가받은 기업. 다만, 연간 총매출액에 대한 연구개발비의 합계가 차지하는 비율에 관한 기준은 창업 후 3년이 지나지 아니한 기업에 대하여는 적용하지 아니한다.
      1) 「기초연구진흥 및 기술개발지원에 관한 법률」 제14조의2 제1항에 따라 인정받은 기업부설연구소 또는 연구개발전담부서
      2) 「문화산업진흥 기본법」 제17조의3 제1항에 따라 인정받은 기업부설창작연구소 또는 기업창작전담부서
    다. 벤처기업확인기관으로부터 기술의 혁신성과 사업의 성장성이 우수한 것으로 평가받은 기업(창업 중인 기업을 포함한다)
  ② 제1항 제2호 나목 및 다목에 따른 평가기준과 평가방법 등에 관하여 필요한 사항은 대통령령으로 정한다.

주권비상장법인의 시가총액을 계산할 때 시가는 소득세법시행령 제165조 제4항(토지·건물 외의 자산의 기준시가 산정)[1120]에 따른 평가액에 따른다.[1121]

〈표-51 구분에 따른 시가총액 기준〉

구분	시가총액 기준금액
2020년 4월 1일부터 2022년 12월 31일까지의 기간 동안 주식등을 양도하는 경우	10억원

3) 보유기간의 계산

보유기간은 해당 자산의 취득일부터 양도일까지로 한다.[1122] 다만 ① 상속받은 자산은 피상속인이 그 자산을 취득한 날, ② 거주자가 양도일부터 소급하여 5년 이내에 그 배우자 또는 직계

[1120] ④ 법 제99조 제1항 제4호 후단에 따른 평가기준시기 및 평가액은 다음 각 호에 정하는 바에 따른다. 〈개정 2007.2.28., 2008.2.22., 2010.2.18., 2017.2.3., 2018.2.13.〉
  1. 1주당 가액의 평가는 가목의 계산식에 따라 평가한 가액(이하 이 항에서 "순손익가치"라 한다)과 나목의 계산식에 따라 평가한 가액(이하 이 항에서 "순자산가치"라 한다)을 각각 3과 2의 비율(법 제94조 제1항 제4호 다목에 해당하는 법인의 경우에는 순손익가치와 순자산가치의 비율을 각각 2와 3으로 한다)로 가중평균한 가액으로 한다. 다만, 그 가중평균한 가액이 1주당 순자산가치에 100분의 80을 곱한 금액보다 적은 경우에는 1주당 순자산가치에 100분의 80을 곱한 금액을 평가액으로 한다.
    가. 양도일 또는 취득일이 속하는 사업연도의 직전 사업연도의 1주당 순손익액 ÷ 「금융실명거래 및 비밀보장에 관한 법률」 제2조 제1호에 따른 금융기관이 보증한 3년만기회사채의 유통수익률을 고려하여 기획재정부장관이 정하여 고시하는 이자율
    나. 양도일 또는 취득일이 속하는 사업연도의 직전 사업연도 종료일 현재 해당 법인의 장부가액(토지의 경우는 법 제99조 제1항 제1호 가목에 따른 기준시가) ÷ 발행주식총수
  2. 제1호를 적용하는 경우 법 제99조 제1항 제4호의 주식등(이하 이 호에서 "비상장주식등"이라 한다)을 발행한 법인이 다른 비상장주식등을 발행한 법인의 발행주식총수 또는 출자총액의 100분의 10 이하의 주식 또는 출자지분을 소유하고 있는 경우에는 그 다른 비상장주식등의 평가는 제1호에도 불구하고 「법인세법 시행령」 제74조 제1항 제1호 마목에 따른 취득가액에 따를 수 있다.
  3. 다음 각 목의 어느 하나에 해당하는 주식등의 경우에는 제1호 각 목 외의 부분에 불구하고 제1호 나목의 산식에 따라 평가한 가액으로 한다.
    가. 법 제110조에 따른 양도소득과세표준 확정신고기한 이내에 청산절차가 진행 중인 법인과 사업자의 사망 등으로 인하여 사업의 계속이 곤란하다고 인정되는 법인의 주식등
    나. 사업개시 전의 법인, 사업개시 후 1년 미만의 법인과 휴·폐업 중에 있는 법인의 주식등
    다. 양도일 또는 취득일이 속하는 사업연도 전 3년 이내의 사업연도부터 계속하여 결손금(「법인세법」상 각 사업연도에 속하거나 속하게 될 손금의 총액이 그 사업연도에 속하거나 속하게 될 익금의 총액을 초과하는 금액을 말한다)이 있는 법인의 주식등
  4. 제1호 나목을 적용하는 경우 "발행주식총수"는 양도일 또는 취득일이 속하는 사업연도의 직전 사업연도 종료일 현재의 발행주식총수에 의한다.
[1121] 소득세법시행령 제167조의8 제3항.
[1122] 소득세법 제104조 제2항.

존비속으로부터 증여받은 자산등[1123]에 해당하는 자산은 증여자가 그 자산을 취득한 날, ③ 법인의 합병·분할[1124]로 인하여 합병법인, 분할신설법인 또는 분할·합병의 상대방 법인으로부터 새로 주식등을 취득한 경우에는 피합병법인, 분할법인 또는 소멸한 분할·합병의 상대방 법인의 주식등을 취득한 날의 어느 하나에 해당하는 경우에는 각각 그 정한 날을 그 자산의 취득일로 본다.

4) 대통령령으로 정하는 대주주

대통령령으로 정하는 대주주란 ① 주권상장법인대주주[1125]와 ② 주권비상장법인의 주주로서 다음의 어느 하나에 해당하는 자를 말한다.[1126]

가) 합병등기일이 속하는 사업연도에 양도하는 경우

피합병법인의 주주가 합병에 따라 합병법인의 신주를 지급받아 그 주식을 합병등기일이 속하는 사업연도에 양도하는 경우 대주주의 범위 등에 대해서는 해당 피합병법인의 합병등기일 현재 주식보유 현황에 따른다.[1127]

나) 설립등기일이 속하는 사업연도 전·후에 양도하는 경우

분할법인의 주주가 분할에 따라 분할신설법인의 신주를 지급받아 그 주식을 설립등기일이 속하는 사업연도에 양도하거나 분할법인의 주식을 분할등기일이 속하는 사업연도에 분할등기일 이후 양도하는 경우 대주주의 범위 등에 대해서는 해당 분할 전 법인의 분할등기일 현재의 주식보유 현황에 따른다.[1128]

1123) 소득세법 제97조의2 제1항.
1124) 물적분할은 제외한다.
1125) 소득세법시행령 제167조의8 제1항 제1호.
1126) 소득세법시행령 제167조의8 제1항.
1127) 소득세법시행령 제167조의8 제4항.
1128) 소득세법시행령 제167조의8 제5항.

다) 같은 종류 및 같은 양의 주식등 반환 조건 대여의 경우

주주가 일정 기간 후에 같은 종류로서 같은 양의 주식등을 반환 받는 조건으로 주식등을 대여하는 경우 주식등을 대여한 날부터 반환받은 날까지의 기간 동안 그 주식등은 대여자의 주식등으로 본다.[1129]

라) 사모집합투자기구를 통한 법인의 주식등 취득

거주자가 자본시장법에 따른 사모집합투자기구를 통하여 법인의 주식등을 취득하는 경우 그 주식등[1130]은 해당 거주자의 소유로 본다.[1131]

나. 중소기업의 주식등

중소기업의 주식등은 양도소득 과세표준의 100분의 10으로 한다.[1132] 중소기업의 주식등 이외의 주식등은 양도소득 과세표준의 100분의 20으로 한다.[1133]

다. 외국법인이 발행 또는 외국시장에 상장된 주식등

외국법인이 발행하였거나 외국에 있는 시장에 상장된 주식등은 양도소득 과세표준의 100분의 10으로 한다.[1134] 그 밖의 주식등은 양도소득 과세표준의 100분의 20으로 한다.[1135]

라. 파생상품등

1129) 소득세법시행령 제167조의8 제6항.
1130) 사모집합투자기구의 투자비율로 안분하여 계산한 분으로 한정한다.
1131) 소득세법시행령 제167조의8 제7항.
1132) 소득세법 제104조 제1항 제11호 나목 1).
1133) 소득세법 제104조 제1항 제11호 나목 2).
1134) 소득세법 제104조 제1항 제12호 가목.
1135) 소득세법 제104조 제1항 제12호 나목.

파생상품등은 양도소득 과세표준의 100분의 20으로 한다.[1136] 다만 자본시장 육성 등을 위하여 필요한 경우 그 세율의 100분의 75의 범위에서 대통령령으로 정하는 바에 따라 인하할 수 있으며 현행 대통령령에서는 파생상품등에 대한 양도소득세의 세율을 100분의 10으로 규정하고 있다.

마. 신탁 수익권

신탁 수익권[1137]은 아래에 따른 세율을 적용한다.[1138]

〈표-52 신탁 수익권의 구분별 세율〉

양도소득 과세표준	적용 세율
3억원 이하	20%
3억원 초과	6천만원 + (3억원 초과액 × 25%)

바. 시설물이용권 등을 둘 이상 양도하는 경우

해당 과세기간에 ① 시설물이용권, ② 부동산등의 합계액이 차지하는 비율이 100분의 50 이상인 법인의 과점주주, ③ 부동산등의 합계액이 차지하는 비율이 100분의 80 이상인 법인의 주식등을 둘 이상 양도하는 경우 양도소득 산출세액은 ⓐ 해당 과세기간의 양도소득과세표준 합계액에 대하여 종합소득세율을 적용하여 계산한 양도소득 산출세액, ⓑ 자산별 양도소득 산출세액 합계액 중 큰 것[1139]으로 한다.[1140]

1136) 소득세법 제104조 제1항 제13호.
1137) 소득세법 제94조 제1항 제6호.
1138) 소득세법 제104조 제1항 제14호.
1139) 소득세법 또는 다른 조세에 관한 법률에 따른 양도소득세 감면액이 있는 경우에는 해당 감면세액을 차감한 세액이 더 큰 경우의 산출세액을 말한다.
1140) 소득세법 제104조 제5항.

제6절 양도소득과세표준의 예정신고와 납부

Ⅰ. 양도소득과세표준 예정신고

양도소득세 과세대상 자산[1141]을 양도한 거주자는 양도소득과세표준을 아래의 구분에 따른 기간에 납세지 관할 세무서장에게 신고하여야 하며[1142] 예정신고라 한다. 양도차익이 없거나 양도차손이 발생한 경우에도 적용한다.

Ⅱ. 시설물이용권 및 특정주식

① 시설물이용권, ② 부동산 과다 보유 법인의 과점주주 양도 주식등, ③ 특정사업 영위 법인의 주식등, ④신탁 수익권을 양도한 경우[1143]에는 그 양도일이 속하는 달의 말일부터 2개월 이내에 신고해야 한다.[1144]

Ⅲ. 주식등

주권상장법인의 대주주 등이 양도하는 주식등과 주권비상장법인의 주식등을 양도한 경우에는 그 양도일이 속하는 반기의 말일부터 2개월 이내에 신고해야 한다.[1145]

1141) 소득세법 제94조 제1항에 따른 외국법인이 발행하였거나 외국에 있는 시장에 상장된 주식등으로서 대통령령으로 정하는 것과 같은 항의 대통령령으로 정하는 파생상품등의 거래 또는 행위로 발생하는 소득은 제외한다.
1142) 소득세법 제105조 제1항.
1143) 소득세법 제94조 제1항 제1호·제2호·제4호 및 제6호에 따른 자산을 양도한 경우를 말한다.
1144) 소득세법 제105조 제1항 제1호.
1145) 소득세법 제105조 제1항 제2호.

Ⅳ. 부담부증여의 채무액에 해당하는 부분

부담부증여의 채무액에 해당하는 부분으로서 양도로 보는 경우에는 그 양도일이 속하는 달의 말일부터 3개월 이내에 신고하여야 한다.[1146]

Ⅴ. 예정신고납부

거주자가 예정신고를 할 때에는 산출세액에서 조세특례제한법이나 그 밖의 법률에 따른 감면세액을 뺀 세액을 납세지 관할 세무서, 한국은행 또는 체신관서에 납부해야 한다. 예정신고납부를 하는 경우 소득세법 수시부과세액[1147)1148)]이 있을 때에는 이를 공제하여 납부한다.[1149]

Ⅵ. 예정신고산출세액의 계산

1146) 소득세법 제105조 제1항 제3호.
1147) 제82조(수시부과 결정) ① 납세지 관할 세무서장 또는 지방국세청장은 거주자가 과세기간 중에 다음 각 호의 어느 하나에 해당하면 수시로 그 거주자에 대한 소득세를 부과(이하 "수시부과"라 한다)할 수 있다.
   1. 사업부진이나 그 밖의 사유로 장기간 휴업 또는 폐업 상태에 있는 때로서 소득세를 포탈(逋脫)할 우려가 있다고 인정되는 경우
   2. 그 밖에 조세를 포탈할 우려가 있다고 인정되는 상당한 이유가 있는 경우
   ② 제1항은 해당 과세기간의 사업 개시일부터 제1항 각 호의 사유가 발생한 날까지를 수시부과기간으로 하여 적용한다. 이 경우 제1항 각 호의 사유가 제70조 또는 제70조의2에 따른 확정신고기한 이전에 발생한 경우로서 납세자가 직전 과세기간에 대하여 과세표준확정신고를 하지 아니한 경우에는 직전 과세기간을 수시부과기간에 포함한다. 〈개정 2013.1.1.〉
   ③ 제1항과 제2항에 따라 수시부과한 경우 해당 세액 및 수입금액에 대해서는 「국세기본법」 제47조의2 및 제47조의3을 적용하지 아니한다.
   ④ 관할세무서장 또는 지방국세청장은 주소·거소 또는 사업장의 이동이 빈번하다고 인정되는 지역의 납세의무가 있는 자에 대해서는 제1항과 제2항을 준용하여 대통령령으로 정하는 바에 따라 수시부과할 수 있다.
   ⑤ 수시부과 절차와 그 밖에 필요한 사항은 대통령령으로 정한다.
1148) 제118조(준용규정) ① 양도소득세에 대해서는 제24조·제27조·제33조·제39조·제43조·제44조·제46조·제74조·제75조 및 제82조를 준용한다. 〈개정 2017.12.19.〉
   ② 다음 각 호의 소득에 대한 양도소득세액의 계산에 관하여는 제118조의2부터 제118조의4까지 및 제118조의6을 준용한다. 〈신설 2017.12.19., 2019.12.31.〉
   1. 제94조 제1항 제3호 다목의 양도로 발생하는 소득
   2. 제94조 제1항 제5호의 소득 중 「자본시장과 금융투자업에 관한 법률」 제5조 제2항 제2호에 따른 해외 파생상품시장에서 거래되는 파생상품의 양도로 발생하는 소득
1149) 소득세법 제106조 제3항.

거주자가 예정신고를 할 때 예정신고 산출세액은 아래의 계산식에 따라 계산한다.[1150]

<표-53 예정신고 산출세액의 계산>

구분		계산식
양도차익	①	
양도소득 기본공제	②	(① - ②) × ③ = ④
적용 세율	③	
예정신고 산출세액	④	

1. 예정신고를 2회 이상 하는 경우

해당 과세기간에 누진세율 적용대상 자산에 대한 예정신고를 2회 이상 하는 경우로서 거주자가 이미 신고한 양도소득금액과 합산하여 신고하려는 경우에는 아래의 구분에 따른 금액을 제2회 이후 신고하는 예정신고 산출세액으로 한다.[1151]

2. 시설물이용권 등

① 시설물이용권, ② 부동산 과다 보유 법인의 과점주주 양도 주식등, ③ 특정사업 영위 법인의 주식등의 경우에는 아래의 계산식에 따른 금액으로 한다.[1152]

<표-54 예정신고 산출세액의 계산>

구분		계산식
이미 신고한 자산의 양도소득금액	①	
2회 이후 신고하는 자산의 양도소득금액	②	
양도소득 기본공제	③	[(① + ② - ③) × ④] - ⑤ = ⑥
소득세법 제104조 제1항 제1호에 따른 세율(종합소득세율)	④	
이미 신고한 예정신고 산출세액	⑤	
예정신고 산출세액	⑥	

1150) 소득세법 제107조 제1항.
1151) 소득세법 제107조 제2항.
1152) 소득세법 제107조 제2항 제1호.

3. 대주주가 1년 이상 보유한 주식등

대주주가 1년 이상 보유한 주식등을 양도하는 경우[1153]에는 아래의 계산식에 따른 금액으로 한다.[1154]

〈표-55 예정신고 산출세액의 계산〉

구분		계산식
이미 신고한 자산의 양도소득금액	①	
2회 이후 신고하는 자산의 양도소득금액	②	
양도소득 기본공제	③	[(① + ② - ③) × ④] - ⑤ = ⑥
소득세법 제104조 제1항 제11호 가목 2)에 따른 세율	④	
이미 신고한 예정신고 산출세액	⑤	
예정신고 산출세액	⑥	

4. 신탁 수익권

신탁 수익권을 양도하는 경우 아래의 계산식에 따른 금액으로 한다.[1155]

〈표-56 예정신고 산출세액의 계산〉

구분		계산식
이미 신고한 자산의 양도소득금액	①	
2회 이후 신고하는 자산의 양도소득금액	②	
양도소득 기본공제	③	[(① + ② - ③) × ④] - ⑤ = ⑥
소득세법 제104조 제1항 제14호에 따른 세율	④	
이미 신고한 예정신고 산출세액	⑤	
예정신고 산출세액	⑥	

1153) 소득세법 제104조 제1항 제11호 가목 2).
1154) 소득세법 제107조 제2항 제3호.
1155) 소득세법 제107조 제2항 제4호.

제7절 양도소득과세표준의 확정신고와 납부

Ⅰ. 양도소득과세표준 확정신고

해당 과세기간의 양도소득금액이 있는 거주자는 그 양도소득 과세표준을 그 과세기간의 다음 연도 5월 1일부터 5월 31일까지 납세지 관할 세무서장에게 신고하여야 하며[1156] 양도소득과세 표준 확정신고라 한다. 해당 과세기간의 과세표준이 없거나 결손금액이 있는 경우에도 신고하여야 한다.

예정신고를 한 자는 해당 소득에 대한 확정신고를 하지 않을 수 있다. 다만 해당 과세기간에 누진세율 적용대상 자산에 대한 예정신고를 2회 이상 하는 경우 등으로서 대통령령으로 정하는 경우[1157]에는 확정신고를 하여야 한다.

Ⅱ. 양도소득 확정신고납부

거주자는 해당 과세기간의 과세표준에 대한 양도소득 산출세액에서 감면세액과 세액공제액을 공제한 금액을 확정신고기한까지 납세지 관할 세무서, 한국은행 또는 체신관서에 납부하여야 하며[1158] 확정신고납부라 한다.[1159] 확정신고납부를 하는 경우 예정신고 산출세액, 결정·경정

1156) 소득세법 제110조 제1항.
1157) ⑤법 제110조 제4항 단서에서"대통령령으로 정하는 경우"란 다음 각 호의 어느 하나에 해당하는 경우를 말한다.
    1. 당해연도에 누진세율의 적용대상 자산에 대한 예정신고를 2회 이상 한 자가 법 제107조 제2항의 규정에 따라 이미 신고한 양도소득금액과 합산하여 신고하지 아니한 경우
    2. 법 제94조 제1항 제1호·제2호·제4호 및 제6호의 토지, 건물, 부동산에 관한 권리, 기타자산 및 신탁 수익권을 2회 이상 양도한 경우로서 법 제103조 제2항을 적용할 경우 당초 신고한 양도소득산출세액이 달라지는 경우
    3. 법 제94조 제1항 제3호 가목 및 나목에 해당하는 주식등을 2회 이상 양도한 경우로서 법 제103조 제2항을 적용할 경우 당초 신고한 양도소득산출세액이 달라지는 경우
    4. 법 제94조 제1항 제1호·제2호 및 제4호에 따른 토지, 건물, 부동산에 관한 권리 및 기타자산을 둘 이상 양도한 경우로서 법 제104조 제5항을 적용할 경우 당초 신고한 양도소득산출세액이 달라지는 경우
1158) 소득세법 제111조 제1항.
1159) 소득세법 제111조 제2항.

한 세액 또는 수시부과세액이 있을 때에는 이를 공제하여 납부한다.[1160]

제8절 양도소득세의 분할납부

거주자로서 예정신고납부 또는 확정신고납부를 하는 때에 납부할 세액이 각각 1천만원을 초과하는 때에는 납부할 세액의 일부를 납부기한이 지난 후 2개월 이내에 분할납부할 수 있다.[1161] 분납할 수 있는 세액은 ① 납부할 세액이 2천만원이하인 때에는 1천만원을 초과하는 금액, ② 납부할 세액이 2천만원을 초과하는 때에는 그 세액의 100분의 50이하의 금액으로 한다.[1162]

1160) 소득세법 제111조 제3항.
1161) 소득세법 제112조.
1162) 소득세법시행령 제175조.

제5장

거주자와 금융투자소득

제5장
거주자와 금융투자소득

　2023.1.1.부터 시행되는 금융투자소득 과세제도의 시행으로 ① 이자소득, ② 배당소득, ③ 양도소득의 범위뿐만 아니라, ④ 금융소득금액의 계산, ⑤ 2022.12.31. 이전에 취득한 주식등에 대한 소득금액 계산 특례, ⑥ 세액의 계산, ⑦ 원천징수 등 과세제도 전반적인 사항에 대해 많은 변화가 있다. 아래에서는 2023.1.1.부터 시행되는 금융투자소득세 과세제도에 대해 자세히 살펴보기로 한다.

제1절 주식등의 정의

Ⅰ. 주식등

1. 주식등의 정의

주식 등이란 자본시장법에 따른 지분증권[1163]과 증권예탁증권[1164] 중 지분증권과 관련된 권리

1163)　자본시장법 제4조 제4항에서는 지분증권을 주권, 신주인수권이 표시된 것, 법률에 의하여 직접 설립된 법인이 발행한 출자증권, 「상법」에 따른 합자회사·유한책임회사·유한회사·합자조합·익명조합의 출자지분, 그 밖에 이와 유사한 것으로서 출자지분 또는 출자지분을 취득할 권리가 표시된 것으로 정의하고 있다.

1164)　⑧ 이 법에서 "증권예탁증권"이란 제2항 제1호부터 제5호까지의 증권을 예탁받은 자가 그 증권이 발행된 국가 외의 국가에서 발행한 것으로서 그 예탁받은 증권에 관련된 권리가 표시된 것을 말한다.

가 표시된 것 및 출자지분을 말한다.[1165] 다만 자본시장법 제4조 제1항 단서[1166]는 적용하지 않으며 집합투자증권 등 대통령령으로 정하는 것은 제외한다.[1167]

2. 집합투자증권 등 대통령령으로 정하는 것

집합투자증권 등 대통령령으로 정하는 것이란 ① 국외에서 설정된 집합투자기구에 대한 출자지분 또는 수익권이 표시된 것을 포함한 자본시장법에 따른 집합투자증권,[1168] ② 소득세법에 따른 주식등으로 ⓐ 시설물 이용권을 포함하고 있는 주식등, ⓑ 부동산 과다 보유 법인의 과점주주 양도 주식등, ⓒ 특정사업 법인의 주식등(특정주식),[1169] ③ 그 밖의 증권의 성격을 고려하여 기획재정부령으로 정하는 것[1170][1171]을 말한다.

이러한 특정 주식등은 금융투자소득세가 아닌 자산의 양도로 발생하는 소득으로 보아 양도소득세로 분리 과세한다. 또한 신탁의 이익을 받을 권리인 신탁 수익권도 양도소득세로 구분 과세한다.[1172]

가. 자본시장법에 따른 집합투자증권

자본시장법에 따른 집합투자증권이란 집합투자증권으로 자본시장법 제9조 제21항에 따른 집합투자증권을 의미하며[1173] 국외에서 설정된 집합투자기구에 대한 출자지분 또는 수익권이 표시된 것을 포함한다.[1174] 자본시장법에 따른 집합투자증권이란 집합투자기구에 대한 출자지분이

1165) 소득세법 제87조의2 제1호.
1166) 다만, 투자계약증권, 수익증권 또는 증권예탁증권 중 해당 증권의 유통가능성과 자본시장법 또는 금융관련 법령에서의 규제 여부 등을 종합적으로 고려하여 대통령령으로 정하는 증권 중 어느 하나에 해당하는 증권은 제2편 제5장, 제3편 제1장 및 제178조·제179조를 적용하는 경우에만 증권으로 본다(자본시장법 제4조 제1항 단서).
1167) 소득세법 제87조의2 제1호 단서.
1168) 소득세법시행령 제150조의2 제1항 제1호.
1169) 제94조 제1항 제4호 나목부터 라목.
1170) 현재 기획재정부령으로 정하고 있는 것은 없으며 추후 규정할 것으로 예상된다.
1171) 소득세법시행령 제150조의2 제1항 제3호.
1172) 소득세법 제94조 제1항 제6호.
1173) 소득세법시행령 제150조의7 제1항.
1174) 소득세법시행령 제150조의2 제1항 제1호.

표시된 것으로 투자신탁의 경우에는 수익권을 말한다.[1175]

나. 특정주식

특정주식은 금융투자소득세법의 시행과 관계없이 금융투자소득과 구분하여 기존 종합소득세율을 적용하여 양도소득세로 과세한다. 필요경비 및 세액의 계산 등과 관련한 사항은 현행 과세제도인 제4장 금융소득세를 참고하기 바란다.

1) 시설물 이용권을 포함하고 있는 주식등

시설물 이용권법인의 주식 등을 소유하는 것만으로 시설물을 배타적으로 이용하거나 일반이용자보다 유리한 조건으로 시설물 이용권을 부여받게 되는 경우 그 주식 등을 포함한 이용권·회원권, 그 밖에 그 명칭과 관계없이 시설물을 배타적으로 이용하거나 일반이용자보다 유리한 조건으로 이용할 수 있도록 약정한 단체의 구성원이 된 자에게 부여되는 시설물 이용권을 포함하고 있는 주식 등으로 양도로 발생하는 소득에 대해서는 양도소득세를 과세한다.[1176]

2) 부동산 과다 보유 법인의 과점주주 양도 주식등

부동산 과다 보유 법인의 과점주주 양도 주식등이란 법인의 자산총액 중 부동산등이 차지하는 비율이 100분의 50 이상인 법인의 과점주주가 그 법인의 주식 등의 100분의 50 이상을 해당 과점주주 외의 자에게 양도하는 경우 말한다.[1177]

부동산 과다보유 법인의 과점주주 보유주식 양도에 해당하는지는 과점주주 중 1인이 주식 등을 양도하는 날부터 소급하여 그 합산하는 기간 중 최초로 양도하는 날 현재의 해당 법인의 주식 등의 합계액 또는 자산총액을 기준으로 한다.[1178] 과점주주가 다른 과점주주에게 양도한 후

1175) 자본시장법 제9조 제21항.
1176) 소득세법 제94조 제1항 제4호 나목.
1177) 소득세법 제94조 제1항 제4호 다목.
1178) 소득세법시행령 제158조 제2항.

양수한 과점주주가 과점주주 외의 자에게 다시 양도하는 경우도 부동산 과다보유 법인의 과점주주 보유 주식등의 양도에 포함된다.[1179] 또한 과점주주 외의 자에게 여러 번에 걸쳐 양도하는 경우 과점주주 중 1인이 주식 등을 양도하는 날부터 소급해 3년 내에 과점주주가 양도한 주식 등을 합산해 해당 법인의 주식 등의 100분의 50 이상을 양도하는 경우를 포함한다.[1180]

가) 과점주주의 정의

과점주주란 법인의 주주 1인 및 기타주주가 소유하고 있는 주식 등의 합계액이 해당법인의 주식 등의 합계액의 100분의 50을 초과하는 경우 그 주주 1인 및 기타주주를 말한다.[1181][1182]

나) 자산총액 중 부동산등이 차지하는 비율

자산총액 중 부동산등이 차지하는 비율이란 법인의 자산총액 중 ① 토지[1183] 또는 건물[1184]의 양도로 발생하는 소득[1185] 및 부동산을 취득할 수 있는 권리[1186]·지상권·전세권과 등기된 부동산임차권에 해당하는 부동산에 관한 권리의 양도로 발생하는 소득[1187]에 따른 자산(부동산 등)의 가액[1188]에, ② 해당 법인이 직접 또는 간접으로 보유한 다른 법인의 주식가액에 그 다른 법인의 부동산 등 보유비율을 곱하여 산출한 가액[1189]의 합계액이 차지하는 비율을 말한다.

다른 법인이란 ① 부동산등의 보유비율이 100분의 50 이상인 법인, ② 특정 사업을 영위하는 법인으로서 부동산등 보유비율이 100분의 80 이상인 법인의 어느 하나에 해당하는 법인을

1179) 소득세법 제94조 제1항 제4호 다목.
1180) 소득세법시행령 제158조 제2항.
1181) 소득세법 제94조 제1항 제4호 다목.
1182) 소득세법시행령 제158조 제1항.
1183) 공간정보의 구축 및 관리 등에 관한 법률」에 따라 지적공부(地籍公簿)에 등록하여야 할 지목에 해당하는 것을 말한다.
1184) 건물에 부속된 시설물과 구축물을 포함한다.
1185) 소득세법 제94조 제1항 제1호.
1186) 건물이 완성되는 때에 그 건물과 이에 딸린 토지를 취득할 수 있는 권리를 포함한다.
1187) 소득세법 제94조 제1항 제2호.
1188) 소득세법 제94조 제1항 제4호 다목 1).
1189) 소득세법 제94조 제1항 제4호 다목 2).

의미한다.[1190] 다른 법인의 부동산등 보유비율은 아래에 따라 계산한 부동산등 보유비율로 한다.[1191]

〈표-57 다른 법인의 부동산등 보유비율의 계산〉

구분		계산식
다른 법인이 보유하고 있는 소득세법 제94조 제1항 제1호에 따른 토지의 자산가액	①	
다른 법인이 보유하고 있는 소득세법 제94조 제1항 제2호에 따른 건물의 자산가액	②	
다른 법인이 보유하고 있는 국세기본법시행령 제1조의2 제3항 제2호 및 같은 조 제4항에 따른 경영지배관계에 있는 법인이 발행한 주식가액에 그 경영지배관계에 있는 법인의 부동산등 보유비율을 곱하여 산출한 가액	③	(① + ② + ③) ÷ ④ = ⑤
다른 법인의 자산총액	④	
다른 법인의 부동산등 보유비율	⑤	

다) 자산총액의 계산

자산총액은 해당 법인의 장부가액에 따른다. 다만 소득세법 제94조 제1항 제1호에 따른 토지 또는 건물로서 해당 자산의 기준시가가 장부가액보다 큰 경우에는 기준시가를 적용한다.[1192]

법인세법시행령 제24조 제1항 제2호 바목 및 사목에 따른 무형자산의 금액[1193]과 양도일부터 소급하여 1년이 되는 날부터 양도일까지의 기간 중에 차입금 또는 증자 등에 의하여 증가한 ① 현금, ② 금융재산,[1194] ③ 대여금의 합계액[1195]은 자산총액에 포함하지 않는다.

(1) 자산총액에 포함되지 않는 무형자산

1190) 소득세법시행령 제158조 제6항.
1191) 소득세법시행령 제158조 제7항.
1192) 소득세법시행령 제158조 제4항.
1193) 소득세법시행령 제158조 제4항 제1호.
1194) 상속증여세법 제22조에 따른 금융재산을 말한다.
1195) 소득세법시행령 제158조 제4항 제2호.

(가) 기업회계기준에 따른 개발비

상업적인 생산 또는 사용 전에 재료·장치·제품·공정·시스템 또는 용역을 창출하거나 현저히 개선하기 위한 계획 또는 설계를 위하여 연구결과 또는 관련지식을 적용하는 데 발생하는 비용으로서 기업회계기준에 따른 개발비 요건[1196]을 갖춘 개발비 금액은 자산총액에 포함하지 않는다.[1197]

(나) 사용수익기부자산가액

사용수익기부자산가액으로 금전 외의 자산을 ① 국가 또는 지방자치단체, ② 사립학교 등의 법인 또는 비영리법인에게 기부한 후 그 자산을 사용하거나 그 자산으로부터 수익을 얻는 경우 해당 자산의 장부가액은 자산총액에 포함하지 않는다.[1198]

(2) 자산총액에 포함되지 않는 금융재산 및 대여금

거주자의 사망으로 상속이 개시되는 경우로서 상속개시일 현재 상속재산가액 중 대통령령으로 정하는 금융재산의 가액에서 금융채무를 뺀 순금융재산의 가액이 있는 경우 아래의 구분에 따른 금액을 상속세 과세가액에서 공제한다. 다만 해당금액이 2억원을 초과하면 2억원을 공제한다.[1199]

순금융재산의 가액이 2천만원을 초과하는 경우 그 순금융재산의 100분의 20 또는 2천만원 중 큰 금액을 공제한다.[1200] 순금융재산의 가액이 2천만원 이하인 경우에는 그 순금융재산의 가액 전액을 공제한다.[1201]

1196) 「산업기술연구조합 육성법」에 따른 산업기술연구조합의 조합원이 해당 조합에 연구개발 및 연구시설 취득 등을 위하여 지출하는 금액을 포함한다.
1197) 법인세법시행령 제24조 제1항 제2호 바목.
1198) 법인세법시행령 제24조 제1항 제2호 사목.
1199) 상속증여세법 제22조 제1항.
1200) 상속증여세법 제22조 제1항 제1호.
1201) 상속증여세법 제22조 제1항 제2호.

3) 특정사업 영위 법인의 주식등의 양도

특정사업 영위 법인의 주식등이란 특정사업을 영위하는 법인의 자산총액 중 부동산등이 차지하는 비율이 100분의 80 이상인 주식등을 의미한다.[1202] 자산총액은 해당 법인의 장부가액에 따른다.[1203] 다만 토지 또는 건물은 해당 자산의 기준시가가 장부가액보다 큰 경우 기준시가를 적용한다.

가) 특정사업의 의미

특정사업이란 체육시설의 설치·이용에 관한 법률에 따른 골프장업·스키장업 등 체육시설업, 관광진흥법에 따른 관광사업 중 휴양시설관련업 및 부동산업·부동산개발업[1204]으로서 골프장, 스키장, 휴양콘도미니엄, 전문휴양시설을 건설 또는 취득하여 직접 경영하거나 분양 또는 임대하는 사업을 말한다.[1205]

나) 특정사업 영위 법인의 주식등의 판단

특정사업 영위 법인의 주식등에 해당하는지의 여부는 양도일 현재 해당 법인의 자산총액을 기준으로 판정한다. 다만 양도일 현재의 자산총액을 알 수 없는 경우에는 양도일이 속하는 사업연도의 직전사업연도 종료일 현재의 자산총액을 기준으로 한다.[1206]

다. 신탁 수익권의 양도

1) 신탁 수익권 양도의 범위

[1202] 소득세법 제94조 제1항 제4호 라목.
[1203] 소득세법시행령 제158조 제4항.
[1204] 소득세법시행령 제158조 제8항.
[1205] 소득세법 시행규칙 제76조 제2항.
[1206] 소득세법 시행규칙 제76조 제1항.

신탁의 이익을 받을 권리인 신탁 수익권의 양도로 발생하는 소득은 양도소득세로 구분 과세한다.[1207] 다만 신탁 수익권의 양도를 통하여 신탁재산에 대한 지배·통제권이 사실상 이전되는 경우는 신탁재산 자체의 양도로 본다. 신탁 수익권을 구분하여 양도소득으로 과세하는 것은 결손금이 발생하는 경우 ① 토지·건물, ② 부동산에 관한 권리, ③ 기타자산의 소득금액과 합산하지 않도록 하기 위한 것이다.[1208]

2) 신탁 수익권 양도의 범위에서 제외되는 것

신탁 수익권 중 ① 자본시장법 제110조[1209]에 따른 수익권 또는 수익증권, ② 자본시장법 제189조[1210]에 따른 투자신탁의 수익권 또는 수익증권으로서 해당 수익권 또는 수익증권의 양도

1207) 소득세법 제94조 제1항 제6조.
1208) 기획재정위원회, "소득세법 일부개정법률안 검토보고", 85면, 2020.
1209) 제110조(수익증권) ① 신탁업자는 금전신탁계약에 의한 수익권이 표시된 수익증권을 발행할 수 있다.
② 신탁업자는 제1항에 따라 수익증권을 발행하고자 하는 경우에는 대통령령으로 정하는 서류를 첨부하여 금융위원회에 미리 신고하여야 한다. 〈개정 2008.2.29.〉
③ 수익증권은 무기명식으로 한다. 다만, 수익자의 청구가 있는 경우에는 기명식으로 할 수 있다.
④ 기명식 수익증권은 수익자의 청구에 의하여 무기명식으로 할 수 있다.
⑤ 수익증권에는 다음 각 호의 사항을 기재하고 신탁업자의 대표자가 이에 기명날인 또는 서명하여야 한다.
  1. 신탁업자의 상호
  2. 기명식의 경우에는 수익자의 성명 또는 명칭
  3. 액면액
  4. 운용방법을 정한 경우 그 내용
  5. 제103조 제3항에 따른 손실의 보전 또는 이익의 보장에 관한 계약을 체결한 경우에는 그 내용
  6. 신탁계약기간
  7. 신탁의 원금의 상환과 수익분배의 기간 및 장소
  8. 신탁보수의 계산방법
  9. 그 밖에 대통령령으로 정하는 사항
⑥ 수익증권이 발행된 경우에는 해당 신탁계약에 의한 수익권의 양도 및 행사는 그 수익증권으로 하여야 한다. 다만, 기명식 수익증권의 경우에는 수익증권으로 하지 아니할 수 있다.
1210) 제189조(투자신탁의 수익권 등) ① 투자신탁을 설정한 집합투자업자는 투자신탁의 수익권을 균등하게 분할하여 수익증권을 발행한다. 〈개정 2016.3.22.〉
② 수익자는 신탁원본의 상환 및 이익의 분배 등에 관하여 수익증권의 좌수에 따라 균등한 권리를 가진다.
③ 투자신탁을 설정한 집합투자업자는 신탁계약에서 정한 신탁원본 전액이 납입된 경우 신탁업자의 확인을 받아 「주식·사채 등의 전자등록에 관한 법률」에 따른 전자등록의 방법으로 투자신탁의 수익권을 발행하여야 한다. 〈개정 2016.3.22.〉
④ 수익증권은 무액면 기명식으로 한다.
⑤ 투자신탁을 설정한 집합투자업자는 제3항에 따른 수익증권을 발행하는 경우에는 다음 각 호의 사항이 「주식·사채 등의 전자등록에 관한 법률」에 따라 전자등록 또는 기록되도록 하여야 한다. 이 경우 그 집합투자업자 및 그 투자신탁재산을 보관·관리하는 신탁업자의 대표이사(집행임원 설치회사의 경우 대표집행임원을 말한다)로부터 대통령령으로 정하는 방법과 절차에 따라 확인을 받아야 한다. 〈개정 2013.5.28., 2016.3.22.〉

로 발생하는 소득이 배당소득으로 과세되는 수익권 또는 수익증권, ③ 신탁의 이익을 받을 권리에 대한 양도로 발생하는 소득이 배당소득으로 과세되는 수익권 또는 수익증권, ④ 위탁자의 채권자가 채권담보를 위하여 채권 원리금의 범위 내에서 선순위 수익자로서 참여하고 있는 경우 해당 수익권[1211]은 제외한다.

3) 신탁 수익권의 기준시가 산정

신탁 수익권의 기준시가는 상속증여세법을 준용하여 평가한다.[1212] 상속증여세법에서는 신탁의 이익을 받을 권리에 대해서는 해당 권리의 ① 성질, ② 내용, ③ 남은 기간 등을 기준으로 아래의 어느 하나에 따라 평가한 가액을 기준시가로 한다.[1213] 다만 평가기준일 현재 신탁계약의 ① 철회, ② 해지, ③ 취소 등을 통해 받을 수 있는 일시금이 다음 각 호에 따라 평가한 가액보다 큰 경우에는 그 일시금의 가액으로 한다.[1214]

---

1. 집합투자업자 및 신탁업자의 상호
2. 수익자의 성명 또는 명칭
3. 신탁계약을 체결할 당시의 신탁원본의 가액 및 수익증권의 총좌수
4. 수익증권의 발행일
5. 삭제 〈2016.3.22.〉
⑥ 투자신탁을 설정한 집합투자업자는 수익자명부의 작성에 관한 업무를 「주식·사채 등의 전자등록에 관한 법률」 제2조 제6호에 따른 전자등록기관(이하 "전자등록기관"이라 한다)에 위탁하여야 한다. 〈개정 2016.3.22.〉
⑦ 전자등록기관은 제6항에 따라 위탁을 받은 경우 다음 각 호의 사항을 기재한 수익자명부를 작성·비치하여야 한다. 〈개정 2016.3.22.〉
1. 수익자의 주소 및 성명
2. 수익자가 소유하는 수익증권의 좌수
3. 삭제 〈2016.3.22.〉
⑧ 전자등록기관은 제7항 각 호에 관한 정보를 타인에게 제공해서는 아니 된다. 다만, 수익자총회 개최를 위하여 집합투자업자에게 제공하는 경우, 그 밖에 대통령령으로 정하는 경우에는 이를 제공할 수 있다. 〈개정 2016.3.22.〉
⑨ 「상법」 제337조, 제339조, 제340조 및 「주식·사채 등의 전자등록에 관한 법률」 제35조 제3항 후단은 수익권 및 수익증권에 관하여 준용하며, 「상법」 제353조 및 제354조는 수익자명부에 관하여 준용한다. 〈개정 2016.3.22.〉
[제목개정 2016.3.22.]

1211) 이 경우 법 제115조의2에 따른 신탁 수익자명부 변동상황명세서를 제출해야 한다.
1212) 소득세법 제99조 제1항 제8호.
1213) 상속증여세법 제65조 제1항.
1214) 상속증여세법시행규칙 제61조 제1항.

<표-58 신탁 수익권의 기준시가 산정>

구분	평가방법
원본을 받을 권리와 수익을 받을 권리의 수익자가 같은 경우	평가기준일 현재 법에 따라 평가한 신탁재산의 가액
원본을 받을 권리와 수익을 받을 권리의 수익자가 다른 경우	원본을 받을 권리를 수익하는 경우에는 평가기준일 현재 법에 따라 평가한 신탁재산의 가액에서 나목의 계산식에 따라 계산한 금액의 합계액을 뺀 금액
	수익을 받을 권리를 수익하는 경우에는 평가기준일 현재 기획재정부령으로 정하는 방법에 따라 추산한 장래에 받을 각 연도의 수익금에 대하여 수익의 이익에 대한 원천징수세액상당액등을 고려하여 아래의 계산식에 따라 계산한 금액의 합계액 (각 연도에 받을 수익의 이익 - 원천징수세액상당액) ÷ (1 + 신탁재산의 평균 수익률 등을 고려하여 기획재정부령으로 정하는 이자율)^n n 평가기준일부터 수익시기까지의 연수[1215]

4) 신탁 수익자명부 변동상황명세서의 제출

신탁의 수탁자는 신탁 수익권에 대하여 신탁이 설정된 경우와 수익권의 양도 등으로 인하여 신탁 수익자의 변동사항이 있는 경우 수익자명부 변동상황명세서를 작성·보관해야 하며 신탁 설정 또는 수익자 변동이 발생한 과세기간의 다음 연도 5월 1일부터 5월 31일까지[1216] 수익자명부 변동상황명세서를 납세지 관할 세무서장에게 제출해야 한다.[1217]

5) 신탁 수익권 기본공제 및 양도소득세율

신탁 수익권 양도소득과세표준을 신탁 수익권 양도소득금액에서 기본공제 250만원 공제하며 신탁 수익권 양도세율은 아래와 같다.

1215) 수익시기가 정해지지 않은 경우 평가기준일부터 수익시기까지의 연수는 제62조 제2호 또는 제3호를 준용하여 20년 또는 기대여명의 연수로 계산한다.
1216) 법인과세 신탁재산의 수탁자의 경우에는 「법인세법」 제60조에 따른 신고기한을 말한다.
1217) 소득세법 제115조의2.

<표-59 신탁 수익권 양도세율>

양도소득과세표준	적용세율
3억원 이하	20%
3억원 초과	6천만원 + (3억원 초과액 × 25%)

Ⅱ. 채권등

1. 채권등의 정의

채권등이란 자본시장법에 따른 채무증권[1218]과 증권예탁증권[1219] 중 채무증권과 관련된 권리가 표시된 것 및 이자 또는 할인액이 발생하는 증권으로서 자본시장법 제4조 제7항 제3호[1220], 제3호의2[1221] 및 제3호의3[1222]에 해당하는 사채 또는 증권[1223]과 금융회사 등이 발행한 예금증서 및 이와 유사한 증서[1224] 또는 어음[1225]에 해당하는 것[1226]을 말한다.[1227] 다만 금융실명거래 및 비밀보장에 관한 법률(금융실명법) 제2조 제1호[1228]에 따른 금융회사등이 해당 증서의 발행

[1218] 자본시장법에서는 채무증권을 국채증권, 지방채증권, 특수채증권(법률에 의하여 직접 설립된 법인이 발행한 채권을 말한다), 기업어음증권(기업이 사업에 필요한 자금을 조달하기 위하여 발행한 약속어음으로서 대통령령으로 정하는 요건을 갖춘 것을 말한다), 그 밖에 이와 유사한 것으로서 지급청구권이 표시된 것으로 정의하고 있다(자본시장법 제4조 제3항).

[1219] 증권예탁증권은 채무증권, 지분증권, 수익증권, 투자계약증권, 파생결합증권을 예탁받은 자가 그 증권이 발행된 국가 외의 국가에서 발행한 것으로서 그 예탁 받은 증권에 관련된 권리가 표시된 것을 말한다(자본시장법 제4조 제8항).

[1220] 3. 해당 사채의 발행 당시 객관적이고 합리적인 기준에 따라 미리 정하는 사유가 발생하는 경우 주식으로 전환되거나 그 사채의 상환과 이자지급 의무가 감면된다는 조건이 붙은 것으로서 제165조의11 제1항에 따라 주권상장법인이 발행하는 사채

[1221] 3의2.「은행법」제33조 제1항 제2호부터 제4호까지의 규정에 따른 상각형 조건부자본증권, 은행주식 전환형 조건부자본증권 및 은행지주회사주식 전환형 조건부자본증권

[1222] 3의3.「금융지주회사법」제15조의2 제1항 제2호 또는 제3호에 따른 상각형 조건부자본증권 또는 전환형 조건부자본증권

[1223] 소득세법시행령 제150조의2 제2항 제1호.

[1224] 기획재정부령으로 정하는 것은 제외한다.

[1225] 금융회사 등이 발행·매출 또는 중개하는 어음을 포함하며, 상업어음은 제외한다

[1226] 소득세법시행령 제102조 제1항 제1호 또는 제4호.

[1227] 소득세법 제87조의2 제2호.

[1228] "금융회사등"이란「은행법」에 따른 은행,「중소기업은행법」에 따른 중소기업은행,「한국산업은행법」에 따른 한국산업은행,「한국수출입은행법」에 따른 한국수출입은행,「한국은행법」에 따른 한국은행,「자본시장과 금융투자업에 관한 법률」에 따른 투자매매업자·투자중개업자·집합투자업자·신탁업자·증권금융회사·종합금융회사 및 명의개서대행회사,「상호저축은행법」에 따른 상호저축은행 및 상호저축은행중앙회,「농업협동조합법」에 따른 조합과 그 중앙회 및 농협은행,「수산업협동조합법」에 따른 조합과 그 중앙회 및 수협은행,「신용협동조합법」에 따른 신용협동조합 및 신용협동조합중앙회,「새마을금고법」에 따른 금고 및 중앙회,「보험업법」에 따른 보험회사,「우체국예금·보험에 관한 법률」에 따른 체신관서, 그 밖에 대통령령으로 정하는 기관을 말한다.

일부터 만기까지 계속하여 보유하는 예금증서[1229]는 제외한다.[1230]

가. 자본시장법에 따른 사채

자본시장법에 따른 사채란 해당 사채의 발행 당시 객관적이고 합리적인 기준에 따라 미리 정하는 사유가 발생하는 경우 주식으로 전환되거나 그 사채의 상환과 이자지급 의무가 감면된다는 조건이 붙은 것으로서 주권상장법인이 발행한 사채를 말한다.[1231]

나. 자본시장법에 따른 증권

자본시장법에 따른 증권이란 은행법 제33조 제1항 제2호부터 제4호까지의 규정에 따른 상각형 조건부자본증권·은행주식 전환형 조건부자본증권·은행지주회사 주식 전환형 조건부자본증권[1232]과 상각형 조건부자본증권 또는 전환형 조건부자본증권[1233]을 말한다.

Ⅲ. 양도의 범위

금융투자소득세법에 따른 양도란 자산의 ① 매도, ② 교환, ③ 법인에 대한 현물출자, ④ 계좌 간 이체, ⑤ 계좌의 명의변경, ⑥ 실물양도 등을 통하여 그 자산을 유상으로 사실상 이전하는 것을 말한다.[1234] 아울러 대통령령으로 정하는 부담부증여 시 수증자가 부담하는 채무액에 해당하는 부분은 양도로 본다.

1229) 양도성예금증서는 제외한다.
1230) 소득세법시행규칙 제53조의2.
1231) 제165조의11(조건부자본증권의 발행 등) ① 주권상장법인(「은행법」 제33조 제1항 제2호·제3호 또는 「금융지주회사법」 제15조의2 제1항 제2호·제3호에 따라 해당 사채를 발행할 수 있는 자는 제외한다)은 정관으로 정하는 바에 따라 이사회의 결의로 「상법」 제469조 제2항, 제513조 및 제516조의2에 따른 사채와 다른 종류의 사채로서 해당 사채의 발행 당시 객관적이고 합리적인 기준에 따라 미리 정하는 사유가 발생하는 경우 주식으로 전환되거나 그 사채의 상환과 이자지급 의무가 감면된다는 조건이 붙은 사채, 그 밖에 대통령령으로 정하는 사채를 발행할 수 있다. 〈개정 2016.3.29., 2017.4.18.〉
1232) 제4조 제7항 제3호의2.
1233) 자본시장법 제4조 제7항 제3호의 3.
1234) 소득세법 제87조의2 제3호.

1. 부담부증여 시 부담하는 채무액

부담부증여 시 수증자가 부담하는 채무액에 해당하는 부분이란 부담부증여 시 증여자의 채무를 수증자가 인수하는 경우 증여가액 중 그 채무액에 해당하는 부분을 말한다. 다만 배우자 간 또는 직계존비속 간의 부담부증여[1235]로서 상속증여세법 제47조 제3항 본문[1236]에 따라 수증자에게 인수되지 않은 것으로 추정되는 채무액은 제외한다.[1237]

2. 부담부증여 시 양도에서 제외되는 경우

채무자가 채무의 변제를 담보하기 위해 자산을 양도하는 계약을 체결한 경우 ① 당사자 간에 채무의 변제를 담보하기 위하여 양도한다는 의사표시가 있을 것, ② 당해 자산을 채무자가 원래대로 사용·수익한다는 의사표시가 있을 것, ③ 원금·이율·변제기한·변제방법 등에 관한 약정이 있을 것 세 가지 요건을 모두 갖춘 계약서의 사본을 양도소득 과세표준확정신고서에 첨부하여 신고하는 때에는 양도로 보지 않는다.[1238]

부담부증여 시 요건을 모두 갖춘 계약을 체결한 후 요건에 위배하거나 채무불이행으로 인하여 당해 자산을 변제에 충당한 때에는 그 때에 이를 양도한 것으로 본다.[1239]

3. 부담부증여에 대한 소득금액 계산

부담부증여의 경우 양도로 보는 부분에 대한 양도차익을 계산할 때 그 취득가액 및 양도가액은 아래에 따른 금액으로 한다.[1240]

[1235] 「상속세 및 증여세법」 제44조에 따라 증여로 추정되는 경우를 포함한다.

[1236] ③ 제1항을 적용할 때 배우자 간 또는 직계존비속 간의 부담부증여(負擔附贈與, 제44조에 따라 증여로 추정되는 경우를 포함한다)에 대해서는 수증자가 증여자의 채무를 인수한 경우에도 그 채무액은 수증자에게 인수되지 아니한 것으로 추정한다. 다만, 그 채무액이 국가 및 지방자치단체에 대한 채무 등 대통령령으로 정하는 바에 따라 객관적으로 인정되는 것인 경우에는 그러하지 아니하다.

[1237] 소득세법시행령 제150조의3.

[1238] 소득세법시행령 제151조 제1항.

[1239] 소득세법시행령 제151조 제2항.

[1240] 소득세법시행령 제159조 제1항.

<표-60 부담부증여 시 취득가액의 계산>

구분		계산식
소득세법 제97조 제1항 제1호에 따른 가액(제2호에 따른 양도가액을 상속증여세법 제61조 제1항, 제2항 및 제5항에 따라 기준시가로 산정한 경우에는 취득가액도 기준시가로 산정한다)	①	① × ② ÷ ③ = ④
채무액	②	
증여가액	③	
취득가액	④	

<표-61 부담부증여 시 양도가액의 계산>

구분		계산식
상속증여세법 제60조부터 제66조까지의 규정에 따라 평가한 가액	①	① × ② ÷ ③ = ④
채무액	②	
증여가액	③	
양도가액	④	

<표-62 부담부증여 시 수증자 인수 채무액 계산>

구분		계산식
총 채무액	①	① × ② ÷ ③ = ④
양도소득세 과세대상 자산가액	②	
총 증여 자산가액	③	
채무액	④	

제2절 금융투자소득과세표준과 세액의 계산

Ⅰ. 금융투자소득과세표준의 계산

1. 과세표준의 구분 계산

거주자의 금융투자소득에 대한 과세표준(금융투자소득과세표준)은 ① 종합소득, ② 퇴직소득,

③ 양도소득에 대한 과세표준과 구분해 계산한다.[1241]

2. 과세표준의 계산 순서

금융투자소득과세표준은 금융투자소득금액[1242]에서 아래의 금액을 차례대로 공제한 금액으로 한다.[1243]

가. 금융투자이월결손금의 공제요건

공제받을 수 있는 금융투자이월결손금은 아래의 요건을 모두 갖춘 금액으로 한다. ① 해당 과세기간의 개시일 전 5년 이내에 발생한 금융투자결손금으로서 그 후 과세기간의 과세표준을 계산할 때 공제되지 않았어야 하며[1244] ② 금융투자소득과세표준 확정신고[1245]에 따라 신고하거나 금융투자소득과세표준과 세액[1246]에 따라 결정 또는 경정이 되거나 국세기본법[1247]에 따라 수정신고 한 과세표준에 포함된 금융투자결손금이어야 한다.[1248]

나. 금융투자소득 기본공제

기본공제란 금융투자소득 기본공제를 의미한다.[1249] 금융투자소득이 있는 거주자에 대해서는 금융투자소득금액에서 금융투자이월결손금을 공제한 후 기본공제에 해당하는 금액을 공제한다.[1250]

1241) 소득세법 제87조의4 제1항.
1242) 소득세법 제87조의7.
1243) 소득세법 제87조의4 제2항.
1244) 소득세법 제87조의7 제2항.
1245) 소득세법 제87조의23.
1246) 소득세법 제87조의25.
1247) 국세기본법 제45조.
1248) 소득세법 제87조의4 제2항 제1호.
1249) 소득세법 제87조의4 제2항 제2호.
1250) 소득세법 제87조의18 제1항.

1) 주식등 기본공제

① 주권상장법인의 주식등을 증권시장에서 양도하여 발생한 소득금액, ② 주권비상장법인인 중소기업 및 중견기업의 주식 등을 자본시장법[1251]에 따라 설립된 한국금융투자협회의 협회장외시장(K-OTC)에서 장외매매거래로 양도하여 발생한 소득금액, ③ 집합투자기구소득금액 중 대통령령으로 정하는 공모 국내주식형 적격집합투자기구에서 발생한 소득금액의 합계액에서 5천만원의 범위에서 대통령령으로 정하는 금액을 한도로 공제한다.[1252]

가) 주권비상장법인인 중소기업의 범위

대통령령으로 정하는 중소기업이란 중소기업기본법 제2조[1253]에 따른 중소기업에 해당하는 기업을 말한다.[1254] 다만 중소기업에 해당하는지 여부의 판정은 중소기업기본법시행령 제3조의3 제1항에도 불구하고 주식등의 양도일이 속하는 사업연도의 직전 사업연도 종료일 현재를 기준으로 한다.[1255] 주식등의 양도일이 속하는 사업연도에 새로 설립된 법인의 경우에는 주식등의 양도일 현재를 기준으로 한다.

1251) 자본시장법 제286조 제1항 제5호.
1252) 소득세법 제87조의18 제1항 제1호.
1253) 제2조(중소기업자의 범위) ①중소기업을 육성하기 위한 시책(이하 "중소기업시책"이라 한다)의 대상이 되는 중소기업자는 다음 각 호의 어느 하나에 해당하는 기업 또는 조합 등(이하 "중소기업"이라 한다)을 영위하는 자로 한다. 다만, 「독점규제 및 공정거래에 관한 법률」 제31조 제1항에 따른 공시대상기업집단에 속하는 회사 또는 같은 법 제33조에 따라 공시대상기업집단의 소속회사로 편입·통지된 것으로 보는 회사는 제외한다.
   1. 다음 각 목의 요건을 모두 갖추고 영리를 목적으로 사업을 하는 기업
      가. 업종별로 매출액 또는 자산총액 등이 대통령령으로 정하는 기준에 맞을 것
      나. 지분 소유나 출자 관계 등 소유와 경영의 실질적인 독립성이 대통령령으로 정하는 기준에 맞을 것
   2. 「사회적기업 육성법」 제2조 제1호에 따른 사회적기업 중에서 대통령령으로 정하는 사회적기업
   3. 「협동조합 기본법」 제2조에 따른 협동조합, 협동조합연합회, 사회적협동조합, 사회적협동조합연합회, 이종(異種)협동조합연합회(이 법 제2조 제1항 각 호에 따른 중소기업을 회원으로 하는 경우로 한정한다) 중 대통령령으로 정하는 자
   4. 「소비자생활협동조합법」 제2조에 따른 조합, 연합회, 전국연합회 중 대통령령으로 정하는 자
   5. 「중소기업협동조합법」 제3조에 따른 협동조합, 사업협동조합, 협동조합연합회 중 대통령령으로 정하는 자
② 중소기업은 대통령령으로 정하는 구분기준에 따라 소기업(小企業)과 중기업(中企業)으로 구분한다.
   제1항을 적용할 때 중소기업이 그 규모의 확대 등으로 중소기업에 해당하지 아니하게 된 경우 그 사유가 발생한 연도의 다음 연도부터 3년간은 중소기업으로 본다. 다만, 중소기업 외의 기업과 합병하거나 그 밖에 대통령령으로 정하는 사유로 중소기업에 해당하지 아니하게 된 경우에는 그러하지 아니하다.
④ 중소기업시책별 특성에 따라 특히 필요하다고 인정하면 해당 법률에서 정하는 바에 따라 법인·단체 등을 중소기업자로 할 수 있다. 〈개정 2020.10.20.〉
1254) 소득세법시행령 제157조의2 제1항.
1255) 소득세법시행령 제157조의2 제3항.

나) 주권비상장법인인 중견기업의 범위

대통령으로 정하는 중견기업이란 주식등의 양도일 현재 조세특례제한법시행령 제6조의4 제1항[1256]에 따른 중견기업에 해당하는 기업을 말한다.[1257]

2) 공모국내주식형적격집합투자기구의 요건

가) 공모국내주식형적격집합투자기구

대통령으로 정하는 공모국내주식형적격집합투자기구란 ① 자본시장법 제229조 제1호[1258]에 따른 증권집합투자기구로서 적격집합투자기구일 것,[1259] ② 자본시장법 제9조 제19항[1260]에

[1256] 제6조의4(상생결제 지급금액에 대한 세액공제) ① 법 제7조의4 제1항 각 호 외의 부분 본문에서 "대통령령으로 정하는 중견기업"이란 다음 각 호의 요건을 모두 갖춘 기업(이하 제9조를 제외하고 "중견기업"이라 한다)을 말한다. 〈개정 2021.2.17.〉
  1. 중소기업이 아닐 것
  2. 다음 각 목의 어느 하나에 해당하는 업종을 주된 사업으로 경영하지 않을 것. 이 경우 둘 이상의 서로 다른 사업을 경영하는 경우에는 사업별 사업수입금액이 큰 사업을 주된 사업으로 본다.
    가. 제29조 제3항에 따른 소비성서비스업
    나. 「중견기업 성장촉진 및 경쟁력 강화에 관한 특별법 시행령」 제2조 제2항 제2호 각 목의 업종
  3. 소유와 경영의 실질적인 독립성이 「중견기업 성장촉진 및 경쟁력 강화에 관한 특별법 시행령」 제2조 제2항 제1호에 적합할 것
  4. 직전 3개 과세연도의 매출액(매출액은 제2조 제4항에 따른 계산방법으로 산출하며, 과세연도가 1년 미만인 과세연도의 매출액은 1년으로 환산한 매출액을 말한다)의 평균금액이 3천억원 미만인 기업일 것
[1257] 소득세법시행령 제157조의2 제2항.
[1258] 1. 증권집합투자기구: 집합투자재산의 100분의 40 이상으로서 대통령령으로 정하는 비율을 초과하여 증권(대통령령으로 정하는 증권을 제외하며, 대통령령으로 정하는 증권 외의 증권을 기초자산으로 한 파생상품을 포함한다. 이하 이 조에서 같다)에 투자하는 집합투자기구로서 제2호 및 제3호에 해당하지 아니하는 집합투자기구
[1259] 제229조(집합투자기구의 종류) 집합투자기구는 집합투자재산의 운용대상에 따라 다음 각 호와 같이 구분한다.
  1. 증권집합투자기구: 집합투자재산의 100분의 40 이상으로서 대통령령으로 정하는 비율을 초과하여 증권(대통령령으로 정하는 증권을 제외하며, 대통령령으로 정하는 증권 외의 증권을 기초자산으로 한 파생상품을 포함한다. 이하 이 조에서 같다)에 투자하는 집합투자기구로서 제2호 및 제3호에 해당하지 아니하는 집합투자기구
  2. 부동산집합투자기구: 집합투자재산의 100분의 40 이상으로서 대통령령으로 정하는 비율을 초과하여 부동산(부동산을 기초자산으로 한 파생상품, 부동산 개발과 관련된 법인에 대한 대출, 그 밖에 대통령령으로 정하는 방법으로 부동산 및 대통령령으로 정하는 부동산과 관련된 증권에 투자하는 경우를 포함한다. 이하 이 조에서 같다)에 투자하는 집합투자기구
  3. 특별자산집합투자기구: 집합투자재산의 100분의 40 이상으로서 대통령령으로 정하는 비율을 초과하여 특별자산(증권 및 부동산을 제외한 투자대상자산을 말한다)에 투자하는 집합투자기구
  4. 혼합자산집합투자기구: 집합투자재산을 운용함에 있어서 제1호부터 제3호까지의 규정의 제한을 받지 아니하는 집합투자기구
  5. 단기금융집합투자기구: 집합투자재산 전부를 대통령령으로 정하는 단기금융상품에 투자하는 집합투자기구로서 대통령령으로 정하는 방법으로 운용되는 집합투자기구
[1260] ⑲ 이 법에서 "사모집합투자기구"란 집합투자증권을 사모로만 발행하는 집합투자기구로서 대통령령으로 정하는 투자자의 총수가

따른 사모집합투자기구가 아닐 것, ③ 집합투자재산의 3분의 2 이상을 주권상장법인의 주식등 기획재정부령으로 정하는 자산에 투자하는 집합투자기구일 것 세 가지 요건을 모두 갖춘 집합투자기구를 말한다.[1261]

나) 기획재정부령으로 정하는 자산

기획재정부령으로 정하는 자산이란 ① 주권상장법인의 주식등, ② 자본시장법 제234조[1262]에 따른 상장지수집합투자기구로서 증권시장에서 거래되는 주식의 가격만을 기반으로 하는 지수의 변화를 그대로 추적하는 것을 목적으로 하는 집합투자기구의 집합투자증권, ③ 증권시장에 상장된 투자회사[1263]의 집합투자증권을 말한다.[1264]

다) 공모국내주식형적격집합투자기구

공모국내주식형적격집합투자기구란 ① 자본시장법 제229조 제1호[1265]에 따른 증권집합투자

    대통령령으로 정하는 수 이하인 것을 말하며, 다음 각 호와 같이 구분한다. 〈개정 2015.7.24.〉
      1. 경영권 참여, 사업구조 또는 지배구조의 개선 등을 위하여 지분증권 등에 투자·운용하는 투자합자회사인 사모집합투자기구(이하 "경영참여형 사모집합투자기구"라 한다)
      2. 경영참여형 사모집합투자기구를 제외한 사모집합투자기구(이하 "전문투자형 사모집합투자기구"라 한다)

1261) 소득세법시행령 제150조의26 제1항.
1262) 제234조(상장지수집합투자기구) ① 제34조 제1항 제1호·제2호, 제87조 제3항(제186조 제2항에서 준용하는 경우를 포함한다), 제88조, 제147조, 제172조, 제173조 및 제235조부터 제237조까지의 규정은 다음 각 호의 요건을 모두 갖춘 집합투자기구(이하 이 조에서 "상장지수집합투자기구"라 한다)에는 적용하지 아니한다. 〈개정 2009.2.3., 2013.5.28.〉
    1. 기초자산의 가격 또는 기초자산의 종류에 따라 다수 종목의 가격수준을 종합적으로 표시하는 지수의 변화에 연동하여 운용하는 것을 목표로 할 것. 이 경우 기초자산의 가격 또는 지수는 대통령령으로 정하는 요건을 갖추어야 한다.
    2. 수익증권 또는 투자회사 주식의 환매가 허용될 것
    3. 수익증권 또는 투자회사 주식이 해당 투자신탁의 설정일 또는 투자회사의 설립일부터 30일 이내에 증권시장에 상장될 것
  ② 투자매매업자 또는 투자중개업자 중 대통령령으로 정하는 자가 상장지수집합투자기구의 설정·설립을 위하여 자기 또는 타인의 계산으로 증권을 매매하는 경우에는 투자일임업을 영위하는 것으로 보지 아니한다.
  ③ 상장지수집합투자기구를 설정·추가설정 또는 설립·신주발행하는 경우 제188조 제4항 및 제194조 제7항(제196조 제6항에서 준용하는 경우를 포함한다)에 불구하고 금전 외의 자산으로 납입할 수 있다. 〈개정 2009.2.3.〉
  ④ 상장지수집합투자기구의 설정·추가설정·설립 및 신주발행, 집합투자증권의 판매 및 환매, 상장 및 상장폐지, 소유 재산의 공고, 그 밖에 필요한 사항은 대통령령으로 정한다.
1263) 자본시장법 제9조 제18항 제2호.
1264) 소득세법시행규칙 제69조의13 제1항.
1265) 1. 증권집합투자기구: 집합투자재산의 100분의 40 이상으로서 대통령령으로 정하는 비율을 초과하여 증권(대통령령으로 정하는 증권을 제외하며, 대통령령으로 정하는 증권 외의 증권을 기초자산으로 한 파생상품을 포함한다. 이하 이 조에서 같다)에 투자하

기구로서 적격집합투자기구로서 ② 사모집합투자기구[1266]가 아닐 것의 요건을 모두 갖춘 집합투자기구를 말한다.[1267]

공모국내주식형적격집합투자기구의 집합투자증권에 투자한 집합투자기구(적격재간접집합투자기구)는 직접 보유한 기획재정부령으로 정하는 각 자산[1268][1269] 가액에 아래에 따라 계산한 금액을 합하여 공모국내주식형적격집합투자기구 요건인 집합투자재산의 3분의 2 이상을 주권상장법인의 주식등 기획재정부령으로 정하는 자산에 투자하는 집합투자기구여야 한다는 요건을 적용한다.[1270]

〈표-63 공모국내주식형적격집합투자기구의 기획재정부령에 따른 자산 투자비율〉

구분		계산식
적격재간접집합투자기구가 직접 보유한 공모국내주식형적격집합투자기구의 집합투자증권의 가액	①	① × ② ÷ ③ = ④
공모국내주식형적격집합투자기구가 직접 보유한 제1항 각 호의 자산 가액	②	
공모국내주식형적격집합투자기구의 자산총액	③	
기획재정부령으로 정하는 자산 투자비율	④	

   는 집합투자기구로서 제2호 및 제3호에 해당하지 아니하는 집합투자기구
  2. 부동산집합투자기구: 집합투자재산의 100분의 40 이상으로서 대통령령으로 정하는 비율을 초과하여 부동산(부동산을 기초자산으로 한 파생상품, 부동산 개발과 관련된 법인에 대한 대출, 그 밖에 대통령령으로 정하는 방법으로 부동산 및 대통령령으로 정하는 부동산과 관련된 증권에 투자하는 경우를 포함한다. 이하 이 조에서 같다)에 투자하는 집합투자기구
  3. 특별자산집합투자기구: 집합투자재산의 100분의 40 이상으로서 대통령령으로 정하는 비율을 초과하여 특별자산(증권 및 부동산을 제외한 투자대상자산을 말한다)에 투자하는 집합투자기구
1266) 자본시장법 제9조 제19항.
1267) 소득세법시행규칙 제69조의13 제2항.
1268) 제69조의13(공모 국내주식형 적격집합투자기구 요건) ① 영 제150조의26 제3호에서 "주권상장법인의 주식등 기획재정부령으로 정하는 자산"이란 다음 각 호의 어느 하나에 해당하는 자산을 말한다.
  1. 주권상장법인의 주식등
  2. 영 제150조의17 제3항 제1호 각 목의 집합투자증권
1269) 1. 다음 각 목의 집합투자증권의 경우: 집합투자증권의 환매등이 발생하는 시점의 기준가격(「자본시장과 금융투자업에 관한 법률」 제238조 제6항에 따른 기준가격을 말하며, 같은 법 제279조 제1항에 따른 외국 집합투자증권의 경우에는 같은 법 제280조 제4항 본문에 따른 기준가격을 말한다. 이하 이 조에서 같다)에서 직전 결산·분배 직후(결산·분배가 없었던 경우에는 매수 시로 한다)의 기준가격을 뺀 금액
  가. 「자본시장과 금융투자업에 관한 법률」 제234조에 따른 상장지수집합투자기구로서 증권시장에서 거래되는 주식의 가격만을 기반으로 하는 지수의 변화를 그대로 추적하는 것을 목적으로 하는 집합투자기구의 집합투자증권
  나. 증권시장에 상장된 「자본시장과 금융투자업에 관한 법률」 제9조 제18항 제2호에 따른 집합투자기구의 집합투자증권
1270) 소득세법시행규칙 제69조의13 제2항.

3) 대통령령으로 정하는 금액

대통령령으로 정하는 금액이란 5천만원을 말한다.[1271]

4) 기타의 금융투자소득금액 기본공제

주식등 기본공제 외의 소득금액의 합계액에 대해서는 250만원을 공제한다.[1272]

5) 감면소득이 있는 경우

금융투자소득 기본공제를 적용할 때 소득세법 또는 조세특례제한법이나 그 밖의 법률에 따른 감면소득금액이 있는 경우에는 그 감면소득금액외의 소득금액에서 기본공제를 먼저 공제하여야 한다.[1273]

6) 금융투자이월결손금 공제 방법

가) 금융투자소득 구분별 공제 순서

금융투자소득금액 중 ① 주권상장법인의 주식등을 증권시장에서 양도하여 발생한 소득금액, ② K-OTC에서 장외매매거래로 주권비상장법인인 중소기업과 중견기업의 주식등을 양도하여 발생한 소득금액, ③ 공모 국내주식형 적격집합투자기구에서 발생한 소득금액의 합계액이 각각 모두 영(0)보다 큰 경우 세 가지 소득금액의 합계액에서 공제요건을 충족하는 금융투자이월결손금을 먼저 공제한다.[1274] 금융투자과세표준을 계산할 때 ①부터 ③까지 소득금액의 합계액이 영(0)보다 작거나 금융투자이월결손금으로 모두 공제된 경우에는 기타의 금융투자소득금액 기

1271) 소득세법시행령 제150조의24.
1272) 소득세법 제87조의18 제1항 제1호 다목.
1273) 소득세법 제87조의18 제2항.
1274) 소득세법시행령 제150조의5 제1항.

본공제[1275]를 적용하지 않는다.[1276]

나) 금융투자이월결손금의 공제 순서

금융투자이월결손금을 공제할 때에는 먼저 발생한 과세기간의 결손금부터 차례대로 공제한다.[1277]

다. 금융투자소득과세표준시 합산하지 않는 금융투자소득

① 조세특례제한법 또는 소득세법 제87조의3에 따라 과세되지 않는 금융투자소득, ② 조세특례제한법에 따라 분리과세 하는 금융투자소득(분리과세금융투자소득)은 금융투자소득과세표준을 계산할 때 합산하지 않는다.[1278]

Ⅱ. 금융투자소득세액 계산의 순서

금융투자소득에 대한 금융투자소득세는 아래에 따라 계산한다.[1279]

1. 금융투자소득 산출세액

금융투자소득 산출세액은 금융투자소득과세표준에 금융투자소득세율[1280]을 적용하여 계산한다.[1281]

2. 금융투자소득 결정세액

1275) 소득세법 제87조의4 제2항 제2호에 따른 기본공제를 말한다.
1276) 소득세법시행령 제150조의5 제3항.
1277) 소득세법시행령 제150조의5 제2항.
1278) 소득세법 제87조의4 제3항.
1279) 소득세법 제87조의5.
1280) 소득세법 제87조의19
1281) 소득세법 제87조의5 제1항.

금융투자소득 결정세액은 금융투자소득 산출세액에서 감면세액을 공제하여 계산한다.[1282]

3. 금융투자소득 총결정세액

금융투자소득 총결정세액은 금융투자소득 결정세액에 국세기본법 제47조의2부터 제47조의4[1283]

1282) 소득세법 제87조의5 제2항.

1283) 제47조의2(무신고가산세) ① 납세의무자가 법정신고기한까지 세법에 따른 국세의 과세표준 신고(예정신고 및 중간신고를 포함하며, 「교육세법」 제9조에 따른 신고 중 금융·보험업자가 아닌 자의 신고와 「농어촌특별세법」 및 「종합부동산세법」에 따른 신고는 제외한다)를 하지 아니한 경우에는 그 신고로 납부하여야 할 세액(이 법 및 세법에 따른 가산세와 세법에 따라 가산하여 납부하여야 할 이자 상당 가산액이 있는 경우 그 금액은 제외하며, 이하 "무신고납부세액"이라 한다)에 다음 각 호의 구분에 따른 비율을 곱한 금액을 가산세로 한다. 〈개정 2016.12.20., 2019.12.31.〉
   1. 부정행위로 법정신고기한까지 세법에 따른 국세의 과세표준 신고를 하지 아니한 경우: 100분의 40(역외거래에서 발생한 부정행위인 경우에는 100분의 60)
   2. 제1호 외의 경우: 100분의 20
   ② 제1항에도 불구하고 다음 각 호의 어느 하나에 해당하는 경우에는 해당 호에 따른 금액을 가산세로 한다. 〈개정 2016.12.20., 2019.12.31.〉
   1. 「소득세법」 제70조 및 제124조 또는 「법인세법」 제60조, 제76조의17 및 제97조에 따른 신고를 하지 아니한 자가 「소득세법」 제160조 제3항에 따른 복식부기의무자(이하 "복식부기의무자"라 한다) 또는 법인인 경우: 다음 각 목의 구분에 따른 금액과 제1항 각 호의 구분에 따른 금액 중 큰 금액
     가. 제1항 제1호의 경우: 다음 구분에 따른 수입금액(이하 이 조에서 "수입금액"이라 한다)에 1만분의 14를 곱한 금액
       1) 개인: 「소득세법」 제24조부터 제26조까지 및 제122조에 따라 계산한 사업소득에 대한 해당 개인의 총수입금액
       2) 법인: 「법인세법」 제60조, 제76조의17, 제97조에 따라 법인세 과세표준 및 세액 신고서에 적어야 할 해당 법인의 수입금액
     나. 제1항 제2호의 경우: 수입금액에 1만분의 7을 곱한 금액
   2. 「부가가치세법」에 따른 사업자가 같은 법 제48조 제1항, 제49조 제1항 및 제67조에 따른 신고를 하지 아니한 경우로서 같은 법 또는 「조세특례제한법」에 따른 영세율이 적용되는 과세표준(이하 "영세율과세표준"이라 한다)이 있는 경우: 제1항 각 호의 구분에 따른 금액에 영세율과세표준의 1천분의 5에 상당하는 금액을 더한 금액
   ③ 제1항 및 제2항에도 불구하고 다음 각 호의 어느 하나에 해당하는 경우에는 제1항 및 제2항을 적용하지 아니한다. 〈개정 2013.6.7., 2014.12.23.〉
   1. 삭제 〈2020.12.22.〉
   2. 「부가가치세법」 제69조에 따라 납부의무가 면제되는 경우
   ④ 제1항 또는 제2항을 적용할 때 「부가가치세법」 제45조 제3항 단서에 따른 대손세액에 상당하는 부분에 대해서는 제1항 또는 제2항에 따른 가산세를 적용하지 아니한다. 〈개정 2013.6.7.〉
   ⑤ 제1항 또는 제2항을 적용할 때 예정신고 및 중간신고와 관련하여 이 조 또는 제47조의3에 따라 가산세가 부과되는 부분에 대해서는 확정신고와 관련하여 제1항 또는 제2항에 따른 가산세를 적용하지 아니한다. 〈개정 2014.12.23.〉
   ⑥ 제1항 또는 제2항을 적용할 때 「소득세법」 제81조의5, 제115조 또는 「법인세법」 제75조의3이 동시에 적용되는 경우에는 그 중 가산세액이 큰 가산세만 적용하고, 가산세액이 같은 경우에는 제1항 또는 제2항의 가산세만 적용한다.
   ⑦ 제1항부터 제6항까지에서 규정한 사항 외에 가산세 부과에 필요한 사항은 대통령령으로 정한다.

까지의 규정에 따른 가산세를 더하여 계산한다.[1286]

[1284] 제47조의3(과소신고·초과환급신고가산세) ① 납세의무자가 법정신고기한까지 세법에 따른 국세의 과세표준 신고(예정신고 및 중간신고를 포함하며, 「교육세법」 제9조에 따른 신고 중 금융·보험업자가 아닌 자의 신고와 「농어촌특별세법」에 따른 신고는 제외한다)를 한 경우로서 납부할 세액을 신고하여야 할 세액보다 적게 신고(이하 이 조 및 제48조에서 "과소신고"라 한다)하거나 환급받을 세액을 신고하여야 할 금액보다 많이 신고(이하 이 조 및 제48조에서 "초과신고"라 한다)한 경우에는 과소신고한 납부세액과 초과신고한 환급세액을 합한 금액(이 법 및 세법에 따른 가산세와 세법에 따라 가산하여 납부하여야 할 이자 상당 가산액이 있는 경우 그 금액은 제외하며, 이하 "과소신고납부세액등"이라 한다)에 다음 각 호의 구분에 따른 산출방법을 적용한 금액을 가산세로 한다. 〈개정 2016.12.20., 2017.12.19., 2019.12.31.〉
  1. 부정행위로 과소신고하거나 초과신고한 경우: 다음 각 목의 금액을 합한 금액
    가. 부정행위로 인한 과소신고납부세액등의 100분의 40(역외거래에서 발생한 부정행위로 인한 경우에는 100분의 60)에 상당하는 금액
    나. 과소신고납부세액등에서 부정행위로 인한 과소신고납부세액등을 뺀 금액의 100분의 10에 상당하는 금액
  2. 제1호 외의 경우: 과소신고납부세액등의 100분의 10에 상당하는 금액
② 제1항에도 불구하고 다음 각 호의 어느 하나에 해당하는 경우에는 해당 호에 따른 금액을 가산세로 한다. 〈개정 2013.1.1., 2013.6.7., 2014.12.23., 2016.12.20.〉
  1. 부정행위로 「소득세법」 제70조 및 제124조 또는 「법인세법」 제60조, 제76조의17 및 제97조에 따른 신고를 과소신고한 자가 복식부기의무자 또는 법인인 경우: 다음 각 목의 금액 중 큰 금액에 제1항 제1호 나목에 따른 금액을 더한 금액
    가. 제1항 제1호 가목에 따른 금액
    나. 부정행위로 과소신고된 과세표준관련 수입금액에 1만분의 14를 곱하여 계산한 금액
  2. 「부가가치세법」에 따른 사업자가 같은 법 제48조 제1항·제4항, 제49조 제1항, 제66조 및 제67조에 따른 신고를 한 경우로서 영세율과세표준을 과소신고하거나 신고하지 아니한 경우: 제1항 각 호의 구분에 따른 금액에 그 과소신고되거나 무신고된 영세율과세표준의 1천분의 5에 상당하는 금액을 더한 금액
③ 제1항 및 제2항은 「부가가치세법」에 따른 사업자가 아닌 자가 환급세액을 신고한 경우에도 적용한다.
④ 제1항 또는 제2항을 적용할 때 다음 각 호의 어느 하나에 해당하는 경우에는 이와 관련하여 과소신고하거나 초과신고한 부분에 대해서는 제1항 또는 제2항의 가산세를 적용하지 아니한다. 〈개정 2013.6.7., 2014.12.23., 2015.12.15., 2017.12.19.〉
  1. 다음 각 목의 어느 하나에 해당하는 사유로 상속세·증여세 과세표준을 과소신고한 경우
    가. 신고 당시 소유권에 대한 소송 등의 사유로 상속재산 또는 증여재산으로 확정되지 아니하였던 경우
    나. 「상속세 및 증여세법」 제18조부터 제23조까지, 제23조의2, 제24조, 제53조 및 제54조에 따른 공제의 적용에 착오가 있었던 경우
    다. 「상속세 및 증여세법」 제60조 제2항·제3항 및 제66조에 따라 평가한 가액으로 과세표준을 결정한 경우
    라. 「법인세법」 제66조에 따라 법인세 과세표준 및 세액의 결정·경정으로 「상속세 및 증여세법」 제45조의3부터 제45조의5까지의 규정에 따른 증여의제이익이 변경되는 경우(부정행위로 인하여 법인세의 과세표준 및 세액을 결정·경정하는 경우는 제외한다)
  2. 「부가가치세법」 제45조 제3항 단서가 적용되는 경우
  3. 제1호 라목에 해당하는 사유로 「소득세법」 제88조 제2호에 따른 주식등의 취득가액이 감소된 경우
⑤ 삭제 〈2014.12.23.〉
⑥ 이 조에 따른 가산세의 부과에 대해서는 제47조의2 제5항 및 제6항을 준용한다. 〈개정 2014.12.23., 2020.12.22.〉
⑦ 부정행위로 인한 과소신고납부세액등의 계산과 그 밖에 가산세의 부과에 필요한 사항은 대통령령으로 정한다.

[1285] 제47조의4(납부지연가산세) ① 납세의무자(연대납세의무자, 납세자를 갈음하여 납부할 의무가 생긴 제2차 납세의무자 및 보증인을 포함한다)가 법정납부기한까지 국세(「인지세법」 제8조 제1항에 따른 인지세는 제외한다)의 납부(중간예납·예정신고납부·중간신고납부를 포함한다)를 하지 아니하거나 납부하여야 할 세액보다 적게 납부(이하 "과소납부"라 한다)하거나 환급받아야 할 세액보다 많이 환급(이하 "초과환급"이라 한다)받은 경우에는 다음 각 호의 금액을 합한 금액을 가산세로 한다. 〈개정 2018.12.31., 2019.12.31., 2020.12.29.〉
  1. 납부하지 아니한 세액 또는 과소납부분 세액(세법에 따라 가산하여 납부하여야 할 이자 상당 가산액이 있는 경우에는 그 금액을 더한다) × 법정납부기한의 다음 날부터 납부일까지의 기간(납부고지일부터 납부고지서에 따른 납부기한까지의 기간은 제외한다) × 금융회사 등이 연체대출금에 대하여 적용하는 이자율 등을 고려하여 대통령령으로 정하는 이자율
  2. 초과환급받은 세액(세법에 따라 가산하여 납부하여야 할 이자상당가산액이 있는 경우에는 그 금액을 더한다) × 환급받은 날의 다음 날부터 납부일까지의 기간(납부고지일부터 납부고지서에 따른 납부기한까지의 기간은 제외한다) × 금융회사 등이 연체

제3절 금융투자소득금액의 계산

I. 금융투자소득의 범위

대출금에 대하여 적용하는 이자율 등을 고려하여 대통령령으로 정하는 이자율
3. 법정납부기한까지 납부하여야 할 세액(세법에 따라 가산하여 납부하여야 할 이자 상당 가산액이 있는 경우에는 그 금액을 더한다) 중 납부고지서에 따른 납부기한까지 납부하지 아니한 세액 또는 과소납부분 세액 × 100분의 3(국세를 납부고지서에 따른 납부기한까지 완납하지 아니한 경우에 한정한다)

② 제1항은「부가가치세법」에 따른 사업자가 아닌 자가 부가가치세액을 환급받은 경우에도 적용한다.
③ 다음 각 호의 어느 하나에 해당하는 경우에는 제1항 제1호 및 제2호의 가산세(법정납부기한의 다음 날부터 납부고지일까지의 기간에 한정한다)를 적용하지 아니한다. 〈개정 2013.6.7., 2014.12.23., 2015.12.15., 2017.12.19., 2018.12.31., 2020.12.22., 2020.12.29.〉
1.「부가가치세법」에 따른 사업자가 같은 법에 따른 납부기한까지 어느 사업장에 대한 부가가치세를 다른 사업장에 대한 부가가치세에 더하여 신고납부한 경우
2.「부가가치세법」제45조 제3항 단서에 따른 대손세액에 상당하는 부분
3. 삭제 〈2020.12.22.〉
4.「법인세법」제66조에 따라 법인세 과세표준 및 세액의 결정·경정으로「상속세 및 증여세법」제45조의3부터 제45조의5까지의 규정에 따른 증여의제이익이 변경되는 경우(부정행위로 인하여 법인세의 과세표준 및 세액을 결정·경정하는 경우는 제외한다)
5. 제4호에 해당하는 사유로「소득세법」제88조 제2호에 따른 주식등의 취득가액이 감소된 경우
6.「상속세 및 증여세법」제67조 또는 제68조에 따라 상속세 또는 증여세를 신고한 자가 같은 법 제70조에 따라 법정신고기한까지 상속세 또는 증여세를 납부한 경우로서 법정신고기한 이후 대통령령으로 정하는 방법에 따라 상속재산 또는 증여재산을 평가하여 과세표준과 세액을 결정·경정한 경우
④ 제47조의5에 따른 가산세가 부과되는 부분에 대해서는 국세의 납부와 관련하여 제1항에 따른 가산세를 부과하지 아니한다. 〈개정 2018.12.31.〉
⑤ 중간예납, 예정신고납부 및 중간신고납부와 관련하여 제1항에 따른 가산세가 부과되는 부분에 대해서는 확정신고납부와 관련하여 제1항에 따른 가산세를 부과하지 아니한다.
⑥ 국세(소득세, 법인세 및 부가가치세만 해당한다)를 과세기간을 잘못 적용하여 신고납부한 경우에는 제1항을 적용할 때 실제 신고납부한 날에 실제 신고납부한 금액의 범위에서 당초 신고납부하였어야 할 과세기간에 대한 국세를 자진납부한 것으로 본다. 다만, 해당 국세의 신고가 제47조의2에 따른 신고 중 부정행위로 무신고한 경우 또는 제47조의3에 따른 신고 중 부정행위로 과소신고·초과신고 한 경우에는 그러하지 아니하다. 〈개정 2016.12.20.〉
⑦ 제1항을 적용할 때 납부고지서에 따른 납부기한의 다음 날부터 납부일까지의 기간(「국세징수법」제13조에 따라 지정납부기한과 독촉장에서 정하는 기한을 연장한 경우에는 그 연장기간은 제외한다)이 5년을 초과하는 경우에는 그 기간은 5년으로 한다.
⑧ 체납된 국세의 납부고지서별·세목별 세액이 100만원 미만인 경우에는 제1항 제1호 및 제2호의 가산세를 적용하지 아니한다. 〈신설 2018.12.31., 2019.12.31., 2020.12.29.〉
⑨「인지세법」제8조 제1항에 따른 인지세의 납부를 하지 아니하거나 과소납부한 경우에는 납부하지 아니한 세액 또는 과소납부분 세액의 100분의 300에 상당하는 금액을 가산세로 한다. 다만, 다음 각 호의 어느 하나에 해당하는 경우(과세표준과 세액을 경정할 것을 미리 알고 납부하는 경우는 제외한다)에는 해당 호에 따른 금액을 가산세로 한다.
1.「인지세법」에 따른 법정납부기한이 지난 후 3개월 이내에 납부한 경우: 납부하지 아니한 세액 또는 과소납부분 세액의 100분의 100
2.「인지세법」에 따른 법정납부기한이 지난 후 3개월 초과 6개월 이내에 납부한 경우: 납부하지 아니한 세액 또는 과소납부분 세액의 100분의 200

1286) 소득세법 제87조의5 제3항.

1. 금융투자소득의 범위에 포함하는 소득

가. 금융투자소득

금융투자소득은 해당 과세기간에 발생한 ① 주식등의 양도로 발생하는 소득, ② 채권등의 양도로 발생하는 소득, ③ 투자계약증권[1287]의 양도로 발생하는 소득, ④ 대통령령으로 정하는 집합투자증권의 환매·양도 및 집합투자기구의 해지 또는 해산(환매등)으로 발생한 이익과 대통령령으로 정하는 요건을 갖춘 집합투자기구(적격집합투자기구)로부터의 이익 중 집합투자기구의 이익금에 대한 소득의 구분을 고려하여 대통령령으로 정하는 이익, ⑤ 파생결합증권으로부터의 이익, ⑥ 파생상품의 거래 또는 행위로 발생하는 소득을 의미한다.[1288]

나. 국외금융투자자산

해당 자산의 양도일까지 계속하여 5년 이상 국내에 주소 또는 거소를 둔 거주자의 국외에 있는 자산의 양도에 대한 금융투자소득은 해당 과세기간에 국외에 있는 기획재정부령으로 정하는 ① 주식등, ② 채권등, ③ 투자계약증권(국외금융투자자산)을 양도함으로써 발생하는 소득으로 한다.[1289]

국외에 있는 기획재정부령으로 정하는 국외금융투자자산이란 ① 내국법인이 발행한 주식등[1290]과 채권등[1291]으로서 해외증권시장에 상장된 것, ② 외국법인이 발행한 주식등과 채권등으로서 소득세법시행령 제150조의14 제1항 제1호 가목[1292]에 따른 증권시장에 상장되지 않은 것,

---

1287) 자본시장법 제4조 제6항에 따른 투자계약증권을 의미한다. "투자계약증권"이란 특정 투자자가 그 투자자와 타인(다른 투자자를 포함한다. 이하 이 항에서 같다) 간의 공동사업에 금전등을 투자하고 주로 타인이 수행한 공동사업의 결과에 따른 손익을 귀속받는 계약상의 권리가 표시된 것을 말한다.
1288) 소득세법 제87조의6 제1항.
1289) 소득세법시행령 제150조의6.
1290) 1. "주식등"이란 「자본시장과 금융투자업에 관한 법률」 제4조 제4항에 따른 지분증권(같은 법 제4조 제1항 단서는 적용하지 아니하며, 같은 법 제9조 제21항의 집합투자증권 등 대통령령으로 정하는 것은 제외한다), 같은 법 제4조 제8항의 증권예탁증권 중 지분증권과 관련된 권리가 표시된 것 및 출자지분을 말한다.
1291) 2. "채권등"이란 「자본시장과 금융투자업에 관한 법률」 제4조 제3항에 따른 채무증권, 같은 조 제8항의 증권예탁증권 중 채무증권과 관련된 권리가 표시된 것 및 이자 또는 할인액이 발생하는 증권으로서 대통령령으로 정하는 것을 말한다.
1292) 가. 소유주식의 시가총액 등을 고려하여 기획재정부령으로 정하는 주권상장법인의 소액주주(이하 이 장에서 "주권상장법인소액

③ 소득세법 제87조의6 제1항 제3호[1293])에 따른 투자계약증권으로서 외국에서 발행된 것을 말한다.[1294]

해당 소득이 국외에서 외화를 차입하여 취득한 자산을 양도하여 발생하는 소득으로서 환율변동 인하여 외화차입금으로부터 발생하는 환차익을 포함하고 있는 경우에는 해당 환차익은 제외한다.

다. 적격집합투자기구

집합투자기구 중 아래의 요건을 모두 갖춘 집합투자기구를 적격집합투자기구라 한다.[1295] 다만 국외에서 설정된 집합투자기구는 아래의 요건을 모두 충족하는 경우에도 적격집합투자기구로 보지 않는다.

① 해당 집합투자기구의 설정일부터 매년 1회 이상 결산·분배하여야 한다. 다만 자본시장법 제9조 제22항[1296])에 따른 집합투자규약에서 정하는 바에 따라 집합투자기구이익금 중 금융투자소득에 해당하는 금액과 자본시장법 제238조[1297])에 따라 평가한 집합투자재산의 평가이익은

주주"라 한다)가 「자본시장과 금융투자업에 관한 법률」 제8조의2 제4항 제1호에 따른 증권시장(이하 "증권시장"이라 한다)에서 양도하는 주식등
1293) 3. 「자본시장과 금융투자업에 관한 법률」 제4조 제6항에 따른 투자계약증권(이하 "투자계약증권"이라 한다)의 양도로 발생하는 소득
1294) 소득세법시행규칙 제69조의2.
1295) 소득세법시행령 제150조의7 제2항.
1296) ㉒ 이 법에서 "집합투자규약"이란 집합투자기구의 조직, 운영 및 투자자의 권리·의무를 정한 것으로서 투자신탁의 신탁계약, 투자회사·투자유한회사·투자합자회사·투자유한책임회사의 정관 및 투자합자조합·투자익명조합의 조합계약을 말한다. 〈개정 2013.5.28.〉
1297) 제238조(집합투자재산의 평가 및 기준가격의 산정 등) ① 집합투자업자는 대통령령으로 정하는 방법에 따라 집합투자재산을 시가에 따라 평가하되, 평가일 현재 신뢰할 만한 시가가 없는 경우에는 대통령령으로 정하는 공정가액으로 평가하여야 한다. 다만, 투자자가 수시로 변동되는 등 투자자의 이익을 해할 우려가 적은 경우로서 대통령령으로 정하는 경우에는 대통령령으로 정하는 가액으로 평가할 수 있다.
② 집합투자업자는 제1항에 따른 집합투자재산의 평가업무를 수행하기 위하여 대통령령으로 정하는 방법에 따라 평가위원회를 구성·운영하여야 한다.
③ 집합투자업자는 집합투자재산에 대한 평가가 공정하고 정확하게 이루어질 수 있도록 그 집합투자재산을 보관·관리하는 신탁업자의 확인을 받아 다음 각 호의 사항이 포함된 집합투자재산의 평가와 절차에 관한 기준(이하 이 조에서 "집합투자재산평가기준"이라 한다)을 마련하여야 한다.
 1. 제2항에 따른 평가위원회의 구성 및 운영에 관한 사항
 2. 집합투자재산의 평가의 일관성 유지에 관한 사항
 3. 집합투자재산의 종류별로 해당 재산의 가격을 평가하는 채권평가회사(제263조에 따른 채권평가회사를 말한다)를 두는 경우 그 선정 및 변경과 해당 채권평가회사가 제공하는 가격의 적용에 관한 사항

분배를 유보할 수 있으며 집합투자기구이익금이 영(0)보다 작은 경우에도 분배를 유보할 수 있다.[1298]

② 금전으로 위탁받아 금전으로 환급하여야 한다. 금전 외의 자산으로 위탁받아 환급하는 경우로서 해당 위탁가액과 환급가액이 모두 금전으로 표시된 것을 포함한다.[1299]

③ 집합투자기구이익금과 분배금 및 유보금 내역 등을 납세지 관할 세무서장에게 신고해야 한다.

위의 요건 외에 자본시장법 제9조 제20항[1300]에 따른 집합투자재산의 평가이익 등 적격집합투자기구 금융투자소득 계산 등에 필요한 사항은 기획재정부령으로 정하며 집합투자재산의 평가이익은 집합투자재산으로 인식된다.[1301] 기획재정부령에서는 집합투자재산 평가이익은 실제로 귀속되지 않는 이익으로서 이미 경과한 기간에 대응하는 집합투자재산의 ① 이자, ② 미수배당금, ③ 미수 임대료 수입 등을 포함하고 있다.[1302]

라. 집합투자기구이익금 중 대통령령으로 정하는 이익

대통령령으로 정하는 이익이란 집합투자기구이익금 중 금융투자소득에 해당하는 부분으로부터 분배받은 금액을 말한다.[1303]

---

4. 그 밖에 대통령령으로 정하는 사항
④ 집합투자업자는 제2항에 따른 평가위원회가 집합투자재산을 평가한 경우 그 평가명세를 지체 없이 그 집합투자재산을 보관·관리하는 신탁업자에게 통보하여야 한다.
⑤ 집합투자재산을 보관·관리하는 신탁업자는 집합투자업자의 집합투자재산에 대한 평가가 법령 및 집합투자재산평가기준에 따라 공정하게 이루어졌는지 확인하여야 한다.
⑥ 투자신탁이나 투자익명조합의 집합투자업자 또는 투자회사등은 제1항부터 제5항까지의 규정에 따른 집합투자재산의 평가결과에 따라 대통령령으로 정하는 방법으로 집합투자증권의 기준가격을 산정하여야 한다.
⑦ 투자신탁이나 투자익명조합의 집합투자업자 또는 투자회사등은 제6항에 따라 산정된 기준가격을 매일 공고·게시하여야 한다. 다만, 기준가격을 매일 공고·게시하기 곤란한 경우 등 대통령령으로 정하는 경우에는 해당 집합투자규약에서 기준가격의 공고·게시주기를 15일 이내의 범위에서 별도로 정할 수 있다.
⑧ 금융위원회는 투자신탁이나 투자익명조합의 집합투자업자 또는 투자회사등이 제6항을 위반하여 거짓으로 기준가격을 산정한 경우에는 그 투자신탁이나 투자익명조합의 집합투자업자 또는 투자회사등에 대하여 기준가격 산정업무를 일반사무관리회사에 그 범위를 정하여 위탁하도록 명할 수 있다. 이 경우 해당 집합투자업자 및 그 집합투자업자의 계열회사, 투자회사·투자유한회사·투자합자회사·투자유한책임회사의 계열회사는 그 수탁대상에서 제외된다. 〈개정 2008.2.29., 2013.5.28.〉

1298) 소득세법시행령 제150조의7 제2항 제1호.
1299) 소득세법시행령 제150조의7 제2항 제2호.
1300) ⑳ 이 법에서 "집합투자재산"이란 집합투자기구의 재산으로서 투자신탁재산, 투자회사재산, 투자유한회사재산, 투자합자회사재산, 투자유한책임회사재산, 투자합자조합재산 및 투자익명조합재산을 말한다. 〈개정 2013.5.28.〉
1301) 소득세법시행령 제150조의7 제4항.
1302) 소득세법시행규칙 제69조의3.
1303) 소득세법시행령 제150조의7 제3항.

2. 금융투자소득의 범위에서 제외되는 소득

소득세법 ① 제16조에 따른 이자소득, ② 제17조에 따른 배당소득, ③ 제94조에 따른 양도소득에 해당하는 특정주식은 제외한다.[1304]

3. 비과세 금융투자소득

공익신탁법에 따른 공익신탁의 이익과 파산선고에 의하여 처분으로 발생하는 소득에 해당하는 금융투자소득에 대해서는 소득세를 과세하지 않는다.[1305]

II. 금융투자소득의 수입시기

금융투자소득의 수입시기는 아래 표에 따른 날로 한다.[1306]

〈표-64 금융투자소득의 수입시기〉

구분	수입시기
주식등·채권등·투자계약증권의 양도로 발생하는 소득	해당 자산의 대금을 청산한 날
집합투자증권의 환매 등으로 발생한 이익	대금을 청산한 날(집합투자증권의 양도의 경우)
	이익을 지급받은 날(환매·해지·해산의 경우)
적격집합투자기구로부터의 이익 중 금융투자소득에 해당하는 부분으로부터 분배받은 금액	집합투자기구로부터의 이익을 지급받은 날. 다만 원본에 전입하는 뜻의 특약이 있는 분배금은 그 특약에 따라 원본에 전입되는 날로 한다.
파생결합증권으로부터의 이익	이익을 지급받은 날. 다만 원본에 전입하는 뜻의 특약이 있는 분배금은 그 특약에 따라 원본에 전입되는 날로 한다.
파생상품의 거래 또는 행위로 발생하는 소득	계좌별로 동일한 종목의 매도 미결제약정과 매수 미결제약정이 상계(반대거래상계)되거나 권리행사, 최종거래일의 종료 등으로 파생상품의 거래 또는 행위로 발생하는 손익이 확정된 날
	장외파생상품의 경우에는 파생상품 계약에 따라 수익을 지급받거나 지급받기로 한 날을 말한다.

1304) 소득세법 제87조의6 제1항.
1305) 소득세법 제87조의3.
1306) 소득세법시행령 제150조의8 제1항.

구분	수입시기
장기할부 시 금융투자소득의 수입시기	아래 요건을 모두 갖춘 경우 등록 및 명의개서 접수일, 인도일 또는 수익일 중 빠른 날로 한다. ① 계약금을 제외하고 양도가액 또는 필요경비를 월부·연부 등의 방법으로 2회 이상 분할하여 수령하거나 지출할 것 ② 양도 또는 취득하는 자산의 등록 및 명의개서 접수일, 인도일 또는 수익일 중 빠른 날의 다음 날부터 최종 할부금의 지급기일까지의 기간이 1년 이상일 것

Ⅲ. 금융투자소득금액의 계산 방법

1. 금융투자소득금액의 범위

금융투자소득금액은 ① 주식등소득금액, ② 채권등소득금액, ③ 투자계약증권소득금액, ④ 집합투자기구소득금액, ⑤ 파생결합증권소득금액, ⑥ 파생상품소득금액을 합한 금액으로 한다.[1307] 금융투자소득금액이 영(0)보다 작은 경우에는 그 금액을 금융투자결손금이라 한다.[1308]

2. 금융투자소득금액의 계산 순서와 계산 원칙

금융투자소득금액은 아래의 순서에 따라 계산한다.[1309]

① 주식등소득금액·채권등소득금액·투자계약증권소득금액·집합투자기구소득금액·파생결합증권소득금액·파생상품소득금액을 ⓐ 주권상장법인의 주식등을 증권시장에서 양도하여 발생한 소득금액, ⓑ K-OTC 장외매매거래로 주권비상장법인인 중소기업과 중견기업의 주식등을 양도하여 발생한 소득금액, ⓒ 공모 국내주식형 적격집합투자기구에서 발생한 소득금액, ⓓ 기타의 금융투자소득금액으로 구분하여 소득금액을 각각 합산한다.[1310]

1307) 소득세법 제87조의7 제1항.
1308) 소득세법 제87조의7 제2항.
1309) 소득세법시행령 제150조의9 제1항.
1310) 소득세법시행령 제150조의9 제1항 제1호.

② 소득금액을 계산할 때 손실금액은 위의 네 가지로 구분된 각 구분별 소득금액에서 먼저 공제하여야 한다.[1311]

③ 각 구분별 소득금액 합계액이 모두 영(0)보다 작은 경우에는 이를 합산하여 금융투자결손금을 계산하여야 한다.[1312]

④ ⓒ 외의 경우로서 각 구분별 소득금액 합계액 중 하나 이상의 소득금액 합계액이 영(0)보다 작은 경우에는 이를 합산하여 금융투자결손금액을 계산하며 구분하여 관리를 하여야 한다.[1313]

⑤ 각 구분별 소득금액 합계액이 모두 영(0)보다 큰 경우에는 이를 합산하여 금융투자소득금액을 계산하며 구분하여 관리를 하여야 한다.[1314]

3. 파생상품소득의 결손금 한도

금융투자소득금액의 순서와 계산의 원칙에도 불구하고 파생상품 계약 종료 시점에서 거주자가 파생상품 거래를 위해 지급한 자본시장법 제396조 제1항[1315]에 따른 위탁증거금 등 자본시장법에 따른 위탁증거금과 해당 거주자가 계약 종료 전 납입한 금액 중 계약 종료 시점까지 손실을 변제하기 위해 사용된 금액을 모두 합한 금액[1316]을 초과하여 손실이 발생한 경우의 위탁증거금등을 초과하는 손실금액은 금융투자소득금액을 계산할 때 합산하지 않는다.[1317]

4. 금융투자소득금액의 계산

금융투자소득금액의 순서와 계산의 원칙을 적용할 때 ① 주식등소득금액, ② 채권등소득금액, ③ 투자계약증권소득금액은 금융투자소득의 수입시기에 같은 계좌 내에서 양도하는 같은 자산

1311) 소득세법시행령 제150조의9 제1항 제2호.
1312) 소득세법시행령 제150조의9 제1항 제3호.
1313) 소득세법시행령 제150조의9 제1항 제4호.
1314) 소득세법시행령 제150조의9 제1항 제5호.
1315) 제396조(위탁증거금 및 거래증거금) ① 거래소의 회원은 파생상품시장에서의 매매의 수탁과 관련하여 거래소의 파생상품시장업무규정이 정하는 바에 따라 위탁자로부터 위탁증거금을 받아야 한다.
1316) 소득세법시행규칙 제69조의6.
1317) 소득세법시행령 제150조의10.

을 하나의 과세단위로 하여 소득금액 또는 손실금액을 계산한다.[1318]

5. 국외금융투자자산의 양도가액

가. 실지거래가액

거주자의 국외금융투자자산의 양도가액은 그 자산의 양도 당시의 실지거래가액으로 한다.

나. 시가

양도 당시의 실지거래가액을 확인할 수 없는 경우에는 양도자산이 소재하는 국가의 양도 당시 현황을 반영한 시가에 따른다.[1319] 시가를 산정하기 어려울 때에는 그 자산의 ① 종류, ② 규모, ③ 거래상황 등을 고려하여 기획재정부령으로 정하는 방법에 따른 가액으로 한다. 기획재정부령으로 정하는 방법에 따른 가액이란 소득세법 제87조의17[1320]에 따른 기준시가를 말한다.[1321]

양도자산이 소재하는 국가의 양도·취득 당시 현황을 반영한 시가를 계산할 때 국외금융투자자산의 양도에 대한 과세와 관련하여 이루어진 외국정부 및 지방자치단체의 평가가액이 확인되는 경우 해당 가액을 포함한다.[1322]

다. 국외금융투자자산 양도가액 등의 외화환산

[1318] 소득세법시행령 제150조의11.
[1319] 소득세법시행령 제150조의12 제1항.
[1320] 제87조의17(기준시가의 산정) ① 금융투자소득금액을 계산하는 경우 기준시가는 다음 각 호에서 정하는 바에 따른다.
    1. 주식등: 주식등의 종류, 상장(上場) 여부 및 거래방식 등을 고려하여 대통령령으로 정하는 방법에 따라 평가한 가액
    2. 채권등: 「상속세 및 증여세법」 제63조 제1항 제2호를 준용하여 평가한 가액
    3. 파생결합증권: 파생결합증권의 기초자산을 구성하는 가격·이자율·지표·단위 또는 이를 기초로 하는 지수 등을 고려하여 대통령령으로 정하는 방법에 따라 평가한 가액
    4. 파생상품: 파생상품의 종류, 규모, 거래상황 등을 고려하여 대통령령으로 정하는 방법에 따라 평가한 가액
    ② 기준시가에 관하여 그 밖에 필요한 사항은 대통령령으로 정한다.
[1321] 소득세법시행규칙 제69조의7 제2항.
[1322] 소득세법시행규칙 제69조의7 제1항.

국외금융투자자산의 양도가액 및 필요경비의 외화환산을 통해 양도차익을 계산함에 있어서는 양도가액 및 필요경비를 수령하거나 지출한 날 현재 외국환거래법에 의한 기준환율 또는 재정환율에 의하여 계산한다.[1323] 장기할부조건의 경우에는 양도일 및 취득일을 양도가액 또는 취득가액을 수령하거나 지출한 날로 본다.[1324]

6. 금융투자소득세에 대한 세액감면 등의 적용

앞서 살펴본 금융투자소득금액의 순서와 계산의 원칙에도 불구하고 소득세법 또는 다른 법률에서 금융투자소득을 비과세하는 경우의 손실금액은 금융투자소득금액을 계산하는 때에 공제하지 않는다.[1325] 또한 소득세법 또는 다른 법률에서 금융투자소득세에 대한 세액감면, 특례세율의 적용 등 조세특례가 적용되는 경우의 손실금액은 감면비율을 곱하여 앞에서 살펴본 금융투자소득금액의 순서와 계산의 원칙 ①과 ②의 방법을 적용한다.[1326] 소득세법 및 다른 법률에 따라 금융투자소득세에 대한 세액감면 또는 소득공제가 적용되는 경우에는 해당 세액감면율 또는 소득공제율을 감면비율로 한다.[1327]

Ⅳ. 주식등·채권등 투자계약증권의 소득금액 계산

1. 소득금액 계산

① 주식등의소득금액은 주식등의 양도로 발생하는 소득 소득의 총수입금액(주식등양도가액)에서 필요경비를 공제한 금액으로 한다.[1328] ② 채권등소득금액은 채권등의 양도로 발생하는 소

1323) 소득세법시행령 제178조의5 제1항.
1324) 소득세법시행령 제178조의5 제2항.
1325) 소득세법시행령 제150조의9 제2항.
1326) 소득세법시행령 제150조의9 제3항.
1327) 소득세법시행규칙 제69조의5.
1328) 소득세법 제87조의8 제1항.

득의 총수입금액(채권등양도가액)에서 필요경비 및 제46조 제1항[1329]에 따른 보유기간별로 귀속되는 이자등 상당액을 공제한 금액으로 한다.[1330] ③투자계약증권소득금액은 투자계약증권의 양도로 발생하는 소득의 총수입금액(투자계약증권양도가액)에서 필요경비를 공제한 금액으로 한다.[1331]

2. 양도가액의 계산

실지거래가액이란 양도 또는 취득 당시에 양도자와 양수자가 실제로 거래한 가액으로서 양도 또는 취득과 대가관계에 있는 금전과 그 밖의 재산가액을 말한다. ① 주식등양도가액, ② 채권등양도가액, ③ 투자계약증권양도가액은 양도자와 양수자의 실지거래가액에 따른다. 특수관계인에 해당하는 법인에 양도한 경우와 특수관계인에 해당하는 법인 외의 자에게 고가 양도한 경우에는 아래의 어느 하나의 가액을 실지거래가액으로 한다.[1332]

가. 특수관계인에 해당하는 법인에 양도한 경우

특수관계에 해당하는 법인(특수관계인)[1333][1334]에 양도한 경우로서 해당 거주자의 상여 및 배당 등으로 처분된 금액[1335]이 있는 경우에는 법인세법 제52조(부당행위계산의 부인)에 따른 시

1329) 제46조(채권 등에 대한 소득금액의 계산 특례) ① 거주자가 제16조 제1항 제1호·제2호·제2호의2·제5호 및 제6호에 해당하는 채권 또는 증권과 타인에게 양도가 가능한 증권으로서 대통령령으로 정하는 것(이하 이 조, 제133조의2 및 제156조의3에서 "채권등"이라 한다)의 발행법인으로부터 해당 채권등에서 발생하는 이자 또는 할인액(이하 이 조, 제133조의2 및 제156조의3에서 "이자등"이라 한다)을 지급[전환사채의 주식전환, 교환사채의 주식교환 및 신주인수권부사채의 신주인수권행사(신주 발행대금을 해당 신주인수권부사채로 납입하는 경우만 해당한다) 및 「자본시장과 금융투자업에 관한 법률」 제4조 제7항 제3호·제3호의2 및 제3호의3에 해당하는 채권등이 주식으로 전환·상환되는 경우를 포함한다. 이하 같다]받거나 해당 채권등을 매도(증여·변제 및 출자 등으로 채권등의 소유권 또는 이자소득의 수급권의 변동이 있는 경우와 매도를 위탁하거나 중개 또는 알선시키는 경우를 포함하되, 환매조건부채권매매거래 등 대통령령으로 정하는 경우는 제외한다. 이하 제133조의2에서 같다)하는 경우에는 거주자에게 그 보유기간별로 귀속되는 이자등 상당액을 해당 거주자의 제16조에 따른 이자소득으로 보아 소득금액을 계산한다. 〈개정 2010.12.27., 2012.1.1., 2020.12.29.〉
1330) 소득세법 제87조의9 제1항.
1331) 소득세법 제87조의10 제1항.
1332) 소득세법 제87조의11.
1333) 외국법인을 포함한다.
1334) 법인세법 제2조 제12호.
1335) 제67조(소득처분) 다음 각 호의 법인세 과세표준의 신고·결정 또는 경정이 있는 때 익금에 산입하거나 손금에 산입하지 아니한 금

가를 실지거래가액으로 한다.[1336]

나. 특수관계법인 외의 자에게 고가 양도한 경우

특수관계법인 외의 자에게 자산을 시가보다 높은 가격으로 양도한 경우로서 상속증여세법 제35조[1337]에 따라 해당 거주자의 증여재산가액으로 하는 금액이 있는 경우에는 그 양도가액에서 증여재산가액을 뺀 금액을 해당 자산의 양도 당시의 실지거래가액으로 본다.[1338]

3. 필요경비의 계산

주식등소득금액, 채권등소득금액, 투자계약증권소득금액을 계산할 때 주식등 양도가액과 채권등양도가액 및 투자계약증권양도가액에서 공제할 필요경비는 ① 취득가액, ② 자본적지출액과 양도비 등의 비용으로 한다.[1339] 취득가액은 자산의 취득에 든 실지거래가액으로 하는 것을 원칙으로 한다.

액은 그 귀속자 등에게 상여(賞與)·배당·기타사외유출(其他社外流出)·사내유보(社內留保) 등 대통령령으로 정하는 바에 따라 처분한다.
1. 제60조에 따른 신고
2. 제66조 또는 제69조에 따른 결정 또는 경정
3. 「국세기본법」 제45조에 따른 수정신고
[전문개정 2018.12.24.]

[1336] 소득세법 제96조 제3항 제1호.
[1337] 제35조(저가 양수 또는 고가 양도에 따른 이익의 증여) ① 특수관계인 간에 재산(전환사채 등 대통령령으로 정하는 재산은 제외한다. 이하 이 조에서 같다)을 시가보다 낮은 가액으로 양수하거나 시가보다 높은 가액으로 양도한 경우로서 그 대가와 시가의 차액이 대통령령으로 정하는 기준금액(이하 이 항에서 "기준금액"이라 한다) 이상인 경우에는 해당 재산의 양수일 또는 양도일을 증여일로 하여 그 대가와 시가의 차액에서 기준금액을 뺀 금액을 그 이익을 얻은 자의 증여재산가액으로 한다.
② 특수관계인이 아닌 자 간에 거래의 관행상 정당한 사유 없이 재산을 시가보다 현저히 낮은 가액으로 양수하거나 시가보다 현저히 높은 가액으로 양도한 경우로서 그 대가와 시가의 차액이 대통령령으로 정하는 기준금액 이상인 경우에는 해당 재산의 양수일 또는 양도일을 증여일로 하여 그 대가와 시가의 차액에서 대통령령으로 정하는 금액을 뺀 금액을 그 이익을 얻은 자의 증여재산가액으로 한다.
③ 개인과 법인 간에 재산을 양수하거나 양도하는 경우로서 그 대가가 「법인세법」 제52조 제2항에 따른 시가에 해당하여 그 법인의 거래에 대하여 같은 법 제52조 제1항이 적용되지 아니하는 경우에는 제1항 및 제2항을 적용하지 아니한다. 다만, 거짓이나 그 밖의 부정한 방법으로 상속세 또는 증여세를 감소시킨 것으로 인정되는 경우에는 그러하지 아니하다.
④ 제1항 및 제2항을 적용할 때 양수일 또는 양도일의 판단 및 그 밖에 필요한 사항은 대통령령으로 정한다.
[1338] 소득세법 제96조 제3항 제2호.
[1339] 소득세법 제87조의12.

가. 실지거래가액을 확인할 수 있는 경우

1) 실지거래가액

실지거래가액은 아래의 금액을 합한 것을 말한다.[1340]

가) 취득원가에 상당하는 가액

① 타인으로부터 매입한 자산은 매입가액에 취득세·등록면허세 기타 부대비용을 가산한 금액, ② 자기가 행한 제조·생산 또는 건설등에 의하여 취득한 자산은 원재료비·노무비·운임·하역비·보험료·수수료·공과금(취득세와 등록면허세를 포함한다)·설치비 기타 부대비용의 합계액, ③ 취득가액이 불분명한 자산과 ① 및 ②의 자산 외의 자산은 해당 자산의 취득 당시의 법인세법시행령 제89조(시가의 범위)에 따른 시가에 취득세·등록면허세 기타 부대비용을 가산한 금액[1341]으로 한다.[1342]

나) 이자상당액

당사자 약정에 의한 대금지급방법에 따라 취득원가에 이자상당액을 가산하여 거래가액을 확정하는 경우 당해 이자상당액은 취득원가에 포함한다.[1343] 다만 당초 약정에 의한 거래가액의 지급기일의 지연으로 인하여 추가로 발생하는 이자상당액은 취득원가에 포함하지 않는다.

다) 합병신설법인으로부터 교부받은 주식

합병으로 인하여 소멸한 법인의 주주가 합병 후 존속하거나 합병으로 신설되는 법인(합병법

1340) 소득세법시행령 제150조의13 제1항.
1341) 소득세법시행령 제89조 제2항 제1호에 따른 현재가치할인차금과 「부가가치세법」 제10조 제1항 및 제6항에 따라 납부하였거나 납부할 부가가치세를 포함하되 부당행위계산에 의한 시가초과액을 제외한다.
1342) 소득세법시행령 제89조 제1항.
1343) 소득세법시행령 제163조 제1항 제3호.

인)으로부터 교부받은 주식의 1주당 취득원가에 상당하는 가액은 합병 당시 해당 주주가 보유하던 피합병법인의 주식을 취득하는 데 든 총금액[1344]을 합병으로 교부받은 주식수로 나누어 계산한 가액으로 한다.[1345]

라) 분할 또는 분할합병으로 취득한 주식

분할법인 또는 소멸한 분할합병의 상대방 법인의 주주가 분할신설법인 또는 분할합병의 상대방 법인으로부터 분할 또는 분할합병으로 인하여 취득하는 주식의 1주당 취득원가에 상당하는 가액은 분할 또는 분할합병 당시의 해당 주주가 보유하던 분할법인 또는 소멸한 분할합병의 상대방 법인의 주식을 취득하는 데 소요된 총금액[1346]을 분할로 인하여 취득하는 주식수로 나누어 계산한 가액으로 한다.[1347]

마) 현재가치할인차금을 취득원가에 포함하는 경우

현재가치할인차금을 취득원가에 포함하는 경우에 있어서 양도자산의 보유기간 중에 그 현재가치할인차금의 상각액을 각 연도의 사업소득금액 계산 시 필요경비로 산입하였거나 산입할 금액이 있는 때에는 이를 실지거래가액[1348]의 금액에서 공제한다.[1349]

바) 소유권 등을 확보하기 위해 직접 소용된 금액

취득에 관한 쟁송이 있는 자산에 대하여 그 소유권 등을 확보하기 위하여 직접 소요된 소송비용 및 화해비용 등의 금액으로서 그 지출한 연도의 각 소득금액의 계산에 있어서 필요경비에

1344) 법인세법 제16조 제1항 제5호의 금액은 더하고 같은 호의 합병대가 중 금전이나 그 밖의 재산가액의 합계액은 뺀 금액으로 한다.
1345) 소득세법시행령 제163조 제1항 제4호.
1346) 법인세법 제16조 제1항 제6호의 금액은 더하고 같은 호의 분할대가 중 금전이나 그 밖의 재산가액의 합계액은 뺀 금액으로 한다.
1347) 소득세법시행령 제163조 제1항 제5호.
1348) 소득세법시행령 제163조 제1항.
1349) 소득세법시행령 제163조 제2항.

산입된 것을 제외한다.[1350]

사) 상속 또는 증여 받은 자산

상속 또는 증여 받은 자산[1351]에 대하여 자산의 취득에 든 실지거래가액을 적용[1352]할 때에는 상속개시일 또는 증여일 현재 상속증여세법의 규정[1353]에 따라 평가한 가액[1354]을 취득당시의 실지거래가액으로 본다.[1355]

상속증여세법의 규정[1356]에 따라 상속세나 증여세를 과세 받은 경우에는 해당 상속재산가액이나 증여재산가액[1357] 또는 그 증·감액을 취득가액에 더하거나 뺀다.[1358] 양도소득 과세대상 자산[1359]을 특수관계인[1360][1361]으로부터 취득한 경우로서 상여 및 배당 등으로 처분된 금액[1362]이 있으면 그 상여 및 배당 등으로 처분된 금액을 취득가액에 더한다.[1363]

1350) 소득세법시행령 제163조 제1항 제2호.
1351) 소득세법 제88조 제1호 각 목 외의 부분 후단에 따른 부담부증여의 채무액에 해당하는 부분도 포함하되, 「상속세 및 증여세법」 제34조부터 제39조까지, 제39조의2, 제39조의3, 제40조, 제41조의2부터 제41조의5까지, 제42조, 제42조의2 및 제42조의3에 따른 증여는 제외한다.
1352) 소득세법 제97조 제1항 제1호 가목.
1353) 상속증여세법 제60조부터 제66조까지의 규정을 말한다.
1354) 상속증여세법 법 제76조에 따라 세무서장등이 결정·경정한 가액이 있는 경우 그 결정·경정한 가액으로 한다.
1355) 소득세법시행령 제163조 제9항.
1356) 상속증여세법 제3조의2 제2항, 제33조부터 제39조까지, 제39조의2, 제39조의3, 제40조, 제41조의2부터 제41조의5까지, 제42조, 제42조의2, 제42조의3, 제45조의3부터 제45조의5까지의 규정을 말한다.
1357) 상속증여세법 제45조의3부터 제45조의5까지의 규정에 따라 증여를 과세받은 경우에는 증여의제이익을 말한다.
1358) 소득세법시행령 제163조 제10항 제1호.
1359) 소득세법 제94조 제1항.
1360) 외국법인을 포함한다.
1361) 법인세법 제2조 제12호에 따른 특수관계인을 말한다.
1362) 법인세법 제67조(소득처분) 다음 각 호의 법인세 과세표준의 신고·결정 또는 경정이 있는 때 익금에 산입하거나 손금에 산입하지 아니한 금액은 그 귀속자 등에게 상여(賞與)·배당·기타사외유출(其他社外流出)·사내유보(社內留保) 등 대통령령으로 정하는 바에 따라 처분한다.
   1. 제60조에 따른 신고
   2. 제66조 또는 제69조에 따른 결정 또는 경정
   3. 「국세기본법」 제45조에 따른 수정신고
   [전문개정 2018.12.24.]
1363) 소득세법시행령 제163조 제10항 제2호.

아) 주식매수선택권을 행사하여 취득한 주식

주식매수선택권을 행사하여 취득한 주식을 양도하는 때에는 주식매수선택권을 행사하는 당시의 시가를 취득가액으로 한다.[1364]

2) 자본적지출액 및 양도비 등

자본적지출액 및 양도비란 아래의 어느 하나에 해당하는 것으로서 그 지출에 관한 ① 계산서, ② 세금계산서, ③ 신용카드매출전표, ④ 현금영수증에 따른 증명서류[1365]를 수취하여 보관하거나 실제 지출사실이 금융거래 증명서류에 의하여 확인되는 경우를 말한다.[1366]

가) 소유권 확보를 위해 직접 소요된 소송비용 등

양도자산을 취득한 후 쟁송이 있는 경우에 그 소유권을 확보하기 위하여 직접 소요된 소송비용·화해비용 등의 금액으로서 그 지출한 연도의 각 소득금액의 계산에 있어서 필요경비에 산입된 것을 제외한 금액을 말한다.[1367]

나) 자산을 양도하기 위하여 직접 지출한 비용

1364) 소득세법시행령 제163조 제13항.
1365) ② 제1항의 경우 사업소득이 있는 자가 사업과 관련하여 사업자(법인을 포함한다)로부터 재화 또는 용역을 공급받고 그 대가를 지출하는 경우에는 다음 각 호의 어느 하나에 해당하는 증명서류를 받아야 한다. 다만, 대통령령으로 정하는 경우에는 그러하지 아니하다. 〈개정 2013.6.7.〉
 1. 제163조 및 「법인세법」 제121조에 따른 계산서
 2. 「부가가치세법」 제32조에 따른 세금계산서
 3. 「여신전문금융업법」에 따른 신용카드매출전표(신용카드와 유사한 것으로서 대통령령으로 정하는 것을 사용하여 거래하는 경우 그 증명서류를 포함한다)
 4. 제162조의3 제1항에 따라 현금영수증가맹점으로 가입한 사업자가 재화나 용역을 공급하고 그 대금을 현금으로 받은 경우 그 재화나 용역을 공급받는 자에게 현금영수증 발급장치에 의하여 발급하는 것으로서 거래일시·금액 등 결제내역이 기재된 영수증(이하 "현금영수증"이라 한다)
1366) 소득세법시행령 제163조 제3항.
1367) 소득세법시행령 제163조 제3항 제2호.

자산을 양도하기 위하여 직접 지출한 비용으로서 증권거래세법에 따라 납부한 ① 증권거래세, ② 양도소득세과세표준 신고서 작성비용 및 계약서 작성비용, ③ 공증비용, ④ 인지대 및 소개비, ⑤ 매매계약에 따른 인도의무를 이행하기 위하여 양도자가 지출하는 명도비용, ⑥ 기타 이와 유사한 비용으로서 기획재정부령으로 정하는 비용을 말한다.[1368]

기획재정부령으로 정하는 비용이란 주식등을 양도하기 위해 직접 지출한 비용으로 자본시장법에 따른 위탁매매수수료,[1369] 투자일임업[1370]을 영위하는 투자중개업자[1371]가 투자중개업무와 투자일임업무를 결합한 자산관리계좌를 운용해 부과하는 투자일임수수료 중 ①위탁매매수수료, ② 주식등을 온라인으로 직접 거래하는 경우에 부과하는 위탁매매수수료를 초과하지 않을 것, ③ 부과기준이 약관 및 계약서에 적혀 있을 것 세 가지 요건을 모두 갖춘 위탁매매수수료에 상당하는 비용을 말한다.[1372]

3) 취득가액의 평가방법

주식등·채권등·투자계약증권 취득가액의 평가는 ① 주식등은 이동평균법, ② 채권등은 개별법과 이동평균법 중 납세자가 신고한 방법으로 하며 신고하지 않은 경우에는 개별법을 적용, ③ 투자계약증권은 개별법을 적용에 따른 방법을 준용하며 평가는 계좌별로 적용한다.[1373] 거주자가 채권등의 평가방법을 신고하거나 평가방법을 변경 신고하려는 경우에는 과세기간 개시일 이전 3개월이 되는 날까지 기획재정부령으로 정하는 채권등 평가방법 신고서를 거래하는 금융회사등[1374]을 통하여 납세지 관할 세무서장에게 신고해야 한다.[1375]

1368) 소득세법시행령 제163조 제5항 제1호.
1369) 제58조(수수료) ① 금융투자업자는 투자자로부터 받는 수수료의 부과기준 및 절차에 관한 사항을 정하고, 인터넷 홈페이지 등을 이용하여 공시하여야 한다.
② 금융투자업자는 제1항에 따른 수수료 부과기준을 정함에 있어서 투자자를 정당한 사유 없이 차별하여서는 아니 된다.
③ 금융투자업자는 제1항에 따른 수수료 부과기준 및 절차에 관한 사항을 협회에 통보하여야 한다.
④ 협회는 제3항에 따라 통보받은 사항을 금융투자업자별로 비교하여 공시하여야 한다.
1370) 제6조(금융투자업) ⑧ 이 법에서 "투자일임업"이란 투자자로부터 금융투자상품등에 대한 투자판단의 전부 또는 일부를 일임받아 투자자별로 구분하여 그 투자자의 재산상태나 투자목적 등을 고려하여 금융투자상품등을 취득·처분, 그 밖의 방법으로 운용하는 것을 영업으로 하는 것을 말한다. 〈개정 2013.5.28., 2018.3.27.〉
1371) 제8조(금융투자업자) ③ 이 법에서 "투자중개업자"란 금융투자업자 중 투자중개업을 영위하는 자를 말한다.
1372) 소득세법시행규칙 제79조 제2항.
1373) 소득세법시행령 제150조의13 제3항.
1374) 금융실명거래 및 비밀보장에 관한 법률 제2조 제1호 각 목의 어느 하나에 해당하는 금융회사등을 말한다.
1375) 소득세법시행령 제150조의13 제4항.

나. 실지거래가액을 확인할 수 없는 경우

실지거래가액을 확인할 수 없는 경우의 취득가액 및 필요경비 계산 등은 ① 매매사례가액, ② 감정가액, ③ 환산취득가액을 순차적으로 적용한 금액[1376]으로 한다.[1377]

1) 매매사례가액

양도일 또는 취득일 전후 각 3개월 이내에 해당 자산[1378]과 동일성 또는 유사성이 있는 자산의 매매사례가 있는 경우 그 가액으로 한다.

2) 감정가액

양도일 또는 취득일 전후 각 3개월 이내에 해당 자산[1379]에 대하여 둘 이상의 감정평가업자가 평가한 것으로서 신빙성이 있는 것으로 인정되는 감정가액[1380]이 있는 경우에는 그 감정가액의 평균액으로 한다. 다만 기준시가가 10억원 이하인 자산[1381]의 경우에는 양도일 또는 취득일 전후 각 3개월 이내에 하나의 감정평가업자가 평가한 것으로서 신빙성이 있는 것으로 인정되는 경우 그 감정가액[1382]으로 한다.

3) 환산취득가액

1376) 소득세법 제97조 제1항 제1호 나목.
1377) 소득세법 제87조의12 제2항, 제3항.
1378) 주권상장법인의 주식등은 제외한다.
1379) 주식등을 제외한다.
1380) 감정평가기준일이 양도일 또는 취득일 전후 각 3개월 이내인 것에 한정한다.
1381) 주식등은 제외한다.
1382) 감정평가기준일이 양도일 또는 취득일 전후 각 3개월 이내인 것에 한정한다.

주식등[1383]과 기타자산[1384]의 환산취득가액은 아래 산식에 의해 계산한 가액으로 한다.[1385]

<표-65 주식등과 기타자산의 환산가액>

구분		계산식
양도 당시의 실지거래가액, 매매사례가액 또는 감정가액	①	
취득 당시의 기준시가	②	① × ② ÷ ③ = ④
양도 당시의 기준시가	③	
환산가액	④	

[1383] 3. 다음 각 목의 어느 하나에 해당하는 주식등의 양도로 발생하는 소득
가. 주권상장법인의 주식등으로서 다음의 어느 하나에 해당하는 주식등
1) 소유주식의 비율·시가총액 등을 고려하여 대통령령으로 정하는 주권상장법인의 대주주가 양도하는 주식등
2) 1)에 따른 대주주에 해당하지 아니하는 자가 「자본시장과 금융투자업에 관한 법률」에 따른 증권시장(이하 "증권시장"이라 한다)에서의 거래에 의하지 아니하고 양도하는 주식등. 다만, 「상법」 제360조의2 및 제360조의15에 따른 주식의 포괄적 교환·이전 또는 같은 법 제360조의5 및 제360조의22에 따른 주식의 포괄적 교환·이전에 대한 주식매수청구권 행사로 양도하는 주식등은 제외한다.
나. 주권비상장법인의 주식등. 다만, 소유주식의 비율·시가총액 등을 고려하여 대통령령으로 정하는 주권비상장법인의 대주주에 해당하지 아니하는 자가 「자본시장과 금융투자업에 관한 법률」 제283조에 따라 설립된 한국금융투자협회가 행하는 같은 법 제286조 제1항 제5호에 따른 장외매매거래에 의하여 양도하는 대통령령으로 정하는 중소기업(이하 이 장에서 "중소기업"이라 한다) 및 대통령령으로 정하는 중견기업의 주식등은 제외한다.
다. 외국법인이 발행하였거나 외국에 있는 시장에 상장된 주식등으로서 대통령령으로 정하는 것

[1384] 4. 다음 각 목의 어느 하나에 해당하는 자산(이하 이 장에서 "기타자산"이라 한다)의 양도로 발생하는 소득
가. 사업에 사용하는 제1호 및 제2호의 자산과 함께 양도하는 영업권(영업권을 별도로 평가하지 아니하였으나 사회통념상 자산에 포함되어 함께 양도된 것으로 인정되는 영업권과 행정관청으로부터 인가·허가·면허 등을 받음으로써 얻는 경제적 이익을 포함한다)
나. 이용권·회원권, 그 밖에 그 명칭과 관계없이 시설물을 배타적으로 이용하거나 일반이용자보다 유리한 조건으로 이용할 수 있도록 약정한 단체의 구성원이 된 자에게 부여되는 시설물 이용권(법인의 주식등을 소유하는 것만으로 시설물을 배타적으로 이용하거나 일반이용자보다 유리한 조건으로 시설물 이용권을 부여받게 되는 경우 그 주식등을 포함한다)
다. 법인의 자산총액 중 다음의 합계액이 차지하는 비율이 100분의 50 이상인 법인의 과점주주(소유 주식등의 비율을 고려하여 대통령령으로 정하는 주주를 말하며, 이하 이 장에서 "과점주주"라 한다)가 그 법인의 주식등의 100분의 50 이상을 해당 과점주주 외의 자에게 양도하는 경우(과점주주가 다른 과점주주에게 양도한 후 양수한 과점주주가 과점주주 외의 자에게 다시 양도하는 경우로서 대통령령으로 정하는 경우를 포함한다)에 해당 주식등
1) 제1호 및 제2호에 따른 자산(이하 이 조에서 "부동산등"이라 한다)의 가액
2) 해당 법인이 직접 또는 간접으로 보유한 다른 법인의 주식가액에 그 다른 법인의 부동산등 보유비율을 곱하여 산출한 가액. 이 경우 다른 법인의 범위 및 부동산등 보유비율의 계산방법 등은 대통령령으로 정한다.
라. 대통령령으로 정하는 사업을 하는 법인으로서 자산총액 중 다목1) 및 2)의 합계액이 차지하는 비율이 100분의 80 이상인 법인의 주식등
마. 제1호의 자산과 함께 양도하는 「개발제한구역의 지정 및 관리에 관한 특별조치법」 제12조 제1항 제2호 및 제3호의2에 따른 이축을 할 수 있는 권리(이하 "이축권"이라 한다). 다만, 해당 이축권 가액을 대통령령으로 정하는 방법에 따라 별도로 평가하여 신고하는 경우는 제외한다.

[1385] 소득세법시행령 제176조의2 제2항 제1호.

다. 주식등의 의제취득가액

취득가액을 계산할 때 2023.1.1. 이후 양도되는 대통령령으로 정하는 주식등의 취득가액은 2022년 과세기간 종료일을 기준으로 ① 대통령령으로 정하는 방법에 따라 평가한 가액, ② 실지거래가액(실지거래가액을 확인할 수 있는 경우), ③ 소득세법 제97조(실지거래가액을 확인할 수 없는 경우)에 따라 계산한 취득가액 중 큰 금액으로 한다.[1386]

1) 대통령령으로 정하는 주식등

대통령령으로 정하는 주식등이란 아래의 어느 하나에 해당하는 것을 말한다.[1387]

가) 소액주주가 증권시장에서 양도하는 주식등

자본시장법에 따른 주권상장법인의 주식등으로서 소유주식의 시가총액 등을 고려하여 기획재정부령으로 정하는 주권상장법인의 소액주주(주권상장법인소액주주)[1388]가 증권시장에서 양도하는 주식등이 해당한다.[1389]

나) 소액주주가 주식매수청구권 행사로 양도하는 주식

1386) 소득세법 제87조의12 제4항.
1387) 소득세법시행령 제150조의14 제1항.
1388) ① 영 제150조의14 제1항 제1호 가목에서 "기획재정부령으로 정하는 주권상장법인의 소액주주"란 2022년 과세기간 종료일 현재 종전의 「소득세법 시행령」(대통령령 제31442호로 일부개정된 것을 말한다) 제167조의8 제1항 제1호에 따른 주권상장법인대주주가 아닌 주권상장법인의 주주를 말한다.
1389) 소득세법시행령 제150조의14 제1항 제1호 가목.

주권상장법인소액주주가 상법 제360조의2[1390] 및 제360조의15[1391] 에 따른 주식의 포괄적 교환·이전 또는 상법 제360조의5[1392] 및 제360조의22[1393]주식의 포괄적 교환·이전에 대한 주식매수청구권 행사로 증권시장에서의 거래를 통하지 않고 양도하는 주식등이 해당된다.[1394]

다) 주권비상장법인의 소액주주가 양도하는 주식등

소유주식의 시가총액 등을 고려하여 기획재정부령으로 정하는 주권비상장법인의 소액주주[1395]가 자본시장법에 따라 설립된 한국금융투자협회가 행하는 장외매매거래를 통해 양도하는 중소기업 및 중견기업의 주식등을 말한다.[1396]

2) 대통령령으로 정하는 방법에 따라 평가한 가액

1390) 제360조의2(주식의 포괄적 교환에 의한 완전모회사의 설립) ① 회사는 이 관의 규정에 의한 주식의 포괄적 교환에 의하여 다른 회사의 발행주식의 총수를 소유하는 회사(이하 "완전모회사"라 한다)가 될 수 있다. 이 경우 그 다른 회사를 "완전자회사"라 한다.
② 주식의 포괄적 교환(이하 이 관에서 "주식교환"이라 한다)에 의하여 완전자회사가 되는 회사의 주주가 가지는 그 회사의 주식은 주식을 교환하는 날에 주식교환에 의하여 완전모회사가 되는 회사에 이전하고, 그 완전자회사가 되는 회사의 주주는 그 완전모회사가 되는 회사가 주식교환을 위하여 발행하는 신주의 배정을 받거나 그 회사 자기주식의 이전을 받음으로써 그 회사의 주주가 된다. 〈개정 2015.12.1.〉

1391) 제360조의15(주식의 포괄적 이전에 의한 완전모회사의 설립) ① 회사는 이 관의 규정에 의한 주식의 포괄적 이전(이하 이 관에서 "주식이전"이라 한다)에 의하여 완전모회사를 설립하고 완전자회사가 될 수 있다.
② 주식이전에 의하여 완전자회사가 되는 회사의 주주가 소유하는 그 회사의 주식은 주식이전에 의하여 설립하는 완전모회사에 이전하고, 그 완전자회사가 되는 회사의 주주는 그 완전모회사가 주식이전을 위하여 발행하는 주식의 배정을 받음으로써 그 완전모회사의 주주가 된다.

1392) 제360조의5(반대주주의 주식매수청구권) ① 제360조의3 제1항의 규정에 의한 승인사항에 관하여 이사회의 결의가 있는 때에 그 결의에 반대하는 주주(의결권이 없거나 제한되는 주주를 포함한다. 이하 이 조에서 같다)는 주주총회전에 회사에 대하여 서면으로 그 결의에 반대하는 의사를 통지한 경우에는 그 총회의 결의일부터 20일 이내에 주식의 종류와 수를 기재한 서면으로 회사에 대하여 자기가 소유하고 있는 주식의 매수를 청구할 수 있다. 〈개정 2015.12.1.〉
② 제360조의9 제2항의 공고 또는 통지를 한 날부터 2주 내에 회사에 대하여 서면으로 주식교환에 반대하는 의사를 통지한 주주는 그 기간이 경과한 날부터 20일 이내에 주식의 종류와 수를 기재한 서면으로 회사에 대하여 자기가 소유하고 있는 주식의 매수를 청구할 수 있다.
③ 제1항 및 제2항의 매수청구에 관하여는 제374조의2 제2항 내지 제5항의 규정을 준용한다.
[본조신설 2001.7.24.]

1393) 제360조의22(주식교환 규정의 준용) 제360조의5, 제360조의11 및 제360조의12의 규정은 주식이전의 경우에 이를 준용한다.

1394) 소득세법시행령 제150조의14 제1항 제1호 나목.

1395) ② 영 제150조의14 제1항 제2호에서 "기획재정부령으로 정하는 주권비상장법인의 소액주주"란 2022년 과세기간 종료일 현재 종전의 「소득세법 시행령」(대통령령 제31442호로 일부개정된 것을 말한다) 제167조의8 제1항 제2호 각 목의 어느 하나에 해당하는 주주가 아닌 주권비상장법인(주권상장법인이 아닌 법인을 말한다)의 주주를 말한다.

1396) 소득세법시행령 제150조의14 제1항 제2호.

대통령령으로 정하는 방법에 따라 평가한 가액이란 아래 구분에 따라 계산한 금액을 말한다.[1397]

가) 주권상장법인의 소액주주가 양도하는 주식등

주권상장법인의 소액주주가 증권시장에서 양도하는 주식등과 주식매수청구권 행사로 양도하는 주식등인 경우[1398]에는 거래소[1399] 최종시세가액[1400]에 양도 주식수를 곱한 금액을 말한다.[1401]

나) 주권비상장법인의 소액주주가 양도하는 주식등

주권비상장법인의 소액주주가 양도하는 주식등인 경우 한국금융투자협회가 공표하는 최종시세가액에 양도 주식수를 곱한 금액을 말한다.[1402]

다) 주식등의 의제취득가액 평가방법

2022년 과세기간 종료일 기준으로 취득가액을 평가하는 경우 이동평균법을 적용하여 평가하여야 한다.[1403]

라. 주식등·채권등·투자계약증권소득금액 필요경비 계산 특례

1) 배우자로부터 증여받은 주식등

1397) 소득세법시행령 제154조의14 제2항.
1398) 소득세법시행령 제154조의14 제1항 제1호의 가목과 나목의 주식등을 말한다.
1399) 제8조의2(금융투자상품시장 등) ② 이 법에서 "거래소"란 증권 및 장내파생상품의 공정한 가격 형성과 그 매매, 그 밖의 거래의 안정성 및 효율성을 도모하기 위하여 제373조의2에 따른 금융위원회의 허가를 받아 금융투자상품시장을 개설하는 자를 말한다.
1400) 거래실적 유무를 따지지 않는다.
1401) 소득세법시행령 제154조의14 제2항 제1호.
1402) 소득세법시행령 제154조의14 제2항 제2호.
1403) 소득세법시행령 제154조의14 제2항 제3호.

거주자가 양도일부터 소급하여 1년 이내에 그 배우자[1404]로부터 증여받은 ① 주식등, ② 채권등, ③ 투자계약증권에 대한 양도소득금액을 계산할 때 주식등·채권등·투자계약증권양도가액에서 공제할 필요경비는 그 배우자의 취득 당시에 따른 금액[1405]으로 한다. 이 경우 거주자가 증여받은 ① 주식등, ② 채권등, ③ 투자계약증권에 대하여 납부하였거나 납부할 증여세 상당액이 있는 경우에는 필요경비에 산입한다.[1406] 다만 위의 방법을 적용하여 계산한 소득금액이 위의 방법을 적용하지 않고 계산한 소득금액보다 적은 경우에는 위의 방법을 적용하지 않는다.[1407]

2) 가업상속공제가 적용된 주식등의 필요경비

상속증여세법 제18조 제2항 제1호[1408]에 따른 가업상속공제가 적용된 주식등의 소득금액을 계산할 때 주식등양도가액에서 공제할 필요경비는 소득세법 제87조의12 제1항 및 제3항[1409]에 따른다.[1410] 취득가액은 아래 계산식에 따라 계산한 금액으로 한다.

1404) 양도 당시 혼인관계가 소멸된 경우를 포함하되, 사망으로 혼인관계가 소멸된 경우는 제외한다.
1405) 소득세법 제87조의12 제1항 제1호, 제2항 및 제3항에 따른 필요경비 계산 방법에 따른 금액을 의미한다.
1406) 소득세법 제87조의13 제1항.
1407) 소득세법 제87조의13 제2항.
1408) 1. 가업[대통령령으로 정하는 중소기업 또는 대통령령으로 정하는 중견기업(상속이 개시되는 소득세 과세기간 또는 법인세 사업연도의 직전 3개 소득세 과세기간 또는 법인세 사업연도의 매출액의 평균금액이 3천억원 이상인 기업은 제외한다. 이하 이 조에서 같다)으로서 피상속인이 10년 이상 계속하여 경영한 기업을 말한다. 이하 같다]의 상속(이하 "가업상속"이라 한다): 다음 각 목의 구분에 따른 금액을 한도로 하는 가업상속 재산가액에 상당하는 금액
　가. 피상속인이 10년 이상 20년 미만 계속하여 경영한 경우: 200억원
　나. 피상속인이 20년 이상 30년 미만 계속하여 경영한 경우: 300억원
　다. 피상속인이 30년 이상 계속하여 경영한 경우: 500억원
1409) 제87조의12(주식등·채권등·투자계약증권소득금액 필요경비 계산) ① 거주자의 주식등소득금액, 채권등소득금액, 투자계약증권소득금액을 계산할 때 주식등양도가액, 채권등양도가액 및 투자계약증권양도가액에서 공제할 필요경비는 다음 각 호에 따른 비용으로 한다.
　1. 대통령령으로 정하는 취득가액
　2. 자본적지출액, 양도비 등 대통령령으로 정하는 것
　③ 제2항에도 불구하고 실지거래가액을 확인할 수 없는 경우의 취득가액 및 제1항에 따른 필요경비 계산 등에 관하여는 제97조를 준용한다.
1410) 소득세법 제87조의13 제3항.

〈표-66 취득가액의 계산〉

구분		계산식
피상속인의 취득가액[1411]	①	
해당 자산가액 중 가업상속공제가 적용된 비율(가업상속공제적용률)을 곱한 금액	②	(① × ②) + [③ × (1 - ④)] = ⑤
상속개시일 현재 해당 자산가액	③	
가업상속공제적용률	④	
취득가액	⑤	

3) 증여세 상당액과 가업상속공제적용률의 계산 등

증여세 상당액의 계산과 가업상속공제적용률의 계산방법 등 필요경비의 계산에 필요한 사항은 소득세법 제97조의2[1412)1413)]와 소득세법시행령 제163조의2 제2항[1414]을 준용한다. 소득세법

1411) 소득세법 제87조의12 제1항 제1호에 따른 금액을 말한다.

1412) 제97조의2(양도소득의 필요경비 계산 특례) ① 거주자가 양도일부터 소급하여 5년 이내에 그 배우자(양도 당시 혼인관계가 소멸된 경우를 포함하되, 사망으로 혼인관계가 소멸된 경우는 제외한다. 이하 이 항에서 같다) 또는 직계존비속으로부터 증여받은 제94조 제1항 제1호에 따른 자산이나 그 밖에 대통령령으로 정하는 자산의 양도차익을 계산할 때 양도가액에서 공제할 필요경비는 제97조 제2항에 따르되, 취득가액은 그 배우자 또는 직계존비속의 취득 당시 제97조 제1항 제1호에 따른 금액으로 한다. 이 경우 거주자가 증여받은 자산에 대하여 납부하였거나 납부할 증여세 상당액이 있는 경우에는 제97조 제2항에도 불구하고 필요경비에 산입한다. 〈개정 2017.12.19.〉
  ② 다음 각 호의 어느 하나에 해당하는 경우에는 제1항을 적용하지 아니한다. 〈개정 2014.12.23., 2015.12.15., 2016.12.20.〉
  1. 사업인정고시일부터 소급하여 2년 이전에 증여받은 경우로서 「공익사업을 위한 토지 등의 취득 및 보상에 관한 법률」이나 그 밖의 법률에 따라 협의매수 또는 수용된 경우
  2. 제1항을 적용할 경우 제89조 제1항 제3호 각 목의 주택[같은 호에 따라 양도소득의 비과세대상에서 제외되는 고가주택(이에 딸린 토지를 포함한다)을 포함한다]의 양도에 해당하게 되는 경우
  3. 제1항을 적용하여 계산한 양도소득 결정세액이 제1항을 적용하지 아니하고 계산한 양도소득 결정세액보다 적은 경우
  ③ 제1항에서 규정하는 연수는 등기부에 기재된 소유기간에 따른다.
  ④ 「상속세 및 증여세법」 제18조 제2항 제1호에 따른 공제(이하 이 항에서 "가업상속공제"라 한다)가 적용된 자산의 양도차익을 계산할 때 양도가액에서 공제할 필요경비는 제97조 제2항에 따른다. 다만, 취득가액은 다음 각 호의 금액을 합한 금액으로 한다. 〈개정 2017.12.19.〉
  1. 피상속인의 취득가액(제97조 제1항 제1호에 따른 금액) × 해당 자산가액 중 가업상속공제가 적용된 비율(이하 이 조에서 "가업상속공제적용률"이라 한다)
  2. 상속개시일 현재 해당 자산가액 × (1 - 가업상속공제적용률)
  ⑤ 제1항부터 제4항까지의 규정을 적용할 때 증여세 상당액의 계산과 가업상속공제적용률의 계산방법 등 필요경비의 계산에 필요한 사항은 대통령령으로 정한다.

1413) 소득세법 제87조의13 제4항.

1414) ② 법 제97조의2 제1항 및 제5항에 따른 증여세 상당액은 제1호에 따른 증여세 산출세액에 제2호에 따른 자산가액이 제3호에 따른 증여세 과세가액에서 차지하는 비율을 곱하여 계산한 금액으로 한다. 이 경우 필요경비로 산입되는 증여세 상당액은 양도가액에서 법 제97조 제1항 및 제2항의 금액을 공제한 잔액을 한도로 한다.
  1. 거주자가 그 배우자 또는 직계존비속으로부터 증여받은 자산에 대한 증여세 산출세액(「상속세 및 증여세법」 제56조에 따른 증여세 산출세액을 말한다)
  2. 법 제97조의2 제1항에 따라 양도한 해당 자산가액(증여세가 과세된 증여세 과세가액을 말한다)

제87조의13 제3항[1415]을 적용할 때 가업상속공제적용률에 관하여는 제163조의2 제3항[1416]에 따른다.[1417]

V. 집합투자기구의 소득금액

1. 집합투자기구 소득금액 계산

집합투자기구소득금액은 집합투자증권 ① 양도소득금액과 ② 적격집합투자기구 분배소득금액을 합한 금액으로 한다.[1418] 같은 계좌 내에서 같은 집합투자증권을 2회 이상 매수한 경우 매수 시의 기준가격은 선입선출법[1419]을 적용하여 산정한다.[1420] 다만 같은 계좌 내에서 증권시장에 상장된 집합투자증권을 증권시장에서 2회 이상 매수한 경우 매수 시의 기준가격은 이동평균법[1421]을 적용하여 산정한다.[1422]

가. 집합투자증권 양도소득금액

---

　　　3. 「상속세 및 증여세법」 제47조에 따른 증여세 과세가액

[1415] ③ 「상속세 및 증여세법」 제18조 제2항 제1호에 따른 공제(이하 이 항에서 "가업상속공제"라 한다)가 적용된 주식등소득금액을 계산할 때 주식등양도가액에서 공제할 필요경비는 제87조의12 제1항 및 제3항에 따른다. 다만, 취득가액은 다음 각 호의 금액을 합한 금액으로 한다.
　　　1. 피상속인의 취득가액(제87조의12 제1항 제1호에 따른 금액) × 해당 자산가액 중 가업상속공제가 적용된 비율(이하 이 조에서 "가업상속공제적용률"이라 한다)
　　　2. 상속개시일 현재 해당 자산가액 × (1 - 가업상속공제적용률)

[1416] ③ 법 제97조의2 제4항을 적용할 때 가업상속공제적용률은 「상속세 및 증여세법」 제18조 제2항 제1호에 따라 상속세 과세가액에서 공제한 금액을 같은 항 제1호에 따른 가업상속 재산가액으로 나눈 비율로 하고, 가업상속공제가 적용된 자산별 가업상속공제금액은 가업상속공제금액을 상속 개시 당시의 해당 자산별 평가액을 기준으로 안분하여 계산한다. 〈개정 2016.2.17.〉

[1417] 소득세법시행령 제150조의16 제2항.

[1418] 소득세법 제87조14 제1항.

[1419] 선입선출법"이란 먼저 매입한 것부터 순차로 출고된 것으로 보아 해당 과세기간 종료일 현재의 재고자산의 가액을 평가하는 방법을 말한다.

[1420] 소득세법시행령 제150조의17 제6항.

[1421] 이동평균법"이란 자산을 취득할 때마다 장부시재금액을 장부시재수량으로 나누는 방법으로 평균단가를 산출하고 그중 가장 나중에 산출된 평균단가에 따라 해당 과세기간 종료일 현재의 재고자산의 가액을 평가하는 방법을 말한다.

[1422] 소득세법시행령 제150조의17 제7항.

집합투자증권 양도소득금액은 적격집합투자기구[1423]의 ① 환매등에 따라 지급받은 금액, ② 집합투자증권 취득 시의 기준가격,[1424] ③ 직전 결산분배 직후 기준가격 등을 고려하여 아래에 따라 계산한 금액으로 한다.[1425][1426]

〈표-67 집합투자증권 양도소득금액 계산〉

구분		계산식
집합투자증권의 좌당 또는 주당 양도소득금액(좌당양도소득금액)	①	
환매등이 발생하는 주수 또는 좌수	②	(① × ②) − ③ = ④
자본시장법에 따른 각종 보수와 수수료 등	③	
집합투자증권 양도소득금액	④	

나. 적격집합투자기구 분배소득금액

적격집합투자기구 분배소득금액[1427]은 ① 적격집합투자기구의 결산 시 기준가격, ② 집합투자증권의 매수 시 기준가격, ③ 집합투자기구로부터의 분배금 등을 고려하여 아래의 계산식에 따라 계산한 금액으로 한다.[1428][1429]

〈표-68 적격집합투자기구 집합투자증권 분배소득금액 계산〉

구분		계산식
적격집합투자기구 집합투자증권 좌당분배소득금액	①	
결산·분배 시 보유하고 있는 좌수·주수	②	(① × ②) − ③ = ④
자본시장법에 따른 각종 보수와 수수료 등	③	
적격집합투자기구 분배소득금액	④	

1423) 소득세법 제87조의6 제1항 제4호.
1424) 자본시장법 제238조 제6항에 따른 기준가격을 말한다.
1425) 소득세법 제87조14 제2항.
1426) 소득세법시행령 제150조의17 제1항.
1427) 제87조의6 제1항 제4호에 따른 적격집합투자기구로부터의 이익 중 집합투자기구의 이익금에 대한 소득의 구분을 고려하여 대통령령으로 정하는 이익의 금액을 말한다.
1428) 소득세법 제87조14 제3항.
1429) 소득세법시행령 제150조의17 제2항.

다. 집합투자증권 좌당양도소득금액

집합투자증권 좌당양도소득금액은 아래의 구분에 따른 금액으로 한다.[1430] 다만 증권시장에 상장된 집합투자증권을 증권시장에서 매도하는 경우의 좌당양도소득은 실제 매도가격에서 실제 매수가격을 뺀 금액으로 한다.[1431]

〈표-69 집합투자증권 좌당양도소득금액〉

구분			계산식
상장지수집합투자기구 집합투자증권[1432] (제1호에 따른 집합투자증권)	증권시장에서 거래되는 주식의 가격만을 기반으로 하는 지수의 변화를 그대로 추적하는 것을 목적으로 하는 집합투자기구의 집합투자증권	① 집합투자증권의 환매등이 발생하는 시점의 기준가격(자본시장법 제238조 제6항에 따른 기준가격) ② 직전 결산·분배 직후의 기준가격 (결산·분배가 없었던 경우에는 매수 시로 한다)	① - ② = 좌당양도소득금액
상장집합투자기구 집합투자증권[1433] (제1호에 따른 집합투자증권)	증권시장에 상장된 집합투자기구의 집합투자증권		
외국 집합투자증권[1434] (제1호에 따른 집합투자증권)	금융위원회에 등록된 외국 집합투자기구	외국 투자신탁이나 외국 투자익명조합의 외국 집합투자업자 또는 외국 투자회사등은 해당 외국 집합투자증권의 매일 공고·게시된 기준가격.[1435] ① 집합투자증권의 환매등이 발생하는 시점의 기준가격 ② 직전 결산·분배 직후의 기준가격 (결산·분배가 없었던 경우에는 매수 시로 한다)	① - ② = 좌당양도소득금액

1430) 소득세법시행령 제150조의17 제3항.
1431) 소득세법시행령 제150조의17 제4항.
1432) 자본시장법 제279조 제1항에 따른 상장지수집합투자기구을 말한다.
1433) 자본시장법 제9조 제18항 제2호에 따른 집합투자증권을 말한다.
1434) 제279조(외국 집합투자기구의 등록 등) ① 외국 투자신탁(투자신탁과 유사한 것으로서 외국 법령에 따라 설정된 투자신탁을 말한다. 이하 같다)이나 외국 투자익명조합(투자익명조합과 유사한 것으로서 외국 법령에 따라 설립된 투자익명조합을 말한다. 이하 같다)의 외국 집합투자업자(외국 법령에 따라 집합투자업에 상당하는 영업을 영위하는 자를 말한다. 이하 같다) 또는 외국 투자회사등(외국 법령에 따라 설립된 투자회사등을 말한다. 이하 같다)은 외국 집합투자증권(집합투자증권과 유사한 것으로서 외국 법령에 따라 외국에서 발행된 것을 말한다. 이하 같다)를 국내에서 판매하고자 하는 경우에는 해당 외국 집합투자기구(집합투자기구와 유사한 것으로서 외국 법령에 따라 설정·설립된 것을 말한다. 이하 같다)를 금융위원회에 등록하여야 한다. 〈개정 2008.2.29.〉
1435) 다만, 기준가격을 매일 공고·게시하기 곤란한 경우 등 대통령령으로 정하는 경우에는 해당 집합투자규약에서 기준가격의 공고·게시기간을 15일 이내의 범위에서 별도로 정한 기준가격으로 한다.

구분		계산식
기타 집합투자기구의 집합투자증권 (제1호외의 집합투자기구의 집합투자증권)	① 환매등이 발생하는 시점의 기준가격 ② 매수 시 기준가격(매수 후 결산·분배가 있었던 경우에는 직전 결산·분배 직후로 한다) ③ 직전 결산·분배 시 발생한 과세되지 않은 투자자별 손익을 더하거나 뺀 금액	① - ② ± ③ = 좌당양도소득금액

라. 적격집합투자증권 좌당분배소득금액

적격집합투자기구 집합투자증권의 좌당분배소득금액은 아래의 구분에 따른 금액으로 한다. 이 경우 집합투자기구로부터의 이익으로서 집합투자기구가 투자자에게 분배하는 금액 중 금융투자소득에 해당하는 금액을 한도로 한다.[1436]

〈표-70 적격집합투자기구 집합투자증권 좌당분배소득금액〉

구분		계산식
상장지수집합투자기구 집합투자증권 (제1호에 따른 집합투자증권)	집합투자기구가 투자자에게 좌당 또는 주당 분배하는 금액 중 금융투자소득에 해당하는 금액	
상장집합투자기구 집합투자증권 (제1호에 따른 집합투자증권)		
외국 집합투자증권 (제1호에 따른 집합투자증권)		
기타 집합투자기구의 집합투자증권 (제1호 외의 집합투자기구의 집합투자증권)	① 집합투자증권의 결산 시 기준가격 ② 매수 시 기준가격(매수 후 결산·분배가 있었던 경우에는 직전 결산·분배 직후로 한다) ③ 직전 결산·분배 시 발생한 과세되지 않은 투자자별 손익을 더하거나 뺀 금액	① - ② ± ③ = 좌당양도소득금액

2. 집합투자기구 소득금액 계산 특례

1436) 소득세법시행령 제150조의17 제5항.

집합투자증권 양도소득금액과 적격집합투자기구 분배소득금액을 계산할 때 2022.12.31. 이전에 취득한 집합투자증권의 기준가격과 실제 매수가격은 아래의 구분에 따른다.[1437]

과세표준기준가격은 자본시장법에 따른 기준가격[1438]에서 소득세법시행령[1439] 제26조의2 제4항[1440] 각 호 외의 부분 본문에 따라 집합투자기구로부터의 이익에 포함되지 않는 손익을 제외하여 산정한 금액을 말한다. 자본시장법에 따른 외국집합투자증권으로서 과세표준기준가액이 없는 경우에는 자본시장법 제280조 제4항[1441][1442] 본문에 따른 기준가격을 말한다.[1443]

가. 상장지수집합투자기구 등의 기준가격

1437) 소득세법시행령 제150조의18 제1항.
1438) 제238조(집합투자재산의 평가 및 기준가격의 산정 등) ⑥ 투자신탁이나 투자익명조합의 집합투자업자 또는 투자회사등은 제1항부터 제5항까지의 규정에 따른 집합투자재산의 평가결과에 따라 대통령령으로 정하는 방법으로 집합투자증권의 기준가격을 산정하여야 한다.
1439) 대통령령 제31083호.
1440) 제26조의2(집합투자기구의 범위 등) ④ 제1항에 따른 집합투자기구로부터의 이익(이하 "집합투자기구로부터의 이익"이라 한다)에는 집합투자기구가 직접 또는 「자본시장과 금융투자업에 관한 법률」 제9조 제21항에 따른 집합투자증권에 투자하여 취득한 증권(제26조의3 제1항 제2호 본문에 따른 상장지수증권에 투자한 경우에는 그 상장지수증권의 지수를 구성하는 기초자산에 해당하는 증권을 말한다)으로서 다음 각 호의 어느 하나에 해당하는 증권 또는 「자본시장과 금융투자업에 관한 법률」에 따른 장내파생상품(이하 "장내파생상품"이라 한다)의 거래나 평가로 발생한 손익을 포함하지 아니한다. 다만, 비거주자 또는 외국법인이 「자본시장과 금융투자업에 관한 법률」 제9조 제19항 제2호에 따른 전문투자형 사모집합투자기구나 「조세특례제한법」 제100조의15에 따른 동업기업 과세특례를 적용받지 아니하는 경영참여형 사모집합투자기구를 통하여 취득한 주식 또는 출자증권(「자본시장과 금융투자업에 관한 법률」 제8조의2 제4항 제1호에 따른 증권시장(이하 "증권시장"이라 한다)에 상장된 주식 또는 출자증권으로서 양도일이 속하는 연도와 그 직전 5년의 기간 중 그 주식 또는 출자증권을 발행한 법인의 발행주식 총수 또는 출자총액의 100분의 25 이상을 소유한 경우에 한정한다)의 거래로 발생한 손익은 그러하지 아니하다. 〈개정 2010.12.30., 2013.8.27., 2015.2.3., 2015.10.23., 2018.2.13.〉
  1. 증권시장에 상장된 증권(다음 각 목의 것은 제외한다. 이하 이 항에서 같다)
    가. 법 제46조 제1항에 따른 채권등
    나. 외국 법령에 따라 설립된 외국 집합투자기구의 주식 또는 수익증권
  2. 「벤처기업육성에 관한 특별조치법」에 따른 벤처기업의 주식 또는 출자지분
  3. 제1호의 증권을 대상으로 하는 장내파생상품
1441) 제280조(외국 집합투자증권의 국내판매) ④ 외국 투자신탁이나 외국 투자익명조합의 외국 집합투자업자 또는 외국 투자회사등은 해당 외국 집합투자증권의 기준가격을 매일 공고·게시하여야 한다. 다만, 기준가격을 매일 공고·게시하기 곤란한 경우 등 대통령령으로 정하는 경우에는 해당 집합투자규약에서 기준가격의 공고·게시기간을 15일 이내의 범위에서 별도로 정할 수 있다.
1442) 제302조(장부·서류의 열람 등) ③ 법 제280조 제4항 단서에서 "대통령령으로 정하는 경우"란 다음 각 호의 어느 하나에 해당하는 경우를 말한다.
  1. 외화자산에 투자하는 경우로서 기준가격을 매일 공고·게시하기 곤란한 경우
  2. 환매금지형집합투자기구에 상당하는 외국 환매금지형집합투자기구의 경우
  3. 외국집합투자기구가 설정·설립된 국가의 법령에 따라 기준가격을 매일 공고·게시하지 아니할 수 있도록 허용되어 있는 경우
1443) 소득세법시행령 제150조의18 제2항.

상장지수집합투자기구와 상장집합투자기구의 좌당양도소득금액을 계산할 때 직전 결산 및 분배 직후 기준가격[1444]은 아래 산식에 따라 계산한 금액으로 한다.[1445]

<표-71 직전 결산 및 분배 직후 기준가격>

구분		계산식
2022년 과세기간 종료일의 기준가격[1446]	①	
2022년 과세기간 종료일의 과세표준기준가격	②	① - (② - ③) = ④
2022년 과세기간 종료일의 직전 결산·분배 직후 과세표준기준가격	③	
직전 결산·분배 직후 기준가격 (결산·분배가 없었던 경우에는 매수 시로 한다)	④	

나. 기타 집합투자증권 매수시 기준가격

기타 집합투자기구의 좌당양도소득금액과 좌당분배소득금액을 계산할 때 매수 시 기준가격은 아래 산식에 따라 계산한 금액으로 한다.[1447] 매수 후 결산·분배가 있었던 경우에는 직전 결산·분배 직후로 한다.

<표-72 기타 집합투자증권 매수 시 기준가격>

구분		계산식
2022년 과세기간 종료일의 기준가격[1448]	①	
2022년 과세기간 종료일의 과세표준기준가격	②	
매수 시 과세표준기준가격 (매수 후 결산·분배가 있었던 경우에는 2022년 과세기간 종료일의 직전 결산·분배 직후로 한다)	③	① - (② - ③ ± ④) = ⑤
2022년 과세기간 종료일의 직전 결산·분배 시 발생한 과세되지 않은 투자자별 과세손익	④	
매수 시 기준가격 (매수 후 결산·분배가 있었던 경우에는 직전 결산·분배 직후로 한다)	⑤	

1444) 결산·분배가 없었던 경우에는 매수 시로 한다.
1445) 소득세법시행령 제150조의18 제1항 제1호.
1446) 과세기간 종료일이 증권시장에서 매매가 없는 날인 경우 종료일 전 매매가 있는 마지막 날을 말한다.
1447) 소득세법시행령 제150조의18 제1항 제2호.
1448) 과세기간 종료일이 증권시장에서 매매가 없는 날인 경우 종료일 전 매매가 있는 마지막 날을 말한다.

다. 상장된 집합투자증권 좌당양도소득금액

자본시장법에 따른 증권시장에 상장된 상장지수집합투자기구의 집합투자증권과 증권시장에 상장된 집합투자기구의 집합투자증권의 좌당양도소득금액을 계산하는 경우 실제 매수가격은 2022년 과세기간 종료일 현재 기획재정부령으로 정하는 방법에 따라 평가한 가액과 실지거래가액 중 큰 금액으로 한다.[1449] 기획재정부령으로 정하는 방법에 따라 평가한 가액은 아래의 구분에 따른 금액으로 한다.[1450]

1) 상장지수집합투자기구 집합투자증권의 좌당매수가격

소득세법시행령 제150조의18 제1항 제3호 가목[1451]에 따른 상장지수집합투자기구의 집합투자증권은 아래 구분에 따라 평가한 금액으로 한다.[1452]

〈표-73 상장지수집합투자기구 집합투자증권의 좌당매수가격 평가〉

구분			계산식
상장지수집합투자기구 집합투자증권 (제1호에 따른 집합투자증권)	증권시장에서 거래되는 주식의 가격만을 기반으로 하는 지수의 변화를 그대로 추적하는 것을 목적으로 하는 집합투자기구의 집합투자증권		2022년 과세기간 종료일의 최종시세가액
기타 지수집합투자기구 집합투자증권 (제1호 외의 지수집합투자기구의 집합투자증권)	2022년 과세기간 종료일의 최종시세가액	①	① - (② - ③) = ④
	2022년 과세기간 종료일의 과세표준기준가격	②	
	매수 시 과세표준기준가격	③	
	좌당매수가격평가액	④	

1449) 소득세법시행령 제150조의18 제3항.
1450) 소득세법시행규칙 제69조의9.
1451) 가. 「자본시장과 금융투자업에 관한 법률」 제234조에 따른 상장지수집합투자기구의 집합투자증권.
1452) 소득세법시행규칙 제69조의9 제1항.

2) 상장집합투자기구 집합투자증권의 좌당매수가격

소득세법시행령 제150조의18 제1항 제3호 나목[1453]에 따른 상장집합투자기구의 집합투자증권은 아래 구분에 따라 평가한 금액으로 한다.[1454]

⟨표-74 상장집합투자기구 집합투자증권의 좌당매수가격 평가⟩

구분	평가금액
2022년 12월 31일 현재 종전의 소득세법시행령[1455] 제167조의8 제1항 각 호의 어느 하나에 해당하는 것[1456]	0원
기타의 상장집합투자기구 집합투자증권	2022년 과세기간 종료일의 최종시세가액

VI. 파생결합증권의 소득금액

1. 소득금액의 범위

파생결합증권소득금액[1457]은 ① 자본시장법에 따른 기초자산[1458]의 가격·이자율·지표·단위 또

1453) 나. 증권시장에 상장된 「자본시장과 금융투자업에 관한 법률」 제9조 제18항 제2호에 따른 집합투자기구의 집합투자증권.
1454) 소득세법시행규칙 제69조의9 제2항.
1455) 대통령령 제31442호로 일부개정된 것.
1456) 제167조의8(대주주의 범위) ① 법 제104조 제1항 제11호 가목에서 "대통령령으로 정하는 대주주"란 다음 각 호의 어느 하나에 해당하는 자(이하 이 장에서 "대주주"라 한다)를 말한다. 〈개정 2018.2.13., 2021.2.17.〉
 1. 주권상장법인대주주
 2. 주권비상장법인의 주주로서 다음 각 목의 어느 하나에 해당하는 자
 가. 주식등의 양도일이 속하는 사업연도의 직전 사업연도 종료일 현재 주주 1인 및 기타주주의 소유주식의 비율이 100분의 4 이상인 경우 해당 주주 1인 및 기타주주. 이 경우 직전 사업연도 종료일 현재 100분의 4에 미달하였으나 그 후 주식등을 취득함으로써 소유주식의 비율이 100분의 4 이상이 되는 때에는 그 취득일 이후의 주주 1인 및 기타주주를 포함한다.
 나. 주식등의 양도일이 속하는 사업연도의 직전 사업연도 종료일 현재 주주 1인 및 기타주주가 소유하고 있는 해당 법인의 주식등의 시가총액이 다음의 구분에 따른 금액(「자본시장과 금융투자업에 관한 법률 시행령」 제178조 제1항에 따라 거래되는 「벤처기업육성에 관한 특별조치법」 제2조 제1항에 따른 벤처기업의 주식등의 경우에는 40억원으로 한다) 이상인 경우 해당 주주 1인 및 기타주주
  1) 2018년 3월 31일까지 주식등을 양도하는 경우: 25억원
  2) 2018년 4월 1일부터 2020년 3월 31일까지의 기간 동안 주식등을 양도하는 경우: 15억원
  3) 2020년 4월 1일부터 2022년 12월 31일까지의 기간 동안 주식등을 양도하는 경우: 10억원
  4) 삭제 〈2021.2.17.〉
1457) 제87조의6 제1항 제5호에 따른 파생결합증권으로부터의 이익의 금액을 말한다.
1458) 제4조(증권) ⑩ 이 법에서 "기초자산"이란 다음 각 호의 어느 하나에 해당하는 것을 말한다.
 1. 금융투자상품

는 이를 기초로 하는 지수 등의 변동과 연계하여 미리 정해진 방법에 따라 파생결합증권으로부터 회수하였거나 회수할 수 있는 금전, ② 그 밖의 재산적 가치가 있는 것(금전등)의 총액, ③ 파생결합증권을 취득하기 위하여 지급하였거나 지급할 금전등의 총액 등을 고려하여 파생결합증권 양도등소득금액과 파생결합증권 분배소득금액을 합한 금액으로 한다.[1459]

파생결합증권소득금액은 ① 파생결합증권으로부터의 분배금, ② 파생결합증권의 상환·환매·양도, 권리행사, ③ 최종거래일의 종료 등으로 발생하는 모든 이익을 포함한다.[1460]

2. 소득금액의 계산 등

가. 양도등소득금액의 계산

파생결합증권 양도등소득금액은 자본시장법에 따른 파생결합증권의 ① 양도·상환, ② 권리행사, ③ 최종거래일의 종료 등(양도등)으로 발생한 이익의 금액으로 하며 아래와 같이 계산한다.[1461] 같은 계좌 내에서 같은 상장지수증권을 2회 이상 매수한 경우 실제 매수가격 또는 매수 시 기준가격은 이동평균법을 준용하여 산정한다.[1462]

〈표-75 파생결합증권 양도소득금액의 계산〉

구분		계산식
파생결합증권의 1증권당 양도소득금액	①	① × ② - ③ = ④
양도등이 발생한 파생결합증권의 수	②	
자본시장법에 따른 각종 보수·수수료	③	
파생결합증권 양도등소득금액	④	

---

2. 통화(외국의 통화를 포함한다)
3. 일반상품(농산물·축산물·수산물·임산물·광산물·에너지에 속하는 물품 및 이 물품을 원료로 하여 제조하거나 가공한 물품, 그 밖에 이와 유사한 것을 말한다)
4. 신용위험(당사자 또는 제삼자의 신용등급의 변동, 파산 또는 채무재조정 등으로 인한 신용의 변동을 말한다)
5. 그 밖에 자연적·환경적·경제적 현상 등에 속하는 위험으로서 합리이고 적정한 방법에 의하여 가격·이자율·지표·단위의 산출이나 평가가 가능한 것

1459) 소득세법 제87조의15 제1항.
1460) 소득세법 제87조의15 제2항.
1461) 소득세법시행령 제150조의19 제2항.
1462) 소득세법시행령 제150조의19 제6항.

나. 분배소득금액의 계산

파생결합증권 분배소득금액은 파생결합증권을 발행하는 자가 투자자에게 분배하는 금액으로 하며 아래의 계산식에 따라 계산한다.[1463] 파생결합증권의 1증권당 분배소득금액은 파생결합증권을 발행하는 자가 투자자에게 증권당 분배하는 금액으로 한다.[1464] 같은 계좌 내에서 같은 상장지수증권을 2회 이상 매수한 경우 실제 매수가격 또는 매수 시 기준가격은 이동평균법을 준용하여 산정한다.

〈표-76 파생결합증권 양도소득금액의 계산〉

구분		계산식
파생결합증권의 1증권당 분배소득금액	①	
분배가 발생한 파생결합증권의 수	②	① × ② - ③ = ④
자본시장법에 따른 각종 보수·수수료	③	
파생결합증권 분배소득금액	④	

다. 1증권당 양도등소득금액

파생결합증권의 1증권당 양도등소득금액 다음의 구분에 따른 금액으로 한다.[1465]

1) 상장지수증권

상장지수증권이란 기초자산의 가격·이자율·지표·단위 또는 이를 기초로 하는 지수 등의 변동과 연계하여 미리 정해진 방법에 따라 이익을 얻거나 손실을 회피하기 위한 계약상의 권리를 나타내는 것으로서 증권시장에 상장되어 거래되는 증권 또는 증서를 말한다.[1466] 상장지수증권의 1증권당 양도등소득금액은 아래의 구분에 따른 금액으로 한다.

1463) 소득세법시행령 제150조의19 제3항.
1464) 소득세법시행령 제150조의19 제5항.
1465) 소득세법시행령 제150조의19 제4항.
1466) 소득세법시행령 제150조의19 제4항 제1호.

<표-77 상장지수증권의 1증권당 양도소득금액>

구분	계산
증권시장에서 매도하는 경우	실제 매도가격에서 실제 매수가격을 뺀 금액
그 외의 경우	양도등이 발생하는 시점의 기준가격에서 매수 시 기준가격을 뺀 금액

2) 주가지수연계증권 등

당사자 일방의 의사표시에 따라 증권시장 또는 유사한 시장으로서 외국에 있는 시장을 대표하는 종목을 기준으로 산출된 지수 등[1467]의 변동과 연계하여 미리 정해진 방법에 따라 주권의 매매나 금전을 수수하는 거래를 성립시킬 수 있는 권리를 표시하는 증권 또는 증서의 경우에는 아래의 구분에 따른 금액으로 한다.[1468]

<표-78 주가지수연계증권 등 1증권당 양도소득금액>

구분			계산식
권리행사 또는 최종거래일의 종료로 증권이 소멸되는 경우	최종거래일의 권리행사결제기준가격	①	[(① - ②) × ③ × ④]에 따라 산출된 금액과 '0' 중 큰 금액 - ⑤
	증권의 행사가격	②	
	증권의 유형이 살 수 있는 권리가 있는 증권인 경우에는 1	③	
	팔 수 있는 권리가 있는 증권의 경우에는 -1		
	자본시장법 제390조 제1항의 증권상장규정[1469]에 따른 전환비율	④	
	증권의 매수가격	⑤	
그 외의 경우	실제 매도가격 또는 상환금액에서 실제 매수가격을 뺀 금액		

3) 기타의 파생결합증권

기타 파생결합증권의 경우에는 실제 매도가격 또는 상환금액에서 실제 매수가격을 뺀 금액으

1467) 해당 지수의 변동성을 기준으로 산출된 지수를 포함한다.

1468) 소득세법시행령 제150조의19 제4항 제2호.

1469) 제390조(상장규정) ① 거래소는 증권시장에 상장할 증권의 심사 및 상장증권의 관리를 위하여 증권상장규정(이하 "상장규정"이라 한다)을 정하여야 한다. 이 경우 거래소가 개설·운영하는 둘 이상의 증권시장에 대하여 별도의 상장규정으로 정할 수 있다. <개정 2013.5.28.>

로 한다.[1470]

Ⅶ. 상장지수증권 소득금액의 계산 특례

상장지수증권의 1증권당 양도소득금액을 계산할 때 2022.12.31. 이전에 취득한 상장지수증권의 실제 매수가격은 2022년 과세기간 종료일[1471] 현재 기획재정부령으로 정하는 방법에 따라 평가한 가액과 소득세법 제87조의12 제2항[1472]에 따른 금액 중 큰 금액으로 한다.[1473] 기획재정부령으로 정하는 방법에 따라 평가한 가액이란 아래 구분에 따른 금액을 말한다.[1474]

〈표-79 2022.12.31. 이전 취득 상장지수증권 실제 매수가격의 평가〉

구분			계산식
증권시장에서 거래되는 주식의 가격만을 기반으로 하는 지수의 변화를 그대로 추적하는 것을 목적으로 하는 경우			2022년 과세기간 종료일의 최종시세가액
그 외의 경우	2022년 과세기간 종료일의 최종시세가액	①	① - (② - ③) = ④
	2022년 과세기간 종료일의 과세표준기준가격	②	
	매수시 과세표준기준가격	③	
	실제 매수가격의 평가가액	④	

Ⅷ. 파생상품의 소득금액

1. 파생상품소득금액의 범위

1470) 소득세법시행령 제150조의19 제4항 제3호.
1471) 과세기간 종료일이 증권시장에서 매매가 없는 날인 경우 종료일 전 매매가 있는 마지막 날을 말한다.
1472) 제87조의12(주식등·채권등·투자계약증권소득금액 필요경비 계산) ② 제1항 제1호의 취득가액은 자산의 취득에 든 실지거래가액으로 한다.
1473) 소득세법시행령 제150조의20.
1474) 소득세법시행규칙 제69조의10.

파생상품소득금액[1475]은 자본시장법 제5조 제1항[1476]에 따른 계약상의 권리에 대하여 계약체결 당시의 ① 약정가격, ② 계약종료일의 최종결제가격, ③ 권리행사결제기준가격, ④ 거래승수 등을 고려하여 대통령령으로 정한 금액으로 한다.[1477] 대통령령으로 정한 파생상품소득금액이란 아래의 구분에 따른 금액을 말한다.[1478]

<표-80 파생상품소득금액의 구분과 소득금액의 범위>

구분	정의	소득금액
장내파생상품[1479] (자본시장법 제5조 제2항)	아래 중 어느 하나에 해당하는 것을 말한다.[1480] 1. 파생상품시장에서 거래되는 파생상품 2. 해외 파생상품시장(파생상품시장과 유사한 시장으로서 해외에 있는 시장과 대통령령으로 정하는 해외 파생상품거래가 이루어지는 시장을 말한다)에서 거래되는 파생상품 3. 그 밖에 금융투자상품시장을 개설하여 운영하는 자가 정하는 기준과 방법에 따라 금융투자상품시장에서 거래되는 파생상품	반대거래로 상계되거나 최종거래일이 종료되는 등의 원인으로 소멸된 계약에 대하여 각각 계약체결 당시 약정가격과 최종결제가격 및 거래승수 등을 고려하여 기획재정부령으로 정하는 방법에 따라 산출되는 손익

1475) 제87조의6 제1항 제6호에 따른 파생상품의 거래 또는 행위로 발생하는 소득의 금액을 말한다.

1476) 제5조(파생상품) ① 이 법에서 "파생상품"이란 다음 각 호의 어느 하나에 해당하는 계약상의 권리를 말한다. 다만, 해당 금융투자상품의 유통 가능성, 계약당사자, 발행사유 등을 고려하여 증권으로 규제하는 것이 타당한 것으로서 대통령령으로 정하는 금융투자상품은 그러하지 아니하다. <개정 2013.5.28.>
  1. 기초자산이나 기초자산의 가격·이자율·지표·단위 또는 이를 기초로 하는 지수 등에 의하여 산출된 금전등을 장래의 특정 시점에 인도할 것을 약정하는 계약
  2. 당사자 어느 한쪽의 의사표시에 의하여 기초자산이나 기초자산의 가격·이자율·지표·단위 또는 이를 기초로 하는 지수 등에 의하여 산출된 금전등을 수수하는 거래를 성립시킬 수 있는 권리를 부여하는 것을 약정하는 계약
  3. 장래의 일정 기간 동안 미리 정한 가격으로 기초자산이나 기초자산의 가격·이자율·지표·단위 또는 이를 기초로 하는 지수 등에 의하여 산출된 금전등을 교환할 것을 약정하는 계약
  4. 제1호부터 제3호까지의 규정에 따른 계약과 유사한 것으로서 대통령령으로 정하는 계약

1477) 소득세법 제87조의16 제1항.
1478) 소득세법시행령 제150조의21 제1항.
1479) 소득세법시행령 150조의21 제1항 제1호.
1480) 자본시장법 제5조 제1항 제1호.

구분	정의	소득금액
장외파생상품[1481] (자본시장법 제5조 제3항)	파생상품으로서 장내파생상품이 아닌 것을 말한다.	계약에 따라 수취하였거나 수취할 자본시장법 제3조 제1항의 금전등[1482]의 가액에서 계약에 따라 지급하였거나 지급할 금전등의 가액을 차감한 금액
파생상품[1483] (자본시장법 제5조 제1항 제2호)	당사자 어느 한쪽의 의사표시에 의하여 기초자산이나 기초자산의 가격·이자율·지표·단위 또는 이를 기초로 하는 지수 등에 의하여 산출된 금전등을 수수하는 거래를 성립시킬 수 있는 권리를 부여하는 것을 약정하는 계약	반대거래상계, 권리행사, 최종거래일의 종료 등의 원인으로 소멸된 계약에 대하여 각각 계약체결 당시 약정가격, 권리행사결제기준가격, 행사가격, 거래승수 등을 고려하여 기획재정부령으로 정하는 방법에 따라 산출되는 손익
파생상품[1484] (자본시장법 제5조 제1항 제3호)	장래의 일정 기간 동안 미리 정한 가격으로 기초자산이나 기초자산의 가격·이자율·지표·단위 또는 이를 기초로 하는 지수 등에 의하여 산출된 금전등을 교환할 것을 약정하는 계약	과세기간 동안 수취하였거나 수취하기로 한 금전등의 가액에서 지급했거나 지급할 금전등의 가액을 차감한 금액

2. 파생상품소득금액의 계산

가. 장내파생상품의 소득금액 손익의 계산

파생상품 중 장내파생상품의 소득금액에서 기획재정부령으로 정하는 방법에 따라 산출되는 손익이란 아래에 따라 계산한 금액을 말한다.[1485] 파생상품 중 장내파생상품은 먼저 거래한 것

1481) 소득세법시행령 150조의21 제1항 제2호.
1482) 제3조(금융투자상품) ① 이 법에서 "금융투자상품"이란 이익을 얻거나 손실을 회피할 목적으로 현재 또는 장래의 특정(特定) 시점에 금전, 그 밖의 재산적 가치가 있는 것(이하 "금전등"이라 한다)을 지급하기로 약정함으로써 취득하는 권리로서, 그 권리를 취득하기 위하여 지급하였거나 지급하여야 할 금전등의 총액(판매수수료 등 대통령령으로 정하는 금액을 제외한다)이 그 권리로부터 회수하였거나 회수할 수 있는 금전등의 총액(해지수수료 등 대통령령으로 정하는 금액을 포함한다)을 초과하게 될 위험(이하 "투자성"이라 한다)이 있는 것을 말한다. 다만, 다음 각 호의 어느 하나에 해당하는 것을 제외한다.
1483) 소득세법시행령 150조의21 제1항 제3호.
1484) 소득세법시행령 150조의21 제1항 제4호.
1485) 소득세법시행규칙 제69조11 제1항.

부터 순차적으로 소멸된 것(선입선출법)으로 보아 소득금액을 계산한다.[1486]

〈표-81 장내파생상품 소득금액의 기획재정부령에 따른 손익의 계산〉

구분		계산식
미결제약정 수량을 증가시키는 거래의 계약 체결 당시 약정가격	①	
각 종목의 매수계약과 매도계약별로 미결제약정 수량을 소멸시키는 거래(반대거래)의 계약 체결 당시 약정가격 또는 최종거래일의 도래로 소멸되는 계약의 최종거래일 최종결제가격	②	
매도계약의 경우(매수계약의 최종거래일이 종료되는 경우를 포함한다)이면 1	③	(① × ③ + ② × ③) × ④ = ⑤
매수계약의 경우(매도계약의 최종거래일이 종료되는 경우를 포함한다)이면 -1		
자본시장법 제393조 제2항의 파생상품시장업무규정[1487]에 따른 거래승수[1488]	④	
기획재정부령에 따른 손익	⑤	

나. 장내파생상품의 소득금액 손익의 계산

당사자 어느 한쪽의 의사표시에 의하여 기초자산이나 기초자산의 가격·이자율·지표·단위 또는 이를 기초로 하는 지수 등에 의하여 산출된 금전등을 수수하는 거래를 성립시킬 수 있는 권리를 부여하는 것을 약정하는 계약[1489]에 따른 파생상품의 소득금액에서 기획재정부령으로 정하는 방법에 따라 산출되는 손익이란 아래에 따라 계산한 금액을 말한다.[1490]

1486) 소득세법시행령 제150조의21 제2항.
1487) 제12조(거래승수 및 호가가격단위) 주가지수선물거래의 거래승수 및 호가가격단위(호가를 할 수 있는 최소단위의 가격을 말한다. 이하 같다)는 주가지수별 지수의 수준, 1계약 금액의 수준, 거래 비용, 거래의 유동성 및 가격형성의 연속성 등을 고려하여 세칙으로 정한다.
1488) 파생상품시장 업무규정 시행세칙 제4조의8(거래승수) 파생상품시장 업무규정 제12조에 따른 주가지수선물거래의 거래승수는 다음 각 호의 구분에 따른 수치로 한다.〈개정 2018.3.15〉
   1. 코스피200선물거래의 경우: 25만
   2. 미니코스피200선물거래 및 KRX300선물거래의 경우: 5만
   3. 코스닥150선물거래의 경우: 1만
   4. 섹터지수선물거래의 경우: 별표 1의3에서 정하는 수치
   5. 해외지수선물거래의 경우: 1만
1489) 자본시장법 제5조 제1항 제2호.
1490) 소득세법시행규칙 제69조11 제2항.

〈표-82 반대거래로 계약이 소멸되는 경우의 손익의 계산〉

구분		계산식
미결제약정 수량을 증가시키는 거래의 계약체결 당시 약정가격	①	
반대거래 체결 당시 약정가격	②	
매도계약의 경우이면 1	③	(① × ③ + ② × ③) × ④ = ⑤
매수계약의 경우이면 -1		
거래승수	④	
기획재정부령에 따른 손익	⑤	

〈표-83 권리행사 또는 최종거래일의 종료로 계약이 소멸되는 경우의 손익의 계산〉

구분		계산식
최종거래일의 권리행사결제기준가격	①	
해당 옵션의 행사가격	②	
옵션의 유형이 콜옵션이면 1	③	
옵션의 유형이 풋옵션이면 -1		[{(① - ②) × ③}과 '0' 중 큰 금액 - ④] × ⑤ × ⑥ = ⑦
미결제약정 수량을 증가시키는 거래의 계약체결 당시 약정가격	④	
거래승수	⑤	
매수계약이 소멸되는 경우이면 1	⑥	
매도계약이 소멸되는 경우이면 -1		
기획재정부령에 따른 손익	⑦	

다. 지출한 비용의 공제

파생상품소득금액을 계산하는 경우 위탁매매 수수료 등 파생상품 거래와 관련하여 지출한 비용으로 자본시장법에 따른 수수료[1491]로서[1492] ① 위탁매매수수료,[1493] ② ⓐ 투자일임업[1494]을 영

[1491] 제58조(수수료) ① 금융투자업자는 투자자로부터 받는 수수료의 부과기준 및 절차에 관한 사항을 정하고, 인터넷 홈페이지 등을 이용하여 공시하여야 한다.
② 금융투자업자는 제1항에 따른 수수료 부과기준을 정함에 있어서 투자자를 정당한 사유 없이 차별하여서는 아니 된다.
③ 금융투자업자는 제1항에 따른 수수료 부과기준 및 절차에 관한 사항을 협회에 통보하여야 한다.
④ 협회는 제3항에 따라 통보받은 사항을 금융투자업자별로 비교하여 공시하여야 한다.

[1492] 소득세법시행규칙 제69조의11 제3항 제1호.

[1493] 소득세법시행규칙 제69조의11 제3항 제1호 가목.

[1494] 제6조(금융투자업) ⑧ 이 법에서 "투자일임업"이란 투자자로부터 금융투자상품등에 대한 투자판단의 전부 또는 일부를 일임받아 투자자별로 구분하여 그 투자자의 재산상태나 투자목적 등을 고려하여 금융투자상품등을 취득·처분, 그 밖의 방법으로 운용하는 것을 영업으로 하는 것을 말한다. 〈개정 2013.5.28., 2018.3.27.〉

위하는 투자중개업자[1495]가 투자중개업무와 투자일임업무를 결합한 자산관리계좌를 운용하여 부과하는 투자일임수수료 중 전체 투자일임수수료를 초과하지 않을 것, ⓑ 파생상품을 온라인으로 직접 거래하는 경우에 부과하는 위탁매매수수료를 초과하지 않을 것, ⓒ 부과기준이 약관 및 계약서에 적혀 있을 것 세 가지 요건을 모두 갖춘 위탁매매수수료에 상당하는 비용,[1496] ③ 장외파생상품의 계약서 작성비용[1497]은 소득금액에서 공제한다.[1498]

IX. 기준시가의 산정

1. 주식등 기준시가 산정

가. 주권상장법인의 주식등 기준시가

주식등의 기준시가는 주식등의 종류, 상장(上場) 여부 및 거래방식을 등을 고려하여 평가한 가액으로 기획재정부령으로 정하는 주식등을 제외한 주권상장법인의 주식등은 양도일 또는 취득일 이전 1개월 동안 매일 공표된 거래소 최종시세가액의 평균액을 기준시가로 한다.[1499]

기획재정부령으로 정하는 주식등이란 코스닥시장상장법인[1500] 또는 코넥스시장상장법인[1501]의 주식등으로서 평가기준일 전후 2개월 이내에 거래소가 정하는 기준에 따라 매매거래가 정

1495) 제8조(금융투자업자) ③ 이 법에서 "투자중개업자"란 금융투자업자 중 투자중개업을 영위하는 자를 말한다.
1496) 소득세법시행규칙 제69조의11 제3항 제1호 나목.
1497) 소득세법시행규칙 제69조의11 제3항 제2호.
1498) 소득세법시행령 제150조의21 제3항.
1499) 소득세법시행령 제150조의22 제1항 제1호.
1500) 대통령령 제24697호 자본시장법시행령 일부개정령 부칙 제8조에 따른 코스닥시장에 상장된 주권을 발행한 법인을 말한다.
1501) 자본시장법시행령 제11조 제2항에 따른 코넥스시장에 상장된 주권을 발행한 법인을 말한다.

지¹⁵⁰²⁾¹⁵⁰³⁾¹⁵⁰⁴⁾되거나 관리종목¹⁵⁰⁵⁾으로 지정된 기간의 일부 또는 전부가 포함되는 주식등

1502) 유가증권시장 업무규정 제49조(종목별 매매거래정지) ① 거래소는 다음 각 호의 어느 하나에 해당하는 종목의 매매거래를 정지할 수 있다.〈개정 2020.7.22〉
   1. 매매거래가 폭주하여 신속하게 매매거래를 성립시킬 수 없다고 인정되는 종목
   2. 제106조의3에 따라 투자유의채권종목으로 지정된 종목
   3. 그 밖에 시장관리상 필요하다고 인정되는 종목
   ② 제1항의 규정에 의한 매매거래정지 및 재개 등에 관하여 필요한 사항은 세칙으로 정한다.

1503) 유가증권시장 업무규정 시행세칙 제135조(투자위험종목등의 매매거래정지) ① 규정 제107조 제2항에 따라 거래소는 「시장감시규정」 제5조의3에 따른 매매거래정지 요청이 있는 경우 요청받은 기간에 대하여 당해 종목의 매매거래를 정지할 수 있다. 다만 시장상황급변 등으로 투자자보호와 시장안정을 유지하기 위하여 필요하다고 인정되는 경우 매매거래정지 기간을 달리 정하거나 매매거래정지가 해제된 날부터 다음 각 호의 추가조치를 할 수 있다. 〈개정 2008.1.30, 2012.3.8, 2017.2.28〉
   1. 제56조의2 제1항부터 제4항까지에 따른 매매계약체결방법으로 변경
   2. 규정 제20조 제2항에 따른 가격제한폭의 변경
   3. 제41조의2 제1항 및 2항의 비율기준의 변경
   4. 그 밖에 시장관리상 필요하다고 인정되는 조치
   ② 거래소는 제1항에 따른 매매거래정지 또는 추가조치를 하는 경우 즉시 그 사실을 공표한다.

1504) 유가증권시장 업무규정 제107조(투자위험종목 등의 매매거래정지 〈개정 2015.4.29〉) ② 거래소는 「시장감시규정」 제5조의3 제3항에 따라 시장감시위원회가 매매거래정지를 요청한 경우로서 시장관리상 필요하다고 인정되는 종목에 대하여 세칙으로 정하는 바에 따라 매매거래정지 및 매매계약체결방법의 변경 등 시장관리상 필요한 조치를 할 수 있다. 〈신설 2012.10.17, 2015.11.4, 2017.2.8〉

1505) 유가증권시장 상장규정 제47조(관리종목지정) ① 거래소는 보통주권 상장법인이 다음 각 호의 어느 하나에 해당하는 경우에는 해당 보통주권을 관리종목으로 지정한다. 〈개정 2014.6.18, 2015.11.4, 2017.12.20, 2019.6.26, 2021.3.8〉
   1. 정기보고서 미제출: 사업보고서, 반기보고서 또는 분기보고서를 법정 제출기한까지 제출하지 않은 경우
   2. 감사인 의견 미달: 감사인의 감사의견 또는 검토의견이 다음 각 목의 어느 하나에 해당하는 경우
      가. 최근 사업연도의 개별재무제표 또는 연결재무제표에 대한 감사의견이 감사범위 제한에 따른 한정인 경우
      나. 최근 반기의 개별재무제표 또는 연결재무제표에 대한 검토의견이 부적정이거나 의견거절인 경우
   3. 자본잠식: 최근 사업연도 말 현재 자본금의 100분의 50 이상이 잠식된 경우. 다만, 종속회사가 있는 법인은 연결재무제표상의 자본금과 자본총계(비지배지분을 제외한다)를 기준으로 해당 요건을 적용한다.
   4. 주식분산 미달: 최근 사업연도 말 현재 보통주식의 분포 상황이 다음 각 목의 어느 하나에 해당하는 경우. 다만, 정부등이 최대주주인 법인이나 공공적 법인에는 이 호를 적용하지 않는다.
      가. 일반주주의 수가 200명 미만인 경우
      나. 일반주주가 소유한 주식의 총수가 유동주식수의 100분의 5 미만인 경우. 다만, 다음의 어느 하나에 해당하는 경우에는 이 목을 적용하지 않는다.
         (1) 일반주주가 소유한 주식의 총수가 200만주 이상으로서 세칙으로 정하는 수량 이상인 경우
         (2) 신규상장 당시에 제29조 제1항 제3호 가목(4)의 국내외 동시공모 요건을 적용받은 경우로서 일반주주가 소유한 주식의 총수가 70만주 이상인 경우
   5. 거래량 미달: 보통주권을 기준으로 반기의 월평균거래량이 해당 반기 말 현재 유동주식수의 100분의 1 미만인 경우. 다만, 다음 각 목의 어느 하나에 해당하는 경우에는 이 호를 적용하지 않는다.
      가. 월평균거래량이 2만주 이상인 경우
      나. 일반주주가 소유한 주식의 총수가 유동주식수의 100분의 20 이상이고, 해당 일반주주의 수가 300명 이상인 경우
      다. 신규상장법인의 경우. 다만, 신규상장일이 속하는 반기에 한정한다.
      라. 반기 중 매매거래정지일 수가 해당 반기의 매매거래일 수의 100분의 50 이상인 경우
      마. 해당 반기 말 현재 업무규정 제20조의3 제1항에 따른 유동성공급계약(계약기간이 6개월 이상인 것만 해당한다)이 체결되어 있는 경우
   6. 지배구조 미달: 제77조의 사외이사 선임 의무나 제78조의 감사위원회 설치 의무를 위반한 경우로서 다음 각 목의 어느 하나에

[1506)]에 해당하지 않는 주식등[1507)]을 말한다.[1508)]

해당하는 경우. 다만, 지배구조 미달 사유가 주주총회의 정족수 미달로 발생한 경우로서 보통주권 상장법인이 주주총회 성립을 위해 전자투표제도 도입 등 세칙으로 정하는 노력을 한 사실을 종합적으로 고려하여 거래소가 인정하는 경우에는 해당 보통주권을 관리종목으로 지정하지 아니한다.

 가. 최근 사업연도의 사업보고서상 사외이사수가 제77조 제1항에서 정하는 수에 미달한 경우
 나. 최근 사업연도의 사업보고서상 사외이사의 수가 사외이사의 사임, 사망 등의 사유로 제77조 제1항에서 정하는 수에 미달하게 된 경우로서 그 사유가 발생한 후 최초로 소집되는 주주총회에서 그 수를 충족하지 못하는 경우
 다. 최근 사업연도의 사업보고서상 제78조에 따라 감사위원회가 설치되지 않은 경우
 라. 최근 사업연도의 사업보고서상 감사위원의 수가 사임, 사망 등의 사유로 제78조의 감사위원회의 구성요건에 미달하게 된 경우로서 그 사유가 발생한 후 최초로 소집되는 주주총회에서 그 수를 충족하지 못하는 경우

7. 매출액 미달: 최근 사업연도 말 현재 매출액(재화의 판매와 용역의 제공금액을 합산한 금액을 말한다)이 50억원 미만인 경우. 이 경우 지주회사는 연결재무제표상 매출액을 기준으로 한다. 다만, 제29조 제1항 제4호 라목 또는 마목의 경영성과 요건을 충족하여 신규상장한 법인의 경우에는 상장일이 속하는 사업연도 및 그 다음 사업연도부터 연속하는 5개 사업연도에 대해서는 이 호를 적용하지 않는다.
8. 주가 미달: 보통주권의 종가가 액면가액의 100분의 20 미만인 상태가 30일(해당 주권의 매매거래일을 기준으로 한다. 이하 이 항에서 같다) 동안 계속되는 경우. 다만, 그 30일 동안의 평균 상장시가총액이 5,000억원 이상인 경우에는 이 호를 적용하지 않는다.
9. 시가총액 미달: 보통주권의 상장시가총액이 50억원 미달인 상태가 30일 동안 계속되는 경우
10. 파산신청: 「채무자 회생 및 파산에 관한 법률」에 따른 파산신청이 있는 경우. 다만, 공익 실현과 투자자 보호 등을 고려하여 관리종목지정이 필요하지 않다고 거래소가 인정하는 경우를 제외한다.
11. 회생절차개시신청: 「채무자 회생 및 파산에 관한 법률」에 따른 회생절차개시의 신청이 있는 경우
12. 공시의무 위반: 공시규정에 따라 벌점을 부과받는 경우로서 해당 벌점을 포함하여 과거 1년 이내의 누계벌점이 15점 이상이 되는 경우
13. 그 밖에 공익 실현과 투자자 보호를 위하여 관리종목으로 지정하는 것이 필요하다고 거래소가 인정하는 경우

② 제1항에 따라 관리종목으로 지정 된 후 다음 각 호의 어느 하나에 해당하는 경우 거래소는 지체 없이 그 관리종목지정을 해제한다.
1. 제1항 제1호부터 제9호까지 및 제13호의 경우: 사업보고서 등으로 관리종목지정 사유를 해소한 사실이 확인된 경우. 다만, 다음 각 목의 어느 하나에 해당하는 경우에는 관리종목지정 사유를 해소한 것으로 본다.
 가. 제1항 제1호에 해당하는 경우
  (1) 해당 사업연도의 분기보고서 미제출 후 반기보고서 또는 사업보고서를 제출한 경우
  (2) 반기보고서 미제출 후 사업보고서를 제출한 경우
  (3) 사업보고서 미제출 후 10일 이내에 해당 사업연도 사업보고서를 제출한 경우
 나. 제1항 제5호에 해당하는 경우: 반기말 현재 업무규정 제20조의3 제1항에 따른 유동성공급계약(계약기간이 6개월 이상인 것만 해당한다)이 체결되어 있는 경우
2. 제1항 제10호의 경우: 법원의 파산신청 기각결정이 있은 때
3. 제1항 제11호의 경우: 법원의 회생절차종결 결정이 있은 때
4. 제1항 제12호의 경우: 관리종목지정일부터 1년이 지난 때. 다만, 최근의 관리종목지정기간 중에 불성실공시법인지정 등에 따라 추가적으로 부과 받은 누계벌점이 15점 이상이 되는 경우에는 그 날부터 1년이 지난 때로 한다.

③ 거래소는 제1항을 적용함에 있어 기업인수목적회사주권 상장법인이 주권비상장법인과 합병한 경우에는 합병 후 존속법인에 대하여 제1항 제4호 가목 및 제7호는 합병등기일이 속하는 사업연도의 다음 사업연도에 대한 사업보고서를 기준으로 적용하고, 제5호는 합병등기일이 속하는 반기의 다음 반기부터 적용한다.
④ 거래소는 관리종목지정 사유의 적용 방법, 관리종목 지정 및 해제 시기, 그 밖에 필요한 사항을 세칙으로 정한다.

1506) 적정하게 시가를 반영하여 정상적으로 매매거래가 이루어지는 경우로서 기획재정부령으로 정하는 경우는 제외한다.
1507) 상속증여세법 제52조의2 제3항.
1508) 소득세법시행령 제150조의2 제1항 제2호.

나. 주권비상장법인등의 주식등 기준시가

기획재정부령으로 정하는 주식등과 주권상장법인이 아닌 법인의 주식등(비상장주식등)은 아래에 따라 평가한 가액을 기준시가로 한다.[1509]

1) 1주당 가액의 평가 방법

1주당 가액의 평가는 순손익가치와 순자산가치를 각각 3과 2의 비율로 가중평균한 가액으로 한다.[1510] 다만 가중평균한 가액이 1주당 순자산가치에 100분의 80을 곱한 금액보다 적은 경우에는 1주당 순자산가치에 100분의 80을 곱한 금액을 평가액으로 한다.

〈표-84 1주당 기준시가의 계산〉

구분		계산식
가중평균 1주당 순손익가치	①	1주당 순손익가치 × 3
가중평균 1주당 순자산가치	②	1주당 순자산가치 × 2
1주당 기준시가	③	(① + ②) ÷ 5

2) 1주당 순손익가치의 산정

1주당 순손익가치는 양도일 또는 취득일이 속하는 사업연도의 직전 사업연도의 1주당 순손익액을 금융회사등이 보증한 3년 만기 회사채의 유통수익률을 고려하여 기획재정부장관이 정하여 고시하는 이자율로 나누어 평가한 가액을 의미한다.[1511]

3) 1주당 순자산가치의 산정

1주당 순자산가치는 양도일 또는 취득일이 속하는 사업연도의 직전 사업연도 종료일 현재 해

1509) 소득세법시행령 제150조의22 제1항 제2호.
1510) 소득세법시행령 제150조의22 제1항 제2호 가목.
1511) 소득세법시행령 제150조의22 제1항 제2호 가목 1).

당 법인의 장부가액에 발행주식총수를 나누어 평가한 가액을 의미한다.[1512]

가) 토지의 기준시가

법인의 장부가액 중 토지는 부동산 가격공시에 관한 법률에 따른 개별공시지가에 따른 기준시가를 적용한다.[1513] 다만 개별공시지가가 없는 토지의 가액은 납세지 관할 세무서장이 인근 유사토지의 개별공시지가를 고려하여 대통령령으로 정하는 방법[1514]에 따라 평가한 금액으로 하고 지가가 급등하는 지역으로서 대통령령으로 정하는 지역[1515]의 경우에는 배율방법에 따라 평가한 가액으로 한다.

나) 발행주식총수

양도일 또는 취득일이 속하는 사업연도의 직전 사업연도 종료일 현재의 발행주식 총수를 의미한다.

다) 다른 비상장주식등을 소유하고 있는 경우

비상장주식등을 발행한 법인이 다른 비상장주식등을 발행한 법인의 발행주식총수 또는 출자

[1512] 소득세법시행령 제150조의22 제1항 제2호 가목 2).
[1513] 소득세법 제99조 제1항 제1호 가목.
[1514] 제164조(토지·건물의 기준시가 산정) ① 법 제99조 제1항 제1호 가목 단서에서 "대통령령으로 정하는 방법에 따라 평가한 금액"이란 다음 각 호의 어느 하나에 해당하는 개별공시지가가 없는 토지와 지목·이용상황 등 지가형성요인이 유사한 인근토지를 표준지로 보고 「부동산 가격공시에 관한 법률」 제3조 제8항에 따른 비교표에 따라 납세지 관할세무서장(납세지 관할세무서장과 해당 토지의 소재지를 관할하는 세무서장이 서로 다른 경우로서 납세지 관할세무서장의 요청이 있는 경우에는 그 토지의 소재지를 관할하는 세무서장)이 평가한 가액을 말한다. 이 경우 납세지 관할세무서장은 「지방세법」 제4조 제1항 단서에 따라 시장·군수가 산정한 가액을 평가한 가액으로 하거나 둘 이상의 감정평가업자에게 의뢰하여 그 토지에 대한 감정평가업자의 감정가액을 고려하여 평가할 수 있다.
　1. 「공간정보의 구축 및 관리 등에 관한 법률」에 의한 신규등록토지
　2. 「공간정보의 구축 및 관리 등에 관한 법률」에 의하여 분할 또는 합병된 토지
　3. 토지의 형질변경 또는 용도변경으로 인하여 「공간정보의 구축 및 관리 등에 관한 법률」상의 지목이 변경된 토지
　4. 개별공시지가의 결정·고시가 누락된 토지(국·공유지를 포함한다)
[1515] ② 법 제99조 제1항 제1호 가목 단서에서 "대통령령으로 정하는 지역"이란 각종 개발사업등으로 지가가 급등하거나 급등우려가 있는 지역으로서 국세청장이 지정한 지역을 말한다.

총액의 100분의 10 이하의 주식 또는 출자지분을 소유하고 있는 경우에 그 다른 비상장주식등은 이동평균법[1516]에 따른 취득가액에 따라 평가한다.[1517]

라) 청산절차 진행등의 비상장법인 주식등 평가 방법

아래의 어느 하나에 해당하는 주식등은 순자산가치에 따라 평가한 가액으로 한다.[1518]

(1) 사업의 계속이 곤란하다고 인정되는 법인의 주식등

금융투자소득과세표준 확정신고기한 이내에 청산절차가 진행 중인 법인과 사업자의 사망 등으로 인하여 사업의 계속이 곤란하다고 인정되는 법인의 주식등은 순자산가치로 평가한다.[1519]

(2) 사업개시 전 또는 사업개시 후 1년 미만 법인의 주식등

사업개시 전 또는 사업개시 후 1년 미만의 법인이나 휴·폐업 중에 있는 법인의 주식등은 순자산가치로 평가한다.[1520]

(3) 3년 이내 결손금이 있는 법인의 주식등

양도일 또는 취득일이 속하는 사업연도 전 3년 이내의 사업연도부터 계속하여 결손금[1521]이 있는 법인의 주식등은 순자산가치로 평가한다.[1522]

1516) 법인세법시행령 제74조 제1항 제1호 마목에서는 자산을 취득할 때마다 장부시재금액을 장부시재수량으로 나누어 평균단가를 산출하고 그 평균단가에 의하여 산출한 취득가액을 그 자산의 평가액으로 하는 방법인 이동평균법을 적용하도록 규정하고 있다.
1517) 소득세법시행령 제150조의22 제1항 제2호 나목.
1518) 소득세법시행령 제150조의22 제1항 제2호 다목.
1519) 소득세법시행령 제150조의22 제1항 제2호 다목 1).
1520) 소득세법시행령 제150조의22 제1항 제2호 다목 2).
1521) 법인세법에 따른 각 사업연도에 속하거나 속하게 될 손금의 총액이 그 사업연도에 속하거나 속하게 될 익금의 총액을 초과하는 금액을 말한다.
1522) 소득세법시행령 제150조의22 제1항 제2호 다목 3).

다. 신주 인수권의 기준시가

신주인수권은 아래에 따라 평가한 가액을 기준시가로 한다.[1523]

1) 주식으로의 전환등이 불가능한 기간 중인 경우

주식으로의 전환등이 불가능한 기간 중인 경우의 신주인수권증권에 대한 평가 가액은 만기 전에 발생하는 이자상당액을 포함한 신주인수권부사채의 만기상환금액을 사채발행이율에 따라 발행 당시의 현재가치로 할인한 가액에서 그 만기상환금액을 3년 만기 회사채의 유통수익률을 고려하여 기획재정부령으로 정하는 이자율(적정할인율)에 따라 발행 당시의 현재가치로 할인한 가액을 뺀 가액을 기준시가로 한다.[1524] 이 경우 그 가액이 음수인 경우에는 영(0)으로 한다.

적정할인율은 상속증여세법시행규칙 제18조의3에 따른 이자율을 말하며 2021년 현재 고시하고 있는 이자율은 연간 100분의 8이다.

2) 주식으로의 전환 등이 가능한 기간 중인 경우

주식으로의 전환등이 가능한 기간 중인 경우의 신주인수권증권 및 신주인수권증서에 대한 평가 가액은 아래에 따라 평가한 가액으로 한다.[1525]

가) 신주인수권증권

주식으로의 전환등이 불가능한 기간 중인 경우의 신주인수권증권에 대한 평가 방법에 따라 평가한 가액과 해당 신주인수권증권으로 인수할 수 있는 주식가액에서 상속증여세법시행령 제

1523) 소득세법시행령 제150조의22 제1항 제3호.
1524) 소득세법시행령 제150조의22 제1항 제3호 가목.
1525) 소득세법시행령 제150조의22 제1항 제3호 나목.

57조 제3항에 따른 배당차액[1526]과 신주인수가액을 차감한 가액 중 큰 금액으로 한다.[1527]

나) 신주인수권증서

거래소에서 거래되는 경우 거래소에 상장되어 거래되는 전체 거래일의 종가를 평균한 금액으로 한다.[1528] 거래소에서 거래되는 경우 외에는 해당 신주인수권증서로 인수할 수 있는 주식의 권리락 전 가액에서 상속증여세법시행령 제57조 제3항[1529][1530]에 따른 배당차액과 신주인수가액을 차감한 가액으로 한다.[1531]

라. 기타 주식등의 평가에 따른 가액

기타 주식등의 평가에 따른 가액은 소득세법시행령 제167조 제5항[1532]에 따라 평가한 가액으로 한다.[1533]

1526) ③법 제63조 제2항 제3호에 따른 주식의 평가는 거래소에 상장되어 있는 법인의 주식에 대하여 법 제63조 제1항 제1호 가목에 따라 평가한 가액에서 기획재정부령으로 정하는 배당차액을 뺀 가액으로 한다.
1527) 소득세법시행령 제150조의22 제1항 제3호 나목 1).
1528) 소득세법시행령 제150조의22 제1항 제3호 나목 2) 가).
1529) ③법 제63조 제2항 제3호에 따른 주식의 평가는 거래소에 상장되어 있는 법인의 주식에 대하여 법 제63조 제1항 제1호 가목에 따라 평가한 가액에서 기획재정부령으로 정하는 배당차액을 뺀 가액으로 한다.
1530) 가. 「자본시장과 금융투자업에 관한 법률」에 따른 증권시장으로서 대통령령으로 정하는 증권시장에서 거래되는 주권상장법인의 주식등 중 대통령령으로 정하는 주식등(이하 이 호에서 "상장주식"이라 한다)은 평가기준일(평가기준일이 공휴일 등 대통령령으로 정하는 매매가 없는 날인 경우에는 그 전일을 기준으로 한다) 이전·이후 각 2개월 동안 공표된 매일의 「자본시장과 금융투자업에 관한 법률」에 따라 거래소허가를 받은 거래소(이하 "거래소"라 한다) 최종 시세가액(거래실적 유무를 따지지 아니한다)의 평균액(평균액을 계산할 때 평가기준일 이전·이후 각 2개월 동안에 증자·합병 등의 사유가 발생하여 그 평균액으로 하는 것이 부적당한 경우에는 평가기준일 이전·이후 각 2개월의 기간 중 대통령령으로 정하는 바에 따라 계산한 기간의 평균액으로 한다). 다만, 제38조에 따라 합병으로 인한 이익을 계산할 때 합병(분할합병을 포함한다)으로 소멸하거나 흡수되는 법인 또는 신설되거나 존속하는 법인이 보유한 상장주식의 시가는 평가기준일 현재의 거래소 최종 시세가액으로 한다.
1531) 소득세법시행령 제150조의22 제1항 제3호 나목 2) 나).
1532) 제167조(양도소득의 부당행위 계산) ⑤제3항 및 제4항을 적용할 때 시가는 「상속세 및 증여세법」 제60조부터 제66조까지와 같은 법 시행령 제49조, 제50조부터 제52조까지, 제52조의2, 제53조부터 제58조까지, 제58조의2부터 제58조의4까지, 제59조부터 제63조까지의 규정을 준용하여 평가한 가액에 따른다. 이 경우 「상속세 및 증여세법 시행령」 제49조 제1항 각 호 외의 부분 본문 중 "평가기준일 전후 6개월(증여재산의 경우에는 평가기준일 전 6개월부터 평가기준일 후 3개월까지로 한다) 이내의 기간"은 "양도일 또는 취득일 전후 각 3개월의 기간"으로 본다.
1533) 소득세법시행령 제150조의22 제1항 제4호.

마. 취득 당시 주권상장법인등에 해당하지 않는 주식등

주식등의 양도일 현재는 주권상장법인등에 따른 주식등에 해당되나 그 취득 당시에는 같은 호에 따른 주식등에 해당되지 않는 경우 취득 당시의 기준시가는 아래 산식으로 계산한 가액으로 한다.[1534]

〈표-85 취득 당시 비상장법인의 취득 당시 기준시가〉

구분		계산식
증권시장 상장일 이후 1개월간 매일 공표된 증권시장의 최종시세가액의 평균액	①	
취득일 현재의 비상장법인의 비상장주식등 평가방법에 따른 평가액	②	① × (② ÷ ③) = ④
증권시장 상장일 현재의 비상장법인의 비상장주식등 평가방법에 따른 평가액	③	
취득 당시의 기준시가	④	

2. 채권등 기준시가 산정

채권등은 상속증여세법 제63조 제1항 제2호[1535]를 준용하여 평가한 가액을 기준시가로 한다.[1536] 상속증여세법에서는 국채·공채 등 그 밖의 유가증권의 평가는 해당 재산의 종류, 규모, 거래 상황 등을 고려하여 대통령령으로 정하는 방법으로 평가하며 아래와 같다.

가. 국채·공채등 그 밖의 유가증권의 평가

유가증권 중 국채·공채·사채[1537](국채등)는 아래의 어느 하나에 따라 평가한 가액으로 한다.[1538]

1534) 소득세법시행령 제150조의22 제2항.
1535) 2. 제1호 외에 국채(國債)·공채(公債) 등 그 밖의 유가증권의 평가는 해당 재산의 종류, 규모, 거래 상황 등을 고려하여 대통령령으로 정하는 방법으로 평가한다.
1536) 소득세법 제87조의17 제1항 제2호.
1537) 상속증여세법 제40조 제1항 각 호 외의 부분에 따른 전환사채등을 제외한다.
1538) 상속증여세법시행령 제58조 제1항.

1) 거래소에서 거래되는 국채등의 평가

거래소에서 거래되는 국채등은 평가기준일[1539] 이전 2개월 동안 공표된 매일의 거래소 최종 시세가액[1540]의 평균액[1541]과 평가기준일 이전 최근일의 최종 시세가액 중 큰 가액으로 한다.[1542] 평가기준일 이전 2개월의 기간 중 거래실적이 없는 국채등은 기타 국채등의 평가방법에 따른다.

2) 기타 국채등의 평가

타인으로부터 매입한 국채등[1543]은 매입가액에 평가기준일까지의 미수이자상당액을 가산한 금액으로 한다.[1544] 기타의 국채등은 평가기준일 현재 이를 처분하는 경우에 받을 수 있다고 예상되는 처분예상금액으로 한다.[1545] 처분예상금액을 산정하기 어려운 경우에는 당해 국채등의 상환기간·이자율·이자지급방법 등을 고려해 기획재정부령에 따라 평가한 가액으로 할 수 있다.

3) 자본시장법에 따른 집합투자증권의 평가

자본시장법에 따른 집합투자증권의 평가는 평가기준일 현재의 거래소의 기준가격으로 하거나 집합투자업자 또는 투자회사가 자본시장법에 따라 산정 또는 공고한 기준가격으로 한다. 다만 평가기준일 현재의 기준가격이 없는 경우에는 평가기준일 현재의 환매가격 또는 평가기준일 전 가장 가까운 날의 기준가격으로 한다.[1546]

나. 전환사채등의 평가

1539) 평가기준일이 공휴일 등 대통령령으로 정하는 매매가 없는 날인 경우에는 그 전일을 기준으로 한다.
1540) 거래실적 유무를 따지지 아니한다.
1541) 상속증여세법 제63조 제1항 제1호 가목 본문을 준용하여 평가한 가액을 말한다.
1542) 상속증여세법시행령 제58조 제1항 제1호.
1543) 국채등의 발행기관 및 발행회사로부터 액면가액으로 직접 매입한 것을 제외한다.
1544) 상속증여세법시행령 제58조 제1항 제2호 가목.
1545) 상속증여세법시행령 제58조 제1항 제2호 나목.
1546) 상속증여세법시행령 제58조 제2항.

1) 전환사채등

거래소에서 거래되는 전환사채등[1547]은 상속증여세법시행령 제58조 제1항 제1호[1548]에 따른 국채등의 평가방법을 준용하여 평가한 가액으로 한다.[1549] 거래소에서 거래되는 전환사채등에 해당하지 않는 전환사채등 및 신주인수권증서는 아래의 어느 하나에 따라 평가한 가액으로 한다.[1550] 다만 상속증여세법시행령 제58조 제1항 제2호 나목 단서[1551)1552]에 따라 평가한 가액이 있는 경우에는 해당 가액으로 할 수 있다.

2) 주식으로 전환등이 불가능한 기간 중인 경우

전환사채등이 주식으로 전환등이 불가능한 기간 중인 경우에는 만기상환금액을 사채발행이율과 적정할인율 중 낮은 이율에 의하여 발행 당시의 현재가치로 할인한 가액에서 발행후 평가기준일까지 발생한 이자상당액을 가산한 가액으로 한다.[1553]

3) 주식으로 전환등이 가능한 기간 중인 경우

주식으로의 전환등이 가능한 기간 중인 경우에는 아래의 구분에 따라 평가한 가액으로 한다.[1554]

1547) 법 제40조 제1항 각 호 외의 부분에 따른 전환사채등을 말한다.
1548) 1. 거래소에서 거래되는 국채등은 법 제63조 제1항 제1호 가목 본문을 준용하여 평가한 가액과 평가기준일 이전 최근일의 최종시세가액 중 큰 가액으로 하되, 평가기준일 이전 2개월의 기간 중 거래실적이 없는 국채등은 제2호에 따른다. 이 경우 법 제63조 제1항 제1호 가목 본문 중 "주식등"은 "국채등"으로, "평가기준일 이전·이후 각 2개월"은 "평가기준일 이전 2개월"로 본다.
1549) 상속증여세법시행령 제58조의2 제1항.
1550) 상속증여세법시행령 제58조의2 제2항.
1551) 다만, 처분예상금액을 산정하기 어려운 경우에는 당해 국채등의 상환기간·이자율·이자지급방법 등을 참작하여 기획재정부령이 정하는 바에 따라 평가한 가액으로 할 수 있다.
1552) 제18조의2(액면가액으로 직접 매입한 국채등의 평가) ①영 제58조 제1항 제2호 나목 단서에서 "기획재정부령이 정하는 바에 따라 평가한 가액"이란 영 제58조 제1항 제2호 가목외의 국채등을 「자본시장과 금융투자업에 관한 법률」에 따라 인가를 받은 투자매매업자, 투자중개업자, 「공인회계사법」에 따른 회계법인 또는 「세무사법」에 따른 세무법인 중 둘 이상의 자가 상환기간·이자율·이자지급방법등을 감안하여 평가한 금액의 평균액을 말한다.
1553) 상속증여세법시행령 제58조의2 제2항 제1호 나목.
1554) 상속증여세법시행령 제58조의2 제2항 제2호.

가) 전환사채

전환사채는 주식으로 전환등이 불가능한 기간 중인 경우에 의하여 평가한 가액과 당해 전환사채로 전환할 수 있는 주식가액에서 상속증여세법시행령 제57조 제3항[1555]의 규정에 의한 배당차액을 차감한 가액 중 큰 가액으로 한다.[1556]

나) 신주인수권부사채

신주인수권부사채의 경우 "주식으로 전환등이 불가능한 기간 중인 경우"에 의하여 평가한 가액과 동가액에서 동호 가목[1557]의 규정을 준용하여 평가한 신주인수권가액을 차감하고 다목[1558]의 규정을 준용하여 평가한 신주인수권가액을 가산한 가액 중 큰 금액으로 한다.[1559]

다. 파생결합증권의 평가

파생결합증권의 기초자산을 구성하는 가격·이자율·지표·단위 또는 이를 기초로 하는 지수 등을 고려하여 ① 증권시장에 상장되어 거래되는 경우에는 평가기준일 현재 거래소 최종시세가액으로 평가, ② 이외의 경우에는 파생결합증권 발행회사가 공시하는 공정가액으로 한다.

라. 파생상품의 평가

파생상품은 파생상품의 종류, 규모, 거래상황 등을 고려하여 ① 증권시장에 상장되어 거래되

1555) ③ 법 제63조 제2항 제3호에 따른 주식의 평가는 거래소에 상장되어 있는 법인의 주식에 대하여 법 제63조 제1항 제1호 가목에 따라 평가한 가액에서 기획재정부령으로 정하는 배당차액을 뺀 가액으로 한다.
1556) 상속증여세법시행령 제58조의2 제2항 제2호 가목.
1557) 가목에서는 신주인수권증권과 관련된 평가방법을 규정하고 있다. 신주인수권부사채의 만기상환금액(만기 전에 발생하는 이자상당액을 포함한다. 이하 이 호에서 같다)을 사채발행이율에 따라 발행 당시의 현재가치로 할인한 가액에서 그 만기상환금액을 3년 만기 회사채의 유통수익률을 고려하여 기획재정부령으로 정하는 이자율(이하 이 호에서 "적정할인율"이라 한다)에 따라 발행 당시의 현재가치로 할인한 가액을 뺀 가액. 이 경우 그 가액이 음수인 경우에는 영으로 한다.
1558) 제1호 가목의 규정에 의하여 평가한 가액과 당해 신주인수권 증권으로 인수할 수 있는 주식가액에서 제57조 제3항의 규정에 의한 배당차액과 신주인수가액을 차감한 가액 중 큰 금액으로 한다.
1559) 상속증여세법시행령 제58조의2 제2항 제2호 나목.

는 경우 평가기준일 현재 거래소 최종시세가액, ② 이외의 경우 ⓐ 본래의 권리의 가액을 기초로 하여 평가기준일 현재의 조건내용을 구성하는 사실, ⓑ 조건성취의 확실성, ⓒ 그 밖의 제반 사정을 고려한 적정가액으로 평가한 가액으로 한다.

제4절 금융투자소득에 대한 세액의 계산

Ⅰ. 금융투자소득세의 세율

거주자의 금융투자소득과세표준에 적용하는 세율은 다음과 같다.[1560]

〈표-86 금융투자소득세율〉

금융투자소득과세표준	적용세율
과세표준 3억원 이하	20%
과세표준 3억원 초과	6천원 + (3억원 초과액 × 25%)

Ⅱ. 금융투자소득세세액의 감면

금융투자소득금액에 소득세법 또는 다른 조세에 관한 법률에 따른 감면대상 금융투자소득금액이 있을 때에는 아래에 따라 계산한 금융투자소득세 감면액을 금융투자소득 산출세액에서 감면한다.[1561] 다만 조세특례제한법에서 금융투자소득세의 감면을 금융투자소득금액에서 감면대상 금융투자소득금액을 차감하는 방식으로 규정하는 경우에는 그에 따라 차감한 후 금융투자소득과세표준을 계산하는 방식으로 금융투자소득세를 감면한다.[1562]

1560) 소득세법 제87조의19.
1561) 소득세법 제87조의20 제1항.
1562) 소득세법 제87조의20 제2항.

<표-87 금융투자소득세 감면액>

구분		계산식
제87조의5 제1호에 따른 금융투자소득산출세액	①	
감면대상 금융투자소득금액	②	
제87조의18에 따른 금융투자소득기본공제 금액	③	① × (② - ③) ÷ ④ × ⑤ = ⑥
제87조의4에 따른 금융투자소득과세표준	④	
소득세법 또는 다른 조세에 관한 법률에서 정한 감면율	⑤	
금융투자소득세 감면액	⑥	

제5절 금융투자소득 예정신고와 납부

I. 금융투자소득 예정신고 대상소득

① 금융회사등을 통하여 지급받지 않은 금융투자소득, ② 금융회사등을 통하여 지급받은 금융투자소득 중 원천징수되지 않은 소득, ③ 소득세법 제87조의2 제3호 후단에 따른 부담부증여 시 수증자가 부담하는 채무액에 해당하는 부분으로서 양도로 보는 부분에 대한 소득(예정신고 대상소득)을 지급받은 자는 금융투자소득금액 또는 금융투자결손금을 대통령령으로 정하는 바에 따라 납세지 관할세무서장에게 신고해야 한다.[1563] 이를 금융투자소득 예정신고라 한다.[1564]

II. 금융투자소득 예정신고 기간

금융투자소득 예정신고는 아래의 구분에 따른 기간까지 해야 한다.[1565]

1563) 소득세법 제87조의21 제1항.
1564) 소득세법 제87조의21 제3항.
1565) 소득세법 제87조의21 제2항.

〈표-88 금융투자소득 예정신고 기간〉

구분	예정신고 기간
금융회사등을 통하여 지급받지 않은 금융투자소득	지급일이 속하는 반기(半期)의 말일부터 2개월
금융회사등을 통하여 지급받은 금융투자소득 중 소득세법 제127조에 따라 원천징수되지 않은 소득	지급일이 속하는 달의 말일부터 2개월
소득세법 제87조의2 제3호 후단에 따른 부담부증여 시 수증자가 부담하는 채무액에 해당하는 부분으로서 양도로 보는 부분에 대한 예정신고 대상소득	양도일이 속하는 달의 말일부터 2개월

Ⅲ. 금융투자소득 예정신고 제출서류

　금융투자소득 예정신고(금융투자소득예정신고)를 하여는 자는 금융투자소득 예정신고 및 납부계산서에 ① 해당 금융투자상품의 매도 및 매입 등에 관한 계약서 사본,[1566] ② 양도비 등의 명세서를 첨부하여 납세지 관할세무서장에게 제출해야 한다.[1567] 금융투자결손금을 신고하는 경우에는 금융투자결손금신고서와 함께 ①과 ②의 서류를 첨부하여 납세지 관할세무서장에게 제출해야 한다.[1568]

Ⅳ. 금융투자소득 예정신고 납부

　거주자가 금융투자소득 예정신고를 할 때에는 예정신고 산출세액에서 조세특례제한법이나 그 밖의 법률에 따라 예정신고 대상소득금액에서 감면이 적용되는 경우 감면세액을 뺀 세액을 납세지 관할세무서, 한국은행 또는 체신관서에 납부하여야 한다.[1569] 이를 예정신고납부라 하며 수시부과세액[1570]이 있을 때에는 공제한 후 납부한다.[1571]

1566) 금융회사등을 통하여 금융투자소득을 지급받은 경우에는 「자본시장과 금융투자업에 관한 법률」 제8조 제1항에 따른 금융투자업자가 발급하는 거래내역서를 말한다.
1567) 소득세법시행령 제150조의27 제1항.
1568) 소득세법시행령 제150조의27 제2항.
1569) 소득세법 제87조의22 제1항.
1570) 제82조 또는 제87조의27에 따른 수시부과세액을 말한다.
1571) 소득세법 제87조의22 제3항.

Ⅴ. 금융투자소득 예정신고 산출세액의 계산

1. 산출세액의 계산 방법

금융투자소득 예정신고 산출세액은 아래에 따라 계산한 세액으로 한다.[1572]

〈표-89 금융투자소득 예정신고 산출세액의 계산〉

구분		계산식
금융투자소득금액	①	
금융투자소득 기본공제	②	(① - ②) × ③ = ④
소득세법 제87조의19에 따른 세율	③	
예정신고 산출세액	④	

2. 예정신고를 2회 이상 하고 누진세율이 적용되는 경우

해당 과세기간에 금융투자소득 예정신고를 2회 이상하고 누진세율이 적용되는 경우로서 거주자가 이미 신고한 금융투자소득금액과 합산하여 신고하려는 경우에는 아래에 따라 계산한 금액을 2회 이후 신고하는 예정신고 산출세액으로 한다.[1573]

〈표-90 누진세율이 적용되는 경우 금융투자소득 예정신고 산출세액의 계산〉

구분		계산식
이미 신고한 금융투자소득금액	①	
2회 이후 신고하는 금융투자소득금액	②	
금융투자소득 기본공제	③	[(① - ② - ③) × ④] - ⑤ = ⑥
소득세법 제87조의19에 따른 세율	④	
이미 신고한 예정신고 산출세액	⑤	
예정신고 산출세액	⑥	

3. 금융투자소득 기본공제

1572) 소득세법시행령 150조의28 제1항.
1573) 소득세법시행령 150조의28 제2항.

예정신고 산출세액 계산시 금융투자소득 기본공제는 소득세법시행령 제203조의2 제5항[1574]에 따라 금융투자소득 기본공제를 신청하지 않은 경우로 한정하여 적용한다.[1575]

제6절 금융투자소득과세표준의 확정신고와 납부

Ⅰ. 확정신고 대상 및 기간

금융투자소득과세표준이 없거나 금융투자결손금이 있는 거주자를 포함한 해당 과세기간의 금융투자소득금액이 있는 거주자는 그 금융투자소득과세표준을 그 과세기간의 다음 연도 5월 1일부터 5월 31일까지 대통령령으로 정하는 바에 따라 납세지 관할 세무서장에게 신고해야 한다.[1576] 이를 금융투자소득과세표준 확정신고라 한다.[1577]

Ⅱ. 확정신고를 하지 않아도 되는 경우

아래의 모두에 해당하지 않는 경우에는 금융투자소득과세표준 확정신고를 하지 않을 수 있다.[1578] ① 금융투자소득 총결정세액이 예정신고납부세액·수시부과세액·원천징수세액의 합계액을 초과하는 자, ② 환급을 받으려는 자, ③ 해당 과세기간의 금융투자결손금액을 확정하려는 자,[1579] ④ 소득세법 또는 다른 법률에서 규정하는 금융투자소득에 대한 비과세, 감면 등 조세특

1574) ⑤ 금융회사등을 통하여 지급받는 금융투자소득이 있는 자는 법 제87조의18 제1항 각 호의 구분별로 각각 하나의 금융회사등을 통해 금융투자소득 기본공제를 적용받을 수 있다.
1575) 소득세법시행령 150조의28 제3항.
1576) 소득세법 제87조의23 제1항.
1577) 소득세법 제87조의23 제2항.
1578) 소득세법 제87조의23 제3항.
1579) 다만, 제87조의21에 따른 예정신고 대상소득을 지급받지 아니한 과세기간의 금융투자결손금액을 확정하려는 자의 경우는 제외한다.

례를 적용받으려는 자[1580]의 요건을 모두 충족해야 한다.

Ⅲ. 확정신고서 및 계산 서류의 제출

거주자는 금융투자소득과세표준 확정신고를 하는 경우 그 신고서에 금융투자소득금액 계산에 필요한 서류를 납세지 관할 세무서장에게 제출해야 한다. 금융투자소득과세표준 확정신고 및 납부계산서에 ① 해당 금융투자상품의 매도 및 매입 등에 관한 계약서 사본, ② 양도비 등의 명세서, ③ 거래자의 인적 사항, 사용목적, 요구하는 자료 등의 내용을 기재한 문서,[1581] ④ 과세표준과 세율·세액 기타 필요한 사항을 납부고지서에 기재한 문서 또는 통지서 사본,[1582] ⑤ 소득세법 제87조의27(준용규정) 및 제101조(양도소득의 부당행위계산)에 따라 소득금액을 계산한 경우에는 필요경비불산입 명세서, ⑥ 금융투자소득에 대한 조세특례적용신청서 및 조세특례에 관한 사항 확인을 위해 필요한 서류를 첨부해야 한다. 다만 금융투자소득과세표준확정신고를 한 것으로 보는 경우[1583]는 제외한다.[1584]

Ⅳ. 금융투자소득 확정신고 납부

거주자는 금융투자소득과세표준에 대한 금융투자소득산출세액에서 감면세액과 세액공제액을 공제한 금액을 그 과세기간의 다음 연도 5월 1일부터 5월 31일까지 납세지 관할 세무서장, 한국은행 또는 체신관서에 납부하여야 하며 확정신고납부라 한다. 확정신고납부를 하는 경우 예정신고납부에 따라 납부하였거나 납부하여야 할 세액, 수시부과세액, 원천징수세액을 공제하여 납부한다.

1580) 다만, 분리과세금융투자소득(제127조에 따라 원천징수되지 아니하는 소득은 제외한다)만 있는 자가 해당 소득에 대한 조세특례를 적용받으려는 경우는 제외한다.
1581) 소득세법시행령 제150조의35.
1582) 소득세법시행령 제177조 제1항. 금융투자소득예정신고를 하지 않은 자의 경우에는 기획재정부령으로 정하는 금융투자소득금액 계산명세서를 말한다.
1583) 소득세법시행령 제150조의31 제2항.
1584) 소득세법시행령 제150조의30 제1항.

확정신고납부는 금융투자소득세과세표준확정신고와 함께 납세지 관할세무서장에게 납부하거나 국세징수법에 따른 납부서에 금융투자소득과세표준확정신고 및 납부계산서를 첨부하여 한국은행 또는 체신관서에 납부해야 한다.[1585] 이에 따라 금융투자소득과세표준확정신고 및 납부계산서를 납부서에 첨부하여 한국은행 또는 체신관서에 제출한 경우 금융투자소득세과세표준확정신고를 한 것으로 본다.[1586]

제7절 금융투자소득에 대한 결정 및 경정

Ⅰ. 금융투자소득과세표준과 세액의 결정

납세지 관할세무서장 또는 지방국세청장은 금융투자소득 예정신고와 금융투자소득과세표준확정신고를 하여야 할 자가 그 신고를 하지 않은 경우에는 해당 거주자의 금융투자소득과세표준과 세액을 결정한다.[1587]

Ⅱ. 금융투자소득과세표준과 세액의 경정

납세지 관할세무서장 또는 지방국세청장은 금융투자소득 예정신고, 금융투자소득과세표준 확정신고 내용에 탈루 또는 오류가 있는 경우에는 금융투자소득과세표준과 세액을 경정한다.[1588]

Ⅲ. 금융투자소득과세표준과 세액의 재경정

1585) 소득세법시행령 제150조의31 제1항.
1586) 소득세법시행령 제150조의31 제2항.
1587) 소득세법 제8조의25 제1항.
1588) 소득세법 제8조의25 제2항.

납세지 관할세무서장 또는 지방국세청장은 금융투자소득과세표준과 세액의 결정 또는 경정한 후 그 결정 또는 경정에 탈루 또는 오류가 있는 것이 발견된 경우에는 즉시 다시 경정한다.[1589]

Ⅳ. 금융투자소득과세표준과 세액의 추계조사 결정

1. 추계조사 사유

양도 또는 취득당시의 실지거래가액의 확인을 위하여 필요한 ① 장부, ② 매매계약서, ③ 영수증, ④ 기타 증빙서류가 없거나 그 중요한 부분이 미비 또는 내용이 매매사례가액과 감정평가업자가 평가한 감정가액 등에 비추어 거짓임이 명백한 경우 장부나 그 밖의 증명서류에 의하여 금융투자소득을 인정 또는 확인할 수 없는 경우에는 대통령령으로 정하는 바에 따라 ⓐ 매매사례가액, ⓑ 환산취득가액,[1590] ⓒ 기준시가 등에 따라 추계조사하여 결정 또는 경정할 수 있다.

2. 환산취득가액의 산정

장부나 그 밖의 증명서류에 의하여 금융투자소득을 인정 또는 확인할 수 없는 경우 대통령령으로 정하는 환산취득가액은 주식등의 경우 소득세법시행령 제129조 제4항을 준용하여 아래에 따라 환산한 가액으로 한다.[1591]

〈표-91 주식등의 환산취득가액 계산〉

구분		계산식
양도 당시의 실지거래가액, 소득세법시행령 제176조의2 제3항 제1호의 매매사례가액 또는 제3항 제2호의 감정가액	①	① × ② ÷ ③ = ④
취득 당시의 기준시가	②	
양도 당시의 기준시가	③	
환산취득가액	④	

[1589] 소득세법 제8조의25 제3항.
[1590] 실지거래가액·매매사례가액 또는 대통령령으로 정하는 방법에 따라 환산한 가액을 말한다.
[1591] 소득세법 제87조의25 제4항에 따른 금융투자소득 추계결정 및 경정에 관하여는 제176조의2 제3항부터 제5항까지를 준용한다.

제8절 금융투자소득의 징수·환급

Ⅰ. 금융투자소득세액의 징수

1. 세액의 전부 또는 일부를 미납하는 세액

납세지 관할세무서장은 예정신고납부 및 확정신고납부에 따라 금융투자소득세를 납부하여야 할 자가 그 세액의 전부 또는 일부를 납부하지 않은 경우에는 그 미납된 금융투자소득세액을 국세징수법에 따라 징수한다.[1592]

2. 결정 또는 경정한 소득세액에 미달하는 세액

납세지 관할세무서장은 국세징수법에 따라 징수하거나 납부된 거주자의 해당 과세기간 소득세액이 금융투자소득과세표준과 세액의 결정 또는 경정에 따라 납세지 관할세무서장 또는 지방국세청장이 결정 또는 경정한 소득세액에 미달할 때에는 그 미달하는 세액을 징수한다.[1593]

3. 징수 또는 징수해야 할 세액을 미달 납부한 세액

납세지 관할세무서장은 원천징수의무가자 징수하였거나 징수하여야 할 세액을 그 기한까지 납부하지 않았거나 미달하게 납부한 경우 그 징수하여야 할 세액에 가산세액을 더한 금액을 그 세액으로 하여 원천징수의무자로부터 징수해야 한다.[1594] 다만 원천징수의무자가 원천징수를 하지 않은 경우로서 ① 납세의무자가 신고·납부한 과세표준금액에 원천징수하지 아니한 원천징수대상 소득금액이 이미 산입된 경우, ② 원천징수하지 않은 원천징수대상 소득금액에 대해서 납세의무자의 관할 세무서장이 금융투자소득과세표준과 세액의 결정 또는 경정에 따라 그 납세의

1592) 소득세법 제87조의26 제1항.
1593) 소득세법 제87조의26 제2항.
1594) 소득세법 제87조의26 제3항.

무자에게 직접 소득세를 부과·징수하는 경우에 해당하는 경우에는 가산세액만을 징수한다.

II. 금융투자소득세액의 환급

납세지 관한세무서장은 과세기간별로 예정신고납부세액·확정신고납부세액·징수한 미납된 금융투자소득세액·수시부과세액·원천징수세액 등에 따른 세액의 합계액이 금융투자소득 총결정세액을 초과할 때에는 그 초과하는 세액을 환급하거나 다른 국세 및 강제징수비에 충당해야 한다.[1595]

제9절 금융투자소득에 대한 원천징수

I. 금융투자소득금액 또는 금융투자결손금의 계산

금융회사등은 ① 해당 과세기간의 반기, ② 반기 중 계좌를 해지한 경우 반기 시작일부터 계좌해지일까지의 기간(금융소득 원천징수기간) 중 관리하는 모든 계좌에 대해 금융투자소득금액을 계좌보유자별로 합산해 계좌보유자별 금융투자소득금액 또는 금융투자결손금을 계산해야 한다.[1596] 계좌보유자별 금융투자소득금액에 대한 원천징수세액은 각 소득금액별로 구분[1597] 계산한다.[1598]

금융실명거래 및 비밀보장에 관한 법률(금융실명법) 제2조 제4호[1599][1600]에 따른 실지명의별

1595) 소득세법 제87조의26 제4항.
1596) 소득세법 제148조의2 제1항.
1597) 소득세법 제87조의18 제1항.
1598) 소득세법시행령 제203조의2 제1항.
1599) 4. "실지명의"란 주민등록표상의 명의, 사업자등록증상의 명의, 그 밖에 대통령령으로 정하는 명의를 말한다.
1600) 제3조(실지명의) 법 제2조 제4호의 규정에 의한 실지명의는 다음 각 호의 구분에 따른 명의로 한다. 〈개정 2002.6.29., 2004.7.29., 2005.8.17., 2008.2.29.〉
  1. 개인의 경우

로 보유 계좌에서 발생한 해당 과세기간의 소득금액과 손실금액을 ① 주권상장법인의 주식등을 증권시장에서 양도하여 발생한 소득금액, ② K-OTC 장외매매거래로 주권비상장법인인 중소기업과 중견기업의 주식등을 양도하여 발생한 소득금액, ③ 공모 국내주식형 적격집합투자기구에서 발생한 소득금액, ④ 기타의 금융투자소득금액별로 구분하여 합산한다.[1601]

II. 기본공제액의 공제와 원천징수

금융투자소득금액에서 기본공제액을 공제한 후 원천징수세율을 적용하여 계산한 금융투자소득세를 원천징수한다. 구분별로 합산된 금융투자소득금액에 금융투자소득 기본공제를 적용하며 금융회사등을 통하여 지급받는 금융투자소득이 있는 자는 금융투자소득 구분별로 각각 하나의 금융회사등을 통해 금융투자소득 기본공제를 적용받을 수 있다.

금융투자소득 기본공제를 적용받으려는 경우에는 기본공제를 적용할 금융투자소득 원천징수기간 종료일까지 국세청장에게 신청해야 하며 동일 과세기간에는 금융투자소득 기본공제를 적용한 금융회사등을 변경하지 못한다.[1602] 상반기에 금융투자소득 기본공제를 적용한 후 아래 계산식에 따른 금융투자 기본공제잔여금액[1603]이 있으면 하반기에 적용한다.[1604]

금융투자소득 기본공제를 적용한 금액이 영(0)보다 큰 경우에는 그 금액에 원천징수세율을

주민등록표에 기재된 성명 및 주민등록번호. 다만, 재외국민의 경우에는 여권에 기재된 성명 및 여권번호(여권이 발급되지 아니한 재외국민은 「재외국민등록법」에 의한 등록부에 기재된 성명 및 등록번호)
2. 법인(「국세기본법」에 의하여 법인으로 보는 법인격 없는 사단 등을 포함한다. 이하 같다)의 경우
「법인세법」에 의하여 교부받은 사업자등록증에 기재된 법인명 및 등록번호. 다만, 사업자등록증을 교부받지 아니한 법인은 「법인세법」에 의하여 납세번호를 부여받은 문서에 기재된 법인명 및 납세번호
3. 법인이 아닌 단체의 경우
당해 단체를 대표하는 자의 실지명의. 다만, 「부가가치세법」에 의하여 고유번호를 부여받거나 「소득세법」에 의하여 납세번호를 부여받은 단체의 경우에는 그 문서에 기재된 단체명과 고유번호 또는 납세번호
4. 외국인의 경우
「출입국관리법」에 의한 등록외국인기록표에 기재된 성명 및 등록번호. 다만, 외국인등록증이 발급되지 아니한 자의 경우에는 여권 또는 신분증에 기재된 성명 및 번호
5. 제1호 내지 제4호의 규정에 의하는 것이 곤란한 경우
총리령이 정하는 실지명의

1601) 소득세법시행령 제203조의2 제1항 제1호.
1602) 소득세법시행령 제203조의2 제6항.
1603) 법 제87조의18 제1항 각 호의 구분별로 적용한다.
1604) 소득세법시행령 제203조의2 제8항.

적용하여 계산한 금액을 합산한다. 구분별로 합산된 소득금액 또는 금융투자소득 기본공제를 적용한 금액이 영(0)보다 작거나 같은 경우에는 원천징수를 하지 않는다.

⟨표-92 금융투자소득 기본공제 잔여금액의 계산⟩

구분		계산식
소득세법 제87조의18 제1항[1605]에 따른 금융투자소득 기본공제	①	
소득세법시행령 203조의2 제5항[1606]에 따른 기본공제 적용 대상 상반기 금융투자소득	②	① - ② = ③
금융투자소득 기본공제 잔여금액	③	

Ⅲ. 원천징수세액 상당액의 인출 제한

금융투자소득 원천징수기간에 각 계좌보유자별로 금융투자소득금액을 누적 관리해야 하며 계좌보유자별 원천징수세액 상당액에 대해서는 원천징수기간 중 인출을 제한할 수 있다. 금융회사등은 계좌보유자별로 소득금액 또는 손실금액이 발생하는 때에는 계좌보유자별 금융투자소득금액의 구분 합산 방법을 적용 누적하여 계산한 원천징수세액 상당액에 해당하는 금액을 계좌에서 인출하는 것을 제한할 수 있다.

Ⅳ. 계좌보유자별 금융투자결손금의 공제

[1605] ① 금융투자소득이 있는 거주자에 대해서는 금융투자소득금액에서 금융투자이월결손금을 공제한 후 다음 각 호의 구분에 따라 해당 금액을 공제한다.
  1. 다음 각 목의 소득금액의 합계액에서 공제할 금액: 5천만원의 범위에서 대통령령으로 정하는 금액
    가. 주식등소득금액 중 주권상장법인의 주식등을 증권시장에서 양도하여 발생한 소득금액
    나. 주권비상장법인인 대통령령으로 정하는 중소기업 및 대통령령으로 정하는 중견기업의 주식등을 「자본시장과 금융투자업에 관한 법률」 제283조에 따라 설립된 한국금융투자협회가 행하는 같은 법 제286조 제1항 제5호에 따른 장외매매거래로 양도하여 발생한 소득금액
    다. 집합투자기구소득금액 중 대통령령으로 정하는 공모 국내주식형 적격집합투자기구에서 발생한 소득금액
[1606] ⑤ 금융회사등을 통하여 지급받는 금융투자소득이 있는 자는 법 제87조의18 제1항 각 호의 구분별로 각각 하나의 금융회사등을 통해 금융투자소득 기본공제를 적용받을 수 있다.

상반기의 계좌보유자별 금융투자결손금은 하반기의 원천징수대상 금융투자소득금액에서 공제한다.[1607] 계좌보유좌별 금융투자결손금은 보유 계좌에서 발생한 해당 과세기간의 소득금액이 영(0)보다 작은 경우 해당 금액을 말한다. 금융투자결손금을 하반기에 공제하는 경우에는 금융투자소득의 구분에 따라 해당 소득금액에서 공제한다.[1608]

V. 비과세 금융투자소득의 원천징수배제신청

소득세법 또는 다른 법률에 따라 비과세되는 금융투자소득이 있는 자는 금융투자소득 원천징수기간까지 비과세 대상임을 확인하는 증빙서류를 첨부하여 금융회사등에 원천징수배제신청서를 제출할 수 있다. 금융회사등에 원천징수배제신청서를 제출해야 하는 시기는 금융투자소득의 수입시기가 속하는 달의 말일까지로 한다. 다만 수입시기가 말일인 경우에는 수입시기 이후 3 영업일까지로 한다.

금융회사등은 원천징수배제신청서를 받은 경우 해당 금융투자소득을 원천징수에서 제외하고 지급명세서를 제출할 때 납세지 관할 세무서장에게 함께 제출해야 한다. 원천징수배제신청서를 제출받은 금융기관등은 지급명세서 제출시 원천징수대상 소득 중 원천징수하지 않은 소득 명세서와 제출받은 원천징수배제신청서를 함께 제출해야 한다.

VI. 금융회사등의 원천징수 제외 통지의무

금융회사등은 관리하는 계좌에 비상장주식이 입고되는 등 기획재정부령으로 정하는 사유로 계좌에서 관리하는 주식등의 취득가액을 확인할 수 없는 경우 계좌보유자에게 해당 소득이 원천징수에서 제외된다는 것을 통지해야 한다. 다만 금융회사등은 원천징수에서 제외되었으나 금융투자소득의 수입시기 전까지 계좌보유자가 취득가액을 확인할 수 있는 서류를 갖추어 기획재정부령으로 정하는 바에 따라 원천징수요청서를 금융회사등에 제출한 경우에는 원천징수를 해

[1607] 소득세법 제148조의2 제4항.
[1608] 소득세법시행령 제203조의2 제7항.

야 한다.

Ⅶ. 집합투자기구의 원천징수 특례

소득세법 제127조 제1항에 따른 원천징수 대상 소득금액이 자본시장법에 따른 집합투자재산에 귀속되는 시점에는 그 소득금액이 지급된 것으로 보지 않는다.

Ⅷ. 원천징수세액의 정산 및 납부

금융회사등은 상반기와 하반기 원천징수세액 합계액이 연간 원천징수세액을 초과하는 경우에는 그 초과액을 거주자에게 환급[1609]해야 한다. 금융회사등은 금융투자소득 원천징수기간 종료일이 속하는 달의 다음 달 10일까지 원천징수 관할세무서, 한국은행 또는 체신관서에 납부하여야 한다.

제10절 금융투자소득에 대한 원천징수영수증의 발급 등

Ⅰ. 원천징수영수증의 발급

금융투자소득의 원천징수의무자는 반기 마지막 달 또는 반기 중 계좌를 해지한 경우 계좌해지일이 속하는 달의 다음 달 10일까지 계좌보유자에게 계좌보유자별 금융투자소득의 금액과

[1609] 환급을 하는 경우 소득세법 제201조를 준용한다. 제201조(근로소득세액 연말정산시의 환급) ①근로소득세액에 대한 연말정산을 하는 경우에 원천징수의무자가 이미 원천징수하여 납부한 소득세에 과오납이 있어 근로소득자에게 환급하는 때에는 그 환급액은 원천징수의무자가 원천징수하여 납부할 소득세에서 조정하여 환급한다.
　②제1항의 경우에 원천징수의무자가 원천징수하여 납부할 소득세가 없는 때에는 기획재정부령이 정하는 바에 의하여 환급한다.

그 밖에 필요한 사항을 적은 원천징수영수증을 발급하여야 한다.[1610]

II. 중도 계좌해지시 등의 통지

원천징수의무자가 반기 마지막 달 또는 반기 중 계좌를 해지한 경우 계좌해지일이 속하는 달의 다음다음 달 말일까지 금융투자소득을 받는 자에게 그 금융투자소득의 금액과 그 밖에 필요한 사항을 통지하는 경우에는 해당 원천징수영수증을 발급한 것으로 본다.[1611]

통지는 ① 원천징수의무자가 금융투자소득을 받은 자의 통장 또는 금융거래명세서에 그 지급내용과 자신의 사업자등록번호와 그 상호 또는 법인명(사업자등록번호등)을 적어서 통지하는 방법, ② 원천징수의무자가 금융투자소득을 받는 자로부터 신청을 받아 그 지급내용과 자신의 사업자등록번호등을 우편 또는 전자계산조직을 이용한 정보통신 또는 모사전송으로 통지하는 방법, ③ 지급받은 금융투자소득의 연간합계액과 원천징수세액명세 및 원천징수의무자의 사업자등록번호등을 기재하거나 통지하는 방법으로 해야 한다.[1612]

III. 원천징수영수증의 발급 면제

금융투자소득의 원천징수의무자는 금융투자소득의 지급금액이 1백만원 이하인 경우에는 원천징수영수증을 발급하지 않을 수 있다. 발급하지 않는 경우 중도 계좌해지 시 금융투자소득 금액 등의 통지 방법에 따라 금융투자소득을 받는 자에게 통지해야 한다. 또한 금융투자결손금이 계산된 경우에도 통지해야 한다.

제11절 금융투자상품의 거래내역 보관 및 제출

[1610] 소득세법 제148조의3 제1항.
[1611] 소득세법 제148조의3 제1항 단서.
[1612] 소득세법시행령 제203조의5 제1항.

Ⅰ. 금융투자상품의 거래 및 보유 내역 제출 및 보관

원천징수의무가 있는 금융회사등(자료제출대상금융회사등)은 금융투자소득세 과세에 필요한 아래의 자료를 납세지 관할 세무서장에게 제출하고 보관해야 한다.[1613] ① 금융투자소득 과세대상[1614]인 금융투자상품[1615]의 거래내역 등의 자료는 거래 또는 행위가 발생한 날이 속하는 반기의 종료일의 다음다음 달 10일까지 제출하고 거래 또는 행위가 발생한 날이 속하는 과세기간의 말일부터 5년간 보관하여야 하며, ② 매년 1월 1일 현재 금융투자소득 과세대상인 금융투자상품의 보유내역으로서 대통령령으로 정하는 자료는 매년 2월 10일까지 제출하고 제출일이 속하는 과세기간의 말일부터 5년간 보관하여야 한다.

Ⅱ. 금융회사 등에 대한 자료의 요청

국세청장은 자본시장법 제9조 제17항에 따른 금융투자업관계기관등[1616]에 금융투자소득세 과세에 필요한 자료를 요청할 수 있다.

Ⅲ. 금융회사 등의 요청 자료 제출기한

1613) 소득세법 제174조의2 제1항.
1614) 소득세법 제87조의6.
1615) 자본시장과 금융투자업에 관한 법률 제3조에 따른 금융투자상품을 말한다.
1616) 제9조(그 밖의 용어의 정의) ⑰ 이 법에서 "금융투자업관계기관"이란 다음 각 호의 자를 말한다. 〈개정 2009.2.3., 2013.4.5., 2013.5.28.〉
　　1. 제283조에 따라 설립된 한국금융투자협회(이하 "협회"라 한다)
　　2. 제294조에 따라 설립된 한국예탁결제원(이하 "예탁결제원"이라 한다)
　　2의2. 제323조의3에 따라 인가를 받은 자(이하 "금융투자상품거래청산회사"라 한다)
　　3. 제324조 제1항에 따라 인가를 받은 자(이하 "증권금융회사"라 한다)
　　3의2. 제335조의3에 따라 인가를 받은 자(이하 "신용평가회사"라 한다)
　　4. 제336조에 따른 종합금융회사
　　5. 제355조 제1항에 따라 인가를 받은 자(이하 "자금중개회사"라 한다)
　　6. 제360조 제1항에 따라 인가를 받은 자(이하 "단기금융회사"라 한다)
　　7. 제365조 제1항에 따라 등록한 자(이하 "명의개서대행회사"라 한다)
　　8. 제370조에 따라 설립된 금융투자 관계 단체

이 경우 요청을 받은 금융투자업관계기관등은 요청을 받은 날이 속하는 달의 말일부터 2개월이 되는 날까지 해당 자료를 국세청장에게 제출하여야 한다.

Ⅳ. 금융회사 등의 요청 자료 제출기한의 연장

자료제출대상금융회사등 및 금융투자업관계기관등은 정당한 사유가 있는 경우 제출기한 연장을 신청할 수 있다.

금융회사등 및 금융투자업관계기관등이 ① 화재·재난 또는 도난 등의 사유로 자료제출이 불가능한 경우, ② 사업이 중대한 위기에 처해 자료제출이 매우 곤란하다고 납세지 관할 세무서장이 인정하는 경우, ③ 수사기관 등 관계 기관에 관련 장부·서류가 압수되거나 영치된 경우, ④ 자료의 수집·작성에 상당한 기간이 필요해 기한까지 자료를 제출할 수 없다고 납세지 관할 세무서장이 인정하는 경우, ⑤ 그 밖에 앞에 열거된 사유에 준하는 사유로서 기한까지 자료제출이 불가능하다고 납세지 관할 세무서장이 인정하는 경우 제출기한 연장을 신청할 수 있으며[1617] 자료제출기한 연장 신청서를 제출하여야 한다.[1618]

1617) 소득세법시행령 제225조의2 제4항.
1618) 소득세법시행령 제225조의2 제5항.

제6장
금융투자와 증권거래세

제6장
금융투자와 증권거래세

증권거래세는 주식등을 양도하는 때에 증권거래세 과세대상에 해당하는 경우에 부과된다. 아래에서는 주요 용어의 정의를 살펴본 후 증권거래세의 과세대상과 납세의무자 등에 대해 살펴보고자 한다.

제1절 주요 용어의 정의

Ⅰ. 주권

주권이란 ① 상법 또는 특별한 법률에 따라 설립된 법인의 주권, ② 외국법인이 발행한 주권으로서 자본시장법에 따른 증권시장에 상장된 것을 말한다.[1619]

Ⅱ. 지분

지분이란 상법에 따라 설립된 ① 합명회사, ② 합자회사, ③ 유한책임회사, ④ 유한회사 사원의 지분을 말한다.[1620]

1619) 증권거래세법 제1조의2 제1항.
1620) 증권거래세법 제1조의2 제2항.

Ⅲ. 양도

양도란 계약상 또는 법률상의 원인에 의하여 유상으로 소유권이 이전되는 것을 말한다.[1621]

Ⅳ. 주식과 사채 등

주식과 사채 등이란 ① 주식과 사채 등의 전자등록에 관한 법률에 따라 전자등록된 주식, ② 주권 발행 전의 주식, ③ 주식 인수로 인한 권리, ④ 신주인수권과 특별한 법률에 따라 설립된 법인이 발행하는 출자증권 및 자본시장법에 따른 증권예탁증권[1622]은 증권거래세법을 적용할 때 주권으로 본다.[1623]

제2절 증권거래세의 과세대상

Ⅰ. 과세대상

주권 또는 지분(주권등)의 양도에 대해서는 증권거래세를 부과한다. 다만 ① 증권시장과 비슷한 시장으로서 외국에 있는 시장(외국증권시장)에 상장된 주권등을 양도하는 경우, ② 외국증권시장에 주권등을 상장하기 위하여 인수인[1624]에게 주권등을 양도하는 경우, ③ 자본시장법에 따른 거래소(지정거래소)가 자본시장법 제377조 제1항 제3호[1625]에 따라 채무인수를 하면서 주권

1621) 증권거래세법 제1조의2 제3항.
1622) 자본시장법 제4조 제2항 제2호의 지분증권을 예탁 받은 자가 발행한 것만 해당한다.
1623) 증권거래세법 제1조의2 제4항.
1624) 자본시장법 제9조 제12항에 따른 인수인을 말한다. "인수인"이란 증권을 모집·사모·매출하는 경우 인수를 하는 자를 말한다.
1625) 3. 증권 및 장내파생상품의 거래(다자간매매체결회사에서의 거래를 포함한다)에 따른 매매확인, 채무인수, 차감, 결제증권·결제품목·결제금액의 확정, 결제이행보증, 결제불이행에 따른 처리 및 결제지시에 관한 업무

등을 양도하는 경우에 해당하는 양도에 대해서는 증권거래세를 부과하지 않는다.[1626]

II. 외국증권시장

외국증권시장이란 ① 뉴욕증권거래소, ② 전미증권업협회중개시장,[1627] ③ 동경증권거래소, ④ 런던증권거래소, ⑤ 도이치증권거래소, ⑥ ③부터 ⑤까지와 기능이 유사한 거래소로서 자본시장법에 따른 외국 거래소[1628]에 해당하는 시장만 해당한다.

제3절 증권거래세의 납세의무자 등

I. 납세의무자

증권거래세의 납세의무자는 ① 증권시장에서 양도되는 주권 및 증권시장 밖에서 다자간매매회사를 통한 매매 또는 자본시장법 제178조 제1항[1629]에 따른 기준에 따라 양도되는 주권을 계좌 간 대체로 매매결제하는 경우에는 주식·사채 등의 전자등록기관 또는 한국예탁결제원, ② ① 외의 금융투자업자를 통하여 주권등을 양도하는 경우에는 해당 금융투자업자, ③ ①과 ②외의 방법으로 주권등을 양도하는 경우에는 그 주권등의 양도자로 한다.[1630] 다만 국내사업장을 가지고 있지 않은 비거주자 또는 외국법인이 주권등을 금융투자업자를 통하지 않고 양도하는 경우

1626) 증권거래세법 제2조.
1627) 증권거래세법시행령 제1조.
1628) 외국 법령에 따라 외국에서 거래소에 상당하는 기능을 수행하는 자를 말한다.
1629) 제178조(부정거래행위 등의 금지) ① 누구든지 금융투자상품의 매매(증권의 경우 모집·사모·매출을 포함한다. 이하 이 조 및 제179조에서 같다), 그 밖의 거래와 관련하여 다음 각 호의 어느 하나에 해당하는 행위를 하여서는 아니 된다.
　1. 부정한 수단, 계획 또는 기교를 사용하는 행위
　2. 중요사항에 관하여 거짓의 기재 또는 표시를 하거나 타인에게 오해를 유발시키지 아니하기 위하여 필요한 중요사항의 기재 또는 표시가 누락된 문서, 그 밖의 기재 또는 표시를 사용하여 금전, 그 밖의 재산상의 이익을 얻고자 하는 행위
　3. 금융투자상품의 매매, 그 밖의 거래를 유인할 목적으로 거짓의 시세를 이용하는 행위
1630) 증권거래세법 제3조.

에는 그 주권등의 양수인을 증권거래세 납세의무자로 한다.

II. 금융투자업자를 통하여 주권등을 양도하는 경우

금융투자업자를 통하여 주권등을 양도하는 경우란 금융투자업자가 주권 또는 지분(주권등)의 ① 매매, ② 위탁매매, ③ 매매의 중개나 대리를 하는 경우를 말한다.[1631]

III. 납세지

증권거래세의 납세지는 납세의무자가 한국예탁결제원과 금융투자업자인 경우에는 납세의무자의 각 사업장소재지로 한다. 다만 본점 또는 주사무소의 소재지로 할 수 있다.

기타의 경우 ① 납세의무자가 거주자인 경우에는 그 주소지 또는 거소지, ② 납세의무자가 내국법인인 경우에는 등기부에 적힌 본점 또는 주사무소의 소재지, ③ 납세의무자가 비거주자 또는 외국법인으로서 국내사업장을 가지고 있는 경우에는 그 국내사업장[1632]의 소재지, ④ 납세의무자가 비거주자 또는 외국법인으로서 국내사업장을 가지고 있지 않은 경우에는 증권거래세의 과세대상이 되는 주권등을 발행한 법인의 본점 또는 주사무소의 소재지로 한다.[1633]

제4절 주권등의 양도와 매매거래의 확정시기

주권등의 양도 시기는 해당 매매거래가 확정되는 때로 한다.[1634] 매매거래[1635]의 확정시기는

1631) 증권거래세법시행령 제1조의2 제3항.
1632) 국내사업장이 둘 이상인 경우에는 주된 국내사업장으로 한다.
1633) 증권거래세법 제4조 제1항.
1634) 증권거래세법 제5조 제1항.
1635) 다자간매매체결회사에서의 거래를 포함한다.

① 자본시장법에 따른 증권시장에서 거래된 주권에 대하여는 그 양도가액이 결제되는 때, ② ① 외의 주권등을 금융투자업자가 매매·위탁매매 또는 매매의 중개나 대리를 하는 경우에는 그 대금의 전부를 결제하거나 결제 받는 때, ③ ①과 ② 이외의 경우에는 당해 주권등을 인도하거나 대가의 전부를 받는 때[1636]로 한다.[1637]

제5절 비과세 양도

비과세 양도란 ① 국가나 지방자치단체가 주권등을 양도하는 경우,[1638] ② 자본시장법 제119조[1639]

1636) 그 주권등을 인도하거나 대가의 전부를 받기 전에 권리가 이전되는 때에는 그 권리가 이전되는 때로 한다.
1637) 증권거래세법시행령 제2조.
1638) 국가재정법」 별표 2에서 규정하는 법률에 따라 설치된 기금으로서 기금관리주체가 중앙행정기관의 장인 기금에서 취득한 주권등을 양도하는 경우 및 「우정사업 운영에 관한 특례법」 제2조 제2호에 따른 우정사업총괄기관이 주권등을 양도하는 경우는 제외한다.
1639) 제119조(모집 또는 매출의 신고) ① 증권의 모집 또는 매출(대통령령으로 정하는 방법에 따라 산정한 모집가액 또는 매출가액 각각의 총액이 대통령령으로 정하는 금액 이상인 경우에 한정한다)은 발행인이 그 모집 또는 매출에 관한 신고서를 금융위원회에 제출하여 수리되지 아니하면 이를 할 수 없다. 〈개정 2008.2.29.〉
② 제1항에 불구하고 증권의 종류, 발행예정기간, 발행횟수, 발행인의 요건 등을 고려하여 대통령령으로 정하는 기준과 방법에 따라 일정 기간 동안 모집하거나 매출할 증권의 총액을 일괄하여 기재한 신고서(이하 "일괄신고서"라 한다)를 금융위원회에 제출하여 수리된 경우에는 그 기간 중에 그 증권을 모집하거나 매출할 때마다 제출하여야 하는 신고서를 따로 제출하지 아니하고 그 증권을 모집하거나 매출할 수 있다. 이 경우 그 증권(집합투자증권 및 파생결합증권 중 대통령령으로 정하는 것을 제외한다)을 모집하거나 매출할 때마다 대통령령으로 정하는 일괄신고와 관련된 서류(이하 "일괄신고추가서류"라 한다)를 제출하여야 한다. 〈개정 2008.2.29., 2013.5.28.〉
③ 발행인은 제1항의 신고서와 제2항의 일괄신고서(이하 "증권신고서"라 한다)에 발행인(투자신탁의 수익증권 및 투자익명조합의 지분증권의 경우에는 그 투자신탁 및 투자익명조합을 말한다. 이하 이 항에서 같다)의 미래의 재무상태나 영업실적 등에 대한 예측 또는 전망에 관한 사항으로서 다음 각 호의 사항(이하 "예측정보"라 한다)을 기재 또는 표시할 수 있다. 이 경우 예측정보의 기재 또는 표시는 제125조 제2항 제1호·제2호 및 제4호의 방법에 따라야 한다.
  1. 매출규모·이익규모 등 발행인의 영업실적, 그 밖의 경영성과에 대한 예측 또는 전망에 관한 사항
  2. 자본금규모·자금흐름 등 발행인의 재무상태에 대한 예측 또는 전망에 관한 사항
  3. 특정한 사실의 발생 또는 특정한 계획의 수립으로 인한 발행인의 경영성과 또는 재무상태의 변동 및 일정시점에서의 목표수준에 관한 사항
  4. 그 밖에 발행인의 미래에 대한 예측 또는 전망에 관한 사항으로서 대통령령으로 정하는 사항
④ 증권신고서를 제출하는 경우 증권신고서에 기재하여야 할 사항이나 그 첨부서류에 이미 제출된 것과 같은 부분이 있는 때에는 그 부분을 적시하여 이를 참조하라는 뜻을 기재한 서면으로 갈음할 수 있다.
⑤ 증권신고서를 제출하는 경우 신고 당시 해당 발행인의 대표이사(집행임원 설치회사의 경우 대표집행임원을 말한다. 이하 이 조에서 같다) 및 신고업무를 담당하는 이사(대표이사 및 신고업무를 담당하는 이사가 없는 경우 이에 준하는 자를 말한다)는 그 증권신고서의 기재사항 중 중요사항에 관하여 거짓의 기재 또는 표시가 있거나 중요사항의 기재 또는 표시가 누락되어 있지 아니하다는 사실 등 대통령령으로 정하는 사항을 확인·검토하고 이에 각각 서명하여야 한다. 〈개정 2013.5.28.〉
⑥ 제1항부터 제5항까지의 규정에도 불구하고 발행인 및 같은 종류의 증권에 대하여 충분한 공시가 이루어지고 있는 등 대통령령

따라 주권을 매출하는 경우,[1640] ③ ①과 ② 외에 주권을 목적물로 하는 소비대차의 경우에는 증권거래세를 부과하지 않는다.

제6절 과세표준

Ⅰ. 계좌 간 대체로 주권을 양도하는 경우

계좌 간 대체로 주권을 양도하는 경우에는 그 주권의 양도가액을 과세표준으로 한다.[1641]

Ⅱ. 기타의 방법으로 주권등을 양도하는 경우

1. 주권등의 양도가액을 알 수 있는 경우

주권등의 양도가액을 알 수 있는 경우에는 해당 주권등의 양도가액을 과세표준으로 한다.[1642] 다만 ① 소득세법에 따른 양도소득의 부당행위계산, ② 법인세법에 따른 부당행위계산의 부인, ③ 상속증여세법에 따른 저가 양수 또는 고가 양도에 따른 이익의 증여 규정에 따라 주권등이 시가보다 낮은 가액으로 양도된 것으로 인정되는 경우에는 그 시가액으로 한다. 다만 국제조세조정에 따른 정상가격에 의한 결정 및 경정이 적용되는 경우는 제외한다.

령으로 정한 사유에 해당하는 때에는 매출에 관한 증권신고서를 제출하지 아니할 수 있다. 〈신설 2013.5.28.〉
⑦ 제1항부터 제4항까지의 증권신고서의 기재사항 및 그 첨부서류에 관하여 필요한 사항은 대통령령으로 정한다. 〈개정 2013.5.28.〉
⑧ 자금조달 계획의 동일성 등 대통령령으로 정하는 사항을 종합적으로 고려하여 둘 이상의 증권의 발행 또는 매도가 사실상 동일한 증권의 발행 또는 매도로 인정되는 경우에는 하나의 증권의 발행 또는 매도로 보아 제1항을 적용한다. 〈신설 2017.10.31.〉

1640) 청약된 주권의 총수(總數)가 매출하려는 주권 총수에 미달된 경우, 그 청약되지 아니한 주권을 인수인이 인수하는 경우를 포함한다.
1641) 증권거래세법 제7조 제1항 제1호.
1642) 증권거래세법 제7조 제1항 제2호 가목 1).

2. 주권등의 양도가액을 알 수 없는 경우

주권등의 양도가액을 알 수 없는 경우 ① 상장법인의 주권등을 증권시장 및 다자간매매체결회사 밖에서 양도하는 경우 거래소가 공표하는 양도일의 매매거래 기준가액, ② 한국금융투자협회가 거래종목으로 지정한 주권등을 매매거래 기준 외의 방법으로 양도하는 경우 금융투자협회가 공표하는 양도일의 매매거래 기준가액, ③ ①과 ② 외의 방식으로 주권등을 양도하는 경우 소득세법시행령[1643]에 따른 기준시가를 과세표준으로 한다.

3. 정상가격보다 낮은 가액으로 양도된 경우

① 소득세법에 따라 비거주자 분리과세를 하는 때에 과세표준과 세액의 계산 등, ② 법인세법 또는 국제조세조정에 관한 법률에 따라 주권등이 정상가격보다 낮은 가액으로 양도된 것으로 인정되는 경우에는 그 정상가격을 과세표준으로 한다.[1644]

Ⅲ. 양도가액의 평가방법

1. 시가액

시가액이란 ① 소득세법에 따른 양도소득의 부당행위 계산, ② 법인세법시행령에 따른 시가의 범위, ③ 상속증여세법시행령[1645]에 따른 시가로 인정되는 주권등의 가액을 말한다.[1646]

2. 정상가격

1643) 소득세법시행령 제165조.
1644) 증권거래세법 제7조 제1항 제2호 가목 2).
1645) 상속증여세법시행령 제26조.
1646) 증권거래세법시행령 제4조 제1항 제1호.

정상가격이란 ① 소득세법시행령 제183조의2(정상가격의 개념 등),[1647] ② 법인세법시행령 제131조(정상가격의 범위 등),[1648] ③ 국제조세조정에 관한 법률 제8조(정상가격의 산출방법)[1649] 및 같은 법 시행령 제5조부터 제16조까지의 규정에 따라 정상가격으로 인정된 해당 주

[1647] 제183조의2(정상가격의 개념 등) ① 법 제126조 제6항 각 호 외의 부분에서 "대통령령으로 정하는 정상가격"이란 「국제조세조정에 관한 법률」 제8조 및 같은 법 시행령 제5조부터 제16조까지의 규정에 따른 방법을 준용하여 계산한 가액을 말한다. 〈개정 2010.2.18., 2013.2.15., 2021.2.17.〉
② 법 제126조 제6항 제1호에서 "대통령령으로 정하는 특수관계"란 다음 각 호의 어느 하나에 해당하는 관계를 말한다. 〈개정 2006.2.9., 2010.2.18., 2013.2.15.〉
1. 비거주자와 그의 배우자·직계혈족 및 형제자매인 관계
2. 비거주자가 외국법인의 의결권 있는 주식의 100분의 50 이상을 직접 또는 간접으로 소유하고 있는 관계
③ 제1항에 따른 정상가격을 산출할 수 없는 경우에는 법 제99조 제1항 제3호부터 제5호까지와 「상속세 및 증여세법」 제63조 제3항을 준용하여 평가한 가액을 정상가격으로 한다.
④ 제2항 제2호의 규정에 따른 주식의 간접소유비율의 계산에 관하여는 「국제조세조정에 관한 법률 시행령」 제2조 제3항을 준용한다. 〈신설 2006.2.9., 2021.2.17.〉
⑤ 법 제126조 제6항 제2호에서 "대통령령으로 정하는 경우"란 정상가격과 거래가격의 차액이 3억원 이상이거나 정상가격의 100분의 5에 상당하는 금액 이상인 경우를 말한다.

[1648] 제131조(정상가격의 범위 등) ① 법 제92조 제2항 제2호 본문에서 "대통령령으로 정하는 정상가격"이란 「국제조세조정에 관한 법률」 제8조 및 같은 법 시행령 제5조부터 제16조까지의 규정에 따른 방법을 준용하여 계산한 가액을 말한다.
② 법 제92조 제2항 제2호 가목에서 "대통령령으로 정하는 특수관계"란 다음 각 호의 어느 하나의 관계를 말한다. 〈개정 2005.2.19., 2006.2.9., 2010.12.30.〉
1. 일방이 타방의 의결권 있는 주식의 100분의 50 이상을 직접 또는 간접으로 소유하고 있는 관계
2. 제3자가 일방 또는 타방의 의결권 있는 주식의 100분의 50 이상 직접 또는 간접으로 각각 소유하고 있는 경우 그 일방과 타방 간의 관계
③ 제1항에 따른 정상가격을 산출할 수 없는 경우에 한하여 「소득세법」 제99조 제1항 제3호부터 제6호까지의 규정과 「상속세 및 증여세법」 제63조 제3항을 준용하여 평가한 가액을 정상가격으로 한다. 〈개정 2001.8.14., 2005.2.19., 2014.2.21.〉
④ 제2항 제1호 또는 제2호에서 주식의 간접소유비율의 계산에 관하여는 「국제조세조정에 관한 법률 시행령」 제2조 제3항을 준용한다. 〈신설 2006.2.9., 2021.2.17.〉
⑤ 법 제92조 제2항 제2호 나목에서 "대통령령으로 정하는 경우"란 정상가격과 거래가격의 차액이 3억원 이상이거나 정상가격의 100분의 5에 상당하는 금액 이상인 경우를 말한다.

[1649] 제8조(정상가격의 산출방법) ① 정상가격은 국외특수관계인이 아닌 자와의 통상적인 거래에서 적용되거나 적용될 것으로 판단되는 재화 또는 용역의 특성·기능 및 경제환경 등 거래조건을 고려하여 다음 각 호의 산출방법 중 가장 합리적인 방법으로 계산한 가격으로 한다. 다만, 제6호의 방법은 제1호부터 제5호까지의 규정에 따른 방법으로 정상가격을 산출할 수 없는 경우에만 적용한다.
1. 비교가능 제3자 가격방법: 거주자와 국외특수관계인 간의 국제거래와 유사한 거래 상황에서 특수관계가 없는 독립된 사업자 간의 거래가격을 정상가격으로 보는 방법
2. 재판매가격방법: 거주자와 국외특수관계인 간의 국제거래에서 거래 당사자 중 어느 한쪽인 구매자가 특수관계가 없는 자에 대한 판매자가 되는 경우 그 판매가격에서 그 구매자가 판매자로서 얻는 통상의 이윤으로 볼 수 있는 금액을 뺀 가격을 정상가격으로 보는 방법
3. 원가가산방법: 거주자와 국외특수관계인 간의 국제거래에서 거래 당사자 중 어느 한쪽이 자산을 제조·판매하거나 용역을 제공하는 경우 자산의 제조·판매나 용역의 제공 과정에서 발생한 원가에 자산 판매자나 용역 제공자의 통상의 이윤으로 볼 수 있는 금액을 더한 가격을 정상가격으로 보는 방법
4. 거래순이익률방법: 거주자와 국외특수관계인 간의 국제거래와 유사한 거래 중 거주자와 특수관계가 없는 자 간의 거래에서 실현된 통상의 거래순이익률을 기초로 산출한 거래가격을 정상가격으로 보는 방법
5. 이익분할방법: 거주자와 국외특수관계인 간의 국제거래에서 거래 당사자 양쪽이 함께 실현한 거래순이익을 합리적인 배부기

권등의 가액을 말한다.[1650]

제7절 증권거래세의 세율

I. 세율

증권거래세의 세율은 1만분의 35로 한다. 다만 2021.1.1.부터 2022.12.31.까지는 1만분의 43으로 한다.[1651] 증권거래세의 세율은 자본시장 육성을 위하여 긴급히 필요하다고 인정될 때에는 증권시장에서 거래되는 주권에 한정하여 종목별로 대통령령으로 정하는 바에 따라 낮추거나 영(0)으로 할 수 있다.[1652]

II. 탄력세율

증권시장에서 거래되는 주권과 세율은 다음과 같다[1653]. ① 유가증권시장[1654]에서 양도되는 주

준에 따라 측정된 거래당사자들 간의 상대적 공헌도에 따라 배부하고, 이와 같이 배부된 이익을 기초로 산출한 거래가격을 정상가격으로 보는 방법
6. 그 밖에 대통령령으로 정하는 바에 따라 합리적이라고 인정되는 방법
② 과세당국은 제1항을 적용할 때 거주자와 국외특수관계인 간의 상업적 또는 재무적 관계 및 해당 국제거래의 중요한 거래조건을 고려하여 해당 국제거래의 실질적인 내용을 명확하게 파악하여야 하며, 해당 국제거래가 그 거래와 유사한 거래 상황에서 특수관계가 없는 독립된 사업자 간의 거래와 비교하여 상업적으로 합리적인 거래인지를 판단하여야 한다.
③ 과세당국은 제2항을 적용하여 거주자와 국외특수관계인 간의 국제거래가 상업적으로 합리적인 거래가 아닌 것으로 판단하고, 해당 국제거래에 기초하여 정상가격을 산출하는 것이 현저히 곤란한 경우 그 경제적 실질에 따라 해당 국제거래를 없는 것으로 보거나 합리적인 방법에 따라 새로운 거래로 재구성하여 제1항을 적용할 수 있다.
④ 제1항부터 제3항까지의 규정에 따른 정상가격 산출방법에 관한 구체적인 사항은 대통령령으로 정한다.

1650) 증권거래세법시행령 제4조 제1항 제2호.
1651) 증권거래세법 제8조 제1항.
1652) 증권거래세법 제8조 제2항.
1653) 증권거래법시행령 제5조.
1654) 자본시장법 제176조의9 제1항에 따른 유가증권시장을 말한다.

권은 영(0)으로 하며 2021.1.1.부터 2022.12.31.까지는 1만분의 8로 한다.[1655] ② 코스닥시장[1656]에서 양도되는 주권과 금융투자협회[1657]를 통하여 양도되는 주권에 해당하는 주권의 경우 1만분의 15로 하며 2021.1.1.부터 2022.12.31.까지는 1만분의 23으로 한다.[1658] ③ 코넥스시장[1659]에서 양도되는 주권은 1만분의 10으로 한다.

제8절 거래징수

Ⅰ. 전자등록기관 등의 원천징수

전자등록기관과 한국예탁결제원 및 금융투자업자는 주권등을 양도하는 자로부터 과세표준에 세율을 적용하여 계산한 증권거래세를 주권등의 매매결제 또는 양도를 할 때에 징수해야 한다.[1660]

Ⅱ. 납세의무자가 징수하는 경우

납세의무자가 증권거래세를 징수하는 때에 국가나 지방자치단체가 주권등을 양도하는 경우에 해당하는 부분에 대하여는 주권매매관련사항을 포함하여 기재한 비과세양도명세서를 금융투자업자로부터 제출받은 분에 대하여만 징수하지 않는다.[1661]

1655) 증권거래법시행령 제5조 제1호.
1656) 대통령령 제24697호 자본시장과 금융투자업에 관한 법률 시행령 일부개정령 부칙 제8조에 따른 코스닥시장을 말한다.
1657) 자본시장법시행령 제178조 제1항.
1658) 증권거래세법 제8조 제3항.
1659) 자본시장법 제11조 제2항에 따른 코넥스시장을 말한다.
1660) 증권거래세법 제9조 제1항.
1661) 증권거래세법시행령 제6조.

제9절 증권거래세의 신고납부 및 환급

Ⅰ. 증권거래세의 신고

증권거래세의 납세의무자는 ① 증권계좌를 통하여 주권을 계좌 간 대체로 매매결제하는 경우와 금융투자업자를 통하여 주권등을 양도하는 경우에는 매월분의 과세표준과 세액을 다음 달 10일까지, ② ① 외의 경우에는 매 반기분의 과세표준과 세액을 양도일이 속하는 반기의 말일부터 2개월 이내에 과세표준과 세액을 관할세무서장에게 신고해야 한다.[1662] 납세의무자가 사업장을 폐지한 때에는 그날부터 25일 이내에 폐지한 날이 속하는 달의 과세표준과 세액을 신고하고 납부하여야 한다.

Ⅱ. 증권거래세의 납부

납세의무자는 과세표준과 세액의 신고와 동시에 해당 월분 또는 반기분의 증권거래세를 납세지 관할 세무서, 한국은행[1663] 또는 체신관서에 내야 한다.[1664]

Ⅲ. 증권거래세의 환급

납세의무자가 낸 증권거래세액 중 잘못 내거나 초과하여 낸 금액이 있어 주권등을 양도한 자에게 환급할 때에는 그 납세의무자가 거래 징수하여 낼 증권거래세액에서 조정하여 환급할 수 있다.[1665] 증권계좌를 통하여 주권을 계좌 간 대체로 매매결제하는 경우와 금융투자업자를 통하

1662) 증권거래세법 제10조 제1항.
1663) 그 대리점을 포함한다.
1664) 증권거래세법 제10조 제2항.
1665) 증권거래세법 제10조 제3항.

여 주권등을 양도하는 경우 외의 납세의무자는 증권거래세 신고·납부기한 종료일의 다음 날부터 6월 이내에 한하여 환급을 할 수 있다.[1666]

1666) 증권거래세법시행령 제7조 제4항.

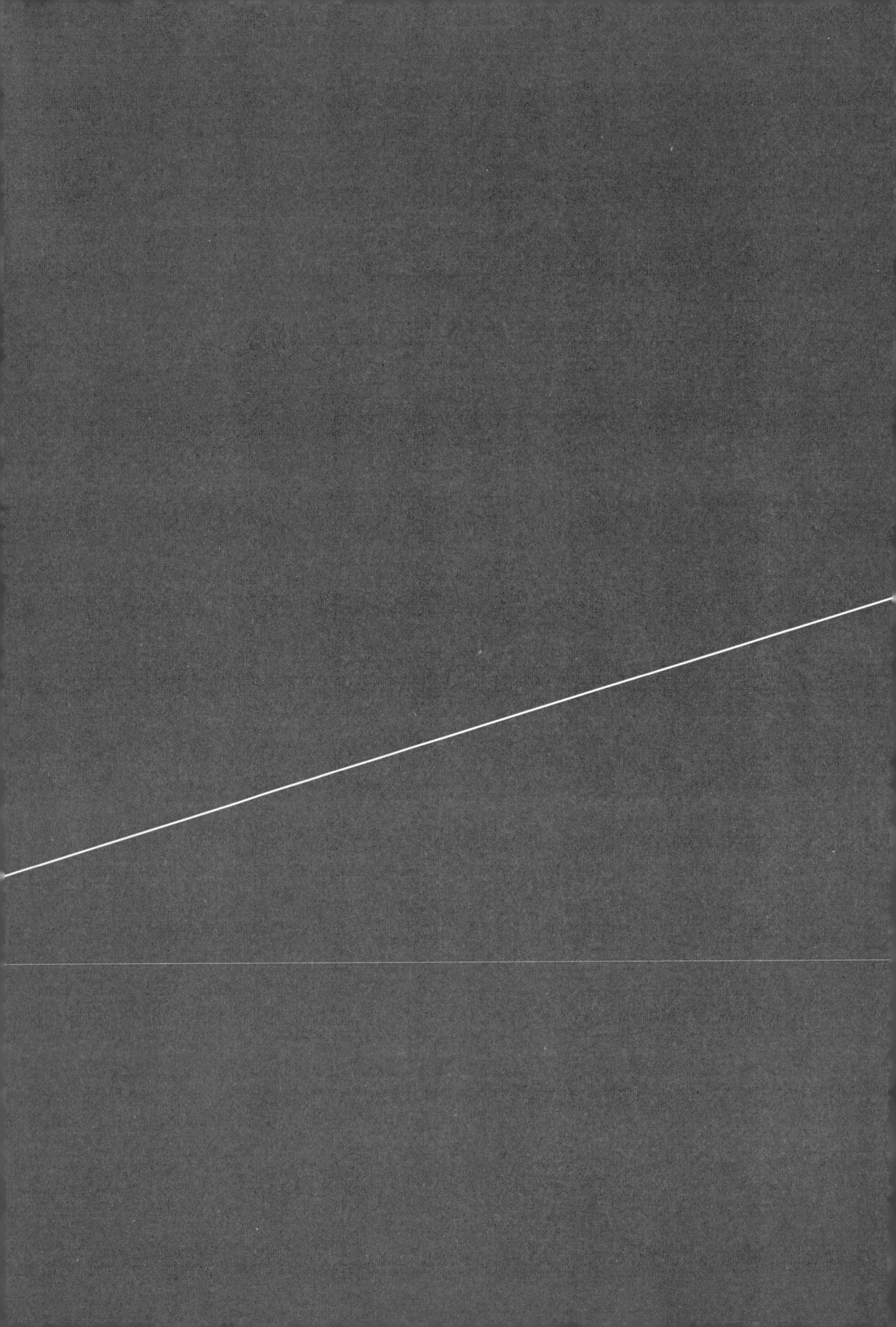

제7장
금융투자상품과 증여

제7장
금융투자상품과 증여

금융투자상품과 증여에서는 주식등의 취득 유형 중 하나인 증여취득과 관련된 증여세에 대해 살펴보고자 한다. 아울러 주식등과 관련된 ① 증여재산, ② 증여추정, ③ 증여의제, ④ 주식등의 평가방법 등 증여세 과세제도 전반에 대해 살펴보고자 한다.

제1절 주요 용어의 정의

Ⅰ. 증여

증여란 그 행위 또는 거래의 ① 명칭, ② 형식, ③ 목적 등과 관계없이 직접 또는 간접적인 방법으로 타인에게 무상으로 유형·무형의 재산 또는 이익을 이전하거나 타인의 재산가치를 증가시키는 것을 말한다. 이전은 현저히 낮은 대가를 받고 이전하는 경우를 포함한다. 다만 ① 유증, ② 사인증여, ③ 유언대용신탁, ④ 수익자연속신탁은 제외한다.

Ⅱ. 증여재산

증여재산이란 증여로 인하여 수증자에게 귀속되는 모든 재산 또는 이익을 말한다. ① 금전으로 환산할 수 있는 경제적 가치가 있는 모든 물건, ② 재산적 가치가 있는 법률상 또는 사실상의 모든 권리, ③ 금전으로 환산할 수 있는 모든 경제적 이익에 해당하는 물건·권리·이익을 포함한다.

Ⅲ. 수증자

수증자란 증여재산을 받은 거주자 또는 비거주자를 말하며 본인도 특수관계인의 특수관계인으로 본다.[1667]

1. 특수관계인

특수관계인이란 본인과 ① 친족관계, ② 경제적 연관관계, ③ 경영지배관계 등에 있는 자를 말한다.[1668]

2. 특수관계인의 범위

특수관계인에는 ① 국세기본법 시행령 제1조의2 제1항 제1호부터 제4호[1669]까지의 어느 하나에 해당하는 자(친족) 및 직계비속의 배우자의 2촌 이내의 혈족과 그 배우자, ② 사용인이나 사용인 외의 자로서 본인의 재산으로 생계를 유지하는 자, ③ 본인이 개인인 경우 본인이 직접 또는 본인과 ①에 해당하는 관계에 있는 자가 임원에 대한 임면권의 행사 및 사업방침의 결정 등을 통하여 그 경영에 관하여 사실상의 영향력을 행사하고 있는 기획재정부령으로 정하는 기업집단의 소속 기업, ④ 본인이 법인인 경우 본인이 속한 기획재정부령[1670]으로 정하는 기업집

1667) 상속증여세법 제2조 제9호.
1668) 상속증여세법 제2조 제10호.
1669) 제1조의2(특수관계인의 범위) ① 법 제2조 제20호 가목에서 "혈족·인척 등 대통령령으로 정하는 친족관계"란 다음 각 호의 어느 하나에 해당하는 관계(이하 "친족관계"라 한다)를 말한다.
    1. 6촌 이내의 혈족
    2. 4촌 이내의 인척
    3. 배우자(사실상의 혼인관계에 있는 자를 포함한다)
    4. 친생자로서 다른 사람에게 친양자 입양된 자 및 그 배우자·직계비속
1670) 제2조(특수관계인의 범위) ① 「상속세 및 증여세법 시행령」(이하 "영"이라 한다) 제2조의2 제1항 제3호 및 영 제38조 제13항 제1호에서 "기획재정부령으로 정하는 기업집단의 소속 기업"이란 「독점규제 및 공정거래에 관한 법률 시행령」제3조 각 호의 어느 하나에 해당하는 기업집단에 속하는 계열회사를 말한다. 〈개정 2016.3.21.〉
    ② 기획재정부장관은 제1항을 적용할 때 필요한 경우에는 「독점규제 및 공정거래에 관한 법률 시행령」 제3조 제2호 라목에 따른 사회통념상 경제적 동일체로 인정되는 회사의 범위에 관한 기준을 정하여 고시할 수 있다.

단의 소속 기업[1671]과 해당 기업의 임원에 대한 임면권의 행사 및 사업방침의 결정 등을 통하여 그 경영에 관하여 사실상의 영향력을 행사하고 있는 자 및 그와 ①에 해당하는 관계에 있는 자, ⑤ 본인, ①부터 ③까지의 자 또는 본인과 ①부터 ③까지의 자가 공동으로 재산을 출연하여 설립하거나 이사의 과반수를 차지하는 비영리법인, ⑥ ③에 해당하는 기업의 임원 또는 퇴직임원이 이사장인 비영리법인, ⑦ 본인, ①부터 ⑤까지의 자 또는 본인과 ①부터 ⑤까지의 자가 공동으로 발행주식총수 또는 출자총액(발행주식총수등)의 100분의 30 이상을 출자하고 있는 법인, ⑧ 본인, ①부터 ⑥까지의 자 또는 본인과 ①부터 ⑥까지의 자가 공동으로 발행주식총수등의 100분의 50 이상을 출자하고 있는 법인, ⑨ 본인, ①부터 ⑦까지의 자 또는 본인과 ①부터 ⑦까지의 자가 공동으로 재산을 출연하여 설립하거나 이사의 과반수를 차지하는 비영리법인에 해당하는 관계에 있는 자가 포함된다.[1672]

3. 사용인

사용인이란 ① 임원, ② 상업사용인, ③ 그 밖에 고용계약관계에 있는 자를 말한다.[1673]

4. 출자에 의하여 지배하고 있는 법인

출자에 의하여 지배하고 있는 법인이란 ① 특수관계인의 범위 ⑦에 해당하는 법인, ② 특수관계인의 범위 ⑧에 해당하는 법인, ③ 특수관계인의 범위 ①부터 ⑦까지에 해당하는 자가 발행주식총수등의 100분의 50 이상을 출자하고 있는 법인을 말한다.[1674]

제2절 증여세 과세대상과 납부의무

[1671] 해당 기업의 임원과 퇴직임원을 포함한다.
[1672] 상속증여세법시행령 제2조의2 제1항.
[1673] 상속증여세법시행령 제2조의2 제2항.
[1674] 상속증여세법시행령 제2조의2 제3항.

Ⅰ. 증여세 과세대상

아래의 어느 하나에 해당하는 증여재산에 대해서는 상속증여세법에 따라 증여세를 부과한다.

1. 증여재산

증여세는 ① 무상으로 이전받은 재산 또는 이익, ② 현저히 낮은 대가를 주고 재산 또는 이익을 이전받음으로써 발생하는 이익이나 현저히 높은 대가를 받고 재산 또는 이익을 이전함으로써 발생하는 이익, ③ 재산 취득 후 해당 재산의 가치가 증가한 경우의 그 이익, ④ ⓐ 신탁이익의 증여, ⓑ 보험금의 증여, ⓒ 저가 양수도 고가양도에 따른 이익의 증여, ⓓ 채무면제 등에 따른 이익의 증여, ⓔ 부동산 무상사용에 따른 이익의 증여, ⓕ 합병에 따른 이익의 증여, ⓖ 증자에 따른 이익의 증여, ⓗ 감자에 따른 이익의 증여, ⓘ 현물출자에 따른 이익의 증여, ⓙ 전환사채 등의 주식전환 등에 따른 이익의 증여, ⓚ 초과배당에 따른 이익의 증여, ⓛ 주식등의 상장 등에 따른 이익의 증여, ⓜ 금전 무상대출 등에 따른 이익의 증여, ⓝ 합병에 따른 상장 등의 이익의 증여, ⓞ 재산사용 및 용역제공 등에 따른 이익의 증여, ⓟ 법인의 조직 변경 등에 따른 이익의 증여, ⓠ 재산 취득 후 재산가치 증가에 따른 이익의 증여에 해당하는 경우의 그 재산 또는 이익,[1675] ⑤ ④의 경우와 경제적 실질이 유사한 경우 등 ④의 각 규정을 준용하여 증여재산의 가액을 계산할 수 있는 경우의 그 재산 또는 이익[1676]의 어느 하나에 해당하는 증여재산에 대해서는 증여세를 부과한다.[1677]

다만 ②와 ③의 경우 특수관계인이 아닌 자 간의 거래인 경우에는 거래의 관행상 정당한 사유가 없는 경우로 한정한다.

2. 증여추정재산

증여로 추정하는 ① 배우자 등에게 양도한 재산의 증여 추정, ② 재산 취득자금 등의 증여 추

1675) 상속증여세법 제4조 제1항 제4호.
1676) 상속증여세법 제4조 제1항 제6호.
1677) 상속증여세법 제4조 제1항.

정에 해당하는 경우의 그 재산 또는 이익에 해당하는 증여재산에 대해서는 증여세를 부과한다.[1678]

3. 증여의제재산

증여로 의제하는 ① 명의신탁재산의 증여 의제, ② 특수관계법인과의 거래를 통한 이익의 증여 의제, ③ 특수관계법인으로부터 제공받은 사업기회로 발생한 이익의 증여 의제, ④ 특정법인과의 거래를 통한 이익의 증여 의제에 해당하는 경우에는 그 재산 또는 이익을 증여받은 것으로 보아 그 재산 또는 이익에 대하여 증여세를 부과한다.[1679]

4. 협의분할에 따른 이익의 증여

상속개시 후 상속재산에 대하여 등기·등록·명의개서 등(등기등)으로 각 상속인의 상속분이 확정된 후 그 상속재산에 대하여 공동상속인이 협의하여 분할한 결과 특정 상속인이 당초 상속분을 초과하여 취득하게 되는 재산은 그 분할에 의하여 상속분이 감소한 상속인으로부터 증여받은 것으로 보아 증여세를 부과한다.[1680]

다만 상속세 과세표준 신고기한까지 분할에 의하여 당초 상속분을 초과하여 취득한 경우와 당초 상속재산의 분할에 대하여 무효 또는 취소 등 ① 상속회복청구의 소에 의한 법원의 확정판결에 따라 상속인 및 상속재산에 변동이 있는 경우, ② 민법 제404조[1681]에 따른 채권자대위권의 행사에 의하여 공동상속인들의 법정상속분대로 등기등이 된 상속재산을 상속인 사이의 협의분할에 의하여 재분할하는 경우, ③ 상속세과세표준 신고기한 내에 상속세를 물납하기 위하여 민법 제1009조[1682]에 따른 법정상속분으로 등기·등록 및 명의개서 등을 하여 물납을 신청하

1678) 상속증여세법 제4조 제1항 제5호.
1679) 상속증여세법 제4조 제2항.
1680) 상속증여세법 제4조 제3항.
1681) 제404조(채권자대위권) ① 채권자는 자기의 채권을 보전하기 위하여 채무자의 권리를 행사할 수 있다. 그러나 일신에 전속한 권리는 그러하지 아니하다.
② 채권자는 그 채권의 기한이 도래하기 전에는 법원의 허가 없이 전항의 권리를 행사하지 못한다. 그러나 보전행위는 그러하지 아니하다.
1682) 제1009조(법정상속분) ①동순위의 상속인이 수인인 때에는 그 상속분은 균분으로 한다.

였다가 물납허가[1683]를 받지 못하거나 물납재산의 변경명령을 받아 당초의 물납재산을 상속인 사이의 협의분할에 의하여 재분할하는 경우에 해당하는 경우[1684]에는 증여세를 부과하지 않는다.

5. 증여재산을 과세표준 신고기한까지 반환하는 경우

수증자가 금전을 제외한 증여재산을 당사자 간의 합의에 따라 증여세 과세표준 신고기한까지 증여자에게 반환하는 경우에는 처음부터 증여가 없었던 것으로 본다.[1685] 다만 반환하기 전에 과세표준과 세액을 결정받은 경우는 제외한다. 증여세 과세표준 신고기한이 지난 후 3개월 이내에 증여자에게 반환하거나 증여자에게 다시 증여하는 경우에는 그 반환하거나 다시 증여하는 것에 대해서는 증여세를 부과하지 않는다.

II. 증여세 납세의무

1. 수증자의 증여세 납부의무

수증자가 ① 거주자인 경우 증여세 과세대상이 되는 모든 증여재산, ② 비거주자인 경우 증여세 과세대상이 되는 국내에 있는 모든 증여재산에 대하여 증여세를 납부할 의무가 있다.[1686]

2. 명의신탁증여의제에 따른 증여세 납부의무자

원칙적으로 증여세는 수증자에게 납부의무가 있으나 명의신탁증여의제[1687]에 따라 재산을 증여한 것으로 보는 경우에는 실제소유자가 해당 재산에 대하여 증여세를 납부할 의무가 있

---

② 피상속인의 배우자의 상속분은 직계비속과 공동으로 상속하는 때에는 직계비속의 상속분의 5할을 가산하고, 직계존속과 공동으로 상속하는 때에는 직계존속의 상속분의 5할을 가산한다.

1683) 상속증여세법 제71조.
1684) 상속증여세법시행령 제3조의2.
1685) 상속증여세법 제4조 제4항.
1686) 상속증여세법 제4조의2 제1항.
1687) 상속증여세법 제45조의2.

다.[1688]

3. 수증자에게 소득세 또는 법인세가 부과되는 경우

증여재산에 대하여 수증자에게 ① 소득세 또는 법인세가 부과되는 경우, ② 소득세나 법인세 또는 다른 법률에 따라 비과세되거나 감면되는 경우 증여세를 부과하지 않는다.

4. 영리법인이 증여받은 재산 등에 법인세가 부과되는 경우

영리법인이 증여받은 재산 또는 이익에 대하여 법인세가 부과되는 경우 해당 법인의 주주등에 대해서는 ① 특수관계법인과의 거래를 통한 이익의 증여 의제, ② 특수관계법인으로부터 제공받은 사업기회로 발생한 이익의 증여 의제, ③ 특정법인과의 거래를 통한 이익의 증여 의제에 따른 경우를 제외[1689]하고는 증여세를 부과하지 않는다.[1690] 법인세법 또는 다른 법률에 따라 법인세가 비과세되거나 감면되는 경우를 포함한다.

5. 조세채권 확보가 곤란한 경우

① 저가 양수 또는 고가 양도에 따른 이익의 증여, ② 채무면제 등에 따른 증여, ③ 부동산 무상사용에 따른 이익의 증여, ④ 금전 무상대출 등에 따른 이익의 증여에 해당하는 경우로서 수증자가 증여세를 납부할 능력이 없다고 인정되는 경우로서 강제징수를 하여도 증여세에 대한 조세채권을 확보하기 곤란한 경우에 해당하는 경우에는 그에 상당하는 증여세의 전부 또는 일부를 면제한다.[1691]

6. 증여자의 연대납부의무

[1688] 상속증여세법 제4조의2 제2항.
[1689] 상속증여세법 제45조의3부터 제45조의5까지의 규정을 말한다.
[1690] 상속증여세법 제4조의2 제4항.
[1691] 상속증여세법 제4조의2 제5항.

증여자는 ① 수증자의 주소나 거소가 분명하지 않은 경우로서 증여세에 대한 조세채권을 확보하기 곤란한 경우, ② 수증자가 증여세를 납부할 능력이 없다고 인정되는 경우로서 강제징수를 하여도 증여세에 대한 조세채권을 확보하기 곤란한 경우, ③ 수증자가 비거주자인 경우에는 수증자가 납부할 증여세를 연대하여 납부할 의무가 있다.[1692]

다만 증여세 과세대상 중 ① 현저히 낮은 대가를 주고 재산 또는 이익을 이전받음으로써 발생하는 이익이나 현저히 높은 대가를 받고 재산 또는 이익을 이전함으로써 발생하는 이익, ② 재산 취득 후 해당 재산의 가치가 증가한 경우의 그 이익, ③ 저가 양수 또는 고가 양도에 따른 이익의 증여, ④ 채무면제 등에 따른 증여, ⑤ 부동산 무상사용에 따른 이익의 증여, ⑥ 합병에 따른 이익의 증여, ⑦ 증자에 따른 이익의 증여, ⑧ 감자에 따른 이익의 증여, ⑨ 현물출자에 따른 이익의 증여, ⑩ 전환사채 등의 주식전환 등에 따른 이익의 증여, ⑪ 초과배당에 따른 이익의 증여, ⑫ 주식등의 상장 등에 따른 이익의 증여, ⑬ 특수관계법인과의 거래를 통한 이익의 증여 의제, ⑭ 특수관계법인으로부터 제공받은 사업기회로 발생한 이익의 증여 의제, ⑮ 특정법인과의 거래를 통한 이익의 증여 의제, ⑯ 공익법인등이 출연 받은 재산에 대한 과세가액 불산입등[1693][1694]에 해당하는 경우는 제외한다.

7. 명의신탁재산의 증여 의제에 따른 증여세 등의 체납

실제소유자가 명의신탁재산의 증여 의제에 따른 증여세·가산금 또는 강제징수비를 체납한 경우에 그 실제소유자의 다른 재산에 대하여 강제징수를 하여도 징수할 금액에 미치지 못하는 경우에는 명의자에게 증여한 것으로 보는 재산으로써 납세의무자인 실제소유자의 증여세·가산금 또는 강제징수비를 징수할 수 있다.[1695]

1692) 상속증여세법 제4조의2 제6항.
1693) 출연자가 해당 공익법인의 운영에 책임이 없는 경우로서 대통령령으로 정하는 경우만 해당한다.
1694) 제3조의3(증여세 납부의무) ① 삭제 〈2017.2.7.〉
② 법 제4조의2 제6항 각 호 외의 부분 단서에서 "대통령령으로 정하는 경우"란 다음 각 호의 요건을 모두 갖춘 경우를 말한다. 〈개정 2019.2.12.〉
1. 법 제48조에 따른 증여세 또는 가산세 부과사유 발생일부터 소급하여 재산출연일까지의 기간이 10년 이상일 것
2. 제1호의 기간 중 출연자(제38조 제10항에 따른 자를 말한다) 또는 그의 특수관계인이 해당 공익법인의 이사 또는 임직원(이사를 제외한다)이 아니었어야 하며, 이사의 선임 등 공익법인의 사업운영에 관한 중요사항을 결정할 권한을 가지지 아니하였을 것
1695) 상속증여세법 제4조의2 제9항.

제3절 증여세의 과세표준과 세액의 계산

Ⅰ. 증여재산가액 계산의 일반원칙

1. 증여재산가액의 계산 원칙

증여재산의 가액은 ① 재산 또는 이익을 무상으로 이전받은 경우 증여재산의 시가[1696] 상당액, ② 재산 또는 이익을 현저히 낮은 대가를 주고 이전받거나 현저히 높은 대가를 받고 이전한 경우 시가와 대가의 차액, ③ 재산 취득 후 해당 재산의 가치가 증가하는 경우 증가사유가 발생하기 전과 후의 재산의 시가의 차액으로서 대통령령으로 정하는 방법에 따라 계산한 재산가치상승금액으로 계산한다.[1697]

다만 ②의 경우 시가와 대가의 차액이 3억원 이상이거나 시가의 100분의 30 이상인 경우로 한정한다. ③의 경우 그 재산가치상승금액이 3억원 이상 또는 해당 재산의 취득가액 등을 고려하여 대통령령으로 정하는 금액의 100분의 30 이상인 경우로 한정한다.

가. 대통령령으로 정하는 방법에 따른 재산가치상승금액

대통령령으로 정하는 방법에 따라 계산한 재산가치상승금액이란 ① 해당 재산가액의 재산가치증가사유가 발생한 날 현재의 가액,[1698] ② 해당 재산의 취득가액으로서 실제 해당 재산을 취득하기 위하여 지급한 금액, ③ 통상적인 가치 상승분, ④ 가치상승기여분을 뺀 금액을 말한다.[1699] ②를 적용하는 데 있어 증여받은 재산의 경우에는 증여세 과세가액을 취득가액으로 한다.

나. 통상적인 가치 상승분과 가치상승기여분

[1696] 상속증여세법 제4장 재산의 평가에 따라 평가한 가액을 말한다.
[1697] 상속증여세법 제31조 제1항.
[1698] 상속증여세법 제4장 재산의 평가에 따라 평가한 가액을 말한다.
[1699] 상속증여세법시행령 제23조 제1항.

통상적인 가치 상승분이란 기업가치의 실질적인 증가로 인한 이익과 연평균지가상승률·연평균주택가격상승률 및 전국소비자물가상승률 등을 고려하여 해당 재산의 보유기간 중 정상적인 가치상승분에 상당하다고 인정되는 금액을 말한다. 가치상승기여분이란 해당 재산가치를 증가시키기 위하여 수증자가 지출한 금액을 의미한다.

다. 대통령령으로 정하는 금액

대통령령으로 정하는 금액의 100분의 30 이상인 경우에서 대통령령으로 정하는 금액이란 ① 해당 재산의 취득가액으로서 실제 해당 재산을 취득하기 위하여 지급한 금액, ② 통상적인 가치상승분, ③ 가치상승기여분에 따른 금액의 합계액을 말한다.[1700]

2. 증여재산의 취득시기

증여재산의 취득시기는 ① 신탁이익의 증여, ② 보험금의 증여, ③ 저가 양수 또는 고가 양도에 따른 이익의 증여, ④ 저가 양수 또는 고가 양도에 따른 이익의 증여, ⑤ 채무면제 등에 따른 증여, ⑥ 부동산 무상사용에 따른 이익의 증여, ⑦ 합병에 따른 이익의 증여, ⑧ 증자에 따른 이익의 증여, ⑨ 감자에 따른 이익의 증여, ⑩ 현물출자에 따른 이익의 증여, ⑪ 전환사채 등의 주식전환 등에 따른 이익의 증여, ⑫ 초과배당에 따른 이익의 증여, ⑬ 주식등의 상장 등에 따른 이익의 증여, ⑭ 금전 무상대출 등에 따른 이익의 증여, ⑮ 합병에 따른 상장 등 이익의 증여가 적용되는 경우를 제외하고는 재산을 인도한 날 또는 사실상 사용한 날 등 대통령령으로 정하는 날로 한다.[1701] 재산을 인도한 날 또는 사실상 사용한 날 등 대통령령으로 정하는 날이란 아래의 구분에 따른 날을 의미한다.[1702]

가. 타인의 기여에 의한 재산가치 증가한 경우

1700) 상속증여세법시행령 제23조 제2항.
1701) 상속증여세법 제32조.
1702) 상속증여세법시행령 제24조 제1항.

타인의 기여에 의하여 재산가치가 증가한 경우란 ① 주식등의 상장 및 비상장주식의 등록, ② 법인의 합병의 경우 주식등의 상장일 또는 비상장주식의 등록일, ③ 법인의 합병등기일, ④ 생명보험 또는 손해보험의 보험금 지급의 경우 보험사고가 발생한 날을 말한다.[1703]

타인의 기여에 의한 재산가치가 증가한 경우에는 인도한 날 또는 사실상의 사용일을 재산을 인도한 날 또는 사실상 사용한 날로 본다.

나. 증여받는 재산이 주식등인 경우

증여받는 재산이 주식등인 경우에는 수증자가 배당금의 지급이나 주주권의 행사등에 의하여 해당 주식등을 인도받은 사실이 객관적으로 확인되는 날에 취득한 것으로 본다.[1704] 다만 해당 주식등을 인도받은 날이 불분명하거나 해당 주식등을 인도받기 전에 상법 제337조[1705] 또는 제557조[1706]에 따른 취득자의 주소와 성명등을 주주명부 또는 사원명부에 기재한 경우에는 그 명의개서일 또는 그 기재일로 한다.

다. 증여받은 재산이 무기명채권인 경우

증여받은 재산이 무기명채권인 경우에는 해당 채권에 대한 이자지급 사실 등에 의해 취득사실이 객관적으로 확인되는 날에 취득한 것으로 본다.[1707] 다만 그 취득일이 불분명한 경우에는 해당 채권에 대하여 취득자가 이자지급을 청구한 날 또는 해당 채권의 상환을 청구한 날로 한다.

1703) 상속증여세법시행령 제24조 제1항 제3호.
1704) 상속증여세법시행령 제24조 제2항.
1705) 제337조(주식의 이전의 대항요건) ①주식의 이전은 취득자의 성명과 주소를 수수명부에 기재하지 아니하면 회사에 대항하지 못한다. 〈개정 2014.5.20.〉
② 회사는 정관이 정하는 바에 의하여 명의개서대리인을 둘 수 있다. 이 경우 명의개서대리인이 취득자의 성명과 주소를 주주명부의 복본에 기재한 때에는 제1항의 명의개서가 있는 것으로 본다.
1706) 제557조(지분이전의 대항요건) 지분의 이전은 취득자의 성명, 주소와 그 목적이 되는 출자좌수를 사원명부에 기재하지 아니하면 이로써 회사와 제삼자에게 대항하지 못한다.
1707) 상속증여세법시행령 제24조 제3항.

Ⅱ. 증여재산가액

1. 신탁이익의 증여

가. 타인을 수익자로 지정한 경우

신탁계약에 의하여 위탁자가 타인을 신탁의 이익의 전부 또는 일부를 받을 수익자로 지정한 경우로서 ① 원본을 받을 권리를 소유하게 한 경우에는 수익자가 그 원본을 받은 경우, ② 수익을 받을 권리를 소유하게 한 경우에는 수익자가 그 수익을 받은 경우에는 원본 또는 수익이 수익자에게 실제 지급되는 날 등 대통령령으로 정하는 날을 증여일로 하여 해당 신탁의 이익을 받을 권리의 가액을 수익자의 증여재산가액으로 한다.[1708]

나. 수익자가 특정되지 않거나 존재하지 않는 경우

수익자가 특정되지 않거나 아직 존재하지 않는 경우에는 위탁자 또는 그 상속인을 수익자로 보고 수익자가 특정되거나 존재하게 된 때에 새로운 신탁이 있는 것으로 보아 타인을 수익자로 지정한 경우에 따른 증여재산가액을 적용한다.[1709]

다. 여러 차례로 나누어 원본과 수익을 받는 경우

여러 차례 나누어 원본과 수익을 지급받는 경우의 신탁이익은 증여시기를 기준으로 신탁의 이익을 받을 권리의 평가를 준용하여 평가한 가액으로 아래의 어느 하나에 따라 평가한 가액으로 한다.[1710]

[1708] 상속증여세법 제33조 제1항.
[1709] 상속증여세법 제33조 제2항.
[1710] 상속증여세법시행령 제61조 제1항.

1) 원본과 수익을 받을 권리의 수익자가 같은 경우

원본을 받을 권리와 수익을 받을 권리의 수익자가 같은 경우에는 평가기준일 현재 상속증여세법에 따라 평가한 신탁재산의 가액으로 한다.

2) 원본과 수익을 받을 권리의 수익자가 다른 경우

원본을 받을 권리와 수익을 받을 권리의 수익자가 다른 경우에는 원본을 받을 권리를 수익하는 경우에는 평가기준일 현재 상속증여세법에 따라 평가한 신탁재산의 가액에서 아래의 수익을 받을 권리를 수익하는 경우의 계산식에 따라 계산한 금액의 합계액을 뺀 금액으로 한다.

3) 수익을 받을 권리를 수익하는 경우

수익을 받을 권리를 수익하는 경우에는 평가기준일 현재 기획재정부령으로 정하는 방법에 따라 추산한 장래에 받을 각 연도의 수익금에 대하여 수익의 이익에 대한 원천징수세액상당액등을 고려하여 아래의 계산식에 따라 계산한 금액의 합계액으로 한다.

추산한 장래에 받을 각 연도의 수익금이란 평가기준일 현재 신탁재산의 수익에 대한 수익률이 확정되지 않은 경우 원본의 가액에 1,000분의 30을 곱하여 계산한 금액을 말한다.

⟨표-93 신탁이익의 계산방법⟩

> (각 연도에 받을 수익의 이익 - 원천징수세액상당액)
> ÷ (1 + 신탁재산의 평균 수익률 등을 고려하여 기획재정부령으로 정하는 이자율)^n
>
> ① 'n'은 평가기준일부터 수익시기까지의 연수를 말한다.
> ② 기획재정부령으로 정하는 이자율이란 연간 1,000분의 30을 말한다.[1711]
> ③ 수익시기가 정해지지 않은 경우 평가기준일부터 수익시기까지의 연수는 상속증여세법 제62조 제2호[1712] 또는 제3호[1713]를 준용하여 20년 또는 기대여명의 연수로 계산한다.[1714]

라. 대통령령으로 정하는 날

원본 또는 수익이 수익자에게 실제 지급되는 날 등 대통령령으로 정하는 날이란 아래의 구분에 따른 날을 제외하고는 원본 또는 수익이 수익자에게 실제 지급되는 날을 말한다.[1715]

1) 위탁자가 사망한 경우

수익자로 지정된 자가 그 이익을 받기 전에 해당 신탁재산의 위탁자가 사망한 경우에는 위탁자가 사망한 날로 한다.

2) 수익자에게 지급되지 않은 경우

신탁계약에 의하여 원본 또는 수익을 지급하기로 약정한 날까지 원본 또는 수익이 수익자에게 지급되지 않은 경우 해당 원본 또는 수익을 지급하기로 약정한 날로 한다.

1711) 상속증여세법시행규칙 제19조의2 제1항.
1712) 2. 무기정기금: 1년분 정기금액의 20배에 상당하는 금액
1713) 3. 종신정기금: 정기금을 받을 권리가 있는 자의 「통계법」 제18조에 따라 통계청장이 승인하여 고시하는 통계표에 따른 성별·연령별 기대여명의 연수(소수점 이하는 버린다)까지의 기간 중 각 연도에 받을 정기금액을 기준으로 제1호의 계산식에 따라 계산한 금액의 합계액
1714) 상속증여세법 제61조 제2항.
1715) 상속증여세법시행령 제25조 제1항.

3) 원본 또는 수익을 나누어 지급하는 경우

원본 또는 수익을 여러 차례 나누어 지급하는 경우에는 해당 원본 또는 수익이 최초로 지급된 날을 말한다. 다만 ① 신탁계약을 체결하는 날에 원본 또는 수익이 확정되지 않는 경우, ② ⓐ 위탁자가 신탁을 해지할 수 있는 권리, ⓑ 수익자를 지정하거나 변경할 수 있는 권리, ⓒ 신탁 종료 후 잔여재산을 귀속받을 권리를 보유하는 등 신탁재산을 실질적으로 지배·통제하는 경우에는 해당 원본 또는 수익이 실제 지급된 날로 한다.

2. 보험금의 증여

생명보험이나 손해보험에서 만기보험금 지급의 경우를 포함한 보험사고가 발생한 경우 해당 보험사고가 발생한 날을 증여일로 하여 ① 보험금 수령인과 보험료 납부자가 다른 경우[1716] 보험금 수령인이 아닌 자가 납부한 보험료 납부액에 대한 보험금 상당액, ② 보험계약 기간에 보험금 수령인이 재산을 증여받아 보험료를 납부한 경우 증여받은 재산으로 납부한 보험료 납부액에 대한 보험금 상당액에서 증여받은 재산으로 납부한 보험료 납부액을 뺀 가액을 보험금 수령인의 증여재산가액으로 한다.[1717] 다만 보험금을 상속재산으로 보는 경우에는 적용하지 않는다.[1718]

3. 저가 양수 또는 고가 양도

가. 특수관계인에 해당하는 경우

전환사채등과 거래소에 상장되어 있는 법인의 주식 및 출자지분으로서 증권시장에서 거래된 것[1719]에 해당하는 것을 제외한 특수관계인 사이에 재산을 시가보다 낮은 가액으로 양수하거나

1716) 보험금 수령인이 아닌 자가 보험료의 일부를 납부한 경우를 포함한다.
1717) 상속증여세법 제34조 제1항.
1718) 상속증여세법 제34조 제2항.
1719) 상속증여세법시행령 제33조 제2항에 따른 시간외시장에서 매매된 것을 제외한다.

시가보다 높은 가액으로 양도한 경우로서 그 대가와 시가의 차액이 ① 시가[1720]의 100분의 30에 상당하는 가액, ② 3억원의 금액 중 적은 금액 이상인 경우에는 해당 재산의 양수일 또는 양도일을 증여일로 하여 그 대가와 시가의 차액에서 기준금액을 뺀 금액을 그 이익을 얻은 자의 증여재산가액으로 한다.[1721]

나. 특수관계인에 해당하지 않는 경우

특수관계인이 아닌 자 사이에 거래의 관행상 정당한 사유 없이 재산을 시가보다 현저히 낮은 가액으로 양수하거나 시가보다 현저히 높은 가액으로 양도한 경우로서 그 대가와 시가의 차액이 양도 또는 양수한 재산의 시가의 100분의 30에 상당하는 가액 이상인 경우에는 해당 재산의 양수일 또는 양도일을 증여일로 하여 그 대가와 시가의 차액에서 3억원을 뺀 금액을 그 이익을 얻은 자의 증여재산가액으로 한다.[1722]

다. 개인과 법인이 양수 또는 양도하는 경우

개인과 법인 간에 재산을 양수하거나 양도하는 경우로서 그 대가가 법인세법 제52조 제2항[1723]에 따른 시가에 해당하여 그 법인의 거래에 대하여 법인세법 제52조 제1항[1724]이 적용되지 않은 경우에는 특수관계인 사이에 저가 양수 또는 고가 양도한 경우와 특수관계인이 아닌 자 사이에 저가 양수 또는 고가 양도한 경우를 적용하지 않는다.[1725] 다만 거짓이나 그 밖의 부정한 방법으로 상속세 또는 증여세를 감소시킨 것으로 인정되는 경우는 제외한다.

1720) 상속증여세법 제60조부터 제66조까지의 규정에 따라 평가한 가액을 말한다.
1721) 상속증여세법 제35조 제1항.
1722) 상속증여세법 제35조 제2항.
1723) 제52조(부당행위계산의 부인) ② 제1항을 적용할 때에는 건전한 사회 통념 및 상거래 관행과 특수관계인이 아닌 자 간의 정상적인 거래에서 적용되거나 적용될 것으로 판단되는 가격(요율·이자율·임대료 및 교환 비율과 그 밖에 이에 준하는 것을 포함하며, 이하 "시가"라 한다)을 기준으로 한다.
1724) 제52조(부당행위계산의 부인) ① 납세지 관할 세무서장 또는 관할지방국세청장은 내국법인의 행위 또는 소득금액의 계산이 특수관계인과의 거래로 인하여 그 법인의 소득에 대한 조세의 부담을 부당하게 감소시킨 것으로 인정되는 경우에는 그 법인의 행위 또는 소득금액의 계산(이하 "부당행위계산"이라 한다)과 관계없이 그 법인의 각 사업연도의 소득금액을 계산한다.
1725) 상속증여세법 제35조 제3항.

라. 양수일 또는 양도일

양수일 또는 양도일은 각각 해당 재산의 대금을 청산한 날을 기준(대금청산일)으로 한다. 소득세법 시행령 제162조 제1항 제1호부터 제3호까지의 규정[1726]에 해당하는 경우에는 각각 해당 호에 따른 날을 말한다.[1727)1728)] 다만 매매계약 후 환율의 급격한 변동 등 매매계약일부터 대금청산일 전일까지 환율이 100분의 30 이상 변동하는 경우에는 매매계약일을 기준으로 한다.

4. 채무면제 등에 따른 증여

채권자로부터 채무를 면제받거나 제3자로부터 채무의 인수 또는 변제를 받은 경우에는 면제, 인수 또는 변제(면제등)를 받은 날을 증여일로 하여 면제등으로 인한 이익에 상당하는 금액[1729]을 이익을 얻은 자의 증여재산가액으로 한다.[1730]

면제등을 받은 날이란 ① 채권자로부터 채무를 면제 받은 경우 채권자가 면제에 대한 의사표시를 한 날, ② 제3자로부터 채무의 인수를 받은 경우 제3자와 채권자 간에 채무의 인수계약이 체결된 날을 말한다.[1731]

5. 합병에 따른 이익의 증여

특수관계에 있는 법인 간의 합병[1732]으로 소멸하거나 흡수되는 법인 또는 신설되거나 존속하는 법인의 대통령령으로 정하는 대주주등이 합병으로 인하여 이익을 얻은 경우에는 그 합병등

1726) 1. 대금을 청산한 날이 분명하지 아니한 경우에는 등기부·등록부 또는 명부 등에 기재된 등기·등록접수일 또는 명의개서일
      2. 대금을 청산하기 전에 소유권이전등기(등록 및 명의의 개서를 포함한다)를 한 경우에는 등기부·등록부 또는 명부등에 기재된 등기접수일
      3. 기획재정부령이 정하는 장기할부조건의 경우에는 소유권이전등기(등록 및 명의개서를 포함한다) 접수일·인도일 또는 사용수익일 중 빠른 날
1727) 상속증여세법 제35조 제4항.
1728) 상속증여세법시행령 제26조 제5항.
1729) 보상액을 지급한 경우에는 그 보상액을 뺀 금액으로 한다.
1730) 상속증여세법 제36조 제1항.
1731) 상속증여세법시행령 제26조의2.
1732) 분할합병을 포함한다.

기일을 증여일로 하여 이익에 상당하는 금액을 대주주등의 증여재산가액으로 한다.[1733] 다만 그 이익에 상당하는 금액이 대통령령으로 정하는 기준금액 미만인 경우는 제외한다. 합병으로 인한 이익을 증여한 자가 대주주등이 아닌 주주등으로서 2명 이상인 경우에는 주주등 1명으로부터 이익을 얻은 것으로 본다.[1734]

가. 대통령령으로 정하는 특수관계에 있는 법인 간의 합병

대통령령으로 정하는 특수관계에 있는 법인 간의 합병이란 합병등기일이 속하는 사업연도의 직전 사업연도 개시일[1735]부터 합병등기일까지의 기간 중 ① 법인세법시행령 제2조 제5항[1736]에 따른 특수관계에 있는 법인, ② 상속증여세법 제2조의2 제1항 제3호 나목[1737]에 따른 법인, ③ 동일인이 임원의 임면권의 행사 또는 사업방침의 결정 등을 통하여 합병당사법인[1738]의 경영에 대하여 영향력을 행사하고 있다고 인정되는 관계에 있는 법인에 해당하는 법인간의 합병을 말

1733) 상속증여세법 제38조 제1항.
1734) 상속증여세법 제38조 제2항.
1735) 그 개시일이 서로 다른 법인이 합병한 경우에는 먼저 개시한 날을 말한다.
1736) ⑤ 법 제2조 제12호에서 "경제적 연관관계 또는 경영지배관계 등 대통령령으로 정하는 관계에 있는 자"란 다음 각 호의 어느 하나에 해당하는 관계에 있는 자를 말한다. 〈신설 2019.2.12.〉
  1. 임원(제40조 제1항에 따른 임원을 말한다. 이하 이 항, 제10조, 제19조, 제38조 및 제39조에서 같다)의 임면권의 행사, 사업방침의 결정 등 해당 법인의 경영에 대해 사실상 영향력을 행사하고 있다고 인정되는 자(「상법」 제401조의2 제1항에 따라 이사로 보는 자를 포함한다)와 그 친족(「국세기본법 시행령」 제1조의2 제1항에 따른 자를 말한다. 이하 같다)
  2. 제50조 제2항에 따른 소액주주등이 아닌 주주 또는 출자자(이하 "비소액주주등"이라 한다)와 그 친족
  3. 다음 각 목의 어느 하나에 해당하는 자 및 이들과 생계를 함께하는 친족
     가. 법인의 임원·직원 또는 비소액주주등의 직원(비소액주주등이 영리법인인 경우에는 그 임원을, 비영리법인인 경우에는 그 이사 및 설립자를 말한다)
     나. 법인 또는 비소액주주등의 금전이나 그 밖의 자산에 의해 생계를 유지하는 자
  4. 해당 법인이 직접 또는 그와 제1호부터 제3호까지의 관계에 있는 자를 통해 어느 법인의 경영에 대해 「국세기본법 시행령」 제1조의2 제4항에 따른 지배적인 영향력을 행사하고 있는 경우 그 법인
  5. 해당 법인이 직접 또는 그와 제1호부터 제4호까지의 관계에 있는 자를 통해 어느 법인의 경영에 대해 「국세기본법 시행령」 제1조의2 제4항에 따른 지배적인 영향력을 행사하고 있는 경우 그 법인
  6. 해당 법인에 100분의 30 이상을 출자하고 있는 법인에 100분의 30 이상을 출자하고 있는 법인이나 개인
  7. 해당 법인이 「독점규제 및 공정거래에 관한 법률」에 따른 기업집단에 속하는 법인인 경우에는 그 기업집단에 소속된 다른 계열회사 및 그 계열회사의 임원
1737) 나. 본인이 법인인 경우: 본인이 속한 기획재정부령으로 정하는 기업집단의 소속 기업(해당 기업의 임원과 퇴직임원을 포함한다)과 해당 기업의 임원에 대한 임면권의 행사 및 사업방침의 결정 등을 통하여 그 경영에 관하여 사실상의 영향력을 행사하고 있는 자 및 그 제1호에 해당하는 관계에 있는 자
1738) 합병으로 인하여 소멸·흡수되는 법인 또는 신설·존속하는 법인을 말한다.

한다.[1739] 다만 주권상장법인이 다른 법인과 자본시장법 제165조의4[1740] 및 자본시장법시행령 제176조의5[1741]에 따라 하는 합병은 특수관계에 있는 법인 간의 합병으로 보지 않는다.

[1739] 상속증여세법시행령 제28조 제1항.
[1740] 제165조의4(합병 등의 특례) ① 주권상장법인은 다음 각 호의 어느 하나에 해당하는 행위(이하 이 조에서 "합병 등"이라 한다)를 하려면 대통령령으로 정하는 요건·방법 등의 기준에 따라야 한다. 〈개정 2013.5.28.〉
   1. 다른 법인과의 합병
   2. 대통령령으로 정하는 중요한 영업 또는 자산의 양수 또는 양도
   3. 주식의 포괄적 교환 또는 포괄적 이전
   4. 분할 또는 분할합병
  ② 주권상장법인은 합병 등을 하는 경우 투자자 보호 및 건전한 거래질서를 위하여 대통령령으로 정하는 바에 따라 외부의 전문평가기관(이하 이 조 및 제165조의18에서 "외부평가기관"이라 한다)으로부터 합병 등의 가액, 그 밖에 대통령령으로 정하는 사항에 관한 평가를 받아야 한다. 〈신설 2013.5.28.〉
  ③ 금융위원회는 외부평가기관의 합병 등에 관한 평가가 현저히 부실한 경우, 그 밖에 투자자 보호 또는 건전한 거래질서를 해할 우려가 있는 경우로서 대통령령으로 정하는 경우에는 제2항에 따른 평가 업무를 제한할 수 있다. 〈신설 2013.5.28.〉
  ④ 외부평가기관의 범위, 제3항에 따른 평가 업무 제한의 방법 등에 대하여는 대통령령으로 정한다.
[1741] 제176조의5(합병의 요건·방법 등) ① 주권상장법인이 다른 법인과 합병하려는 경우에는 다음 각 호의 방법에 따라 산정한 합병가액에 따라야 한다. 이 경우 주권상장법인이 제1호 또는 제2호 가목 본문에 따른 가격을 산정할 수 없는 경우에는 제2호 나목에 따른 가격으로 하여야 한다. 〈개정 2009.12.21., 2012.6.29., 2013.6.21., 2013.8.27., 2014.12.9.〉
   1. 주권상장법인 간 합병의 경우에는 합병을 위한 이사회 결의일과 합병계약을 체결한 날 중 앞서는 날의 전일을 기산일로 한 다음 각 목의 종가(증권시장에서 성립된 최종가격을 말한다. 이하 이 항에서 같다)를 산술평균한 가액(이하 이 조에서 "기준시가"라 한다)을 기준으로 100분의 30(계열회사 간 합병의 경우에는 100분의 10)의 범위에서 할인 또는 할증한 가액. 이 경우 가목 및 나목의 평균종가는 종가를 거래량으로 가중산술평균하여 산정한다.
     가. 최근 1개월간 평균종가. 다만, 산정대상기간 중에 배당락 또는 권리락이 있는 경우로서 배당락 또는 권리락이 있는 날부터 기산일까지의 기간이 7일 이상인 경우에는 그 기간의 평균종가로 한다.
     나. 최근 1주일간 평균종가
     다. 최근일의 종가
   2. 주권상장법인(코넥스시장에 주권이 상장된 법인은 제외한다. 이하 이 호 및 제4항에서 같다)과 주권비상장법인 간 합병의 경우에는 다음 각 목의 기준에 따른 가격
     가. 주권상장법인의 경우에는 제1호의 가격. 다만, 제1호의 가격이 자산가치에 미달하는 경우에는 자산가치로 할 수 있다.
     나. 주권비상장법인의 경우에는 자산가치와 수익가치를 가중산술평균한 가액
  ② 제1항 제2호 나목에 따른 가격으로 산정하는 경우에는 금융위원회가 정하여 고시하는 방법에 따라 산정한 유사한 업종을 영위하는 법인의 가치(이하 이 항에서 "상대가치"라 한다)를 비교하여 공시하여야 하며, 같은 호 각 목에 따른 자산가치·수익가치 및 그 가중산술평균방법과 상대가치의 공시방법은 금융위원회가 정하여 고시한다. 〈개정 2013.8.27.〉
  ③ 제1항에도 불구하고 주권상장법인인 기업인수목적회사가 투자자 보호와 건전한 거래질서를 위하여 금융위원회가 정하여 고시하는 요건을 갖추어 그 사업목적에 따라 다른 법인과 합병하여 그 합병법인이 주권상장법인이 되려는 경우에는 다음 각 목의 기준에 따른 가액으로 합병가액을 산정할 수 있다. 〈신설 2012.6.29., 2013.8.27.〉
   1. 주권상장법인인 기업인수목적회사의 경우: 제1항 제1호에 따른 가액
   2. 기업인수목적회사와 합병하는 다른 법인의 경우: 다음 각 목의 구분에 따른 가액
     가. 다른 법인이 주권상장법인인 경우: 제1항 제1호에 따른 가격. 다만, 이를 산정할 수 없는 경우에는 제1항 각 호 외의 부분 후단을 준용한다.
     나. 다른 법인이 주권비상장법인인 경우: 기업인수목적회사와 협의하여 정하는 가액
  ④ 주권상장법인이 주권비상장법인과 합병하여 주권상장법인이 되는 경우에는 다음 각 호의 요건을 충족해야 한다. 〈개정 2010.6.11., 2012.6.29., 2021.1.5.〉
   1. 삭제 〈2013.8.27.〉
   2. 합병의 당사자가 되는 주권상장법인이 법 제161조 제1항에 따라 주요사항보고서를 제출하는 날이 속하는 사업연도의 직전사

업연도의 재무제표를 기준으로 자산총액·자본금 및 매출액 중 두 가지 이상이 그 주권상장법인보다 더 큰 주권비상장법인이 다음 각 목의 요건을 충족할 것

가. 법 제390조에 따른 증권상장규정(이하 이 호에서 "상장규정"이라 한다)에서 정하는 재무 등의 요건

나. 감사의견, 소송 계류(繫留: 사건이 해결되지 않고 계속 중인 상태를 말한다. 이하 같다), 그 밖에 공정한 합병을 위하여 필요한 사항에 관하여 상장규정에서 정하는 요건

⑤ 특정 증권시장에 주권이 상장된 법인이 다른 증권시장에 주권이 상장된 법인과 합병하여 특정 증권시장에 상장된 법인 또는 다른 증권시장에 상장된 법인이 되는 경우에는 제4항을 준용한다. 이 경우 "주권상장법인"은 "합병에도 불구하고 같은 증권시장에 상장되는 법인"으로, "주권비상장법인"은 "합병에 따라 다른 증권시장에 상장되는 법인"으로 본다. 〈개정 2012.6.29., 2013.8.27.〉

⑥ 삭제 〈2013.8.27.〉

⑦ 법 제165조의4 제2항에 따라 주권상장법인이 다른 법인과 합병하는 경우 다음 각 호의 구분에 따라 합병가액의 적정성에 대하여 외부평가기관의 평가를 받아야 한다.

1. 주권상장법인(기업인수목적회사는 제외한다. 이하 이 호 및 제2호에서 같다)이 주권상장법인과 합병하는 경우로서 다음 각 목의 어느 하나에 해당하는 경우

가. 주권상장법인이 제1항 제1호에 따라 합병가액을 산정하면서 기준시가의 100분의 10을 초과하여 할인 또는 할증된 가액으로 산정하는 경우

나. 주권상장법인이 제1항 제2호 나목에 따라 산정된 합병가액에 따르는 경우

다. 주권상장법인이 주권상장법인과 합병하여 주권비상장법인이 되는 경우. 다만, 제1항 제1호에 따라 산정된 합병가액에 따르는 경우 또는 다른 회사의 발행주식 총수를 소유하고 있는 회사가 그 다른 회사를 합병하면서 신주를 발행하지 아니하는 경우는 제외한다.

2. 주권상장법인이 주권비상장법인과 합병하는 경우로서 다음 각 목의 어느 하나에 해당하는 경우

가. 주권상장법인이 제1항 제2호 나목에 따라 산정된 합병가액에 따르는 경우

나. 제4항에 따른 합병의 경우. 다만, 다른 회사의 발행주식 총수를 소유하고 있는 회사가 그 다른 회사를 합병하면서 신주를 발행하지 아니하는 경우는 제외한다.

다. 주권상장법인(코넥스시장에 주권이 상장된 법인은 제외한다)이 주권비상장법인과 합병하여 주권비상장법인이 되는 경우. 다만, 합병의 당사자가 모두 제1항 제1호에 따라 산정된 합병가액에 따르는 경우 또는 다른 회사의 발행주식 총수를 소유하고 있는 회사가 그 다른 회사를 합병하면서 신주를 발행하지 아니하는 경우는 제외한다.

3. 기업인수목적회사가 다른 주권상장법인과 합병하는 경우로서 그 주권상장법인이 제1항 제2호 나목에 따라 산정된 합병가액에 따르는 경우

⑧ 외부평가기관은 다음 각 호의 어느 하나에 해당하는 자로 한다. 〈개정 2012.6.29., 2013.6.21., 2013.8.27.〉

1. 제68조 제2항 제1호 및 제2호의 업무를 인가받은 자
2. 신용평가회사
3. 「공인회계사법」에 따른 회계법인

⑨ 제8항에 따른 외부평가기관(이하 "외부평가기관"이라 한다)이 다음 각 호의 어느 하나에 해당하는 경우에는 그 기간 동안 법 제165조의4 제2항에 따른 평가 업무를 할 수 없다. 다만, 제4호의 경우에는 해당 특정회사에 대한 평가 업무만 할 수 없다. 〈개정 2012.6.29., 2013.6.21., 2013.8.27., 2018.10.30.〉

1. 제8항 제1호의 자가 금융위원회로부터 주식의 인수업무 참여제한의 조치를 받은 경우에는 그 제한기간
2. 제8항 제2호의 자가 신용평가업무와 관련하여 금융위원회로부터 신용평가업무의 정지처분을 받은 경우에는 그 업무정지기간
3. 제8항 제3호의 자가 「주식회사 등의 외부감사에 관한 법률」에 따라 업무정지조치를 받은 경우에는 그 업무정지기간
4. 제8항 제3호의 자가 「주식회사 등의 외부감사에 관한 법률」에 따라 특정회사에 대한 감사업무의 제한조치를 받은 경우에는 그 제한기간

⑩ 외부평가기관이 평가의 대상이 되는 회사와 금융위원회가 정하여 고시하는 특수관계에 있는 경우에는 합병에 대한 평가를 할 수 없다. 〈개정 2012.6.29., 2013.6.21.〉

⑪ 법 제165조의4 제3항에서 "대통령령으로 정하는 경우"란 다음 각 호의 어느 하나에 해당하는 경우를 말한다. 〈개정 2013.8.27.〉

1. 외부평가기관이 제9항 또는 제10항을 위반한 경우

나. 대통령령으로 정하는 대주주등

대통령령으로 정하는 대주주등이란 해당 주주등의 지분 및 그의 특수관계인의 지분을 포함하여 해당 법인의 발행주식총수등의 100분의 1 이상을 소유하고 있거나 소유하고 있는 주식등의 액면가액이 3억원 이상인 주주등을 말한다.[1742]

다. 대통령령으로 정하는 기준금액

대통령령으로 정하는 기준금액이란 ① 합병대가를 주식등으로 교부받은 경우 합병 후 신설 또는 존속하는 법인의 주식등의 평가가액의 100분의 30에 상당하는 가액과 3억원 중 적은 금액, ② 합병대가를 주식등 외의 재산으로 지급받은 경우 3억원을 말한다.[1743]

라. 합병에 따른 이익의 계산

합병에 따른 이익은 ① 합병대가를 주식등으로 교부받은 경우, ② 합병대가를 주식등 외의 재산으로 지급받은 경우로 구분하여 아래에 따라 계산한 금액으로 한다.[1744]

1) 합병대가를 주식등으로 교부받은 경우

가) 합병에 따른 이익의 계산 방법

---

2. 외부평가기관의 임직원이 평가와 관련하여 알게 된 비밀을 누설하거나 업무 외의 목적으로 사용한 경우
3. 외부평가기관의 임직원이 합병 등에 관한 평가와 관련하여 금융위원회가 정하여 고시하는 기준을 위반하여 직접 또는 간접으로 재산상의 이익을 제공받은 경우
4. 그 밖에 투자자 보호와 외부평가기관의 평가의 공정성·독립성을 해칠 우려가 있는 경우로서 금융위원회가 정하여 고시하는 경우
⑫ 금융위원회는 법 제165조의4 제3항에 따라 외부평가기관에 대하여 3년의 범위에서 일정한 기간을 정하여 같은 조 제2항에 따른 평가 업무의 전부 또는 일부를 제한할 수 있다. 〈신설 2013.8.27., 2016.6.28.〉
⑬ 법률의 규정에 따른 합병에 관하여는 제1항부터 제5항까지 및 제7항부터 제12항까지를 적용하지 아니한다. 다만, 합병의 당사자가 되는 법인이 계열회사의 관계에 있고 합병가액을 제1항 제1호에 따라 산정하지 아니한 경우에는 합병가액의 적정성에 대하여 외부평가기관에 의한 평가를 받아야 한다. 〈개정 2012.6.29., 2013.6.21., 2013.8.27.〉

1742) 상속증여세법시행령 제28조 제2항.
1743) 상속증여세법시행령 제28조 제4항.
1744) 상속증여세법시행령 제28조 제3항.

합병대가를 주식등으로 교부받은 경우에는 아래의 계산식에 따라 계산한 금액을 합병에 따른 이익으로 한다.[1745]

〈표-94 합병에 따른 이익의 계산〉

구분		계산식
합병 후 신설 또는 존속하는 법인의 1주당 평가가액	①	[① - (② × ③ ÷ ④)] × ⑤ = ⑥
주가가 과대평가된 합병당사법인의 1주당 평가가액	②	
주가가 과대평가된 합병당사법인의 합병전 주식등의 수	③	
주가가 과대평가된 합병당사법인의 주주등이 합병으로 인하여 교부받은 신설 또는 존속하는 법인의 주식등의 수	④	
주가가 과대평가된 합병당사법인의 대주주등이 합병으로 인하여 교부받은 신설 또는 존속하는 법인의 주식등의 수	⑤	
합병에 따른 이익	⑥	

나) 신설 또는 존속 법인의 1주당 평가가액의 계산 방법

합병 후 신설 또는 존속하는 법인의 1주당 평가가액은 합병 후 신설 또는 존속하는 법인이 주권상장법인으로서 주권이 같은 증권시장에서 거래되는 법인(주권상장법인등)인 경우에는 ① 상속증여세법 제63조 제1항 제1호 가목[1746]에 따라 평가한 가액, ② 주가가 과대평가된 합병당사법인의 합병직전 주식등의 가액과 주가가 과소평가된 합병당사법인의 합병직전 주식등의 가액을 합한 가액을 합병 후 신설 또는 존속하는 법인의 주식등의 수로 나눈 가액[1747] 중 적은 가액으로 한다.[1748]

1745) 상속증여세법시행령 제28조 제3항 제1호.
1746) 가. 「자본시장과 금융투자업에 관한 법률」에 따른 증권시장으로서 대통령령으로 정하는 증권시장에서 거래되는 주권상장법인의 주식등 중 대통령령으로 정하는 주식등(이하 이 호에서 "상장주식"이라 한다)은 평가기준일(평가기준일이 공휴일 등 대통령령으로 정하는 매매가 없는 날인 경우에는 그 전일을 기준으로 한다) 이전·이후 각 2개월 동안 공표된 매일의 「자본시장과 금융투자업에 관한 법률」에 따라 거래소허가를 받은 거래소(이하 "거래소"라 한다) 최종 시세가액(거래실적 유무를 따지지 아니한다)의 평균액(평균액을 계산할 때 평가기준일 이전·이후 2개월 동안에 증자·합병 등의 사유가 발생하여 그 평균액으로 하는 것이 부적당한 경우에는 평가기준일 이전·이후 각 2개월의 기간 중 대통령령으로 정하는 바에 따라 계산한 기간의 평균액으로 한다). 다만, 제38조에 따라 합병으로 인한 이익을 계산할 때 합병(분할합병을 포함한다)으로 소멸하거나 흡수되는 법인 또는 신설되거나 존속하는 법인이 보유한 상장주식의 시가는 평가기준일 현재의 거래소 최종 시세가액으로 한다.
1747) 상속증여세법시행령 제28조 제5항 제2호.
1748) 상속증여세법시행령 제28조 제5항.

다) 합병직전 주식등의 가액의 평가기준일

합병직전 주식등의 가액의 평가기준일은 상법 제522조의2[1749]에 따른 대차대조표 공시일 또는 합병의 증권신고서[1750]를 제출한 날 중 빠른 날로 하며 주권상장법인등에 해당하지 않는 법인인 경우에는 상법 제522조의2에 따른 대차대조표 공시일로 한다.[1751]

2) 합병대가를 주식등 외의 재산으로 지급받은 경우

합병대가를 주식등 외의 재산으로 지급받은 경우 액면가액[1752]에서 그 평가가액을 차감한 가액에 합병당사법인의 대주주등의 주식등의 수를 곱한 금액으로 한다.[1753] 합병대가를 주식등 외의 재산으로 지급받은 경우의 적용대상은 합병당사법인의 1주당 평가가액이 액면가액에 미달하는 경우로서 그 평가가액을 초과하여 지급받은 경우로 한정한다.

3) 1주당 평가가액 등의 계산 방법

주가가 과대평가된 합병당사법인의 1주당 평가가액[1754]과 합병 후 신설 또는 존속하는 법인의 합병직전 주식등의 가액[1755]은 상속증여세법 제60조(평가의 원칙) 및 제63조(유가증권등의

1749) 제522조의2(합병계약서 등의 공시) ①이사는 제522조 제1항의 주주총회 회일의 2주 전부터 합병을 한 날 이후 6개월이 경과하는 날까지 다음 각 호의 서류를 본점에 비치하여야 한다.
1. 합병계약서
2. 합병을 위하여 신주를 발행하거나 자기주식을 이전하는 경우에는 합병으로 인하여 소멸하는 회사의 주주에 대한 신주의 배정 또는 자기주식의 이전에 관하여 그 이유를 기재한 서면
3. 각 회사의 최종의 대차대조표와 손익계산서
② 주주 및 회사채권자는 영업시간 내에는 언제든지 제1항 각 호의 서류의 열람을 청구하거나, 회사가 정한 비용을 지급하고 그 등본 또는 초본의 교부를 청구할 수 있다.
1750) 자본시장법 제119조 및 자본시장법시행령 제129조.
1751) 상속증여세법시행령 제28조 제5항 제2호.
1752) 합병대가가 액면가액에 미달하는 경우에는 해당 합병대가를 말한다.
1753) 상속증여세법시행령 제28조 제3항 제2호.
1754) 상속증여세법시행령 제3항 제1호 나목에 따른 1주당 평가가액을 말한다.
1755) 상속증여세법시행령 제3항에 따른 주식등의 가액을 말한다.

평가)에 따라 평가한 가액에 따른다.[1756] 다만 주권상장법인등의 경우 상속증여세법 제60조 및 제63조 제1항 제1호 나목의 평가방법에 의한 평가가액의 차액[1757]이 상속증여세법 제60조 및 제63조 제1항 제1호 가목의 평가방법에 의한 평가가액의 차액보다 적게 되는 때에는 상속증여세법 제60조 및 제63조 제1항 제1호 나목의 방법에 따라 평가한다.

분할합병을 하기 위하여 분할하는 법인의 분할사업부문에 대한 합병 직전 주식등의 가액은 상속증여세법 제63조 제1항 제1호 나목에 따른 방법을 준용하여 분할사업부문을 평가한 가액으로 한다.[1758] 평가가액과 관련된 사항은 후술하는 "재산의 평가"에서 상세히 설명하기로 한다.

6. 증자에 따른 이익의 증여

법인이 자본금 또는 출자액을 증가시키기 위하여 새로운 주식 또는 지분(신주)을 발행함으로써 아래의 어느 하나에 해당하는 이익을 얻은 경우에는 주식대금 납입일 등 대통령령으로 정하는 날을 증여일로 하여 이익에 상당하는 금액을 이익을 얻은 자의 증여재산가액으로 한다.[1759]

가. 신주를 시가보다 낮은 가액으로 발행하는 경우

신주를 시가[1760]보다 낮은 가액으로 발행하는 경우 아래의 어느 하나에 해당하는 이익을 얻은 자의 증여재산가액으로 한다.[1761] 이익을 증여한 자가 소액주주로서 2명 이상인 경우에는 이익을 증여한 소액주주가 1명인 것으로 보고 이익을 계산한다.[1762] 소액주주란 당해 법인의 발행주식총수등의 100분의 1미만을 소유하는 경우로서 주식등의 액면가액의 합계액이 3억원 미만인 주주등을 말한다.[1763]

1756) 상속증여세법시행령 제28조 제6항.
1757) 제3항 제1호의 계산식에 따라 계산한 차액을 말한다.
1758) 상속증여세법시행령 제28조 제7항.
1759) 상속증여세법 제39조 제1항.
1760) 상속증여세법 제60조와 제63조에 따라 평가한 가액을 말한다. 이하 이 조, 제39조의2, 제39조의3 및 제40조에서 같다.
1761) 상속증여세법 제39조 제1항 제1호.
1762) 상속증여세법 제39조 제2항.
1763) 상속증여세법시행령 제29조 제5항.

1) 주주등이 포기한 실권주를 배정하는 경우

해당 법인의 주주등이 신주를 배정받을 수 있는 권리(신주인수권)의 전부 또는 일부를 포기한 경우로서 해당 법인이 포기한 신주(실권주)를 배정하는 경우에는 실권주를 배정받은 자가 실권주를 배정받음으로써 얻은 이익을 증여재산가액으로 한다.[1764] 다만 주권상장법인이 유가증권의 모집방법[1765]으로 배정하는 경우는 제외한다.

2) 주주등이 포기한 실권주를 배정하지 않은 경우

해당 법인의 주주등이 신주인수권의 전부 또는 일부를 포기한 경우로서 해당 법인이 실권주를 배정하지 않은 경우에는 그 신주 인수를 포기한 자의 특수관계인이 신주를 인수함으로써 얻은 이익을 말한다.[1766]

3) 주주등이 아닌 자가 신주를 직접 배정받은 경우

해당 법인의 주주등이 아닌 자가 해당 법인으로부터 신주를 직접 배정받음으로써 얻은 이익은 증여재산가액에 포함한다.[1767] 또한 자본시장법 제9조 제12항[1768]에 따른 인수인으로부터 인수·취득하는 경우와 그 밖에 대통령령으로 정하는 방법으로 인수·취득하는 경우를 포함한다.

4) 신주를 초과배정 받은 경우

해당 법인의 주주등이 소유한 주식등의 수에 비례하여 균등한 조건으로 배정받을 수 있는 수를 초과하여 신주를 직접 배정받음으로써 얻은 이익은 증여재산가액에 포함한다.[1769]

1764) 상속증여세법 제39조 제1항 제1호 가목.
1765) 대통령령으로 정하는 경우를 제외한다.
1766) 상속증여세법 제39조 제1항 제1호 나목.
1767) 상속증여세법 제39조 제1항 제1호 다목.
1768) ⑫ 이 법에서 "인수인"이란 증권을 모집·사모·매출하는 경우 인수를 하는 자를 말한다.
1769) 상속증여세법 제39조 제1항 제1호 라목.

나. 신주를 시가보다 높은 가액으로 발행하는 경우

신주를 시가보다 높은 가액으로 발행하는 경우 아래의 어느 하나에 해당하는 이익을 말한다.[1770]

1) 주주등이 포기한 실권주를 배정하는 경우

해당 법인의 주주등이 신주인수권의 전부 또는 일부를 포기한 경우로서 해당 법인이 실권주를 배정하는 경우에는 실권주를 배정받은 자가 실권주를 인수함으로써 특수관계인에 해당하는 신주 인수 포기자가 얻은 이익을 말한다.[1771]

2) 주주등이 포기한 실권주를 배정하지 않은 경우

해당 법인의 주주등이 신주인수권의 전부 또는 일부를 포기한 경우로서 해당 법인이 실권주를 배정하지 않은 경우에는 신주를 인수함으로써 특수관계인에 해당하는 신주 인수 포기자가 얻은 이익을 말한다.[1772]

3) 주주등이 아닌 자가 신주를 직접 배정받은 경우

해당 법인의 주주등이 아닌 자가 해당 법인으로부터 신주를 직접 배정받아 인수함으로써 그의 특수관계인인 주주등이 얻은 이익을 말한다.[1773]

4) 신주를 초과배정 받은 경우

1770) 상속증여세법 제39조 제1항 제2호.
1771) 상속증여세법 제39조 제1항 제2호 가목.
1772) 상속증여세법 제39조 제1항 제2호 나목.
1773) 상속증여세법 제39조 제1항 제2호 다목.

해당 법인의 주주등이 소유한 주식등의 수에 비례하여 균등한 조건으로 배정받을 수 있는 수를 초과하여 신주를 직접 배정받아 인수함으로써 그의 특수관계인인 주주등이 얻은 이익을 말한다.[1774]

다. 전환주식을 발행한 경우

전환주식을 발행한 경우 발행 이후 다른 종류의 주식으로 전환함에 따라 얻은 아래의 구분에 따른 이익은 증여재산가액에 포함한다.[1775]

1) 시가보다 낮은 가액으로 발행한 경우

교부받았거나 교부받을 주식의 가액이 전환주식 발행 당시 전환주식의 가액을 초과함으로써 그 주식을 교부받은 자가 얻은 이익은 증여재산가액에 포함한다.[1776]

2) 시가보다 높은 가액으로 발행한 경우

전환주식을 시가보다 높은 가액으로 발행한 경우 교부받았거나 교부받을 주식의 가액이 전환주식 발행 당시 전환주식의 가액보다 낮아짐으로써 그 주식을 교부받은 자의 특수관계인이 얻은 이익은 증여재산가액에 포함한다.[1777]

라. 주식대금 납입일 등 대통령령으로 정하는 날

주식대금 납입일 등 대통령령으로 정하는 날이란 ① 유가증권시장에 주권이 상장된 법인[1778]

1774) 상속증여세법 제39조 제1항 제2호 라목.
1775) 상속증여세법 제39조 제1항 제3호.
1776) 상속증여세법 제39조 제1항 제3호 가목.
1777) 상속증여세법 제39조 제1항 제3호 나목.
1778) 자본시장법 제176조의9 제1항.

또는 코스닥시장[1779]에 상장된 주권을 발행한 코스닥시장상장법인이 해당 법인의 주주에게 신주를 배정하는 경우 권리락이 있은 날,[1780] ② 전환주식을 시가보다 높은 가액으로 발행한 경우 전환주식을 다른 종류의 주식으로 전환한 날,[1781] ③ ①과 ② 외의 경우 주식대금 납입일로 하며 주식대금 납입일 이전에 실권주를 배정받은 자가 신주인수권증서를 교부받은 경우에는 그 교부일[1782]을 말한다.[1783]

마. 증자에 따른 이익의 계산방법

증자에 따른 이익은 아래의 구분에 따라 계산한 금액으로 한다.[1784] 다만 증자 전·후의 주식 1주당 가액이 모두 영(0) 이하인 경우에는 이익이 없는 것으로 본다.

1) 신주를 시가보다 낮은 가액으로 발행하는 경우

가) 실권주를 배정하는 경우

신주를 시가보다 낮은 가액으로 발행하는 경우 중 ① 해당 법인의 주주등이 포기한 실권주를 배정하는 경우, ② 해당 법인의 주주등이 아닌 자가 신주를 직접 배정받은 경우, ③ 균등한 조건으로 배정받을 수 있는 수를 초과하여 배정받은 경우에 따른 이익은 아래 계산식에 따라 계산한 금액으로 한다.[1785]

[1779] 대통령령 제24697호 자본시장과 금융투자업에 관한 법률 시행령 일부개정령 부칙 제8조.
[1780] 자본시장법 제176조의9 제1항 제1호.
[1781] 자본시장법 제176조의9 제1항 제2호.
[1782] 자본시장법 제176조의9 제1항 제3호.
[1783] 상속증여세법시행령 제29조 제1항.
[1784] 상속증여세법시행령 제29조 제2항.
[1785] 상속증여세법시행령 제29조 제2항 제1호.

<표-95 실권주를 배정하는 경우의 이익 계산>

구분		계산식
증자전 1주당 평가가액	①	[(① × ②) + (③ × ④)] ÷ (⑤ + ⑥) = ⑦
증자전의 발행주식총수	②	
신주 1주당 인수가액	③	
증자에 의하여 증가한 주식수	④	
증자전의 발행주식 총수	⑤	
증자에 의하여 증가한 주식수	⑥	
1주당 가액	⑦	
신주 1주당 인수가액	⑧	(⑦ - ⑧) × ⑨ = ⑩
배당받은 실권주수 또는 신주수[1786]	⑨	
증여재산가액	⑩	

나) 실권주를 배정하지 않는 경우

해당 법인의 주주등이 포기한 실권주를 배정하지 않은 경우의 이익은 ① 1주당 차액이 1주당 가액의 100분의 30 이상이거나, ② 1주당 차액에 실권주수를 곱하여 계산한 증여재산가액이 3억원 이상인 경우의 당해 금액을 말한다.[1787] 다만 주권상장법인등의 경우로서 증자 후의 1주당 평가가액이 아래 산식에 의하여 계산한 1주당 가액보다 적은 경우에는 당해 가액으로 한다.

<표-96 실권주를 배정하지 않는 경우의 이익 계산>

구분			계산식
1주당 가액	증자전 1주당 평가가액	①	[(① × ②) + (③ × ④)] ÷ (② + ④) = ⑤
	증자전의 발행주식총수	②	
	신주 1주당 인수가액	③	
	증자전의 지분비율대로 균등하게 증자하는 경우의 증가주식수	④	
	1주당 가액	⑤	
1주당 차액	신주 1주당 인수가액	⑥	⑤ - ⑥ = ⑦
	1주당 차액	⑦	
실권주수	실권주 총수	⑧	⑧ × ⑨ × ⑧ ÷ ⑩ = ⑪
	증자후 신주인수자의 지분비율	⑨	
	신주인수자의 특수관계인의 실권주수	⑩	
	실권주수	⑪	
증여재산가액		⑫	⑦ × ⑪ = ⑫

[1786] 균등한 조건에 의하여 배정받을 신주수를 초과하여 배정받은 자의 경우에는 그 초과부분의 신주수로 한다.
[1787] 상속증여세법시행령 제29조 제2항 제2호.

2) 신주를 시가보다 높은 가액으로 발행하는 경우

가) 실권주를 배정하는 경우

해당 법인의 주주등이 포기한 실권주를 배정하는 경우의 이익은 신주 1주당 인수가액에서 1주당 가액을 차감한 1주당 차액에 실권주수를 곱하여 계산한 금액으로 한다.[1788] 다만 주권상장법인등의 경우로서 증자후의 1주당 평가가액이 아래 산식에 의하여 계산한 1주당 가액보다 큰 경우에는 당해 가액으로 한다.

〈표-97 실권주를 배정하는 경우의 이익 계산〉

구분			계산식
1주당 가액	증자전 1주당 평가가액	①	[(① × ②) + (③ × ④)] ÷ (② + ④) = ⑤
	증자전의 발행주식총수	②	
	신주 1주당 인수가액	③	
	증자에 의하여 증가한 주식수	④	
	1주당 가액	⑤	
1주당 차액	신주 1주당 인수가액	⑥	⑥ - ⑤ = ⑦
	1주당 차액	⑦	
실권주수	신주인수를 포기한 주주의 실권주수	⑧	⑧ × ⑨ ÷ ⑩ = ⑪
	신주인수를 포기한 주주의 특수관계인이 인수한 실권주수	⑨	
	실권주 총수	⑩	
	실권주수	⑪	
증여재산가액		⑫	⑦ × ⑪ = ⑫

나) 실권주를 배정하지 않은 경우

해당 법인의 주주등이 신주인수권의 전부 또는 일부를 포기한 경우로서 실권주를 배정하지 않은 경우의 이익은 아래에 의하여 계산한 금액으로 한다.[1789] 다만 계산한 금액이 3억원 이상인 경우 또는 1주당 차액이 1주당 가액의 100분의 30 이상인 경우에 한한다.

[1788] 상속증여세법시행령 제29조 제2항 제3호.
[1789] 상속증여세법시행령 제29조 제2항 제4호.

〈표-98 실권주를 배정하지 않는 경우의 이익 계산〉

구분			계산식
1주당 가액	증자전 1주당 평가가액	①	[(① × ②) + (③ × ④)] ÷ (② + ④) = ⑤
	증자전의 발행주식총수	②	
	신주 1주당 인수가액	③	
	증자에 의하여 증가한 주식수	④	
	1주당 가액	⑤	
1주당 차액	신주 1주당 인수가액	⑥	⑥ - ⑤ = ⑦
	1주당 차액	⑦	
증여재산가액	신주인수를 포기한 주주의 실권주수	⑧	⑦ × ⑧ × ⑨ ÷ ⑩ = 실권주를 배정하지 않는 경우의 이익
	신주인수를 포기한 주주의 특수관계인이 인수한 신주수	⑨	
	증자전의 지분비율대로 균등하게 증자하는 경우의 증자 주식총수	⑩	

다) 주주등이 아닌 자가 신주를 직접 배정받은 경우 등

해당 법인의 주주등이 아닌 자가 해당 법인으로부터 신주를 직접 배정받아 인수하는 경우와 해당 법인의 주주등이 소유한 주식등의 수에 비례하여 균등한 조건으로 배정받을 수 있는 수를 초과하여 신주를 직접 배정받아 인수하는 경우의 이익은 아래에 의하여 계산한 금액으로 한다.[1790]

〈표-99 실권주를 배정하는 경우의 이익 계산〉

구분			계산식
1주당 가액	증자전 1주당 평가가액	①	[(① × ②) + (③ × ④)] ÷ (② + ④) = ⑤
	증자전의 발행주식총수	②	
	신주 1주당 인수가액	③	
	증자에 의하여 증가한 주식수	④	
	1주당 가액	⑤	
1주당 차액	신주 1주당 인수가액	⑥	⑥ - ⑤ = ⑦
	1주당 차액	⑦	

1790) 상속증여세법시행령 제29조 제2항 제5호.

구분			계산식
증여재산가액	신주를 배정받지 않거나 균등한 조건에 의하여 배정받을 신주수에 미달하게 신주를 배정받은 주주의 배정받지 않거나 그 미달되게 배정받은 부분의 신주수	⑧	⑦ × ⑧ × ⑨ ÷ ⑩ = 실권주를 배정하는 경우의 이익
	신주를 배정받지 않거나 미달되게 배정받은 주주의 특수관계인이 인수한 신주수	⑨	
	주주가 아닌 자에게 배정된 신주 및 당해 법인의 주주가 균등한 조건에 의하여 배정받을 신주수를 초과하여 인수한 신주의 총수	⑩	

3) 전환주식을 발행하는 경우의 이익

전환주식을 발행한 경우의 이익은 ① 전환주식을 다른 종류의 주식으로 전환함에 따라 교부받은 주식을 신주로 보아 증자에 따른 이익의 계산방법[1791]에 따라 계산한 가액에서 전환주식 발행 당시 증자에 따른 이익의 계산방법에 따라 계산한 가액을 차감한 금액으로 한다.[1792] 이 경우 그 금액이 영(0) 이하인 경우에는 이익이 없는 것으로 본다.

7. 감자에 따른 이익의 증여

법인이 자본금을 감소시키기 위하여 주식등을 소각하는 경우로서 일부 주주등의 주식등을 소각함으로써 아래 구분에 따른 이익을 얻은 경우에는 감자를 위한 주주총회결의일을 증여일로 하여 이익에 상당하는 금액을 이익을 얻은 자의 증여재산가액으로 한다.[1793] 다만 이익에 상당하는 금액이 ① 감자한 주식등의 평가액의 100분의 30에 상당하는 가액, ② 3억원 중 적은 금액 미만인 경우는 제외한다.

가. 시가보다 낮은 대가로 소각한 경우

1791) 상속증여세법시행령 제29조 제2항 제1호부터 제5호까지를 말한다.
1792) 상속증여세법시행령 제29조 제2항 제6호.
1793) 상속증여세법 제39조의2 제1항.

주식등을 시가보다 낮은 대가로 소각한 경우 주식등을 소각한 주주등의 특수관계인에 해당하는 대주주등이 얻은 이익을 증여재산가액으로 한다.

나. 시가보다 높은 대가로 소각한 경우

주식등을 시가보다 높은 대가로 소각한 경우 대주주등의 특수관계인에 해당하는 주식등을 소각한 주주등이 얻은 이익을 증여재산가액으로 한다.

다. 감자에 따른 이익의 계산방법 등

감자에 따른 이익은 아래 구분에 따라 계산한 금액으로 한다.

1) 시가보다 낮은 대가로 소각한 경우

주식등을 시가[1794]보다 낮은 대가로 소각한 경우 아래 계산식에 따라 계산한 금액으로 한다.

〈표-100 시가보다 낮은 대가로 소각한 경우의 이익 계산〉

구분		계산식
감자한 주식등의 1주당 평가액	①	
주식등 소각 시 지급한 1주당 금액	②	
총감자 주식등의 수	③	(① - ②) × ③ × ④ × (⑤ ÷ ③) =
대주주등의 감자후 지분비율	④	⑥
대주주등과 특수관계인의 감자 주식등의 수	⑤	
감자에 따른 이익	⑥	

2) 시가보다 높은 대가로 소각한 경우

주식등을 시가보다 높은 대가로 소각한 경우 아래 계산식에 따라 계산한 금액으로 한다. 주식

1794) 상속증여세법 제60조 및 63조에 따라 평가한 가액을 말한다.

등의 1주당 평가액이 액면가액[1795]에 미달하는 경우로 한정한다.

〈표-101 시가보다 높은 대가로 소각한 경우의 이익 계산〉

구분		계산식
주식등의 소각시 지급한 1주당 금액	①	
감자한 주식등의 1주당 평가액	②	(① - ②) × ③ = ④
해당 주주등의 감자한 주식등의 수	③	
감자에 따른 이익	④	

8. 현물출자에 따른 이익의 증여

현물출자에 의하여 ① 주식등을 시가보다 낮은 가액으로 인수함으로써 현물출자자가 얻은 이익, ② 주식등을 시가보다 높은 가액으로 인수함으로써 현물출자자의 특수관계인에 해당하는 주주등이 얻은 이익을 얻은 경우에는 현물출자 납입일을 증여일로 하여 이익에 상당하는 금액을 이익을 얻은 자의 증여재산가액으로 한다.[1796] 다만 현물출자 전·후의 주식 1주당 가액이 모두 영(0) 이하인 경우에는 이익이 없는 것으로 본다.[1797]

가. 시가보다 낮은 가액으로 인수한 경우

주식등을 시가보다 낮은 가액으로 인수한 현물출자자가 얻은 이익은 아래 계산식에 따라 계산한 금액으로 한다. 현물출자자가 아닌 주주등 중 소액주주가 2명 이상인 경우에는 소액주주가 1명인 것으로 보고 이익을 계산한다.

1795) 대가가 액면가액에 미달하는 경우에는 해당 대가를 말한다.
1796) 상속증여세법 제39조의3 제1항.
1797) 상속증여세법시행령 제29조의3 제1항.

⟨표-102 시가보다 낮은 가액으로 인수한 경우의 이익 계산⟩

구분		계산식
현물출자전의 1주당 평가가액	①	[(① × ②) + (③ × ④)] ÷ (② + ④) = ⑤
현물출자전의 발행주식총수	②	
신주 1주당 인수가액	③	
현물출자에 의하여 증가한 주식수	④	
현물출자자가 얻은 이익	⑤	

나. 시가보다 높은 가액으로 인수한 경우

주식등을 시가보다 높은 가액으로 인수함으로써 현물출자자의 특수관계인에 해당하는 주주 등이 얻은 이익은 아래 계산식에 따라 계산한 금액으로 한다. 다만 신주 1주당 인수가액에서 1주당 가액을 차감한 금액인 1주당 차액이 1주당 가액의 100분의 30 이상이거나 그 이익이 3억원 이상인 경우에만 적용한다.

⟨표-103 시가보다 높은 가액으로 인수한 경우의 이익 계산⟩

구분			계산식
1주당 가액	현물출자전 1주당 평가가액	①	[(① × ②) + (③ × ④)] ÷ (② + ④) = ⑤
	현물출자전의 발행주식총수	②	
	신주 1주당 인수가액	③	
	현물출자에 의하여 증가한 주식수	④	
	1주당 가액	⑤	
1주당 차액	신주 1주당 인수가액	⑥	⑥ - ⑤ = ⑦
	1주당 차액	⑦	
특수관계인인 주주등이 얻은 이익	현물출자자가 인수한 신주수	⑧	⑦ × ⑧ × ⑨
	현물출자자외의 주주등의 지분율	⑨	

9. 전환사채 등의 주식전환 등에 따른 이익의 증여

1) 증여재산가액

전환사채 등의 주식전환 등에 따른 이익의 증여는 ① 전환사채, 신주인수권부사채[1798] 또는

1798) 신주인수권증권이 분리된 경우에는 신주인수권증권을 말한다.

그 밖의 주식으로 전환·교환하거나 주식을 인수할 수 있는 권리가 부여된 사채(전환사채등)를 인수·취득·양도하거나, ② 전환사채등에 의해 주식으로 전환·교환 또는 주식의 인수(주식전환등)를 함으로써 아래의 어느 하나에 해당하는 이익을 얻은 경우에는 이익에 상당하는 금액을 이익을 얻은 자의 증여재산가액으로 한다.[1799] 다만 이익에 상당하는 금액이 기준금액 미만인 경우는 제외한다.

2) 기준금액

기준금액이란 ① 전환사채등을 인수·취득함으로써 인수·취득을 한 날에 얻은 이익과 전환사채등을 특수관계인에게 양도하여 양도인이 얻은 이익의 경우 전환사채등의 시가의 100분의 30에 상당하는 가액과 1억원 중 적은 금액, ② 교부받은 주식의 가액이 전환가액등보다 낮은 경우를 제외한 전환사채등의 주식전환등을 함으로써 주식전환등을 한 날에 얻은 이익은 1억원, ③ 교부받은 주식의 가액이 전환가액등보다 낮은 경우 영(0)원을 말한다.

가. 전환사채 등의 주식전환 등에 따른 이익

1) 인수 또는 취득을 한 날에 얻은 이익

전환사채등을 인수 또는 취득함으로써 인수 또는 취득을 한 날에 얻은 이익이란 ① 특수관계인으로부터 전환사채등을 시가보다 낮은 가액으로 취득함으로써 얻은 이익, ② 전환사채등을 발행한 법인[1800]의 최대주주나 그의 특수관계인인 주주가 그 법인으로부터 전환사채등을 시가보다 낮은 가액으로 그 소유주식수에 비례하여 균등한 조건으로 배정받을 수 있는 수를 초과하여 인수 또는 취득(인수등)[1801]함으로써 얻은 이익, ③ 전환사채등을 발행한 법인의 최대주주의

1799) 상속증여세법 제40조 제1항.
1800) 자본시장법에 따른 주권상장법인으로서 자본시장법 제9조 제7항에 따른 유가증권의 모집방법(대통령령으로 정하는 경우를 제외한다)으로 전환사채등을 발행한 법인은 제외한다.
1801) 자본시장법 제9조 제12항에 따른 인수인으로부터 인수·취득하는 경우와 그 밖에 대통령령으로 정하는 방법으로 인수·취득한 경우를 포함한다.

특수관계인[1802]이 그 법인으로부터 전환사채등을 시가보다 낮은 가액으로 인수등을 함으로써 얻은 이익을 말한다.[1803]

최대주주란 각각 최대주주등 중 보유주식등의 수가 가장 많은 1인을 말한다.[1804]

2) 주식전환등을 한 날에 얻은 이익

전환사채등에 의하여 주식전환등을 함으로써 주식전환등을 한 날에 얻은 이익이란 ① 전환사채등을 특수관계인으로부터 취득한 자가 전환사채등에 의하여 교부받았거나 교부받을 주식의 가액이 전환·교환 또는 인수 가액(전환가액등)을 초과함으로써 얻은 이익, ② 전환사채등을 발행한 법인의 최대주주나 그의 특수관계인인 주주가 법인으로부터 전환사채등을 소유주식수에 비례하여 균등한 조건으로 배정받을 수 있는 수를 초과하여 인수등을 한 경우로서 전환사채등에 의하여 교부받았거나 교부받을 주식의 가액이 전환가액등을 초과함으로써 얻은 이익, ③ 전환사채등을 발행한 법인의 최대주주의 특수관계인[1805]이 법인으로부터 전환사채등의 인수등을 한 경우로서 전환사채등에 의하여 교부받았거나 교부받을 주식의 가액이 전환가액등을 초과함으로써 얻은 이익, ④ 전환사채등에 의하여 교부받은 주식의 가액이 전환가액등보다 낮게 됨으로써 주식을 교부받은 자의 특수관계인이 얻은 이익을 말한다.[1806]

3) 특수관계인에게 양도하여 양도인이 얻은 이익

전환사채등을 특수관계인에게 양도한 경우로서 전환사채등의 양도일에 양도가액이 시가를 초과함으로써 양도인이 얻은 이익을 말한다.[1807]

나. 전환사채등의 주식전환등에 따른 이익의 계산방법 등

1802) 그 법인의 주주는 제외한다.
1803) 상속증여세법 제40조 제1항 제1호.
1804) 상속증여세법시행령 제30조 제3항.
1805) 그 법인의 주주는 제외한다.
1806) 상속증여세법 제40조 제1항 제2호.
1807) 상속증여세법 제40조 제1항 제3호.

1) 인수 또는 취득을 한 날에 얻은 이익

전환사채등을 인수 또는 취득함으로써 인수 또는 취득을 한 날에 얻은 이익은 전환사채등(전환사채등)의 시가에서 전환사채등의 인수 또는 취득가액을 차감한 가액으로 한다.[1808]

2) 주식전환등을 한 날에 얻은 이익

가) 주식전환등을 한 날에 얻은 이익의 계산

교부받은 주식의 가액이 전환가액등보다 낮은 경우를 제외한 전환사채등의 주식전환등을 함으로써 주식전환등을 한 날에 얻은 이익[1809]은 아래 계산식에 따라 계산한 금액으로 한다. 다만 전환사채등을 양도한 경우에는 전환사채등의 양도가액에서 취득가액을 차감한 금액을 초과하지 못한다.

〈표-104 주식전환등을 한 날에 얻은 이익 계산〉

구분		계산식
교부받은 주식가액 (전환사채등을 양도한 경우에는 교부받은 주식가액으로 한다.)	①	[(① - ②) × ③] - ④ - ⑤ = ⑥
주식 1주당 전환·교환·인수 가액(전환가액등)	②	
교부받은 주식수	③	
기획재정부령으로 정하는 바에 따라 계산한 이자손실분	④	
전환사채등을 인수·취득함으로써 인수·취득을 한 날에 얻은 이익	⑤	
전환사채등의 전환으로 특수관계인이 얻은 이익	⑥	

(1) 교부받은 주식가액의 계산

교부받은 주식가액은 전환사채등에 의하여 주식으로 전환 또는 교환하거나 주식을 인수(전환등)한 경우 아래 산식에 의해 계산한 1주당 가액을 말한다. 이 경우 주권상장법인등의 주식으로

[1808] 상속증여세법시행령 제30조 제1항 제1호.
[1809] 상속증여세법 제40조 제1항 제2호 가목부터 다목까지의 규정에 따른 이익을 말한다.

전환등을 한 경우로서 전환등 후의 1주당 평가가액이 아래 산식에 의해 계산한 1주당 가액보다 낮은 경우에는 당해 가액으로 한다.

〈표-105 교부받은 주식가액의 계산〉

구분		계산식
전환등 전의 1주당 평가가액	①	[(① × ②) + (③ × ④)] ÷ (② + ④) = ⑤
전환등 전의 발행주식총수	②	
주식 1주당 전환가액등	③	
전환등에 의하여 증가한 주식수	④	
교부받은 주식가액	⑤	

(2) 교부받을 주식가액

교부받을 주식가액은 양도일 현재 주식으로의 전환등이 가능한 전환사채등을 양도한 경우로서 당해 전환사채등의 양도일 현재 주식으로 전환등을 할 경우 아래 산식에 의하여 계산한 1주당 가액으로 한다. 이 경우 주권상장법인등의 경우로서 양도일을 기준으로 한 1주당 평가가액이 아래 산식에 의해 계산한 1주당 가액보다 적은 경우에는 당해 가액으로 한다.

〈표-106 교부받을 주식가액의 계산〉

구분		계산식
양도전의 1주당 평가가액	①	[(① × ②) + (③ × ④)] ÷ (② + ④) = ⑤
양도전의 발행주식총수	②	
주식 1주당 전환가액등	③	
전환등을 할 경우 증가하는 주식수	④	
교부받을 주식가액	⑤	

(3) 기획재정부령으로 정하는 방법에 따른 이자손실분

기획재정부령으로 정하는 바에 따라 계산한 이자손실분이란 ① 전환사채등의 만기상환금액을 사채발행이율에 의하여 취득당시의 현재가치로 할인한 금액에서, ② 전환사채등의 만기상환금액을 상속증여세법시행령 제58조의2 제2항 제1호 가목[1810]의 규정에 의한 이자율에 의하여

1810) 가. 신주인수권증권: 신주인수권부사채의 만기상환금액(만기 전에 발생하는 이자상당액을 포함한다. 이하 이 호에서 같다)을 사채

취득당시의 현재가치로 할인한 금액을 차감한 가액을 말한다.[1811] 다만 신주인수권증권에 의하여 전환등을 한 경우에는 상속증여세법시행령[1812]에 따라 평가한 신주인수권증권의 가액을 말한다.

신주인수권증권의 가액은 신주인수권부사채의 만기상환금액[1813]을 사채발행이율에 따라 발행 당시의 현재가치로 할인한 가액에서 그 만기상환금액을 3년 만기 회사채의 유통수익률을 고려하여 기획재정부령으로 정하는 이자율(적정할인율)에 따라 발행 당시의 현재가치로 할인한 가액을 뺀 가액으로 한다. 이 경우 그 가액이 음수인 경우에는 영(0)으로 한다.

나) 교부받은 주식의 가액이 전환가액등보다 낮은 경우

전환사채등에 의하여 교부받은 주식의 가액이 전환가액등보다 낮게 됨으로써 그 주식을 교부받은 자의 특수관계인이 얻은 이익은 아래 계산식에 따라 계산한 금액으로 한다.[1814]

〈표-107 교부받은 주식의 가액이 전환가액등보다 낮은 경우의 이익 계산〉

구분		계산식
주식 1주당 전환가액등	①	
교부받은 주식가액	②	
전환등에 의해 증가한 주식수	③	(① - ②) × ③ × ④ = ⑤
당해 주식을 교부받은 자의 특수관계인이 전환등을 하기 전에 보유한 지분비율의 주식수	④	
전환사채등의 전환으로 특수관계인이 얻은 이익	⑤	

전환사채등에 의하여 주식으로 전환·교환하거나 주식을 인수(전환등)한 경우 다음 산식에 의하여 계산한 1주당 가액을 말한다.[1815] 이 경우 주권상장법인등의 주식으로 전환등을 한 경우로

발행이율에 따라 발행 당시의 현재가치로 할인한 가액에서 그 만기상환금액을 3년 만기 회사채의 유통수익률을 고려하여 기획재정부령으로 정하는 이자율(이하 이 호에서 "적정할인율"이라 한다)에 따라 발행 당시의 현재가치로 할인한 가액을 뺀 가액. 이 경우 그 가액이 음수인 경우에는 영으로 한다.

1811) 상속증여세법시행규칙 제10조의2.
1812) 제58조의2 제2항 제1호 가목.
1813) 만기 전에 발생하는 이자상당액을 포함한다.
1814) 상속증여세법시행령 제30조 제1항 제3호.
1815) 상속증여세법시행령 제30조 제5항 제1호.

서 전환등 후의 1주당 평가가액이 다음 산식에 의하여 계산한 1주당 가액보다 높은 경우에는 당해 가액으로 한다.

〈표-108 교부받은 주식가액의 계산〉

구분		계산식
전환등 전의 1주당 평가가액	①	
전환등 전의 발행주식총수	②	[(① × ②) + (③ × ④)] ÷ (② + ④) = ⑤
주식 1주당 전환가액등	③	
전환등에 의하여 증가한 주식수	④	
교부받은 주식가액	⑤	

3) 특수관계인에게 양도하여 양도인이 얻은 이익

전환사채등을 특수관계인에게 양도하여 양도인이 얻은 이익은 전환사채등의 양도가액에서 전환사채등의 시가를 차감한 가액으로 한다.

10. 초과배당에 따른 이익의 증여

가. 초과배당의 법적성격

상속증여세법에서는 차등배당과 관련하여 초과배당에 따른 이익의 증여 과세제도를 도입하여 과세하고 있다. 초과배당에 따른 이익의 증여는 상법상 허용된 차등배당은 아니지만 형식적으로 상법상 배당과 관련되어 있어 초과배당에 따른 이익의 증여를 살펴보기 전 초과배당의 법적성격에 대해 살펴보고자 한다.[1816]

1) 주주평등원칙

현행 상법은 주주는 소유주식수를 기준으로 이익배당을 받을 권리를 가지며 강행규정으로서

1816) 최준영·박종수, "초과배당에 따른 이익의 증여에 관한 연구", 한국세무학회, 조세법연구 [24-2], 2018, 177면.

정관 또는 주주총회 결의에 의해 다르게 정할 수 없도록 하고 있다.[1817] 다만 ① 이익의 배당, ② 잔여재산의 분배, ③ 주주총회에서의 의결권 행사, ④ 상환 및 전환 등에 관한 내용이 다른 종류주식을 발행한 경우[1818] 정관에 따라 이익배당을 다르게 할 수 있도록 하여 예외적으로 차등배당을 할 수 있도록 하고 있다.[1819] 따라서 상법에 따른 예외적인 경우를 제외하고 같은 종류의 주식 및 주주는 평등하게 대우해야 하며 상법의 근본적인 원칙의 하나로서 지배주주의 행동을 제약하는 것으로 간주될 수 있다.[1820]

결론적으로 상법에서는 주주평등원칙을 엄격하게 적용하고 있고 상법에서 규정하고 있는 내용이 다른 종류주식을 제외한 같은 종류의 주식 및 주주에 대해서는 평등한 대우를 하도록 하여 같은 종류의 주식 및 주주에 대한 차등배당을 허용하고 있지 않다.[1821]

2) 법적성격

현행 상법에서 같은 종류의 주식 및 주주에 대한 차등배당을 허용하고 있지 않음에도 불구하고 그동안 관행으로 차등배당이 이루어지고 있다.[1822] 상법에 따르면 위법한 배당임에도 불구하고 차등배당이 이루어지는 것은 무엇 때문일까? 이러한 의문에 대한 해답은 대법원 판례에 따른 차등배당의 법적성격에서 찾을 수 있다.

대법원[1823]은 소액주주 보호와 증권거래의 활성화를 위한 목적으로 정부당국과 증권감독원(현, 금융감독원)의 권유로 대주주가 주주총회에 참석하여 차등배당한 사건에서 자신의 몫을 소액주주 등에게 나누어 준 것으로 같은 종류의 주식을 소유한 주주의 차등배당은 주주총회에서 결의할 성질이 아니기 때문에 "대주주 스스로 자유로운 의사에 의해 포기"한 것으로 해석될 수 있는 때에만 유효하다고 판결하였다. 대법원 판결에 따르면 현재 관행으로 이루어지고 있는 차

1817) 최준영·박종수, 전게 논문, 179면.
1818) 상법 제344조 제1항.
1819) 상법 제464조.
1820) Reinier Keaakman John Armour, Paul Davies, Luca Enriques, Henry Hansmann, Gerard Herig, Klaus Hopt, Hideki Kanda & Edward Rock 著, 『The Anatomy of Corporate Law』, 김건식·노혁준·박준·송옥렬·안수현·윤영신·천경훈·최문희 譯, 『회사법의 해부』, 소화, 2014, 162면; 최준영·박종수, 전게 논문, 180면.
1821) 최준영·박종수, 전게 논문, 181면.
1822) 최준영·박종수, 전게 논문, 181면.
1823) 대법원 1980.8.26. 선고 80다1263 판결.

등배당은 상법에서 허용하고 있는 법률적 차등배당이 아닌 단지 회사가 지급하는 배당의 형식을 취하고 있을 뿐 주주총회의 배당 결의에 따라 확정된 배당의 지급을 청구할 수 있는 구체적 이익배당청구권의 포기 또는 무상양도로 볼 수 있다.[1824] 구체적 이익배당청구권의 포기 또는 무상양도의 측면에서 보면 상속증여세법에 따른 증여로 의제하여 증여세를 과세하는 것이 바람직하다.

나. 초과배당에 따른 이익의 증여의 의미

초과배당에 따른 이익의 증여는 법인이 이익이나 잉여금을 배당 또는 분배(배당등)하는 경우로서 그 법인의 최대주주 또는 최대출자자(최대주주등)가 본인이 지급받을 배당등의 금액의 전부 또는 일부를 포기하거나 본인이 보유한 주식등에 비례하여 균등하지 않은 조건으로 배당등을 받음에 따라 그 최대주주등의 특수관계인이 본인이 보유한 주식등에 비하여 높은 금액의 배당등을 받은 경우를 말한다.[1825]

현행 세법에서는 초과배당에 따른 이익을 과세하는 데에 있어 대법원 판결에 따라 소액주주에 대해서는 증여세를 과세하지 않고 최대주주등의 특수관계인에 대해서만 초과배당에 따른 이익을 증여세로 과세하고 있다.

다. 소득세와 법인세와의 관계

상속증여세법[1826]에서는 증여재산에 대하여 수증자에게 소득세 또는 법인세가 부과되는 경우에는 증여세를 부과하지 않는 것으로 규정하고 있다. 다만 초과배당에 따른 이익의 증여에서는 예외적으로 법인이 배당등을 한 날을 증여일로 하여 그 최대주주등의 특수관계인이 본인이 보유한 주식등에 비례하여 균등하지 않은 조건으로 배당등을 받은 금액(초과배당금액)에서 해당 초과배당금액에 대한 소득세 상당액을 공제한 금액을 그 최대주주등의 특수관계인의 증여재산가액으로 규정하고 있다.

1824) 최준영·박종수, 전게 논문, 181면, 182면.
1825) 상속증여세법 제41조의2 제1항.
1826) 상속증여세법 제4조의2 제3항.

라. 증여세 납부 및 환급

초과배당금액에 대하여 증여세를 부과 받은 자는 해당 초과배당금액에 대한 소득세를 납부할 때[1827] 초과배당금액에 대한 실제 소득세액을 반영한 증여재산가액(정산증여재산가액)을 기준으로 계산한 증여세액에서 증여재산가액을 기준으로 계산한 증여세액을 뺀 금액을 관할 세무서장에게 납부하여야 한다.

다만 증여재산가액을 기준으로 계산한 증여세액이 정산증여재산가액을 기준으로 계산한 증여세액을 초과하는 경우에는 그 초과되는 금액을 환급받을 수 있다.[1828]

마. 증여세 과세표준의 신고기한

정산증여재산가액의 증여세 과세표준의 신고기한은 초과배당금액이 발생한 연도의 다음 연도 5월 1일부터 5월 31일까지로 한다.[1829] 다만 소득세법에 따른 성실신고확인대상사업자[1830]에 대한 증여세 과세표준의 신고기한은 초과배당금액이 발생한 연도의 다음 연도 5월 1일부터 6월 30일까지로 한다.[1831]

바. 초과배당금액의 계산 방법

초과배당금액은 ① 최대주주등의 특수관계인이 배당 또는 분배(배당등)를 받은 금액에서 본인이 보유한 주식등에 비례하여 배당등을 받을 경우의 배당등의 금액을 차감한 가액에, ② 보유한 주식등에 비하여 낮은 금액의 배당등을 받은 주주등이 보유한 주식등에 비례하여 배당등을

1827) 납부할 세액이 없는 경우를 포함한다.
1828) 상속증여세법 제41조의2 제2항.
1829) 상속증여세법 제41조의2 제3항.
1830) 제70조의2(성실신고확인서 제출) ① 성실한 납세를 위하여 필요하다고 인정되어 수입금액이 업종별로 대통령령으로 정하는 일정 규모 이상의 사업자(이하 "성실신고확인대상사업자"라 한다)는 제70조에 따른 종합소득과세표준 확정신고를 할 때에 같은 조 제4항 각 호의 서류에 더하여 제160조 및 제161조에 따라 비치·기록된 장부와 증명서류에 의하여 계산한 사업소득금액의 적정성을 세무사 등 대통령령으로 정하는 자가 대통령령으로 정하는 바에 따라 확인하고 작성한 확인서(이하 "성실신고확인서"라 한다)를 납세지 관할 세무서장에게 제출하여야 한다.
1831) 상속증여세법시행령 제31조의2 제5항

받을 경우에 비해 적게 배당등을 받은 금액(과소배당금액) 중 최대주주등의 과소배당금액이 차지하는 비율을 곱하여 계산한 금액(초과배당금액)으로 한다.[1832]

사. 소득세 상당액

초과배당금액에 대한 소득세 상당액은 초과배당금액에 대한 상속증여세법[1833]에 따른 증여세 과세표준 신고기한이 해당 초과배당금액이 발생한 연도의 다음 연도 6월 1일[1834] 이후인 경우 초과배당금액에 대하여 기획재정부령으로 정하는 바에 따라 계산한 소득세액을 소득세 상당액으로 한다.[1835] 그 밖의 경우 초과배당금액에 대하여 해당 초과배당금액의 규모와 소득세율 등을 고려하여 기획재정부령으로 정하는 율을 곱한 금액을 소득세 상당액으로 한다.[1836]

아. 기획재정부령으로 정하는 율

기획재정부령으로 정하는 율이란 다음 표의 구분에 따른 율을 말한다.[1837]

〈표-109 기획재정부령으로 정하는 율〉

초과배당금액	적용율
5천220만원 이하	초과배당금액 × 100분의 14
5천220만원 초과 8천800만원 이하	731만원 + (5천 220만원을 초과하는 초과배당금액 × 100분의 24)

[1832] 상속증여세법시행령 제31조의2 제2항.
[1833] 제68조(증여세 과세표준신고) ① 제4조의2에 따라 증여세 납부의무가 있는 자는 증여받은 날이 속하는 달의 말일부터 3개월 이내에 제47조와 제55조 제1항에 따른 증여세의 과세가액 및 과세표준을 대통령령으로 정하는 바에 따라 납세지 관할 세무서장에게 신고하여야 한다. 다만, 제41조의3과 제41조의5에 따른 비상장주식의 상장 또는 법인의 합병 등에 따른 증여세 과세표준 정산 신고기한은 정산기준일이 속하는 달의 말일부터 3개월이 되는 날로 하며, 제45조의3 및 제45조의5에 따른 증여세 과세표준 신고기한은 수혜법인 또는 특정법인의 「법인세법」 제60조 제1항에 따른 과세표준의 신고기한이 속하는 달의 말일부터 3개월이 되는 날로 한다.
[1834] 성실신고확인대상사업자는 7월 1일로 한다.
[1835] 상속증여세법시행령 제31조의2 제3항 제1호.
[1836] 상속증여세법시행령 제31조의2 제3항 제2호.
[1837] 상속증여세법시행규칙 제10조의3 제1항.

초과배당금액	적용율
8천800만원 초과 1억5천만원 이하	1천 590만원 + (8천 800만원을 초과하는 초과배당금액 × 100분의 35)
1억5천만원 초과 3억원 이하	3천 760만원 + (1억 5천만원을 초과하는 초과배당금액 × 100분의 38)
3억원 초과 5억원 이하	9천 460만원 + (3억원을 초과하는 초과배당금액 × 100분의 40)
5억원 초과 10억원 이하	1억 7천 460만원 + (5억원을 초과하는 초과배당금액 × 100분의 42)
10억원 초과	3억8천460만원 + (10억원을 초과하는 초과배당금액 × 100분의 45)

자. 정산증여재산가액의 계산

정산증여재산가액은 ① 초과배당금액에서 ② 초과배당금액에 대하여 기획재정부령으로 정하는 바에 따라 계산한 소득세액을 뺀 금액으로 한다.[1838] 기획재정부령으로 정하는 바에 따라 계산한 소득세액이란 다음의 구분에 따른 금액을 말한다.[1839]

① 소득세법 시행령 제26조의3 제6항[1840]에 따라 배당소득에 포함되지 않는 경우 등 소득세 과세대상에서 제외되거나 비과세 대상인 초과배당금액의 경우 영(0)으로 한다. ② 소득세법 제14조 제5항[1841][1842]에 따른 분리과세배당소득에 해당하는 경우 등 초과배당금액이 분리과세된 경우 해당 분리과세 된 세액을 말한다. ③ 소득세법 제14조 제2항[1843]에 따라 종합과세 되는 경

1838) 상속증여세법시행령 제31조의2 제4항
1839) 상속증여세법시행규칙 제10조의3 제2항.
1840) ⑥「상법」제461조의2에 따라 자본준비금을 감액하여 받은 배당(법 제17조 제2항 제2호 각 목에 해당하지 아니하는 자본준비금을 감액하여 받은 배당은 제외한다)은 법 제17조 제1항에 따른 배당소득에 포함하지 아니한다.
1841) ⑤ 제3항 제3호부터 제6호까지의 규정에 해당되는 소득 중 이자소득은 "분리과세이자소득"이라 하고, 배당소득은 "분리과세배당소득"이라 한다.
1842) 3. 제129조 제2항의 세율에 따라 원천징수하는 이자소득 및 배당소득과 제16조 제1항 제10호에 따른 직장공제회 초과반환금
  4. 법인으로 보는 단체 외의 단체 중 수익을 구성원에게 배분하지 아니하는 단체로서 단체명을 표기하여 금융거래를 하는 단체가「금융실명거래 및 비밀보장에 관한 법률」제2조 제1호 각 목의 어느 하나에 해당하는 금융회사등(이하 "금융회사등"이라 한다)으로부터 받는 이자소득 및 배당소득
  5.「조세특례제한법」에 따라 분리과세되는 소득
  6. 제3호부터 제5호까지의 규정 외의 이자소득과 배당소득(제17조 제1항 제8호에 따른 배당소득은 제외한다)으로서 그 소득의 합계액이 2천만원(이하 "이자소득등의 종합과세기준금액"이라 한다) 이하이면서 제127조에 따라 원천징수된 소득
1843) ② 종합소득에 대한 과세표준(이하 "종합소득과세표준"이라 한다)은 제16조, 제17조, 제19조, 제20조, 제20조의3, 제21조, 제24조부터 제26조까지, 제27조부터 제29조까지, 제31조부터 제35조까지, 제37조, 제39조, 제41조부터 제46조까지, 제46조의2, 제47조 및 제47조의2에 따라 계산한 이자소득금액, 배당소득금액, 사업소득금액, 근로소득금액, 연금소득금액 및 기타소득금액

우 아래에 따라 계산한 금액과 초과배당금액에 100분의 14를 곱한 금액 중 큰 금액을 말한다.

〈표-110 종합과세 되는 경우의 소득세액의 차액 계산〉

구분		계산식
초과배당금액이 발생한 연도의 종합소득과세표준에 소득세법 제55조 제1항의 세율(종합소득세율)을 적용하여 계산한 금액	①	①-② = ③
해당 연도의 종합소득과세표준에서 초과배당금액을 뺀 금액에 종합소득세율을 적용하여 계산한 금액	②	
교부받은 주식가액(0보다 작은 경우 0으로 한다)	③	

11. 주식등의 상장 등에 따른 이익의 증여

주식등의 상장등에 따른 이익의 증여란 기업의 경영 등에 관하여 공개되지 아니한 정보를 이용할 수 있는 지위에 있다고 인정되는 최대주주등의 특수관계인이 해당 법인의 주식등을 증여받거나 취득한 경우로 그 주식등을 증여받거나 취득한 날부터 5년 이내에 그 주식등이 유가증권시장 및 코스닥시장에 상장됨에 따라 그 가액이 증가한 경우로서 그 주식등을 증여받거나 취득한 자가 당초 증여세 과세가액 또는 취득가액을 초과하여 이익을 얻은 경우를 말하며[1844] 그 이익에 상당하는 금액을 그 이익을 얻은 자의 증여재산가액으로 한다.

다만 그 이익에 상당하는 금액이 ① 주식등을 증여받은 날 현재의 1주당 증여세 과세가액, ② 1주당 기업가치의 실질적인 증가로 인한 이익의 가액의 합계액에 증여받거나 유상으로 취득한 주식등의 수를 곱한 금액의 100분의 30에 상당하는 가액과 3억원 중 적은 금액 미만인 경우는 제외한다.

가. 최대주주등의 범위

기업의 경영 등에 관하여 공개되지 않은 정보를 이용할 수 있는 지위에 있다고 인정되는 최대주주등이란 ① 최대주주 또는 최대출자자, ② 내국법인의 발행주식총수 또는 출자총액의 100

의 합계액(이하 "종합소득금액"이라 한다)에서 제50조, 제51조, 제51조의3, 제51조의4 및 제52조에 따른 공제(이하 "종합소득공제"라 한다)를 적용한 금액으로 한다.

1844) 상속증여세법 제41조의3 제1항.

분의 25 이상을 소유한 자로서 특수관계인의 소유주식등을 합하여 100분의 25 이상을 소유한 경우의 해당 주주등에 해당하는 자를 말한다.

나. 1주당 기업가치의 실질적인 증가로 인한 이익

1주당 기업가치의 실질적인 증가로 인한 이익은 대차대조표, 손익계산서, 그 밖에 기업가치의 실질적인 증가를 확인할 수 있는 서류에 의하여 확인되는 것으로서 ① 해당 주식등의 증여일 또는 취득일이 속하는 사업연도개시일부터 상장일 전일까지의 사이의 1주당 순손익액의 합계액을 해당 기간의 월수[1845]로 나눈 금액에, ② 해당 주식등의 증여일 또는 취득일부터 정산기준일까지의 월수[1846]를 곱하여 계산한다.[1847]

이 경우 결손금등이 발생하여 1주당 순손익액으로 당해이익을 계산하는 것이 불합리한 경우에는 1주당 순자산가액의 증가분[1848]으로 당해이익을 계산할 수 있다.

다. 1주당 순손익액의 합계액

1주당 순손익액의 합계액이란 사업연도 단위로 계산한 순손익액의 합계액을 말한다. 1주당 순손익액의 합계액을 계산할 때 거래소에 상장되지 않은 주식등의 증여일 또는 취득일이 속하는 사업연도 개시일부터 해당 주식등의 상장일이 속하는 사업연도까지의 기간에 대한 순손익액은 상속증여세법시행령 제56조 제4항[1849]에 따라 각 사업연도 단위별로 계산한 1주당 순손익

[1845] 1월미만의 월수는 1월로 본다.
[1846] 1월미만의 월수는 1월로 본다.
[1847] 상속증여세법시행령 제31조의3 제5항.
[1848] 상속증여세법 제55조에 따라 계산한 금액을 말한다.
[1849] ④ 제1항에 따른 순손익액은 「법인세법」 제14조에 따른 각 사업연도소득(이하 이 조에서 "각 사업연도소득"이라 한다)에 제1호의 금액을 더한 금액에서 제2호의 금액을 뺀 금액으로 한다. 이 경우 각 사업연도소득을 계산할 때 손금에 산입된 충당금 또는 준비금이 세법의 규정에 따라 일시 환입되는 경우에는 해당 금액이 환입될 연도를 기준으로 안분한 금액을 환입될 각 사업연도소득에 가산한다.
  1. 다음 각 목에 따른 금액
    가. 「법인세법」 제18조 제4호에 따른 금액
    나. 「법인세법」 제18조의2 및 제18조의3에 따른 수입배당금액 중 익금불산입액
    다. 「법인세법」 제24조 제5항, 제27조의2 제3항 및 제4항, 「조세특례제한법」(법률 제10406호로 개정되기 전의 것을 말한다) 제73조 제4항에 따라 해당 사업연도의 손금에 산입한 금액

액으로 한다.[1850]

　1주당 순손익액의 합계액을 계산할 때 주식등의 상장일이 속하는 사업연도 개시일부터 상장일의 전일까지의 1주당 순손익액을 산정하기 어려운 경우에는 상속증여세법시행령 제56조 제4항[1851]에 따라 계산한 상장일이 속하는 사업연도의 직전 사업연도의 1주당 순손익액을 해당

　　　라. 각 사업연도소득을 계산할 때 「법인세법 시행령」 제76조에 따른 화폐성외화자산·부채 또는 통화선도등(이하 이 조에서 "화폐성외화자산등"이라 한다)에 대하여 해당 사업연도 종료일 현재의 같은 조 제1항에 따른 매매기준율등(이하 이 조에서 "매매기준율등"이라 한다)으로 평가하지 않은 경우 해당 화폐성외화자산등에 대하여 해당 사업연도 종료일 현재의 매매기준율등으로 평가하여 발생한 이익
　　　마. 그 밖에 기획재정부령으로 정하는 금액
　　2. 다음 각 목에 따른 금액
　　　가. 당해 사업연도의 법인세액(「법인세법」 제57조에 따른 외국법인세액으로서 손금에 산입되지 아니하는 세액을 포함한다), 법인세액의 감면액 또는 과세표준에 부과되는 농어촌특별세액 및 지방소득세액
　　　나. 「법인세법」 제21조 제3호·제4호, 제21조의2 및 제27조에 따라 손금에 산입되지 않은 금액과 각 세법에서 규정하는 징수불이행으로 인하여 납부하였거나 납부할 세액
　　　다. 「법인세법」 제24조부터 제26조까지, 제27조의2 및 제28조에 따라 손금에 산입되지 않은 금액과 「조세특례제한법」(법률 제10406호 조세특례제한법 일부개정법률로 개정되기 전의 것을 말한다) 제73조 제3항에 따라 기부금 손금산입 한도를 넘어 손금에 산입하지 아니한 금액, 같은 법 제136조의 금액, 그 밖에 기획재정부령으로 정하는 금액
　　　라. 「법인세법 시행령」 제32조 제1항에 따른 시인부족액에서 같은 조에 따른 상각부인액을 손금으로 추인한 금액을 뺀 금액
　　　마. 각 사업연도소득을 계산할 때 화폐성외화자산등에 대하여 해당 사업연도 종료일 현재의 매매기준율등으로 평가하지 않은 경우 해당 화폐성외화자산등에 대해 해당 사업연도 종료일 현재의 매매기준율등으로 평가하여 발생한 손실

1850)　상속증여세법시행규칙 제10조의4 제2항.
1851)　④ 제1항에 따른 순손익액은 「법인세법」 제14조에 따른 각 사업연도소득(이하 이 조에서 "각 사업연도소득"이라 한다)에 제1호의 금액을 더한 금액에서 제2호의 금액을 뺀 금액으로 한다. 이 경우 각 사업연도소득을 계산할 때 손금에 산입된 충당금 또는 준비금이 세법의 규정에 따라 일시 환입되는 경우에는 해당 금액이 환입될 연도를 기준으로 안분한 금액을 환입될 각 사업연도소득에 가산한다.
　　1. 다음 각 목에 따른 금액
　　　가. 「법인세법」 제18조 제4호에 따른 금액
　　　나. 「법인세법」 제18조의2 및 제18조의3에 따른 수입배당금액 중 익금불산입액
　　　다. 「법인세법」 제24조 제5항, 제27조의2 제3항 및 제4항, 「조세특례제한법」(법률 제10406호로 개정되기 전의 것을 말한다) 제73조 제4항에 따라 해당 사업연도의 손금에 산입한 금액
　　　라. 각 사업연도소득을 계산할 때 「법인세법 시행령」 제76조에 따른 화폐성외화자산·부채 또는 통화선도등(이하 이 조에서 "화폐성외화자산등"이라 한다)에 대하여 해당 사업연도 종료일 현재의 같은 조 제1항에 따른 매매기준율등(이하 이 조에서 "매매기준율등"이라 한다)으로 평가하지 않은 경우 해당 화폐성외화자산등에 대하여 해당 사업연도 종료일 현재의 매매기준율등으로 평가하여 발생한 이익
　　　마. 그 밖에 기획재정부령으로 정하는 금액
　　2. 다음 각 목에 따른 금액
　　　가. 당해 사업연도의 법인세액(「법인세법」 제57조에 따른 외국법인세액으로서 손금에 산입되지 아니하는 세액을 포함한다), 법인세액의 감면액 또는 과세표준에 부과되는 농어촌특별세액 및 지방소득세액
　　　나. 「법인세법」 제21조 제3호·제4호, 제21조의2 및 제27조에 따라 손금에 산입되지 않은 금액과 각 세법에서 규정하는 징수불이행으로 인하여 납부하였거나 납부할 세액
　　　다. 「법인세법」 제24조부터 제26조까지, 제27조의2 및 제28조에 따라 손금에 산입되지 않은 금액과 「조세특례제한법」(법률 제10406호 조세특례제한법 일부개정법률로 개정되기 전의 것을 말한다) 제73조 제3항에 따라 기부금 손금산입 한도를 넘어 손금에 산입하지 아니한 금액, 같은 법 제136조의 금액, 그 밖에 기획재정부령으로 정하는 금액

사업연도의 월수로 나눈 금액에 상장일이 속하는 사업연도 개시일부터 상장일의 전일까지의 월수를 곱한 금액으로 할 수 있다.[1852]

라. 주식등을 증여받거나 취득한 경우

주식등을 증여받거나 취득한 경우란 ① 최대주주등으로부터 해당 법인의 주식등을 증여받거나 유상으로 취득한 경우,[1853] ② 증여받은 재산으로 최대주주등이 아닌 자로부터 해당 법인의 주식등을 취득한 경우[1854]를 말한다.[1855]

마. 증여받은 재산

증여받은 재산이란 주식등을 유상으로 취득한 날부터 소급하여 3년 이내에 최대주주등으로부터 증여받은 재산을 말하며 당초 증여세 과세가액의 범위에서 제외한다.

증여받은 재산과 다른 재산이 섞여 있어 증여받은 재산으로 주식등을 취득한 것이 불분명한 경우에는 그 증여받은 재산으로 주식등을 취득한 것으로 추정한다. 이 경우 증여받은 재산을 담보로 한 차입금으로 주식등을 취득한 경우에는 증여받은 재산으로 취득한 것으로 본다. 주식등을 증여받거나 취득한 후 그 법인이 자본금을 증가시키기 위하여 신주를 발행함에 따라 신주를 인수하거나 배정받은 경우도 증여받은 재산의 범위에 포함한다.

바. 무상주를 발행한 경우의 발행주식총수의 계산

해당 주식등의 증여일 또는 취득일부터 상장일 전일까지의 사이에 무상주를 발행한 경우의 발행주식총수는 아래 계산식에 따라 환산한 주식수에 의한다.

라. 「법인세법 시행령」 제32조 제1항에 따른 시인부족액에서 같은 조에 따른 상각부인액을 손금으로 추인한 금액을 뺀 금액
마. 각 사업연도소득을 계산할 때 화폐성외화자산등에 대하여 해당 사업연도 종료일 현재의 매매기준율등으로 평가하지 않은 경우 해당 화폐성외화자산등에 대해 해당 사업연도 종료일 현재의 매매기준율등으로 평가하여 발생한 손실

1852) 상속증여세법시행규칙 제10조의4 제3항.
1853) 상속증여세법 제41조의3 제2항 제1호.
1854) 상속증여세법 제41조의3 제2항 제2호.
1855) 상속증여세법 제41조의3 제2항.

<표-111 발행주식총수의 계산>

구분		계산식
증자 전 각 사업연도 말 주식수	①	
증자 직전 사업연도말 주식수	②	
증자 주식수	③	① × (② + ③) ÷ ④ = ⑤
증자 직전 사업연도말 주식수	④	
환산주식수	⑤	

사. 전환사채등이 5년 이내에 주식등으로 전환된 경우

전환사채등을 증여받거나 유상으로 취득[1856]하고 전환사채등이 5년 이내에 주식등으로 전환된 경우에는 전환사채등을 증여받거나 취득한 때에 전환된 주식등을 증여받거나 취득한 것으로 보아 주식등의 상장 등에 따른 이익의 증여 규정을 적용한다. 이 경우 정산기준일까지 주식등으로 전환되지 않은 경우에는 정산기준일에 주식등으로 전환된 것으로 보며 전환사채등의 만기일까지 주식등으로 전환되지 않은 경우에는 정산기준일을 기준으로 과세한 증여세액을 환급한다.[1857]

아. 특수관계인이 아닌 자 사이의 증여

거짓이나 그 밖의 부정한 방법으로 증여세를 감소시킨 것으로 인정되는 경우에는 특수관계인이 아닌 자 사이의 증여에 대해서도 적용하며 이 경우 기간의 제한은 없다.[1858] 즉 거짓이나 그 밖의 부정한 방법으로 증여세를 감소시킨 것으로 인정되는 경우 기간의 제한 없이 과세하겠다는 것이다.

자. 주식등의 상장 등에 따른 이익의 정산기준일

주식등의 상장 등에 따른 이익은 해당 주식등의 상장일부터 3개월이 되는 날을 기준(정산기

1856) 발행 법인으로부터 직접 인수·취득하는 경우를 포함한다.
1857) 상속증여세법 제41조의3 제8항.
1858) 상속증여세법 제41조의3 제9항.

준일)으로 계산한다.[1859] 다만 그 주식등을 보유한 자가 상장일부터 3개월 이내에 사망하거나 그 주식등을 증여 또는 양도한 경우에는 그 사망일, 증여일 또는 양도일로 한다. 상장일은 증권시장에서 최초로 주식등의 매매거래를 시작한 날로 한다.

차. 주식등의 상장 등에 따른 이익의 계산 방법

주식등의 상장 등에 따른 이익은 ① 정산기준일 현재 1주당 평가가액[1860]에서 ② 주식등을 증여받은 날 현재의 1주당 증여세 과세가액 또는 취득의 경우에는 취득일 현재의 1주당 취득가액과 ③ 1주당 기업가치의 실질적인 증가로 인한 이익을 차감한 가액에 증여받거나 유상으로 취득한 주식등의 수를 곱한 금액으로 한다.[1861]

카. 증여세 과세표준과 세액의 정산

주식등의 상장에 따른 이익을 얻은 자에 대해서는 이익을 당초의 증여세 과세가액에 가산하여 증여세 과세표준과 세액을 정산한다.[1862] 증여받은 재산으로 주식등을 취득한 경우에는 그 증여받은 재산에 대한 증여세 과세가액을 말한다.

정산기준일 현재의 주식등의 가액이 당초의 증여세 과세가액보다 적은 경우로서 그 차액이 ① 주식등을 증여받은 날 현재의 1주당 증여세 과세가액, ② 1주당 기업가치의 실질적인 증가로 인한 이익의 가액의 합계액에 증여받거나 유상으로 취득한 주식등의 수를 곱한 금액의 100분의 30에 상당하는 가액과 3억원 중 적은 금액 이상인 경우에는 그 차액에 상당하는 증여세액을 환급받을 수 있다. 그 차액에 상당하는 증여세액이란 증여받은 때에 납부한 당초의 증여세액을 말한다.

12. 금전 무상대출 등에 따른 이익의 증여

[1859] 상속증여세법 제41조의3 제3항.
[1860] 상속증여세법 제63조에 따라 평가한 가액을 말한다.
[1861] 상속증여세법시행령 제31조의3 제1항.
[1862] 상속증여세법 제41조의3 제4항.

가. 증여재산가액

타인으로부터 금전을 무상으로 또는 적정 이자율보다 낮은 이자율로 대출받은 경우에는 금전을 대출받은 날에 ① 무상으로 대출받은 경우 대출금액에 적정 이자율을 곱하여 계산한 금액, ② 적정 이자율보다 낮은 이자율로 대출받은 경우 대출금액에 적정 이자율을 곱하여 계산한 금액에서 실제 지급한 이자 상당액을 뺀 금액을 그 금전을 대출받은 자의 증여재산가액으로 한다.[1863] 다만 1천만원 미만인 경우는 제외하며 특수관계인이 아닌 자 사이의 거래인 경우에는 거래의 관행상 정당한 사유가 없는 경우에 한정하여 적용한다.[1864]

나. 대출기간이 정해지지 않은 경우

대출기간이 정해지지 않은 경우에는 그 대출기간을 1년으로 보고 대출기간이 1년 이상인 경우에는 1년이 되는 날의 다음 날에 매년 새로 대출받은 것으로 보아 해당 증여재산가액을 계산한다.[1865]

다. 적정이자율의 의미

적정이자율이란 당좌대출이자율을 고려하여 기획재정부령으로 정하는 이자율인 연간 1,000분의 46을 말한다. 다만 법인으로부터 대출받은 경우에는 법인세법 시행령 제89조 제3항[1866]에 따른 이자율을 적정이자율로 본다.

1863) 상속증여세법 제41조의4 제1항.
1864) 상속증여세법 제41조의4 제3항.
1865) 상속증여세법 제41조의4 제2항.
1866) ③ 제88조 제1항 제6호 및 제7호에 따른 금전의 대여 또는 차용의 경우에는 제1항 및 제2항에도 불구하고 기획재정부령으로 정하는 가중평균차입이자율(이하 "가중평균차입이자율"이라 한다)을 시가로 한다. 다만, 다음 각 호의 경우에는 해당 각 호의 구분에 따라 기획재정부령으로 정하는 당좌대출이자율(이하 "당좌대출이자율"이라 한다)을 시가로 한다.
    1. 가중평균차입이자율의 적용이 불가능한 경우로서 기획재정부령으로 정하는 사유가 있는 경우: 해당 대여금 또는 차입금에 한정하여 당좌대출이자율을 시가로 한다.
    1의2. 대여기간이 5년을 초과하는 대여금이 있는 경우 등 기획재정부령으로 정하는 경우: 해당 대여금 또는 차입금에 한정하여 당좌대출이자율을 시가로 한다.
    2. 해당 법인이 법 제60조에 따른 신고와 함께 기획재정부령으로 정하는 바에 따라 당좌대출이자율을 시가로 선택하는 경우: 당좌대출이자율을 시가로 하여 선택한 사업연도와 이후 2개 사업연도는 당좌대출이자율을 시가로 한다.

라. 이익의 계산 방법

금전 무상대출 등에 따른 이익은 금전을 대출받은 날을 기준으로 계산한다.[1867] 여러 차례 나누어 대부받은 경우에는 각각의 대출받은 날을 말한다.

13. 합병에 따른 상장 등에 따른 이익의 증여

가. 합병에 따른 상장 등 이익의 증여

합병에 따른 상장 등 이익의 증여는 최대주주등의 특수관계인이 ① 최대주주등으로부터 해당 법인의 주식등을 증여받거나 유상으로 취득한 경우, ② 증여받은 재산으로 최대주주등이 아닌 자로부터 해당 법인의 주식등을 취득한 경우, ③ 증여받은 재산으로 최대주주등이 주식등을 보유하고 있는 다른 법인의 주식등을 최대주주등이 아닌 자로부터 취득함으로써 최대주주등과 그의 특수관계인이 보유한 주식등을 합하여 다른 법인의 최대주주등에 해당하게 되는 경우를 말한다.[1868]

나. 증여재산가액

주식등을 증여받거나 취득한 날부터 5년 이내에 그 주식등을 발행한 법인이 대통령령으로 정하는 특수관계에 있는 주권상장법인과 합병되어 그 주식등의 가액이 증가함으로써 그 주식등을 증여받거나 취득한 자가 당초 증여세 과세가액[1869] 또는 취득가액을 초과하여 이익을 얻은 경우에는 그 이익에 상당하는 금액을 그 이익을 얻은 자의 증여재산가액으로 한다.[1870][1871] 다만 그 이익에 상당하는 금액이 ① 주식등을 증여받은 날 현재의 1주당 증여세 과세가액, ② 1주당 기

1867) 상속증여세법시행령 제31조의4 제3항.
1868) 상속증여세법 제41조의5 제1항.
1869) 증여받은 재산으로 주식등을 취득한 경우는 제외한다.
1870) 상속증여세법 제41조의5 제1항.
1871) 상속증여세법 제41조의5 제1항 각 호 외의 부분 본문에 따른 이익은 상속증여세법시행령 제31조의3 제1항에 따라 계산한 금액으로 한다.

업가치의 실질적인 증가로 인한 이익의 가액의 합계액에 증여받거나 유상으로 취득한 주식등의 수를 곱한 금액의 100분의 30에 상당하는 가액과 3억원 중 적은 금액 미만인 경우는 제외한다.

1) 특수관계에 있는 주권상장법인의 범위

특수관계에 있는 주권상장법인이란 합병등기일이 속하는 사업연도의 직전 사업연도 개시일부터 합병등기일까지의 기간 중 ① 위 가.의 합병에 따른 상장 등 이익의 증여[1872]에서 살펴 본 방법에 따라 해당 법인 또는 다른 법인의 주식등을 취득한 자와 그의 특수관계인이 유가증권시장에 주권이 상장된 법인 또는 코스닥시장상장법인의 최대주주등에 해당하는 경우의 해당 법인, ② 상속증여세법시행령 제28조 제1항 제2호[1873)1874] 및 제3호[1875]의 규정에 의한 법인의 어느 하나에 해당하는 법인을 말한다.[1876] 개시일이 서로 다른 법인이 합병한 경우에는 먼저 개시한 날을 말한다.

2) 주식등의 상장 등에 따른 이익의 증여 규정의 준용

합병에 따른 상장 등 이익의 증여에 관하여는 앞서 살펴 본 주식등의 상장 등에 따른 이익의 증여 규정[1877]을 준용하며 이 경우 상장일은 합병등기일로 본다.

14. 법인의 조직 변경에 따른 이익의 증여

가. 증여의 의미와 증여재산가액

1872) 상속증여세법 제41조의5 제1항.
1873) 2. 제2조의2 제1항 제3호 나목에 따른 법인
1874) 나. 본인이 법인인 경우: 본인이 속한 기획재정부령으로 정하는 기업집단의 소속 기업(해당 기업의 임원과 퇴직임원을 포함한다)과 해당 기업의 임원에 대한 임면권의 행사 및 사업방침의 결정 등을 통하여 그 경영에 관하여 사실상의 영향력을 행사하고 있는 자 및 그와 제1호에 해당하는 관계에 있는 자
1875) 3. 동일인이 임원의 임면권의 행사 또는 사업방침의 결정등을 통하여 합병당사법인(합병으로 인하여 소멸·흡수되는 법인 또는 신설·존속하는 법인을 말한다. 이하 같다)의 경영에 대하여 영향력을 행사하고 있다고 인정되는 관계에 있는 법인
1876) 상속증여세법시행령 제31조의5 제3항.
1877) 상속증여세법 제41조의3 제3항부터 제9항까지를 준용한다.

주식의 포괄적 교환 및 이전, 사업의 양수·양도, 사업 교환 및 법인의 조직 변경 등에 의하여 소유지분이나 가액이 변동됨에 따라 이익을 얻은 경우에는 이익에 상당하는 금액을 이익을 얻은 자의 증여재산가액으로 한다.[1878] 그 이익에 상당하는 금액이란 소유지분이나 가액의 변동 전·후 재산의 평가차액을 말한다. 다만 그 이익에 상당하는 금액이 ① 변동 전 해당 재산가액의 100분의 30에 상당하는 가액, ② 3억원 중 적은 금액 미만인 경우는 제외한다. 특수관계인이 아닌 자 사이의 거래인 경우에는 거래의 관행상 정당한 사유가 없는 경우에 한정하여 적용한다.

나. 이익의 계산방법 등

법인의 조직 변경 등에 따른 이익은 아래의 구분에 따라 계산한 금액으로 한다.[1879]

1) 소유지분이 변동된 경우

소유지분이 변동된 경우의 이익은 아래 계산식에 따른 계산한 금액으로 한다.

〈표-112 소유지분이 변동된 경우에 따른 이익의 계산〉

구분		계산식
변동 후 지분	①	
변동 전 지분	②	(① - ②) × ③ = ④
지분 변동 후 1주당 가액[1880]	③	
소유지분이 변동된 경우에 따른 이익	④	

2) 평가액이 변동된 경우

평가액이 변동된 경우 변동 후 가액에서 변동 전 가액을 뺀 금액으로 한다.

1878) 상속증여세법 제42조의2 제1항.
1879) 상속증여세법시행령 제32조의2 제1항.
1880) 상속증여세법시행령 제28조, 제29조, 제29조의2 및 제29조의3을 준용하여 계산한 가액을 말한다.

15. 증여세 과세특례

앞에서 살펴본 증여와 관련해 하나의 증여 대하여 규정[1881]이 둘 이상 동시에 적용되는 경우에는 그중 이익이 가장 많게 계산되는 것 하나만을 적용한다.[1882]

Ⅲ. 증여 추정 및 증여 의제

1. 배우자 등에게 양도한 재산의 증여 추정

가. 증여 의미와 증여재산가액

배우자 또는 직계존비속(배우자등)에게 양도한 재산은 양도자가 그 재산을 양도한 때에 그 재산의 가액을 배우자등이 증여받은 것으로 추정하여 이를 배우자등의 증여재산가액으로 한다.[1883]

나. 양도자의 배우자등에게 재양도한 경우

특수관계인에게 양도한 재산을 그 특수관계인(양수자)이 양수일부터 3년 이내에 당초 양도자의 배우자등에게 다시 양도한 경우에는 양수자가 그 재산을 양도한 당시의 재산가액을 그 배우자등이 증여받은 것으로 추정하여 이를 배우자등의 증여재산가액으로 한다.[1884] 다만 당초 양도자 및 양수자가 부담한 소득세법에 따른 결정세액을 합친 금액이 양수자가 그 재산을 양도한 당시의 재산가액을 당초 배우자등이 증여받은 것으로 추정할 경우의 증여세액보다 큰 경우는 제외하며 배우자등에게 증여세가 부과된 경우에는 소득세법의 규정에도 불구하고 당초 양도자

1881) 상속증여세법 제33조부터 제39조까지, 제39조의2, 제39조의3, 제40조, 제41조의2부터 제41조의5까지, 제42조, 제42조의2, 제42조의3, 제44조, 제45조 및 제45조의3부터 제45조의5까지의 규정을 말한다.
1882) 상속증여세법 제43조 제1항.
1883) 상속증여세법 제44조 제1항.
1884) 상속증여세법 제44조 제2항.

및 양수자에게 그 재산 양도에 따른 소득세를 부과하지 않는다.[1885]

다. 배우자 등에게 양도한 재산이 증여에서 제외되는 경우

해당 재산이 ① 법원의 결정으로 경매절차에 따라 처분된 경우, ② 파산선고로 인하여 처분된 경우, ③ 국세징수법에 따라 공매된 경우, ④ 자본시장법에 따른 증권시장을 통하여 유가증권이 처분된 경우, ⑤ 배우자등에게 대가를 받고 양도한 사실이 명백히 인정되는 경우로서 거래소의 유가증권시장 업무규정 등에 따라 시간외대량매매 방법으로 매매된 경우에는 배우자 등에게 양도한 재산의 증여로 보지 않는다.[1886]

2. 재산 취득자금 등의 증여 추정

가. 증여 추정과 증여재산가액

재산 취득자의 직업, 연령, 소득 및 재산 상태 등으로 볼 때 재산을 자력으로 취득하였다고 인정하기 어려운 경우로서 ① 신고하였거나 과세[1887]받은 소득금액, ② 신고하였거나 과세받은 상속 또는 수증재산의 가액, ③ 재산을 처분한 대가로 받은 금전이나 부채를 부담하고 받은 금전으로 당해 재산의 취득 또는 당해 채무의 상환에 직접 사용한 금액에 따라 입증된 금액의 합계액이 취득재산의 가액 또는 채무의 상환금액에 미달하는 경우에는 재산을 취득한 때에 재산의 취득자금을 재산 취득자가 증여받은 것으로 추정하여 재산 취득자의 증여재산가액으로 한다.[1888] 다만 입증되지 않은 금액이 취득재산의 가액 또는 채무의 상환금액의 100분의 20에 상당하는 금액과 2억원 중 적은 금액에 미달하는 경우를 제외한다.

나. 채무를 자력 상환했다고 인정하기 어려운 경우

1885) 상속증여세법 제44조 제4항.
1886) 상속증여세법 제44조 제3항.
1887) 비과세 또는 감면받은 경우를 포함한다.
1888) 상속증여세법 제45조 제1항.

채무자의 직업, 연령, 소득, 재산 상태 등으로 볼 때 채무를 자력으로 상환[1889]하였다고 인정하기 어려운 경우로서 ① 신고하였거나 과세[1890]받은 소득금액, ② 신고하였거나 과세받은 상속 또는 수증재산의 가액, ③ 재산을 처분한 대가로 받은 금전이나 부채를 부담하고 받은 금전으로 당해 재산의 취득 또는 당해 채무의 상환에 직접 사용한 금액에 따라 입증된 금액의 합계액이 취득재산의 가액 또는 채무의 상환금액에 미달하는 경우에는 채무를 상환한 때에 상환자금을 채무자가 증여받은 것으로 추정하여 이를 그 채무자의 증여재산가액으로 한다.[1891] 다만 입증되지 않은 금액이 취득재산의 가액 또는 채무의 상환금액의 100분의 20에 상당하는 금액과 2억원 중 적은 금액에 미달하는 경우를 제외한다.

다. 증여에서 제외되는 재산 취득자금 또는 상환자금

재산 취득자금 또는 상환자금이 직업, 연령, 소득, 재산 상태 등을 고려하여 재산취득일 전 또는 채무상환일 전 10년 이내에 해당 재산 취득자금 또는 해당 채무 상환자금의 합계액이 5천만원 이상으로서 연령·직업·재산상태·사회경제적 지위 등을 고려하여 국세청장이 정하는 금액 이하인 경우와 취득자금 또는 상환자금의 출처에 관한 충분한 소명이 있는 경우에는 재산 취득자금 등의 증여 추정 규정을 적용하지 않는다.[1892]

라. 실명이 확인된 계좌에 보유한 재산

금융실명거래 및 비밀보장에 관한 법률 제3조에 따라 실명이 확인된 계좌 또는 외국의 관계 법령에 따라 이와 유사한 방법으로 실명이 확인된 계좌에 보유하고 있는 재산은 명의자가 재산을 취득한 것으로 추정하여 재산 취득자금 등의 증여 추정 규정을 적용한다.

3. 명의신탁재산의 증여 의제

1889) 일부 상환을 포함한다.
1890) 비과세 또는 감면받은 경우를 포함한다.
1891) 상속증여세법 제45조 제2항.
1892) 상속증여세법 제45조 제3항.

가. 증여 의제와 증여재산가액

권리의 이전이나 그 행사에 등기등이 필요한 재산[1893]의 실제소유자와 명의자가 다른 경우에는 국세기본법 제14조(실질과세)에도 불구하고 그 명의자로 등기등을 한 날에 그 재산의 가액을 실제소유자가 명의자에게 증여한 것으로 본다.[1894] 그 명의자로 등기등을 한 날이란 그 재산이 명의개서를 해야 하는 재산인 경우에는 소유권 취득일이 속하는 해의 다음 해 말일의 다음 날을 말한다. 그 재산가액이란 그 재산이 명의개서를 해야 하는 재산인 경우에는 소유권취득일을 기준으로 평가한 가액을 말한다.

나. 명의신탁재산의 증여 의제에서 제외되는 경우

① 조세 회피의 목적 없이 타인의 명의로 재산의 등기등을 하거나 소유권을 취득한 실제소유자 명의로 명의개서를 하지 않은 경우, ② 자본시장법에 따른 신탁재산인 사실의 등기등을 한 경우, ③ 비거주자가 법정대리인 또는 재산관리인의 명의로 등기등을 한 경우에는 명의신탁재산의 증여 의제로 보지 않는다.

다. 조세 회피 목적으로 추정되는 경우

타인의 명의로 재산의 등기등을 한 경우 및 실제소유자 명의로 명의개서를 하지 않은 경우에는 조세 회피 목적이 있는 것으로 추정한다.[1895] 조세란 국세기본법 제2조 제1호 및 제7호에 규정된 국세 및 지방세와 관세법에 규정된 관세를 말한다. 다만 실제소유자 명의로 명의개서를 하지 않은 경우로서 ① 매매로 소유권을 취득한 경우로서 종전 소유자가 양도소득 과세표준신고 또는 증권거래세신고와 함께 소유권 변경 내용을 신고하는 경우, ② 상속으로 소유권을 취득한 경우로서 상속인이 상속세 과세표준신고, 수정신고, 기한 후 신고와 함께 해당 재산을 상속세

1893) 토지와 건물은 제외한다.
1894) 상속증여세법 제45조의2 제1항.
1895) 상속증여세법 제45조의2 제3항.

과세가액에 포함하여 신고한 경우에는 조세 회피 목적이 있는 것으로 추정하지 않는다.[1896] 다만 상속세 과세표준과 세액을 결정 또는 경정할 것을 미리 알고 수정신고하거나 기한 후 신고를 하는 경우는 제외한다.

라. 주주명부 또는 사원명부가 작성되지 않은 경우

주주명부 또는 사원명부가 작성되지 않은 경우에는 납세지 관할세무서장에게 제출한 주주등에 관한 서류 및 주식등변동상황명세서에 의하여 명의개서 여부를 판정한다.[1897] 이 경우 증여일은 증여세 또는 양도소득세 등의 과세표준신고서에 기재된 소유권이전일 등 ① 증여세 또는 양도소득세 등의 과세표준신고서에 기재된 소유권이전일, ② 주식등변동상황명세서에 기재된 거래일의 순서에 따라 정한 날[1898]로 한다.

제4절 증여세 과세가액

I. 증여세 과세가액의 계산

증여세 과세가액은 증여일 현재 이 법에 따른 증여재산가액을 합친 금액에서 그 증여재산에 담보된 채무로서 수증자가 인수한 금액을 뺀 금액으로 한다.[1899] 공제되는 채무는 증여재산에 관련된 채무 등과 증여자가 해당 재산을 타인에게 임대한 경우의 해당 임대보증금을 말한다.[1900]

1896) 상속증여세법 제45조의2 제3항.
1897) 상속증여세법 제45조의2 제4항.
1898) 상속증여세법시행령 제34조의2.
1899) 상속증여세법 제47조 제1항.
1900) 상속증여세법시행령 제36조.

II. 합산하지 않는 증여재산의 가액

증여재산 중 ① 재산 취득 후 해당 재산의 가치가 증가하는 경우, ② 전환사채등에 의하여 주식전환등을 함으로써 주식전환등을 한 날에 얻은 이익, ③ 전환사채등의 양도일에 양도가액이 시가를 초과함으로써 양도인이 얻은 이익, ④ 주식등의 상장 등에 따른 이익의 증여, ⑤ 합병에 따른 상장 등 이익의 증여, ⑥ 재산 취득 후 재산가치 증가에 따른 이익의 증여, ⑦ 명의신탁재산의 증여 의제, ⑧ 특수관계법인과의 거래를 통한 이익의 증여 의제, ⑨ 특수관계법인으로부터 제공받은 사업기회로 발생한 이익의 증여 의제의 규정에 따른 증여재산(합산배제증여재산)의 가액[1901]은 제외한다.[1902]

III. 합산하는 증여재산가액

해당 증여일 전 10년 이내에 증여자가 직계존속인 경우에는 그 직계존속의 배우자를 포함한 동일인으로부터 받은 증여재산가액을 합친 금액이 1천만원 이상인 경우에는 그 가액을 증여세 과세가액에 가산한다. 다만 합산배제증여재산의 경우에는 제외한다.

IV. 배우자 간 또는 직계존비속 간의 부담부증여

배우자 간 또는 직계존비속 간의 부담부증여[1903]에 대해서는 수증자가 증여자의 채무를 인수한 경우에도 그 채무액은 수증자에게 인수되지 않은 것으로 추정한다.[1904] 다만 그 채무액이 국가 및 지방자치단체에 대한 채무 등 대통령령으로 정하는 바에 따라 객관적으로 인정되는 것인 경우에는 제외한다.

1901) 상속증여세법 제31조 제1항 제3호, 제40조 제1항 제2호·제3호, 제41조의3, 제41조의5, 제42조의3 및 제45조의2부터 제45조의4까지.
1902) 상속증여세법 제47조 제1항.
1903) 상속증여세법 제44조에 따라 증여로 추정되는 경우를 포함한다.
1904) 상속증여세법 제47조 제3항.

대통령령으로 정하는 바에 따라 객관적으로 인정되는 것인 경우란 상속개시 당시 피상속인의 채무로서 상속인이 실제로 부담하는 사실이 ① 국가·지방자치단체 및 금융회사등에 대한 채무는 해당 기관에 대한 채무임을 확인할 수 있는 서류, ② ① 외의 자에 대한 채무는 채무부담계약서, 채권자확인서, 담보설정 및 이자지급에 관한 증빙등에 의하여 그 사실을 확인할 수 있는 서류에 따라 증명되는 것을 말한다.[1905)1906)]

제5절 증여공제

I. 증여재산 공제

거주자가 ① 배우자로부터 증여를 받은 경우 6억원, ② 직계존속[1907)]으로부터 증여를 받은 경우 5천만원, ③ 미성년자가 직계존속으로부터 증여를 받은 경우에는 2천만원, ④ 직계비속[1908)]으로부터 증여를 받은 경우 5천만원, ⑤ ②, ③, ④ 외에 6촌 이내의 혈족 또는 4촌 이내의 인척으로부터 증여를 받은 경우 1천만원을 증여세 과세가액에서 공제한다.[1909)] 이 경우 수증자를 기준으로 증여를 받기 전 10년 이내에 공제받은 금액과 해당 증여가액에서 공제받을 금액을 합친 금액이 앞의 구분에 따른 금액을 초과하는 경우에는 그 초과하는 부분은 공제하지 않는다.

II. 증여재산 감정평가 수수료 공제

증여재산의 감정평가 수수료란 증여세를 신고 및 납부하기 위해 증여재산을 평가하는 데 드

1905) 상속증여세법시행령 제36조 제2항.
1906) 상속증여세법시행령 제10조 제1항.
1907) 수증자의 직계존속과 혼인(사실혼은 제외한다) 중인 배우자를 포함한다.
1908) 수증자와 혼인 중인 배우자의 직계비속을 포함한다.
1909) 상속증여세법 제53조.

는 수수료로서 ① 감정평가업자의 평가에 따른 수수료[1910], ② 상속증여세법시행령 제49조의2 제9항[1911]에 따른 평가수수료, ③ 유형재산 평가에 대한 감정수수료에 해당하는 것을 말한다.[1912]

감정평가업자의 평가에 따른 수수료는 평가된 가액으로 증여세를 신고 및 납부하는 경우에 한해 적용된다는 점을 주의해야 한다.[1913] ①과 ③에 따른 수수료가 500만원을 초과하는 경우에는 500만원으로 하고 ②에 따른 수수료는 평가대상 법인의 수 및 평가를 의뢰한 신용평가전문기관의 수별로 각각 1천만원을 한도로 한다.[1914]

III. 증여세과세가액에서 공제할 금액의 공제 방법

증여세과세가액에서 공제할 금액은 ① 2 이상의 증여가 그 증여시기를 달리하는 경우에는 2 이상의 증여 중 최초의 증여세과세가액에서부터 순차로 공제하는 방법, ② 2 이상의 증여가 동시에 있는 경우에는 각각의 증여세과세가액에 대하여 안분하여 공제하는 방법의 어느 하나의 방법에 따라 계산한다.[1915]

제6절 과세표준과 세율

I. 증여세의 과세표준 등

[1910] 상속세 납부목적용으로 한정한다.
[1911] ⑨ 평가심의위원회는 공정하고 객관적인 심의를 위하여 필요하다고 인정되는 경우에는 제56조 제2항에 따른 신용평가전문기관에 평가를 의뢰하거나 심의에 앞서 관계인의 증언을 청취할 수 있다. 이 경우 납세자가 신용평가전문기관의 평가에 따른 평가수수료를 부담하여야 한다.
[1912] 상속증여세법시행령 제20조의3 제1항.
[1913] 상속증여세법시행령 제20조의3 제2항.
[1914] 상속증여세법시행령 제20조의3 제3항.
[1915] 상속증여세법시행령 제46조 제1항.

1. 증여세의 과세표준

증여세의 과세표준은 ① 명의신탁재산의 증여 의제의 경우 명의신탁재산의 금액,[1916] ② 특수관계법인과의 거래를 통한 이익의 증여 의제[1917]와 특수관계법인으로부터 제공받은 사업기회로 발생한 이익의 증여 의제[1918]의 경우 증여의제이익, ③ ①과 ②를 제외한 합산배제증여재산의 경우 그 증여재산가액에서 3천만원을 공제한 금액, ④ ①, ②, ③ 외의 경우 증여세 과세가액에서 증여공제와 재난으로 인하여 증여재산이 멸실되거나 훼손된 경우에 따른 금액을 뺀 금액에서 증여재산의 감정평가 수수료를 뺀 금액으로 한다.[1919]

2. 증여세의 과세최저한

과세표준이 50만원 미만이면 증여세를 부과하지 않는다.

II. 증여세의 계산

증여세는 과세표준에 아래에 따른 세율을 적용하여 계산한 금액(증여세산출세액)으로 한다.[1920]

〈표-113 과세표준에 따른 증여세 세율〉

과세표준	적용 세율
1억원 이하	과세표준의 100분의 10
1억원 초과 5억원 이하	1천만원 + (1억원을 초과하는 금액의 100분의 20)
5억원 초과 10억원 이하	9천만원 + (5억원을 초과하는 금액의 100분의 30)
10억원 초과 30억원 이하	2억 4천만원 + (10억원을 초과하는 금액의 100분의 40)
30억원 초과	10억 4천만원 + (30억원을 초과하는 금액의 100분의 50)

1916) 상속증여세법 제45조의2.
1917) 상속증여세법 제45조의3.
1918) 상속증여세법 제45조의4.
1919) 상속증여세법 제55조.
1920) 상속증여세법 제56조.

III. 직계비속에 대한 증여의 할증과세

1. 할증과세

직계비속에 대한 증여의 경우 ① 수증자가 증여자의 자녀가 아닌 직계비속인 경우에는 증여세산출세액에 100분의 30에 상당하는 금액을 가산, ② 수증자가 증여자의 자녀가 아닌 직계비속이면서 미성년자인 경우로서 증여재산가액이 20억원을 초과하는 경우에는 100분의 40에 상당하는 금액을 가산한다. 다만 증여자의 최근친인 직계비속이 사망하여 그 사망자의 최근친인 직계비속이 증여받은 경우에는 적용하지 않는다.[1921]

2. 할증과세액 계산방법

증여재산가액은 직계비속에 대한 증여의 할증과세[1922]에 따라 과세가액에 가산하는 증여재산을 포함한다.[1923] 할증과세액은 다음의 구분에 따른 금액으로 한다. 이 경우 그 금액이 음수인 경우에는 영(0)으로 한다.[1924]

가. 수증자가 직계비속인 경우

〈표-114 할증과세액의 계산〉

구분		계산식
증여세 산출세액	①	
수증자의 부모를 제외한 직계존속으로부터 증여받은 재산가액	②	
총증여재산가액	③	[① × (② ÷ ③) × ④] - ⑤ = ⑥
가산율 30/100	④	
종전에 납부한 할증과세액	⑤	
할증과세액	⑥	

1921) 상속증여세법 제57조 제1항.
1922) 상속증여세법 제47조 제2항.
1923) 상속증여세법시행령 제46조의3 제1항.
1924) 상속증여세법시행령 제46조의3 제2항.

나. 수증자가 미성년자로서 증여재산가액 20억원 초과

〈표-115 할증과세액의 계산〉

구분		계산식
증여세 산출세액	①	
수증자의 부모를 제외한 직계존속으로부터 증여받은 재산가액	②	
총증여재산가액	③	[① × (② ÷ ③) × ④] - ⑤ = ⑥
가산율 40/100	④	
종전에 납부한 할증과세액	⑤	
할증과세액	⑥	

제7절 세액공제

Ⅰ. 납부세액공제

증여세 과세가액에 가산한 증여재산의 가액[1925]에 대하여 납부하였거나 납부할 증여세액[1926]은 증여세산출세액에서 공제한다. 다만 증여세 과세가액에 가산하는 증여재산에 대하여 국세기본법 제26조의2 제4항[1927] 또는 제5항[1928]에 따른 기간의 만료로 인하여 증여세가 부과되지 않

1925) 둘 이상의 증여가 있을 때에는 그 가액을 합친 금액을 말한다.
1926) 증여 당시의 해당 증여재산에 대한 증여세산출세액을 말한다.
1927) ④ 제1항 및 제2항에도 불구하고 상속세·증여세의 부과제척기간은 국세를 부과할 수 있는 날부터 10년으로 하고, 다음 각 호의 어느 하나에 해당하는 경우에는 15년으로 한다. 부담부증여에 따라 증여세와 함께 「소득세법」 제88조 제1호 각 목 외의 부분 후단에 따른 소득세가 과세되는 경우에 그 소득세의 부과제척기간도 또한 같다. 〈개정 2019.12.31.〉
   1. 납세자가 부정행위로 상속세·증여세를 포탈하거나 환급·공제받은 경우
   2. 「상속세 및 증여세법」 제67조 및 제68조에 따른 신고서를 제출하지 아니한 경우
   3. 「상속세 및 증여세법」 제67조 및 제68조에 따라 신고서를 제출한 자가 대통령령으로 정하는 거짓신고 또는 누락신고를 한 경우(그 거짓신고 또는 누락신고를 한 부분만 해당한다)
1928) ⑤ 납세자가 부정행위로 상속세·증여세(제7호의 경우에는 해당 명의신탁과 관련한 국세를 포함한다)를 포탈하는 경우로서 다음 각 호의 어느 하나에 해당하는 경우 과세관청은 제4항에도 불구하고 해당 재산의 상속 또는 증여가 있음을 안 날부터 1년 이내에 상속세 및 증여세를 부과할 수 있다. 다만, 상속인이나 증여자 및 수증자(受贈者)가 사망한 경우와 포탈세액 산출의 기준이 되는 재산가액(다음 각 호의 어느 하나에 해당하는 재산의 가액을 합친 것을 말한다)이 50억원 이하인 경우에는 그러하지 아니하다. 〈개정 2011.12.31., 2013.1.1., 2016.12.20., 2019.12.31.〉

는 경우에는 적용하지 않는다.

II. 공제할 증여세액

공제할 증여세액은 증여세산출세액에 해당 증여재산의 가액과 직계비속에 대한 증여의 할증과세에 따라 가산한 증여재산의 가액을 합친 금액에 대한 과세표준에 대하여 가산한 증여재산의 과세표준이 차지하는 비율을 곱하여 계산한 금액을 한도로 한다.[1929]

III. 외국납부세액 공제

타인으로부터 재산을 증여받은 경우 외국에 있는 증여재산에 대하여 외국의 법령에 따라 증여세를 부과 받은 경우에는 부과 받은 증여세에 상당하는 금액을 증여세산출세액에서 공제한다.[1930]

제8절 재산의 평가

---

1. 제3자의 명의로 되어 있는 피상속인 또는 증여자의 재산을 상속인이나 수증자가 취득한 경우
2. 계약에 따라 피상속인이 취득할 재산이 계약이행기간에 상속이 개시됨으로써 등기·등록 또는 명의개서가 이루어지지 아니하고 상속인이 취득한 경우
3. 국외에 있는 상속재산이나 증여재산을 상속인이나 수증자가 취득한 경우
4. 등기·등록 또는 명의개서가 필요하지 아니한 유가증권, 서화(書畵), 골동품 등 상속재산 또는 증여재산을 상속인이나 수증자가 취득한 경우
5. 수증자의 명의로 되어 있는 증여자의 「금융실명거래 및 비밀보장에 관한 법률」 제2조 제2호에 따른 금융자산을 수증자가 보유하고 있거나 사용·수익한 경우
6. 「상속세 및 증여세법」 제3조 제2호에 따른 비거주자인 피상속인의 국내재산을 상속인이 취득한 경우
7. 「상속세 및 증여세법」 제45조의2에 따른 명의신탁재산의 증여의제에 해당하는 경우

1929) 상속증여세법 제58조 제2항.
1930) 상속증여세법 제59조.

Ⅰ. 평가의 원칙 등

상속증여세법에 따라 상속세나 증여세가 부과되는 재산의 가액은 상속개시일 또는 증여일(평가기준일) 현재의 시가에 따른다.[1931] 다만 아래의 경우 구분에 따른 금액을 시가로 본다.

1. 주권상장법인의 주식등

유가증권시장과 코스닥시장에서 거래되는 주권상장법인의 주식등 중 평가기준일 전후 2개월 이내에 거래소가 정하는 기준에 따라 매매거래가 정지되거나 관리종목으로 지정된 기간의 일부 또는 전부가 포함되는 주식등[1932]을 제외한 주식등의 경우 상속증여세법 제63조(유가증권 등의 평가) 제1항 제1호 가목[1933]에 규정된 평가방법으로 평가한 가액을 시가로 본다.

2. 가상자산

가상자산의 경우 상속증여세법 제65조(그 밖의 조건부 권리 등의 평가) 제2항[1934)1935]에 규정

1931) 상속증여세법 제60조 제1항.
1932) 적정하게 시가를 반영하여 정상적으로 매매거래가 이루어지는 경우로서 기획재정부령으로 정하는 경우는 제외한다.
1933) 가. 「자본시장과 금융투자업에 관한 법률」에 따른 증권시장으로서 대통령령으로 정하는 증권시장에서 거래되는 주권상장법인의 주식등 중 대통령령으로 정하는 주식등(이하 이 호에서 "상장주식"이라 한다)은 평가기준일(평가기준일이 공휴일 등 대통령령으로 정하는 매매가 없는 날인 경우에는 그 전일을 기준으로 한다) 이전·이후 각 2개월 동안 공표된 매일의 「자본시장과 금융투자업에 관한 법률」에 따라 거래소허가를 받은 거래소(이하 "거래소"라 한다) 최종 시세가액(거래실적 유무를 따지지 아니한다)의 평균액(평균액을 계산할 때 평가기준일 이전·이후 각 2개월 동안에 증자·합병 등의 사유가 발생하여 그 평균액으로 하는 것이 부적당한 경우에는 평가기준일 이전·이후 각 2개월의 기간 중 대통령령으로 정하는 바에 따라 계산한 기간의 평균액으로 한다). 다만, 제38조에 따라 합병으로 인한 이익을 계산할 때 합병(분할합병을 포함한다)으로 소멸하거나 흡수되는 법인 또는 신설되거나 존속하는 법인이 보유한 상장주식의 시가는 평가기준일 현재의 거래소 최종 시세가액으로 한다.
1934) ② 「특정 금융거래정보의 보고 및 이용 등에 관한 법률」 제2조 제3호에 따른 가상자산은 해당 자산의 거래규모 및 거래방식 등을 고려하여 대통령령으로 정하는 방법으로 평가한다.
1935) ② 법 제65조 제2항에 따른 가상자산(「특정 금융거래정보의 보고 및 이용 등에 관한 법률」 제2조 제3호의 가상자산을 말한다. 이하 이 항에서 같다)의 가액은 다음 각 호의 구분에 따라 평가한 가액으로 한다. 〈신설 2021.2.17.〉
  1. 「특정 금융거래정보의 보고 및 이용 등에 관한 법률」 제7조에 따라 신고가 수리된 가상자산사업자(이하 이 항에서 "가상자산사업자"라 한다) 중 국세청장이 고시하는 가상자산사업자의 사업장에서 거래되는 가상자산: 평가기준일 전·이후 각 1개월 동안에 해당 가상자산사업자가 공시하는 일평균가액의 평균액
  2. 그 밖의 가상자산: 제1호에 해당하는 가상자산사업자 외의 가상자산사업자 및 이에 준하는 사업자의 사업장에서 공시하는 거래일의 일평균가액 또는 종료시각에 공시된 시세가액 등 합리적으로 인정되는 가액

된 평가방법으로 평가한 가액을 시가로 본다.

3. 시가

시가는 불특정 다수인 사이에 자유롭게 거래가 이루어지는 경우에 통상적으로 성립된다고 인정되는 가액으로 하며 수용가격·공매가격 및 감정가격 등 대통령령으로 정하는 바에 따라 시가로 인정되는 것을 포함한다.[1936]

가. 시가로 인정되는 것

수용가격·공매가격 및 감정가격 등 대통령령으로 정하는 바에 따라 시가로 인정되는 것이란 평가기준일 전후 6개월(평가기간)[1937]이내의 기간 중 매매·감정·수용·경매[1938] 또는 공매(매매등)가 있는 경우 아래의 어느 하나에 따라 확인되는 가액을 말한다.[1939]

1) 해당 재산에 대한 매매사실이 있는 경우

해당 재산에 대한 매매사실이 있는 경우에는 그 거래가액을 시가로 한다.[1940] 다만 ① 특수관계인과의 거래 등으로 그 거래가액이 객관적으로 부당하다고 인정되는 경우, ② 거래된 비상장주식의 가액이 액면가액의 합계액으로 계산한 해당 법인의 발행주식총액 또는 출자총액의 100분의 1에 해당하는 금액 또는 3억원 중 적은 금액 미만인 경우의 어느 하나에 해당하는 경우는 제외한다. 평가심의위원회의 심의를 거쳐 그 거래가액이 거래의 관행상 정당한 사유가 있다고 인정되는 경우는 시가로 인정한다.

2) 둘 이상의 감정기관이 평가한 감정가액

1936) 상속증여세법 제60조 제2항.
1937) 증여재산의 경우에는 평가기준일 전 6개월부터 평가기준일 후 3개월까지로 한다.
1938) 민사집행법에 따른 경매를 말한다.
1939) 상속증여세법시행령 제49조 제1항.
1940) 상속증여세법시행령 제49조 제1항 제1호.

해당 재산[1941]에 대하여 둘 이상의 기획재정부령으로 정하는 공신력 있는 감정기관이 평가한 감정가액이 있는 경우에는 그 감정가액의 평균액을 시가로 한다. 다만 ① 일정한 조건이 충족될 것을 전제로 당해 재산을 평가하는 등 상속세 및 증여세의 납부목적에 적합하지 않은 감정가액, ② 평가기준일 현재 당해재산의 원형대로 감정하지 않은 경우의 당해 감정가액에 해당하는 것은 제외한다.

3) 수용·경매 또는 공매사실이 있는 경우

해당 재산에 대하여 수용·경매 또는 공매사실이 있는 경우에는 그 보상가액·경매가액 또는 공매가액을 시가로 한다.[1942]

다만 ① 물납한 재산[1943]을 상속인 또는 그의 특수관계인이 경매 또는 공매로 취득한 경우, ② 경매 또는 공매로 취득한 비상장주식의 가액[1944]이 액면가액의 합계액으로 계산한 당해 법인의 발행주식총액 또는 출자총액의 100분의 1에 해당하는 금액과 3억원 중 적은 금액 미만인 경우, ③ 경매 또는 공매절차의 개시 후 관련 법령이 정한 바에 따라 수의계약에 의하여 취득하는 경우, ④ 상속증여세법시행령 제15조(가업상속) 제3항에 따른 최대주주등의 상속인 또는 최대주주등의 특수관계인이 최대주주등이 보유하고 있던 비상장주식등을 경매 또는 공매로 취득한 경우의 어느 하나에 해당하는 경우에는 해당 경매가액 또는 공매가액은 시가로 보지 않는다.

나. 평가기준일 전후 6개월 이내의 판단기준

시가로 인정되는 가액이 평가기준일 전후 6개월[1945] 이내에 해당하는지는 ① 해당 재산에 대한 매매사실이 있는 경우에는 매매계약일, ② 둘 이상의 감정기관이 평가한 감정가액의 경우 가격산정기준일과 감정가액평가서 작성일, ③ 수용·경매 또는 공매사실이 있는 경우 보상가액·경

[1941] 법 제63조 제1항 제1호에 따른 재산을 제외한다.
[1942] 상속증여세법시행령 제49조 제1항 제3호.
[1943] 상속증여세법 제73조.
[1944] 액면가액의 합계액을 말한다.
[1945] 증여재산의 경우에는 평가기준일 전 6개월부터 평가기준일 후 3개월까지로 한다.

매가액 또는 공매가액이 결정된 날을 기준으로 하여 판단한다.[1946]

시가로 보는 가액이 둘 이상인 경우에는 평가기준일을 전후하여 가장 가까운 날에 해당하는 가액을 적용하며 가액이 둘 이상인 경우에는 그 평균액으로 한다.

다. 재산가액이 구분되지 않는 경우

시가로 인정되는 가액에 2 이상의 재산가액이 포함됨으로써 각각의 재산가액이 구분되지 않는 경우에는 각각의 재산을 상속증여세법 제61조(부동산 등의 평가) 또는 제65조(그 밖의 조건부 권리 등의 평가)의 규정에 의하여 평가한 가액에 비례하여 안분 계산한다.[1947] 각각의 재산에 대하여 동일감정기관이 동일한 시기에 감정한 각각의 감정가액이 있는 경우에는 감정가액에 비례하여 안분 계산한다.

라. 유사한 다른 재산에 대한 가액이 있는 경우

기획재정부령으로 정하는 해당 재산과 면적·위치·용도·종목 및 기준시가가 동일하거나 유사한 다른 재산에 대한 가액이 있는 경우에는 해당 가액을 시가로 본다. 상속세 또는 증여세 과세표준을 신고한 경우에는 평가기준일 전 6개월부터 평가기간 이내의 신고일까지의 가액을 말한다.

4. 상속재산의 가액에 가산하는 증여 재산가액

상속재산의 가액에 가산하는 ① 상속개시일 전 10년 이내에 피상속인이 상속인에게 증여한 재산가액, ② 상속개시일 전 5년 이내에 피상속인이 상속인이 아닌 자에게 증여한 재산가액은 증여일 현재의 시가에 따른다.[1948]

5. 시가를 산정하기 어려운 경우의 시가

1946) 상속증여세법시행령 제49조 제2항.
1947) 상속증여세법시행령 제49조 제3항.
1948) 상속증여세법 제60조 제4항.

시가를 산정하기 어려운 경우에는 해당 재산의 종류, 규모, 거래 상황 등을 고려하여 상속증여세법 제61조(부동산 등의 평가), 제62조(선박 등 그 밖의 유형재산의 평가), 제63조(유가증권 등의 평가), 제64조(무체재산권의 가액), 제65조(그 밖의 조건부 권리 등의 평가)까지에 규정된 방법으로 평가한 가액을 시가로 본다.[1949]

Ⅱ. 주식등의 평가

1. 상장주식의 평가

유가증권시장과 코스닥시장에서 거래되는 주권상장법인의 주식등 중 대통령령으로 정하는 주식등(상장주식)은 평가기준일 이전·이후 각 2개월 동안 공표된 매일의 자본시장법에 따라 거래소허가를 받은 거래소 최종 시세가액[1950]의 평균액으로 평가한다.[1951] 평가기준일이 공휴일 및 대체공휴일 그리고 토요일인 경우에는 그 전일을 기준으로 한다.

거래소 최종 시세가액의 평균액을 계산할 때 평가기준일 이전·이후 각 2개월 동안에 증자·합병 등의 사유가 발생하여 그 평균액으로 하는 것이 부적당한 경우에는 평가기준일 이전·이후 각 2개월의 기간 중 대통령령으로 정하는 바에 따라 계산한 기간의 평균액으로 한다. 다만 평가기준일 이전·이후 각 2월간의 합산기간이 4월에 미달하는 경우에는 해당 합산기간을 기준으로 한다.

합병에 따른 이익의 증여[1952]의 경우 합병으로 인한 이익을 계산할 때 분할합병을 포함한 합병으로 소멸하거나 흡수되는 법인 또는 신설되거나 존속하는 법인이 보유한 상장주식의 시가는 평가기준일 현재의 거래소 최종 시세가액으로 한다.

가. 대통령령으로 정하는 주식등

1949) 상속증여세법 제60조 제3항.
1950) 거래실적 유무를 따지지 아니한다.
1951) 상속증여세법 제63조 제1항 제1호 가목.
1952) 상속증여세법 제38조.

대통령령으로 정하는 주식등이란 각각 평가기준일 전후 2개월 이내에 거래소가 정하는 기준에 따라 매매거래가 정지되거나 관리종목으로 지정된 기간의 일부 또는 전부가 포함되는 주식등을 제외한 주식등을 말한다.[1953] 다만 적정하게 시가를 반영하여 정상적으로 매매거래가 이루어지는 경우로서 공시의무 위반 및 사업보고서제출의무 위반 등으로 인하여 관리종목으로 지정·고시되거나 등록신청서 허위기재 등으로 인하여 일정 기간 동안 매매거래가 정지된 경우로서 적정하게 시가를 반영하여 정상적으로 매매거래가 이루어지는 경우는 제외한다.

나. 대통령령으로 정하는 바에 따라 계산한 기간의 평균액

대통령령으로 정하는 바에 따라 계산한 기간의 평균액이란 ① 평가기준일 이전에 증자·합병 등의 사유가 발생한 경우에는 동 사유가 발생한 날[1954]의 다음 날부터 평가기준일 이후 2월이 되는 날까지의 기간, ② 평가기준일 이후에 증자·합병 등의 사유가 발생한 경우에는 평가기준일 이전 2월이 되는 날부터 동 사유가 발생한 날의 전일까지의 기간, ③ 평가기준일 이전·이후에 증자·합병 등의 사유가 발생한 경우에는 평가기준일 이전 동 사유가 발생한 날의 다음 날부터 평가기준일 이후 동 사유가 발생한 날의 전일까지의 기간에 따라 계산한 기간의 평균액을 말한다.

2. 비상장주식등의 평가

가. 비상장주식등의 평가 방법

1) 비상장주식등

상장주식을 제외한 주식등(비상장주식등)은 해당 법인의 자산 및 수익 등을 고려하여 평가하며[1955] 아래에 따라 계산한 1주당 순손익가치와 1주당 순자산가치를 각각 3과 2의 비율로 가중

1953) 상속증여세법시행령 제52조의2 제3항.
1954) 증자·합병의 사유가 2회 이상 발생한 경우에는 평가기준일에 가장 가까운 날을 말한다.
1955) 상속증여세법 제63조 제1항 제1호 나목.

평균한 가액으로 한다.[1956]

2) 부동산과다보유법인의 주식등

부동산과다보유법인[1957]에 해당하는 특정주식의 경우에는 1주당 순손익가치와 순자산가치의 비율을 각각 2와 3의 비율로 가중평균한 가액으로 한다. 발행주식총수는 평가기준일 현재의 발행주식총수에 따른다.[1958] 가중평균한 가액이 1주당 순자산가치에 100분의 80을 곱한 금액 보다 낮은 경우에는 1주당 순자산가치에 100분의 80을 곱한 금액을 비상장주식등의 가액으로 한다.

〈표-116 일반 법인의 1주당 평가가액〉

구분		계산식
1주당 순손익가치	①	
1주당 순자산가치	②	① × 3 ÷ ② × 2 = ③
1주당 평가가액	③	

〈표-117 부동산과다보유법인에 해당하는 특정주식의 1주당 평가가액〉

구분		계산식
1주당 순손익가치	①	
1주당 순자산가치	②	① × 2 ÷ ② × 3 = ③
1주당 평가가액	③	

〈표-118 1주당 순손익가치의 계산 방법〉

구분		계산식
1주당 최근 3년간의 순손익액의 가중평균액	①	
3년 만기 회사채의 유통수익률을 고려하여 기획재정부령으로 정하는 이자율: 연간 100분의 10	②	① ÷ ② = ③
1주당 순손익가치	③	

1956) 상속증여세법시행령 제54조 제1항.
1957) 소득세법 제94조 제1항 제4호 다목에 해당하는 법인을 말한다.
1958) 상속증여세법시행령 제54조 제5항.

〈표-119 1주당 순자산가치의 계산 방법〉

구분		계산식
당해법인의 순자산가액	①	
발행주식총수	②	① ÷ ② = ③
1주당 순자산가치	③	

나. 순자산가액의 계산 방법

순자산가액은 평가기준일 현재 당해 법인의 자산을 법 제60조(평가의 원칙 등) 또는 제66조(저당권 등이 설정된 재산 평가의 특례)의 규정에 의하여 평가한 가액에서 부채를 차감한 가액으로 한다.[1959] 순자산가액이 영(0)원 이하인 경우에는 영(0)원으로 한다. 이 경우 당해 법인의 자산을 평가한 가액이 장부가액[1960]보다 적은 경우에는 장부가액으로 하며 장부가액보다 적은 정당한 사유가 있는 경우에는 제외한다.

1) 무형고정자산 등의 차감 또는 가산

무형고정자산·준비금·충당금등 기타 자산 및 부채의 평가와 관련된 금액은 자산과 부채의 가액에서 각각 차감하거나 가산하며 평가할 때 해당 법인의 자산 또는 부채에 차감하거나 가산하는 방법은 아래의 구분에 따른다.[1961]

① 평가기준일 현재 지급받을 권리가 확정된 가액은 자산에 가산하여 계산한다.

② 선급비용[1962]과 법인세법 시행령 제24조 제1항 제2호 바목[1963]에 따른 무형자산의 가액은 자산에서 차감하여 계산한다.

③ 평가기준일까지 발생된 소득에 대한 법인세액, 법인세액의 감면액 또는 과세표준에 부과되는 농어촌특별세액 및 지방소득세액, 평가기준일 현재 이익의 처분으로 확정된 배당금·상여

1959) 상속증여세법시행령 제55조 제1항.
1960) 취득가액에서 감가상각비를 차감한 가액을 말한다.
1961) 상속증여세법시행규칙 제17조의2.
1962) 평가기준일 현재 비용으로 확정된 것에 한한다.
1963) 바. 개발비: 상업적인 생산 또는 사용 전에 재료·장치·제품·공정·시스템 또는 용역을 창출하거나 현저히 개선하기 위한 계획 또는 설계를 위하여 연구결과 또는 관련지식을 적용하는데 발생하는 비용으로서 기업회계기준에 따른 개발비 요건을 갖춘 것(「산업기술연구조합 육성법」에 따른 산업기술연구조합의 조합원이 해당 조합에 연구개발 및 연구시설 취득 등을 위하여 지출하는 금액을 포함한다)

금 및 기타 지급의무가 확정된 금액, 평가기준일 현재 재직하는 임원 또는 사용인 전원이 퇴직할 경우에 퇴직급여로 지급되어야 할 금액의 추계액은 각각 부채에 가산하여 계산한다.

④ 평가기준일 현재의 제충당금과 조세특례제한법 및 기타 법률에 의한 제준비금은 각각 부채에서 차감해 계산한다. 다만 충당금 중 평가기준일 현재 비용으로 확정된 것과 법인세법 제30조 제1항[1964] 및 제31조 제1항[1965]에 따른 보험사업을 하는 법인의 책임준비금과 비상위험준비금으로서 법인세법시행령 제57조 제1항[1966]·제2항[1967]

[1964] 제30조(책임준비금의 손금산입) ① 보험사업을 하는 내국법인이 각 사업연도의 결산을 확정할 때 「보험업법」이나 그 밖의 법률에 따른 책임준비금(이하 이 조에서 "책임준비금"이라 한다)을 손비로 계상한 경우에는 대통령령으로 정하는 바에 따라 계산한 금액의 범위에서 그 계상한 책임준비금을 해당 사업연도의 소득금액을 계산할 때 손금에 산입한다.

[1965] 제31조(비상위험준비금의 손금산입) ① 보험사업을 하는 내국법인이 각 사업연도의 결산을 확정할 때 「보험업법」이나 그 밖의 법률에 따른 비상위험준비금(이하 이 조에서 "비상위험준비금"이라 한다)을 손비로 계상한 경우에는 대통령령으로 정하는 바에 따라 계산한 금액의 범위에서 그 계상한 비상위험준비금을 해당 사업연도의 소득금액을 계산할 때 손금에 산입한다.

[1966] ① 법 제30조 제1항에 따른 책임준비금은 다음 각 호의 금액을 합한 금액의 범위에서 해당 사업연도의 소득금액을 계산할 때 손금에 산입한다.
  1. 금융감독원장(「수산업협동조합법」에 따른 공제사업의 경우에는 해양수산부장관을, 「무역보험법」에 따른 무역보험사업의 경우에는 산업통상자원부장관을, 「새마을금고법」에 따른 공제사업의 경우에는 행정안전부장관을, 「건설산업기본법」에 따른 공제사업의 경우에는 국토교통부장관을, 「중소기업협동조합법」에 따른 공제사업의 경우에는 중소벤처기업부장관을 말한다)이 인가한 보험약관에 의하여 해당 사업연도종료일 현재 모든 보험계약이 해약된 경우 계약자 또는 수익자에게 지급하여야 할 환급액(해약공제액을 포함한다. 이하 이 조에서 "환급액"이라 한다). 다만, 한국채택국제회계기준을 적용하는 법인의 경우에는 환급액과 금융위원회가 기획재정부장관과 협의하여 고시한 최소적립액 중 큰 금액으로 한다.
  2. 해당 사업연도종료일 현재 보험사고가 발생했으나 아직 지급해야 할 보험금이 확정되지 않은 경우 그 손해액을 고려하여 추정한 보험금 상당액(손해사정, 보험대위 및 구상권 행사 등에 소요될 것으로 예상되는 금액을 포함한다)
  3. 보험계약자에게 배당하기 위하여 적립한 배당준비금으로서 금융감독원장이 기획재정부장관과 협의하여 정한 손금산입기준에 따라 적립한 금액(「수산업협동조합법」에 따른 공제사업의 경우에는 해양수산부장관이, 「새마을금고법」에 따른 공제사업의 경우에는 행정안전부장관이 기획재정부장관과 협의하여 승인한 금액을 말한다)

[1967] ② 제1항에 따라 손금에 산입한 금액 중 같은 항 제1호 및 제2호의 금액은 다음 사업연도의 소득금액을 계산할 때 익금에 산입하고, 같은 항 제3호의 금액은 보험계약자에게 배당한 때에 먼저 계상한 것부터 그 배당금과 순차로 상계하되 손금에 산입한 사업연도의 종료일 이후 3년이 되는 날까지 상계하고 남은 잔액이 있는 경우에는 그 3년이 되는 날이 속하는 사업연도의 소득금액을 계산할 때 익금에 산입한다. 〈신설 2009.2.4.〉

및 제58조 제1항[1968]·제3항[1969]에 따른 범위안의 것의 어느 하나에 해당하는 것은 제외한다.

2) 영업권평가액의 자산가액 합산

상속증여세법 제59조 제2항에 따른 영업권평가액은 해당 법인의 자산가액에 합산한다.[1970] 다만 다음에 해당하는 경우에는 합산하지 않는다.

① 상속증여세 과세표준신고기한 이내에 평가대상 법인의 청산절차가 진행 중이거나 사업자의 사망 등으로 인하여 사업의 계속이 곤란하다고 인정되는 법인의 주식등, ② 법인의 자산총액 중 부동산등의 가액과 해당 법인이 직접 또는 간접으로 보유한 다른 법인의 주식가액에 그 다른 법인의 부동산등 보유비율을 곱하여 산출한 가액의 합계액이 차지하는 비율이 100분의 80 이상인 법인의 주식등은 합산하지 않는다.[1971][1972]

③ 사업개시 전의 법인, 사업개시 후 3년 미만의 법인 또는 휴업·폐업 중인 법인의 주식등은 합산하지 않는다. 다만 개인사업자가 무체재산권을 현물출자하거나 조세특례제한법시행령 제29조 제2항[1973]에 따른 사업 양도·양수의 방법에 따라 법인으로 전환하는 경우로서 그 법인이 해당 사업용 무형자산을 소유하면서 사업용으로 계속 사용하는 경우와 개인사업자와 법인의 사업 영위기간의 합계가 3년 이상인 경우에 모두 해당하는 경우는 제외한다.[1974]

④ 해당 법인이 평가기준일이 속하는 사업연도 전 3년 내의 사업연도부터 계속하여 법인세법에 따라 각 사업연도에 속하거나 속하게 될 손금의 총액이 그 사업연도에 속하거나 속하게 될

1968) ① 법 제31조 제1항에 따른 비상위험준비금(이하 이 조에서 "비상위험준비금"이라 한다)은 해당 사업연도의 단기손해보험(인보험의 경우에는 해약환급금이나 만기지급금이 없는 사망보험 및 질병보험만 해당한다. 이하 이 조에서 같다)에 따른 보유보험료의 합계액에 금융위원회가 정하는 보험종목별 적립기준율을 곱해 계산한 금액(이하 이 조에서 "보험종목별적립기준금액"이라 한다)의 범위에서 손금에 산입한다.
1969) ③ 법 제31조 제2항에서 "대통령령으로 정하는 바에 따라 계산한 금액"이란 보험종목별적립기준금액을 합한 금액의 100분의 90을 말한다.
1970) 상속증여세법시행령 제55조 제2항.
1971) 상속증여세법시행령 제54조 제4항 제1호 또는 제3호에 해당하는 경우를 말한다.
1972) 상속증여세법시행령 제55조 제3항 제1호.
1973) ②법 제32조 제1항 본문에서 "대통령령으로 정하는 사업 양도·양수의 방법"이란 해당 사업을 영위하던 자가 발기인이 되어 제5항에 따른 금액 이상을 출자하여 법인을 설립하고, 그 법인설립일부터 3개월 이내에 해당 법인에게 사업에 관한 모든 권리와 의무를 포괄적으로 양도하는 것을 말한다.
1974) 상속증여세법시행령 제55조 제3항 제2호.

익금의 총액을 초과하는 결손금이 있는 법인인 경우에는 합산하지 않는다.[1975]

3) 순손익액의 계산

가) 1주당 최근 3년간의 순손익액의 가중평균액

1주당 최근 3년간의 순손익액의 가중평균액은 아래 계산식에 따라 계산한 가액으로 하며 그 가액이 음수인 경우에는 영(0)으로 한다. 아래의 계산식에 따라 1주당 최근 3년간의 순손익액의 가중평균액을 계산할 때 사업연도가 1년 미만인 경우에는 1년으로 계산한 가액으로 한다.

〈표-120 1주당 최근 3년간 순손익액의 가중평균액〉

구분		계산식
평가기준일 이전 1년이 되는 사업연도의 1주당 순손익액	①	{(① × 3) + (② × 2) + (③ × 1)} ÷ 6 = ④
평가기준일 이전 2년이 되는 사업연도의 1주당 순손익액	②	
평가기준일 이전 3년이 되는 사업연도의 1주당 순손익액	③	
1주당 최근 3년간 순손익액의 가중평균액	④	

나) 신용평가전문기관 등이 산출한 1주당 추정이익

1주당 최근 3년간의 순손익액의 가중평균의 계산 방법에도 불구하고 ① 일시적이고 우발적인 사건으로 해당 법인의 최근 3년간 순손익액이 증가하는 등 기획재정부령으로 정하는 경우에 해당할 것, ② 상속세 과세표준 신고기한 및 증여세 과세표준 신고기한까지 1주당 추정이익의 평균가액을 신고할 것, ③ 1주당 추정이익의 산정기준일과 평가서작성일이 해당 과세표준 신고기한 이내일 것, ④ 1주당 추정이익의 산정기준일과 상속개시일 또는 증여일이 같은 연도에 속할 것의 요건을 모두 갖춘 경우에는 1주당 최근 3년간의 순손익액의 가중평균액을 신용평가전문기관과 회계법인 또는 세무법인 중 둘 이상의 신용평가전문기관, 회계법인 또는 세무법인이 기획재정부령으로 정하는 기준에 따라 산출한 1주당 추정이익의 평균가액으로 할 수 있다.[1976]

1975) 상속증여세법시행령 제55조 제3항 제3호.
1976) 상속증여세법시행령 제56조 제2항.

기획재정부령으로 정하는 기준에 따라 산출한 1주당 추정이익의 평균가액이란 자본시장법시행령 제176조의5 제2항[1977])에 따라 금융위원회가 정한 수익가치에 상속증여세법시행령 제54조 제1항[1978])에 따른 순손익가치환원율을 곱한 금액을 말한다.[1979])

다) 일시적이고 우발적인 사건에 해당하는 경우

일시적이고 우발적인 사건으로 해당 법인의 최근 3년간 순손익액이 증가하는 등 기획재정부령으로 정하는 경우란 ① 기업회계기준의 자산수증이익, 채무면제이익, 보험차익 및 재해손실(자산수증이익등)의 합계액에 대한 최근 3년간 가중평균액이 법인세 차감 전 손익에서 자산수증이익등을 뺀 금액에 대한 최근 3년간 가중평균액의 50%를 초과하는 경우, ② 평가기준일전 3년이 되는 날이 속하는 사업연도 개시일부터 평가기준일까지의 기간 중 합병 또는 분할을 하였거나 주요 업종이 바뀐 경우, ③ 증여받은 이익을 산정하기 위하여 합병당사법인의 주식가액을 산정하는 경우,[1980]) ④ 최근 3개 사업연도 중 1년 이상 휴업한 사실이 있는 경우, ⑤ 기업회계기준상 유가증권·유형자산의 처분손익과 자산수증이익등의 합계액에 대한 최근 3년간 가중평균액이 법인세 차감 전 손익에 대한 최근 3년간 가중평균액의 50%를 초과하는 경우, ⑥ 주

1977) ② 제1항 제2호 나목에 따른 가격으로 산정하는 경우에는 금융위원회가 정하여 고시하는 방법에 따라 산정한 유사한 업종을 영위하는 법인의 가치(이하 이 항에서 "상대가치"라 한다)를 비교하여 공시하여야 하며, 같은 호 각 목에 따른 자산가치·수익가치 및 그 가중산술평균방법과 상대가치의 공시방법은 금융위원회가 정하여 고시한다.

1978) 제54조(비상장주식등의 평가) ①법 제63조 제1항 제1호 나목에 따른 주식등(이하 이 조에서 "비상장주식등"이라 한다)은 1주당 다음의 계산식에 따라 평가한 가액(이하 "순손익가치"라 한다)과 1주당 순자산가치를 각각 3과 2의 비율[부동산과다보유법인(「소득세법」 제94조 제1항 제4호 다목에 해당하는 법인을 말한다)의 경우에는 1주당 순손익가치와 순자산가치의 비율을 각각 2와 3으로 한다]로 가중평균한 가액으로 한다. 다만, 그 가중평균한 가액이 1주당 순자산가치에 100분의 80을 곱한 금액 보다 낮은 경우에는 1주당 순자산가치에 100분의 80을 곱한 금액을 비상장주식등의 가액으로 한다.

> 1주당 가액 = 1주당 최근 3년간 순손익액의 가중평균액 ÷ 3년 만기 회사채의 유통수익률을 고려하여 기획재정부령으로 정하는 이자율

1979) 상속증여세법시행규칙 제17조의3 제4항.

1980) 제38조(합병에 따른 이익의 증여) ① 대통령령으로 정하는 특수관계에 있는 법인 간의 합병(분할합병을 포함한다. 이하 이 조에서 같다)으로 소멸하거나 흡수되는 법인 또는 신설되거나 존속하는 법인의 대통령령으로 정하는 대주주등(이하 이 조 및 제39조의2에서 "대주주등"이라 한다)이 합병으로 인하여 이익을 얻은 경우에는 그 합병등기일을 증여일로 하여 그 이익에 상당하는 금액을 그 대주주등의 증여재산가액으로 한다. 다만, 그 이익에 상당하는 금액이 대통령령으로 정하는 기준금액 미만인 경우는 제외한다. 〈개정 2011.12.31., 2015.12.15.〉

② 제1항의 경우에 합병으로 인한 이익을 증여한 자가 대주주등이 아닌 주주등으로서 2명 이상인 경우에는 주주등 1명으로부터 이익을 얻은 것으로 본다. 〈개정 2015.12.15.〉

③ 제1항을 적용할 때 합병으로 인한 이익의 계산방법 및 그 밖에 필요한 사항은 대통령령으로 정한다.

요 업종[1981])에 있어서 정상적인 매출발생기간이 3년 미만인 경우, ⑦ 기타 ①부터 ⑥까지와 유사한 경우로서 기획재정부장관이 정하여 고시하는 사유에 해당하는 경우의 어느 하나에 해당하는 경우를 말한다.[1982]

라) 각 사업연도의 주식수

각 사업연도의 주식수는 각 사업연도 종료일 현재의 발행주식총수에 의한다. 다만 평가기준일이 속하는 사업연도 이전 3년 이내에 증자 또는 감자를 한 사실이 있는 경우에는 증자 또는 감자전의 각 사업연도 종료일 현재의 발행주식총수는 아래의 계산식에 따라 환산한 주식수에 의한다.[1983]

⟨표-121 증자 전의 각 사업연도 종료일 현재의 발행주식총수의 계산⟩

구분		계산식
증자 전 각 사업연도 말 주식수	①	
증자 직전 사업연도말 주식수	②	
증자 주식수	③	① × (② + ③) ÷ ④ = ⑤
증자 직전 사업연도말 주식수	④	
환산주식수	⑤	

⟨표-122 감자 전의 각 사업연도 종료일 현재의 발행주식총수의 계산⟩

구분		계산식
감자 전 각 사업연도 말 주식수	①	
감자 직전 사업연도말 주식수	②	
감자 주식수	③	① × (② - ③) ÷ ④ = ⑤
감자 직전 사업연도말 주식수	④	
환산주식수	⑤	

마) 순손익액의 계산 방법

1981) 당해 법인이 영위하는 사업 중 직접 사용하는 유형고정자산의 가액이 가장 큰 업종을 말한다.
1982) 상속증여세법시행규칙 제17조의3 제1항.
1983) 상속증여세법시행규칙 제17조의3 제5항.

순손익액은 법인세법 제14조에 따른 각 사업연도소득에 아래의 가산하는 금액을 더한 후 차감하는 금액을 뺀 금액으로 한다.[1984] 이 경우 각 사업연도소득을 계산할 때 손금에 산입된 충당금 또는 준비금이 세법의 규정에 따라 일시 환입되는 경우에는 해당 금액이 환입될 연도를 기준으로 안분한 금액을 환입될 각 사업연도소득에 가산한다.

(1) 각 사업연도소득에 가산하는 금액

각 사업연도소득에 가산하는 금액은 ① 국세 또는 지방세의 과오납금의 환급금 이자, ②수입배당금액 중 익금불산입액, ③ 법인세법 제24조 제5항,[1985] 제27조의2 제3항[1986] 및 제4항,[1987] 조세특례제한법[1988] 제73조 제4항[1989]에 따라 해당 사업연도의 손금에 산입한 금액, ④ 각 사업연도소득을 계산할 때 법인세법 시행령 제76조에 따른 화폐성외화자산·부채 또는 통화선도등(화폐성외화자산등)에 대하여 해당 사업연도 종료일 현재의 매매기준율등으로 평가하지 않은 경우 해당 화폐성외화자산등에 대하여 해당 사업연도 종료일 현재의 매매기준율등으로 평가하여 발생한 이익, ⑤ 그 밖에 기획재정부령으로 정하는 금액을 가산한다.

(2) 각 사업연도소득에 차감하는 금액

[1984] 상속증여세법시행령 제56조 제4항.
[1985] ⑤ 내국법인이 각 사업연도에 지출하는 기부금 중 제2항 및 제3항에 따라 기부금의 손금산입한도액을 초과하여 손금에 산입하지 아니한 금액은 해당 사업연도의 다음 사업연도 개시일부터 10년 이내에 끝나는 각 사업연도로 이월하여 그 이월된 사업연도의 소득금액을 계산할 때 제2항 제2호 및 제3항 제2호에 따른 기부금 각각의 손금산입한도액의 범위에서 손금에 산입한다.
[1986] ③ 제2항을 적용할 때 업무사용금액 중 다음 각 호의 구분에 해당하는 비용이 해당 사업연도에 각각 800만원(해당 사업연도가 1년 미만인 경우 800만원에 해당 사업연도의 월수를 곱하고 이를 12로 나누어 산출한 금액을 말하고, 사업연도 중 일부 기간 동안 보유하거나 임차한 경우에는 800만원에 해당 보유기간 또는 임차기간 월수를 곱하고 이를 사업연도 월수로 나누어 산출한 금액을 말한다)을 초과하는 경우 그 초과하는 금액(이하 이 조에서 "감가상각비 한도초과액"이라 한다)은 해당 사업연도의 손금에 산입하지 아니하고 대통령령으로 정하는 방법에 따라 이월하여 손금에 산입한다. 〈개정 2017.12.19.〉
  1. 업무용승용차별 감가상각비
  2. 업무용승용차별 임차료 중 대통령령으로 정하는 감가상각비 상당액
[1987] ④ 업무용승용차를 처분하여 발생하는 손실로서 업무용승용차별로 800만원(해당 사업연도가 1년 미만인 경우 800만원에 해당 사업연도의 월수를 곱하고 이를 12로 나누어 산출한 금액을 말한다)을 초과하는 금액은 대통령령으로 정하는 방법에 따라 이월하여 손금에 산입한다.
[1988] 법률 제10406호로 개정되기 전의 것을 말한다.
[1989] 4. 「독립기념관법」에 따라 설립된 독립기념관에 지출하는 기부금

각 사업연도소득에 차감하는 금액은 ① 당해 사업연도의 법인세액,[1990] 법인세액의 감면액 또는 과세표준에 부과되는 농어촌특별세액 및 지방소득세액, ② 법인세법 제21조 제3호[1991]·제4호,[1992] 제21조의2[1993] 및 제27조[1994]에 따라 손금에 산입되지 않은 금액과 각 세법에서 규정하는 징수불이행으로 인하여 납부하였거나 납부할 세액, ③ 법인세법 제24조부터 제26조까지, 제27조의2 및 제28조에 따라 손금에 산입되지 않은 금액과 조세특례제한법[1995] 제73조 제3항[1996]에 따라 기부금 손금산입 한도를 넘어 손금에 산입하지 않는 금액, 법인세법 제136조의 금액,[1997] ④ 그 밖에 기획재정부령으로 정하는 금액, ⑤ 법인세법시행령 제32조 제1항

[1990] 법인세법 제57조에 따른 외국법인세액으로서 손금에 산입되지 아니하는 세액을 포함한다.

[1991] 3. 벌금, 과료(통고처분에 따른 벌금 또는 과료에 상당하는 금액을 포함한다), 과태료(과료와 과태금을 포함한다), 가산금 및 강제징수비

[1992] 4. 법령에 따라 의무적으로 납부하는 것이 아닌 공과금

[1993] 제21조의2(징벌적 목적의 손해배상금 등에 대한 손금불산입) 내국법인이 지급한 손해배상금 중 실제 발생한 손해를 초과하여 지급하는 금액으로서 대통령령으로 정하는 금액은 내국법인의 각 사업연도의 소득금액을 계산할 때 손금에 산입하지 아니한다.

[1994] 제27조(업무와 관련 없는 비용의 손금불산입) 내국법인이 지출한 비용 중 다음 각 호의 금액은 각 사업연도의 소득금액을 계산할 때 손금에 산입하지 아니한다. 〈개정 2018.12.24.〉
  1. 해당 법인의 업무와 직접 관련이 없다고 인정되는 자산으로서 대통령령으로 정하는 자산을 취득·관리함으로써 생기는 비용 등 대통령령으로 정하는 금액
  2. 제1호 외에 해당 법인의 업무와 직접 관련이 없다고 인정되는 지출금액으로서 대통령령으로 정하는 금액

[1995] 법률 제10406호 조세특례제한법 일부개정법률로 개정되기 전의 것을 말한다.

[1996] ③ 제1항에 따라 소득금액을 계산할 때 손금에 산입하는 금액은 다음 계산식에 따라 계산한 금액을 한도로 한다. 〈신설 2010.1.1.〉
  1. 개인인 경우
  (해당 과세연도의 소득금액 − 이월결손금 − 제76조에 따른 정치자금 및 「소득세법」 제34조 제2항에 따른 기부금의 합계액) × 100분의 50
  2. 법인인 경우
  가. 제1항 제14호에 따른 기부금의 경우
  (해당 과세연도의 소득금액 − 이월결손금) × 100분의 100
  나. 가목 외의 경우
  (해당 과세연도의 소득금액 − 이월결손금 − 제1항 제14호에 따른 기부금 − 「법인세법」 제24조 제2항에 따른 기부금의 합계액) × 100분의 50

[1997] 제136조(접대비의 손금불산입 특례) ① 삭제 〈2005.12.31.〉
  ② 다음 각 호의 법인에 대해서는 「법인세법」 제25조 제1항에 따라 각 사업연도의 소득금액을 계산할 때 손금에 산입하는 접대비의 금액은 같은 조 같은 항 본문에 따른 금액을 합한 금액의 100분의 70에 상당하는 금액으로 한다. 〈개정 2007.12.31., 2010.1.1.〉
  1. 삭제 〈2007.12.31.〉
  2. 대통령령으로 정하는 정부출자기관
  3. 제2호에 따른 법인이 출자한 대통령령으로 정하는 법인
  ③ 내국인이 2011년 12월 31일 이전에 대통령령으로 정하는 문화비로 지출한 접대비(이하 이 항에서 "문화접대비"라 한다)로서 대통령령으로 정하는 일정 금액을 초과하여 지출한 문화접대비에 대해서는 내국인의 접대비 한도액(「법인세법」 제25조 제1항 각 호의 금액을 합친 금액 또는 「소득세법」 제35조 제1항 각 호의 금액을 합친 금액을 말한다. 이하 이 항에서 같다)에도 불

$^{1998)}$에 따른 시인부족액에서 같은 조에 따른 상각부인액을 손금으로 추인한 금액을 뺀 금액, ⑥ 각 사업연도소득을 계산할 때 화폐성외화자산등에 대하여 해당 사업연도 종료일 현재의 매매기준율등으로 평가하지 않은 경우 해당 화폐성외화자산등에 대해 해당 사업연도 종료일 현재의 매매기준율등으로 평가하여 발생한 손실은 차감한다.

(3) 유상증자 및 유상감자가 있은 경우

 순손익액을 계산할 때 평가기준일이 속하는 사업연도 이전 3년 이내에 해당 법인의 자본$^{1999)}$을 증가시키기 위하여 새로운 주식 또는 지분(주식등)을 발행(유상증자)하거나 해당 법인의 자본을 감소시키기 위하여 주식등을 소각(유상감자)한 사실이 있는 경우에는 유상증자 또는 유상감자를 한 사업연도와 그 이전 사업연도의 순손익액은 순손익액의 계산 방법에 따라 계산한 금액에 아래의 가산하는 금액을 더한 후 차감하는 금액을 뺀 금액으로 한다.

 이 경우 유상증자 또는 유상감자를 한 사업연도의 순손익액은 사업연도 개시일부터 유상증자 또는 유상감자를 한 날까지의 기간에 대하여 월할로 계산하며 1개월 미만은 1개월로 하여 계산한다.

⟨표-123 순손익액의 계산 방법에 따라 계산한 금액에 가산하는 금액⟩

구분		계산식
유상증자한 주식등 1주당 납입금액	①	
유상증자에 의하여 증가한 주식등 수	②	① × ② × ③ = ④
기획재정부령으로 정하는 율: 연간 100분의 10	③	
가산하는 금액	④	

  구하고 해당 과세연도의 소득금액을 계산할 때 내국인의 접대비 한도액의 100분의 10에 상당하는 금액의 범위에서 손금에 산입한다.
1998) 제32조(상각부인액 등의 처리) ① 법 제23조 제5항에 따라 법인이 상각범위액을 초과해 손금에 산입하지 않는 금액(이하 이 조에서 "상각부인액"이라 한다)은 그 후의 사업연도에 해당 법인이 손비로 계상한 감가상각비가 상각범위액에 미달하는 경우에 그 미달하는 금액(이하 이 조에서 "시인부족액"이라 한다)을 한도로 손금에 산입한다. 이 경우 법인이 감가상각비를 손비로 계상하지 않은 경우에도 상각범위액을 한도로 그 상각부인액을 손금에 산입한다.
1999) 출자액을 포함한다.

〈표-124 순손익액의 계산 방법에 따라 계산한 금액에 차감하는 금액〉

구분		계산식
유상감자 시 지급한 1주당 금액	①	
유상감자에 의하여 감소된 주식등 수	②	① × ② × ③ = ④
기획재정부령으로 정하는 율: 연간 100분의 10	③	
차감하는 금액	④	

3. 비상장법인이 다른 비상장주식등을 소유한 경우

주식등을 평가하는 때에 주식등을 발행한 법인이 다른 비상장주식등을 발행한 법인의 발행주식총수등[2000]의 100분의 10 이하의 주식 및 출자지분을 소유하고 있는 경우에는 그 다른 비상장주식등의 평가는 자산을 취득할 때마다 장부시재금액을 장부시재수량으로 나누어 평균단가를 산출하고 그 평균단가에 의하여 산출한 취득가액을 그 자산의 평가액으로 하는 방법(이동평균법)에 따른 취득가액에 의할 수 있다. 다만 상속증여세법 제60조 제1항 평가의 원칙 등에 따른 시가가 있으면 시가를 우선하여 적용한다.

4. 순자산가치에 따른 가액을 시가로 하는 경우

아래의 어느 하나에 해당하는 경우에는 순자산가치에 따른 가액을 시가로 한다.[2001]

가. 비상장법인 다른 비상장주식등을 소유한 경우

상속세 및 증여세 과세표준신고기한 이내에 평가대상 법인의 청산절차가 진행 중이거나 사업자의 사망 등으로 인하여 사업의 계속이 곤란하다고 인정되는 법인의 주식등은 순자산가치에 따라 평가한다.[2002]

나. 사업개시 전의 법인등의 주식등

2000) 자기주식과 자기출자지분은 제외한다.
2001) 상속증여세법시행령 제54조 제4항.
2002) 상속증여세법시행령 제54조 제4항 제1호.

사업개시 전의 법인과 사업개시 후 3년 미만의 법인 또는 휴업·폐업 중인 법인의 주식등은 순자산가치에 따라 평가한다.[2003] 이 경우 법인세법 제46조의3, 제46조의5 및 제47조의 요건을 갖춘 적격분할 또는 적격물적분할로 신설된 법인의 사업기간은 분할 전 동일 사업부분의 사업개시일부터 기산한다.

다. 부동산과다보유법인의 주식등

법인의 자산총액 중 부동산등의 합계액이 차지하는 비율이 100분의 80 이상인 부동산과다보유법인에 해당하는 법인의 주식등은 순자산가치에 따라 평가한다.[2004]

라. 자산총액 중 주식등의 비율이 100분의 80 이상인 경우

법인의 자산총액 중 주식등의 가액의 합계액이 차지하는 비율이 100분의 80 이상인 법인의 주식등은 순자산가치에 따라 평가한다.

마. 법인의 존속기간이 3년 이내인 법인의 주식등

법인의 설립 시 정관에 존속기한이 확정된 법인으로서 평가기준일 현재 잔여 존속기한이 3년 이내인 법인의 주식등은 순자산가치에 따라 평가한다.[2005]

5. 평가심의위원회에 평가가액 등의 심의 신청

비상장주식등을 평가할 때 납세자가 ① 해당 법인의 자산·매출액 규모 및 사업의 영위기간 등을 고려하여 같은 업종을 영위하고 있는 다른 법인[2006]의 주식가액을 이용하여 평가하는 방법,

---

2003) 상속증여세법시행령 제54조 제4항 제2호.
2004) 상속증여세법시행령 제54조 제4항 제3호.
2005) 상속증여세법시행령 제54조 제4항 제6호.
2006) 상속증여세법 제52조의2 제1항에 따른 유가증권시장과 코스닥시장에 상장된 법인을 말한다.

② 향후 기업에 유입될 것으로 예상되는 현금흐름에 일정한 할인율을 적용하여 평가하는 방법, ③ 향후 주주가 받을 것으로 예상되는 배당수익에 일정한 할인율을 적용하여 평가하는 방법, ④ 그 밖에 ①부터 ③까지의 규정에 준하는 방법으로서 일반적으로 공정하고 타당한 것으로 인정되는 방법의 어느 하나에 해당하는 방법으로 평가한 평가가액을 첨부하여 평가심의위원회에 비상장주식등의 평가가액 및 평가방법에 대한 심의를 신청하는 경우에는 평가심의위원회가 심의하여 제시하는 평가가액에 의하거나 그 위원회가 제시하는 평가방법 등을 고려하여 계산한 평가가액에 의할 수 있다.[2007]

다만 납세자가 평가한 가액이 보충적 평가방법에 따른 주식평가액의 100분의 70에서 100분의 130까지의 범위 안의 가액인 경우로 한정한다.

Ⅲ. 증권시장에 상장 신청을 한 법인의 주식등

아래의 어느 하나에 해당하는 주식등에 대해서는 해당 법인의 사업성과 거래 상황 등을 고려하여 대통령령으로 정하는 방법으로 평가한다.[2008]

1. 유가증권 신고를 한 법인의 주식등의 평가

기업 공개를 목적으로 금융위원회에 평가기준일 현재 유가증권 신고 직전 6개월[2009]부터 거래소에 최초로 주식등을 상장하기 전까지의 기간에 유가증권 신고를 한 법인의 주식등은 해당 법인의 사업성과 거래 상황 등을 고려하여 ① 자본시장법에 따라 금융위원회가 정하는 기준에 따라 결정된 공모가격과 ② 상속증여세법[2010]에 따른 상장주식의 평가방법에 따라 평가한 주식등의 가액[2011] 중 큰 가액으로 평가한다.[2012] 유가증권 신고를 하지 않고 상장신청을 한 경우에

2007) 상속증여세법시행령 제54조 제6항
2008) 상속증여세법 제63조 제2항.
2009) 증여세가 부과되는 주식등의 경우에는 3개월로 한다.
2010) 상속증여세법 제63조 제1항 제1호 가목.
2011) 같은 목의 가액이 없는 경우에는 같은 호 나목의 가액을 말한다.
2012) 상속증여세법 제63조 제2항 제1호.

는 상장신청 직전을 기준으로 한다.

2. 코스닥시장에 상장신청한 법인의 주식등의 평가 방법

자본시장법에 따른 증권시장으로서 코스닥시장에서 주식등을 거래하기 위하여 평가기준일 현재 유가증권 신고 직전 6개월[2013]부터 한국금융투자협회에 등록하기 전까지의 기간에 거래소에 상장신청을 한 법인의 주식등은 해당 법인의 사업성과 거래 상황 등을 고려하여 ① 상속증여세법[2014]에 따른 상장주식의 평가방법에 따라 평가한 주식등의 가액과 비상장 주식등의 평가방법에 따라 평가한 가액 중 큰 가액으로 한다. 유가증권 신고를 하지 않고 상장신청을 한 경우에는 상장신청 직전을 기준으로 한다.

3. 증자로 취득한 새로운 주식이 상장되지 않은 경우

거래소에 상장되어 있는 법인의 주식 중 그 법인의 증자로 인하여 취득한 새로운 주식으로서 평가기준일 현재 상장되지 않은 주식은 해당 법인의 사업성과 거래 상황 등을 고려하여 상속증여세법[2015]에 따른 상장주식의 평가 방법에 따라 평가한 가액에서 배당차액을 뺀 가액으로 평가한다.

배당차액이란 아래의 산식에 따라 계산한 금액을 말한다. 다만 해당 법인의 정관에 의해 해당 법인의 증자로 인하여 취득한 새로운 주식등에 대한 이익을 배당함에 있어서 평가기준일 현재 상장되어 있는 해당 법인의 주식등과 배당기산일을 동일하게 정하는 경우를 제외한다.

〈표-125 배당차액의 계산〉

구분		계산식
주식등 1주당 액면가액	①	
직전기 배당률	②	① × ② × ③ ÷ 365 = ④
신주발행일이 속하는 사업연도개시일부터 배당기산일 전일까지의 일수	③	
배당차액	④	

2013) 증여세가 부과되는 주식등의 경우에는 3개월로 한다.
2014) 상속증여세법 제63조 제1항 제1호 가목.
2015) 상속증여세법 제63조 제1항 제1호 가목.

Ⅳ. 주식등의 평가가액 등의 할증

1. 주식등에 대한 평가가액 등의 할증 등

대통령령으로 정하는 최대주주 또는 최대출자자 및 그의 특수관계인에 해당하는 주주등(최대주주등)의 주식등에 대해서는 상장주식의 평가 방법과 비상장 주식등의 평가 방법에 따라 평가한 가액 또는 시가로 인정되는 가액[2016]에 따라 인정되는 가액에 그 가액의 100분의 20을 가산한다. 이 경우 최대주주등이 보유하는 주식등의 계산방법은 대통령령으로 정한다.[2017] 다만 대통령령으로 정하는 중소기업 및 평가기준일이 속하는 사업연도 전 3년 이내의 사업연도부터 계속하여 결손금이 있는 법인의 주식등 대통령령으로 정하는 주식등은 제외한다.

2. 최대주주 또는 최대출자자

대통령령으로 정하는 최대주주 또는 최대출자자란 최대주주등 중 보유주식등의 수가 가장 많은 1인을 말한다.[2018]

3. 최대주주등이 보유하는 주식등의 지분 계산

최대주주등이 보유하는 주식등의 지분을 계산함에 있어서는 평가기준일부터 소급하여 1년 이내에 양도하거나 증여한 주식등을 최대주주등이 보유하는 주식등에 합산하여 이를 계산한다.[2019]

4. 대통령령으로 정하는 중소기업

2016) 상속증여세법 제60조 제2항.
2017) 상속증여세법 제60조 제3항.
2018) 상속증여세법시행령 제53조 제4항.
2019) 상속증여세법시행령 제53조 제5항.

대통령령으로 정하는 중소기업이란 중소기업기본법 제2조에 따른 중소기업을 말한다.[2020]

5. 대통령령으로 정하는 주식등

중소기업 및 평가기준일이 속하는 사업연도 전 3년 이내의 사업연도부터 계속하여 결손금이 있는 법인의 주식등 대통령령으로 정하는 주식등이란 ① 평가기준일이 속하는 사업연도 전 3년 이내의 사업연도부터 계속하여 결손금이 있는 경우, ② 평가기준일 전후 6개월[2021] 이내의 기간 중 최대주주등이 보유하는 주식등이 전부 매각된 경우,[2022] ③ 상속증여세법시행령 제28조(합병에 따른 이익의 계산방법 등), 제29조(증자에 따른 이익의 계산방법 등), 제29조의2(감자에 따른 이익의 계산방법 등), 제29조의3(현물출자에 따른 이익의 계산방법 등) 및 제30조(전환사채 등의 주식전환등에 따른 이익의 계산방법 등)에 따른 이익을 계산하는 경우, ④ 평가대상인 주식등을 발행한 법인이 다른 법인이 발행한 주식등을 보유함으로써 그 다른 법인의 최대주주등에 해당하는 경우로서 그 다른 법인의 주식등을 평가하는 경우, ⑤ 평가기준일부터 소급하여 3년 이내에 사업을 개시한 법인으로서 사업개시일이 속하는 사업연도부터 평가기준일이 속하는 사업연도의 직전사업연도까지 각 사업연도의 기업회계기준에 의한 영업이익이 모두 영(0) 이하인 경우, ⑥ 상속세과세표준신고기한 또는 증여세과세표준신고기한 이내에 평가대상 주식등을 발행한 법인의 청산이 확정된 경우, ⑦ 최대주주등이 보유하고 있는 주식등을 최대주주등외의 자가 상속증여세법 제47조 제2항[2023]에서 규정하고 있는 기간 이내에 상속 또는 증여받은 경우로서 상속 또는 증여로 인하여 최대주주등에 해당되지 않는 경우, ⑧ 주식등의 실제소유자와 명의자가 다른 경우로서 주식등을 명의자가 실제소유자로부터 증여받은 것으로 보는 경우(명의신탁재산의 증여 의제), ⑨ 대통령령으로 정하는 중소기업이 발행한 주식[2024]의 어느 하나에 해당하는 경우의 그 주식등을 말한다.[2025]

2020) 상속증여세법시행령 제53조 제6항.
2021) 증여재산의 경우에는 평가기준일 전 6개월부터 평가기준일 후 3개월로 한다.
2022) 상속증여세법 제49조(공익법인등의 주식등의 보유기준) 제1항 제1호의 규정에 적합한 경우에 한한다.
2023) ② 해당 증여일 전 10년 이내에 동일인(증여자가 직계존속인 경우에는 그 직계존속의 배우자를 포함한다)으로부터 받은 증여재산가액을 합친 금액이 1천만원 이상인 경우에는 그 가액을 증여세 과세가액에 가산한다. 다만, 합산배제증여재산의 경우에는 그러하지 아니하다.
2024) 상속증여세법 제60조 제6항.
2025) 상속증여세법시행령 제53조 제7항.

Ⅴ. 예금·저금·적금 등의 평가

예금·저금·적금 등의 평가는 평가기준일 현재 예입 총액과 같은 날 현재 이미 지난 미수이자 상당액을 합친 금액에서 소득세법 제127조 제1항에 따른 원천징수세액 상당 금액을 뺀 가액으로 한다.[2026]

Ⅵ. 국채·공채 등 그 밖의 유가증권의 평가

국채·공채 등 그 밖의 유가증권의 평가는 해당 재산의 종류, 규모, 거래 상황 등을 고려하여 아래의 어느 하나에 따라 평가한 가액으로 한다.[2027]

1. 국채등의 평가

1) 거래소에서 거래되는 국채등

거래소에서 거래되는 국채등은 상장주식의 평가 방법 본문[2028]을 준용하여 평가한 가액과 평가기준일 이전 최근일의 최종 시세가액 중 큰 가액으로 한다. 다만 평가기준일 이전 2개월의 기간 중 거래실적이 없는 국채등은 거래소에서 거래되는 국채등외의 국채등의 평가 방법에 따른다.[2029][2030]

2) 거래소에서 거래되는 국채등외의 국채등 평가

2026) 상속증여세법 제63조 제4항.
2027) 상속증여세법시행령 제58조 제1항.
2028) 상속증여세법 제63조 제1항 제1호 가목 본문을 말한다.
2029) 상속증여세법시행령 제58조 제1항 제1호.
2030) 이 경우 법 제63조 제1항 제1호 가목 본문 중 "주식등"은 "국채등"으로, "평가기준일 이전·이후 각 2개월"은 "평가기준일 이전 2개월"로 본다.

거래소에서 거래되는 국채등외의 국채등의 평가는 ① 타인으로부터 매입한 국채등은 매입가액에 평가기준일까지의 미수이자상당액을 가산한 금액으로 하고 국채등의 발행기관 및 발행회사로부터 액면가액으로 직접 매입한 것을 제외하며, ② 거래소에서 거래되는 국채등외의 국채등은 평가기준일 현재 이를 처분하는 경우에 받을 수 있다고 예상되는 금액(처분예상금액) 중 어느 하나의 가액에 의한다.[2031]

다만 처분예상금액을 산정하기 어려운 경우에는 당해 국채등의 상환기간·이자율·이자지급방법 등을 참작하여 자본시장법에 따라 인가를 받은 투자매매업자, 투자중개업자, 공인회계사법에 따른 회계법인 또는 세무사법에 따른 세무법인 중 둘 이상의 자가 상환기간·이자율·이자지급방법등을 감안하여 평가한 금액의 평균액으로 할 수 있다.[2032]

2. 대부금·외상매출금 및 받을 어음등의 채권가액 등

1) 채권가액 및 채무가액의 평가

대부금·외상매출금 및 받을 어음등의 채권가액과 입회금·보증금 등의 채무가액은 원본의 회수기간·약정이자율 및 금융시장에서 형성되는 평균이자율 등을 고려하여 ① 원본의 회수기간이 5년을 초과하거나 회사정리절차 또는 화의절차의 개시 등의 사유로 당초 채권의 내용이 변경된 경우에는 각 연도에 회수할 금액[2033]을 상속증여세법시행령 제58조의2 제2항 제1호 가목[2034]에 따른 적정할인율에 의하여 현재가치로 할인한 금액의 합계액, ② ① 외의 채권의 경우에는 원본의 가액에 평가기준일까지의 미수이자상당액을 가산한 금액의 1의 방법에 의하여 평가한 가액으로 한다.[2035]

다만 채권의 전부 또는 일부가 평가기준일 현재 회수가 불가능한 것으로 인정되는 경우에는

[2031] 상속증여세법시행령 제58조 제1항 제2호.
[2032] 상속증여세법시행규칙 제18조의2 제1항.
[2033] 원본에 이자상당액을 가산한 금액을 말한다.
[2034] 가. 신주인수권증권: 신주인수권부사채의 만기상환금액(만기 전에 발생하는 이자상당액을 포함한다. 이하 이 호에서 같다)을 사채 발행이율에 따라 발행 당시의 현재가치로 할인한 가액에서 그 만기상환금액을 3년 만기 회사채의 유통수익률을 고려하여 기획재정부령으로 정하는 이자율(이하 이 호에서 "적정할인율"이라 한다)에 따라 발행 당시의 현재가치로 할인한 가액을 뺀 가액. 이 경우 그 가액이 음수인 경우에는 영으로 한다.
[2035] 상속증여세법시행령 제58조 제2항.

그 가액을 산입하지 않는다.

2) 기획재정부령으로 정하는 바에 따라 평가한 가액

기획재정부령으로 정하는 바에 따라 평가한 가액이란 ① 원본의 회수기간이 5년을 초과하거나 회사정리절차 또는 화의절차의 개시 등의 사유로 당초 채권의 내용이 변경된 경우에는 각 연도에 회수할 금액[2036]을 상속증여세법시행령 제58조의2 제2항 제1호 가목[2037]에 따른 적정할인율에 의하여 현재가치로 할인한 금액의 합계액[2038], ② ① 외의 채권의 경우에는 원본의 가액에 평가기준일까지의 미수이자상당액을 가산한 금액의 어느 하나의 방법에 의해 평가한 가액을 말한다.[2039]

Ⅶ. 집합투자증권의 평가

자본시장법에 따른 집합투자증권의 평가는 평가기준일 현재의 거래소의 기준가격으로 하거나 집합투자업자 또는 투자회사가 같은 법에 따라 산정 또는 공고한 기준가격으로 한다. 다만 평가기준일 현재의 기준가격이 없는 경우에는 평가기준일 현재의 환매가격 또는 평가기준일전 가장 가까운 날의 기준가격으로 한다.[2040]

Ⅷ. 전환사채등의 평가

[2036] 원본에 이자상당액을 가산한 금액을 말한다.
[2037] 가. 신주인수권증권: 신주인수권부사채의 만기상환금액(만기 전에 발생하는 이자상당액을 포함한다. 이하 이 호에서 같다)을 사채발행이율에 따라 발행 당시의 현재가치로 할인한 가액에서 그 만기상환금액을 3년 만기 회사채의 유통수익률을 고려하여 기획재정부령으로 정하는 이자율(이하 이 호에서 "적정할인율"이라 한다)에 따라 발행 당시의 현재가치로 할인한 가액을 뺀 가액. 이 경우 그 가액이 음수인 경우에는 영으로 한다.
[2038] 이 경우 소득세법 제94조 제1항 제4호 나목의 규정에 의한 시설물이용권에 대한 입회금·보증금 등으로서 원본의 회수기간이 정하여지지 아니한 것은 그 회수기간을 5년으로 본다.
[2039] 상속증여세법시행규칙 제18조의2 제2항.
[2040] 상속증여세법시행령 제58조 제3항.

1. 거래소에서 거래되는 전환사채등

유가증권 중 거래소에서 거래되는 전환사채등[2041]은 국채등의 평가방법[2042]을 준용하여 평가한 가액으로 한다.[2043]

2. 전환등이 불가능한 기간 중인 경우

주식으로의 전환등이 불가능한 기간 중인 경우에는 아래의 구분에 따라 평가한 가액으로 한다.[2044]

가. 신주인수권증권의 평가

신주인수권증권은 신주인수권부사채의 만기상환금액[2045]을 사채발행이율에 따라 발행 당시의 현재가치로 할인한 가액에서 만기상환금액을 3년 만기 회사채의 유통수익률을 고려하여 기획재정부령으로 정하는 이자율(적정할인율)에 따라 발행 당시의 현재가치로 할인한 가액을 뺀 가액으로 한다.[2046] 이 경우 그 가액이 음수인 경우에는 영(0)으로 한다. 기획재정부령으로 정하는 이자율이란 연간 100분의 8을 말한다.

나. 기타의 전환사채등의 평가

기타의 전환사채등은 만기상환금액을 사채발행이율과 적정할인율 중 낮은 이율에 의하여 발행 당시의 현재가치로 할인한 가액에서 발행 후 평가기준일까지 발생한 이자상당액을 가산한

2041) 상속증여세법 제40조(전환사채 등의 주식전환 등에 따른 이익의 증여) 제1항 각 호 외의 부분에 따른 전환사채등을 말한다.
2042) 상속증여세법시행령 제58조 제1항 제1호.
2043) 상속증여세법시행령 제58조의2 제1항.
2044) 상속증여세법시행령 제58조의2 제2항.
2045) 만기 전에 발생하는 이자상당액을 포함한다.
2046) 상속증여세법시행령 제58조의2 제2항 제1호 가목.

가액으로 한다.[2047]

3. 전환등이 가능한 기간 중인 경우

주식으로의 전환등이 가능한 기간 중인 경우에는 아래의 구분에 따라 평가한 가액으로 한다.

가. 전환사채의 평가

주식으로의 전환등이 불가능한 기간 중인 기타의 전환사채등의 평가 방법에 의하여 평가한 가액과 당해 전환사채로 전환할 수 있는 주식가액에서 상속증여세법시행령 제57조 제3항의 규정에 의한 배당차액을 차감한 가액 중 큰 가액으로 한다.[2048]

나. 신주인수권부사채의 평가

신주인수권부사채는 주식으로의 전환등이 불가능한 기간 중인 기타의 전환사채등의 평가 방법에 의하여 평가한 가액과 동가액에서 주식으로의 전환등이 불가능한 기간 중인 신주인수권증권의 평가 방법을 준용하여 평가한 신주인수권가액을 차감하고 아래 주식으로의 전환등이 가능한 기간 중 신주인수권증권의 평가 방법을 준용하여 평가한 신주인수권가액을 가산한 가액 중 큰 가액으로 한다.[2049]

다. 신주인수권증권의 평가

신주인수권증권은 주식으로의 전환등이 불가능한 기간 중인 신주인수권증권의 평가 방법에 의하여 평가한 가액과 당해 신주인수권 증권으로 인수할 수 있는 주식가액에서 상속증여세법 제57조 제3항의 규정에 의한 배당차액과 신주인수가액을 차감한 가액 중 큰 금액으로 한

2047) 상속증여세법시행령 제58조의2 제2항 제1호 나목.
2048) 상속증여세법시행령 제58조의2 제2항 제2호 가목.
2049) 상속증여세법시행령 제58조의2 제2항 제2호 나목.

다.[2050]

라. 신주인수권증서의 평가

신주인수권증서는 ① 거래소에서 거래되는 경우 거래소에 상장되어 거래되는 전체 거래일의 종가 평균, ② 그 밖의 경우 해당 신주인수권증서로 인수할 수 있는 주식의 권리락 전 가액에서 상속증여세법시행령 제57조 제3항에 따른 배당차액과 신주인수가액을 차감한 가액으로 한다.[2051] 다만 해당 주식이 주권상장법인등의 주식인 경우로서 권리락 후 주식가액이 권리락 전 주식가액에서 배당차액을 차감한 가액보다 적은 경우에는 권리락 후 주식가액에서 신주인수가액을 차감한 가액으로 한다.

마. 기타의 유가증권 평가

기타의 유가증권은 ① 전환사채의 평가 또는 ② 신주인수권증권의 평가 방법을 준용하여 평가한 가액으로 한다.[2052]

IX. 무채재산권 가액의 평가

1. 영업권의 평가

가. 영업권의 평가 가액

1) 영업권의 평가

[2050] 상속증여세법시행령 제58조의2 제2항 제2호 다목.
[2051] 상속증여세법시행령 제58조의2 제2항 제2호 라목.
[2052] 상속증여세법시행령 제58조의2 제2항 제2호 마목.

영업권의 평가는 아래 산식에 의하여 계산한 초과이익금액을 평가기준일 이후의 영업권지속 연수(원칙적으로 5년)를 고려하여 기획재정부령으로 정하는 방법에 따라 환산한 가액에 의한다.[2053] 다만 매입한 무체재산권으로서 그 성질상 영업권에 포함시켜 평가되는 무체재산권의 경우에는 이를 별도로 평가하지 않으며 해당 무체재산권의 평가액이 환산한 가액보다 큰 경우에는 해당 가액을 영업권의 평가액으로 한다. 어업권 및 양식업권의 가액은 영업권에 포함하여 계산한다.[2054]

〈표-126 초과이익금액의 계산〉

구분		계산식
최근 3년간[2055]의 순손익액의 가중평균액의 100분의 50에 상당하는 가액	①	
평가기준일 현재의 자기자본	②	① - (② × ③) = ④
1년만기정기예금이자율을 고려하여 기획재정부령으로 정하는 율: 100분의 10	③	
초과이익금액	④	

2) 기획재정부령으로 정하는 방법에 따른 환산가액

기획재정부령으로 정하는 방법에 따라 환산한 가액이란 '각 연도의 수입금액을 $(1+10/100)^n$'으로 나눈 금액을 말한다. 'n'은 평가기준일부터의 경과연수를 의미한다.

나. 3년간 순손익액의 가중평균액

최근 3년간의 순손익액의 가중평균액은 상속증여세법시행령 제56조(1주당 최근 3년간의 순손익액의 계산방법) 제1항 및 제2항을 준용하여 평가한다. 적용에 있어서 이 경우 같은 상속증여세법시행령 제56조 제1항 중 1주당 순손익액과 같은 조 제2항 중 1주당 추정이익은 순손익

[2053] 상속증여세법시행령 제59조 제2항.
[2054] 상속증여세법시행령 제59조 제4항.
[2055] 3년에 미달하는 경우에는 해당 연수로 하고, 상속증여세법시행령 제55조 제3항 제2호 각 목에 모두 해당하는 경우에는 개인사업자로서 사업을 영위한 기간을 포함한다.

액으로 본다.[2056]

다. 증빙에 의해 자기자본을 확인할 수 없는 경우

증빙에 의해 자기자본을 확인할 수 없는 경우 사업소득금액을 소득세법시행령 제165조 제10항 제1호에서 규정하는 자기자본이익률로 나눈 금액, ② 수입금액을 소득세법 제165조 제10항 제2호에서 규정하는 자기자본회전율로 나눈 금액 중 많은 금액으로 한다.[2057]

2. 특허권 등의 권리 평가

특허권·실용신안권·상표권·디자인권 및 저작권 등은 그 권리에 의하여 장래에 받을 각 연도의 수입금액을 기준으로 기획재정부령이 정하는 바에 의하여 계산한 금액의 합계액에 의한다. 이 경우 각 연도의 수입금액이 확정되지 않은 것은 평가기준일전 3년간의 각 연도 수입금액의 합계액을 기획재정부령이 정하는 바에 따라 평균한 금액을 각 연도의 수입금액으로 할 수 있다.[2058]

X. 그 밖의 조건부 권리 등의 평가

1. 조건부 권리 등의 평가 방법

① 조건부 권리, ② 존속기간이 확정되지 않은 권리, ③ 신탁의 이익을 받을 권리 또는 소송 중인 권리, ④ 대통령령으로 정하는 정기금을 받을 권리에 대해서는 해당 권리의 성질, 내용, 남은 기간 등을 기준으로 아래와 같이 평가한다.
① 조건부 권리는 본래의 권리의 가액을 기초로 하여 평가기준일 현재의 조건내용을 구성하

2056) 상속증여세법시행령 제59조 제3항.
2057) 상속증여세법시행령 제59조 제7항.
2058) 상속증여세법시행령 제59조 제5항.

는 사실, 조건성취의 확실성, 그 밖의 모든 사정을 고려한 적정가액, ② 존속기간이 확정되지 않은 권리의 가액은 평가기준일 현재의 권리의 성질, 목적물의 내용연수, 그 밖의 모든 사정을 고려한 적정가액, ③ 소송 중인 권리의 가액은 평가기준일 현재의 분쟁관계의 진상을 조사하고 소송진행의 상황을 고려한 적정가액으로 평가한다.

2. 가상자산의 평가 방법

가상자산은 해당 자산의 거래규모 및 거래방식 등을 고려하여 ① 가상자산사업자 중 국세청장이 고시하는 가상자산사업자의 사업장에서 거래되는 가상자산의 평가기준일 전·이후 각 1개월 동안에 해당 가상자산사업자가 공시하는 일평균가액의 평균액, ② 그 밖의 가상자산의 경우 ①에 해당하는 가상자산사업자 외의 가상자산사업자 및 이에 준하는 사업자의 사업장에서 공시하는 거래일의 일평균가액 또는 종료시각에 공시된 시세가액 등 합리적으로 인정되는 가액 평가한다.

3. 그 밖에 재산의 평가 방법 및 평가 가액

그 밖에 상속증여세법에서 따로 평가방법을 규정하지 않은 재산의 평가에 대해서는 조건부 권리 등의 평가 방법 및 평가 가액 및 상속증여세법 제60조부터 제64조까지에 규정된 평가방법을 준용하여 평가한다.[2059]

XI. 국외재산 등에 대한 평가

1. 국외재산에 대한 평가

외국에 있는 상속 또는 증여재산으로서 상속증여세법 제60조 또는 제65조의 규정을 적용하는 것이 부적당한 경우에는 당해 재산이 소재하는 국가에서 양도소득세·상속세 또는 증여세등

2059) 상속증여세법 제65조 제3항.

의 부과목적으로 평가한 가액을 평가액으로 한다.[2060] 평가액이 없는 경우에는 세무서장등이 2 이상의 국내 또는 외국의 감정기관에 의뢰하여 감정한 가액을 참작하여 평가한 가액에 의한다.[2061]

2. 외화자산 및 부채의 평가

외화자산 및 부채는 평가기준일 현재 외국환거래법 제5조 제1항에 따른 기준환율 또는 재정환율에 따라 환산한 가액을 기준으로 평가한다.[2062]

제9절 과세가액 및 과세표준의 신고납부

I. 증여세 신고기한

증여세 납부의무가 있는 자는 증여받은 날이 속하는 달의 말일부터 3개월 이내에 증여세의 과세가액 및 과세표준을 대통령령으로 정하는 바에 따라 납세지 관할 세무서장에게 신고해야 한다.[2063] 비상장주식의 상장 또는 법인의 합병 등에 따른 증여세 과세표준 정산 신고기한은 정산기준일이 속하는 달의 말일부터 3개월이 되는 날로 한다.

II. 첨부서류

과세가액 및 신고를 할 때에는 그 신고서에 증여세 과세표준의 계산에 필요한 증여재산의 종류, 수량, 평가가액 및 각종 공제 등을 증명할 수 있는 서류 등과 ① 증여자의 제적등본 및 수증

2060) 상속증여세법시행령 제58조의3 제1항.
2061) 상속증여세법시행령 제58조의3 제2항.
2062) 상속증여세법시행령 제58조의4.
2063) 상속증여세법 제68조 제1항.

자의 가족관계기록사항에 관한 증명서, ② 증여재산명세 및 그 평가명세서를 첨부해야 한다.[2064)] 증여세과세표준신고는 증여세과세표준신고 및 자진납부계산서에 의한다.[2065)]

III. 신고세액 공제

신고기한 내에 증여세 과세표준을 신고한 경우에는 증여세산출세액[2066)]에서 ① 징수를 유예를 받은 금액, ② 상속증여세법 또는 다른 법률에 따라 산출세액에서 공제되거나 감면되는 금액을 공제한 금액의 100분의 3에 상당하는 금액을 공제한다.[2067)] 증여세산출세액은 증여세과세표준 신고기한 이내에 신고한 과세표준에 대한 각각의 산출세액을 말한다.

IV. 납부

1. 자진납부

상속세 또는 증여세를 신고하는 자는 각 신고기한까지 각 산출세액에서 ① 신고세액 공제 금액, ② 상속세의 경우에는 상속증여세법 제69조 제1항[2068)] 각 호 외의 부분에 따라 공제하는 금액, ③ 증여세의 경우에는 상속증여세법 제69조 제2항[2069)]에 따라 공제하는 금액, ④ 상속증여

2064) 상속증여세법 제68조 제2항.
2065) 상속증여세법시행령 제65조 제1항.
2066) 상속증여세법 제57조에 따라 산출세액에 가산하는 금액을 포함한다.
2067) 상속증여세법 제69조 제2항.
2068) 제69조(신고세액 공제) ① 제67조에 따라 상속세 과세표준을 신고한 경우에는 상속세산출세액(제27조에 따라 산출세액에 가산하는 금액을 포함한다)에서 다음 각 호의 금액을 공제한 금액의 100분의 3에 상당하는 금액을 공제한다. 〈개정 2016.12.20., 2017.12.19.〉
   1. 제74조에 따라 징수를 유예받은 금액
   2. 이 법 또는 다른 법률에 따라 산출세액에서 공제되거나 감면되는 금액
2069) ② 제68조에 따라 증여세 과세표준을 신고한 경우에는 증여세산출세액(제57조에 따라 산출세액에 가산하는 금액을 포함한다)에서 다음 각 호의 금액을 공제한 금액의 100분의 3에 상당하는 금액을 공제한다. 〈개정 2015.12.15., 2016.12.20., 2017.12.19.〉
   1. 제75조에 따라 징수를 유예받은 금액

세법 제71조에 따라 연부연납을 신청한 금액, ⑤ 제73조에 따라 물납을 신청한 금액을 뺀 금액을 상속세과세표준신고 또는 증여세과세표준신고와 함께 납세지관할세무서장에게 납부하거나 국세징수법에 의한 납부서에 의하여 한국은행 또는 체신관서에 납부해야 한다.[2070]

2. 분할납부

납부할 금액이 1천만원을 초과하는 경우에는 납부할 금액의 일부를 납부기한이 지난 후 2개월 이내에 분할납부할 수 있다. 다만 연부연납을 허가받은 경우는 제외한다.[2071] 분납할 수 있는 세액은 ① 납부할 세액이 2천만원 이하인 때에는 1천만원을 초과하는 금액, ② 납부할 세액이 2천만원을 초과하는 때에는 그 세액의 100분의 50 이하의 금액에 의한다.[2072]

---

2. 이 법 또는 다른 법률에 따라 산출세액에서 공제되거나 감면되는 금액

[2070] 상속증여세법 제70조 제1항.
[2071] 상속증여세법 제70조 제2항.
[2072] 상속증여세법시행령 제66조 제2항.

제8장
금융투자상품과 상속

제8장
금융투자상품과 상속

　금융투자상품과 상속에서는 주식등의 취득 유형 중 하나인 상속취득과 관련된 상속세 과세제도에 대해 살펴보고자 한다. 특히 주식등의 상속취득과 관련된 가업상속제도에 대해 상세하게 알아보고자 한다.

제1절 상속세 과세제도

I. 주요 용어의 정의

1. 상속의 정의

　상속이란 민법에 따른 상속을 말하며 ① 유증, ② 민법 제562조[2073]에 따른 증여자의 사망으로 인하여 효력이 생길 증여, ③ 민법 제1057조의2[2074]에 따른 피상속인과 생계를 같이 하고 있던 자, ④ 피상속인의 요양간호를 한 자 및 그 밖에 피상속인과 특별한 연고가 있던 자(특별연고자)에 대한 상속재산의 분여, ⑤ 신탁법 제59조[2075]에 따른 유언대용신탁, ⑥ 신탁법 제60조

[2073] 제562조(사인증여) 증여자의 사망으로 인하여 효력이 생길 증여에는 유증에 관한 규정을 준용한다.

[2074] 제1057조의2(특별연고자에 대한 분여) ① 제1057조의 기간 내에 상속권을 주장하는 자가 없는 때에는 가정법원은 피상속인과 생계를 같이 하고 있던 자, 피상속인의 요양간호를 한 자 기타 피상속인과 특별한 연고가 있던 자의 청구에 의하여 상속재산의 전부 또는 일부를 분여할 수 있다. 〈개정 2005.3.31.〉
② 제1항의 청구는 제1057조의 기간의 만료 후 2월 이내에 하여야 한다.

[2075] 제59조(유언대용신탁) ① 다음 각 호의 어느 하나에 해당하는 신탁의 경우에는 위탁자가 수익자를 변경할 권리를 갖는다. 다만, 신탁행위로 달리 정한 경우에는 그에 따른다.
　1. 수익자가 될 자로 지정된 자가 위탁자의 사망 시에 수익권을 취득하는 신탁
　2. 수익자가 위탁자의 사망 이후에 신탁재산에 기한 급부를 받는 신탁

[2076)]에 따른 수익자연속신탁을 포함한다.[2077]

2. 상속개시일

상속개시일이란 피상속인이 사망한 날을 말한다.[2078] 다만 피상속인의 실종선고로 인하여 상속이 개시되는 경우에는 실종선고일을 말한다.

3. 상속재산

상속재산이란 피상속인에게 귀속되는 모든 재산을 말하며 ① 금전으로 환산할 수 있는 경제적 가치가 있는 모든 물건, ② 재산적 가치가 있는 법률상 또는 사실상의 모든 권리를 포함한다.[2079] 다만 피상속인의 일신에 전속하는 것으로서 피상속인의 사망으로 인하여 소멸되는 것은 제외한다.

4. 상속인

상속인이란 민법 제1000조,[2080] 제1001조,[2081] 제1003조[2082] 및 제1004조

---

② 제1항 제2호의 수익자는 위탁자가 사망할 때까지 수익자로서의 권리를 행사하지 못한다. 다만, 신탁행위로 달리 정한 경우에는 그에 따른다.
2076) 제60조(수익자연속신탁) 신탁행위로 수익자가 사망한 경우 그 수익자가 갖는 수익권이 소멸하고 타인이 새로 수익권을 취득하도록 하는 뜻을 정할 수 있다. 이 경우 수익자의 사망에 의하여 차례로 타인이 수익권을 취득하는 경우를 포함한다.
2077) 상속증여세법 제2조 제1호.
2078) 상속증여세법 제2조 제2호.
2079) 상속증여세법 제2조 제3호.
2080) 제1000조(상속의 순위) ① 상속에 있어서는 다음 순위로 상속인이 된다. 〈개정 1990.1.13.〉
  1. 피상속인의 직계비속
  2. 피상속인의 직계존속
  3. 피상속인의 형제자매
  4. 피상속인의 4촌 이내의 방계혈족
  ② 전항의 경우에 동순위의 상속인이 수인인 때에는 최근친을 선순위로 하고 동친등의 상속인이 수인인 때에는 공동상속인이 된다.
  ③ 태아는 상속순위에 관하여는 이미 출생한 것으로 본다. 〈개정 1990.1.13.〉
2081) 제1001조(대습상속) 전조 제1항 제1호와 제3호의 규정에 의하여 상속인이 될 직계비속 또는 형제자매가 상속개시 전에 사망하거나 결격자가 된 경우에 그 직계비속이 있는 때에는 그 직계비속이 사망하거나 결격된 자의 순위에 갈음하여 상속인이 된다.
2082) 제1003조(배우자의 상속순위) ① 피상속인의 배우자는 제1000조 제1항 제1호와 제2호의 규정에 의한 상속인이 있는 경우에는

[2083])에 따른 상속인을 말하며, 민법 제1019조 제1항[2084])에 따라 상속을 포기한 사람 및 특별연고자를 포함한다.[2085])

5. 수유자

수유자란 ① 유증을 받은 자, ② 사인증여에 의하여 재산을 취득한 자, ③ 유언대용신탁 및 수익자연속신탁에 의하여 신탁의 수익권을 취득한 자를 말한다.[2086])

Ⅱ. 상속세 과세대상과 납부의무

1. 상속재산의 범위

상속개시일 현재 ① 피상속인이 거주자인 경우 모든 상속재산, ② 피상속인이 비거주자인 경우 국내에 있는 모든 상속재산에 대하여 상속세를 부과한다.[2087])

2. 상속세 납부의무 및 연대납부의무 등

그 상속인과 동순위로 공동상속인이 되고 그 상속인이 없는 때에는 단독상속인이 된다. 〈개정 1990.1.13.〉
② 제1001조의 경우에 상속개시 전에 사망 또는 결격된 자의 배우자는 동조의 규정에 의한 상속인과 동순위로 공동상속인이 되고 그 상속인이 없는 때에는 단독상속인이 된다. 〈개정 1990.1.13.〉

2083) 제1004조(상속인의 결격사유) 다음 각 호의 어느 하나에 해당한 자는 상속인이 되지 못한다. 〈개정 1990.1.13., 2005.3.31.〉
  1. 고의로 직계존속, 피상속인, 그 배우자 또는 상속의 선순위나 동순위에 있는 자를 살해하거나 살해하려한 자
  2. 고의로 직계존속, 피상속인과 그 배우자에게 상해를 가하여 사망에 이르게 한 자
  3. 사기 또는 강박으로 피상속인의 상속에 관한 유언 또는 유언의 철회를 방해한 자
  4. 사기 또는 강박으로 피상속인의 상속에 관한 유언을 하게 한 자
  5. 피상속인의 상속에 관한 유언서를 위조·변조·파기 또는 은닉한 자
2084) 제1019조(승인, 포기의 기간) ①상속은 상속개시 있음을 안 날로부터 3월 내에 단순승인이나 한정승인 또는 포기를 할 수 있다. 그러나 그 기간은 이해관계인 또는 검사의 청구에 의하여 가정법원이 이를 연장할 수 있다. 〈개정 1990.1.13.〉
2085) 상속증여세법 제2조 제4호.
2086) 상속증여세법 제2조 제5호.
2087) 상속증여세법 제3조.

가. 상속세 납부의무

상속인[2088] 또는 수유자[2089]는 상속재산[2090] 중 각자가 받았거나 받을 재산을 기준으로 아래에 따라 계산한 비율에 따라 계산한 금액을 상속세로 납부할 의무가 있다.[2091]

〈표-127 대통령령으로 정하는 비율의 계산〉

구분		계산식
상속증여세법 제13조 제1항의 규정에 의하여 상속재산에 가산한 상속인별 증여재산의 과세표준	①	
상속인별 상속세과세가액 상당액에서 상속증여세법 제13조 제1항 각 호의 규정에 의하여 상속재산에 가산하는 상속인별 증여재산을 제외한 금액	②	
상속증여세법 제13조의 규정에 의한 상속세과세가액에서 동조 제1항 각 호의 금액을 차감한 금액	③	① + (④ ÷ ③ × ②) = ⑤
상속증여세법 제25조 제1항의 규정에 의한 상속세과세표준에서 법 제13조 제1항 각 호의 규정에 의하여 가산한 증여재산의 과세표준을 차감한 금액	④	
상속인 또는 수유자별(상속인별) 상속세 과세표준 상당액	⑤	
법 제25조 제1항의 규정에 의한 상속세과세표준에서 법 제13조 제1항 제2호의 규정에 의하여 가산한 증여재산가액 중 수유자가 아닌 자에게 증여한 재산에 대한 과세표준을 차감한 가액	⑥	⑤ ÷ ⑥ = ⑦
대통령령으로 정하는 비율	⑦	

나. 연대납부의무

상속세는 상속인 또는 수유자 각자가 받았거나 받을 재산을 한도로 연대하여 납부할 의무를 진다.[2092] 각자가 받았거나 받을 재산이란 상속으로 인하여 얻은 자산[2093]의 총액에서 부채총액

2088) 특별연고자 중 영리법인은 제외한다.
2089) 영리법인은 제외한다.
2090) 상속증여세법 제13조에 따라 상속재산에 가산하는 증여재산 중 상속인이나 수유자가 받은 증여재산을 포함한다.
2091) 상속증여세법 제3조의2 제1항.
2092) 상속증여세법 제3조의2 제3항.
2093) 상속증여세법 제13조 제1항에 따라 가산한 증여재산을 포함한다.

과 그 상속으로 인하여 부과되거나 납부할 상속세 및 상속증여세법 제13조 제1항[2094]에 따라 가산한 증여재산에 대한 증여세를 공제한 가액을 말한다.[2095]

다. 특별연고자 등이 영리법인인 경우의 납부의무

특별연고자 또는 수유자가 영리법인인 경우로서 그 영리법인의 주주 또는 출자자(주주등) 중 상속인과 그 직계비속이 있는 경우에는 아래에 따라 계산한 지분상당액을 그 상속인 및 직계비속이 납부할 의무가 있다.[2096]

〈표-128 지분상당액의 계산〉

구분		계산식
영리법인이 받았거나 받을 상속재산에 대한 상속세 상당액	①	
영리법인이 받았거나 받을 상속재산 × 10 ÷ 100	②	(① - ②) × ③ = ④
상속인과 그 직계비속의 주식 또는 출자지분의 비율	③	
지분상당액	④	

제2절 상속세의 과세표준과 세액의 계산

Ⅰ. 상속재산

1. 상속재산으로 보는 보험금

2094) 제13조(상속세 과세가액) ① 상속세 과세가액은 상속재산의 가액에서 제14조에 따른 것을 뺀 후 다음 각 호의 재산가액을 가산한 금액으로 한다. 이 경우 제14조에 따른 금액이 상속재산의 가액을 초과하는 경우 그 초과액은 없는 것으로 본다. 〈개정 2013.1.1.〉
　　1. 상속개시일 전 10년 이내에 피상속인이 상속인에게 증여한 재산가액
　　2. 상속개시일 전 5년 이내에 피상속인이 상속인이 아닌 자에게 증여한 재산가액
2095) 상속증여세법시행령 제3조 제3항.
2096) 상속증여세법 제3조의2 제2항.

피상속인의 사망으로 인하여 받는 생명보험 또는 손해보험의 보험금으로서 피상속인이 보험계약자인 보험계약에 의하여 받는 것은 상속재산으로 본다.[2097] 보험계약자가 피상속인이 아닌 경우에도 피상속인이 실질적으로 보험료를 납부하였을 때에는 피상속인을 보험계약자로 본다.[2098]

피상속인이 부담한 보험료는 보험증권에 기재된 보험료의 금액에 의하여 계산하고 보험계약에 의하여 피상속인이 지급받는 배당금등으로서 당해 보험료에 충당한 것이 있을 경우에는 그 충당된 부분의 배당금등의 상당액은 피상속인이 부담한 보험료에 포함한다.[2099] 상속재산으로 보는 보험금의 가액은 아래에 따라 계산한 금액으로 한다.[2100]

〈표-129 상속재산으로 보는 보험금의 가액〉

구분		계산식
지급받은 보험금의 총합계액	①	
피상속인이 부담한 보험료의 금액	②	① × ② ÷ ③ = ④
해당 보험계약에 따라 피상속인의 사망 시까지 납입된 보험료의 총합계액	③	
상속재산으로 보는 보험금의 가액	④	

2. 상속재산으로 보는 신탁재산

피상속인이 신탁[2101]한 재산은 상속재산으로 본다.[2102] 다만 수익자의 증여재산가액으로 하는 해당 신탁의 이익을 받을 권리의 가액은 상속재산으로 보지 않는다. 피상속인이 신탁으로 인하여 타인으로부터 신탁의 이익을 받을 권리를 소유하고 있는 경우에는 이익에 상당하는 가액을

2097) 상속증여세법 제8조 제1항.
2098) 상속증여세법 제8조 제2항.
2099) 상속증여세법시행령 제4조 제2항.
2100) 상속증여세법시행령 제4조 제1항.
2101) 제2조(신탁의 정의) 이 법에서 "신탁"이란 신탁을 설정하는 자(이하 "위탁자"라 한다)와 신탁을 인수하는 자(이하 "수탁자"라 한다) 간의 신임관계에 기하여 위탁자가 수탁자에게 특정의 재산(영업이나 저작재산권의 일부를 포함한다)을 이전하거나 담보권의 설정 또는 그 밖의 처분을 하고 수탁자로 하여금 일정한 자(이하 "수익자"라 한다)의 이익 또는 특정의 목적을 위하여 그 재산의 관리, 처분, 운용, 개발, 그 밖에 신탁 목적의 달성을 위하여 필요한 행위를 하게 하는 법률관계를 말한다.
2102) 상속증여세법 제9조 제1항.

상속재산에 포함한다.[2103] 신탁의 이익을 받을 권리를 소유하고 있는 경우의 판정은 원본 또는 수익이 타인에게 지급되는 경우를 기준으로 한다.

수익자연속신탁[2104]의 수익자가 사망함으로써 타인이 새로 신탁의 수익권을 취득하는 경우 그 타인이 취득한 신탁의 이익을 받을 권리의 가액은 사망한 수익자의 상속재산에 포함한다.[2105]

II. 비과세되는 상속재산

상속재산 중 ① 국가, 지방자치단체 또는 대통령령으로 정하는 공공단체에 유증(유증등)[2106]한 재산, ② 문화재보호법에 따른 국가지정문화재 및 시·도지정문화재와 같은 법에 따른 보호구역에 있는 토지로서 대통령령으로 정하는 토지, ③ 민법 제1008조의3에 규정된 재산 중 대통령령으로 정하는 범위의 재산, ④ 정당법에 따른 정당에 유증등을 한 재산, ⑤ 근로복지기본법에 따른 사내근로복지기금이나 그 밖에 이와 유사한 것으로서 대통령령으로 정하는 단체에 유증등을 한 재산, ⑥ 사회통념상 인정되는 이재구호금품, 치료비 및 그 밖에 이와 유사한 것으로서 대통령령으로 정하는 재산, ⑦ 상속재산 중 상속인이 제67조에 따른 신고기한까지 국가, 지방자치단체 또는 공공단체에 증여한 재산에 대해서는 상속세를 부과하지 않는다.[2107]

제3절 상속세 과세가액

I. 상속세 과세가액의 계산

2103) 상속증여세법 제9조 제2항.
2104) 제60조(수익자연속신탁) 신탁행위로 수익자가 사망한 경우 그 수익자가 갖는 수익권이 소멸하고 타인이 새로 수익권을 취득하도록 하는 뜻을 정할 수 있다. 이 경우 수익자의 사망에 의하여 차례로 타인이 수익권을 취득하는 경우를 포함한다.
2105) 상속증여세법 제9조 제3항.
2106) 사망으로 인하여 효력이 발생하는 증여를 포함한다.
2107) 상속증여세법 제12조.

상속세 과세가액은 상속재산의 가액에서 공과금 등을 뺀 후 ① 상속개시일 전 10년 이내에 피상속인이 상속인에게 증여한 재산가액, ② 상속개시일 전 5년 이내에 피상속인이 상속인이 아닌 자에게 증여한 재산가액을 가산한 금액으로 한다.[2108] 상속재산의 가액에서 빼는 공과금 등의 금액이 상속재산의 가액을 초과하는 경우 그 초과액은 없는 것으로 본다. 비거주자의 사망으로 인하여 상속이 개시되는 경우에는 국내에 있는 재산을 증여한 경우에만 ①과 ②의 재산가액을 가산한다.[2109]

상속증여세법 제46조(비과세되는 증여재산), 제48조 제1항(공익법인등이 출연받은 재산에 대한 과세가액 불산입등), 제52조(공익신탁재산에 대한 증여세 과세가액 불산입) 및 제52조의2(장애인이 증여받은 재산의 과세가액 불산입) 제1항에 따른 재산의 가액과 제47조(증여세 과세가액) 제1항에 따른 합산배제증여재산의 가액은 상속세 과세가액에 가산하는 증여재산가액에 포함하지 않는다.[2110]

II. 상속세재산의 가액에서 빼는 공과금 등

1. 거주자의 사망으로 상속이 개시되는 경우

거주자의 사망으로 인하여 상속이 개시되는 경우에는 상속개시일 현재 피상속인이나 상속재산에 관련된 ① 공과금, ② 장례비용, ③ 채무[2111]의 가액 또는 비용은 상속재산의 가액에서 뺀다.[2112]

2. 비거주자의 사망으로 상속이 개시되는 경우

[2108] 상속증여세법 제13조 제1항.
[2109] 상속증여세법 제13조 제2항.
[2110] 상속증여세법 제13조 제3항.
[2111] 상속개시일 전 10년 이내에 피상속인이 상속인에게 진 증여채무와 상속개시일 전 5년 이내에 피상속인이 상속인이 아닌 자에게 진 증여채무는 제외한다.
[2112] 상속증여세법 제14조 제1항.

가. 상속재산의 가액에서 빼는 공과금 등

비거주자의 사망으로 인하여 상속이 개시되는 경우에는 ① 해당 상속재산에 관한 공과금, ② 해당 상속재산을 목적으로 하는 유치권, 질권, 전세권, 임차권,[2113] 양도담보권·저당권 또는 동산·채권 등의 담보에 관한 법률에 따른 담보권으로 담보된 채무, ③ 피상속인의 사망 당시 국내에 사업장이 있는 경우로서 그 사업장에 갖춰 두고 기록한 장부에 의하여 확인되는 사업상의 공과금 및 채무 가액 또는 비용은 상속재산의 가액에서 뺀다.[2114]

상속재산의 가액에서 빼는 공과금 및 장례비용의 범위는 대통령령[2115]으로 정하며 상속재산의 가액에서 빼는 채무의 금액은 대통령령으로 정하는 방법에 따라 증명된 것이어야 한다.

나. 대통령령으로 정하는 방법에 따라 증명된 것

대통령령으로 정하는 방법에 따라 증명된 것이란 상속개시 당시 피상속인의 채무로서 상속인이 실제로 부담하는 사실이 ① 국가·지방자치단체 및 금융회사등[2116]에 대한 채무는 해당 기관에 대한 채무임을 확인할 수 있는 서류, ② ① 외의 자에 대한 채무는 채무부담계약서, 채권자확인서, 담보설정 및 이자지급에 관한 증빙등에 의하여 그 사실을 확인할 수 있는 서류에 따라 증명되는 것을 말한다.[2117]

3. 상속개시일 전 처분재산 등의 상속 추정 등

2113) 사실상 임대차계약이 체결된 경우를 포함한다.
2114) 상속증여세법 제14조 제2항.
2115) 제9조(공과금 및 장례비용) ① 법 제14조 제1항 및 제2항의 규정에 의한 공과금이라 함은 상속개시일 현재 피상속인이 납부할 의무가 있는 것으로서 상속인에게 승계된 조세·공공요금 기타 이와 유사한 것으로서 기획재정부령이 정하는 것을 말한다. 〈개정 1998.12.31., 2008.2.29.〉
　② 법 제14조 제1항 제2호의 규정에 의한 장례비용은 다음 각 호의 구분에 의한 금액을 합한 금액으로 한다. 〈개정 2001.12.31., 2008.5.26., 2010.12.30.〉
　1. 피상속인의 사망일부터 장례일까지 장례에 직접 소요된 금액[봉안시설 또는 자연장지(自然葬地)의 사용에 소요된 금액을 제외한다]. 이 경우 그 금액이 500만원 미만인 경우에는 500만원으로 하고 그 금액이 1천만원을 초과하는 경우에는 1천만원으로 한다.
　2. 봉안시설 또는 자연장지의 사용에 소요된 금액. 이 경우 그 금액이 500만원을 초과하는 경우에는 500만원으로 한다.
2116) 금융회사등은 금융실명거래 및 비밀보장에 관한 법률 제2조 제1호에 따른 금융회사등(이하 "금융회사등"이라 한다)으로 한다.
2117) 상속증여세법시행령 제10조 제1항.

가. 용도가 객관적으로 명백하지 않은 경우

피상속인이 재산을 처분하였거나 채무를 부담한 경우로서 ① 피상속인이 재산을 처분하여 받은 금액이나 피상속인의 재산에서 인출한 금액이 상속개시일 전 1년 이내에 재산 종류별로 계산하여 2억원 이상인 경우와 상속개시일 전 2년 이내에 재산 종류별로 계산하여 5억원 이상인 경우로서 대통령령으로 정하는 바에 따라 용도가 객관적으로 명백하지 않은 경우, ② 피상속인이 부담한 채무를 합친 금액이 상속개시일 전 1년 이내에 2억원 이상인 경우와 상속개시일 전 2년 이내에 5억원 이상인 경우로서 대통령령으로 정하는 바에 따라 용도가 객관적으로 명백하지 않은 경우에는 이를 상속받은 것으로 추정하여 상속세 과세가액에 산입한다.[2118]

①의 재산을 처분하여 받거나 재산에서 인출한 금액 등의 계산과 재산 종류별 구분에 관한 사항은 대통령령으로 정한다.[2119]

1) 용도가 객관적으로 명백하지 않은 경우

대통령령으로 정하는 바에 따라 용도가 객관적으로 명백하지 아니한 경우란 ① 피상속인이 재산을 처분하여 받은 금액이나 피상속인의 재산에서 인출한 금전등 또는 채무를 부담하고 받은 금액을 지출한 거래상대방이 거래증빙의 불비등으로 확인되지 않는 경우, ② 거래상대방이 금전등의 수수사실을 부인하거나 거래상대방의 재산상태등으로 보아 금전등의 수수사실이 인정되지 않는 경우, ③ 거래상대방이 피상속인의 특수관계인으로서 사회통념상 지출사실이 인정되지 않는 경우, ④ 피상속인이 재산을 처분하거나 채무를 부담하고 받은 금전등으로 취득한 다른 재산이 확인되지 않는 경우, ⑤ 피상속인의 연령·직업·경력·소득 및 재산상태등으로 보아 지출사실이 인정되지 않는 경우의 어느 하나에 해당하는 경우를 말한다.[2120]

입증되지 않은 금액이 ① 피상속인이 재산을 처분하여 받은 금액이나 피상속인의 재산에서 인출한 금전등 또는 채무를 부담하고 받은 금액의 100분의 20에 상당하는 금액, ② 2억원의 금액 중 적은 금액에 미달하는 경우에는 용도가 객관적으로 명백하지 않은 것으로 추정하지 않

2118) 상속증여세법 제15조 제1항.
2119) 상속증여세법 제15조 제3항.
2120) 상속증여세법시행령 제11조 제2항.

으며 그 금액 이상인 경우에는 ①과 ②에 해당하는 금액 중 적은 금액을 차감한 금액을 용도가 객관적으로 명백하지 않은 것으로 추정한다.[2121]

2) 재산의 처분금액 및 인출금액

재산의 처분금액 및 인출금액은 재산종류별로 ① 피상속인이 재산을 처분한 경우에는 그 처분가액 중 상속개시일 전 1년 또는 2년 이내에 실제 수입한 금액, ② 피상속인이 금전등의 재산(금전등)을 인출한 경우에는 상속재산 중 상속개시일 전 1년 또는 2년 이내에 실제 인출한 금전등의 구분에 따라 계산한 금액을 합한 금액으로 한다.[2122]

이 경우 당해 금전등이 통장 또는 위탁자계좌등을 통하여 예입된 경우에는 상속개시일 전 1년 또는 2년 이내에 인출한 금전등의 합계액에서 당해 기간 중 예입된 금전등의 합계액을 차감한 금전등으로 하며 그 예입된 금전등이 통장 또는 위탁자계좌등에서 인출한 금전등이 아닌 것을 제외한다.

3) 재산 종류별 구분

재산 종류별 구분이란 ① 현금·예금 및 유가증권, ② 부동산 및 부동산에 관한 권리, ③ ①과 ② 외의 기타 재산의 구분에 따른 것을 말한다.[2123]

나. 변제의무가 없는 것으로 추정되는 경우

피상속인이 국가, 지방자치단체 및 대통령령으로 정하는 금융회사등이 아닌 자에 대하여 부담한 채무로서 상속증여세법 제10조 제1항 제2호[2124]에 규정된 서류등에 의하여 상속인이 실제로 부담하는 사실이 확인되지 않아 상속인이 변제할 의무가 없는 것으로 추정되는 경우에는

[2121] 상속증여세법시행령 제11조 제4항.
[2122] 상속증여세법시행령 제11조 제1항.
[2123] 상속증여세법시행령 제11조 제5항.
[2124] 2. 제1호외의 자에 대한 채무는 채무부담계약서, 채권자확인서, 담보설정 및 이자지급에 관한 증빙등에 의하여 그 사실을 확인할 수 있는 서류.

상속세 과세가액에 산입한다.[2125]

제4절 상속공제

I. 기초공제 및 가업상속 공제

1. 기초공제

거주자나 비거주자의 사망으로 상속이 개시되는 경우에는 상속세 과세가액에서 2억원을 공제(기초공제)한다.[2126]

2. 가업상속공제

거주자의 사망으로 상속이 개시되는 경우로서 가업상속의 경우 ① 가업으로서 피상속인이 10년 이상 20년 미만 계속하여 경영한 경우에는 200억원, ② 피상속인이 20년 이상 30년 미만 계속하여 경영한 경우 300억원, ③ 피상속인이 30년 이상 계속하여 경영한 경우 500억원을 한도로 하는 가업상속 재산가액에 상당하는 금액[2127]을 상속세 과세가액에서 공제한다.

II. 가업상속

1. 가업의 정의

2125) 상속증여세법 제15조 제2항.
2126) 상속증여세법 제18조 제1항.
2127) 상속증여세법 제18조 제2항 제1호.

가업이란 대통령령으로 정하는 중소기업 또는 중견기업으로서 피상속인이 10년 이상 계속하여 경영한 기업을 말하며 이러한 기업의 상속을 가업상속이라 한다. 다만 상속이 개시되는 소득세 과세기간 또는 법인세 사업연도의 직전 3개 소득세 과세기간이나 법인세 사업연도의 매출액 평균금액이 3천억원 이상인 중견기업은 제외한다.

가. 대통령령으로 정하는 중소기업

대통령령으로 정하는 중소기업이란 상속개시일이 속하는 소득세 과세기간 또는 법인세 사업연도의 직전 소득세 과세기간 또는 법인세 사업연도 말 현재 ① 상속증여세법시행령 별표에 따른 가업상속공제를 적용받는 중소·중견기업의 해당업종을 주된 사업으로 영위할 것, ② 소득세법에 따른 거주자 및 법인세법에 따른 내국법인으로 가업의 범위 요건을 충족할 것, ③ 자산총액이 5천억원 미만일 것의 요건을 모두 갖춘 기업(중소기업)을 말한다.[2128]

나. 대통령령으로 정하는 중견기업

1) 중견기업의 범위

대통령령으로 정하는 중견기업이란 상속개시일이 속하는 소득세 과세기간 또는 법인세 사업연도의 직전 소득세 과세기간 또는 법인세 사업연도 말 현재 ① 상속증여세법시행령 별표에 따른 가업상속공제를 적용받는 중소·중견기업의 해당업종을 주된 사업으로 영위할 것, ② 중소기업에 해당하지 않으며[2129] 소유와 경영의 실질적인 독립성이 중견기업 성장촉진 및 경쟁력 강화에 관한 특별법 시행령(중견기업법시행령) 제2조 제2항 제1호에 적합할 것의 요건을 모두 갖춘 기업(중견기업), ③ 상속개시일의 직전 3개 소득세 과세기간 또는 법인세 사업연도의 매출액의 평균금액이 3천억원 미만인 기업일 것의 요건을 모두 갖춘 기업(중견기업)을 말한다.[2130]

[2128] 상속증여세법시행령 제15조 제1항.
[2129] 조세특례제한법시행령 제9조 제3항 제1호.
[2130] 상속증여세법시행령 제15조 제2항.

2) 중견기업법시행령 제2조 제2항 제1호

중견기업법시행령 제2조 제2항 제1호에서는 소유와 경영의 실질적인 독립성이 ① 독점규제 및 공정거래에 관한 법률 제14조 제1항[2131]에 따른 상호출자제한기업집단에 속하는 기업, ② 독점규제 및 공정거래에 관한 법률 시행령 제21조 제2항[2132]에 따른 상호출자제한기업집단 지정기준인 자산총액 이상인 기업 또는 법인[2133]이 해당 기업의 주식[2134] 또는 출자지분(주식등)의 100분의 30 이상을 직접적 또는 간접적으로 소유하면서 최다출자자인 기업에 해당하지 않는 기업으로 규정하고 있다.

이 경우 최다출자자는 해당 기업의 주식등을 소유한 법인 또는 개인으로서 단독으로 또는 주식등을 소유한 자가 법인인 경우 그 법인의 임원·주식등을 소유한 자가 개인인 경우 그 개인의 친족에 해당하는 자와 합산하여 해당 기업의 주식등을 가장 많이 소유한 자로 하며 주식등의 간접소유비율에 관하여는 국제조세조정에 관한 법률 시행령 제2조 제3항[2135]을 준용한다.

3) 매출액

[2131] 제14조(상호출자제한기업집단 등의 지정 등) ① 공정거래위원회는 대통령령으로 정하는 바에 따라 산정한 자산총액이 5조원 이상인 기업집단을 대통령령으로 정하는 바에 따라 공시대상기업집단으로 지정하고, 지정된 공시대상기업집단 중 일정 규모 이상의 자산총액 등 대통령령으로 정하는 기준에 해당하는 기업집단을 대통령령으로 정하는 바에 따라 상호출자제한기업집단으로 지정한다. 이 경우 지정된 기업집단에 속하는 회사에 지정 사실을 대통령령으로 정하는 바에 따라 통지하여야 한다.

[2132] ② 상호출자제한기업집단의 범위에 관하여는 제1항을 준용한다. 이 경우 제1항 각 호 외의 부분 본문 및 단서 중 "공시대상기업집단"은 각각 "상호출자제한기업집단"으로, 제1항 각 호 외의 부분 본문 및 같은 항 제3호 중 "5조원"은 각각 "10조원"으로 본다.

[2133] 외국법인을 포함한다.

[2134] 상법 제344조의3에 따른 의결권 없는 주식은 제외한다.

[2135] ③ 제2항 제1호·제2호 및 제4호를 적용할 때 어느 한쪽(거주자, 내국법인, 비거주자 또는 외국법인을 말한다. 이하 이 항에서 같다)의 다른 쪽(내국법인 또는 외국법인을 말한다. 이하 이 항에서 같다)에 대한 주식의 간접소유비율은 다음 각 호의 구분에 따른 방법으로 계산한 비율로 한다.
  1. 다른 쪽의 주주인 법인(이하 "주주법인"이라 한다)의 의결권 있는 주식의 50% 이상을 어느 한쪽이 소유하고 있는 경우: 주주법인이 소유하고 있는 다른 쪽의 의결권 있는 주식이 그 다른 쪽의 의결권 있는 주식에서 차지하는 비율(이하 이 항에서 "주주법인의주식소유비율"이라 한다)
  2. 주주법인의 의결권 있는 주식의 50% 미만을 어느 한쪽이 소유하고 있는 경우: 그 소유비율에 주주법인의주식소유비율을 곱한 비율
  3. 제1호 및 제2호를 적용할 때 주주법인이 둘 이상인 경우: 주주법인별로 제1호 및 제2호에 따라 계산한 비율을 더한 비율
  4. 어느 한쪽과 주주법인, 그리고 이들 사이의 하나 이상의 법인이 주식소유관계를 통하여 연결되어 있는 경우: 제1호부터 제3호까지의 계산방법을 준용하여 계산한 비율

매출액은 기업회계기준에 따라 작성한 손익계산서상의 매출액으로 계산하며 소득세 과세기간 또는 법인세 사업연도가 1년 미만인 소득세 과세기간 또는 법인세 사업연도의 매출액은 1년으로 환산한 매출액을 말한다.

2. 가업상속재산 공제의 적용 요건

가업상속은 피상속인 및 상속인이 다음의 요건을 모두 갖춘 경우에만 적용한다.[2136] 이 경우 가업상속이 이루어진 후에 가업상속 당시 최대주주 또는 최대출자자(최대주주등)에 해당하는 자[2137]의 사망으로 상속이 개시되는 경우는 적용하지 않는다.

가. 피상속인이 갖추어야 할 요건

피상속인은 ① 중소기업 또는 중견기업의 최대주주등인 경우로서 피상속인과 그의 특수관계인의 주식등을 합하여 해당 기업의 발행주식총수등의 100분의 50 이상을 10년 이상 계속하여 보유하여야 할 것(거래소에 상장되어 있는 법인이면 100분의 30), ② 가업의 영위기간 중 100분의 50 이상의 기간이나 10년 이상의 기간[2138] 또는 상속개시일부터 소급하여 10년 중 5년 이상의 기간 중 어느 하나에 해당하는 기간을 대표이사(대표이사등)[2139]로 재직할 것의 요건을 모두 갖추어야 한다.[2140]

나. 상속인이 갖추어야 할 요건

상속인이 ① 상속개시일 현재 18세 이상일 것, ② 상속개시일 전에 2년 이상 직접 가업에 종사하였을 것, 다만 피상속인이 65세 이전에 사망하거나 천재지변 및 인재 등 부득이한 사유로 사망한 경우는 제외, ③ 상속세과세표준 신고기한까지 임원으로 취임하고 상속세 신고기한부터

2136) 상속증여세법시행령 제15조 제3항.
2137) 가업상속을 받은 상속인은 제외한다.
2138) 상속인이 피상속인의 대표이사등의 직을 승계하여 승계한 날부터 상속개시일까지 계속 재직한 경우로 한정한다.
2139) 개인사업자인 경우 대표자를 말한다.
2140) 상속증여세법시행령 제15조 제3항 제1호.

2년 이내에 대표이사등으로 취임할 것의 요건을 모두 갖추어야 한다.[2141]

이 경우 상속인의 배우자가 ①부터 ③까지의 요건을 모두 갖춘 경우에는 상속인이 그 요건을 갖춘 것으로 본다. ②를 적용하는 데 있어 상속개시일 2년 전부터 가업에 종사한 경우로서 상속개시일부터 소급하여 2년에 해당하는 날부터 상속개시일까지의 기간 중 상속인이 법률의 규정에 의한 병역의무의 이행, 질병의 요양, 취학상 형편등으로 가업 또는 영농에 직접 종사할 수 없는 사유가 있는 경우에 따른 사유로 가업에 종사하지 못한 기간이 있는 경우에는 그 기간은 가업에 종사한 기간으로 본다.

3. 둘 이상 독립된 가업을 영위한 경우의 공제 순서

가업상속의 공제한도를 적용할 때 피상속인이 둘 이상의 독립된 가업을 영위한 경우에는 해당 기업 중 계속하여 경영한 기간이 긴 기업의 계속 경영기간에 대한 공제한도를 적용하며 상속세 과세가액에서 피상속인이 계속하여 경영한 기간이 긴 기업의 가업상속 재산가액부터 순차적으로 공제한다.

4. 중견기업의 가업상속재산 공제의 적용 배제

가. 가업상속공제의 적용 배제

가업이 중견기업에 해당하는 경우로서 가업을 상속받거나 받을 상속인의 가업상속재산 외에 받거나 받을 상속재산의 가액이 해당 상속인이 상속세로 납부할 금액에 대통령령으로 정하는 비율을 곱한 금액을 초과하면 해당 상속인이 받거나 받을 가업상속재산에 대해서는 가업상속에 따른 공제를 적용하지 않는다.[2142]

나. 대통령령으로 정하는 비율

2141) 상속증여세법시행령 제15조 제3항 제2호.
2142) 상속증여세법 제18조 제3항.

해당 상속인이 상속세로 납부할 금액에 대통령령으로 정하는 비율을 곱한 금액이란 가업상속인이 가업상속공제에 따른 가업상속공제를 받지 아니하였을 경우 해당 가업상속인이 납부할 의무가 있는 상속세액[2143]에 100분의 200을 곱한 금액을 말한다.[2144]

가업을 상속받거나 받을 상속인의 가업상속재산 외에 받거나 받을 상속재산의 가액은 가업상속인이 받거나 받을 상속재산[2145]의 가액에서 가업상속에 따라 해당 가업상속인이 부담하는 채무로서 채무부담계약서, 채권자확인서, 담보설정 및 이자지급에 관한 증빙등에 의하여 그 사실을 확인할 수 있는 서류등에 따라 증명되는 채무의 금액, ② 해당 가업상속인이 받거나 받을 가업상속 재산가액을 차감한 금액으로 한다.[2146]

5. 가업상속 재산가액

가업상속 재산가액이란 아래의 구분에 따라 상속인이 갖추어야 할 요건을 모두 갖춘 상속인(가업상속인)이 받거나 받을 상속재산의 가액을 말한다.[2147]

가. 소득세법을 적용받는 가업

소득세법을 적용받는 가업의 경우에는 가업에 직접 사용되는 토지, 건축물, 기계장치 등 사업용 자산의 가액에서 해당 자산에 담보된 채무액을 뺀 가액을 말한다.[2148]

나. 법인세법을 적용받는 가업

법인세법을 적용받는 가업의 경우에는 가업에 해당하는 법인의 주식등의 가액을 말한다.[2149]

2143) 상속증여세법 제3조의2 제1항 및 제2항에 따라 계산한 상속세를 말한다.
2144) 상속증여세법시행령 제15조 제7항.
2145) 상속증여세법 제13조에 따라 상속재산에 가산하는 증여재산 중 가업상속인이 받은 증여재산을 포함한다.
2146) 상속증여세법시행령 제15조 제6항.
2147) 상속증여세법시행령 제15조 제5항.
2148) 상속증여세법시행령 제15조 제5항 제1호.
2149) 상속증여세법시행령 제15조 제5항 제2호.

해당 주식등의 가액에 그 법인의 총자산가액[2150] 중 상속개시일 현재 ① 법인세법 제55조의2[2151]

[2150] 상속개시일 현재 상속증여세법 제4장에 따라 평가한 가액을 말한다.

[2151] 제55조의2(토지등 양도소득에 대한 과세특례) ① 내국법인이 다음 각 호의 어느 하나에 해당하는 토지, 건물(건물에 부속된 시설물과 구축물을 포함한다), 주택을 취득하기 위한 권리로서 「소득세법」 제88조 제9호에 따른 조합원입주권 및 같은 조 제10호에 따른 분양권(이하 이 조 및 제95조의2에서 "토지등"이라 한다)을 양도한 경우에는 해당 각 호에 따라 계산한 세액을 토지등 양도소득에 대한 법인세로 하여 제13조에 따른 과세표준에 제55조에 따른 세율을 적용하여 계산한 법인세액에 추가하여 납부하여야 한다. 이 경우 하나의 자산이 다음 각 호의 규정 중 둘 이상에 해당할 때에는 그중 가장 높은 세액을 적용한다. 〈개정 2014.1.1., 2014.12.23., 2020.8.18.〉

1. 다음 각 목의 어느 하나에 해당하는 부동산을 2012년 12월 31일까지 양도한 경우에는 그 양도소득에 100분의 10을 곱하여 산출한 세액
    가. 「소득세법」 제104조의2 제2항에 따른 지정지역에 있는 부동산으로서 제2호에 따른 주택(이에 부수되는 토지를 포함한다. 이하 이 항에서 같다)
    나. 「소득세법」 제104조의2 제2항에 따른 지정지역에 있는 부동산으로서 제3호에 따른 비사업용 토지
    다. 그 밖에 부동산가격이 급등하거나 급등할 우려가 있어 부동산가격의 안정을 위하여 필요한 경우에 대통령령으로 정하는 부동산
2. 대통령령으로 정하는 주택(이에 부수되는 토지를 포함한다) 및 주거용 건축물로서 상시 주거용으로 사용하지 아니하고 휴양·피서·위락 등의 용도로 사용하는 건축물(이하 이 조에서 "별장"이라 한다)을 양도한 경우에는 토지등의 양도소득에 100분의 20(미등기 토지등의 양도소득에 대하여는 100분의 40)을 곱하여 산출한 세액. 다만, 「지방자치법」 제3조 제3항 및 제4항에 따른 읍 또는 면에 있으면서 대통령령으로 정하는 범위 및 기준에 해당하는 농어촌주택(그 부속토지를 포함한다)은 제외한다.
3. 비사업용 토지를 양도한 경우에는 토지등의 양도소득에 100분의 10(미등기 토지등의 양도소득에 대하여는 100분의 40)을 곱하여 산출한 세액
4. 주택을 취득하기 위한 권리로서 「소득세법」 제88조 제9호에 따른 조합원입주권 및 같은 조 제10호에 따른 분양권을 양도한 경우에는 토지등의 양도소득에 100분의 20을 곱하여 산출한 세액
② 제1항 제3호에서 "비사업용 토지"란 토지를 소유하는 기간 중 대통령령으로 정하는 기간 동안 다음 각 호의 어느 하나에 해당하는 토지를 말한다. 〈개정 2013.1.1., 2014.12.23., 2015.7.24.〉
1. 논밭 및 과수원(이하 이 조에서 "농지"라 한다)으로서 다음 각 목의 어느 하나에 해당하는 것
    가. 농업을 주된 사업으로 하지 아니하는 법인이 소유하는 토지. 다만, 「농지법」이나 그 밖의 법률에 따라 소유할 수 있는 농지로서 대통령령으로 정하는 농지는 제외한다.
    나. 특별시, 광역시(광역시에 있는 군 지역은 제외한다. 이하 이 항에서 같다), 특별자치시(특별자치시에 있는 읍·면지역은 제외한다. 이하 이 항에서 같다), 특별자치도(「제주특별자치도 설치 및 국제자유도시 조성을 위한 특별법」 제10조 제2항에 따라 설치된 행정시의 읍·면지역은 제외한다. 이하 이 항에서 같다) 및 시 지역(「지방자치법」 제3조 제4항에 따른 도농(都農)복합형태의 시의 읍·면 지역은 제외한다. 이하 이 항에서 같다) 중 「국토의 계획 및 이용에 관한 법률」 제6조 제1호에 따른 도시지역(대통령령으로 정하는 지역은 제외한다. 이하 이 목에서 같다)에 있는 농지. 다만, 특별시, 광역시, 특별자치시, 특별자치도 및 시 지역의 도시지역에 편입된 날부터 대통령령으로 정하는 기간이 지나지 아니한 농지는 제외한다.
2. 임야. 다만, 다음 각 목의 어느 하나에 해당하는 것은 제외한다.
    가. 「산림자원의 조성 및 관리에 관한 법률」에 따라 지정된 채종림(採種林)·시험림, 「산림보호법」 제7조에 따른 산림보호구역, 그 밖에 공익상 필요하거나 산림의 보호·육성을 위하여 필요한 임야로서 대통령령으로 정하는 것
    나. 임업을 주된 사업으로 하는 법인이나 「산림자원의 조성 및 관리에 관한 법률」에 따른 독림가(篤林家)인 법인이 소유하는 임야로서 대통령령으로 정하는 것
    다. 토지의 소유자·소재지·이용상황·보유기간 및 면적 등을 고려하여 법인의 업무와 직접 관련이 있다고 인정할 만한 상당한 이유가 있는 임야로서 대통령령으로 정하는 것
3. 다음 각 목의 어느 하나에 해당하는 목장용지. 다만, 토지의 소유자·소재지·이용상황·보유기간 및 면적 등을 고려하여 법인의 업무와 직접 관련이 있다고 인정할 만한 상당한 이유가 있는 목장용지로서 대통령령으로 정하는 것은 제외한다.
    가. 축산업을 주된 사업으로 하는 법인이 소유하는 목장용지로서 대통령령으로 정하는 축산용 토지의 기준면적을 초과하거나 특별시, 광역시, 특별자치시, 특별자치도 및 시 지역의 도시지역(대통령령으로 정하는 지역은 제외한다. 이하 이 목에서 같다)에 있는 목장용지(도시지역에 편입된 날부터 대통령령으로 정하는 기간이 지나지 아니한 경우는 제외한다)

에 해당하는 자산, ② 법인세법시행령 제49조[2152]에 해당하는 자산 및 타인에게 임대하고 있는

　　나. 축산업을 주된 사업으로 하지 아니하는 법인이 소유하는 목장용지
4. 농지, 임야 및 목장용지 외의 토지 중 다음 각 목을 제외한 토지
　　가. 「지방세법」이나 관계 법률에 따라 재산세가 비과세되거나 면제되는 토지
　　나. 「지방세법」 제106조 제1항 제2호 및 제3호에 따른 재산세 별도합산과세대상 또는 분리과세대상이 되는 토지
　　다. 토지의 이용상황, 관계 법률의 의무이행 여부 및 수입금액 등을 고려하여 법인의 업무와 직접 관련이 있다고 인정할 만한 상당한 이유가 있는 토지로서 대통령령으로 정하는 것
5. 「지방세법」 제106조 제2항에 따른 주택 부속토지 중 주택이 정착된 면적에 지역별로 대통령령으로 정하는 배율을 곱하여 산정한 면적을 초과하는 토지
6. 별장의 부속토지. 다만, 별장에 부속된 토지의 경계가 명확하지 아니한 경우에는 그 건축물 바닥면적의 10배에 해당하는 토지를 부속토지로 본다.
7. 그 밖에 제1호부터 제6호까지에 규정된 토지와 유사한 토지로서 법인의 업무와 직접 관련이 없다고 인정할 만한 상당한 이유가 있는 대통령령으로 정하는 토지
③ 제1항 제3호를 적용할 때 토지를 취득한 후 법령에 따라 사용이 금지되거나 그 밖에 대통령령으로 정하는 부득이한 사유가 있어 비사업용 토지에 해당하는 경우에는 대통령령으로 정하는 바에 따라 비사업용 토지로 보지 아니할 수 있다.
④ 다음 각 호의 어느 하나에 해당하는 토지등 양도소득에 대하여는 제1항을 적용하지 아니한다. 다만, 미등기 토지등에 대한 토지등 양도소득에 대하여는 그러하지 아니하다.
1. 파산선고에 의한 토지등의 처분으로 인하여 발생하는 소득
2. 법인이 직접 경작하던 농지로서 대통령령으로 정하는 경우에 해당하는 농지의 교환 또는 분할·통합으로 인하여 발생하는 소득
3. 「도시 및 주거환경정비법」이나 그 밖의 법률에 따른 환지(換地) 처분 등 대통령령으로 정하는 사유로 발생하는 소득
⑤ 제1항 및 제4항에서 "미등기 토지등"이란 토지등을 취득한 법인이 그 취득에 관한 등기를 하지 아니하고 양도하는 토지등을 말한다. 다만, 장기할부 조건으로 취득한 토지등으로서 그 계약조건에 의하여 양도 당시 그 토지등의 취득등기가 불가능한 토지등이나 그 밖에 대통령령으로 정하는 토지등은 제외한다.
⑥ 토지등 양도소득은 토지등의 양도금액에서 양도 당시의 장부가액을 뺀 금액으로 한다. 다만, 비영리 내국법인이 1990년 12월 31일 이전에 취득한 토지등 양도소득은 양도금액에서 장부가액과 1991년 1월 1일 현재 「상속세 및 증여세법」 제60조와 같은 법 제61조 제1항에 따라 평가한 가액 중 큰 가액을 뺀 금액으로 할 수 있다. 〈개정 2014.12.23.〉
⑦ 제1항부터 제6항까지의 규정을 적용할 때 농지·임야·목장용지의 범위, 주된 사업의 판정기준, 해당 사업연도에 토지등의 양도에 따른 손실이 있는 경우 등의 양도소득 계산방법, 토지등의 양도에 따른 손익의 귀속사업연도 등에 관하여 필요한 사항은 대통령령으로 정한다.
⑧ 토지등을 2012년 12월 31일까지 양도함으로써 발생하는 소득에 대하여는 제1항 제2호 및 제3호를 적용하지 아니한다.

2152) 제49조(업무와 관련이 없는 자산의 범위 등) ① 법 제27조 제1호에서 "대통령령으로 정하는 자산"이란 다음 각 호의 자산을 말한다. 〈개정 1999.12.31., 2000.12.29., 2005.2.19., 2008.2.29., 2011.6.3.〉
　1. 다음 각 목의 1에 해당하는 부동산. 다만, 법령에 의하여 사용이 금지되거나 제한된 부동산, 「자산유동화에 관한 법률」에 의한 유동화전문회사가 동법 제3조의 규정에 의하여 등록한 자산유동화계획에 따라 양도하는 부동산 등 기획재정부령이 정하는 부득이한 사유가 있는 부동산을 제외한다.
　　가. 법인의 업무에 직접 사용하지 아니하는 부동산. 다만, 기획재정부령이 정하는 기간(이하 이 조에서 "유예기간"이라 한다)이 경과하기 전까지의 기간 중에 있는 부동산을 제외한다.
　　나. 유예기간 중에 당해 법인의 업무에 직접 사용하지 아니하고 양도하는 부동산. 다만, 기획재정부령이 정하는 부동산매매업을 주업으로 영위하는 법인의 경우를 제외한다.
　2. 다음 각 목의 1에 해당하는 동산
　　가. 서화 및 골동품. 다만, 장식·환경미화 등의 목적으로 사무실·복도 등 여러 사람이 볼 수 있는 공간에 상시 비치하는 것을 제외한다.
　　나. 업무에 직접 사용하지 아니하는 자동차·선박 및 항공기. 다만, 저당권의 실행 기타 채권을 변제받기 위하여 취득한 선박으로서 3년이 경과되지 아니한 선박 등 기획재정부령이 정하는 부득이한 사유가 있는 자동차·선박 및 항공기를 제외한다.
　　다. 기타 가목 및 나목의 자산과 유사한 자산으로서 당해 법인의 업무에 직접 사용하지 아니하는 자산

부동산,[2153] ③ 법인세법시행령 제61조 제1항 제2호[2154]에 해당하는 자산, ④ 과다보유현금,[2155] ⑤ 법인의 영업활동과 직접 관련이 없이 보유하고 있는 주식등, 채권 및 금융상품[2156]을 제외한 자산가액이 차지하는 비율을 곱하여 계산한 금액에 해당하는 것을 말한다.

6. 가업상속 증명 서류의 제출

가업상속을 받은 상속인은 가업상속에 해당함을 증명하기 위한 서류를 납세지 관할세무서장에게 제출하여야 한다.[2157] 가업상속공제를 받으려는 경우 ① 가업상속재산명세서, ② 최대주주 등에 해당하는 자임을 입증하는 서류, ③ 기타 상속인이 당해 가업에 직접 종사한 사실을 입증할 수 있는 서류를 상속세과세표준신고와 함께 제출해야 한다.

7. 정당한 사유 없는 경우의 상속세 부과

가. 상속세 부과와 가산세

가업상속에 따른 공제를 받은 상속인이 상속개시일부터 7년 이내에 대통령령으로 정하는 정당한 사유 등이 없이 요건 충족을 못 하는 경우 공제받은 금액에 해당 가업용 자산의 처분 비율(해당 가업용 자산의 100분의 20 이상을 처분한 경우만 해당)과 해당일까지의 기간을 고려하여 대통령령으로 정하는 율을 곱하여 계산한 금액을 상속개시 당시의 상속세 과세가액에 산입하여 상속세를 부과한다.[2158] 이 경우 대통령령으로 정하는 바에 따라 계산한 이자상당액을 그

---

② 제1항 제1호의 규정에 해당하는 부동산인지 여부의 판정 등에 관하여 필요한 사항은 기획재정부령으로 정한다. 〈개정 2008.2.29.〉

③ 법 제27조 제1호에서 "대통령령으로 정하는 금액"이란 제1항 각 호의 자산을 취득·관리함으로써 생기는 비용, 유지비, 수선비 및 이와 관련되는 비용을 말한다.

2153) 지상권 및 부동산임차권 등 부동산에 관한 권리를 포함한다.
2154) 61조(대손충당금의 손금산입) ① 2. 대여금: 금전소비대차계약 등에 의하여 타인에게 대여한 금액
2155) 상속개시일 직전 5개 사업연도 말 평균 현금(요구불예금 및 취득일부터 만기가 3개월 이내인 금융상품을 포함한다)보유액의 100분의 150을 초과하는 것을 말한다.
2156) 과다보유현금에 해당하는 것은 제외한다.
2157) 상속증여세법 제18조 제4항.
2158) 상속증여세법 제18조 제6항.

부과하는 상속세에 가산한다.

1) 가업용 자산의 범위

해당 가업용 자산의 100분의 20(상속개시일부터 5년 이내에는 100분의 10) 이상을 처분한 경우[2159]에서 가업용 자산이란 ① 소득세법을 적용받는 가업의 경우 가업에 직접 사용되는 토지, 건축물, 기계장치 등 사업용 자산, ② 법인세법을 적용받는 가업의 경우 가업에 해당하는 법인의 사업에 직접 사용되는 사업용 고정자산[2160]을 말한다.[2161]

2) 가업용 자산의 처분비율

가업용자산의 처분비율은 ① 상속개시일 현재 가업용자산의 가액에서 ② 가업용자산 중 처분[2162]한 자산의 상속개시일 현재의 가액이 차지하는 비율(자산처분비율)로 계산한다.[2163]

3) 대통령령으로 정하는 율

대통령령으로 정하는 율이란 ① 해당 가업용 자산의 100분의 20(상속개시일부터 5년 이내에는 100분의 10) 이상을 처분한 경우, 해당 상속인이 가업에 종사하지 아니하게 된 경우, 주식 등을 상속받은 상속인의 지분이 감소한 경우[2164]에 해당하는 경우 상속개시일부터 해당일까지의 기간, ② 정규직 근로자 수의 평균이 기준고용인원의 100분의 80에 미달하는 경우와 총급여액이 기준총급여액의 100분의 80에 미달하는 경우[2165] 상속이 개시된 소득세 과세기간 또는 법인세 사업연도의 말일부터 해당일까지의 기간, ③ 정규직 근로자의 수의 평균이 기준고용

2159) 상속증여세법 제18조 제6항 제1호 가목.
2160) 사업무관자산은 제외한다.
2161) 상속증여세법시행령 제15조 제9항.
2162) 사업에 사용하지 아니하고 임대하는 경우를 포함한다.
2163) 상속증여세법시행령 제15조 제10항.
2164) 상속증여세법 제18조 제6항 제1호 가목·나목 또는 다목.
2165) 상속증여세법 제18조 제6항 제1호 라목.

인원의 100분의 80에 미달하는 경우와 총급여액이 기준총급여액의 100분의 80에 미달하는 경우[2166] 상속이 개시된 소득세 과세기간 또는 법인세 사업연도의 말일부터 각 소득세 과세기간 또는 법인세 사업연도의 말일까지 각각 누적하여 계산한 정규직 근로자 수의 전체 평균 또는 같은 방식으로 계산한 총급여액의 전체 평균이 기준고용인원 또는 기준총급여액 이상을 충족한 기간 중 가장 긴 기간을 기준으로 아래의 기간별추징율 표에 따라 정한 율(기간별추징율)을 말한다.[2167]

다만 해당 가업용 자산의 100분의 20(상속개시일부터 5년 이내에는 100분의 10) 이상을 처분한 경우에 해당하는 때에는 자산처분비율[2168]에 기간별추징율을 곱한 율로 한다.

〈표-130 기간별추징율 표〉

기간	기간별추징율
5년 미만	100분의 100
5년 이상 7년 미만	100분의 80

4) 대통령령으로 정하는 방법에 따라 계산한 이자상당액

가업상속 공제를 받은 경우에 대통령령으로 정하는 방법에 따라 계산한 이자상당액이란 ① 정당한 사유 없는 경우의 상속세 산출방법에 따른 상속세액에, ② 당초 상속받은 가업상속재산에 대한 상속세 과세표준 신고기한의 다음 날부터 상속증여세법 제18조 제6항 각 호 또는 같은 조 제9항 제2호의 사유가 발생한 날까지의 기간과 ③ 상속증여세법 제18조 제6항 각 호 외의 부분 전단 또는 같은 조 제9항 제2호에 따른 상속세의 부과 당시의 국세기본법시행령 제43조의3 제2항[2169] 본문에 따른 이자율을 365로 나눈 율을 곱하여 계산한 금액을 말한다.[2170]

2166) 상속증여세법 제18조 제6항 제1호 마목.

2167) 상속증여세법시행령 제15조 제15항.

2168) 같은 목에 해당하여 상속세를 부과한 후 재차 같은 목에 해당하여 상속세를 부과하는 경우 종전에 처분한 자산의 가액은 제외하고 산정한다.

2169) ② 법 제52조 제1항에서 "대통령령으로 정하는 이자율"이란 시중은행의 1년 만기 정기예금 평균 수신금리를 고려하여 기획재정부령으로 정하는 이자율(이하 이 항에서 "기본이자율"이라 한다)을 말한다. 다만, 납세자가 법 제7장에 따른 이의신청, 심사청구, 심판청구, 「감사원법」에 따른 심사청구 또는 「행정소송법」에 따른 소송을 제기하여 그 결정 또는 판결에 따라 세무서장이 국세환급금을 지급하는 경우로서 그 결정 또는 판결이 확정된 날부터 40일 이후에 납세자에게 국세환급금을 지급하는 경우에는 기본이자율의 1.5배에 해당하는 이자율을 적용한다.

2170) 상속증여세법시행령 제15조 제16항.

나. 정당한 사유에 해당하는 경우

정당한 사유란 아래의 어느 하나에 해당하는 사유를 말한다.[2171]

1) 가업용 자산의 100분의 20 이상을 처분한 경우

① 가업용자산이 공익사업을 위한 토지 등의 취득 및 보상에 관한 법률, 그 밖의 법률에 따라 수용 또는 협의 매수되거나 국가 또는 지방자치단체에 양도되거나 시설의 개체, 사업장 이전 등으로 처분되는 경우,[2172] ② 가업용자산을 국가 또는 지방자치단체에 증여하는 경우, ③ 가업상속 받은 상속인이 사망한 경우, ④ 합병·분할, 통합, 개인사업의 법인전환 등 조직변경으로 인하여 자산의 소유권이 이전되는 경우,[2173] ⑤ 내용연수가 지난 가업용자산을 처분하는 경우, ⑥ 가업의 주된 업종 변경과 관련하여 자산을 처분하는 경우로서 변경된 업종을 가업으로 영위하기 위하여 자산을 대체 취득하여 가업에 계속 사용하는 경우, ⑦ 가업용 자산의 처분금액을 조세특례제한법 제10조에 따른 연구 및 인력개발비로 사용하는 경우의 어느 하나에 해당하는 경우는 정당한 사유에 해당한다.[2174]

2) 상속인이 가업에 종사하지 않게 된 경우

해당 상속인이 가업에 종사하지 않게 된 경우란 ① 가업상속 받은 상속인이 사망한 경우, ② 가업상속 받은 재산을 국가 또는 지방자치단체에 증여하는 경우, ③ 상속인이 법률에 따른 병역의무의 이행, 질병의 요양 등 기획재정부령으로 정하는 부득이한 사유에 해당하는 경우의 어느 하나에 해당하는 경우를 말한다.[2175] 다만 ① 상속인 또는 상속인의 배우자[2176]가 대표이사등으로 종사하지 않는 경우, ② 가업의 주된 업종을 변경하는 경우, ③ 해당 가업을 1년 이상 휴업

2171) 상속증여세법시행령 제15조 제8항.
2172) 처분자산과 같은 종류의 자산을 대체 취득하여 가업에 계속 사용하는 경우에 한한다.
2173) 다만 조직변경 이전의 업종과 같은 업종을 영위하는 경우로서 이전된 가업용자산을 그 사업에 계속 사용하는 경우에 한한다.
2174) 상속증여세법시행령 제15조 제8항 제1호.
2175) 상속증여세법시행령 제15조 제8항 제2호.
2176) 상속증여세법시행령 제15조 제3항 제2호 후단에 따라 요건을 충족하는 배우자를 말한다.

²¹⁷⁷⁾하거나 폐업하는 경우는 제외한다.²¹⁷⁸⁾

3) 상속인의 지분이 감소한 경우

주식 등을 상속받은 상속인의 지분이 감소한 경우로 ① 합병·분할 등 조직변경에 따라 주식등을 처분하는 경우,²¹⁷⁹⁾ ② 해당 법인의 사업확장 등에 따라 유상증자할 때 상속인의 특수관계인 외의 자에게 주식등을 배정함에 따라 상속인의 지분율이 낮아지는 경우,²¹⁸⁰⁾ ③ 상속인이 사망한 경우 사망한 자의 상속인이 원래 상속인의 지위를 승계하여 가업에 종사하는 경우, ④ 주식 등을 국가 또는 지방자치단체에 증여하는 경우, ⑤ 자본시장법 제390조 제1항²¹⁸¹⁾에 따른 상장규정의 상장요건을 갖추기 위해 지분을 감소시킨 경우,²¹⁸²⁾ ⑥ 주주 또는 출자자의 주식 및 출자지분의 비율에 따라서 무상으로 균등하게 감자하는 경우, ⑦ 채무자 회생 및 파산에 관한 법률에 따른 법원의 결정에 따라 무상으로 감자하거나 채무를 출자전환하는 경우의 어느 하나에 해당하는 경우를 말한다.²¹⁸³⁾

다. 정당한 사유 등에 해당하지 않는 경우

가업상속공제의 경우 가업상속 공제를 받은 후 ① 해당 가업용 자산의 100분의 20 이상을 처분한 경우로 상속개시일부터 5년 이내에는 100분의 10 이상을 처분한 경우, ② 해당 상속인이 가업에 종사하지 않게 된 경우, ③ 주식 등을 상속받은 상속인의 지분이 감소한 경우, ④ 각 소득세 과세기간 또는 법인세 사업연도의 대통령령으로 정하는 정규직 근로자 수의 평균이 상속이 개시된 소득세 과세기간 또는 법인세 사업연도의 직전 2개 소득세 과세기간 또는 법인세

2177) 실적이 없는 경우를 포함한다.
2178) 상속증여세법시행령 제15조 제8항 제2호.
2179) 처분 후에도 상속인이 합병법인 또는 분할신설법인 등 조직변경에 따른 법인의 최대주주등에 해당하는 경우에 한한다.
2180) 상속인이 최대주주등에 해당하는 경우에 한한다.
2181) 391조(공시규정) ① 거래소는 주권, 그 밖에 대통령령으로 정하는 증권을 상장한 법인(이하 이 조 및 제392조에서 "주권등상장법인"이라 한다)의 기업내용 등의 신고·공시 및 관리를 위하여 주권등상장법인 공시규정(이하 "공시규정"이라 한다)을 정하여야 한다. 이 경우 거래소가 개설·운영하는 둘 이상의 증권시장에 대하여 별도의 공시규정으로 정할 수 있다.
2182) 상속인이 최대주주등에 해당하는 경우에 한한다.
2183) 상속증여세법시행령 제15조 제11항 제2호.

사업연도의 정규직근로자 수의 평균(기준고용인원)의 100분의 80에 미달하는 경우 및 각 소득세 과세기간 또는 법인세 사업연도의 대통령령으로 정하는 총급여액이 상속이 개시된 소득세 과세기간 또는 법인세 사업연도의 직전 2개 소득세 과세기간 또는 법인세 사업연도의 총급여액의 평균(기준총급여액)의 100분의 80에 미달하는 경우에 모두 해당하는 경우, ⑤ 상속이 개시된 소득세 과세기간말 또는 법인세 사업연도말부터 7년간 정규직 근로자 수의 전체 평균이 기준고용인원에 미달하는 경우 및 상속이 개시된 소득세 과세기간말 또는 법인세 사업연도말부터 7년간 총급여액의 전체 평균이 기준총급여액에 미달하는 경우에 모두 해당하는 경우 중 어느 하나에 해당하게 된 경우를 말한다.[2184]

1) 대통령령으로 정하는 정규직 근로자

대통령령으로 정하는 정규직 근로자란 근로기준법에 따라 계약을 체결한 근로자를 말한다.[2185] 다만 ① 근로계약기간이 1년 미만인 근로자, ② 근로기준법에 따른 단시간근로자로서 1개월간의 소정근로시간이 60시간 미만인 근로자, ③ 소득세법에 따른 근로소득원천징수부에 따라 근로소득세를 원천징수한 사실이 확인되지 않고, ④ 국민연금법에 따른 사업장가입자의 사용자가 부담하는 부담금과 사업장가입자가 부담하는 기여금 및 국민건강보험법에 따른 직장가입자의 보험료의 납부사실도 확인되지 않는 자에 해당하는 사람은 제외한다.

2) 대통령령으로 정하는 총급여액

대통령령으로 정하는 총급여액이란 근로자에게 지급한 소득세법에 따른 ① 근로를 제공함으로써 받는 봉급·급료·보수·세비·임금·상여·수당과 이와 유사한 성질의 급여, ② 법인의 주주총회·사원총회 또는 이에 준하는 의결기관의 결의에 따라 상여로 받는 소득의 합계액을 말한다.[2186] 다만 해당 기업의 최대주주 또는 최대출자자 및 그와 친족관계[2187]인 근로자에 해당하는 사람을

2184) 상속증여세법 제18조 제6항 제1호.
2185) 상속증여세법시행령 제15조의 제13항.
2186) 상속증여세법시행령 제15조 제14항.
2187) 국세기본법시행령 제1조의2 제1항.

제외한다.

3) 정규직 근로자 수의 평균 계산

정규직 근로자 수의 평균은 각 소득세 과세기간 또는 법인세 사업연도의 매월 말일 현재의 정규직 근로자 수를 합하여 해당 소득세 과세기간 또는 법인세 사업연도의 월수로 나누어 계산한다.[2188]

4) 분할 또는 합병 시 근로자 수 및 총급여액의 계산

가업에 해당하는 법인이 분할하거나 다른 법인을 합병하는 경우 정규직 근로자 수 및 총급여액은 ① 분할에 따라 가업에 해당하는 법인의 정규직 근로자의 일부가 다른 법인으로 승계되어 근무하는 경우 그 정규직 근로자는 분할 후에도 가업에 해당하는 법인의 정규직 근로자로 보며, ② 합병에 따라 다른 법인의 정규직 근로자가 가업에 해당하는 법인에 승계되어 근무하는 경우 그 정규직 근로자는 상속이 개시되기 전부터 가업에 해당하는 법인의 정규직 근로자였던 것으로 보아 계산한다.[2189]

라. 조세포탈 등으로 징역형 또는 형이 확정된 경우

피상속인 또는 상속인이 가업의 경영과 관련하여 조세포탈 또는 회계부정 행위로 징역형 또는 대통령령으로 정하는 벌금형을 선고받고 그 형이 확정된 경우에는 아래에 따른다.[2190]
① 과세표준과 세율[2191]의 결정이 있기 전에 피상속인 또는 상속인에 대한 형이 확정된 경우에는 가업상속 공제를 적용하지 않는다.[2192] ② 가업상속 공제를 받은 후에 상속인에 대한 형이 확정된 경우 공제받은 금액을 상속개시 당시의 상속세 과세가액에 산입하여 상속세를 부과한

2188) 상속증여세법시행령 제15조 제17항.
2189) 상속증여세법시행령 제15조 제18항.
2190) 상속증여세법 제18조 제9항.
2191) 상속증여세법 제76조.
2192) 상속증여세법 제18조 제9항 제1호.

다. 이 경우 대통령령으로 정하는 바에 따라 계산한 이자상당액을 그 부과하는 상속세에 가산하며 가업상속에 따른 공제를 적용하지 않는다.[2193]

1) 조세포탈 또는 회계부정 행위

가업의 경영과 관련한 조세포탈 또는 회계부정 행위란 조세범 처벌법 제3조 제1항[2194] 또는 주식회사 등의 외부감사에 관한 법률 제39조 제1항[2195]에 따른 죄를 범하는 것을 말하며 상속개시일 전 10년 이내 또는 상속개시일부터 7년 이내의 기간 중의 행위로 한정한다.[2196]

2) 대통령령으로 정하는 벌금형

대통령령으로 정하는 벌금형이란 ① 조세포탈의 경우 조세범처벌법 제3조 제1항의 어느 하나에 해당하여 받은 벌금형,[2197] ② 회계부정의 경우 주식회사 등의 외부감사에 관한 법률 제39조 제1항[2198]에 따른 죄를 범하여 받은 벌금형 중 어느 하나에 해당하는 것을 말한다.[2199] 회계부정의 경우 재무제표상 변경된 금액이 자산총액의 100분의 5 이상인 경우로 한정한다.

[2193] 상속증여세법 제18조 제9항 제2호.
[2194] 제3조(조세 포탈 등) ① 사기나 그 밖의 부정한 행위로써 조세를 포탈하거나 조세의 환급·공제를 받은 자는 2년 이하의 징역 또는 포탈세액, 환급·공제받은 세액(이하 "포탈세액등"이라 한다)의 2배 이하에 상당하는 벌금에 처한다. 다만, 다음 각 호의 어느 하나에 해당하는 경우에는 3년 이하의 징역 또는 포탈세액등의 3배 이하에 상당하는 벌금에 처한다.
   1. 포탈세액등이 3억원 이상이고, 그 포탈세액등이 신고·납부하여야 할 세액(납세의무자의 신고에 따라 정부가 부과·징수하는 조세의 경우에는 결정·고지하여야 할 세액을 말한다)의 100분의 30 이상인 경우
   2. 포탈세액등이 5억원 이상인 경우
[2195] 제39조(벌칙) ①「상법」제401조의2 제1항 및 제635조 제1항에 규정된 자나 그 밖에 회사의 회계업무를 담당하는 자가 제5조에 따른 회계처리기준을 위반하여 거짓으로 재무제표를 작성·공시하거나 감사인 또는 그에 소속된 공인회계사가 감사보고서에 기재하여야 할 사항을 기재하지 아니하거나 거짓으로 기재한 경우에는 10년 이하의 징역 또는 그 위반행위로 얻은 이익 또는 회피한 손실액의 2배 이상 5배 이하의 벌금에 처한다.
[2196] 상속증여세법 제18조 제9항.
[2197] 상속증여세법시행령 제15조 제19항 가목.
[2198] 제39조(벌칙) ①「상법」제401조의2 제1항 및 제635조 제1항에 규정된 자나 그 밖에 회사의 회계업무를 담당하는 자가 제5조에 따른 회계처리기준을 위반하여 거짓으로 재무제표를 작성·공시하거나 감사인 또는 그에 소속된 공인회계사가 감사보고서에 기재하여야 할 사항을 기재하지 아니하거나 거짓으로 기재한 경우에는 10년 이하의 징역 또는 그 위반행위로 얻은 이익 또는 회피한 손실액의 2배 이상 5배 이하의 벌금에 처한다.
[2199] 상속증여세법시행령 제15조 제19항 나목.

마. 요건 충족을 못한 경우 등의 상속세 신고 납부

가업상속 공제를 받은 후 요건 충족을 못한 경우 또는 가업상속 공제를 받은 후에 상속인에 대한 형이 확정된 경우에 해당하는 상속인은 해당하게 되는 날이 속하는 달의 말일부터 6개월 이내에 납세지 관할세무서장에게 신고해야 한다.[2200] 다만 정규직 근로자의 수의 평균이 기준고용인원의 100분의 80에 미달하는 경우와 총급여액이 기준총급여액의 100분의 80에 미달하는 사유[2201]로 가업상속 공제를 받은 후 요건 충족을 못한 경우에는 해당 소득세 과세기간의 말일 또는 법인세 사업연도의 말일부터 6개월 이내 납세지 관할세무서장에게 신고해야 한다.

III. 배우자 상속공제

1. 배우자 상속공제 한도

거주자의 사망으로 상속이 개시되어 배우자가 실제 상속받은 금액의 경우 아래 계산식에 따라 산출한 금액과 30억원 중 작은 금액을 한도로 상속세 과세가액에서 공제한다.[2202] 다만 배우자가 실제 상속받은 금액이 없거나 상속받은 금액이 5억원 미만이면 5억원을 공제한다.[2203]

2200) 상속증여세법 제18조 제10항.
2201) 상속증여세법 제18조 제6항 제1호 라목.
2202) 상속증여세법 제19조 제1항.
2203) 상속증여세법 제19조 제4항.

⟨표-131 배우자 상속공제 한도금액의 계산⟩

구분		계산식
대통령령으로 정하는 상속재산의 가액[2204]	①	
상속재산 중 상속인이 아닌 수유자가 유증등을 받은 재산의 가액	②	
상속증여세법 제13조 제1항 제1호에 따른 재산가액	③	
민법 제1009조[2205]에 따른 배우자의 법정상속분(공동상속인 중 상속을 포기한 사람이 있는 경우에는 그 사람이 포기하지 않은 경우의 배우자 법정상속분을 말한다)	④	(① ② + ③) × ④ - ⑤ = ⑥
상속증여세법 제13조에 따라 상속재산에 가산한 증여재산 중 배우자가 사전증여받은 재산에 대한 상속증여세법 제55조 제1항에 따른 증여세 과세표준	⑤	
배우자 상속공제 한도금액	⑥	

2. 배우자상속재산분할기한

배우자 상속공제는 상속세과세표준신고기한의 다음 날부터 9개월이 되는 날(배우자상속재산분할기한)까지 배우자의 상속재산을 분할[2206]한 경우에 적용한다. 이 경우 상속인은 상속재산의 분할사실을 배우자상속재산분할기한까지 납세지 관할세무서장에게 신고하여야 한다.[2207] 다만 ① 상속인등이 상속재산에 대하여 상속회복청구의 소를 제기하거나 상속재산 분할의 심판을 청구한 경우, ② 상속인이 확정되지 아니하는 부득이한 사유등으로 배우자상속재산분할기한까지 배우자의 상속재산을 분할할 수 없는 경우 배우자상속재산분할기한[2208]의 다음 날부터 6개월이 되는 날[2209]까지 상속재산을 분할하여 신고하는 경우에는 배우자상속재산분할기한까지 분할한

[2204] "대통령령으로 정하는 상속재산의 가액"이란 상속으로 인하여 얻은 자산총액에서 다음 각 호의 재산의 가액을 뺀 것을 말한다. ⟨신설 2002.12.30., 2017.2.7.⟩
   1. 법 제12조의 규정에 의한 비과세되는 상속재산
   2. 법 제14조의 규정에 의한 공과금 및 채무
   3. 법 제16조의 규정에 의한 공익법인등의 출연재산에 대한 상속세과세가액 불산입 재산
   4. 법 제17조의 규정에 의한 공익신탁재산에 대한 상속세과세가액 불산입 재산

[2205] 제1009조(법정상속분) ① 동순위의 상속인이 수인인 때에는 그 상속분은 균분으로 한다.
   ② 피상속인의 배우자의 상속분은 직계비속과 공동으로 상속하는 때에는 직계비속의 상속분의 5할을 가산하고, 직계존속과 공동으로 상속하는 때에는 직계존속의 상속분의 5할을 가산한다.

[2206] 등기·등록·명의개서 등이 필요한 경우에는 그 등기·등록·명의개서 등이 된 것에 한정한다.

[2207] 상속증여세법 제19조 제2항.

[2208] 부득이한 사유가 소(訴)의 제기나 심판청구로 인한 경우에는 소송 또는 심판청구가 종료된 날로 한다.

[2209] 배우자상속재산분할기한의 다음 날부터 6개월이 지나 제76조에 따른 과세표준과 세액의 결정이 있는 경우에는 그 결정일을 말한다.

것으로 보며[2210] 상속인이 부득이한 사유를 배우자상속재산분할기한까지 납세지 관할세무서장에게 신고하는 경우에 한정한다.

Ⅳ. 그 밖의 인적공제

1. 자녀 등의 인적공제

거주자의 사망으로 상속이 개시되는 경우로서 ① 자녀 1명에 대해서는 5천만원, ② 배우자를 제외한 상속인 및 동거가족 중 미성년자에 대해서는 1천만원에 19세가 될 때까지의 연수[2211]를 곱하여 계산한 금액, ③ 배우자를 제외한 상속인 및 동거가족 중 65세 이상인 사람에 대해서는 5천만원, ④ 상속인 및 동거가족 중 장애인에 대해서는 1천만원에 상속개시일 현재 통계법 제18조에 따라 통계청장이 승인하여 고시하는 통계표에 따른 성별·연령별 기대여명의 연수[2212]를 곱하여 계산한 금액을 상속세 과세가액에서 공제한다.[2213]

이 경우 ①에 해당하는 사람이 ②에 해당하는 경우 또는 ④에 해당하는 사람이 ①부터 ③까지 또는 배우자 상속공제에 해당하는 경우에는 각각 그 금액을 합산하여 공제한다.

2. 동거가족의 의미

동거가족은 상속개시일 현재 피상속인이 사실상 부양하고 있는 배우자의 직계존속을 포함한 직계존비속 및 형제자매를 말한다.[2214]

3. 장애인의 범위

2210) 상속증여세법 제19조 제3항.
2211) 1년 미만의 기간은 1년으로 한다.
2212) 1년 미만의 기간은 1년으로 한다.
2213) 상속증여세법 제20조 제1항.
2214) 상속증여세법시행령 제18조 제1항.

장애인은 소득세법시행령 제107조 제1항 각 호의 1에 규정된 자로 장애인복지법에 따른 장애인 및 장애아동 복지지원법에 따른 장애아동[2215]을 말하며 장애인 공제를 받고자 하는 경우에는 장애인증명서를 상속세과세표준신고와 함께 납세지관할세무서장에게 제출하여야 한다.

V. 일괄공제

거주자의 사망으로 상속이 개시되는 경우에 상속인이나 수유자는 기초공제 2억원과 자녀 등의 인적공제에 따른 공제액을 합친 금액과 5억원 중 큰 금액으로 공제받을 수 있다.[2216] 다만 상속세과세표준신고 또는 국세기본법에 따른 기한후신고가 없는 경우에는 5억원을 공제한다.

피상속인의 배우자가 단독으로 상속받는 경우에는 기초공제와 자녀 등의 인적공제에 따른 공제액을 합친 금액으로만 공제한다.[2217]

VI. 금융재산 상속공제

1. 금융재산 상속공제 금액

거주자의 사망으로 상속이 개시되는 경우로서 상속개시일 현재 상속재산가액 중 대통령령으로 정하는 금융재산의 가액에서 대통령령으로 정하는 금융채무를 뺀 가액(순금융재산의 가액)이 있으면 ① 순금융재산의 가액이 2천만원을 초과하는 경우 순금융재산의 가액의 100분의 20 또는 2천만원 중 큰 금액, ② 순금융재산의 가액이 2천만원 이하인 경우 순금융재산의 가액을 상속세 과세가액에서 공제하며 그 금액이 2억원을 초과하면 2억원을 공제한다.[2218]

금융재산에는 대통령령으로 정하는 최대주주 또는 최대출자자가 보유하고 있는 주식등과 상

2215) 현재 기획재정부령으로 규정하고 있는 사항은 없다. 따라서 시행령에 따라 적용하여야 한다.
2216) 상속증여세법 제21조 제1항.
2217) 상속증여세법 제21조 제2항.
2218) 상속증여세법 제22조 제1항.

속세 과세표준 신고기한까지 신고하지 않은 타인 명의의 금융재산은 포함되지 않는다.[2219]

2. 대통령령으로 정하는 금융재산

대통령령으로 정하는 금융재산이란 금융회사등이 취급하는 예금·적금·부금·계금·출자금·신탁재산[2220]·보험금·공제금·주식·채권·수익증권·출자지분·어음등의 금전 및 유가증권과 그 밖에 기획재정부령으로 정하는 것을 말한다.[2221] 그 밖에 기획재정부령으로 정하는 것이란 ① 거래소에 상장되지 않은 주식 및 출자지분(주식등)으로서 금융기관이 취급하지 않은 것, ② 발행회사가 금융기관을 통하지 않고 직접 모집하거나 매출하는 방법으로 발행한 회사채에 해당하는 것을 말한다.[2222]

3. 대통령령으로 정하는 금융채무

대통령령으로 정하는 금융채무란 입증된 금융회사등에 대한 채무로 증명된 것이어야 한다. 상속재산의 가액에서 빼는 채무의 금액은 대통령령으로 정하는 방법에 따라 증명된 것을 말한다.

4. 대통령령으로 정하는 최대주주 또는 최대출자자

대통령령으로 정하는 최대주주 또는 최대출자자란 주주등 1인과 그의 특수관계인의 보유주식등을 합하여 그 보유주식등의 합계가 가장 많은 경우의 해당 주주등 1인과 그의 특수관계인 모두를 말한다.[2223]

5. 금융재산 상속 공제의 신고서의 제출

2219) 상속증여세법 제22조 제2항.
2220) 금전신탁재산에 한한다.
2221) 상속증여세법시행령 제19조 제1항.
2222) 상속증여세법시행규칙 제8조.
2223) 상속증여세법시행령 제19조 제2항.

금융재산 상속 공제를 받고자 하는 자는 기획재정부령이 정하는 금융재산상속공제신고서를 상속세과세표준신고와 함께 납세지관할세무서장에게 제출해야 한다.[2224]

제5절 과세표준과 세율

Ⅰ. 상속세 과세표준 및 과세최저한

상속세의 과세표준은 상속세 과세가액에서 ① 상속공제액, 상속재산의 감정평가 수수료 금액을 뺀 금액으로 한다.[2225] 과세표준이 50만원 미만이면 상속세를 부과하지 않는다.

Ⅱ. 상속재산 감정평가 수수료 공제

상속재산의 감정평가 수수료란 상속세를 신고 및 납부하기 위하여 상속재산을 평가하는데 드는 수수료로서 ① 감정평가업자의 평가에 따른 수수료,[2226] ② 평가심의위원회가 신용평가전문기관에 평가를 의뢰한 경우의 평가수수료, ③ 유형재산 평가에 대한 감정수수료에 해당하는 것을 말한다.[2227] 감정평가업자의 평가에 따른 수수료는 평가된 가액으로 상속세를 신고 및 납부하는 경우에 한해 적용된다는 점을 주의해야 한다. ①과 ③에 따른 수수료가 500만원을 초과하는 경우에는 500만원으로 하고 ②에 따른 수수료는 평가대상 법인의 수 및 평가를 의뢰한 신용평가전문기관의 수별로 각각 1천만원을 한도로 한다.[2228]

2224) 상속증여세법시행령 제19조 제3항.
2225) 상속증여세법 제25조.
2226) 상속세 납부목적용으로 한정한다.
2227) 상속증여세법시행령 제20조의3 제1항.
2228) 상속증여세법시행령 제20조의3 제3항.

Ⅲ. 상속세 세율

상속세는 상속세의 과세표준에 아래의 세율을 적용하여 계산한 금액으로 한다.[2229]

⟨표-132 과세표준 구분별 상속세 세율⟩

과세표준	세율
1억원 이하	과세표준의 100분의 10
1억원 초과 5억원 이하	1천만원 + (1억원을 초과하는 금액의 100분의 20)
5억원 초과 10억원 이하	9천만원 + (5억원을 초과하는 금액의 100분의 30)
10억원 초과 30억원 이하	2억 4천만원 + (10억원을 초과하는 금액의 100분의 40)
30억원 초과	10억 4천만원 + (30억원을 초과하는 금액의 100분의 50)

Ⅳ. 세대를 건너뛴 상속에 대한 할증과세

상속인이나 수유자가 피상속인의 자녀를 제외한 직계비속인 경우에는 상속세산출세액에 상속재산[2230] 중 그 상속인 또는 수유자가 받았거나 받을 재산이 차지하는 비율을 곱하여 계산한 금액의 100분의 30에 상당하는 금액을 가산한다.

피상속인의 자녀를 제외한 직계비속이면서 미성년자에 해당하는 상속인 또는 수유자가 받았거나 받을 상속재산의 가액이 20억원을 초과하는 경우에는 100분의 40에 상당하는 금액을 가산한다.[2231] 다만 민법 제1001조[2232]에 따른 대습상속의 경우에는 가산하지 않는다.

제6절 세액공제

2229) 상속증여세법 제26조.
2230) 상속증여세법 제13조에 따라 상속재산에 가산한 증여재산 중 상속인이나 수유자가 받은 증여재산을 포함한다.
2231) 상속증여세법 제27조.
2232) 제1001조(대습상속) 전조 제1항 제1호와 제3호의 규정에 의하여 상속인이 될 직계비속 또는 형제자매가 상속개시전에 사망하거나 결격자가 된 경우에 그 직계비속이 있는 때에는 그 직계비속이 사망하거나 결격된 자의 순위에 갈음하여 상속인이 된다.

Ⅰ. 증여세액 공제

1. 상속재산 가산 증여재산에 대한 증여세액 공제

상속재산에 가산한 증여재산[2233]에 대한 증여세액[2234]은 상속세산출세액에서 공제한다. 다만 상속세 과세가액에 가산하는 증여재산에 대하여 국세기본법 제26조의2 제4항 또는 제5항[2235]에 따른 기간의 만료로 인하여 증여세가 부과되지 않는 경우와 상속세 과세가액이 5억원 이하인 경우에는 공제하지 않는다.[2236]

2. 공제할 증여세액의 한도

공제할 증여세액은 상속세산출세액에 상속재산의 과세표준에 대하여 가산한 증여재산의 과

[2233] 상속증여세법 제13조.
[2234] 증여 당시의 그 증여재산에 대한 증여세산출세액을 말한다.
[2235] ④ 제1항 및 제2항에도 불구하고 상속세·증여세의 부과제척기간은 국세를 부과할 수 있는 날부터 10년으로 하고, 다음 각 호의 어느 하나에 해당하는 경우에는 15년으로 한다. 부담부증여에 따라 증여세와 함께 「소득세법」 제88조 제1호 각 목 외의 부분 후단에 따른 소득세가 과세되는 경우에 그 소득세의 부과제척기간도 또한 같다. 〈개정 2019.12.31.〉
  1. 납세자가 부정행위로 상속세·증여세를 포탈하거나 환급·공제받은 경우
  2. 「상속세 및 증여세법」 제67조 및 제68조에 따른 신고서를 제출하지 아니한 경우
  3. 「상속세 및 증여세법」 제67조 및 제68조에 따라 신고서를 제출한 자가 대통령령으로 정하는 거짓신고 또는 누락신고를 한 경우(그 거짓신고 또는 누락신고를 한 부분만 해당한다)
  ⑤ 납세자가 부정행위로 상속세·증여세(제7호의 경우에는 해당 명의신탁과 관련한 국세를 포함한다)를 포탈하는 경우로서 다음 각 호의 어느 하나에 해당하는 경우 과세관청은 제4항에도 불구하고 해당 재산의 상속 또는 증여가 있음을 안 날부터 1년 이내에 상속세 및 증여세를 부과할 수 있다. 다만, 상속인이나 증여자 및 수증자(受贈者)가 사망한 경우와 포탈세액 산출의 기준이 되는 재산가액(다음 각 호의 어느 하나에 해당하는 재산의 가액을 합친 것을 말한다)이 50억원 이하인 경우에는 그러하지 아니하다. 〈개정 2011.12.31., 2013.1.1., 2016.12.20., 2019.12.31.〉
  1. 제3자의 명의로 되어 있는 피상속인 또는 증여자의 재산을 상속인이나 수증자가 취득한 경우
  2. 계약에 따라 피상속인이 취득할 재산이 계약이행기간에 상속이 개시됨으로써 등기·등록 또는 명의개서가 이루어지지 아니하고 상속인이 취득한 경우
  3. 국외에 있는 상속재산이나 증여재산을 상속인이나 수증자가 취득한 경우
  4. 등기·등록 또는 명의개서가 필요하지 아니한 유가증권, 서화(書畵), 골동품 등 상속재산 또는 증여재산을 상속인이나 수증자가 취득한 경우
  5. 수증자의 명의로 되어 있는 증여자의 「금융실명거래 및 비밀보장에 관한 법률」 제2조 제2호에 따른 금융자산을 수증자가 보유하고 있거나 사용·수익한 경우
  6. 「상속세 및 증여세법」 제3조 제2호에 따른 비거주자인 피상속인의 국내재산을 상속인이 취득한 경우
  7. 「상속세 및 증여세법」 제45조의2에 따른 명의신탁재산의 증여의제에 해당하는 경우
[2236] 상속증여세법 제28조 제1항.

세표준이 차지하는 비율을 곱하여 계산한 금액을 한도로 한다.[2237]

II. 외국납부세액 공제

거주자의 사망으로 상속세를 부과하는 경우에 외국에 있는 상속재산에 대하여 외국의 법령에 따라 상속세를 부과받은 경우에는 그 부과받은 상속세에 상당하는 금액을 상속세산출세액에서 공제한다.[2238] 상속세산출세액에서 공제할 외국납부세액은 아래 계산식에 따라 계산한 금액으로 하며[2239] 그 금액이 외국의 법령에 따라 부과된 상속세액을 초과하는 경우에는 그 상속세액을 한도로 한다.

〈표-133 상속세산출세액에서 공제할 외국납부세액의 계산〉

구분		계산식
상속세산출세액	①	
외국의 법령에 따라 상속세가 부과된 상속재산의 과세표준[2240]	②	① × ② ÷ ③ = ④
상속증여세법 제25조 제1항에 따른 상속세의 과세표준	③	
공제할 외국납부세액	④	

III. 단기 재상속에 대한 세액공제

1. 상속세 상당액 공제

상속개시 후 10년 이내에 상속인이나 수유자의 사망으로 다시 상속이 개시되는 경우에는 전의 상속세가 부과된 상속재산 중 재상속되는 상속재산에 대한 전의 상속세 상당액을 상속세산

2237) 상속증여세법 제28조 제2항.
2238) 상속증여세법 제29조.
2239) 상속증여세법시행령 제21조 제1항.
2240) 해당 외국의 법령에 따른 상속세의 과세표준을 말한다.

출세액에서 공제한다.[2241] 전의 상속세가 부과된 상속재산에는 상속재산에 가산하는 증여재산 중 상속인이나 수유자가 받은 증여재산을 포함한다. 단기재상속에 대한 세액공제는 재상속된 각각의 상속재산별로 구분하여 계산한다.[2242] 공제되는 세액은 상속세 산출세액에서 상속재산에 가산한 증여재산에 대한 증여세액의 공제 및 공제되는 외국 납부세액을 차감한 금액을 한도로 한다.[2243]

2. 세액공제금액의 계산

공제되는 세액은 아래에 따라 계산한 금액으로 한다.[2244]

〈표-134 재상속 상속재산에 대한 전의 상속세 상당액의 계산〉

구분		계산식
전의 상속세 산출세액	①	
재상속분의 재산가액	②	
전의 상속세 과세가액	③	① × ② × ③ ÷ ④ ÷ ⑤ × ⑥ = ⑦
전의 상속재산가액	④	
전의 상속세 과세가액	⑤	
공제율	⑥	
세액공제금액	⑦	

〈표-135 공제율〉

재상속 기간	공제율	재상속기간	공제율
1년 이내	100분의 100	6년 이내	100분의 50
2년 이내	100분의 90	7년 이내	100분의 40
3년 이내	100분의 80	8년 이내	100분의 30
4년 이내	100분의 70	9년 이내	100분의 20
5년 이내	100분의 60	10년 이내	100분의 10

2241) 상속증여세법 제30조 제1항.
2242) 상속증여세법시행령 제22조.
2243) 상속증여세법 제30조 제3항.
2244) 상속증여세법 제30조 제2항.

IV. 신고세액 공제

상속세 과세표준을 신고한 경우에는 상속세산출세액에서 ① 상속증여세법 제74조에 따라 징수를 유예받은 금액, ② 상속증여세법 또는 다른 법률에 따라 산출세액에서 공제되거나 감면되는 금액을 공제한 금액의 100분의 3에 상당하는 금액을 공제한다.

제7절 상속세 과세표준신고

상속세 납부의무가 있는 상속인 또는 수유자는 상속개시일이 속하는 달의 말일부터 6개월 이내에 상속세의 과세가액 및 과세표준을 대통령령으로 정하는 바에 따라 납세지 관할세무서장에게 신고해야 한다. 피상속인이나 상속인이 외국에 주소를 둔 경우에는 신고 기간을 9개월로 한다.[2245]

신고기한까지 상속인이 확정되지 않은 경우에는 상속세의 과세가액 및 과세표준 신고와는 별도로 상속인이 확정된 날부터 30일 이내에 확정된 상속인의 상속관계를 적어 납세지 관할세무서장에게 제출해야 한다.[2246]

2245) 상속증여세법 제67조 제4항.
2246) 상속증여세법 제67조 제5항.

제9장
가상자산과 양도·대여 소득

제9장
가상자산과 양도·대여 소득

　가상자산 과세제도는 2022.1.1.부터 시행 예정이었으나 2021.12.8. 소득세법을 개정하여 2023.1.1.부터 시행하는 것으로 1년간 유예되었다. 가상자산 과세제도는 국내에서 처음 도입되어 시행되는 제도인 점을 고려하여 주요국의 과세제도에 대해 먼저 살펴본 후 시행 예정 과세제도에 대해 살펴보고자 한다.

제1절 가상자산 일반론

Ⅰ. 가상자산

　가상자산은 일반적으로 ① 가상화폐(virtual currency), ② 암호화폐(crypto currency) 등 다양한 용어로 지칭되고 있다.[2247] 암호자산은 블록체인(Block-chain, 분산원장)과 암호화 기술에 기반을 둔 자산을 뜻하며 가상자산은 실물의 발행 없이 가상으로 존재하는 자산을 뜻한다는 점에서 가상자산은 암호자산을 포괄하는 개념으로 볼 수 있다.[2248] 블록체인은 거래정보를 기록한 원장을 특정 기관의 중앙 서버가 아닌 P2P(Peer to Peer) 네트워크에 분산하여 공동으로 기록하고 관리하는 데이터 분산처리 기술을 뜻한다.[2249]

Ⅱ. 암호화폐의 유형

2247)　송병철, 「소득세법 일부개정법률안 검토보고(의안번호 제2103324호)」, 기획재정위원회, 2020, 267면.
2248)　입법조사처, 「일본의 가상자산(Virtual Assets) 이용자 보호 규율 강화」, 외국입법 동향과 분석 제38호, 2020; 송병철, 전게 보고서, 267면.
2249)　입법조사처, 전게 보고서, 2020; 송병철, 전게 보고서, 267면.

암호화폐의 가장 세분화된 계층 기준으로는 ① 목적, ② 효용, ③ 법적 지위, ④ 기초한 가치, ⑤ 기술적 단계에 따라 구분할 수 있으며 이러한 체계를 통해 암호화폐의 분류 적용이 가능할 수 있다.[2250]

Ⅲ. 암호화폐의 법적 성격

암호화폐는 복합적인 기능을 가지고 있어 법적 규정이 매우 어렵다는 특징을 가지고 있다.[2251] 법정통화가 아니지만 지급결제수단의 기능 수행하고 내재적 가치가 없으나 매매가 가능하다는 점에서 법적 지위를 정립하기 어렵다.[2252] 대법원[2253]은 비트코인은 경제적 가치를 디지털로 나타내어 전자적으로 이전과 저장 및 거래하도록 한 일종의 가상화폐이고 피고인이 고객으로부터 비트코인을 용역대가로 지급받아 재산적 가치가 있는 것으로 취급한 점을 고려 몰수대상인 재산적 가치가 있는 무형재산으로 판단하였다.

1. 지급결제수단의 기능과 통화

암호화폐는 지급결제수단의 기능을 수행하지만 특정 발행주체가 없고 국가에 의한 강제적 통용력이 부여되지 않아 통화로 분류할 수 없다.[2254]

2. 금융투자상품과 투자성

금융투자상품이란 이익을 얻거나 손실회피목적으로 현재 또는 장래 특정시점에 금전 등의 지급을 약정함으로써 얻는 권리로서 투자성이 있는 것으로 증권과 파생상품으로 구분된다. 증권은 발행자를 필수요건으로 하지만 대부분의 암호화폐는 발행자가 없으며 파생상품의 분류

2250) 신상화·홍성희·정훈, 「암호화폐 과세제도 및 과세인프라 연구」, 한국조세재정연구원 세법연구센터, 2018, 11면.
2251) 신상화·홍성희·정훈, 전게 논문, 22면.
2252) 신상화·홍성희·정훈, 전게 논문, 22면.
2253) 대법원 2018.5.30. 선고 2018도3619 판결.
2254) 정순섭, 「가상통화 및 블록체인 관련 공청회 발표문」, 가상통화거래에 관한 공청회, 2017.12.4. 2면; 신상화·홍성희·정훈, 전게 논문, 22면.

중 암호화폐와 부합하는 것이 없어 암호화폐를 현행 법률에 따른 금융투자상품으로 볼 수 없다.[2255]

3. 상품과 본원적인 내재가치

암호화폐가 매매의 대상이 되고 있는 점을 고려하면 상품의 성격을 가지고 있으나 본원적인 내재가치가 없다는 점에서 상품과 차이점이 있다.[2256] 상품은 매매의 대상이 될 수 있는 유형과 무형의 재산으로 일반적으로 내재가치가 있으나 암호화폐는 실물자산인 금과 비슷하지만 내재적 가치를 가지고 있지 않다는 점에서 상품과 차이가 있다.[2257]

4. 법정통화와의 교환 등과 재산가치

암호화폐는 내재가치를 가지고 있지 않지만 법정통화와 교환이 가능하고 일부 소매업장 등에서 지급결제수단으로 인정된다는 점을 고려하면 재산상의 가치를 부인할 수는 없다.[2258][2259]

제2절 주요국의 가상자산 과세제도

I. 미국

미국은 2014년 3월 가상화폐 과세지침을 마련 가상자산(virtual currency, 가상화폐)을 자산으로 규정하고 가상화폐 거래 등으로 인한 경제적 이득은 일반적인 유가증권 및 채권 거래에서 발생한 자본이득과 같이 자본이득세의 과세대상으로 명시하였다.[2260] 가상자산의 채굴

2255) 정순섭, 전게 발표문, 28면; 신상화·홍성희·정훈, 전게 논문, 23면.
2256) 김홍기, 「최근 디지털 가상화폐 거래의 법적 쟁점과 운용방안-비트코인 거래를 위주로-」, 증권법연구 15(3), 2014, 396면, 39면; 신상화·홍성희·정훈, 전게 논문, 24면.
2257) 신상화·홍성희·정훈, 전게 논문, 24면.
2258) 한정미·안수현, 『디지털사회 법제연구(Ⅰ)-가상통화 규제체계에 관한 연구-』, 한국법제연구원, 2017.8., 11면; 신상화·홍성희·정훈, 전게 논문, 24면.
2259) 정순섭, 『기술발전과 금융규제-지급결제서비스를 중심으로』, 금융경제연구원, 201.8., 29면; 신상화·홍성희·정훈, 전게 논문, 24면.
2260) 송병철, 전게 보고서, 269면.

(mining)은 ① 1회성 채굴활동에 따른 소득인 경우 기타소득, ② 영리 목적으로 계속적이고 반복적으로 수행하는 채굴활동은 사업소득, ③ 가상자산의 보유에 따른 차익은 가상화폐를 자산으로 규정해 자본이득으로 과세하고 있다.[2261]

Ⅱ. 일본

일본은 2019년 자금결제에 관한 법률과 금융상품취인법을 개정 가산자산의 명칭을 가상통화(virtual currency)에서 암호자산(crypto-asset)으로 변경하고 재산적 가치가 있는 지급결제수단으로서 화폐와 자산의 관점을 함께 사용하고 있다.[2262]

① 개인의 가상자산 거래로 발생한 이익은 소득세법에 따른 이자소득 등에 해당하지 않는 소득을 의미하는 잡소득(기타소득)으로 보아 7단계 누진세율(5~45%)로 종합과세하고 있다.[2263]
② 법인이 보유하고 있는 가상화폐에서 발생한 거래차익은 양도손익을 구성하며 양도 관련 약정일이 속하는 사업연도의 각 사업연도 소득금액으로 계상한다.[2264]

Ⅲ. 호주

호주는 가상자산을 자산으로 보아 가상자산의 채굴 또는 근로로 취득한 가상자산은 개인소득세로 과세하고 투자목적으로 보유한 가상화폐의 거래에서 발생한 이익은 자본이득세로 과세하고 있다.[2265]

Ⅳ. 주요국의 가상화폐 과세체계 비교

미국과 일본 및 호주의 가상화폐 과세체계를 비교하면 아래 표와 같다.[2266]

2261) 송병철, 전게 보고서, 269면.
2262) 송병철, 전게 보고서, 270면.
2263) 송병철, 전게 보고서, 270면.
2264) 송병철, 전게 보고서, 270면.
2265) 송병철, 전게 보고서, 270면, 271면.
2266) 국회예산정책처, 「4차 산업혁명에 따른 조세환경 변화와 정책 과제」, 2020.10.; 송병철, 전게 보고서, 271면.

<표-136 주요국의 가상화폐 과세체계 비교>

구분		미국	일본	호주
가상자산 명칭		가상화폐	암호자산	암호화폐
가상자산 성격		자산	재산적 가치가 있는 지급결제수단	자산
취득(채굴포함)	구분	개인소득세	잡소득 또는 사업소득	개인소득세
	과세여부	과세	과세	과세
	적용세율	7단계 누진세율 (10~37%)	7단계 누진세율 (5~45%)	5단계 누진세율 (0~45%)
거래등 양도차익	구분	자본이익	개인: 잡소득 법인: 양도차익	자본이익
	과세여부	과세	과세	과세
가상자산 판매와 구매	구분	-	소비세	소비세
	과세여부	비과세	비과세	비과세

Ⅴ. 주요국의 가상자산 과세현황

주요국의 가상자산 과세현황을 비교하면 아래 표와 같다.[2267]

<표-137 주요국의 가상자산 과세현황>

구분	가상자산 성격	분류	다른 소득과 합산 여부	세율
미국	자산	통상소득(1년 미만) 자본소득(1년 이상)	종합과세 분류과세	10~37%(1년 미만) 15%, 20%(1년 이상)
일본	지불수단	잡소득	종합과세	15~55% (지방세 10% 포함)
영국	투자자산	자본소득	분류과세	10%, 20%
프랑스	자산(동산)	자본소득	분류과세	19% 이상
독일	사적 자산	기타소득(1년 미만)	종합과세	최대 45%

제3절 특정금융정보법과 가상자산

Ⅰ. 가상자산의 정의

2267) 기획재정부, 「2020년 세법개정안 문답자료」, 2020.7.; 송병철, 전게 보고서, 274면.

특정 금융거래정보의 보고 및 이용 등에 관한 법률(특정금융정보법)에서는 가상자산을 경제적 가치를 지닌 것으로서 전자적으로 거래 또는 이전될 수 있는 전자적 증표[2268]로 정의하고 있다.

II. 가상자산의 범위에서 제외되는 것

① 화폐·재화·용역 등으로 교환될 수 없는 전자적 증표 또는 그 증표에 관한 정보로서 발행인이 사용처와 그 용도를 제한한 것, ② 게임산업진흥에 관한 법률에 따른 게임물의 이용을 통하여 획득한 유·무형의 결과물, ③ 전자금융거래법에 따른 선불전자지급수단 및 전자화폐, ④ 주식·사채 등의 전자등록에 관한 법률에 따른 전자등록주식등, ⑤ 전자어음의 발행 및 유통에 관한 법률에 따른 전자어음, ⑥ 상법에 따른 전자선하증권, ⑦ 거래의 형태와 특성을 고려하여 대통령령으로 정하는 것[2269]의 어느 하나에 해당하는 것은 제외한다.

III. 가상자산사업자

가상자산사업자란 가상자산과 관련하여 ① 가상자산을 매도 및 매수하는 행위, ② 가상자산을 다른 가상자산과 교환하는 행위, ③ 가상자산을 이전하는 행위 중 고객의 요청에 따라 가상자산의 매매, 교환, 보관 또는 관리 등을 위해 가상자산을 이전하는 모든 행위, ④ 가상자산을 보관 또는 관리하는 행위, ⑤ ①과 ②의 행위를 중개 또는 알선하거나 대행하는 행위, ⑥ 그 밖에 가상자산과 관련하여 자금세탁행위와 공중협박자금조달행위에 이용될 가능성이 높은 것으로서 고객의 요청에 따라 가상자산의 매매, 교환, 보관 또는 관리 등을 위해 가상자산을 이전하는 모든 행위의 어느 하나에 해당하는 행위를 영업으로 하는 자를 말한다.[2270]

가상자산사업자[2271]는 ① 상호 및 대표자의 성명, ② 사업장의 소재지, 연락처 등 대통령령으

[2268] 그에 관한 일체의 권리를 포함한다.
[2269] 제4조(가상자산의 범위) 법 제2조 제3호 사목에서 "대통령령으로 정하는 것"이란 다음 각 호의 것을 말한다.
　1.「전자금융거래법」제2조 제16호에 따른 전자채권
　2. 발행자가 일정한 금액이나 물품·용역의 수량을 기재하여 발행한 상품권 중 휴대폰 등 모바일기기에 저장되어 사용되는 상품권
　3. 그 밖에 제1호 및 제2호에 준하는 것으로서 거래의 형태와 특성을 고려하여 금융정보분석원의 장(이하 "금융정보분석원장"이라 한다)이 정하여 고시하는 것
[2270] 특정금융정보법 제2조 제1호 하목.
[2271] 이를 운영하려는 자를 포함한다.

로 정하는 사항[2272]을 금융정보분석원장에게 신고하여야 한다.[2273]

Ⅳ. 가상사업자의 신고 업무 위탁

금융정보분석원장은 가상자산사업자의 신고와 관련한 업무로서 대통령령으로 정하는 업무를 금융위원회의 설치 등에 관한 법률에 따른 금융감독원의 원장에게 위탁할 수 있다[2274].

제4절 가상자산 과세제도

Ⅰ. 가상자산의 정의

소득세법에서는 가상자산의 정의를 별도로 규정하지 않고 특정금융정보법에 따른 정의를 준용하고 있다.[2275]

Ⅱ. 소득 구분

[2272] 제10조의11(가상자산사업자의 신고) ① 법 제7조 제1항에 따라 신고를 하려는 자는 금융정보분석원장이 정하여 고시하는 신고서에 다음 각 호의 서류를 첨부하여 금융정보분석원장에게 제출해야 한다.
  1. 정관 또는 이에 준하는 업무운영규정
  2. 사업추진계획서
  3. 법 제5조의2 제1항 제3호 마목 2)에 따른 정보보호 관리체계 인증(이하 "정보보호관리체계인증"이라 한다)에 관한 자료
  4. 법 제7조 제3항 제2호 본문에 따른 실명확인이 가능한 입출금 계정(이하 "실명확인입출금계정"이라 한다)에 관한 자료
  5. 그 밖에 가상자산사업자의 신고를 위해 금융정보분석원장이 필요하다고 정하여 고시하는 자료
  ② 법 제7조 제1항 제2호에서 "사업장의 소재지, 연락처 등 대통령령으로 정하는 사항"이란 다음 각 호의 사항을 말한다.
  1. 사업장의 소재지 및 연락처
  2. 국적 및 성명(법인의 경우에는 대표자 및 임원의 국적 및 성명을 말한다)
  3. 전자우편주소 및 인터넷도메인 이름
  4. 호스트서버의 소재지
  5. 그 밖에 제1호부터 제4호까지에 준하는 사항으로서 금융정보분석원장이 정하여 고시하는 사항
  ③ 법 제7조 제2항에 따라 변경신고를 하려는 자는 신고한 사항이 변경된 날부터 30일 이내에 금융정보분석원장이 정하여 고시하는 변경신고서에 그 변경사항을 증명하는 서류를 첨부하여 금융정보분석원장에게 제출해야 한다.
[2273] 특정금융정보법 제7조 제1항.
[2274] 특정금융정보법 제7조 제8항.
[2275] 소득세법 제21조 제1항 제27호.

가상자산소득은 가상자산을 양도하거나 대여함으로써 발생하는 소득을 말하며 기타소득으로 구분 과세한다.

Ⅲ. 필요경비 계산

1. 필요경비의 계산

가상자산소득에 대해서는 그 양도되는 가상자산의 실제 취득가액과 부대비용을 필요경비로 한다.[2276] 해당 과세기간 전의 총수입금액에 대응하는 비용으로서 그 과세기간에 확정된 것에 대하여는 그 과세기간 전에 필요경비로 계상하지 않은 것만 그 과세기간의 필요경비로 본다.[2277]

2. 필요경비 계산 특례

가상자산소득의 필요경비를 계산할 때 2023년 1월 1일 전에 이미 보유하고 있던 가상자산의 취득가액은 2022년 12월 31일 당시의 시가와 그 가상자산의 취득가액 중에서 큰 금액으로 한다.[2278]

3. 기타소득금액의 계산

가상자산을 양도함으로써 발생하는 소득에 대한 기타소득금액을 산출하는 경우에는 먼저 거래한 것부터 순차적으로 양도(선입선출법)된 것으로 본다.[2279]

가. 필요경비 계산 특례에 따른 시가

2276) 소득세법 제37조 제1항 제3호.
2277) 소득세법 제37조 제3항.
2278) 소득세법 제37조 제5항.
2279) 소득세법시행령 제88조 제1항.

가상자산 과세제도의 시행이 연기되어 기존 소득세법시행령의 내용을 참고하면 아래와 같이 변경되어 적용될 것으로 예상한다.

2023.1.1. 이전에 이미 보유하고 있던 가상자산에 대한 2022.12.31. 당시의 시가는 ① 특정금융정보법에 따라 신고가 수리된 가상자산사업자 중 국세청장이 고시하는 사업자(시가고시가상자산사업자)가 취급하는 가상자산의 경우 각 시가고시가상자산사업자가 2023.1.1. 0시 현재 가상자산별로 공시한 가상자산 가격의 평균, ② ① 외의 경우 소득세법에 따른 가상자산사업자 등이 2023년 1월 1일 0시 현재 가상자산별로 공시한 가상자산 가격으로 한다.[2280]

나. 소득세법에 따른 가상자산사업자등

소득세법[2281]에 따른 가상자산사업자등이란 특정금융정보법에 따라 가상자산과 관련하여 ① 가상자산을 매도 및 매수하는 행위, ② 가상자산을 다른 가상자산과 교환하는 행위, ③ 가상자산을 이전하는 행위 중 대통령령으로 정하는 행위, ④ 가상자산을 보관 또는 관리하는 행위, ⑤ ①과 ②의 행위를 중개, 알선하거나 대행하는 행위, ⑥ 그 밖에 가상자산과 관련하여 자금세탁행위와 공중협박자금조달행위에 이용될 가능성이 높은 것으로서 대통령령으로 정하는 행위를 영업으로 하는 자인 가상자산사업자를 말한다.

다. 결정세액의 계산과 과세최저한

가상자산소득에 대한 결정세액은 해당 기타소득금액(가상자산소득금액)에서 250만원을 뺀 금액에 100분의 20을 곱하여 계산한 금액으로 한다.[2282] 해당 과세기간의 가상자산소득금액이 250만원 이하인 경우에 해당하면 그 소득에 대한 소득세를 과세하지 않는다.[2283]

2280) 소득세법시행령 제88조 제2항.
2281) 소득세법 제119조 제12호 타목.
2282) 소득세법 제64조의3.
2283) 소득세법 제84조 제3호.

라. 확정신고납부 및 가상자산 거래내역 등의 제출

가상자산소득이 있는 경우 해당 과세기간의 다음 연도 5월 1일부터 5월 31일까지 납세지 관할 세무서장에게 신고해야 한다.

마. 가상자산 거래내역 등의 제출

가상자산사업자는 가상자산 거래내역 등 소득세 부과에 필요한 자료를 거래가 발생한 날이 속하는 분기의 종료일의 다음다음 달 말일까지 납세지 관할 세무서장에게 제출해야 한다.[2284] 가상자산사업자는 해당 가상자산사업자를 통하여 가상자산을 양도 또는 대여한 사람별로 가상자산거래명세서를 본점 또는 주사무소 소재지 관할 세무서장에게 제출해야 한다.[2285]

[2284] 소득세법 제164조의4.
[2285] 소득세법시행령 제216조의4.

제10장

비거주자 및 외국법인의 국내원천 금융투자소득

제10장
비거주자 및 외국법인의 국내원천 금융투자소득

　비거주자 및 외국법인의 국내원천 금융투자소득에서는 비거주자의 국내 금융상품투자 등과 관련된 국내원천소득 과세제도 및 외국법인 국내원천소득 과세 특례 등에 대해 살펴보고자 한다.

　비거주자의 국내원천소득의 가장 큰 변화는 ① 2023.1.1.부터 시행되는 가상자산 소득을 국내원천 기타소득의 범위에 포함하였다는 것과 ② 2021.12.8. 개정 소득세법에서는 국외집합투자기구에 대한 실질귀속자 특례 규정을 개정하여 국내원천소득에 대하여 조세조약이 정하는 ⓐ 비과세, ⓑ 면제, ⓒ 제한세율을 적용받을 수 있는 요건을 충족하는 국외집합투자기구와 요건을 충족하지 못하는 국외투자기구에 대한 국내원천소득의 실질귀속자(Substantive owner)를 구체적으로 규정하였다는 것이다.

　더욱이 그동안 OECD 모델조세조약과 우리나라가 체결한 조세조약에 규정되어 있는 수익적소유자(Beneficial Owner)라는 용어를 국내 세법에 처음으로 포함하였다는 점에 의의가 있다. 다만 수익적소유자라는 용어의 정의 및 판단기준을 제시하고 있지 않아 해석 및 적용에 어려움이 예상된다.

　비거주자의 국내원천소득과 외국법인의 국내원천소득 과세제도의 이해를 위해서는 조세조약에 대한 최소한의 이해가 선행되어야 한다. 따라서 조세조약 일반론에 대해 알아본 후 과세제도 전반에 대해 살펴보고자 한다.

제1절 조세조약 일반론

　OECD(Organization for Economic Cooperation and Development) 회원국인 우리나라는 다른 나라와 조세조약을 체결하는 때에 OECD 모델조세조약에 따라야 한다. 비거주자 국내원천소득 과세제도는 ① OECD 모델조세조약(OECD Model Tax Convention on

Income and on capital) 및 OECD 모델조세조약 주석서(OECD Model Tax Convention on Income and on capital Commentary) 등, ② 우리나라가 다른 나라와 체결한 조세조약, ③ 국내 세법인 소득세법에 따른 비거주자 국내원천소득 과세제도에 따라 과세한다. 조세조약은 특별법으로 특별법 우선의 원칙에 따라 국내 세법에 우선하여 적용되므로 국내원천소득 과세제도의 적용에 있어 조세조약에 따른 규정을 먼저 살펴보아야 한다.

이러한 특징으로 인해 비거주자의 금융투자소득 과세제도의 이해를 위해서는 OECD 모델조세조약과 우리나라가 다른 나라와 체결한 조세조약에 대한 최소한의 이해가 필요하다. 아래에서는 조세조약과 관련된 사항에 대해 간략하게 살펴보고자 한다.

Ⅰ. 조세조약의 체결 목적과 혜택

1. 조세조약의 체결 목적

OECD 모델조세조약에 따르면 조세조약은 ① 이중과세와 ② 이중비과세의 창출을 목적으로 하지 않는다. 이중과세는 조세제도를 설계하는 데 있어 속인주의와 속지주의 중 어떤 적용기준을 적용하는지에 따라 발생하는 문제로 국가마다 서로 다른 기준을 적용하여 발생하며 조세조약은 이중과세의 방지를 주요 목적으로 하고 있다.[2286]

OECD 모델조세조약과 우리나라가 체결하고 있는 대부분의 조세조약에서는 ① 배당, ② 이자, ③ 사용료 소득에 대해 원천지 국가의 과세권을 제한하는 제한세율을 규정하고 있다. 거주지 국가에 배타적으로 과세할 권한이 부여된 부동산 양도소득을 제외한 양도소득의 경우 거주지 국가가 특정한 소득에 대해 과세하지 않는 때에 이중비과세 문제가 발생한다.[2287]

2. 조세조약의 혜택

조세조약의 혜택이란 원천지 국가에서 부과되는 세금의 ① 감면, ② 면제, ③ 과세이연, ④ 세

2286) 최준영, "조세조약상 수익적 소유자에 관한 연구", 고려대학교 박사학위 논문, 2019, 11면.
2287) 최준영, 전게 논문, 11면, 12면, 13면.

금환급 등의 모든 제한과 이중과세로부터의 구제 및 체약국의 거주자와 국적자의 보호를 포함한 조세조약에 따라 제공되는 모든 직간접적인 혜택을 의미하며 조세조약에 따른 요건을 충족하는 체약상대국의 거주자에 대해서만 혜택이 제공된다.[2288] 즉 조세조약은 제한세율의 적용과 배타적 과세권의 부여를 통해 조세조약을 체결한 체약국의 과세권을 제한하고 이러한 과세권의 제한으로 발생하는 혜택을 조세조약에 따른 혜택이라 한다.

한 체약국에서 발생한 ① 배당, ② 이자, ③ 사용료 소득의 경우 체약국의 과세권을 제한하며 수익적소유자에게 지급하는 때에는 조세조약에 따른 제한세율로 과세하도록 하여 과세를 제한하고, ④ 양도소득의 경우 다른 체약국의 거주자가 부동산을 양도하여 발생한 이익에 대해 체약국의 과세권을 제한하고 있다.

II. 조세조약상 수익적소유자

1. 수익적소유자

조세조약에서 사용되고 있는 수익적소유자라는 용어는 ① 이자, ② 사용료 소득에 대한 원천지 국가의 과세권을 제한하기 위한 목적으로 OECD 모델조세조약에 포함되었고 이후 ③ 배당소득에 추가되었으며 현재 우리나라를 비롯한 많은 국가의 조세조약에 포함되고 있다.[2289]

우리나라가 체결한 조세조약과 OECD 모델조세조약에서는 수익적소유자라는 용어를 포함하여 수익적 소유자인 경우에만 제한세율[2290]

[2288] 최준영, 전게 논문, 302면.

[2289] 최준영, 전게 논문, 1면.

[2290] 우리나라가 체결한 대부분의 조세조약에서는 배당소득의 경우 낮은 세율과 높은 세율 두 가지로 규정하고 있고 낮은 세율의 적용과 관련해 "소유"의 의미 해석의 문제가 발생하고 있다. 예를 들어 영국과의 조세조약 제10조 제2항에서는 "직접 또는 간접으로 지배하는 법인"으로 일본과의 조세조약 제10조 제2항에서는 "의결권 주식을 최소한 25% 소유하고 있는 법인"인 경우로만 규정하고 있을 뿐 "직접 소유 또는 간접 소유"를 구체적으로 규정하고 있지 않다. 그리고 벨기에와의 조세조약 제10조 제2항에서는 "수익적 소유자에 해당하는 경우 부과되는 조세는 배당총액의 15%를 초과하지 않는 것으로" 규정하고 있을 뿐 소유를 구체적으로 규정하고 있지 않으며 독일과의 조세조약 제10조 제2항에서는 "직접 소유하고 있는 법인"인 경우로 규정하고 있다.

살펴본 것과 같이 우리나라가 체결하고 있는 조세조약에서는 "직접 소유", "직접 소유 또는 간접 소유", "소유", "소유의 개념을 사용하지 않는 경우" 등 조세조약마다 다르게 규정하고 있다.

OECD 모델조세조약에서는 수익적 소유자가 365일의 기간 동안 배당금을 지급하는 회사 자본의 최소 25% 이상 "직접 소유"하는 경우로 규정하고 있고(OECD Model 2017 §10(1)) 주석서에서는 한 체약국의 회사가 다른 체약국의 회사 지분 25% 이상

[2291]이 적용되는 것으로 규정하고 있다. 다만 우리나라가 체결한 조세조약과 OECD 모델조세조약에서는 수익적 소유자라는 용어의 정의 및 판단기준을 명확하게 제공하고 있지 않다.[2292]

OECD 모델조세조약에서는 조세조약의 해석 및 적용에 있어 조약에 정의되지 않은 용어는 문맥에 따라 다르게 해석되지 않는 한 조세조약이 적용되는 조세에 관한 체약국의 국내법에 따른 의미를 가지며 그러한 의미는 다른 법률상 용어에 주어진 의미에 우선하는 세법상 의미에 따르는 것으로 통상적 의미의 기준을 제공하고 있다.[2293]

수익적소유자의 국내 세법상 의미는 법인세법 및 소득세법에 따른 실질귀속자라는 용어의 정의가 적용된다. 법인세법과 소득세법에서는 국내원천소득을 실질적으로 귀속받는 외국법인과 비거주자를 실질귀속자로 정의하고 있다.[2294] 다만 실질귀속자의 판단기준을 제시하고 있지 않아 납세자의 예측가능성과 법적안정성을 저해하는 문제가 있다.

일반적으로 수익적소유자는 펀드(Fund)인 집합투자기구, 특히 사모집합투자기구의 과세와 관련해 문제가 되고 있다.

2. 수익적소유자의 판단기준

앞서 언급한 것과 같이 법인세법과 소득세법에서는 수익적소유자 또는 실질귀속자의 판단기준을 명확하게 제시하고 있지 않아 납세자의 예측가능성과 법적안정성을 저해하는 문제가 있다. 현재 수익적소유자 또는 실질귀속자의 판단기준은 대법원 판례를 통해서 유추할 수 있다.

"직접 소유" 하는 경우 자회사가 외국의 모회사에 지급하는 소득은 이중과세를 피하고 국제투자를 촉진하기 위해 더 낮은 세율로 과세하는 것이 합리적이라고 하면서 모기업 거주지 국가에서 이러한 배당에 대해 세무상 어떻게 취급하는지에 달려 있다고 언급하고 있다.
대법원은 일본과의 조세조약 제10조에서 규정하고 있는 "소유"의 의미를 "직접 소유 또는 간접 소유"한 경우를 의미하는 것으로 판단하였다(대법원 2013.5.24. 선고 2013두659 판결). 판례에 따르면 조세조약에서 "소유" 또는 "직접 또는 간접 소유"에서 "소유"의 의미는 직접 소유뿐만 아니라 간접 소유를 포함하는 것으로 이해된다. 그러나 "직접 소유"로 규정하고 있는 경우 대법원 판례에서도 판시하고 있지 않아 "소유"의 의미를 어떻게 이해해야 하는지에 대한 의문이 여전히 남는다. 다만 "직접 소유"와 "간접 소유"라는 두 개념은 상대적으로 대비되는 개념이기 때문에 조세조약에서 "직접 소유"로 명확하게 규정하고 있는 경우에는 "간접 소유"를 포함하지 않는 것으로 이해하는 것이 합리적이라 생각된다.; 최준영, 전게 논문, 39면, 40면, 각주 59).

2291) 국세청 홈페이지 국제조세정보(https://www.nts.go.kr)에서는 우리나라와 조세조약을 체결한 국가와의 "조세조약상 제한세율 규정표"를 요약 정리해 제공하고 있다.
2292) 최준영, 전게 논문, 39면.
2293) OECD Model 2017 §3(2).
2294) 법인세법 제98조의4 제1항, 소득세법 제156조의2 제1항.

대법원[2295]의 수익적소유자 또는 실질귀속자의 판단기준과 과정을 보면 OECD 모델조세조약 주석서 및 주요국의 판례 등에서의 수익적소유자 판단기준을 그대로 적용하여 판결하고 있는 것으로 보인다.[2296] 판례에서는 명확하게 수익적소유자라고 언급하고 있지 않지만 ① 수령한 소득, ② 전달 또는 전달할 의무, ③ 사전에 약정된 현금흐름의 존재 여부, ④ 자금과 수령한 배당금에 대한 지배력, ⑤ 투자 또는 투자구조의 주요 목적, ⑥ 사업목적 및 경영활동, ⑦ 법률상 독립된 실체 등 OECD 모델조세조약 주석서 및 주요국의 판례에 따른 수익적소유자 판단기준을 적용하여 판단하고 있다.[2297]

OECD 모델조세조약과 주요국 그리고 대법원의 수익적소유자 판단기준에 비추어 보면 수익적소유자를 "국내원천소득을 실질적으로 귀속받는 외국법인과 비거주자가 국내원천소득과 관련하여 법적 또는 경제적 위험을 부담하고 귀속받은 국내원천소득을 제3국의 거주자에게 전달할 계약상 또는 법적 의무가 없이 ① 사용, ② 제한, ③ 처분할 수 있는 권리를 가지는 등 해당 소득을 향유(enjoy)하고 소유권을 실질적으로 보유하는 조세조약에 따른 혜택의 자격이 있는 체약상대국의 거주자"로 정의할 수 있다.[2298]

Ⅲ. 조세조약에 따른 제한세율

1. 우리나라와 영국이 체결한 조세조약

우리나라와 영국이 체결한 조세조약에서는 ① 배당(제10조), ② 이자(제11조), ③ 사용료(제12조) 소득에 대해 아래와 같이 규정하고 있고 우리나라가 체결하고 있는 조세조약에서는 같거나 비슷하게 규정하고 있다. 따라서 조세조약에 따라 제한세율의 적용대상이 되는 경우에는 제한세율을 적용하며 기타의 경우 국내 세법에 따른 비거주자 원천징수세율을 적용한다. 즉 국내

2295) 대법원 2012.1.19. 선고 2008두8499 전원합의체 판결, 대법원 2012.1.27. 선고 2010두5950 판결, 대법원 2012.10.25. 선고 2010두25466 판결, 대법원 2014.6.26. 선고 2012두11836 판결, 대법원 2014.7.10. 선고 2012두16466 판결, 대법원 2016.7.14. 선고 2015누2451 판결.
2296) 최준영, 전게 논문, 94면.
2297) 최준영, 전게 논문, 94면, 95면.
2298) 최준영, 전게 논문, 304면.

세법에 따른 비거주자 원천징수세율보다 낮은 조세조약에 따른 낮은 세율이 적용된다는 것이다.

2. 배당

① 일방체약국의 거주자인 법인이 타방체약국의 거주자에게 지급하는 배당에 대하여는 동 타방체약국에서 과세할 수 있다. ② 그러나 그러한 배당에 대하여는 배당을 지급하는 법인이 거주자로 되어 있는 체약국에서도 동 체약국의 법에 따라 과세할 수 있다. 다만 수취인이 배당의 수익적소유자인 경우 그렇게 부과되는 조세는 ⓐ 수익적소유자가 배당을 지급하는 법인 의결권의 최소한 25%를 직접 또는 간접으로 지배하는 법인(조합은 제외)인 경우에는 배당총액의 5%, ⓑ 기타의 모든 경우에는 배당총액의 15%를 초과할 수 없다.

3. 이자

① 일방체약국에서 발생하여 타방체약국의 거주자에게 지급되는 이자에 대하여는 동 타방체약국에서 과세할 수 있다. ② 그러나 그러한 이자는 그 이자가 발생하는 체약국에서도 동 체약국의 법에 따라 과세할 수 있다. 다만 수취인이 이자의 수익적 소유자인 경우 그렇게 부과되는 조세는 이자 총액의 10%를 초과할 수 없다. ③ 영국의 거주자가 지급받아 수익적으로 소유하는 한국에서 발생하는 이자는 영국 수출신용보증부가 제공 및 보증하였거나 또는 인수한 차관 그리고 보증 또는 인수한 여타 채권 또는 신용대부와 관련하여 지급되는 경우 한국의 조세로부터 면제된다. ④ ②의 규정에도 불구하고 일방체약국에서 발생하는 이자는 그 이자를 ⓐ 타방체약국의 정부, ⓑ 그 지방자치단체, ⓒ 동 타방체약국의 중앙은행 , ⓓ 동 정부나 동 중앙은행 또는 양자에 의하여 전적으로 소유되는 금융기관이 지급받아 수익적으로 소유하는 경우 동 일방체약국의 조세로부터 면제된다.

4. 사용료

① 일방체약국에서 발생하여 타방체약국의 거주자에게 지급되는 사용료에 대하여는 동 타방체약국에서 과세할 수 있다. ② 그러나 이러한 사용료는 그 사용료가 발생하는 체약국에서도 동

체약국의 법에 따라 과세될 수 있다. 다만 수취인이 사용료의 수익적 소유자인 경우 그렇게 부과되는 조세는 ⓐ 산업적, 상업적 또는 학술적 장비의 사용 또는 사용권에 대한 대가로서 지급되는 경우 사용료 총액의 2%, ⓑ 기타의 모든 경우 사용료 총액의 10%를 초과할 수 없다.

Ⅳ. 비거주자 국내원천소득 원천징수 시 주의할 점

비거주자 국내원천소득에 대한 원천징수를 하는 때에는 지방세법에 따른 주민세를 ① 소득세에 추가하여 과세할 수 있는 경우와 ② 추가로 과세할 수 없는 경우가 있다는 것을 주의해야 한다. 지방세를 추가로 과세할 수 없는 경우에는 규정된 총세율에 따라 산출된 금액을 100분의 110으로 나누어 산출된 금액을 소득세로 하고 소득세의 10%를 추가로 주민세로 원천징수하여야 한다.

제2절 비거주자의 국내원천소득

Ⅰ. 국내원천소득의 구분

비거주자의 국내원천소득은 국내원천 ① 이자소득, ② 배당소득, ③ 부동산소득, ④ 선박등임대소득, ⑤ 사업소득, ⑥ 인적용역소득, ⑦ 근로소득, ⑧ 퇴직소득, ⑨ 연금소득, ⑩ 부동산등양도소득, ⑪ 사용료소득, ⑫ 유가증권양도소득, ⑬ 기타소득으로 구분한다.[2299]

아래에서는 비거주자의 국내원천소득 중 금융투자소득 및 가상자산소득의 과세와 관계가 있는 ① 이자소득, ② 배당소득, ③ 부동산등양도소득, ④ 사용료소득, ⑤ 유가증권양도소득, ⑥ 기타소득에 대해서 살펴보고자 한다.

2299) 소득세법시행령 제119조 제1호.

II. 국내원천 이자소득

국내원천 이자소득이란 ① 국가·지방자치단체,[2300] 거주자·내국법인·외국법인의 국내사업장 또는 비거주자의 국내사업장으로부터 받는 소득과 ② 외국법인 또는 비거주자로부터 받는 소득으로서 그 소득을 지급하는 외국법인 또는 비거주자의 국내사업장과 실질적으로 관련하여 그 국내사업장의 소득금액을 계산할 때 손금 또는 필요경비에 산입되는 것에 해당하는 소득으로서 소득세법 제16조 제1항에서 규정하는 이자[2301]를 말한다.[2302] 다만 거주자 또는 내국법인의 국외사업장을 위하여 그 국외사업장이 직접 차용한 차입금의 이자는 제외한다.

III. 국내원천 배당소득

1. 배당소득의 범위

배당소득이란 내국법인 또는 법인으로 보는 단체나 그 밖의 국내에 소재하는 자로부터 받는 ① 파생결합사채로부터의 이익, ② 배당소득,[2303] ③ 집합투자증권의 환매등으로 발생한 이익 또는 적격집합투자기구로부터의 이익 중 대통령령으로 정하는 이익, ④ 파생결합증권으로부터의 이익 중 대통령령으로 정하는 이익, ⑤ 국제조세조정에 관한 법률 제13조[2304] 또는 제22조[2305]

[2300] 지방자치단체조합을 포함한다.
[2301] 같은 항 제2호의2 및 제7호의 소득은 제외한다.
[2302] 소득세법 제119조 제1호.
[2303] 같은 항 제6호에 따른 소득은 제외한다.
[2304] 제13조(소득처분 및 세무조정) ① 제6조, 제7조, 제9조, 제12조 및 제15조에 따라 내국법인의 익금(益金)에 산입(算入)된 금액이 대통령령으로 정하는 바에 따라 국외특수관계인으로부터 내국법인에 반환된 것임이 확인되지 아니하는 경우에는 그 금액은 「법인세법」 제67조에도 불구하고 대통령령으로 정하는 바에 따라 국외특수관계인에 대한 배당으로 처분하거나 출자로 조정한다.
② 제6조, 제7조, 제9조, 제12조 및 제15조에 따라 감액 조정된 거주자의 소득금액 중 국외특수관계인에게 반환되지 아니한 금액은 「법인세법」 제18조 제2호에 따라 익금에 산입하지 아니하는 소득으로 보아 내국법인의 익금에 산입하지 아니하거나 거주자(내국법인이 아닌 거주자를 말한다)의 소득금액으로 보지 아니한다.
③ 제1항과 제2항을 적용할 때 소득처분의 방법과 그 밖에 필요한 사항은 대통령령으로 정한다.
[2305] 제22조(출자금액 대비 과다차입금 지급이자의 손금불산입) ① 이 절에서 "국외지배주주"란 내국법인이나 외국법인의 국내사업장을 실질적으로 지배하는 다음 각 호의 구분에 따른 자를 말하며 그 세부 기준은 대통령령으로 정한다.
1. 내국법인의 경우: 다음 각 목의 어느 하나에 해당하는 자
가. 외국의 주주·출자자(이하 "외국주주"라 한다)

에 따라 배당으로 처분된 금액을 말한다.[2306]

2. 집합투자증권의 환매등 대통령령으로 정하는 이익

집합투자증권의 환매등으로 발생한 이익 또는 적격집합투자기구로부터의 이익 중 대통령령으로 정하는 이익이란 집합투자증권의 환매등으로 발생한 이익을 말한다.[2307] 다만 아래의 어느 하나에 해당하는 이익 또는 소득은 제외한다.[2308]

　　　나. 가목의 외국주주가 출자한 외국법인
　2. 외국법인의 국내사업장의 경우: 다음 각 목의 어느 하나에 해당하는 자
　　　가. 그 외국법인의 본점 또는 지점
　　　나. 그 외국법인의 외국주주
　　　다. 그 외국법인과 나목의 외국주주가 출자한 다른 외국법인
② 내국법인(외국법인의 국내사업장을 포함한다. 이하 이 절에서 같다)의 차입금 중 다음 각 호의 금액을 합한 금액이 해당 국외지배주주가 출자한 출자금액의 2배를 초과하는 경우에는 그 초과분에 대한 지급이자 및 할인료(이하 이 절에서 "이자등"이라 한다)는 그 내국법인의 손금(損金)에 산입하지 아니하며 대통령령으로 정하는 바에 따라 「법인세법」 제67조에 따른 배당 또는 기타사외유출로 처분된 것으로 본다. 이 경우 차입금의 범위와 출자금액 및 손금에 산입하지 아니하는 금액의 산정방법은 대통령령으로 정한다.
　1. 국외지배주주로부터 차입한 금액
　2. 국외지배주주의 「국세기본법」 제2조 제20호 가목 또는 나목에 따른 특수관계인으로부터 차입한 금액
　3. 국외지배주주의 지급보증(담보의 제공 등 실질적으로 지급을 보증하는 경우를 포함한다)에 의하여 제3자로부터 차입한 금액
③ 제2항에 따른 국외지배주주의 출자금액에 대한 차입금의 배수(倍數)는 업종의 특성 등에 따라 필요한 경우 업종별로 구분하여 따로 대통령령으로 정할 수 있다.
④ 내국법인이 제2항 각 호에 따라 차입한 금액의 규모 및 차입 조건이 특수관계가 없는 자 간의 통상적인 차입 규모 및 차입 조건과 같거나 유사한 것임을 대통령령으로 정하는 바에 따라 증명하는 경우 그 차입금에 대한 이자등에 대해서는 제2항 및 제3항을 적용하지 아니한다.
⑤ 제2항을 적용받는 내국법인이 각 사업연도 중에 지급한 이자등에 대하여 국외지배주주에 대한 소득세 또는 법인세를 원천징수한 경우에는 제2항에 따른 배당에 대한 소득세 또는 법인세를 계산할 때 이미 원천징수한 세액과 상계하여 조정한다.
⑥ 제2항부터 제5항까지의 규정을 적용할 때 서로 다른 이자율이 적용되는 이자등이 함께 있는 경우에는 높은 이자율이 적용되는 것부터 먼저 손금에 산입하지 아니한다.

2306)　소득세법 제119조 제2호.
2307)　소득세법시행령 제178조의13 제1항.
2308)　소득세법시행령 제178조의13 제1항 제1호.

① 소득법 제119조 제9호 나목[2309] 또는 같은 조 제11호[2310]에 따른 소득 중 주식 및 출자지분의 양도로 발생하는 소득,[2311] ② 자본시장법에 따른 상장지수집합투자기구로서 증권시장에서 거래되는 주식의 가격만을 기반으로 하는 지수의 변화를 그대로 추적하는 것을 목적으로 하는 집합투자기구의 집합투자증권을 양도하여 발생한 이익, ③ 증권시장에 상장된 집합투자기구[2312]의 집합투자증권을 양도하여 발생한 이익, ④ 적격집합투자기구에 해당하지 않는 집합투자기구의 집합투자증권을 양도하여 발생한 이익이 해당한다.

또한 소득세법시행령 제150조의7 제3항[2313]의 집합투자기구이익금 중 금융투자소득에 해당하는 부분으로부터 분배받은 금액을 포함한다.[2314]

3. 파생결합증권의 이익 중 대통령령으로 정하는 이익

파생결합증권으로부터의 이익 중 대통령령으로 정하는 이익이란 ① 파생결합증권으로부터 발생한 이익,[2315] ② 파생결합증권 중 자본시장법에 따른 기초자산의 가격·이자율·지표·단위 또

[2309] 나. 내국법인의 주식 또는 출자지분(주식·출자지분을 기초로 하여 발행한 예탁증서 및 신주인수권을 포함한다. 이하 이 장에서 같다) 중 양도일이 속하는 사업연도 개시일 현재 그 법인의 자산총액 중 다음의 가액의 합계액이 100분의 50 이상인 법인의 주식 또는 출자지분(이하 이 조에서 "부동산주식등"이라 한다)으로서 증권시장에 상장되지 아니한 주식 또는 출자지분. 이 경우 조세조약의 해석·적용과 관련하여 그 조세조약 상대국과 상호합의에 따라 우리나라에 과세권한이 있는 것으로 인정되는 부동산주식등도 전단의 부동산주식등에 포함한다.
   1) 제94조 제1항 제1호 및 제2호의 자산가액
   2) 내국법인이 보유한 다른 부동산 과다보유 법인의 주식가액에 그 다른 법인의 부동산 보유비율을 곱하여 산출한 가액. 이 경우 부동산 과다보유 법인의 판정 및 부동산 보유비율의 계산방법은 대통령령으로 정한다.

[2310] 11. 국내원천 유가증권양도소득: 다음 각 목의 어느 하나에 해당하는 주식·출자지분(증권시장에 상장된 부동산주식등을 포함한다) 또는 그 밖의 유가증권(「자본시장과 금융투자업에 관한 법률」 제4조에 따른 증권을 포함한다. 이하 같다)의 양도로 발생하는 소득으로서 대통령령으로 정하는 소득
   가. 내국법인이 발행한 주식 또는 출자지분과 그 밖의 유가증권
   나. 외국법인이 발행한 주식 또는 출자지분(증권시장에 상장된 것만 해당한다)
   다. 외국법인의 국내사업장이 발행한 그 밖의 유가증권

[2311] 소득세법시행령 제179조 제11항 각 호의 단서에 따라 국내원천 유가증권양도소득에서 제외하는 소득을 포함한다.

[2312] 이전 사업연도에 법인세법 제51조의2 제1항에 따른 배당가능이익 전체를 1회 이상 배당하지 않은 집합투자기구는 제외한다.

[2313] ③ 법 제87조의6 제1항 제4호에서 "대통령령으로 정하는 이익"이란 집합투자기구이익금 중 금융투자소득에 해당하는 부분으로부터 분배받은 금액을 말한다.

[2314] 소득세법시행령 제178조의13 제1항 제2호.

[2315] 다만, 당사자 일방의 의사표시에 따라 증권시장 또는 이와 유사한 시장으로서 외국에 있는 시장에서 매매거래되는 특정 주권의 가격이나 주가지수 수치의 변동과 연계하여 미리 정해진 방법에 따라 주권의 매매나 금전을 수수하는 거래를 성립시킬 수 있는 권리를 표시하는 증권 또는 증서로부터 발생한 이익은 제외한다.

는 이를 기초로 하는 지수 등의 변동과 연계하여 미리 정해진 방법에 따라 이익을 얻거나 손실을 회피하기 위한 계약상의 권리를 나타내는 것으로서 증권시장에 상장되어 거래되는 증권 또는 증서(상장지수증권)를 ⓐ 계좌 간 이체, ⓑ 계좌의 명의변경, ⓒ 상장지수증권의 실물양도의 방법으로 거래하여 발생한 이익[2316]을 말한다.[2317]

Ⅳ. 국내원천 부동산등양도소득

1. 부동산등양도소득의 범위

국내원천 부동산등양도소득은 ① 부동산등과 영업권 및 시설물 용권에 따른 자산 또는 권리, ② 내국법인의 주식 또는 출자지분[2318] 중 양도일이 속하는 사업연도 개시일 현재 그 법인의 자산총액 중 부동산등의 자산가액[2319]이 100분의 50 이상인 법인의 주식 또는 출자지분(부동산주식등)으로서 증권시장에 상장되지 않은 주식 또는 출자지분의 양도로 발생하는 소득을 의미하며 조세조약의 해석·적용과 관련하여 그 조세조약 상대국과 상호합의에 따라 우리나라에 과세권한이 있는 것으로 인정되는 부동산주식등도 포함한다.[2320]

2. 부동산 과다보유 법인의 부동산 보유비율 산정

다른 법인의 부동산 과다보유 법인의 판정은 아래 계산식에 따라 계산한 다른 법인의 부동산 보유비율이 100분의 50 이상에 해당하는지 여부에 따른다.[2321] 자산총액 및 자산가액의 계산에

2316) 다만, 증권시장에서 거래되는 주식의 가격만을 기반으로 하는 지수의 변화를 그대로 추적하는 것을 목적으로 하는 상장지수증권을 계좌 간 이체, 계좌의 명의변경 및 상장지수증권의 실물양도의 방법으로 거래하여 발생한 이익은 제외한다.
2317) 소득세법시행령 제178조의13 제2항.
2318) 주식·출자지분을 기초로 하여 발행한 예탁증서 및 신주인수권을 포함한다.
2319) 1) 제94조 제1항 제1호 및 제2호의 자산가액
   2) 내국법인이 보유한 다른 부동산 과다보유 법인의 주식가액에 그 다른 법인의 부동산 보유비율을 곱하여 산출한 가액. 이 경우 부동산 과다보유 법인의 판정 및 부동산 보유비율의 계산방법은 대통령령으로 정한다.
2320) 소득세법 제119조 제9호.
2321) 소득세법시행령 제179조 제9항.

관하여는 소득세법시행령 제158조 제4항[2322] 및 제5항[2323]을 준용하며 양도일은 양도일이 속하는 사업연도 개시일로 본다.[2324]

〈표-138 다른 법인의 부동산 보유비율〉

구분		계산식
다른 법인이 보유하고 있는 소득세법 제94조 제1항 제1호와 제2호에 따른 토지와 건물의 자산가액	①	① ÷ ② = ③
다른 법인의 총 자산가액	②	
부동산 보유비율	③	

Ⅴ. 국내원천 유가증권양도소득

1. 국내원천 유가증권양도소득의 범위

국내원천 유가증권양도소득이란 ① 내국법인이 발행한 주식 또는 출자지분과 그 밖의 유가증권, ② 외국법인이 발행한 주식 또는 출자지분,[2325] ③ 외국법인의 국내사업장이 발행한 그 밖의 유가증권에 해당하는 주식 또는 출자지분[2326] 또는 그 밖의 유가증권[2327]의 양도로 발생하는 소득으로서 대통령령으로 정하는 소득을 말한다.[2328]

2322) ④ 법 제94조 제1항 제4호 다목·라목 및 제2항의 자산총액은 해당 법인의 장부가액(「소득세법」 제94조 제1항 제1호에 따른 자산으로서 해당 자산의 기준시가가 장부가액보다 큰 경우에는 기준시가)에 따른다. 이 경우 다음 각 호의 금액은 자산총액에 포함하지 아니한다.
　　1. 「법인세법 시행령」 제24조 제1항 제2호 바목 및 사목에 따른 무형자산의 금액
　　2. 양도일부터 소급하여 1년이 되는 날부터 양도일까지의 기간 중에 차입금 또는 증자등에 의하여 증가한 현금·금융재산(「상속세 및 증여세법」 제22조의 규정에 의한 금융재산을 말한다) 및 대여금의 합계액

2323) ⑤ 제4항 각 호 외의 부분 전단에도 불구하고 자산총액을 계산할 때 동일인에 대한 「법인세법」 제28조 제1항 제4호 나목에 따른 가지급금 등과 가수금이 함께 있는 경우에는 이를 상계한 금액을 자산총액으로 한다. 다만, 동일인에 대한 가지급금 등과 가수금의 발생시에 각각 상환기간 및 이자율 등에 관한 약정이 있는 경우에는 상계하지 아니한다.

2324) 소득세법시행령 제179조 제14항.
2325) 증권시장에 상장된 것만 해당한다.
2326) 증권시장에 상장된 부동산주식등을 포함한다.
2327) 자본시장법 제4조에 따른 증권을 포함한다.
2328) 소득세법 제119조 제11호.

2. 대통령령으로 정하는 소득

그 밖의 유가증권의 양도로 발생하는 소득으로서 대통령령으로 정하는 소득이란 아래에 해당하는 소득을 말한다.[2329]

가. 주식등을 양도하여 발생하는 소득

비거주자가 주식 또는 출자지분을 양도함으로써 발생하는 소득을 의미한다. 다만 증권시장을 통하여 주식 또는 출자지분을 양도[2330]함으로써 발생하는 소득으로서 해당 양도자 및 그와 특수관계인[2331]이 해당 주식 또는 출자지분의 양도일이 속하는 연도와 그 직전 5년의 기간 중 계속하여 해당 주식 또는 출자지분을 발행한 법인의 발행주식총액 또는 출자총액[2332]의 100분의 25 미만을 소유한 경우를 제외한다.[2333] 비거주자가 투자기구[2334]를 통하여 내국법인 또는 외국법인[2335]의 주식을 취득하거나 출자(투자)한 경우 그 주식 소유비율 또는 출자비율(투자비율)은 아래에 따라 계산한다.[2336]

〈표-139 투자기구를 통한 소유비율 또는 출자비율의 계산〉

구분	투자비율
비거주자가 투자기구를 통한 투자(간접투자)만 한 경우	투자기구의 투자비율. 이 경우 2 이상의 투자기구를 통하여 투자한 경우 그 투자기구들의 투자비율을 각각 합하여 산출한다.
비거주자가 간접투자와 투자기구를 통하지 아니하는 직접 투자를 동시에 한 경우	다음 각 목에 따라 계산한 비율 중 큰 비율 가. 비거주자의 직접투자와 간접투자에 의한 투자비율을 각각 합한 비율. 이 경우 비거주자가 간접투자한 비율은 해당 비거주자가 투자기구에 투자한 비율과 투자기구의 투자비율을 곱하여 산출한다. 나. 투자기구의 투자비율. 이 경우 2 이상의 투자기구를 통하여 투자한 경우 그 투자기구들의 투자비율을 각각 합하여 산출한다.

2329) 소득세법시행령 제179조 제11항.
2330) 자본시장법 제78조에 따른 중개에 따라 주식을 양도하는 경우를 포함한다.
2331) 소득세법 제98조 제1항.
2332) 외국법인이 발행한 주식 또는 출자지분의 경우에는 증권시장에 상장된 주식 또는 출자지분의 총액.
2333) 소득세법시행령 제179조 제11항 제1호.
2334) 법인의 거주지국에서 조세목적상 주식 또는 출자지분의 양도로 발생하는 소득에 대하여 법인이 아닌 그 주주 또는 출자자가 직접 납세의무를 부담하는 경우를 말한다.
2335) 증권시장에 상장된 외국법인만 해당한다.
2336) 소득세법시행령 제19조 제18항.

구분	투자비율
비거주자가 간접투자와 투자기구를 통하지 아니하는 직접 투자(직접투자)를 동시에 한 경우	다음 각 목에 따라 계산한 비율 중 큰 비율 가. 비거주자의 직접투자와 간접투자에 의한 투자비율을 각각 합한 비율. 이 경우 비거주자가 간접투자한 비율은 해당 비거주자가 투자기구에 투자한 비율과 투자기구의 투자비율을 곱하여 산출한다. 나. 투자기구의 투자비율. 이 경우 2 이상의 투자기구를 통하여 투자한 경우 그 투자기구들의 투자비율을 각각 합하여 산출한다.

나. 국내사업장이 있는 비거주자의 유가증권 양도

국내사업장을 가지고 있는 비거주자가 주식 및 출자지분외의 유가증권을 양도함으로써 발생하는 소득을 말한다.[2337] 다만 당해 유가증권의 양도시에 국내원천 이자소득으로 과세되는 소득을 제외한다.

다. 국내사업장이 없는 비거주자의 유가증권 양도

국내사업장을 가지고 있지 않은 비거주자가 ① 내국법인, ② 거주자 또는 비거주자, ③ 외국법인의 국내사업장에 주식 또는 출자지분외의 유가증권을 양도함으로써 발생하는 소득이 해당한다.[2338]

다만 ① 유가증권의 양도 시에 국내원천 이자소득으로 과세되는 소득, ② 국내사업장이 없는 비거주자가 자본시장법에 따른 장내파생상품[2339]과 장외파생상품[2340]으로서 자본시장법시행령에 따른 위험회피목적의 거래[2341]에 해당하는 파생상품을 통하여 취득한 소득,[2342] ③ 국내사업장이 없는 비거주자가 자본시장법에 따라 국내사업장이 없는 ① 비거주자, ② 외국법인과 유가증권[2343] 대차거래를 하여 유가증권 차입자로부터 지급받는 배당 등의 보상금상당액은 국내원

2337) 소득세법시행령 제179조 제11항 제2호.
2338) 소득세법시행령 제179조 제11항 제3호.
2339) 자본시장법 제5조 제2항.
2340) 자본시장법 제5조 제3항.
2341) 자본시장법시행령 제186조의2.
2342) 소득세법시행령 제179조 제12항.
2343) 제102조에 따른 채권등은 제외한다.

천소득에 포함하지 않는다.[2344]

Ⅵ. 국내원천 기타소득

1. 국내원천 기타소득의 범위

국내원천 기타소득이란 ① 국내에 있는 부동산 및 그 밖의 자산 또는 국내에서 경영하는 사업과 관련하여 받은 보험금, 보상금 또는 손해배상금, ② 국내에서 지급하는 위약금 또는 배상금으로서 대통령령으로 정하는 소득, ③ 국내에서 지급하는 상금, 현상금, 포상금이나 그 밖에 이에 준하는 소득,[2345] ④ 국내에서 발견된 매장물로 인한 소득, ⑤ 국내법에 따른 면허·허가 또는 그 밖에 이와 유사한 처분에 따라 설정된 권리와 그 밖에 부동산 외의 국내자산을 양도함으로써 생기는 소득, ⑥ 국내에서 발행된 복권, 경품권 또는 그 밖의 추첨권에 당첨되어 받는 당첨금품과 승마투표권, 승자투표권, 소싸움경기투표권, 체육진흥투표권의 구매자가 받는 환급금, ⑦ 슬롯머신등을 이용하는 행위에 참가하여 받는 당첨금품등, ⑧ 법인세법 제67조[2346]에 따라 기타소득으로 처분된 금액, ⑨ 대통령령으로 정하는 특수관계에 있는 비거주자(국외특수관계인)가 보유하고 있는 내국법인의 주식 또는 출자지분이 대통령령으로 정하는 자본거래로 인하여 그 가치가 증가함으로써 발생하는 소득, ⑩ 국내의 연금계좌에서 연금 외 수령하는 금액으로서 그 소득의 성격에도 불구하고 연금외수령한 소득, ⑪ 사용지 기준 조세조약 상대국의 거주자가 소유한 특허권등으로서 국내에서 등록되지 아니하고 국외에서 등록된 특허권등을 침해하여 발생하는 손해에 대하여 국내에서 지급하는 손해배상금·보상금·화해금·일실이익 또는 그 밖에 이와

2344) 소득세법시행령 제179조 제17항.
2345) 다만, 소득세법 제12조 제5호 다목에서 규정하는 상금·부상은 제외한다.
2346) 제67조(소득처분) 다음 각 호의 법인세 과세표준의 신고·결정 또는 경정이 있는 때 익금에 산입하거나 손금에 산입하지 아니한 금액은 그 귀속자 등에게 상여(賞與)·배당·기타사외유출(其他社外流出)·사내유보(社內留保) 등 대통령령으로 정하는 바에 따라 처분한다.
   1. 제60조에 따른 신고
   2. 제66조 또는 제69조에 따른 결정 또는 경정
   3. 「국세기본법」 제45조에 따른 수정신고

유사한 소득,[2347] ⑫ 가상자산소득, ⑬ 앞의 규정 외에 국내에서 하는 사업이나 국내에서 제공하는 인적용역 또는 국내에 있는 자산과 관련하여 받은 경제적 이익으로 인한 소득[2348] 또는 이와 유사한 소득으로서 대통령령으로 정하는 소득을 말한다.[2349]

2. 계약의 위약 또는 해약으로 지급받는 손해배상

국내에서 지급하는 위약금 또는 배상금으로서 대통령령으로 정하는 소득이란 재산권에 관한 계약의 위약 또는 해약으로 인하여 지급받는 손해배상으로서 그 명목 여하에 불구하고 본래의 계약내용이 되는 지급자체에 대한 손해를 넘어 배상받는 금전 또는 기타 물품의 가액을 말한다.[2350]

3. 비거주자의 국외특수관계인의 범위

대통령령으로 정하는 특수관계에 있는 비거주자란 ① 거주자 또는 내국법인과 국제조세조정에 관한 법률 시행령(국제조세조정법시행령) 제2조 제2항[2351]에 따른 특수관계에 있거나, ② 비

2347) 해당 특허권등에 포함된 제조방법·기술·정보 등이 국내에서의 제조·생산과 관련되는 등 국내에서 사실상 실시되거나 사용되는 것과 관련되어 지급하는 소득으로 한정한다.
2348) 국가 또는 특별한 법률에 따라 설립된 금융회사등이 발행한 외화표시채권의 상환에 따라 받은 금액이 그 외화표시채권의 발행가액을 초과하는 경우에는 그 차액을 포함하지 아니한다.
2349) 소득세법시행령 제179조 제2항
2350) 소득세법시행령 제179조 제13항.
2351) ② 법 제2조 제1항 제3호에 따른 특수관계는 다음 각 호의 어느 하나에 해당하는 관계로 한다.
  1. 법 제2조 제1항 제3호 가목에 따른 관계: 다음 각 목의 어느 하나에 해당하는 관계
    가. 거주자·내국법인 또는 국내사업장을 두고 있는 외국법인이 다른 외국법인의 의결권 있는 주식(출자지분을 포함한다. 이하 같다)의 50% 이상을 직접 또는 간접으로 소유한 경우 그 거주자·내국법인 또는 국내사업장과 다른 외국법인의 관계
    나. 외국에 거주하거나 소재하는 자가 내국법인 또는 국내사업장을 두고 있는 외국법인의 의결권 있는 주식의 50% 이상을 직접 또는 간접으로 소유한 경우 그 자와 내국법인 또는 국내사업장의 관계
  2. 법 제2조 제1항 제3호 나목에 따른 관계: 내국법인 또는 국내사업장을 두고 있는 외국법인의 의결권 있는 주식의 50% 이상을 직접 또는 간접으로 소유하고 있는 제3자와 그의 친족등이 다른 외국법인의 의결권 있는 주식의 50% 이상을 직접 또는 간접으로 소유한 경우 그 내국법인 또는 국내사업장과 다른 외국법인의 관계
  3. 법 제2조 제1항 제3호 다목에 따른 관계: 거래 당사자가 거주자·내국법인 또는 국내사업장과 비거주자·외국법인 또는 이들의 국외사업장이고, 거래 당사자 한쪽이 다음 각 목의 어느 하나의 방법으로 다른 쪽의 사업 방침 전부 또는 중요한 부분을 실질적으로 결정할 수 있는 경우 그 거래 당사자 간의 관계
    가. 다른 쪽 법인의 대표임원이나 전체 임원 수의 절반 이상에 해당하는 임원이 거래 당사자 한쪽 법인의 임원 또는 종업원의 지위에 있거나 사업연도 종료일부터 소급하여 3년 이내에 거래 당사자 한쪽 법인의 임원 또는 종업원의 지위에 있었을 것

거주자 또는 외국법인과 소득세법시행령 제26조의2 제2항 제1호 가목[2352] 또는 나목[2353]에 따른 특수관계에 해당하는 비거주자를 말한다.[2354]

4. 자본거래로 인하여 그 가치가 증가한 소득

대통령령으로 정하는 자본거래로 인하여 그 가치가 증가함으로써 발생하는 소득이란 법인세법시행령 제88조 제1항 제8호[2355]의 어느 하나 또는 같은 항 제8호의2[2356]에 해당하는 거래로 인하여 주주등인 비거주자가 제15항 각 호에 따른 특수관계에 있는 다른 주주등으로부터 이익을 분여 받아 발생한 소득을 말한다.[2357]

나. 거래 당사자 한쪽이 조합이나 신탁을 통하여 다른 쪽의 의결권 있는 주식의 50% 이상을 소유할 것
다. 다른 쪽이 사업활동의 50% 이상을 거래 당사자 한쪽과의 거래에 의존할 것
라. 다른 쪽이 사업활동에 필요한 자금의 50% 이상을 거래 당사자 한쪽으로부터 차입하거나 거래 당사자 한쪽에 의한 지급보증을 통하여 조달할 것
마. 다른 쪽이 사업활동의 50% 이상을 거래 당사자 한쪽으로부터 제공되는 지식재산권에 의존할 것
4. 법 제2조 제1항 제3호 라목에 따른 관계: 거래 당사자가 거주자·내국법인 또는 국내사업장과 비거주자·외국법인 또는 이들의 국외사업장이고, 제3자가 다음 각 목의 어느 하나의 방법으로 거래 당사자 양쪽의 사업 방침을 실질적으로 결정할 수 있는 경우 그 거래 당사자 간의 관계
  가. 제3자가 거래 당사자 한쪽의 의결권 있는 주식의 50% 이상을 직접 또는 간접으로 소유하고, 다른 쪽 사업 방침의 전부 또는 중요한 부분을 제3호 각 목의 어느 하나의 방법으로 실질적으로 결정할 수 있을 것
  나. 제3자가 거래 당사자 양쪽의 사업 방침 전부 또는 중요한 부분을 제3호 각 목의 어느 하나의 방법으로 실질적으로 결정할 수 있을 것
  다. 거래 당사자 한쪽이 「독점규제 및 공정거래에 관한 법률 시행령」 제3조 각 호의 어느 하나에 해당하는 기업집단에 속하는 계열회사이고, 그 기업집단 소속의 다른 계열회사가 다른 쪽의 의결권 있는 주식의 50% 이상을 직접 또는 간접으로 소유할 것

2352) 가. 비거주자와 그의 배우자·직계혈족 및 형제자매인 관계
2353) 나. 일방이 타방의 의결권 있는 주식의 100분의 50 이상을 직접 또는 간접으로 소유하고 있는 관계
2354) 소득세법시행령 제179조 제15항.
2355) 8. 다음 각 목의 어느 하나에 해당하는 자본거래로 인하여 주주등(소액주주등은 제외한다. 이하 이 조에서 같다)인 법인이 특수관계인인 다른 주주등에게 이익을 분여한 경우
  가. 특수관계인인 법인간의 합병(분할합병을 포함한다)에 있어서 주주등이 시가보다 높거나 낮게 평가하여 불공정한 비율로 합병한 경우. 다만, 「자본시장과 금융투자업에 관한 법률」 제165조의4에 따라 합병(분할합병을 포함한다)하는 경우는 제외한다.
  나. 법인의 자본(출자액을 포함한다)을 증가시키는 거래에 있어서 신주(전환사채·신주인수권부사채 또는 교환사채 등을 포함한다. 이하 이 목에서 같다)를 배정·인수받을 수 있는 권리의 전부 또는 일부를 포기(그 포기한 신주가 「자본시장과 금융투자업에 관한 법률」 제9조 제7항에 따른 모집방법으로 배정되는 경우를 제외한다)하거나 신주를 시가보다 높은 가액으로 인수하는 경우
  다. 법인의 감자에 있어서 주주등의 소유주식등의 비율에 의하지 아니하고 일부 주주등의 주식등을 소각하는 경우
2356) 8의2. 제8호 외의 경우로서 증자·감자, 합병(분할합병을 포함한다)·분할, 「상속세 및 증여세법」 제40조 제1항에 따른 전환사채등에 의한 주식의 전환·인수·교환 등 자본거래를 통해 법인의 이익을 분여하였다고 인정되는 경우. 다만, 제19조 제19호의2 각 목 외의 부분에 해당하는 주식매수선택권등 중 주식매수선택권의 행사에 따라 주식을 발행하는 경우는 제외한다.
2357) 소득세법시행령 제179조 제15항.

5. 가상자산소득

가상자산소득에는 비거주자가 가상자산사업자 또는 이와 유사한 사업자(가상자산사업자등)가 보관 및 관리하는 가상자산을 인출하는 경우 인출시점을 양도시점으로 보아 가상자산을 인출하는 시점에 해당 가상자산을 양도한 것으로 보아 소득세법 제126조 제1항 제3호[2358]에 따라 계산한 가상자산소득금액을 포함한다.[2359]

제3절 국외투자기구에 대한 실질귀속자 특례

I. 실질귀속자의 정의

실질귀속자란 국내원천소득과 관련하여 법적 또는 경제적 위험을 부담하고 그 소득을 처분할 수 있는 권리를 가지는 등 해당 소득에 대한 소유권을 실질적으로 보유하고 있는 자를 말한다.

II. 국외투자기구에 대한 실질귀속자 특례

비거주자가 국외투자기구를 통하여 국내원천소득을 지급받는 경우에는 그 국외투자기구를 통하여 국내원천소득을 지급받는 비거주자를 국내원천소득의 실질귀속자로 본다.[2360]
다만 국외집합투자기구가 ① ⓐ 조세조약에 따라 설립된 국가에서 납세의무를 부담하는 자에 해당할 것, ⓑ 국내원천소득에 대하여 조세조약이 정하는 ⓐ 비과세, ⓑ 면제, ⓒ 제한세율을 적용받을 수 있는 요건을 갖추고 있을 것의 요건을 모두 갖추고 있는 경우, ② ①에 해당하지 않

[2358] 3. 제119조 제12호 타목에 따른 가상자산소득에 대해서는 그 수입금액(비거주자가 가상자산사업자등이 보관·관리하는 가상자산을 인출하는 경우에는 인출시점의 가상자산 시가로서 대통령령으로 정하는 금액을 말한다)에서 대통령령으로 정하는 필요경비를 공제하여 계산한 금액

[2359] 소득세법 제119조 제12호 타목.

[2360] 소득세법 제119조의2 제1항.

는 국외투자기구가 조세조약에서 국내원천소득의 수익적 소유자로 취급되는 것으로 규정되고 국내원천소득에 대하여 조세조약이 정하는 ⓐ 비과세, ⓑ 면제, ⓒ 제한세율을 적용받을 수 있는 요건을 갖추고 있는 경우, ③ ① 또는 ②에 해당하지 않는 국외투자기구가 그 국외투자기구에 투자한 투자자를 입증하지 못하는 경우[2361]의 어느 하나에 해당하는 경우에는 국외투자기구를 국내원천소득의 실질귀속자로 본다.

다만 ③에 해당하여 국외투자기구를 국내원천소득의 실질귀속자로 보는 경우에는 그 국외투자기구에 대하여 조세조약에 따른 ⓐ 비과세, ⓑ 면제, ⓒ 제한세율을 적용하지 않는다.[2362]

제한세율이란 조세조약에 따라 체약상대국의 거주자 또는 법인에 대하여 과세할 수 있는 최고세율을 말하며 이를 조세조약에 따른 혜택이라고 한다.

Ⅲ. 비거주자의 국내사업장

1. 비거주자의 국내사업장이 있는 경우

비거주자가 국내에 사업의 전부 또는 일부를 수행하는 고정된 장소를 가지고 있는 경우에는 국내사업장이 있는 것으로 한다.[2363] 비거주자의 국내사업장에는 ① ⓐ 지점, ⓑ 사무소, ⓒ 영업소, ② 상점이나 그 밖의 고정된 판매장소, ③ 고용인을 통하여 용역을 제공하는 장소로서 용역이 계속 제공되는 12개월 중 합계 6개월을 초과하는 기간 동안 용역이 수행되는 장소와 용역이 계속 제공되는 12개월 중 합계 6개월을 초과하지 않는 경우로서 유사한 용역이 2년 이상 계속적이고 반복적으로 수행되는 장소 등을 포함한다.[2364]

2. 국내사업장을 둔 것으로 보는 경우

2361) 투자자가 둘 이상인 경우로서 투자자 중 일부만 입증하는 경우에는 입증하지 못하는 부분으로 한정한다.
2362) 소득세법 제119조의2 제2항.
2363) 소득세법 제120조 제1항.
2364) 소득세법 제120조 제2항.

비거주자가 고정된 장소를 가지고 있지 않은 경우에도 아래의 어느 하나에 해당하는 자 또는 이에 준하는 자로서 대리인등을 두고 사업을 경영하는 경우에는 그 자의 사업장 소재지[2365]에 국내사업장을 둔 것으로 본다.[2366]

① 국내에서 그 비거주자를 위하여 비거주자 명의의 계약, 비거주자가 소유하는 자산의 소유권 이전 또는 소유권이나 사용권을 갖는 자산의 사용권 허락을 위한 계약이나 비거주자의 용역 제공을 위한 계약(이하 비거주자 명의 계약등)을 체결할 권한을 가지고 그 권한을 반복적으로 행사하는 자,[2367] ② 국내에서 그 비거주자를 위하여 비거주자 명의 계약등을 체결할 권한을 가지고 있지 않더라도 계약을 체결하는 과정에서 중요한 역할[2368]을 반복적으로 수행하는 자[2369]를 두고 있는 경우에는 국내사업장을 둔 것으로 본다.

또한 대통령령으로 정하는 ① 비거주자의 자산을 상시 보관하고 관례적으로 이를 배달 또는 인도하는 자,[2370] ② 중개인이나 일반위탁매매인 기타 독립적 지위의 대리인으로서 주로 특정비거주자만을 위하여 계약체결등 사업에 관한 중요한 부분의 행위를 하는 자,[2371][2372] ③ 보험사업[2373]을 영위하는 비거주자를 위하여 보험료를 징수하거나 국내소재 피보험물에 대한 보험을 인수하는 자를 두고 있는 경우에는 국내사업장을 둔 것으로 본다.[2374]

제4절 비거주자에 대한 과세방법

Ⅰ. 비거주자 국내원천소득의 구분 계산

2365) 사업장이 없는 경우에는 주소지, 주소지가 없는 경우에는 거소지로 한다.
2366) 소득세법 제120조 제3항.
2367) 소득세법 제120조 제3항 제1호.
2368) 비거주자가 계약의 중요사항을 변경하지 아니하고 계약을 체결하는 경우로 한정한다.
2369) 소득세법 제120조 제3항 제2호.
2370) 소득세법시행령 제180조 제1항 제1호.
2371) 이들이 자기사업의 정상적인 과정에서 활동하는 경우를 포함한다.
2372) 소득세법시행령 제180조 제1항 제2호.
2373) 재보험사업은 제외한다.
2374) 소득세법시행령 제180조 제1항 제3호.

비거주자에 대하여 과세하는 소득세는 해당 국내원천소득을 종합하여 과세하는 경우와 분류하여 과세하는 경우 및 그 국내원천소득을 분리하여 과세하는 경우로 구분하여 계산한다.[2375]

Ⅱ. 비거주자 국내원천소득의 과세 방법

1. 국내사업장이 있는 비거주자 등의 과세 방법

국내사업장이 있는 비거주자와 국내원천 부동산소득이 있는 비거주자에 대해서는 제119조 제1호부터 제7호까지, 제8호의2 및 제10호부터 제12호까지의 소득[2376]을 종합해 과세한다.[2377] 국내원천 퇴직소득 및 국내원천 부동산등양도소득이 있는 비거주자에 대해서는 거주자와 같은 방법으로 분류하여 과세한다.[2378]

2. 국내사업장이 없는 비거주자의 과세 방법

국내사업장이 없는 비거주자에 대해서는 비거주자의 국내원천 소득별[2379]로 분리하여 과세한다.[2380]

3. 국내사업장이 있는 비거주자의 원천징수소득 과세 방법

국내사업장이 있는 비거주자의 국내원천소득으로서 원천징수되는 소득[2381]에 대해서는 소득

[2375] 소득세법 제121조 제1항.
[2376] 제156조 제1항 및 제156조의3부터 제156조의6까지의 규정에 따라 원천징수되는 소득은 제외한다.
[2377] 소득세법 제121조 제2항.
[2378] 다만 제119조 제9호에 따른 국내원천 부동산등양도소득이 있는 비거주자로서 대통령령으로 정하는 비거주자에게 과세할 경우에 제89조 제1항 제3호·제4호 및 제95조 제2항 표 외의 부분 단서는 적용하지 아니한다.
[2379] 제8호(국내원천 퇴직소득) 및 제9호(부동산등 과다 보유 법인의 주식등의 양도)는 제외한다.
[2380] 소득세법 제121조 제3항.
[2381] 소득세법 제156조 제1항 및 제156조의3부터 제156조의6까지의 규정에 따른 소득을 말한다.

세법 제119조 각 호[2382]의 소득별로 분리하여 과세한다.[2383] 국내사업장이 있는 비거주자가 공동으로 사업을 경영하고 그 손익을 분배하는 공동사업의 경우 원천징수된 세액의 배분 등에 관하여는 소득세법 제87조[2384]를 준용한다.[2385]

III. 비거주자에 대한 종합과세

1. 과세표준과 세액의 계산

비거주자의 소득에 대한 소득세의 과세표준과 세액의 계산에 관하여는 소득세법 중 거주자에 대한 소득세의 과세표준과 세액의 계산에 관한 규정을 준용한다.[2386] 다만 인적공제[2387] 중 비거주자 본인 외의 자에 대한 공제와 특별소득공제,[2388] 자녀세액공제[2389] 및 특별세액공제[2390]는 하지 않는다. ① 필요경비의 계산, ② 이자소득 또는 배당소득의 계산 등 종합과세 시 과세표준과 세액의 계산 방법에 필요한 사항은 대통령령[2391]으로 정한다.

2382) 제8호 및 제9호는 제외한다.
2383) 소득세법 제121조 제4항.
2384) 제87조(공동사업에 대한 특례) ① 공동사업장에서 발생한 소득금액에 대하여 원천징수된 세액은 각 공동사업자의 손익분배비율에 따라 배분한다.
  ② 제81조, 제81조의3, 제81조의4, 제81조의6 및 제81조의8부터 제81조의11까지의 규정과 「국세기본법」 제47조의5에 따른 가산세로서 공동사업장에 관련되는 세액은 각 공동사업자의 손익분배비율에 따라 배분한다. 〈개정 2010.12.27., 2012.1.1., 2019.12.31.〉
  ③ 공동사업장에 대해서는 그 공동사업장을 1사업자로 보아 제160조 제1항 및 제168조를 적용한다.
  ④ 공동사업자가 그 공동사업장에 관한 제168조 제1항 및 제2항에 따른 사업자등록을 할 때에는 대통령령으로 정하는 바에 따라 공동사업자(출자공동사업자 해당 여부에 관한 사항을 포함한다), 약정한 손익분배비율, 대표공동사업자, 지분·출자명세, 그 밖에 필요한 사항을 사업장 소재지 관할 세무서장에게 신고하여야 한다.
  ⑤ 제4항에 따라 신고한 내용에 변동사항이 발생한 경우 대표공동사업자는 대통령령으로 정하는 바에 따라 그 변동 내용을 해당 사업장 소재지 관할 세무서장에게 신고하여야 한다.
  ⑥ 공동사업장에 대한 소득금액의 신고, 결정, 경정 또는 조사 등에 필요한 사항은 대통령령으로 정한다.
2385) 소득세법 제121조 제6항.
2386) 소득세법 제122조 제1항.
2387) 소득세법 제51조 제3항.
2388) 소득세법 제52조.
2389) 소득세법 제59조의2.
2390) 소득세법 제59조의4.
2391) 제181조(종합과세시의 과세표준과 세액의 계산) ① 법 제122조 제1항에 따른 종합과세 시 과세표준과 세액의 계산 방법은 다음

2. 비거주자의 신고와 납부

소득세의 과세표준과 세액을 계산하는 비거주자의 신고와 납부[2392]에 관하여는 소득세법 중 거주자의 신고와 납부에 관한 규정을 준용한다.[2393] 다만 확정신고납부[2394]를 준용할 때 비거주자의 과세표준에 원천징수된[2395] 소득의 금액이 포함되어 있는 경우에는 그 원천징수세액은 소득세법 제76조 제3항 제4호[2396]에 따라 공제되는 세액으로 본다.

법인으로 보는 단체 외의 법인 아닌 단체 중 소득세법 제2조 제3항[2397] 각 호 외의 부분 단서

각 호에 따른다. 〈개정 1999.12.31., 2001.12.31., 2012.2.2., 2019.2.12., 2020.2.11.〉
1. 법 제28조의 규정에 의한 대손충당금의 필요경비계산에 있어서 그 대손금은 비거주자가 국내에서 영위하는 사업에 관한 것에 한한다.
2. 법 제29조의 규정에 의한 퇴직급여충당금의 필요경비계산에 있어서 종업원은 비거주자의 종업원 중 그 비거주자가 국내에서 영위하는 사업을 위하여 국내에서 상시근무하는 자에 한한다.
3. 법 제33조 제1항 제1호 내지 제4호 및 제12호의 규정에 의한 경비에는 외국정부 또는 외국지방자치단체에 의하여 부과된 것을 포함한다.
4. 법 제34조 및 법 제35조의 규정에 의한 기부금 또는 접대비등의 필요경비계산에 있어서 그 기부금 또는 접대비등은 국내에서 영위하는 사업에 관한 것에 한한다.
5. 제48조 제4호의 규정에 의한 장기할부조건에 의한 상품 등의 판매는 비거주자가 국내에서 영위하는 사업에 관한 것에 한한다.
6. 제48조 제5호의 규정에 의한 건설·제조 기타 용역(도급공사 및 예약매출을 포함한다)은 비거주자가 국내에서 영위하는 사업에 관한 것에 한한다.
7. 제62조 제2항 제1호 및 동항 제2호 가목 내지 라목의 규정에 의한 감가상각자산은 비거주자의 감가상각자산 중 국내에 있는 것에 한한다.
8. 제91조 및 제93조의 규정에 의한 재고자산 또는 유가증권은 비거주자의 당해자산 중 국내에 있는 것에 한한다.
9. 제62조 제2항 제2호 바목 및 사목에 따른 무형자산은 비거주자의 무형자산 중 비거주자가 국내에서 영위하는 사업에 귀속되는 것 또는 그 비거주자의 국내에 있는 자산에 관한 것에 한정한다.
10. 법 제119조 제1호에 따른 국내원천 이자소득 및 같은 조 제2호에 따른 국내원천 배당소득은 국내에서 받는 것에 한정한다.
② 국내사업장에서 발생된 판매비 및 일반관리비와 기타의 경비 중 국내원천소득의 발생과 관련되지 아니하는 것으로서 기획재정부령이 정하는 것은 법 제27조의 규정에 의한 필요경비에 포함하지 아니한다. 〈신설 1998.12.31., 2008.2.29.〉

2392) 중간예납을 포함한다.
2393) 소득세법 제124조 제1항.
2394) 소득세법 제76조.
2395) 소득세법 제156조 제7항.
2396) 4. 제127조에 따른 원천징수세액(제133조의2 제1항에 따른 채권등의 이자등 상당액에 대한 원천징수세액은 제46조 제1항에 따른 해당 거주자의 보유기간의 이자등 상당액에 대한 세액으로 한정한다)
2397) ③ 「국세기본법」 제13조 제1항에 따른 법인 아닌 단체 중 같은 조 제4항에 따른 법인으로 보는 단체(이하 "법인으로 보는 단체"라 한다) 외의 법인 아닌 단체는 국내에 주사무소 또는 사업의 실질적 관리장소를 둔 경우에는 1거주자로, 그 밖의 경우에는 1비거주자로 보아 이 법을 적용한다. 다만, 다음 각 호의 어느 하나에 해당하는 경우에는 소득구분에 따라 해당 단체의 각 구성원별로 이 법 또는 「법인세법」에 따라 소득에 대한 소득세 또는 법인세[해당 구성원이 「법인세법」에 따른 법인(법인으로 보는 단체를 포함한다)인 경우로 한정한다. 이하 이 조에서 같다]를 납부할 의무를 진다. 〈개정 2010.12.27., 2013.1.1., 2018.12.31.〉
 1. 구성원 간 이익의 분배비율이 정해져 있고 해당 구성원별로 이익의 분배비율이 확인되는 경우
 2. 구성원 간 이익의 분배비율이 정하여져 있지 아니하나 사실상 구성원별로 이익이 분배되는 것으로 확인되는 경우

또는 같은 조 제4항 제1호[2398])에 따라 단체의 구성원별로 납세의무를 부담하는 단체의 비거주자인 구성원(비거주자구성원)이 국내원천소득[2399])에 대하여 소득세법 제121조 제5항[2400])에 따라 종합소득 과세표준확정신고를 하는 경우로서 ① 비거주자구성원의 전부 또는 일부가 대표신고자가 자신의 종합소득과세표준을 대신 신고하는 것에 동의할 것, ② 비거주자구성원이 자신이 거주자인 국가에서 부여한 국제조세조정에 관한 법률 제36조 제7항에 따른 납세자번호를 대표신고자에게 제출할 것의 요건을 모두 갖춘 경우에는 해당 단체의 거주자인 구성원 1인(대표신고자)이 비거주자구성원을 대신하여 비거주자구성원의 종합소득과세표준을 일괄 신고할 수 있다.[2401])

3. 과세표준 및 세액의 결정과 징수

비거주자의 국내원천소득을 종합하여 과세하는 경우에 이에 관한 결정 및 경정과 징수 및 환급에 관하여는 소득세법 중 거주자에 대한 소득세의 결정 및 경정과 징수 및 환급에 관한 규정을 준용한다.[2402])

Ⅳ. 비거주자에 대한 분리과세

1. 과세표준과 세액의 계산 등

[2398]) ④ 제3항에도 불구하고 해당 단체의 전체 구성원 중 일부 구성원의 분배비율만 확인되거나 일부 구성원에게만 이익이 분배되는 것으로 확인되는 경우에는 다음 각 호의 구분에 따라 소득세 또는 법인세를 납부할 의무를 진다. 〈신설 2018.12.31.〉
    1. 확인되는 부분: 해당 구성원별로 소득세 또는 법인세에 대한 납세의무 부담
    2. 확인되지 아니하는 부분: 해당 단체를 1거주자 또는 1비거주자로 보아 소득세에 대한 납세의무 부담
[2399]) 비거주자구성원의 국내원천소득이 해당 단체의 구성원으로서 얻은 소득만 있는 경우로 한정한다.
[2400]) ⑤ 제3항 및 제4항에 따라 과세되는 경우로서 원천징수되는 소득 중 제119조 제6호에 따른 국내원천 인적용역소득이 있는 비거주자가 제70조를 준용하여 종합소득과세표준 확정신고를 하는 경우에는 제119조 각 호(제8호 및 제9호는 제외한다)의 소득에 대하여 종합하여 과세할 수 있다.
[2401]) 소득세법 제124조 제2항.
[2402]) 소득세법 제125조.

비거주자의 국내원천소득[2403]에 대한 과세표준은 그 지급받는 해당 국내원천소득별 수입금액에 따라 계산한다.[2404] 다만 아래의 소득에 대한 과세표준의 계산은 그 수입금액에서 필요경비 등을 공제한 금액으로 할 수 있다.

2. 유가증권의 취득가액 및 양도비용의 공제

국내원천 유가증권양도소득에 대해서는 그 수입금액에서 아래에 따라 확인된 해당 유가증권의 취득가액 및 양도비용을 공제하여 계산한 금액으로 한다.[2405]

확인된 해당 유가증권의 취득가액 및 양도비용이란 유가증권의 양도자 또는 그 대리인이 원천징수의무자에게 원천징수를 하는 날까지 제출하는 출자금 또는 주금납입영수증·양도증서·대금지급영수증 기타 출자 또는 취득 및 양도에 소요된 금액을 증명하는 자료에 의하여 그 유가증권의 취득가액 및 양도비용이 확인된 금액을 말한다.

가. 취득 또는 양도에 실지로 직접 소요된 금액

조세·공과금 및 중개수수료를 포함한 유가증권의 취득 또는 양도에 실지로 직접 소요된 금액은 공제대상 비용에 해당한다.[2406] 다만 당해 유가증권이 출자지분 또는 주식으로서 그 출자지분 또는 주식에 법인의 잉여금의 전부 또는 일부를 출자 또는 자본의 금액에 전입함으로써 취득한 것이 포함되어 있는 경우 신·구주식등의 1주 또는 1좌당 장부가액은 아래 계산식에 따른 금액에 의한다.

⟨표-140 1주 또는 1좌당 장부가액의 계산⟩[2407]

구분		계산식
구주식등 1주 또는 1좌당 장부가액	①	
구주식등 1주 또는 1좌당 신주식등 배정수	②	① ÷ (1 + ②) = ③
1주 또는 1좌당 장부가액	③	

2403) 제119조 제7호에 따른 국내원천 근로소득 및 같은 조 제8호의2에 따른 국내원천 연금소득은 제외한다.
2404) 소득세법 제126조 제1항.
2405) 소득세법시행령 제183조 제1항.
2406) 소득세법시행령 제183조 제1항 제1호.
2407) 법인세법시행령 제14조 제2항.

나. 상속인·수증자등이 양도한 유가증권의 취득가액

상속인·수증자 기타 이에 준하는 자가 양도한 유가증권의 취득가액은 당해양도자산의 당초의 피상속인·증여자 기타 이에 준하는 자를 당해 유가증권의 양도자로 보며 유가증권의 취득 또는 양도에 실지로 직접 소요된 금액을 공제한다.[2408] 다만 당해 유가증권이 상속증여세법에 의하여 과세된 경우에는 당해 유가증권의 수증당시의 시가로 한다.

다. 자본거래로 취득한 유가증권의 취득가액

법인세법시행령 제88조 제1항 제8호[2409] 부당행위계산의 유형 등의 어느 하나 또는 같은 항 제8호의2[2410]에 해당하는 자본거래로 인하여 취득한 유가증권의 취득가액은 유가증권의 취득 또는 양도에 실지로 직접 소요된 금액에 소득세법시행령 제179조 제16항[2411]에 따른 금액을 더한 금액을 공제한다.[2412]

라. 유가증권의 평가 방법

2408) 소득세법시행령 제183조 제1항 제2호.
2409) 8. 다음 각 목의 어느 하나에 해당하는 자본거래로 인하여 주주등(소액주주등은 제외한다. 이하 이 조에서 같다)인 법인이 특수관계인인 다른 주주등에게 이익을 분여한 경우
　　가. 특수관계인인 법인간의 합병(분할합병을 포함한다)에 있어서 주식등을 시가보다 높거나 낮게 평가하여 불공정한 비율로 합병한 경우. 다만, 「자본시장과 금융투자업에 관한 법률」 제165조의4에 따라 합병(분할합병을 포함한다)하는 경우는 제외한다.
　　나. 법인의 자본(출자액을 포함한다)을 증가시키는 거래에 있어서 신주(전환사채·신주인수권부사채 또는 교환사채 등을 포함한다. 이하 이 목에서 같다)를 배정·인수받을 수 있는 권리의 전부 또는 일부를 포기(그 포기한 신주가 「자본시장과 금융투자업에 관한 법률」 제9조 제7항에 따른 모집방법으로 배정되는 경우를 제외한다)하거나 신주를 시가보다 높은 가액으로 인수하는 경우
　　다. 법인의 감자에 있어서 주주등의 소유주식등의 비율에 의하지 아니하고 일부 주주등의 주식등을 소각하는 경우
2410) 8의2. 제8호 외의 경우로서 증자·감자, 합병(분할합병을 포함한다)·분할, 「상속세 및 증여세법」 제40조 제1항에 따른 전환사채등에 의한 주식의 전환·인수·교환 등 자본거래를 통해 법인의 이익을 분여하였다고 인정되는 경우. 다만, 제19조 제19호의2 각 목 외의 부분에 해당하는 주식매수선택권등 중 주식매수선택권의 행사에 따라 주식을 발행하는 경우는 제외한다.
2411) ⑯ 법 제119조 제12호 자목에서 "대통령령으로 정하는 자본거래로 인하여 그 가치가 증가함으로써 발생하는 소득"이란 「법인세법 시행령」 제88조 제1항 제8호 각 목의 어느 하나 또는 같은 항 제8호의2에 해당하는 거래로 인하여 주주등인 비거주자가 제15항 각 호에 따른 특수관계에 있는 다른 주주등으로부터 이익을 분여받아 발생한 소득을 말한다.
2412) 소득세법시행령 제183조 제1항 제3호.

취득가액이 서로 다른 동일 종목의 유가증권[2413]을 보유한 비거주자가 당해 유가증권을 양도한 경우에 양도가액에서 공제할 취득가액은 이동평균법에 의하여 계산한다.[2414]

3. 가상자산소득

가상자산소득에 대해서는 그 수입금액에서 가상자산의 실제 취득가액과 부대비용을 공제하여 계산한 금액으로 한다.

수입금액이란 비거주자가 가상자산사업자등이 보관 및 관리하는 가상자산을 인출하는 경우에는 인출시점의 가상자산 시가로서 비거주자가 가상자산을 인출하는 시점에 그 가상자산을 보관 및 관리하는 가상자산사업자등이 표시한 그 가상자산 1개의 가액과 인출한 가상자산의 수량을 곱한 금액을 말한다.[2415]

필요경비를 계산할 때 2023년 1월 1일 전에 이미 보유하고 있던 가상자산의 취득가액은 2022년 12월 31일 당시의 시가와 그 가상자산의 취득가액 중에서 큰 금액으로 한다.

4. 국내원천소득에 대한 세액의 계산

국내원천소득에 대한 세액은 과세표준에 세율을 곱하여 계산한 금액으로 한다.[2416]

제5절 비거주자 유가증권양도소득 신고·납부 특례

Ⅰ. 국내사업장이 없는 비거주자의 주식등 양도

2413) 채권의 경우에는 액면가액, 발행일 및 만기일, 이자율 등 발행조건이 같은 동일종목의 채권을 말한다.
2414) 소득세법시행령 제183조 제2항.
2415) 소득세법 제126조 제1항 제3호.
2416) 소득세법 제126조 제2항.

국내사업장이 없는 비거주자가 동일한 내국법인의 주식 또는 출자지분을 같은 사업과세기간[2417]에 2회 이상 양도함으로써 조세조약에서 정한 과세기준을 충족하게 된 경우와 국내사업장이 있는 비거주자의 양도 당시 원천징수되지 않은 소득으로서 그 국내사업장과 실질적으로 관련되지 않거나 그 국내사업장에 귀속되지 않은 소득의 경우 양도 당시 원천징수되지 않은 소득에 대한 원천징수세액 상당액을 양도일이 속하는 사업연도의 종료일부터 3개월 이내에 납세지 관할 세무서장에게 신고 및 납부해야 한다.

II. 국내사업장이 없는 비거주자에게 주식등 양도

국내사업장이 없는 비거주자가 대통령령으로 정하는 주식 또는 출자지분이나 그 밖의 유가증권(주식등)을 국내사업장이 없는 비거주자[2418]에게 양도하는 경우에는 양도로 발생하는 소득금액에 소득세법시행령 제156조 제1항 제7호[2419] 국내원천 유가증권양도소득에서 규정하고 있는 비율을 곱한 금액을 지급받은 날이 속하는 달의 다음다음 달 10일까지 대통령령으로 정하는 바에 따라 납세지 관할 세무서장에게 신고 및 납부하여야 한다. 다만 주식등의 양도에 따른 소득을 지급하는 자가 해당 비거주자의 주식등 국내원천소득에 대한 소득세를 원천징수하여 납부한 경우에는 제외한다.[2420]

대통령령으로 정하는 주식등이란 조세특례제한법시행령 제18조 제4항 제1호 및 제2호[2421]에

2417) 해당 주식 또는 출자지분을 발행한 내국법인의 사업과세기간을 말한다.
2418) 외국법인을 포함한다.
2419) 7. 제119조 제11호에 따른 국내원천 유가증권양도소득: 지급금액(제126조 제6항에 해당하는 경우에는 같은 항의 정상가격을 말한다. 이하 이 호에서 같다)의 100분의 10. 다만, 제126조 제1항 제1호에 따라 해당 유가증권의 취득가액 및 양도비용이 확인되는 경우에는 그 지급금액의 100분의 10에 해당하는 금액과 같은 호에 따라 계산한 금액의 100분의 20에 해당하는 금액 중 적은 금액으로 한다.
2420) 소득세법 제126조의2 제3항.
2421) ④ 법 제21조 제3항에서 "대통령령으로 정하는 유가증권"이란 다음 각 호의 어느 하나에 해당하는 것을 말한다. 〈개정 2000.1.10., 2008.2.22., 2008.2.29., 2010.2.18., 2013.2.15.〉
 1. 국외에서 발행한 유가증권 중 외국통화로 표시된 것 또는 외국에서 지급받을 수 있는 것으로서 기획재정부령이 정하는 것. 다만, 주식·출자증권 또는 그 밖의 유가증권(이하 이 항에서 "과세대상 주식 등"이라 한다)을 기초로 발행된 예탁증서를 양도하는 경우로서 예탁증서를 발행하기 전 과세대상 주식 등의 소유자가 예탁증서를 발행한 후에도 계속하여 해당 예탁증서를 양도하기 전까지 소유한 경우는 제외한다.
 2. 기획재정부령이 정하는 외국의 유가증권시장에 상장 또는 등록된 내국법인의 주식 또는 출자지분으로서 해당 유가증권시장에서 양도되는 것. 다만, 해당 외국의 유가증권시장에서 취득하지 아니한 과세대상 주식 등으로서 해당 외국의 유가증권시장에

따라 과세되는 주식등 유가증권과 외국에서 거래되는 원화표시 유가증권[2422]을 말한다.[2423]

Ⅲ. 조세조약상 과세기준을 충족하지 않는 주식등

비거주자에 대한 조세조약상 비과세 또는 면제 적용 신청 규정[2424]에 의하여 양도 당시 조세조약에서 정한 과세기준을 충족하지 않아 주식 또는 출자지분의 양도소득 중 원천징수되지 않은 소득의 원천징수세액상당액을 당해 유가증권을 발행한 내국법인의 소재지를 관할하는 세무서장에게 신고 및 납부해야 한다.[2425]

원천징수되지 않은 소득의 원천징수세액상당액을 신고 및 납부하고자 하는 비거주자는 동일한 사업연도에 양도한 당해 법인의 양도주식총액과 원천징수되지 않은 양도주식총액을 구분하여 비거주자유가증권양도소득정산신고서를 작성하여 신고 및 납부해야 한다.

제6절 비거주자 국내원천소득에 대한 원천징수의 특례

Ⅰ. 국내원천소득에 대한 원천징수와 납부

국내원천소득[2426]으로서 국내사업장이 없는 비거주자에게 지급하는 금액을 포함한 국내사업장과 실질적으로 관련되지 않거나 그 국내사업장에 귀속되지 않는 소득의 금액을 비거주자에게 지급하는 자[2427]는 원천징수의무에도 불구하고 그 소득을 지급할 때에 아래의 금액을 비거주자

서 최초로 양도하는 경우는 제외하되, 외국의 유가증권시장의 상장규정상 주식분산요건을 충족하기 위해 모집·매출되는 과세대상 주식 등을 취득하여 양도하는 경우에는 그러하지 아니하다.
2422) 외국유가증권시장 외에서 거래되는 것을 말한다.
2423) 소득세법시행령 제183조의4 제3항.
2424) 소득세법 제126조의2.
2425) 소득세법시행령 제183조의4 제1항.
2426) 제119조 제1호·제2호·제4호부터 제6호까지 및 제9호부터 제12호까지의 규정에 따른 국내원천소득을 말한다.
2427) 제119조 제9호에 따른 국내원천 부동산등양도소득을 지급하는 거주자 및 비거주자는 제외한다.

의 국내원천소득에 대한 소득세로서 원천징수하여 원천징수한 날이 속하는 달의 다음 달 10일까지 원천징수 관할 세무서, 한국은행 또는 체신관서에 납부해야 한다.[2428]

<표-141 비거주자의 국내원천소득 구분별 원천징수 소득세>

구분		국내원천소득에 대한 원천징수 소득세
국내원천 이자소득	국가·지방자치단체 및 내국법인이 발행하는 채권에서 발생하는 이자소득	지급금액의 100분의 14
	기타의 이자소득	지급금액의 100분의 20
국내원천 배당소득		지급금액의 100분의 20
국내원천 선박등임대소득 및 국내원천 사업소득[2429]		지급금액의 100분의 2
국내원천 인적용역소득		지급금액의 100분의 20
		국외에서 제공하는 인적용역 중 대통령령으로 정하는 용역을 제공함으로써 발생하는 소득이 조세조약에 따라 국내에서 발생하는 것으로 보는 소득에 대해서는 그 지급금액의 100분의 3
국내원천 부동산등양도소득		지급금액의 100분의 10
		양도한 자산의 취득가액 및 양도비용이 확인되는 경우에는 그 지급금액의 100분의 10에 해당하는 금액과 그 자산의 양도차익의 100분의 20에 해당하는 금액 중 적은 금액
국내원천 사용료소득		지급금액의 100분의 20
국내원천 유가증권양도소득		지급금지급금액[2430]의 100분의 10액의 100분의 20
		제126조 제1항 제1호에 따라 해당 유가증권의 취득가액 및 양도비용이 확인되는 경우에는 그 지급금액의 100분의 10에 해당하는 금액과 같은 호에 따라 계산한 금액의 100분의 20에 해당하는 금액 중 적은 금액

2428) 소득세법 제156조 제1항.
2429) 조세조약에 따라 국내원천 사업소득으로 과세할 수 있는 소득은 제외한다.
2430) 제126조 제6항에 해당하는 경우에는 같은 항의 정상가격을 말한다.
2431) 가상자산을 교환하거나 인출하는 경우에는 다음의 구분에 상당하는 금액으로서 가상자산 단위로 표시한 대통령령으로 정하는 금액으로 한다.
2432) 제126조 제1항 제2호에 따른 상금·부상 등에 대해서는 같은 호에 따라 계산한 금액으로 한다.

구분		국내원천소득에 대한 원천징수 소득세
국내원천 기타소득[2431]	사용지 기준 조세조약 상대국의 거주자가 소유한 특허권등	지급금액의 100분의 15
	가상자산소득	가상자산의 필요경비가 확인되는 경우: 지급금액의 100분의 10에 해당하는 금액과 같은 호에 따라 계산한 금액의 100분의 20에 해당하는 금액 중 적은 금액
		가상자산의 필요경비가 확인되지 아니한 경우: 지급금액의 100분의 10
	기타의 소득	지급금액[2432]의 100분의 20

Ⅱ. 국내원천 이자소득 등의 양도소득 세율 인하

외국인의 국내 투자자금의 변동성이 확대되어 외환부문의 건전성을 해치는 등 금융시장에 불안이 초래되고 통화정책 수행을 어렵게 하거나 어렵게 할 우려가 있어 긴급히 필요하다고 인정될 때에는 비거주자의 소득 중 ① 국내원천 이자소득 중 국채법에 따라 발행하는 국채 및 대통령령으로 정하는 채권(국채등)에서 발생하는 소득, ② 국내원천 유가증권양도소득 중 국채등의 양도로 인하여 발생하는 소득에 대해서는 국내원천소득에 대한 원천징수 소득세 세율을 대통령령으로 정하는 바에 따라 인하하거나 영(0)의 세율로 할 수 있다.[2433]

Ⅲ. 투자매매업자 등의 원천징수 의무

유가증권을 자본시장법에 따른 투자매매업자 또는 투자중개업자를 통해 양도하는 경우에는 투자매매업자 또는 투자중개업자가 원천징수를 해야 한다. 다만 자본시장법에 따라 주식을 상장하는 경우로서 이미 발행한 주식을 양도하는 경우에는 그 주식을 발행한 법인이 원천징수를 해야 한다.[2434]

2433) 소득세법 제156조 제2항.
2434) 소득세법 제156조 제6항.

IV. 금융회사등이 인수 등을 하는 경우 원천징수 의무

금융회사등이 내국인이 발행한 ① 어음, ② 채무증서, ③ 주식, ④ 집합투자증권을 ⓐ 인수, ⓑ 매매, ⓒ 중개, ⓓ 대리하는 경우에는 그 금융회사등과 해당 내국인 간에 대리 또는 위임의 관계가 있는 것으로 보아 금융회사등이 원천징수해야 한다.[2435]

V. 국외특수관계인 보유 내국법인 주식등의 원천징수

특수관계에 있는 비거주자인 국외특수관계인이 보유하고 있는 내국법인의 주식 또는 출자지분이 대통령령으로 정하는 자본거래로 인하여 그 가치가 증가함으로써 발생하는 국내원천소득은 주식 또는 출자지분을 발행한 내국법인이 그 주식 또는 출자지분을 보유하고 있는 국외특수관계인으로부터 원천징수해야 한다.[2436] 원천징수의 시기는 아래의 어느 하나에 해당하는 날로 한다.

1. 법인 사이에 합병 또는 분할합병의 경우

특수관계인인 법인간의 합병 또는 분할합병[2437]에 있어서 ① 주식등을 시가보다 높거나 낮게 평가하여 불공정한 비율로 합병한 경우[2438]와 기타 합병 또는 분할합병의 경우[2439]에는 법인이 합병으로 인하여 소멸한 경우에는 그 합병등기를 한 날, ② 법인이 분할 또는 분할합병으로 인하여 소멸 또는 존속하는 경우에는 그 분할등기 또는 분할합병등기를 한 날을 의미한다.[2440]

2. 법인의 자본·출자액을 증가시키는 거래의 경우

2435) 소득세법 제156조 제11항.
2436) 소득세법 제156조 제13항.
2437) 자본시장법 제165조의4에 따라 합병(분할합병을 포함한다)하는 경우는 제외한다.
2438) 법인세법시행령 제88조 제1항 제8호 가목.
2439) 법인세법시행령 제88조 제1항 제8호의2.
2440) 소득세법시행령 제207조 제5항 제1호.

법인의 자본 또는 출자액을 증가시키는 거래에 있어서 ① 전환사채·신주인수권부사채·교환사채 등의 신주[2441]를 배정 또는 인수받을 수 있는 권리의 전부 또는 일부를 포기하거나 신주를 시가보다 높은 가액으로 인수하는 경우,[2442] ② 법인의 감자에 있어서 주주등의 소유주식등의 비율에 의하지 않고 일부 주주등의 주식등을 소각하는 경우,[2443] ③ 증자·감자·상속증여세법[2444]에 따른 전환사채등에 의한 주식의 전환·인수·교환 등 자본거래를 통해 법인의 이익을 분여하였다고 인정되는 경우[2445]에는 주식의 소각이나 자본의 감소 또는 자본에의 전입을 결정한 날을 말한다.[2446]

3. 주식등을 발행한 내국법인의 원천징수 의무

주식 또는 출자지분을 발행한 내국법인은 국외특수관계인이 보유하고 있는 내국법인의 주식 또는 출자지분이 자본거래로 인하여 그 가치가 증가함으로써 발생하는 소득에 대한 국내원천 기타소득을 해당 시기에 원천징수하여야 한다.[2447]

Ⅵ. 부동산양도소득이 있는 비거주자의 원천징수 배제

국내원천 부동산양도소득이 있는 비거주자가 납세지 관할 세무서장[2448]에게 양도소득세 신고납부(비과세 또는 과세미달)확인 신청서에 당해 부동산에 대한 등기부등본·매매계약서를 첨부하여 신청하고 그 확인을 받아 이를 원천징수의무자에게 제출하는 경우[2449] 그 소득에 대한 소

2441) 그 포기한 신주가 자본시장법 제9조 제7항에 따른 모집방법으로 배정되는 경우를 제외한다.
2442) 법인세법시행령 제88조 제1항 제8호 나목.
2443) 법인세법시행령 제88조 제1항 제8호 다목.
2444) 상속증여세법 제40조 제1항.
2445) 법인세법시행령 제88조 제1항 제8호의2.
2446) 소득세법시행령 제207조 제5항 제2호.
2447) 소득세법시행령 제207조 제6항.
2448) 제6조(납세지) ② 비거주자의 소득세 납세지는 제120조에 따른 국내사업장(이하 "국내사업장"이라 한다)의 소재지로 한다. 다만, 국내사업장이 둘 이상 있는 경우에는 주된 국내사업장의 소재지로 하고, 국내사업장이 없는 경우에는 국내원천소득이 발생하는 장소로 한다. 〈개정 2013.1.1.〉
2449) 소득세법시행령 제207조 제7항.

득세를 미리 납부하였거나 그 소득이 비과세 또는 과세 미달되는 것임을 증명하는 경우에는 소득세를 원천징수하지 않는다.[2450]

VII. 가상자산에 대한 가상자산사업자등의 원천징수

가상자산사업자등을 통하여 발생하는 비거주자의 국내원천 기타소득은 가상자산사업자등이 원천징수하여 가상자산 또는 현금을 인출하는 달의 다음 달 10일까지 납부해야 한다. 다만 매년 1월 1일부터 12월 31일까지 인출하지 않은 경우 그 다음 연도 1월 10일까지 납부해야 한다.[2451]

1. 가상자산의 인출시점 인별 납부 금액의 계산

가상자산사업자등은 보관 및 관리하는 가상자산의 각 인출시점에 아래에 따른 인별로 납부해야 할 금액을 월단위로 합산하여 관할세무서, 한국은행 또는 체신관서에 납부해야 한다.[2452]

〈표-142 인별로 납부해야 할 금액의 계산〉

구분		계산식
가상자산소득이 발행할 때마다 가상자산사업자등이 소득세법 제156조 제1항 제8호 나목에 따라 원천징수한 금액의 인별누적액	①	(① - ④) × ② ÷ ③ = ⑤
가상자산 또는 현금의 인별인출액 (가상자산을 인출하는 경우에는 소득세법 제183조 제5항에 따른 금액을 말한다.)	②	
가상자산사업자등이 보관·관리하는 인별자산총액	③	
직전 인출시점으로 계산한 인별로 납부해야 할 금액	④	
인별로 납부해야 할 금액	⑤	

[2450] 소득세법 제156조 제15항.
[2451] 소득세법 제156조 제16항.
[2452] 소득세법시행령 제207조 제8항.

2. 가상자산사업자등의 납세자별 원천징수대상 확인

가상자산사업자등은 납세자별로 원천징수를 최초로 이행하기 전에 해당 납세자에게 원천징수대상 여부를 확인하기 위해 필요한 증빙자료를 받아 확인하거나 국세청에 원천징수대상 여부를 확인하기 위해 필요한 정보를 받아 확인하는 방법으로 가상자산을 양도·대여·인출하는 자가 원천징수 대상에 해당하는지 여부를 확인해야 한다.[2453] 또한 가상자산사업자등은 원천징수대상 여부를 확인한 때부터 3년마다 원천징수대상의 변동 여부를 확인해야 한다.

제7절 비거주자에 대한 조세조약상 비과세 등의 적용

Ⅰ. 비과세·면제신청서의 제출

1. 소득지급자를 통한 비과세·면제신청서의 제출

국내원천소득[2454]의 실질귀속자인 비거주자가 조세조약에 따라 비과세 또는 면제를 적용받으려는 경우에는 비과세·면제신청서를 국내원천소득을 지급하는 자(소득지급자)에게 제출하고 해당 소득지급자는 그 신청서를 소득을 지급하는 날이 속하는 달의 다음 달 9일까지 소득지급자의 납세지 관할세무서장에게 제출해야 한다.[2455]

제출된 비과세·면제신청서는 제출한 날부터 3년 이내에는 다시 제출하지 않을 수 있다. 다만 그 내용에 변동이 있는 경우에는 변동사유가 발생한 날 이후 소득을 최초로 지급하는 날이 속하는 달의 다음 달 9일까지 그 변동 내용을 제출해야 한다.[2456]

2453) 소득세법시행령 제207조 제9항.
2454) 국내원천 사업소득 및 국내원천 인적용역소득은 제외한다.
2455) 소득세법 제156조의2 제1항.
2456) 소득세법시행령 제207조의2 제12항.

2. 국외투자기구를 통한 비과세·면제신청서의 제출

국내원천소득이 국외투자기구를 통하여 지급되는 경우에는 그 국외투자기구가 실질귀속자로부터 비과세·면제신청서를 제출받아 실질귀속자 명세가 포함된 국외투자기구 신고서와 제출받은 비과세·면제신청서를 소득지급자에게 제출하고 해당 소득지급자는 소득을 지급하는 날이 속하는 달의 다음 달 9일까지 소득지급자의 납세지 관할 세무서장에게 제출해야 한다.[2457]

3. 국외공모집합투자기구의 비과세·면제신청서의 제출 면제

자본시장법에 따른 집합투자기구와 유사한 국외투자기구로서 ① 체약상대국의 법률에 따라 등록하거나 승인을 받은 국외투자기구, 증권을 사모로 발행하지 않고 직전 회계기간 종료일[2458] 현재 투자자가 100명[2459] 이상일 것, 조세조약에서 조약상 혜택의 적용을 배제하도록 규정된 국외투자기구에 해당하지 않는 요건을 모두 갖춘 국외공모집합투자기구[2460]에 해당한다는 것을 확인할 수 있는 서류, ② 해당 국외투자기구의 국가별 실질귀속자의 수 및 총투자금액 명세가 포함된 국외투자기구 신고서, ③ 국외공모집합투자기구의 명의로 작성한 비과세·면제신청서를 제출한 경우에는 비과세·면제신청서를 제출하지 않을 수 있다.[2461]

제출된 비과세·면제신청서 또는 국외투자기구 신고서는 제출한 날부터 3년 이내에는 다시 제출하지 않을 수 있다. 다만 그 내용에 변동이 있는 경우에는 변동사유가 발생한 날 이후 소득을 최초로 지급하는 날이 속하는 달의 다음 달 9일까지 그 변동 내용을 제출하여야 한다.[2462]

4. 국외재간접투자펀드 비과세·면제신청서의 제출

일반적으로 재간접투자펀드(Fund of Fund)라 불리며 국외투자기구(1차 국외투자기구)에 다

2457) 소득세법 제156조의2 제2항.
2458) 신규로 설립된 국외투자기구인 경우에는 국외투자기구 신고서 제출일을 말한다.
2459) 투자자가 다른 국외투자기구인 경우에는 그 국외투자기구를 1명으로 본다.
2460) 소득세법시행령 제207조의8 제3항 단서.
2461) 소득세법시행령 제207조의2 제9항.
2462) 소득세법시행령 제207조의2 제12항.

른 국외투자기구(2차 국외투자기구)가 투자하고 있는 경우 1차 국외투자기구는 2차 국외투자기구로부터 실질귀속자별 비과세·면제신청서를 제출받아 그 명세[2463]가 포함된 국외투자기구 신고서와 제출받은 비과세·면제신청서를 제출하여야 한다. 이 경우 다수의 국외투자기구가 연속적으로 투자관계에 있는 경우에는 투자를 받는 직전 국외투자기구를 1차 국외투자기구로, 투자하는 국외투자기구를 2차 국외투자기구로 본다.[2464]

① 국민연금법, ② 공무원연금법, ③ 군인연금법, ④ 사립학교교직원 연금법, ⑤ 근로자퇴직급여 보장법 등에 준하는 체약상대국의 법률에 따라 외국에서 설립된 연금, ⑥ 체약상대국의 법률에 따라 외국에서 설립된 비영리단체로서 수익을 구성원에게 분배하지 아니하는 기금은 실질귀속자로 본다.[2465]

5. 대리인 등을 통한 비과세·면제신청서의 제출

비거주자는 그 대리인[2466] 등을 통해 비과세 또는 면제 신청을 하게 할 수 있다.[2467] 금융회사 등이 비거주자의 채권등을 인수·매매·중개 또는 대리하는 경우에는 그 금융회사 등과 비거주자 간에 대리 또는 위임의 관계가 있는 것으로 보아 금융회사 등이 비과세·면제신청서를 금융회사 등의 납세지 관할세무서장에게 제출해야 한다.[2468]

유가증권 양도에 관하여 자본시장법에 따른 투자매매업자나 투자중개업자 또는 주식발행법인이 원천징수하는 경우에는 그 투자매매업자나 투자중개업자 또는 주식발행법인과 비거주자 간에 대리 또는 위임의 관계가 있는 것으로 보아 투자매매업자나 투자중개업자 또는 주식발행법인이 비과세·면제신청서를 투자매매업자나 투자중개업자 또는 주식발행법인의 납세지 관할세무서장에게 제출해야 한다.[2469] 또한 소득지급자가 국내에 주소·거소·본점·주사무소 또는 국내사업장이 없는 경우에는 소득지급자에게 제출하지 않고 국내원천소득의 실질귀속자가 납세지

2463) 해당 2차 국외투자기구가 국외공모집합투자기구인 경우에는 이를 확인할 수 있는 서류와 해당 국외투자기구의 국가별 실질귀속자의 수 및 총투자금액 명세를 말한다.
2464) 소득세법시행령 제207조의2 제10항.
2465) 소득세법시행령 제207조의2 제11항.
2466) 국세기본법」 제82조의 규정에 의한 납세관리인을 포함한다.
2467) 소득세법시행령 제207조의2 제3항.
2468) 소득세법시행령 제207조의2 제4항.
2469) 소득세법시행령 제207조의2 제5항.

관할세무서장에게 직접 비과세·면제신청서를 제출할 수 있다.[2470]

비과세·면제신청서에는 해당 비거주자의 거주지국의 권한 있는 당국이 발급하는 거주자증명서나 국세청장이 정하여 고시하는 서류를 첨부해야 한다. 다만 국내원천 기타소득에 대해서는 여권 사본과 출입국관리법[2471]에 따른 출입국에 관한 사실증명서[2472]로 거주자증명서나 국세청장이 정하여 고시하는 서류를 대신하려는 경우에는 거주자증명서나 국세청장이 정하여 고시하는 서류의 제출을 생략할 수 있다.[2473]

6. 비과세 신고서 등 관련 자료의 보관

소득지급자와 국외투자기구는 비과세·면제신청서, 국외투자기구 신고서 등 제출된 자료를 제출한 날의 다음 날부터 5년간 보관하여야 하며 소득지급자의 납세지 관할세무서장이 제출을 요구하는 경우에는 그 자료를 제출해야 한다.[2474]

II. 실질귀속자를 파악할 수 없는 경우

소득지급자는 실질귀속자 또는 국외투자기구로부터 비과세·면제신청서 또는 국외투자기구 신고서를 제출받지 못하거나 제출된 서류를 통해서 실질귀속자를 파악할 수 없는 등의 사유에 해당하는 경우에는 비과세 또는 면제를 적용하지 않고 비거주자의 국내원천소득 구분별 원천징수 소득세를 원천징수해야 한다.[2475]

제출받지 못하거나 제출된 서류를 통해서 실질귀속자를 파악할 수 없는 등의 사유란 ① 비과세·면제신청서 또는 국외투자기구 신고서를 제출받지 못한 경우, ② 제출된 비과세·면제신청서 또는 국외투자기구 신고서에 적힌 내용의 보완 요구에 따르지 않은 경우, ③ 제출된 비과세·면

2470) 소득세법시행령 제207조의2 제6항.
2471) 출입국관리법 제88조.
2472) 입국일부터 최근 1년간의 출입국 사실을 증명하는 것으로 한정한다.
2473) 소득세법시행령 제207조의2 제2항.
2474) 소득세법시행령 제207조의2 제14항.
2475) 소득세법 제156조의2 제3항.

제신청서 또는 국외투자기구 신고서를 통해서 실질귀속자를 파악할 수 없는 경우[2476]를 말한다.

Ⅲ. 비과세·면제의 적용을 위한 경정 청구

비과세 또는 면제를 적용받지 못한 실질귀속자가 비과세 또는 면제를 적용받으려는 경우에는 실질귀속자 또는 소득지급자가 국내원천소득 구분별 원천징수 세액이 원천징수 된 날이 속하는 달의 말일부터 5년 이내에 소득지급자의 납세지 관할세무서장에게 경정을 청구할 수 있다. 다만 국세기본법 제45조의2 제2항[2477] 각 호의 어느 하나에 해당하는 사유가 발생하였을 때에는 그 사유가 발생한 것을 안 날부터 3개월 이내에 경정을 청구할 수 있다.[2478]

경정을 청구하려는 경우 소득지급자의 납세지 관할세무서장에게 비과세·면제 적용을 위한 경정청구서에 국내원천소득의 실질귀속자임을 입증할 수 있는 비과세·면제신청서와 해당 실질귀속자 거주지국의 권한 있는 당국이 발급하는 거주자증명서[2479]를 첨부해야 한다.[2480] 경정을 청구 받은 세무서장은 청구를 받은 날부터 6개월 이내에 과세표준과 세액을 경정하거나 경정하여야 할 이유가 없다는 뜻을 청구인에게 알려야 한다.[2481]

제8절 비거주자의 채권등에 대한 원천징수의 특례

[2476] 국외공모집합투자기구에 대해서는 적용을 하지 않는다.
[2477] ② 과세표준신고서를 법정신고기한까지 제출한 자 또는 국세의 과세표준 및 세액의 결정을 받은 자는 다음 각 호의 어느 하나에 해당하는 사유가 발생하였을 때에는 제1항에서 규정하는 기간에도 불구하고 그 사유가 발생한 것을 안 날부터 3개월 이내에 결정 또는 경정을 청구할 수 있다. 〈개정 2015.12.15.〉
  1. 최초의 신고·결정 또는 경정에서 과세표준 및 세액의 계산 근거가 된 거래 또는 행위 등이 그에 관한 소송에 대한 판결(판결과 같은 효력을 가지는 화해나 그 밖의 행위를 포함한다)에 의하여 다른 것으로 확정되었을 때
  2. 소득이나 그 밖의 과세물건의 귀속을 제3자에게로 변경시키는 결정 또는 경정이 있을 때
  3. 조세조약에 따른 상호합의가 최초의 신고·결정 또는 경정의 내용과 다르게 이루어졌을 때
  4. 결정 또는 경정으로 인하여 그 결정 또는 경정의 대상이 되는 과세기간 외의 과세기간에 대하여 최초에 신고한 국세의 과세표준 및 세액이 세법에 따라 신고하여야 할 과세표준 및 세액을 초과할 때
  5. 제1호부터 제4호까지와 유사한 사유로서 대통령령으로 정하는 사유가 해당 국세의 법정신고기한이 지난 후에 발생하였을 때
[2478] 소득세법 제156조의2 제4항.
[2479] 이 경우 증명서류는 한글번역본과 함께 제출하여야 하되, 국세청장이 인정하는 경우에는 영문으로 작성된 서류만을 제출할 수 있다.
[2480] 소득세법시행령 제207조의2 제15항.
[2481] 소득세법 제156조의2 제5항.

Ⅰ. 채권등의 이자등의 지급과 매수 시 원천징수

비거주자의 국내원천소득에 대한 원천징수의 특례를 적용받는 비거주자에게 채권등의 이자등을 지급하는 자 또는 해당 비거주자로부터 채권등을 매수하는 자는 그 비거주자의 보유기간을 고려하여 원천징수를 해야 한다. ① 증여, ② 변제, ③ 출자 등으로 채권등의 소유권 또는 이자소득의 수급권의 변동이 있는 경우와 매도를 위탁받거나 중개 및 알선하는 경우를 포함하며 환매조건부채권매매거래 등 대통령령으로 정하는 경우는 제외한다.[2482]

소득세법, 조세특례제한법, 조세조약에 따른 세율(적용세율)을 적용하는 경우 그 지급금액에 ① 지급금액 중 해당 비거주자의 보유기간이자등상당액에 대하여는 해당 비거주자에 대한 적용세율, ② 지급금액 중 보유기간이자등상당액을 차감한 금액에 대해서는 소득세법 제129조 제1항 제1호[2483]에 따른 세율을 적용하여 계산한 금액을 원천징수해야 한다.

이 경우 ①의 적용세율이 ②의 세율보다 높은 경우로서 당해 비거주자가 채권등의 보유기간을 입증하지 못하는 경우에는 지급금액 전액을 당해 비거주자의 보유기간이자등상당액으로 본다. 반면 ①의 적용세율이 ②의 세율보다 낮은 경우로서 당해 비거주자가 채권등의 보유기간을 입증하지 못하는 경우에는 당해 비거주자의 보유기간이자등상당액은 없는 것으로 본다.

Ⅱ. 환매조건부채권매매거래 등의 경우

환매조건부채권매매거래 등 대통령령으로 정하는 경우란 아래의 어느 하나에 해당하거나 상호 혼합되는 거래를 말한다.[2484] ① 비거주자가 일정 기간 후에 일정가격으로 환매수할 것을 조

2482) 소득세법 제156조의3.
2483) 1. 이자소득에 대해서는 다음에 규정하는 세율
　　가. 삭제 〈2017.12.19.〉
　　나. 비영업대금의 이익에 대해서는 100분의 25. 다만, 「온라인투자연계금융업 및 이용자 보호에 관한 법률」에 따라 금융위원회에 등록한 온라인투자연계금융업자를 통하여 지급받는 이자소득에 대해서는 100분의 14로 한다.
　　다. 제16조 제1항 제10호에 따른 직장공제회 초과반환금에 대해서는 기본세율
　　라. 그 밖의 이자소득에 대해서는 100분의 14
2484) 소득세법시행령 제207조의3 제3항.

건으로 하여 채권등을 매도하는 거래[2485]로서 그 거래에 해당하는 사실이 한국예탁결제원의 계좌를 통해 확인되는 경우, ② 비거주자가 일정 기간 후에 같은 종류로서 같은 양의 채권을 반환받는 조건으로 채권을 대여하는 거래[2486]로서 그 거래에 해당하는 사실이 채권대차거래중개기관이 작성한 거래 원장을 통해 확인되는 경우[2487]를 의미한다.

채권등을 매도 또는 대여한 날부터 환매수 또는 반환받는 날까지의 기간 동안 그 채권등으로부터 발생하는 이자소득에 상당하는 금액은 매도자 또는 대여자[2488]에게 귀속되는 것으로 보아 소득세법 제46조(채권 등에 대한 소득금액의 계산 특례), 제133조의2(채권 등에 대한 원천징수 특례), 제156조의3(비거주자의 채권등에 대한 원천징수의 특례)을 적용한다.[2489]

제9절 특정지역 비거주자 원천징수 절차 특례

Ⅰ. 특정지역 비거주자에 대한 제한세율의 적용 특례

원천징수의무자[2490]는 기획재정부장관이 고시하는 국가 또는 지역[2491]에 소재하는 비거주자의 국내원천소득 중 비거주자의 ① 이자소득, ② 배당소득, ③ 부동산주식등, ④ 사용료소득, ⑤ 유가증권양도소득에 대하여 소득세로서 원천징수하는 경우에는 비거주자에 대한 조세조약상 비과세 또는 면제 적용 신청과 조세조약에 따른 비과세·면제 또는 제한세율에 관한 규정에도 불구하고 소득세법 제156조 제1항(비거주자의 국내원천소득에 대한 원천징수의 특례)에 따른 세율을 우선 적용하여 원천징수해야 한다.[2492]

2485) 해당 거래가 연속되는 경우를 포함한다.
2486) 해당 거래가 연속되는 경우를 포함한다.
2487) 소득세법시행령 제207조의3 제3항 제2호.
2488) 해당 거래가 연속되는 경우나 제3항 각 호의 거래가 혼합되는 경우에는 최초 매도자 또는 최초 대여자를 말한다.
2489) 소득세법시행령 제207조의3 제4항.
2490) 비거주자의 국내원천소득에 대한 원천징수의 특례, 비거주자의 채권등에 대한 원천징수의 특례, 비거주자에 대한 조세조약상 제한세율 적용을 위한 원천징수 절차 특례에 따른 원천징수의무자를 말한다.
2491) 현재 기획재정부장관이 고시한 국가 또는 지역은 말레이시아(MALAYSIA)의 라부안(LABUAN) 지역이 있다.
2492) 소득세법 제156조의4 제1항.

다만 대통령령으로 정하는 바에 따라 조세조약에 따른 비과세·면제 또는 제한세율에 관한 규정을 적용받을 수 있음을 국세청장이 사전 승인하는 경우에는 제외한다.

II. 조세조약상 비과세 등의 적용 사전승인 절차

사전승인을 받으려는 경우 ① 원천징수특례사전승인신청서, ② 조세조약에서 상대방국가(체약상대국)에서 발급하는 거주자증명서, ③ 해당국내원천소득을 얻기 위한 투자자금 조달방법, ④ 해당 국내원천소득 수령 후의 처분명세서 또는 그 계획서, 최근 3년[2493] 동안 체약상대국의 세무당국에 제출한 신고서·감사보고서·재무제표 및 부속서류를 국세청장에게 제출 및 신청해야 한다.[2494)2495] 다만 사전승인을 받은 후 계약내용 등의 변경으로 당초 신고한 내용과 달라진 경우에는 사전승인 신청을 다시 해야 한다.

국세청장은 사전승인의 신청을 받은 때에는 소득의 실질귀속자에 해당하고 해당체약상대국의 거주자인 경우에는 사전승인을 할 수 있다.[2496] 국세청장은 신청을 받은 날부터 3월 이내에 승인여부를 통보하여야 하며 제출된 서류가 허위로 기재된 것임이 확인되는 경우에는 사전승인을 취소해야 한다.

III. 특정지역 비거주자에 대한 제한세율의 경정청구

국내원천소득을 실질적으로 귀속받는 특정지역 비거주자[2497]가 그 소득에 대하여 조세조약에 따른 비과세·면제 또는 제한세율에 관한 규정을 적용받으려는 경우에는 세액이 원천징수된 날이 속하는 달의 말일부터 5년 이내에 원천징수의무자의 납세지 관할세무서장에게 경정을 청구

2493) 설립 후 3년이 경과하지 아니한 경우에는 설립일부터 신청일까지의 기간을 말한다.
2494) 소득세법시행령 제207조의4 제1항.
2495) 원천징수특례사전승인신청서에 첨부하는 서류는 한글번역본과 함께 제출하여야 한다. 다만, 국세청장이 인정하는 경우에는 영문으로 작성된 서류만을 제출할 수 있다.
2496) 소득세법시행령 제207조의4 제2항.
2497) 그 대리인 또는 「국세기본법」 제82조에 따른 납세관리인을 포함한다.

할 수 있다.[2498] 다만 국세기본법 제45조의2 제2항의 어느 하나에 해당하는 사유가 발생하였을 때에는 그 사유가 발생한 것을 안 날부터 3개월 이내에 경정을 청구할 수 있다.

경정을 청구하고자 하는 경우 원천징수의무자의 납세지 관할세무서장에게 ① 원천징수특례 적용을 위한 경정청구서, ② 조세조약에서 상대방국가(체약상대국)에서 발급하는 거주자증명서, ③ 해당국내원천소득 수령 후의 처분명세서 또는 그 계획서, 최근 3년[2499] 동안 체약상대국의 세무당국에 제출한 신고서·감사보고서·재무제표 및 부속서류를 첨부하여 청구하여야 한다.[2500][2501] 관할세무서장은 경정청구를 한 소득을 수취한 자가 해당 국내원천소득의 실질귀속자에 해당하는 경우에는 경정하여야 한다.[2502]

제10절 제한세율 적용을 위한 원천징수 절차 특례

Ⅰ. 비거주자의 제한세율 적용신청서의 제출

국내원천소득의 실질귀속자인 비거주자가 제한세율을 적용받으려는 경우에는 제한세율 적용신청서를 원천징수의무자에게 제출해야 한다.[2503] 해당 국내원천소득이 국외투자기구를 통하여 지급되는 경우에는 그 국외투자기구가 실질귀속자로부터 제한세율 적용신청서를 제출받아 실질귀속자 명세가 포함된 국외투자기구 신고서를 원천징수의무자에게 제출해야 한다.[2504]

Ⅱ. 비거주자의 제한세율 적용 배제

2498) 소득세법 제156조의4 제2항.
2499) 설립 후 3년이 경과하지 아니한 경우에는 설립일부터 신청일까지의 기간을 말한다.
2500) 소득세법시행령 제207조의5 제1항.
2501) 이 경우 증빙서류는 한글번역본과 함께 제출하여야 하며, 국세청장이 인정하는 경우에는 영문으로 작성된 서류만을 제출할 수 있다.
2502) 소득세법시행령 제207조의5 제2항.
2503) 소득세법 제156조의6 제1항.
2504) 소득세법 제156조의6 제2항.

원천징수의무자는 실질귀속자 또는 국외투자기구로부터 제한세율 적용신청서 또는 국외투자기구 신고서를 제출받지 못하거나 제출된 서류를 통해서는 실질귀속자를 파악할 수 없는 등에 해당하는 경우에는 제한세율을 적용하지 않고 소득세법 제156조(비거주자의 국내원천소득에 대한 원천징수의 특례) 제1항에 따른 세율을 적용하여 원천징수해야 한다.[2505]

III. 비거주자의 제한세율 적용 경정청구

적용받은 제한세율에 오류가 있거나 제한세율을 적용받지 못한 실질귀속자가 제한세율을 적용받으려는 경우에는 실질귀속자 또는 원천징수의무자가 세액이 원천징수 된 날이 속하는 달의 말일부터 5년 이내에 대통령령으로 정하는 바에 따라 원천징수의무자의 납세지 관할 세무서장에게 경정을 청구할 수 있다.[2506] 다만 국세기본법 제45조의2 제2항[2507]의 어느 하나에 해당하는 사유가 발생하였을 때에는 그 사유가 발생한 것을 안 날부터 3개월 이내에 경정을 청구할 수 있다. 경정을 청구받은 세무서장은 청구를 받은 날부터 6개월 이내에 과세표준과 세액을 경정하거나 경정하여야 할 이유가 없다는 뜻을 청구인에게 알려야 한다.

제11절 이자·배당 및 사용료에 대한 세율 적용 특례

[2505] 소득세법 제156조의6 제3항.
[2506] 소득세법 제156조의6 제3항.
[2507] ② 과세표준신고서를 법정신고기한까지 제출한 자 또는 국세의 과세표준 및 세액의 결정을 받은 자는 다음 각 호의 어느 하나에 해당하는 사유가 발생하였을 때에는 제1항에서 규정하는 기간에도 불구하고 그 사유가 발생한 것을 안 날부터 3개월 이내에 결정 또는 경정을 청구할 수 있다. 〈개정 2015.12.15.〉
  1. 최초의 신고·결정 또는 경정에서 과세표준 및 세액의 계산 근거가 된 거래 또는 행위 등이 그에 관한 소송에 대한 판결(판결과 같은 효력을 가지는 화해나 그 밖의 행위를 포함한다)에 의하여 다른 것으로 확정되었을 때
  2. 소득이나 그 밖의 과세물건의 귀속을 제3자에게로 변경시키는 결정 또는 경정이 있을 때
  3. 조세조약에 따른 상호합의가 최초의 신고·결정 또는 경정의 내용과 다르게 이루어졌을 때
  4. 결정 또는 경정으로 인하여 그 결정 또는 경정의 대상이 되는 과세기간 외의 과세기간에 대하여 최초에 신고한 국세의 과세표준 및 세액이 세법에 따라 신고하여야 할 과세표준 및 세액을 초과할 때
  5. 제1호부터 제4호까지와 유사한 사유로서 대통령령으로 정하는 사유가 해당 국세의 법정신고기한이 지난 후에 발생하였을 때

조세조약의 규정상 비거주자의 국내원천소득 중 이자, 배당 또는 사용료소득에 대해서는 ① 조세조약의 대상 조세에 지방소득세가 포함되지 않은 경우에는 제한세율과 비거주자의 국내원천소득에 대한 원천징수의 특례에서 규정하는 세율 중 낮은 세율을, ② 조세조약의 대상 조세에 지방소득세가 포함되는 경우에는 제한세율과 비거주자의 국내원천소득에 대한 원천징수의 특례에서 규정하는 세율에 지방세법[2508]에 따라 원천징수하는 소득세의 100분의 10을 반영한 세율을 적용한다.[2509] 다만 특정지역 비거주자에 대한 제한세율의 적용 제외에 해당하는 경우에는 해당 규정에 따라 원천징수한다. 과세표준과 세액을 경정하는 경우에는 제한세율과 비거주자의 국내원천소득에 대한 원천징수의 특례에서 규정하는 세율 중 낮은 세율을 적용한다.[2510]

제12절 외국법인의 국내원천소득에 대한 원천징수의 특례

I. 외국법인의 국내원천소득

외국법인의 국내원천소득은 아래와 같이 구분한다.[2511] 외국법인의 국내원천소득의 구분에 대한 세부적인 내용은 비거주자의 국내원천소득의 구분을 참고하기 바란다.

1. 국내원천 이자소득

국내원천 이자소득이란 ① 국가, 지방자치단체, 거주자, 내국법인 또는 외국법인의 국내사업장이나 소득세법[2512]에 따른 비거주자의 국내사업장으로부터 지급받는 소득, ② 외국법인 또는 비거주자로부터 지급받는 소득으로서 그 소득을 지급하는 외국법인 또는 비거주자의 국내사업장과 실질적으로 관련하여 그 국내사업장의 소득금액을 계산할 때 필요경비 또는 손금에 산입

[2508] 지방세법 제103조의18 제1항.
[2509] 소득세법 제158조의8 제1항.
[2510] 소득세법 제158조의8 제2항.
[2511] 법인세법 제93조.
[2512] 소득세법 제120조.

되는 것의 어느 하나에 해당하는 소득으로서 소득세법 제16조 제1항에 따른 이자소득[2513]과 그 밖의 대금의 이자 및 신탁의 이익을 말한다.[2514] 다만 거주자 또는 내국법인의 국외사업장을 위하여 그 국외사업장이 직접 차용한 차입금의 이자는 제외한다.

2. 국내원천 배당소득

국내원천 배당소득이란 내국법인 또는 법인으로 보는 단체나 그 밖에 국내에 소재하는 자로부터 지급받는 ① 소득세법[2515]에 따른 파생결합사채로부터의 이익, ② 소득세법[2516]에 따른 배당소득,[2517] ③ 소득세법[2518]에 따른 집합투자증권의 환매등으로 발생한 이익 또는 적격집합투자기구로부터의 이익 중 대통령령으로 정하는 이익, ④ 소득세법[2519]에 따른 파생결합증권으로부터의 이익 중 대통령령으로 정하는 이익, ⑤ 국제조세조정에 관한 법률 제13조[2520] 또는 제22조[2521]에

[2513] 같은 항 제7호의 소득은 제외한다.
[2514] 법인세법 제93조 제1호.
[2515] 소득세법 제16조 제1항 제2호의2.
[2516] 제17조 제1항.
[2517] 같은 항 제6호에 따른 소득은 제외한다.
[2518] 소득세법 제87조의6 제1항 제4호.
[2519] 소득세법 제87조의6 제1항 제5호.
[2520] 제13조(소득처분 및 세무조정) ① 제6조, 제7조, 제9조, 제12조 및 제15조에 따라 내국법인의 익금(益金)에 산입(算入)된 금액이 대통령령으로 정하는 바에 따라 국외특수관계인으로부터 내국법인에 반환된 것임이 확인되지 아니하는 경우에는 그 금액은 「법인세법」 제67조에도 불구하고 대통령령으로 정하는 바에 따라 국외특수관계인에 대한 배당으로 처분하거나 출자로 조정한다.
② 제6조, 제7조, 제9조, 제12조 및 제15조에 따라 감액 조정된 거주자의 소득금액 중 국외특수관계인에게 반환되지 아니한 금액은 「법인세법」 제18조 제2호에 따라 익금에 산입하지 아니하는 소득으로 보아 내국법인의 익금에 산입하지 아니하거나 거주자(내국법인이 아닌 거주자를 말한다)의 소득금액으로 보지 아니한다.
③ 제1항과 제2항을 적용할 때 소득처분의 방법과 그 밖에 필요한 사항은 대통령령으로 정한다.
[2521] 제22조(출자금액 대비 과다차입금 지급이자의 손금불산입) ① 이 절에서 "국외지배주주"란 내국법인이나 외국법인의 국내사업장을 실질적으로 지배하는 다음 각 호의 구분에 따른 자를 말하며 그 세부 기준은 대통령령으로 정한다.
1. 내국법인의 경우: 다음 각 목의 어느 하나에 해당하는 자
가. 외국의 주주·출자자(이하 "외국주주"라 한다)
나. 가목의 외국주주가 출자한 외국법인
2. 외국법인의 국내사업장의 경우: 다음 각 목의 어느 하나에 해당하는 자
가. 그 외국법인의 본점 또는 지점
나. 그 외국법인의 외국주주
다. 그 외국법인과 나목의 외국주주가 출자한 다른 외국법인
② 내국법인(외국법인의 국내사업장을 포함한다. 이하 이 절에서 같다)의 차입금 중 다음 각 호의 금액을 합한 금액이 해당 국외지배주주가 출자한 출자금액의 2배를 초과하는 경우에는 그 초과분에 대한 지급이자 및 할인료(이하 이 절에서 "이자등"이라 한다)는 그 내국법인의 손금(損金)에 산입하지 아니하며 대통령령으로 정하는 바에 따라 「법인세법」 제67조에 따른 배당 또는

따라 배당으로 처분된 금액을 말한다.[2522]

3. 국내원천 부동산양도소득

국내원천 부동산양도소득이란 국내에 있는 ① 소득세법 제94조 제1항 제1호·제2호 및 제4호 가목·나목에 따른 자산·권리, ② 내국법인의 주식등[2523] 중 양도일이 속하는 사업연도 개시일 현재의 그 법인의 자산총액 중 ⓐ 소득세법 제94조 제1항 제1호 및 제2호의 자산가액, ⓑ 내국법인이 보유한 다른 부동산 과다보유 법인의 주식가액에 그 다른 법인의 부동산 보유비율을 곱하여 산출한 가액의 합계액이 100분의 50 이상인 법인의 주식등(부동산주식등)으로서 자본시장법에 따른 증권시장에 상장되지 않은 주식등의 어느 하나에 해당하는 자산·권리를 양도함으로써 발생하는 소득을 말한다.[2524]

②의 경우 조세조약의 해석·적용과 관련하여 그 조세조약 상대국과 상호합의에 따라 우리나라에 과세권한이 있는 것으로 인정되는 부동산주식등도 전단의 부동산주식등에 포함한다.

4. 국내원천 유가증권양도소득

국내원천 유가증권양도소득이란 ① 내국법인이 발행한 주식등과 그 밖의 유가증권, ② 외국

기타사외유출로 처분된 것으로 본다. 이 경우 차입금의 범위와 출자금액 및 손금에 산입하지 아니하는 금액의 산정방법은 대통령령으로 정한다.
1. 국외지배주주로부터 차입한 금액
2. 국외지배주주의 국세기본법 제2조 제20호 가목 또는 나목에 따른 특수관계인으로부터 차입한 금액
3. 국외지배주주의 지급보증(담보의 제공 등 실질적으로 지급을 보증하는 경우를 포함한다)에 의하여 제3자로부터 차입한 금액
③ 제2항에 따른 국외지배주주의 출자금액에 대한 차입금의 배수(倍數)는 업종의 특성 등에 따라 필요한 경우 업종별로 구분하여 따로 대통령령으로 정할 수 있다.
④ 내국법인이 제2항 각 호에 따라 차입한 금액의 규모 및 차입 조건이 특수관계가 없는 자 간의 통상적인 차입 규모 및 차입 조건과 같거나 유사한 것임을 대통령령으로 정하는 바에 따라 증명하는 경우 그 차입금에 대한 이자등에 대해서는 제2항 및 제3항을 적용하지 아니한다.
⑤ 제2항을 적용받는 내국법인이 각 사업연도 중에 지급한 이자등에 대하여 국외지배주주에 대한 소득세 또는 법인세를 원천징수한 경우에는 제2항에 따른 배당에 대한 소득세 또는 법인세를 계산할 때 이미 원천징수한 세액과 상계하여 조정한다.
⑥ 제2항부터 제5항까지의 규정을 적용할 때 서로 다른 이자율이 적용되는 이자등이 함께 있는 경우에는 높은 이자율이 적용되는 것부터 먼저 손금에 산입하지 아니한다.

2522) 법인세법 제93조 제2호.
2523) 주식등을 기초로 하여 발행한 예탁증서 및 신주인수권을 포함한다.
2524) 법인세법 제93조 제7호.

법인이 발행한 주식등,[2525] ③ 외국법인의 국내사업장이 발행한 그 밖의 유가증권의 어느 하나에 해당하는 주식등[2526] 또는 그 밖의 유가증권[2527]을 양도함으로써 발생하는 소득으로서 대통령령으로 정하는 소득을 말한다.[2528]

Ⅱ. 국외투자기구에 대한 실질귀속자 특례

외국법인이 국외투자기구[2529]를 통하여 제93조에 따른 국내원천소득을 지급받는 경우에는 그 외국법인을 국내원천소득의 실질귀속자[2530]로 본다.[2531] 다만 국외투자기구가 ① ⓐ 조세조약에 따라 그 설립된 국가에서 납세의무를 부담하는 자에 해당할 것, ⓑ 국내원천소득에 대하여 조세조약이 정하는 비과세·면제 또는 제한세율[2532]을 적용받을 수 있는 요건을 갖추고 있을 것의 요건을 모두 갖추고 있는 경우, ② ①에 해당하지 않는 국외투자기구가 조세조약에서 국내원천소득의 수익적 소유자로 취급되는 것으로 규정되고 국내원천소득에 대하여 조세조약이 정하는 비과세·면제 또는 제한세율을 적용받을 수 있는 요건을 갖추고 있는 경우, ③ ① 및 ②에 해당하지 않는 국외투자기구가 그 국외투자기구에 투자한 투자자를 입증하지 못하는 경우[2533]의 어느 하나에 해당하는 경우[2534]에는 그 국외투자기구를 국내원천소득의 실질귀속자로 본다.

③에 해당하여 국외투자기구를 국내원천소득의 실질귀속자로 보는 경우에는 그 국외투자기구에 대하여 조세조약에 따른 비과세·면제 및 제한세율을 적용하지 않는다.[2535]

2525) 자본시장법에 따른 증권시장에 상장된 것으로 한정한다.
2526) 자본시장법에 따른 증권시장에 상장된 부동산주식등을 포함한다.
2527) 자본시장과 금융투자업에 관한 법률」 제4조에 따른 증권을 포함한다.
2528) 법인세법 제93조 제9호.
2529) 투자권유를 하여 모은 금전 등을 재산적 가치가 있는 투자대상자산의 취득, 처분 또는 그 밖의 방법으로 운용하고 그 결과를 투자자에게 배분하여 귀속시키는 투자행위를 하는 기구로서 국외에서 설립된 기구를 말한다.
2530) 그 국내원천소득과 관련하여 법적 또는 경제적 위험을 부담하고 그 소득을 처분할 수 있는 권리를 가지는 등 그 소득에 대한 소유권을 실질적으로 보유하고 있는 자를 말한다.
2531) 법인세법 제93조의2 제1항.
2532) 조세조약에 따라 체약상대국의 거주자 또는 법인에 과세할 수 있는 최고세율을 말한다.
2533) 투자자가 둘 이상인 경우로서 투자자 중 일부만 입증하는 경우에는 입증하지 못하는 부분으로 한정한다.
2534) 소득세법 제2조 제3항에 따른 법인으로 보는 단체 외의 법인 아닌 단체인 국외투자기구는 이 항 제2호 및 제3호에 해당하는 경우로 한정한다.
2535) 법인세법 제93조의2 제2항.

Ⅲ. 외국법인에 대한 원천징수 또는 징수의 특례

외국법인에 대하여 국내원천 ① 이자소득, ② 국내원천 배당소득, ③ 국내원천 선박등임대소득, ④ 국내원천 사업소득, ⑤ 국내원천 인적용역소득, ⑥ 국내원천 부동산등양도소득, ⑦ 국내원천 사용료소득, ⑧ 국내원천 유가증권양도소득, ⑨ 국내원천 기타소득에 따른 국내원천소득으로서 국내사업장과 실질적으로 관련되지 않거나 국내사업장에 귀속되지 않는 소득의 금액[2536]을 지급하는 자[2537]는 지급을 할 때에 아래의 구분에 따른 금액을 해당 법인의 각 사업연도의 소득에 대한 법인세로서 원천징수하여 원천징수한 날이 속하는 달의 다음 달 10일까지 납세지 관할 세무서등에 납부하여야 한다.[2538]

1. 국내원천 이자소득

국내원천 이자소득은 ① 국가·지방자치단체 및 내국법인이 발행하는 채권에서 발생하는 이자소득의 경우 지급금액의 100분의 14, ② ① 외의 이자소득은 지급금액의 100분의 20을 원천징수한다.

2. 국내원천 배당소득

국내원천 배당소득은 지급금액의 100분의 20을 원천징수한다.

3. 국내원천 부동산등양도소득

국내원천 부동산등양도소득의 경우 지급금액의 100분의 10을 원천징수한다. 다만 양도한 자산의 취득가액 및 양도비용이 확인되는 경우에는 그 지급금액의 100분의 10에 상당하는 금액과 그 자산의 양도차익의 100분의 20에 상당하는 금액 중 적은 금액으로 한다.

2536) 국내사업장이 없는 외국법인에 지급하는 금액을 포함한다.
2537) 국내원천 부동산등양도소득의 금액을 지급하는 거주자 및 비거주자는 제외한다.
2538) 법인세법 제98조 제1항.

4. 국내원천 유가증권양도소득

가. 현행 과세제도

국내원천 유가증권양도소득의 경우 지급금액[2539]의 100분의 10을 원천징수한다. 다만 법인세법 제92조 제2항 제1호 단서[2540]에 따라 해당 유가증권의 취득가액 및 양도비용이 확인되는 경우에는 그 지급금액의 100분의 10에 상당하는 금액과 단서에 따라 계산한 금액의 100분의 20에 상당하는 금액 중 적은 금액으로 한다.

나. 2023.1.1. 시행 예정 과세제도

국내원천 유가증권양도소득의 경우 지급금액[2541]의 100분의 10을 원천징수한다. 다만 법인세법 제92조 제2항 제1호 가목[2542]에 따라 해당 유가증권의 취득가액 및 양도비용이 확인되는 경우에는 그 지급금액의 100분의 10에 상당하는 금액과 같은 호 단서에 따라 계산한 금액의 100분의 20에 상당하는 금액 중 적은 금액으로 한다.

IV. 외국법인의 유가증권 양도소득 등에 대한 신고 및 납부 등의 특례

1. 동일 내국법인의 주식등을 동일 사업연도에 2회 이상 양도한 경우

국내사업장이 없는 외국법인은 동일한 내국법인의 주식 또는 출자증권을 동일한 사업연도

[2539] 법인세법 제92조 제2항 제2호에 해당하는 경우에는 같은 호의 "정상가격"을 말한다.
[2540] 1. 제93조 제1호부터 제6호까지 및 제8호부터 제10호까지의 국내원천소득의 경우에는 같은 조 각 호(제7호는 제외한다)의 소득별 수입금액으로 한다. 다만, 제93조 제9호에 따른 국내원천소득의 경우에는 그 수입금액에서 대통령령으로 정하는 바에 따라 확인된 해당 유가증권의 취득가액 및 양도비용을 공제하여 계산한 금액으로 할 수 있다.
[2541] 법인세법 제92조 제2항 제2호에 해당하는 경우에는 같은 호의 "정상가격"을 말한다.
[2542] 가. 제93조 제9호에 따른 국내원천 유가증권양도소득: 수입금액에서 대통령령으로 정하는 바에 따라 확인된 해당 유가증권의 취득가액 및 양도비용을 공제하여 계산한 금액

2543)에 2회 이상 양도함으로써 조세조약에서 정한 과세기준을 충족하게 된 경우에는 양도 당시 원천징수되지 않은 소득에 대한 원천징수세액 상당액을 양도일이 속하는 사업연도의 종료일부터 3개월 이내에 대통령령으로 정하는 바에 따라 납세지 관할 세무서장에게 신고 및 납부하여야 한다.2544)2545)

2. 국내사업장이 없는 비거주자나 외국법인에 양도하는 경우

국내사업장이 없는 외국법인은 주식·출자증권 또는 그 밖의 유가증권(주식등)을 국내사업장이 없는 비거주자나 외국법인에 양도하는 경우로서 대통령령으로 정하는 경우에는 그 양도로 인하여 발생하는 소득에 대하여 지급금액의 100분의 10[2546]에 따른 비율을 곱하여 산출한 금액을 지급받은 날이 속하는 달의 다음다음 달 10일까지 납세지 관할 세무서장에게 신고·납부하여야 한다. 다만 주식등의 양도에 따른 소득의 금액을 지급하는 자가 주식등의 양도로 발생한 국내원천소득에 대한 법인세를 원천징수하여 납부한 경우에는 제외한다.2547)

Ⅴ. 외국법인의 원천징수대상채권등에 대한 원천징수의 특례

외국법인에 대한 원천징수 또는 징수의 특례를 적용받는 외국법인에게 원천징수대상채권등의 이자등을 지급하는 자 또는 원천징수대상채권등의 이자등을 지급받기 전에 외국법인으로부터 원천징수대상채권등을 매수2548)2549)하는 자는 외국법인의 보유기간을 고려하여 원천징수하여

2543) 그 주식 또는 출자증권을 발행한 내국법인의 사업연도를 말한다.
2544) 국내사업장이 있는 외국법인의 소득으로서 국내사업장과 실질적으로 관련되지 않거나 국내사업장에 귀속되지 않는 소득에 대해서도 준용한다.
2545) 법인세법 제98조의2 제1항.
2546) 법인세법 제98조 제1항 제7호.
2547) 법인세법 제98조의2 제3항.
2548) 중개·알선, 그 밖에 대통령령으로 정하는 경우를 포함하되, 환매조건부 채권매매 거래 등 대통령령으로 정하는 경우는 제외한다.
2549) ② 법 제98조의3 제1항에서 "환매조건부 채권매매 거래 등 대통령령으로 정하는 경우"란 다음 각 호의 어느 하나에 해당하거나 각 호가 혼합되는 거래를 말한다.
   1. 외국법인이 일정기간 후에 일정가격으로 환매수 또는 환매도할 것을 조건으로 하여 채권등을 매도 또는 매수하는 거래(해당 거래가 연속되는 경우를 포함한다)로서 그 거래에 해당하는 사실이 「자본시장과 금융투자업에 관한 법률」 제294조에 따른 한

야 한다.[2550]

Ⅵ. 외국법인에 대한 조세조약상 비과세 또는 면제 적용 신청

1. 조세조약에 따른 비과세 또는 면제의 적용 신청

외국법인의 국내원천소득[2551]의 실질귀속자인 외국법인이 조세조약에 따라 비과세 또는 면제를 적용받으려는 경우에는 대통령령으로 정하는 바에 따라 비과세 또는 면제신청서를 국내원천소득을 지급하는 자(소득지급자)에게 제출하고 해당 소득지급자는 그 신청서를 납세지 관할 세무서장에게 제출하여야 한다.[2552] 이 경우 국외투자기구를 국내원천소득의 실질귀속자로 보는 경우에는 그 국외투자기구에 투자한 투자자의 국가별 현황 등이 포함된 국외투자기구 신고서를 함께 제출하여야 한다.

2. 국내원천소득이 국외투자기구를 통하여 지급되는 경우

국내원천소득이 국외투자기구를 통하여 지급되는 경우에는 그 국외투자기구가 실질귀속자로부터 비과세·면제신청서를 제출받아 그 명세가 포함된 국외투자기구 신고서와 제출받은 비과세·면제신청서를 소득지급자에게 제출하고 해당 소득지급자는 그 신고서와 신청서를 납세지 관할 세무서장에게 제출해야 한다.[2553]

국예탁결제원의 계좌를 통하여 확인되는 거래
2. 외국법인이 일정기간 후에 같은 종류로서 같은 양의 채권을 반환받는 조건으로 채권을 대여하는 거래(해당 거래가 연속되는 경우를 포함한다)로서 그 거래에 해당하는 사실이 채권대차거래중개기관(「자본시장과 금융투자업에 관한 법률」에 따른 한국예탁결제원, 증권금융회사, 투자매매업자 또는 투자중개업자를 말한다)이 작성한 거래 원장(전자적 형태의 원장을 포함한다)을 통해 확인되는 거래

2550) 법인세법 제98조의3 제1항.
2551) 국내원천 사업소득 및 국내원천 인적용역소득은 제외한다.
2552) 법인세법 제98조의4 제1항.
2553) 법인세법 제98조의4 제2항.

3. 비과세 또는 면제신청서 등을 제출받지 못한 경우

소득지급자는 실질귀속자 또는 국외투자기구로부터 비과세 또는 면제신청서 또는 국외투자기구 신고서를 제출받지 못하거나 제출된 서류를 통해서는 실질귀속자를 파악할 수 없는 등의 경우에는 비과세 또는 면제를 적용하지 않고 외국법인에 대한 원천징수 또는 징수의 특례[2554]에 따른 금액을 원천징수해야 한다.[2555] 비과세 또는 면제를 적용받지 못한 실질귀속자가 비과세 또는 면제를 적용받으려는 경우에는 실질귀속자 또는 소득지급자가 세액이 원천징수된 날이 속하는 달의 말일부터 5년 이내에 소득지급자의 납세지 관할 세무서장에게 경정을 청구할 수 있다. 다만 국세기본법 제45조의2 제2항의 어느 하나에 해당하는 사유가 발생하였을 때에는 그 사유가 발생한 것을 안 날부터 3개월 이내에 경정을 청구할 수 있다.

Ⅶ. 특정지역 외국법인에 대한 원천징수절차 특례

1. 특정지역 외국법인에 대한 원천징수

① 외국법인에 대한 원천징수 또는 징수의 특례, ② 외국법인의 유가증권 양도소득 등에 대한 신고·납부 등의 특례, ③ 외국법인의 원천징수대상채권등에 대한 원천징수의 특례, ④ 외국법인에 대한 조세조약상 비과세 또는 면제 적용 신청, ⑤ 외국법인에 대한 조세조약상 제한세율 적용을 위한 원천징수 절차 특례에 따른 원천징수의무자는 기획재정부장관이 고시하는 국가나 지역에 있는 외국법인의 국내원천소득 중 Ⓐ 국내원천 이자소득, Ⓑ 국내원천 배당소득, Ⓒ 국내원천 부동산등양도소득 중 내국법인의 주식등 중 양도일이 속하는 사업연도 개시일 현재의 그 법인의 자산총액 중 다음의 가액의 합계액이 100분의 50 이상인 법인의 주식등으로서 자본시장법에 따른 증권시장에 상장되지 않은 주식등의 양도소득, Ⓓ 국내원천 사용료소득, Ⓔ 국내원천 유가증권양도소득에 대하여 각 사업연도의 소득에 대한 법인세로서 원천징수하는 경우에는 외국법인에 대한 조세조약상 비과세 또는 면제 적용 신청 및 조세조약에 따른 비과세·면제 또

2554) 법인세법 제98조 제1항.
2555) 법인세법 제98조의4 제3항.

는 제한세율 규정에도 불구하고 외국법인에 대한 원천징수 또는 징수의 특례에서 규정하는 세율을 우선 적용하여 원천징수하여야 한다. 다만 대통령령으로 정하는 바에 따라 조세조약에 따른 비과세·면제 또는 제한세율을 적용받을 수 있음을 국세청장이 미리 승인한 경우에는 그러하지 아니하다.[2556]

2. 조세조약에 따른 비과세 등의 적용을 위한 경정 청구

국내원천소득을 실질적으로 귀속받는 법인[2557]이 그 소득에 대하여 조세조약에 따른 비과세·면제 또는 제한세율의 적용을 받으려는 경우에는 세액이 원천징수된 날이 속하는 달의 말일부터 5년 이내에 원천징수의무자의 납세지 관할 세무서장에게 경정을 청구할 수 있다.[2558] 다만 국세기본법 제45조의2 제2항 각 호의 어느 하나에 해당하는 사유가 발생하였을 때에는 그 사유가 발생한 것을 안 날부터 3개월 이내에 경정을 청구할 수 있다.

VIII. 조세조약상 제한세율 적용을 위한 원천징수 절차 특례

1. 실질귀속자인 외국법인이 제한세율을 적용받으려는 경우

국내원천소득의 실질귀속자인 외국법인이 제한세율을 적용받으려는 경우에는 제한세율 적용신청서를 원천징수의무자에게 제출하여야 한다.[2559] 이 경우 국외투자기구를 국내원천소득의 실질귀속자로 보는 경우에는 그 국외투자기구에 투자한 투자자의 국가별 현황 등이 포함된 국외투자기구 신고서를 함께 제출하여야 한다. 해당 국내원천소득이 국외투자기구를 통하여 지급되는 경우에는 국외투자기구가 실질귀속자로부터 제한세율 적용신청서를 제출받아 명세가 포함된 국외투자기구 신고서를 원천징수의무자에게 제출하여야 한다.[2560]

2556) 법인세법 제98조의5 제1항.
2557) 그 대리인 또는 국세기본법 제82조에 따른 납세관리인을 포함한다.
2558) 법인세법 제98조의5 제2항.
2559) 법인세법 제98조의6 제1항.
2560) 법인세법 제98조의6 제2항.

원천징수의무자는 실질귀속자 또는 국외투자기구로부터 제한세율 적용신청서 또는 국외투자기구 신고서를 제출받지 못하거나 제출된 서류를 통해서는 실질귀속자를 파악할 수 없는 등의 경우에는 제한세율을 적용하지 않고 외국법인에 대한 원천징수 또는 징수의 특례에서 규정하는 세율을 적용한 금액을 원천징수하여야 한다.[2561]

2. 제한세율을 적용받지 못한 실질귀속자가 적용받으려는 경우

적용받은 제한세율에 오류가 있거나 제한세율을 적용받지 못한 실질귀속자가 제한세율을 적용받으려는 경우에는 실질귀속자 또는 원천징수의무자가 세액이 원천징수된 날이 속하는 달의 말일부터 5년 이내에 대통령령으로 정하는 바에 따라 원천징수의무자의 납세지 관할 세무서장에게 경정을 청구할 수 있다.[2562] 다만 국세기본법 제45조의2 제2항 각 호의 어느 하나에 해당하는 사유가 발생하였을 때에는 본문에도 불구하고 그 사유가 발생한 것을 안 날부터 3개월 이내에 경정을 청구할 수 있다.

IX. 이자·배당 및 사용료에 대한 세율의 적용 특례

조세조약의 규정상 외국법인의 국내원천소득 중 이자, 배당 또는 사용료소득에 대해서는 제한세율과 ① 조세조약의 대상 조세에 지방소득세가 포함되지 않는 경우 외국법인에 대한 원천징수 또는 징수의 특례에서 규정하는 세율, ② 조세조약의 대상 조세에 지방소득세가 포함되는 경우 외국법인에 대한 원천징수 또는 징수의 특례에서 규정하는 세율에 지방세법 제103조의52 제1항의 원천징수하는 법인세의 100분의 10을 반영한 세율의 어느 하나에 규정된 세율 중 낮은 세율을 적용한다.[2563]

다만 특정지역 외국법인에 대한 원천징수절차 특례에 해당하는 경우에는 외국법인에 대한 원천징수 또는 징수의 특례에서 규정하는 세율에 따라 원천징수한다. 이 경우 과세표준과 세액을

2561) 법인세법 제98조의6 제3항.
2562) 법인세법 제98조의6 제4항.
2563) 법인세법 제98조의7 제1항.

경정하는 경우에는 제한세율과 외국법인에 대한 원천징수 또는 징수의 특례에서 규정하는 세율 중 낮은 세율을 적용한다.

제11장
국외전출자 국내 주식등 과세 특례

제11장
국외전출자 국내 주식등 과세 특례

국외전출자 국내 주식등 과세 특례제도에서는 ① 국외전출자의 의미, ② 특례 적용 대상 주식등의 범위, ③ 과세표준의 계산, ④ 세액공제 등, ⑤ 납부유예 등에 대해 살펴보고자 한다.

제1절 국외전출자의 납세의무

I. 국외전출자

거주자의 출국 시 국내 주식등에 관한 과세특례의 적용대상이 되는 출국하는 거주자란 출국일 10년 전부터 출국일까지의 기간 중 국내에 주소나 거소를 둔 기간의 합계가 5년 이상인 자를 말하며 국외전출자라 한다.[2564]

II. 국외전출자의 납세의무

국외전출자는 소득세법에 따른 양도 정의에도 불구하고 출국 당시 소유한 주식등과 부동산 과다보유 법인이 발행한 주식등[2565]에 해당하는 주식등(국외전출자 국내주식등)을 출국일에 양도한 것으로 보아 금융투자소득 및 양도소득에 대하여 소득세(국외전출세)를 납부할 의무가 있다.[2566]

2564) 소득세법 제126조의3 제1항.
2565) 소득세법 제94조 제1항 제4호 다목 및 라목.
2566) 소득세법 제126조의3 제1항.

다만 외국법인이 발행하였거나 외국에 있는 시장에 상장된 주식등으로서 ① 증권시장에 상장된 주식등, ② 국외에 있는 자산으로서 시설물 이용권과 부동산 과다 보유 법인이 발행한 주식등, ③ 부동산을 취득할 수 있는 권리[2567]·지상권·전세권과 부동산임차권에 해당하는 부동산에 관한 권리로서 미등기 양도자산을 제외한 외국법인이 발행한 주식등, ④ 내국법인이 발행한 주식등[2568]으로서 해외 증권시장[2569]에 상장된[2570] 주식등은 제외한다.[2571]

제2절 국내주식등에 대한 과세표준의 계산

Ⅰ. 국내주식등의 양도가액

국외전출자 국내주식등의 양도가액은 출국일 당시의 시가로 한다.[2572] 출국일 당시의 시가란 국외전출자의 출국일 당시의 해당 주식등의 거래가액을 의미한다.[2573] 다만 시가를 산정하기 어려운 경우에는 그 규모 및 거래상황 등을 고려하여 아래의 구분에 따른 방법에 의한다.[2574]

1. 주권상장법인의 주식등

코스닥시장상장법인 또는 코넥스시장상장법인의 주식등[2575]을 제외한 주권상장법인의 주식등

2567) 건물이 완성되는 때에 그 건물과 이에 딸린 토지를 취득할 수 있는 권리를 포함한다.
2568) 국외 예탁기관이 발행한 자본시장법 제4조 제8항의 증권예탁증권(주식등으로 한정한다)을 포함한다.
2569) "해외 증권시장"이란 증권시장과 유사한 시장으로서 해외에 있는 시장을 말한다(자본시장법시행령 제2조 제1호).
2570) 소득세법시행령 제183조의5 제2호.
2571) 소득세법시행령 제183조의5.
2572) 소득세법 제126조의4 제1항.
2573) 소득세법시행령 제183조의6 제1항.
2574) 소득세법시행령 제183조의6 제2항.
2575) 소득세법시행규칙 제69조의12 제1항.

은 소득세법 제99조 제1항 제6호[2576] 및 소득세법시행령 제150조의22 제1항 제1호[2577] 및 제3호(신주인수권의 평가)[2578]에 따른 기준시가를 시가로 하는 방법으로 한다.[2579]

2. 주권비상장법인의 주식등

주권비상장법인[2580]의 주식등은 ① 출국일 전후 각 3개월 이내에 해당 주식등의 매매사례가 있는 경우 그 가액, ② 소득세법 제99조 제1항 제6호 및 소득세법시행령 제150조의22 제1항 제2호[2581] 및 제3호(신주인수권의 평가)에 따른 기준시가를 순차적으로 적용하여 계산한 가액

[2576] 6. 제94조 제1항 제4호에 따른 기타자산으로 양도자산의 종류, 규모, 거래상황 등을 고려하여 대통령령으로 정하는 방법에 따라 평가한 가액을 말한다.

[2577] 1. 주권상장법인의 주식등(제2호에 따른 주식등은 제외한다): 양도일·취득일 이전 1개월 동안 매일 공표된 거래소 최종시세가액의 평균액

[2578] 3. 신주인수권: 다음 각 목의 구분에 따라 평가한 가액
  가. 주식으로의 전환 등이 불가능한 기간 중인 경우의 신주인수권증권에 대한 평가 가액: 신주인수권부사채의 만기상환금액(만기 전에 발생하는 이자상당액을 포함한다. 이하 이 목에서 같다)을 사채발행이율에 따라 발행 당시의 현재가치로 할인한 가액에서 그 만기상환금액을 3년 만기 회사채의 유통수익률을 고려하여 기획재정부령으로 정하는 이자율(이하 이 호에서 "적정할인율"이라 한다)에 따라 발행 당시의 현재가치로 할인한 가액을 뺀 가액. 이 경우 그 가액이 음수인 경우에는 0으로 한다.
  나. 주식으로의 전환 등이 가능한 기간 중인 경우의 신주인수권증권 및 신주인수권증서에 대한 평가 가액: 다음의 구분에 따라 평가한 가액
    1) 신주인수권증권: 가목에 따라 평가한 가액과 해당 신주인수권증권으로 인수할 수 있는 주식가액에서 「상속세 및 증여세법 시행령」 제57조 제3항에 따른 배당차액과 신주인수가액을 차감한 가액 중 큰 금액
    2) 신주인수권증서: 다음의 구분에 따른 가액
      가) 거래소에서 거래되는 경우: 거래소에 상장되어 거래되는 전체 거래일의 종가 평균
      나) 가) 외의 경우: 해당 신주인수권증서로 인수할 수 있는 주식의 권리락(權利落) 전 가액에서 「상속세 및 증여세법 시행령」 제57조 제3항에 따른 배당차액과 신주인수가액을 차감한 가액

[2579] 소득세법시행령 제183조의6 제2항 제1호.

[2580] 4. 주권비상장법인: 주권상장법인을 제외한 법인.

[2581] 2. 기획재정부령으로 정하는 주식등과 주권상장법인이 아닌 법인의 주식등: 다음 각 목에서 정하는 바에 따라 평가한 가액
  가. 1주당 가액의 평가는 1)의 계산식에 따라 평가한 가액(이하 이 항에서 "순손익가치"라 한다)과 2)의 계산식에 따라 평가한 가액(이하 이 항에서 "순자산가치"라 한다)을 각각 3과 2의 비율로 가중평균한 가액으로 할 것. 다만, 그 가중평균한 가액이 1주당 순자산가치에 100분의 80을 곱한 금액보다 적은 경우에는 1주당 순자산가치에 100분의 80을 곱한 금액을 평가액으로 한다.
    1) 양도일 또는 취득일이 속하는 사업연도의 직전 사업연도의 1주당 순손익액 ÷ 금융회사등이 보증한 3년 만기 회사채의 유통수익률을 고려하여 기획재정부장관이 정하여 고시하는 이자율
    2) 양도일 또는 취득일이 속하는 사업연도의 직전 사업연도 종료일 현재 해당 법인의 장부가액(토지의 경우는 법 제99조 제1항 제1호 가목에 따른 기준시가를 말한다) ÷ 발행주식총수(양도일 또는 취득일이 속하는 사업연도의 직전 사업연도 종료일 현재의 발행주식 총수를 말한다)
  나. 가목을 적용할 때 제2호의 주식등(이하 이 목에서 "비상장주식등"이라 한다)을 발행한 법인이 다른 비상장주식등을 발행한 법인의 발행주식총수 또는 출자총액의 100분의 10 이하의 주식 또는 출자지분을 소유하고 있는 경우에 그 다른 비상장주식등은 가목에도 불구하고 「법인세법 시행령」 제74조 제1항 제1호 마목에 따른 취득가액에 따라 평가할 것

을 시가로 하는 방법이 있다.[2582]

II. 국내주식등의 과세표준 계산

1. 과세기간과 국내주식등의 필요경비 계산

거주자가 주소 또는 거소를 국외로 이전(출국)하여 비거주자가 되는 경우의 과세기간은 1월 1일부터 출국한 날까지로 한다. 국내주식등의 양도가액에서 공제할 필요경비는 아래에 따라 계산한다.[2583]

〈표-143 국내주식등의 필요경비 계산〉

구분	필요경비
주식등의 양도로 발생하는 소득[2584]	주식등·채권등·투자계약증권소득금액 필요경비 계산 방법에 따라 계산한 금액[2585]
부동산 과다 보유 법인이 발행한 특정 주식등[2586]	양도소득의 필요경비 계산에 따라 계산한 금액[2587]

2. 국내주식등의 과세표준 계산등

다. 다음의 어느 하나에 해당하는 주식등: 가목 1)·2) 외의 부분에 불구하고 가목 2)의 산식에 따라 평가한 가액으로 할 것
1) 법 제87조의23에 따른 금융투자소득과세표준 확정신고기한 이내에 청산절차가 진행 중인 법인과 사업자의 사망 등으로 인하여 사업의 계속이 곤란하다고 인정되는 법인의 주식등
2) 사업개시 전 또는 사업개시 후 1년 미만의 법인, 휴·폐업 중에 있는 법인의 주식등
3) 양도일 또는 취득일이 속하는 사업연도 전 3년 이내의 사업연도부터 계속하여 결손금(「법인세법」상 각 사업연도에 속하거나 속하게 될 손금의 총액이 그 사업연도에 속하거나 속하게 될 익금의 총액을 초과하는 금액을 말한다)이 있는 법인의 주식등

2582) 소득세법시행령 제183조의6 제2항 제2호.
2583) 소득세법 제126조의4 제2항.
2584) 소득세법 제87조의6 제1항 제1호.
2585) 소득세법 제87조의12.
2586) 소득세법 제94조 제1항 제4호 다목 및 라목.
2587) 소득세법 제97조.

가. 과세표준 계산등

국외전출세를 계산하기 위한 소득금액은 양도가액에서 필요경비를 공제한 금액으로 한다.[2588] 과세표준은 ① 종합소득, ② 퇴직소득, ③ 금융투자소득, ④ 소득세법 제92조 제2항[2589]에 따른 양도소득과세표준과 구분하여 계산하며 국내주식등의 소득금액에서 연 5천만원의 범위에서 대통령령으로 정하는 금액을 공제한 금액으로 한다.[2590]

나. 대통령령으로 정하는 금액

대통령령으로 정하는 금액이란 주권상장법인과 주권비상장법인에 해당하는 주식등의 경우 5천만원에서 ① 주식등소득금액 중 주권상장법인의 주식등을 증권시장에서 양도하여 발생한 소득금액, ② 주권비상장법인인 중소기업 및 중견기업의 주식등을 한국금융투자협회가 행하는 장외매매거래로 양도하여 발생한 소득금액을 차감한 금액을 말한다.[2591] 기타의 주식등의 경우 250만원을 차감한 금액을 말한다.

제3절 국외전출자 국내주식등에 대한 세율과 산출세액

국외전출자의 국외전출세는 과세표준에서 아래의 계산식에 따라 계산한 금액을 그 세액(산출세액)으로 한다.[2592]

2588) 소득세법 제126조의4 제3항.
2589) ② 양도소득과세표준은 제94조부터 제99조까지, 제99조의2, 제100조부터 제102조까지 및 제118조에 따라 계산한 양도소득금액에서 제103조에 따른 양도소득 기본공제를 한 금액으로 한다.
2590) 소득세법 제126조의4 제4항.
2591) 소득세법 제87조의18 제1항 제1호 가목, 나목.
2592) 소득세법 제126조의5.

<표-144 국외전출세의 계산>

과세표준	세율
3억원 이하	20%
3억원 초과	6천만원 + (3억원 초과액 × 25%)

제4절 국외전출자 국내주식등에 대한 세액공제 등

Ⅰ. 국내주식등에 대한 세액공제

외국납부세액공제 또는 비거주자의 국내원천소득 세액공제를 받으려는 자는 국외전출자국내주식등을 실제 양도한 날부터 2년 이내에 세액공제신청서를 납세지 관할 세무서장에게 제출[2593]해야 한다.[2594]

Ⅱ. 국내주식등에 대한 조정공제

국외전출자가 출국한 후 국외전출자 국내주식등을 실제 양도한 경우로서 실제 양도가액이 시가보다 낮은 때에는 아래의 계산식에 따라 계산한 세액(조정공제액)을 산출세액에서 공제한다.[2595]

<표-145 조정공제액의 계산>

구분		계산식
소득세법 제126조의4 제1항에 따른 양도가액	①	(① - ②) × ③ = ④
실제 양도가액	②	
소득세법 제126조의5에 따른 세율	③	
조정공제액	④	

2593) 국세정보통신망을 통한 제출을 포함한다.

2594) 소득세법시행령 제187조의7.

2595) 소득세법 제126조의6 제1항.

III. 국내주식등에 대한 외국납부세액의 공제

1. 외국납부세액의 계산 및 공제

국외전출자가 출국한 후 국외전출자 국내주식등을 실제로 양도하여 해당 자산의 양도소득에 대하여 외국정부와 지방자치단체에 세액을 납부하였거나 납부할 것이 있는 때에는 산출세액에서 조정공제액을 공제한 금액을 한도로 아래의 계산식에 따라 계산한 외국납부세액을 산출세액에서 공제한다.[2596] 다만 외국정부가 산출세액에 대하여 외국납부세액 공제를 허용하는 경우 또는 외국정부가 국외전출자 국내주식등의 취득가액을 소득세법[2597]에 따른 양도가액으로 조정해주는 경우에는 외국납부세액의 공제를 적용하지 않는다.[2598]

〈표-146 외국납부세액의 계산〉

구분		계산식
해당 자산의 양도소득에 대하여 외국정부에 납부한 세액	①	
소득세법 제126조의4 제1항에 따른 양도가액 (제126조의6 제1항에 해당하는 경우에는 실제 양도가액)	②	① × (② - ③) ÷ (④ - ⑤) = ⑥
소득세법 제126조의4 제2항에 따른 필요경비	③	
실제양도가액	④	
소득세법 제126조의4 제2항에 따른 필요경비	⑤	
외국납부세액	⑥	

2. 비거주자의 국내원천소득 세액공제

국외전출자가 출국한 후 국외전출자 국내주식등을 실제로 양도하여 소득세법 제119조 제11호[2599]에 따른 비거주자의 국내원천소득으로 국내에서 과세되는 경우에는 산출세액에서 조정공

2596) 소득세법 제126조의7 제1항.
2597) 소득세법 제126조의4 제1항.
2598) 소득세법 제126조의7 제2항.
2599) 11. 국내원천 유가증권양도소득: 다음 각 목의 어느 하나에 해당하는 주식·출자지분(증권시장에 상장된 부동산주식등을 포함한다) 또는 그 밖의 유가증권(「자본시장과 금융투자업에 관한 법률」 제4조에 따른 증권을 포함한다. 이하 같다)의 양도로 발생하는 소득으로서 대통령령으로 정하는 소득
  가. 내국법인이 발행한 주식 또는 출자지분과 그 밖의 유가증권

제액을 공제한 금액을 한도로 소득세법 제156조 제1항 제7호[2600]에 따른 지급금액[2601]의 100분의 10에 해당하는 금액을 산출세액에서 공제한다.[2602] 국내원천소득 세액공제를 적용하는 경우 외국납부세액의 공제는 적용하지 않는다.

제5절 국외전출자 국내주식등에 대한 신고납부 등

I. 납세관리인과 국내주식등 보유현황의 신고

국외전출자는 국외전출자 국내주식등의 양도소득에 대한 납세관리인과 국외전출자 국내주식등의 보유현황을 출국일 전날까지 납세지 관할 세무서장에게 신고해야 한다. 이 경우 국외전출자 국내주식등의 보유현황은 신고일의 전날을 기준으로 작성한다.[2603]

국외전출자 국내주식등의 양도소득에 대한 납세관리인과 국내주식등의 보유현황을 신고하려는 자는 납세관리인신고서 및 국외전출자국내주식등 보유현황신고서를 납세지 관할세무서장에게 제출해야 한다.[2604] 국외전출자가 출국일 전날까지 국외전출자 국내주식등의 보유현황을 신고하지 않은 경우에는 출국일 전날의 국외전출자 국내주식등의 액면금액[2605] 또는 출자가액의 100분의 2에 상당하는 금액을 산출세액에 더한다.[2606]

국내주식등의 보유현황을 누락하여 신고한 경우에도 신고일의 전날을 기준으로 신고를 누락

　　나. 외국법인이 발행한 주식 또는 출자지분(증권시장에 상장된 것만 해당한다)
　　다. 외국법인의 국내사업장이 발행한 그 밖의 유가증권

2600)　7. 제119조 제11호에 따른 국내원천 유가증권양도소득: 지급금액(제126조 제6항에 해당하는 경우에는 같은 항의 정상가격을 말한다. 이하 이 호에서 같다)의 100분의 10. 다만, 제126조 제1항 제1호에 따라 해당 유가증권의 취득가액 및 양도비용이 확인되는 경우에는 그 지급금액의 100분의 10에 해당하는 금액과 같은 호에 따라 계산한 금액의 100분의 20에 해당하는 금액 중 적은 금액으로 한다.
2601)　소득세법 제126조 제6항에 해당하는 경우에는 같은 항의 정상가격을 말한다.
2602)　소득세법 제126조의8 제1항.
2603)　소득세법 제126조의9 제1항.
2604)　소득세법시행령 제183조의8 제1항.
2605)　무액면주식인 경우에는 그 주식을 발행한 법인의 자본금을 발행주식총수로 나누어 계산한 금액을 말한다.
2606)　소득세법 제126조의9 제4항.

한 국외전출자 국내주식등의 액면금액 또는 출자가액의 100분의 2에 상당하는 금액을 산출세액에 더한다.

II. 국내주식등 과세표준의 신고 및 납부

국외전출자는 과세표준을 출국일이 속하는 달의 말일부터 3개월 이내[2607]에 납세지 관할 세무서장에게 신고해야 한다.[2608] 국외전출자가 과세표준을 신고할 때에는 산출세액에서 소득세법 또는 다른 조세에 관한 법률에 따른 감면세액과 세액공제액을 공제한 금액을 납세지 관할 세무서, 한국은행 또는 체신관서에 납부하여야 한다.[2609]

III. 국외전출자의 조정공제 및 세액공제 경정청구

국외전출자가 ① 조정공제, ② 외국납부세액공제, ③ 비거주자 국내원천소득 세액공제의 적용을 받으려고 하는 경우 국내주식등을 실제 양도한 날부터 2년 이내에 납세지 관할세무서장에게 경정을 청구할 수 있다.[2610] 경정을 청구하는 경우 기획재정부령으로 정하는 경정청구서에 세액공제신청서를 첨부하여 납세지 관할세무서장에게 제출해야 한다.[2611]

제6절 국외전출자의 납부유예

I. 국외전출자 납부유예 요건과 신청

2607) 납세관리인을 신고한 경우에는 제110조 제1항에 따른 양도소득과세표준 확정신고 기간 내를 말한다.
2608) 소득세법 제126조의9 제2항.
2609) 소득세법 제126조의9 제3항.
2610) 소득세법 제126조의9 제5항.
2611) 소득세법시행령 제183조의8 제4항.

국외전출자는 납세담보를 제공하거나 납세관리인을 두는 등 국세징수법 제18조[2612]에 따른 납세담보를 제공하고 납세관리인을 납세지 관할세무서장에게 신고하는 경우에는 출국일로부터 국외전출자 국내주식등을 실제로 양도할 때까지 납세지 관할 세무서장에게 국외전출세 납부의 유예를 신청하여 납부의 유예를 받을 수 있다.[2613]

Ⅱ. 납부유예 받은 국외전출세의 납부

1. 5년 이내에 국내주식등을 양도하지 않은 경우

납부를 유예를 받은 국외전출자는 출국일로부터 5년 이내에 국외전출자 국내주식등을 양도하지 않은 경우에는 출국일로부터 5년이 되는 날이 속하는 달의 말일부터 3개월 이내에 국외전출자 국내주식등에 대한 국외전출세를 납부해야 한다.[2614] 다만 국외전출자의 국외유학 등 국외전출자가 국외유학에 관한 규정 제2조 제1호에 따른 유학을 간 경우로서 ① 외국의 교육기관, ② 외국의 연구기관 또는 외국의 연수기관에서 6월 이상의 기간에 걸쳐 수학하거나 학문이나 기술을 연구 또는 연수하는 것에 해당하는 경우에는 10년으로 한다.

2. 국내주식등을 실제 양도한 경우

납부유예를 받은 국외전출자가 국내주식등을 실제 양도한 경우 양도일이 속하는 달의 말일부

2612) 제18조(담보의 종류) 이 법 및 다른 세법에 따라 제공하는 담보(이하 "납세담보"라 한다)는 다음 각 호의 어느 하나에 해당하는 것이어야 한다.
  1. 금전
  2. 「자본시장과 금융투자업에 관한 법률」 제4조 제3항에 따른 국채증권 등 대통령령으로 정하는 유가증권(이하 이 절에서 "유가증권"이라 한다)
  3. 납세보증보험증권
  4. 「은행법」 제2조 제1항 제2호에 따른 은행 등 대통령령으로 정하는 자의 납세보증서(이하 "납세보증서"라 한다)
  5. 토지
  6. 보험에 든 등기·등록된 건물, 공장재단(工場財團), 광업재단(鑛業財團), 선박, 항공기 또는 건설기계
2613) 소득세법 제126조의10 제1항.
2614) 소득세법 제126조의10 제2항.

터 3개월 이내에 국외전출자 국내주식등에 대한 국외전출세를 납부해야 한다.[2615]

3. 납부유예기간에 대한 이자상당액의 가산

납부를 유예받은 국외전출자가 국내주식등에 대한 국외전출세를 납부할 때 납부유예를 받은 기간에 대한 이자상당액을 가산하여 납부해야 한다. 이자상당액은 아래에 따라 계산된 금액으로 한다.[2616]

〈표-147 이자상당액의 계산〉

구분		계산식
소득세법 제126조의9 제3항에 따른 금액	①	
신고기한의 다음 날부터 납부일까지의 일수	②	① × ② × ③ = ④
납부유예 신청일 현재 국세기본법시행령 제43조의3 제2항[2617] 본문에 따른 이자율	③	
이자상당액	④	

제7절 재전입 등에 따른 환급 등

국외전출자[2618]가 ① 출국일부터 5년 이내에 국내주식등을 양도하지 않고 국내에 다시 입국하여 거주자가 되는 경우, ② 국외전출자가 출국일부터 5년 이내에 국외전출자 국내주식등을 거주자에게 증여한 경우, ③ 국외전출자의 상속인이 국외전출자의 출국일부터 5년 이내에 국외전출자 국내주식등을 상속받은 경우에 해당하는 사유가 발생한 경우 그 사유가 발생한 날부터 1

2615) 소득세법시행령 제183조의9 제3항.
2616) 소득세법시행령 제183조의9 제4항.
2617) ② 법 제52조 제1항에서 "대통령령으로 정하는 이자율"이란 시중은행의 1년 만기 정기예금 평균 수신금리를 고려하여 기획재정부령으로 정하는 이자율(이하 이 항에서 "기본이자율"이라 한다)을 말한다. 다만, 납세자가 법 제7장에 따른 이의신청, 심사청구, 심판청구, 「감사원법」에 따른 심사청구 또는 「행정소송법」에 따른 소송을 제기하여 그 결정 또는 판결에 따라 세무서장이 국세환급금을 지급하는 경우로서 그 결정 또는 판결이 확정된 날부터 40일 이후에 납세자에게 국세환급금을 지급하는 경우에는 기본이자율의 1.5배에 해당하는 이자율을 적용한다. 〈개정 2020.2.11.〉
2618) 제3호의 경우에는 상속인을 말한다.

년 이내에 납세지 관할 세무서장에게 납부한 세액의 환급을 신청하거나 납부유예 중인 세액의 취소를 신청해야 한다.[2619]

납세지 관할 세무서장은 세액의 취소 신청을 받은 경우 지체 없이 국외전출자가 납부한 세액을 환급하거나 납부유예 중인 세액을 취소해야 한다.[2620] 국외전출자가 납부한 세액을 환급하는 경우 소득세법 제118조의15 제4항[2621]에 따라 산출세액에 더하여진 금액은 환급하지 않는다.[2622] 국외전출자가 납부한 세액을 환급하는 경우에는 국세환급금에 국세환급가산금을 가산하지 않는다.[2623]

[2619] 소득세법 제126조의11 제1항.
[2620] 소득세법 제126조의11 제2항.
[2621] ④ 국외전출자가 제1항에 따라 출국일 전날까지 국외전출자 국내주식등의 보유현황을 신고하지 아니하거나 누락하여 신고한 경우에는 다음 각 호의 구분에 따른 금액의 100분의 2에 상당하는 금액을 산출세액에 더한다. 〈개정 2018.12.31.〉
  1. 출국일 전날까지 국외전출자 국내주식등의 보유현황을 신고하지 아니한 경우: 출국일 전날의 국외전출자 국내주식등의 액면금액(무액면주식인 경우에는 그 주식을 발행한 법인의 자본금을 발행주식총수로 나누어 계산한 금액을 말한다. 이하 이 조에서 같다) 또는 출자가액
  2. 국내주식등의 보유현황을 누락하여 신고한 경우: 신고일의 전날을 기준으로 신고를 누락한 국외전출자 국내주식등의 액면금액 또는 출자가액
[2622] 소득세법 제118조의17 제3항.
[2623] 소득세법 제126조의11 제3항.

참고 문헌

기획재정위원회, "소득세법 일부개정법률안 검토보고서", 2020.

신상화·홍성희·정훈, 「암호화폐 과세제도 및 과세인프라 연구」, 한국조세재정연구원 세법연구센터, 2018.

송병철, 「소득세법 일부개정법률안 검토보고(의안번호 제2103324호)」, 기획재정위원회, 2020.

최준영, "조세조약상 수익적 소유자에 관한 연구", 고려대학교 박사학위 논문, 2019.

최준영·박종수, "초과배당에 따른 이익의 증여에 관한 연구", 한국세무학회, [조세법연구 24-2], 2018.

Reinier Keaakman John Armour, Paul Davies, Luca Enriques, Henry Hansmann, Gerard Herig, Klaus Hopt, Hideki Kanda & Edward Rock 著, 『The Anatomy of Corporate Law』, 김건식·노혁준·박준·송옥렬, 안수현·윤영신·천경훈·최문희 譯, 『회사법의 해부』, 소화, 2014.